Kohlhammer

Arztstrafrecht

von

Dr. Erik Kraatz
Professor an der
Hochschule für Wirtschaft und Recht Berlin

2., überarbeitete Auflage

Verlag W. Kohlhammer

2. Auflage 2018

Alle Rechte vorbehalten
© W. Kohlhammer GmbH, Stuttgart
Gesamtherstellung: W. Kohlhammer GmbH, Stuttgart

Print:
ISBN 978-3-17-032894-5

E-Book-Formate:
pdf: ISBN 978-3-17-032895-2
epub: ISBN 978-3-17-032896-9
mobi: ISBN 978-3-17-032897-6

Für den Inhalt abgedruckter oder verlinkter Websites ist ausschließlich der jeweilige Betreiber verantwortlich. Die W. Kohlhammer GmbH hat keinen Einfluss auf die verknüpften Seiten und übernimmt hierfür keinerlei Haftung.

Vorwort zur 2. Auflage

Obwohl das Arztstrafrecht so alt ist wie der Wissenschaftscharakter der ärztlichen Tätigkeit, hat es durch zahlreiche gesetzgeberische Aktivitäten in jüngerer Zeit nichts von seiner Aktualität und rechtspolitischen wie gesellschaftlichen Brisanz eingebüßt. So hat es seit dem Erscheinen der ersten Auflage hitzige Debatten um eine Strafbarkeit der geschäftsmäßigen Förderung der Selbsttötung und damit um die Frage gegeben, ob das menschliche Sterben überhaupt einer Verrechtlichung zugänglich ist; die Neuregelung in § 217 StGB mit seinen erwartbaren neuen Auslegungsstreitigkeiten wird die Diskussionen nicht endgültig beenden. Gestritten wurde gleichfalls um die Ergänzung des Anti-Korruptionsrechts, das in Deutschland „zu den schwächsten in der westlichen Welt" zählt (*Passarge*, DStR 2016, 482), um die neuen Tatbestände der Bestechung und Bestechlichkeit im Gesundheitswesen (§§ 299a und b StGB) als Reaktion auf BGHSt. 57, 202 ff. Dies machte eine Überarbeitung (insbesondere Ergänzung) dieses Buches notwendig.

Dieses richtet sich nicht nur als „klassisches Lehrbuch" an Studierende, sondern zugleich an Rechtsreferendare, Anwälte und Ärzte, die sich unterschiedlich tief in der Praxis mit dem Arztstrafrecht als Teilgebiet des klassischen Strafrechts beschäftigen (müssen), in dem die strafrechtlichen Grundsätze eingebunden sind in zivilrechtliche und sozialrechtliche Regelungen; dem wurde durch eine Vielzahl an Fällen aus der Praxis sowie die Einbindung aktueller Rechtsprechung in den Fußnotenapparat Rechnung getragen.

Abgeschlossen wurde das Manuskript Ende April 2017, auf deren Rechtsstand es sich befindet. Verbesserungsvorschläge senden Sie bitte an erik.kraatz@hwr-berlin.de.

Mein Dank gilt vor allem meiner „kleinen Familie" (Yvonne Drohmann und Mauricc Kraatz), ohne deren Liebe, Unterstützung und Verständnis eine derartige Neuauflage parallel zur Arbeit in der Anwaltskanzlei (bis 31.3.2017) und in der Eingewöhnungsphase einer neuen Professur nicht realisierbar gewesen wäre.

Berlin, im Mai 2017   Erik Kraatz

Inhaltsverzeichnis

Vorwort zur 2. Auflage V
Abkürzungen und abgekürzt zitierte Literatur XVI

1. Teil: Einführung 1

§ 1   Begriff, Bedeutung und Rechtsquellen des Arztstrafrechts 1
     I.   Historische Entwicklung und Begriff des Arztstrafrechts 2
    II.   Rechtsquellen 4

§ 2   Rechtsverhältnisse eines Arztes 5
     I.   Arztrechtliche Maxime 5
         1. Selbstbestimmungsrecht des Patienten 5
         2. Freier Beruf. 6
         3. Therapiefreiheit. 6
         4. Berufsethik 6
         5. Regeln der ärztlichen Kunst 7
         6. Wissenschaftsfreiheit 7
    II.   Rechtsbeziehung des frei praktizierenden Arztes zum Privatpatienten 7
         1. Rechtsnatur des Behandlungsvertrages 7
         2. Parteien des Vertrages 7
         3. Form 8
         4. Pflichten aus dem Vertrag 8
   III.   Rechtsverhältnisse eines Vertragsarztes 9
         1. Das vertragsärztliche Viereckverhältnis 9
         2. Rechtsbeziehungen zum Kassenpatienten 10
         3. Rechtsbeziehungen zur Kassenärztlichen Vereinigung 11
         4. Rechtsverhältnis zu den Krankenkassen? 11
   IV.   Rechtsverhältnisse der Krankenhausärzte 11
    V.   Rechtsverhältnisse der Zahnärzte 12
   VI.   Parallelberufe 12
  VII.   Standesrecht 12

Inhaltsverzeichnis

2. Teil:	Die einzelnen Bereiche des Arztstrafrechts	13
§ 3	Ärztlicher (Heil-)Eingriff als vorsätzliche Körperverletzung	13
I.	Vorbemerkungen	13
	1. Begriff des Behandlungsfehlers	13
	2. Kein strafrechtlicher Sondertatbestand	14
II.	Strafbarkeit als einfache (vorsätzliche) Körperverletzung (§ 223 StGB)	15
	1. Vorbemerkungen	15
	a) Geschütztes Rechtsgut	15
	b) Geschütztes Tatobjekt	15
	c) Pränatale Eingriffe mit postnatalen Folgen	16
	d) Aufbauschema	17
	2. Objektiver Tatbestand	17
	a) Körperliche Misshandlung und Gesundheitsbeschädigung	17
	b) Tatbestandseinschränkung beim ärztlichen Heileingriff	20
	aa) Tatbestandslösungen der Literatur	20
	bb) Rechtfertigungslösung der Rechtsprechung	21
	3. Subjektiver Tatbestand	22
	4. Rechtswidrigkeit	22
	a) Rechtfertigende Einwilligung	22
	aa) Dispositionsbefugnis und Einwilligungsfähigkeit	23
	bb) Freiheit von Willensmängeln und ärztliche Aufklärung	25
	cc) Einwilligungserklärung	41
	dd) Grenzen der Einwilligung	42
	ee) Begrenzung auf einen bestimmten Arzt	46
	ff) Subjektives Rechtfertigungselement	46
	b) Mutmaßliche Einwilligung	46
	aa) Voraussetzungen einer Einwilligung	47
	bb) Unmöglichkeit einer Einwilligungserklärung	47
	cc) Hypothetischer Wille des Einwilligungsberechtigten	49
	dd) Subjektives Rechtfertigungselement	50
	c) Hypothetische Einwilligung	50
	aa) Rechtsnatur nach den Befürwortern dieser Rechtsfigur	51
	bb) Ablehnung dieser Rechtsfigur	53
	d) § 34 StGB	55
	e) Zwangsbehandlungen, insbesondere im Straf- und Maßregelvollzug	55
	f) Weitere Rechtfertigungsgründe	56
	5. Schuld	56
	a) Erlaubnistatbestandsirrtum	56
	b) Erlaubnisirrtum	58
	6. Strafantrag (§ 230 StGB)	60

Inhaltsverzeichnis

III.	Strafbarkeit als gefährliche Körperverletzung (§ 224 StGB)	60
	1. Vorbemerkungen	60
	a) Rechtsnatur	60
	b) Aufbauschema	61
	2. Die einzelnen gefährlichen Begehungsweisen	61
	a) § 224 I Nr. 1 StGB	61
	b) § 224 I Nr. 2 StGB	64
	c) § 224 I Nr. 3 StGB	66
	d) § 224 I Nr. 4 StGB	66
	e) § 224 I Nr. 5 StGB	67
	3. Subjektiver Tatbestand	68
IV.	Strafbarkeit als schwere Körperverletzung (§ 226 StGB)	69
	1. Vorbemerkungen	69
	a) Rechtsnatur	69
	b) Aufbauschema	69
	2. Schwere Folgen	70
	a) § 226 I Nr. 1 StGB	70
	b) § 226 I Nr. 2 StGB	71
	c) § 226 I Nr. 3 StGB	72
V.	Strafbarkeit wegen Verstümmelung weiblicher Genitalien (§ 226a StGB)	74
	1. Verfassungsmäßigkeit	75
	2. Objektiver Tatbestand	76
	3. Subjektiver Tatbestand	76
	4. Rechtswidrigkeit und sonstige deliktsrechtliche Besonderheiten	76
VI.	Strafbarkeit als Körperverletzung mit Todesfolge (§ 227 StGB) .	77
VII.	Strafbarkeit als Körperverletzung im Amt (§ 340 StGB)?	80

§ 4	Ärztlicher (Heil-)Eingriff als fahrlässige Körperverletzung oder Tötung	80
	I. Vorbemerkungen	81
	1. Begriff der Fahrlässigkeit	81
	2. Geschütztes Rechtsgut und Tatobjekt	81
	3. Aufbauschema	81
	II. Objektive Fahrlässigkeit	82
	1. Objektive Sorgfaltspflichtverletzung	82
	a) Maßstab: Der Facharztstandard	83
	b) Beschränkung auf grobe Behandlungsfehler?	88
	c) Diagnosefehler	89
	d) Übernahmefahrlässigkeit	90
	e) Fehler bei Wahl und Durchführung der ärztlichen Maßnahme	91
	f) Bereitschaftsdienst	92
	g) Verantwortlichkeit bei Arbeitsteilung	93
	aa) Horizontale Arbeitsteilung	94

Inhaltsverzeichnis

		bb) Vertikale Arbeitsteilung	97
	2.	Objektive Vorhersehbarkeit	102
III.	Pflichtwidrigkeitszusammenhang		102
IV.	Schutzzweckzusammenhang		104
V.	Schuld		105

§ 5 Verweigerung der Behandlung 105
- I. Abgrenzung von Tun und Unterlassen 106
- II. Unechtes Unterlassungsdelikt 107
  1. Unterlassen und Aufbauschema 107
  2. Garantenstellung 108
  3. Hypothetische Kausalität 111
  4. Rechtfertigende Pflichtenkollision 112
  5. Zumutbarkeit 112
- III. Unterlassene Hilfeleistung (§ 323c I StGB) 113
  1. Vorbemerkungen 113
     - a) Strafgrund und Rechtsgut 113
     - b) Rechtsnatur 113
     - c) Aufbauschema 114
  2. Der objektive Tatbestand 114
     - a) Tatsituation 114
       - aa) Unglücksfall 114
       - bb) Gemeine Gefahr 117
       - cc) Gemeine Not 117
     - b) Tatbestandsmäßiges Verhalten: Unterlassen einer Hilfeleistung 117
       - aa) Hilfspflichtiger 117
       - bb) Unterlassen der Hilfeleistung 118
       - cc) Zeitpunkt der Hilfeleistung 118
       - dd) Erforderlichkeit 118
       - ee) Zumutbarkeit 120
  3. Der subjektive Tatbestand 120
  4. Tätige Reue? 121
  5. Konkurrenzrechtliche Besonderheiten 121
- IV. Aussetzung (§ 221 StGB) 121

§ 6 Ärztliche Sterbehilfe 122
- I. Abgrenzung strafloser Teilnahme an eigenverantwortlicher Selbsttötung von strafbarer Fremdtötung 123
- II. Bisherige Systematik der Sterbehilfe 130
  1. Direkte aktive Sterbehilfe 131
     - a) Tötung auf Verlangen (§ 216 StGB) 131
       - aa) Objektiver Tatbestand 132
       - bb) Subjektiver Tatbestand 133
     - b) Totschlag (§ 212 StGB)/Mord (§ 211 StGB) 133
  2. Indirekte aktive Sterbehilfe 135

Inhaltsverzeichnis

		3. Passive Sterbehilfe	136
		a) Hilfe beim Sterben	136
		b) Hilfe zum Sterben	137
		c) Behandlungsabbruch durch Abschalten lebenserhaltender Maschinen	138
	III.	Neuausrichtung der Sterbehilfesystematik durch BGHSt. 55, 191 ff.	139
	IV.	Feststellung des Patientenwillens	142
	V.	Geschäftsmäßige Förderung der Selbsttötung (§ 217 StGB)	144
		1. Vorbemerkungen	144
		a) Sterbehilfegesellschaften und Gesetzgebungsgeschichte	144
		b) Strafgrund, Rechtsgut und Systematik	146
		c) Zweifel an der Verfassungsmäßigkeit	147
		2. Der objektive Tatbestand	149
		a) Tathandlungen	149
		b) Geschäftsmäßigkeit	151
		3. Der subjektive Tatbestand	153
		4. Rechtswidrigkeit	153
		5. Täterschaft und Teilnahme	154
		a) Täterschaft	154
		b) Teilnahme	154
		aa) Notwendige Teilnahme des Suizidenten	154
		bb) Strafausschließungsgrund des § 217 II StGB	155
		cc) Werbung	156
		6. Konkurrenzen und Rechtsfolgen	156
	VI.	Früheuthanasie	156
§ 7	**Strafbare Organ- und Gewebetransplantation**		157
	I.	Bevorzugung von Transplantations-Wartelistenpatienten	158
	II.	Organ- und Gewebehandel	161
	III.	Organ- und Gewebeentnahme vom Toten	162
	IV.	Organ- und Gewebeentnahme vom Lebenden	164
	V.	Implantation fremder Organe	166
	VI.	Verletzung der Schweigepflicht	166
§ 8	**Schutz des ungeborenen Lebens**		166
	I.	Überblick über die einzelnen Schutzphasen	167
	II.	Extrakorporaler Schutz von Embryonen	169
		1. Schutzweite des Embryonenschutzgesetzes	169
		2. Präimplantationsdiagnostik	169
		3. Stammzellgesetz	171
	III.	Schwangerschaftsabbruch (§§ 218 ff. StGB)	171
		1. § 218 StGB (Schwangerschaftsabbruch)	171
		a) Vorbemerkungen	171
		aa) Geschütztes Rechtsgut	171
		bb) Aufbauschema	172

Inhaltsverzeichnis

	b) Objektiver Tatbestand	172
	aa) Tatobjekt	172
	bb) Tathandlung	173
	cc) Tatbestandsausschluss, § 218a I StGB	174
	c) Subjektiver Tatbestand	177
	d) Rechtswidrigkeit	177
	aa) Medizinisch-soziale Indikation, § 218a II StGB	178
	bb) Kriminologische Indikation, § 218a III StGB	180
	e) Strafausschließungsgrund bzw. Absehen von Strafe, § 218a IV StGB	181
	f) Deliktsrechtliche Besonderheiten	182
	aa) Versuch	182
	bb) Täterschaft und Teilnahme	182
	cc) Regelbeispiele, § 218 II StGB	183
	dd) Konkurrenzen	183
	g) Anhang: Nothilfe zugunsten des ungeborenen Kindes?	184
2.	§ 218b StGB (fehlende bzw. unrichtige ärztliche Feststellung)	184
3.	§ 218c StGB (ärztliche Pflichtverletzung)	185
4.	§ 219a StGB (Werbung für den Schwangerschaftsabbruch)	185
5.	§ 219b StGB (Inverkehrbringen von Mitteln zum Schwangerschaftsabbruch)	186

§ 9 Verletzung der ärztlichen Schweigepflicht 186
    I. Verletzung von Privatgeheimnissen (§ 203 StGB) 186
        1. Vorbemerkungen 187
            a) Rechtsgut 187
            b) Aufbauschema 187
        2. Objektiver Tatbestand 188
            a) Täterqualifikation 188
            b) Tatobjekt 190
                aa) Geheimnis 190
                bb) Fremdheit 191
                cc) Einzelangaben iSd § 203 II 2 StGB 191
                dd) Anvertraut/bekannt geworden 192
            c) Tathandlung: offenbaren 193
            d) Qualifikation, § 203 V Var. 1 StGB 194
        3. Subjektiver Tatbestand 195
            a) Vorsatz 195
            b) Qualifikation, § 203 V Var. 2 StGB 195
        4. Rechtswidrigkeit: Unbefugtheit 195
            a) Einwilligung 196
            b) Rechtfertigender Notstand (§ 34 StGB) 199
            c) Gesetzliche Offenbarungspflichten 200
        5. Deliktsrechtliche Besonderheiten 200
            a) Strafantrag, § 205 StGB 200

		b) Konkurrenzen....................................	201
	II.	Verwertung fremder Geheimnisse (§ 204 StGB)...........	201

§ 10 Ausstellen und Gebrauchen unrichtiger Gesundheitszeugnisse 201
    I. Ausstellen unrichtiger Gesundheitszeugnisse (§ 278 StGB).... 202
        1. Objektiver Tatbestand 202
            a) Täterqualifikation........................... 202
            b) Tatobjekt: Unrichtiges Gesundheitszeugnis........... 202
                aa) Gesundheitszeugnis......................... 203
                bb) Unrichtigkeit 204
            c) Tathandlung: Ausstellen........................ 206
            d) Zweckrichtung.............................. 206
        2. Subjektiver Tatbestand............................ 206
        3. Konkurrenzen 207
    II. Gebrauch unrichtiger Gesundheitszeugnisse (§ 279 StGB)..... 207

§ 11 Abrechnungsbetrug... 207
    I. Überblick über das ärztliche Vergütungssystem 209
        1. Die vertragsärztliche Abrechnung 209
            a) Das Abrechnungssystem 209
            b) Typische Fallgruppen des Abrechnungsbetrugs........ 213
        2. Die vertragszahnärztliche Abrechnung................ 213
        3. Die privatärztliche Abrechnung..................... 214
        4. Die Abrechnung von Krankenhäusern 215
    II. Dogmatische Vorbemerkungen zur Betrugsstrafbarkeit....... 215
        1. Geschütztes Rechtsgut 215
        2. Aufbauschema................................. 215
    III. Objektiver Tatbestand................................ 216
        1. Täuschung 216
            a) Ausdrückliche Täuschungen..................... 218
            b) Konkludente Täuschungen...................... 219
            c) Täuschung durch Unterlassen.................... 223
        2. Irrtum 223
        3. Vermögensverfügung 225
            a) Begriff des Vermögens......................... 225
            b) Person des Geschädigten 226
                aa) Vertragsärztlicher Bereich..................... 226
                bb) Privatärztlicher Bereich...................... 227
                cc) Abrechnungen von Krankenhäusern 227
            c) Zulässigkeit des Dreiecksbetrugs 227
            d) Verfügungshandlung 228
        4. Vermögensschaden.............................. 228
            a) Saldierung mit formell rechtswidrigen werthaltigen Leistungen?.................................... 229
                aa) Vertragsärztlicher Bereich..................... 229
                bb) Privatärztlicher Bereich 231

Inhaltsverzeichnis

		b) Berechnung durch Hochrechnung?	232
	IV.	Subjektiver Tatbestand	233
		1. Vorsatz	233
		2. Bereicherungsabsicht	233
	V.	Deliktsrechtliche Besonderheiten	234
		1. Versuch	234
		2. Qualifikation und Regelbeispiele	234
		3. Konkurrenzen	235

§ 12 Korruption im Gesundheitswesen 235
    I. Bestechung von Klinikärzten nach §§ 331 ff. StGB 236
        1. Rechtsgut und Deliktsnatur 236
        2. Vorteilsannahme (§ 331 StGB) 237
            a) Objektiver Tatbestand 237
                aa) Täterqualität 237
                bb) Tathandlung 238
                cc) Dienstausübung 242
                dd) Unrechtsvereinbarung 242
            b) Subjektiver Tatbestand 244
            c) Genehmigung, § 331 III StGB 244
            d) Konkurrenzrechtliche Aspekte 244
        3. Bestechlichkeit (§ 332 StGB) 245
        4. Vorteilsgewährung (§ 333 StGB) 246
        5. Bestechung (§ 334 StGB) 246
    II. Bestechung von Vertragsärzten 246
        1. Strafbarkeit nach §§ 331 ff. StGB 246
        2. Strafbarkeit nach § 299a StGB (Bestechlichkeit im Gesundheitswesen) 248
            a) Rechtsgut und Deliktsnatur 249
            b) Objektiver Tatbestand 250
                aa) Täterqualität 250
                bb) Tathandlung 251
                cc) Unrechtsvereinbarung 253
            c) Subjektiver Tatbestand 255
            d) Strafzumessungsvorschrift des § 300 StGB 256
            e) Konkurrenzen 257
        3. Strafbarkeit nach § 299b StGB (Bestechung im Gesundheitswesen) 257
        4. Strafbarkeit nach § 266 StGB (Vertragsarztuntreue) 257
            a) Missbrauchstatbestand 258
            b) Treubruchtatbestand 259
                aa) Vermögensbetreuungspflicht des Vertragsarztes 260
                bb) Pflichtverletzung 263
                cc) Vermögensnachteil und subjektiver Tatbestand 264
    III. Compliance im Gesundheitswesen 264

Inhaltsverzeichnis

§ 13	Nebenstrafrechtliche Bereiche		266
	I.	Strafbare Verschreibung von Betäubungsmitteln	266
		1. Das Ärzteprivileg des § 13 BtMG	266
		2. Strafbarkeit nach § 29 I Nr. 6a und b BtMG	267
	II.	Strafbarkeiten nach dem Arzneimittelgesetz	268
	III.	Strafbare Werbung	270
		1. Strafbarkeit nach § 16 I UWG	270
		2. Strafbarkeit nach § 14 HWG	271
		3. Strafbarkeit nach § 148 Nr. 1 und 2 GewO	272

3. Teil: Sanktionen ... 273

§ 14	Strafrechtliche Sanktionen		273
	I.	Strafen	273
	II.	Die Anordnung eines Berufsverbots (§ 70 StGB)	273
		1. Formelle Voraussetzung: Anlasstat	273
		a) Missbrauch des Berufes oder Gewerbes	273
		b) Grobe Verletzung berufsrechtlicher Pflichten	275
		2. Materielle Voraussetzung: Gefahrenprognose	275
		3. Die richterliche Entscheidung	276
		4. Folgen des Berufsverbots	277
§ 15	Außerstrafrechtliche Sanktionen		277
	I.	Berufsrechtliche Folgen	277
		1. Berufsunwürdigkeit	278
		2. „Berufsrechtlicher Überhang"	278
		3. Rechtsfolgen	282
	II.	Widerruf und Ruhen der Approbation	282
		1. Unwürdigkeit oder Unzuverlässigkeit zur Ausübung des ärztlichen Berufs	282
		2. Berufsrechtlicher Überhang	284
		3. Widerrufsentscheidung	285
		4. Ruhen der Approbation	285
	III.	Vertragsärztliche Folgeverfahren	285
		1. Entzug der Kassenzulassung	285
		2. Disziplinarverfahren	286
		3. Erstattung zu Unrecht erhaltener Vergütung	287
	IV.	Hochschulrechtliche Folgen	287

Stichwortverzeichnis ... 289

Abkürzungen und abgekürzt zitierte Literatur

A&R	Arzneimittel & Recht – Zeitschrift für Arzneimittelrecht und Arzneimittelpolitik
aA	andere Ansicht
a. a. O.	am angegebenen Ort
Abs.	Absatz
Ärzte-ZV	Zulassungsverordnung für Vertragsärzte
a. F.	alte Fassung
AG	Amtsgericht
AIDS	Acquired Immune Deficiency Syndrom
AMG	Gesetz über den Verkehr mit Arzneimitteln (Arzneimittelgesetz)
Amtsblatt EU	Amtsblatt der Europäischen Union
Anm.	Anmerkung
AntiDopG	Gesetz gegen Doping im Sport (Anti-Doping-Gesetz)
ApBetrO	Verordnung über den Betrieb von Apotheken (Apothekenbetriebsordnung)
ArbGG	Arbeitsgerichtsgesetz
Art.	Artikel
Arzt/Weber/Heinrich/Hilgendorf, BT	*Arzt, Gunther/Weber, Ulrich/Heinrich, Bernd/Hilgendorf, Eric:* Strafrecht Besonderer Teil, 3. Aufl., Bielefeld 2015
ArztR	Arztrecht
Aufl.	Auflage
AZR	Arzt, Zahnarzt, Recht
BÄO	Bundesärzteordnung
BApO	Bundes-Apothekerordnung
BayLSG	Bayerisches Landessozialgericht
BayObLG	Bayerisches Oberstes Landesgericht
BayObLGSt.	Entscheidungen des Bayerischen Obersten Landsgerichts in Strafsachen
BayVGH	Bayerischer Verwaltungsgerichtshof
Becker/Kingreen, SGB V	*Becker, Ulrich/Kingreen, Thorsten:* SGB V – Gesetzliche Krankenversicherung – Kommentar, 5. Aufl., München 2017
BeckOK-BGB	Beck'scher Online-Kommentar BGB, herausgegeben von Georg Bamberger und Herbert Roth, Edition: 42, Stand: 1.11.2016, München 2016
BeckOK-Sozialrecht	Beck'scher Online-Kommentar Sozialrecht, herausgegeben von Christian Rolfs, Richard Giesen, Ralf Kreikebohm und Peter Udsching, Edition: 44, Stand: 1.3.2017, München 2017
BeckOK-StGB	Beck'scher Online-Kommentar StGB, herausgegeben von Bernd von Heintschel-Heinegg, Edition: 33, Stand: 1.12.2016, München 2016
BeckRS	Beck-Rechtsprechung
Behringer, Compliance kompakt	*Behringer, Stefan* (Hrsg.): Compliance kompakt, 3. Aufl., Berlin 2013
BEMA-Z	Bewertungsmaßstab für zahnärztliche Leistungen
Beschl.	Beschluss

Abkürzungen und abgekürzt zitierte Literatur

BGB	Bürgerliches Gesetzbuch
BGBl. I	Bundesgesetzblatt Teil I
BGBl. II	Bundesgesetzblatt Teil II
BGH	Bundesgerichtshof
BGHR	BGH-Rechtsprechung
BGHSt.	Amtliche Sammlung der Entscheidungen des Bundesgerichtshofes in Strafsachen
BGHZ	Amtliche Sammlung der Entscheidungen des Bundesgerichtshofes in Zivilsachen
BJ	Betrifft Justiz
Blei, Strafrecht II	*Blei, Hermann:* Strafrecht, II. Besonderer Teil, 12. Aufl., München 1983
BMV-Ärzte	Bundesmantelvertrag – Ärzte (Stand: 1. Januar 2013)
BMV-Zahnärzte	Bundesmantelvertrag – Zahnärzte (Stand: 1. Dezember 2007)
BPflV	Verordnung zur Regelung der Krankenhauspflegesätze (Bundespflegesatzverordnung)
BR-Drs.	Bundesrats-Drucksache
BRJ	Bonner Rechtsjournal
BSG	Bundessozialgericht
BSGE	Amtliche Sammlung der Entscheidungen des Bundessozialgerichts
BTÄO	Bundes-Tierärzteordnung
BT-Drs.	Bundestags-Drucksache
BtMG	Gesetz über den Verkehr mit Betäubungsmitteln (Betäubungsmittelgesetz)
BtMVV	Betäubungsmittel-Verschreibungsverordnung
BT-Plenarprotokoll	Bundestags-Plenarprotokoll
Buchst.	Buchstabe
BVerfG	Bundesverfassungsgericht
BVerfGE	Amtliche Sammlung der Entscheidungen des Bundesverfassungsgerichts
BVerwG	Bundesverwaltungsgericht
BVerwGE	Amtliche Sammlung der Entscheidungen des Bundesverwaltungsgerichts
bzw.	beziehungsweise
CCZ	Corporate Compliance Zeitschrift
DÄBl.	Deutsches Ärzteblatt
ders.	derselbe
Deutsch/Spickhoff, Medizinrecht	*Deutsch, Erwin/Spickhoff, Andreas:* Medizinrecht, 7. Aufl., Berlin 2014
dies.	dieselbe
DGFC-Mitteilungen	Deutsche Gesellschaft für Chirurgie – Mitteilungen
Dieners, Compliance	*Dieners, Peter* (Hrsg.): Handbuch Compliance im Gesundheitswesen, 3. Aufl., München 2010
DJT	Deutscher Juristentag
DMV	Deutsche Medizinische Wochenschrift
Dringenberg, Verantwortlichkeit	*Dringenberg, Volker Götz:* Die strafrechtliche Verantwortlichkeit des Arztes bei Operationserweiterungen, Aachen 2005
DRiZ	Deutsche Richterzeitung
DVBl.	Deutsches Verwaltungsblatt
Eberhard Schmidt, Arzt	*Schmidt, Eberhard:* Der Arzt im Strafrecht, Leipzig 1939
EBM	Einheitlicher Bewertungsmaßstab
EGMR	Europäischer Gerichtshof für Menschenrechte

Abkürzungen und abgekürzt zitierte Literatur

EKG	Elektrokardiogramm
EMRK	Europäische Menschenrechtskonvention
Erbs/Kohlhaas, Nebengesetze	Erbs, Georg/Kohlhaas, Max: Strafrechtliche Nebengesetze, 212. Ergänzungslieferung, Stand: Januar 2017, München 2017
ESchG	Gesetz zum Schutz von Embryonen (Embryonenschutzgesetz)
etc.	et cetera
Ethik Med	Ethik in der Medizin
EuGH	Europäischer Gerichtshof
EuGRZ	Europäische Grundrechte-Zeitschrift
f.	folgende
ff.	fortfolgende
FamFG	Gesetz über das Verfahren in Familiensachen und in den Angelegenheiten der freiwilligen Gerichtsbarkeit
FamRZ	Zeitschrift für das gesamte Familienrecht
FAZ	Frankfurter Allgemeine Zeitung
F.-C. Schroeder, Heilbehandlung	Schroeder, Friedrich-Christian: Besondere Strafvorschriften gegen Eigenmächtige und Fehlerhafte Heilbehandlung?, Passau 1998
Fischer	Fischer, Thomas: Strafgesetzbuch und Nebengesetze, 64. Aufl., München 2017
Fn.	Fußnote
FPR	Familie Partnerschaft Recht
Freitag, Abrechnungsbetrug	Freitag, Daniela: Ärztlicher und zahnärztlicher Abrechnungsbetrug im deutschen Gesundheitswesen, Baden-Baden 2009
Frister, AT	Frister, Helmut: Strafrecht Allgemeiner Teil, 7. Aufl. 2015
Frister/Lindemann/Peters, Arztstrafrecht	Frister, Helmut/Lindemann, Michael/Peters, Thomas Alexander: Arztstrafrecht, München 2011
FS	Festschrift
FSA	Freiwillige Selbstkontrolle für die Arzneimittelindustrie e.V.
GA	Goltdammer's Archiv für Strafrecht
GedS	Gedächtnisschrift
Geiß/Greiner, Arzthaftpflichtrecht	Geiß, Karlmann/Greiner, Hans-Peter: Arzthaftpflichtrecht, 7. Aufl., München 2014
GenDG	Gesetz über genetische Untersuchungen bei Menschen (Gendiagnostikgesetz)
GenStA	Generalstaatsanwaltschaft
GesR	Gesundheitsrecht
GewArch	Gewerbearchiv
GewO	Gewerbeordnung
GG	Grundgesetz
GOÄ	Gebührenordnung für Ärzte
Gössel/Dölling, BT 1	Gössel, Karl Heinz/Dölling, Dieter: Strafrecht Besonderer Teil 1, 2. Aufl., Stuttgart 2004
GOZ	Gebührenordnung für Zahnärzte
Graf/Jäger/Wittig, Wirtschaftsstrafrecht	Graf, Jürgen Peter/Jäger, Markus/Wittig, Petra: Wirtschafts- und Steuerstrafrecht, 2. Aufl., München 2017
Gropp, AT	Gropp, Walter: Strafrecht Allgemeiner Teil, 4. Aufl., Berlin 2015
GRUR	Gewerblicher Rechtsschutz und Urheberrecht
GVBl.	Gesetz- und Verordnungsblatt
GVG	Gerichtsverfassungsgericht
Hänlein/Kruse/Schuler, SGB V	Hänlein, Andreas/Kruse, Jürgen/Schuler, Rolf: Sozialgesetzbuch V – Gesetzliche Krankenversicherung – Lehr- und Praxiskommentar, 4. Aufl., Baden-Baden 2012

Abkürzungen und abgekürzt zitierte Literatur

Hancok, Abrechnungsbetrug	*Hancok, Heike*: Abrechnungsbetrug durch Vertragsärzte, Baden-Baden 2006
HBKG BW	Gesetz über das Berufsrecht und die Kammern der Ärzte, Zahnärzte, Apotheker, Psychologischen Psychotherapeuten sowie der Kinder- und Jugendlichenpsychotherapeuten in Baden-Württemberg (Heilberufe-Kammergesetz)
HebG	Gesetz über den Beruf der Hebamme und des Entbindungspflegers (Hebammengesetz)
HeilBerG NRW	Heilberufsgesetz von Nordrhein-Westfalen
HeilBG RP	Heilberufsgesetz von Rheinland-Pfalz
HeilpraktG	Gesetz über die berufsmäßige Ausübung der Heilkunde ohne Bestallung (Heilpraktikergesetz)
Hellmann/Herffs, Abrechnungsbetrug	*Hellmann, Uwe/Herffs, Harro*: Der ärztliche Abrechnungsbetrug, Berlin 2006
HES	Hydroxyethylstärke
Hess.VGH	Hessischer Verwaltungsgerichtshof
Hilgendorf, Medizinstrafrecht	*Hilgendorf, Eric*: Einführung in das Medizinstrafrecht, München 2016
HK-GS	*Dölling, Dieter/Duttge, Gunnar/Rössner, Dieter*: Gesamtes Strafrecht-Handkommentar, 3. Aufl., Baden-Baden 2013
HKaG Bay	Bayerisches Gesetz über die Berufsausübung, die Berufsvertretungen und die Berufsgerichtsbarkeit der Ärzte, Zahnärzte, Tierärzte, Apotheker sowie der Psychologischen Psychotherapeuten und der Kinder- und Jugendlichenpsychotherapeuten (Heilberufe-Kammergesetz – HKaG)
HKG Nd	Niedersächsisches Kammergesetz für die Heilberufe vom 8. Dezember 2000, Nds. GVBl. 2000, S. 301
h. M.	herrschende Meinung
Höfling, TPG	*Höfling, Wolfram*: Kommentar zum Transplantationsgesetz, 2. Aufl., Berlin 2013
Hoffmann-Holland, AT	*Hoffmann-Holland, Klaus*: Strafrecht Allgemeiner Teil, 3. Aufl., Tübingen 2015
HRR	Höchstrichterliche Rechtsprechung
HRRS	Online-Zeitschrift für Höchstrichterliche Rechtsprechung im Strafrecht
Hrsg.	Herausgeber
HWG	Gesetz über die Werbung auf dem Gebiete des Heilwesens (Heilmittelwerbegesetz)
IfSG	Gesetz zur Verhütung und Bekämpfung von Infektionskrankheiten beim Menschen (Infektionsschutzgesetz)
Igl/Welti, Gesundheitsrecht	*Igl, Gerhard/Welti, Felix*: Gesundheitsrecht, 2. Aufl., München 2014
iHv	in Höhe von
insb.	insbesondere
iSd	im Sinne des
iVm	in Verbindung mit
JA	Juristische Arbeitsblätter
Jakobs, AT	*Jakobs, Günther*: Strafrecht Allgemeiner Teil, 2. Aufl., Berlin 1991
JAMA	The Journal of the American Medical Association
Jarass/Pieroth, GG	*Jarass, Hans/Pieroth, Bodo*: Grundgesetz für die Bundesrepublik Deutschland, 14. Aufl., München 2016
Jescheck/Weigend, AT	*Jescheck, Hans-Heinrich/Weigend, Thomas*: Lehrbuch des Strafrechts: Allgemeiner Teil, 5. Aufl., Berlin 1996

Abkürzungen und abgekürzt zitierte Literatur

JGG	Jugendgerichtsgesetz
JK	Jura-Kartei, Beilage der Juristischen Ausbildung
Joecks	*Joecks, Wolfgang:* Studienkommentar StGB, 11. Aufl., München 2014
JR	Juristische Rundschau
Jura	Juristische Ausbildung
jurisPR-FamR	juris-Praxisreport Familien- und Erbrecht
jurisPR-MedizinR	juris-Praxisreport Medizinrecht
JuS	Juristische Schulung
JW	Juristische Wochenschrift
JZ	Juristenzeitung
Kamps, Arbeitsteilung	*Kamps, Hans:* Ärztliche Arbeitsteilung und strafrechtliches Fahrlässigkeitsdelikt, Berlin 1981
Kap.	Kapitel
Kfz	Kraftfahrzeug
KG	Kammergericht
KHEntG	Gesetz über die Entgelte für voll- und teilstationäre Krankenhausleistungen (Krankenhausentgeltgesetz)
KHG	Gesetz zur wirtschaftlichen Sicherung der Krankenhäuser und zur Regelung der Krankenhauspflegesätze (Krankenhausfinanzierungsgesetz)
Kindhäuser, AT	*Kindhäuser, Urs:* Strafrecht Allgemeiner Teil, 7. Aufl., Baden-Baden 2015
Körner/Patzak/ Volkmer, BtMG	*Körner, Harald Hans/Patzak, Jörn/Volkmer, Mathias:* Betäubungsmittelgesetz, 8. Aufl., München 2016
Kraatz, Fahrlässige Mittäterschaft	*Kraatz, Erik:* Die fahrlässige Mittäterschaft, Berlin 2006
Kreuzer, Hilfeleistungspflicht	*Kreuzer, Arthur:* Ärztliche Hilfeleistungspflicht bei Unglücksfällen im Rahmen des § 330 c StGB, Hamburg 1965
Krey/Esser, AT	*Krey, Volker/Esser, Robert:* Deutsches Strafrecht Allgemeiner Teil, 6. Aufl., Stuttgart 2016
Kriminalistik	Kriminalistik – unabhängige Zeitschrift für die kriminalistische Wissenschaft und Praxis
krit.	kritisch
KrPflG	Gesetz über die Berufe in der Krankenpflege (Krankenpflegegesetz)
KRS I	Krankenhaus-Rechtsprechung (KRS) Teil I
Kühl, AT	*Kühl, Kristian:* Strafrecht Allgemeiner Teil, 8. Aufl., München 2017
Lackner/Kühl	*Lackner, Karl/Kühl, Kristian:* Strafgesetzbuch – Kommentar, 28. Aufl., München 2014
Landes-PsychKG	Landesgesetz zur Hilfe psychisch kranker Menschen
Laufs/Katzenmeier/ Lipp, Arztrecht	*Laufs, Adolf/Katzenmeier, Christian/Lipp, Volker:* Arztrecht, 7. Aufl., München 2015
Laufs/Kern, Handbuch	*Laufs, Adolf/Kern, Bernd-Rüdiger* (Hrsg.): Handbuch des Arztrechts, 4. Aufl., München 2010
LBG	Landesberufsgericht
LG	Landgericht
Leimenstoll, Vermögensbetreuungspflicht	*Leimenstoll, Ulrich:* Vermögensbetreuungspflicht des Vertragsarztes?, Heidelberg 2012
LK	Leipziger Kommentar zum Strafgesetzbuch, Großkommentar, herausgegeben von Heinrich Wilhelm Laufhütte, Ruth Rissing-van Saan und Klaus Tiedemann, grundsätzlich 12. Aufl., Berlin 2006–2015, teilweise noch 11. Aufl., Berlin 1992–2005

Abkürzungen und abgekürzt zitierte Literatur

LM	Nachschlagewerk des Bundesgerichtshofs von *Lindenmaier, Fritz/Möhring, Philipp*
Ls.	Leitsatz
LSG	Landessozialgericht
Maurach/Gössel/Zipf, AT 2	*Maurach, Reinhart/Gössel, Karl Heinz/Zipf, Heinz*: Strafrecht Allgemeiner Teil, Teilband 2, 8. Aufl., Heidelberg 2014
Maurach/Schroeder/Maiwald, BT 1	*Maurach, Reinhart/Schroeder, Friedrich-Christian/Maiwald, Manfred*: Strafrecht Besonderer Teil, Teilband 1: Straftaten gegen Persönlichkeits- und Vermögenswerte, 10. Aufl., Heidelberg 2009
Maurach/Schroeder/Maiwald, BT 2	*Maurach, Reinhart/Schroeder, Friedrich-Christian/Maiwald, Manfred*: Strafrecht Besonderer Teil, Teilband 2: Straftaten gegen Gemeinschaftswerte, 10. Aufl., Heidelberg 2012
Maurach/Zipf, AT 1	*Maurach, Reinhart/Zipf, Heinz*: Strafrecht Allgemeiner Teil, Teilband 1, 8. Aufl., Heidelberg 1992
MBO-Ä	(Muster-) Berufsordnung für die deutschen Ärztinnen und Ärzte
MBO-Z	Musterberufsordnung der Bundesärztekammer
MDR	Monatsschrift für Deutsches Recht
MDMA	3,4-Methylendioxy-N-methylamphetamin
MedR	Medizinrecht
medstra	Zeitschrift für Medizinstrafrecht
Meyer-Goßner/Schmitt, StPO	*Meyer-Goßner, Lutz/Schmitt, Bertram*: Strafprozessordnung, 60. Aufl., München 2017
Mitsch, BT 2	*Mitsch, Wolfgang*: Strafrecht, Besonderer Teil 2, 3. Aufl., Berlin 2015
MittBayNot	Mitteilungen des Bayerischen Notarvereins
MMR	MultiMedia und Recht
MMW	Münchener Medizinische Wochenschrift
Momsen/Grützner, Wirtschaftsstrafrecht	*Momsen, Carsten/Grützner, Thomas*: Wirtschaftsstrafrecht, München 2013
MPG	Gesetz über Medizinprodukte (Medizinproduktegesetz)
MPhG	Gesetz über die Berufe in der Physiotherapie (Masseur- und Physiotherapiegesetz)
MüKo-BGB	Münchener Kommentar zum Bürgerlichen Gesetzbuch, herausgegeben von Franz Jürgen Säcker, Roland Rixecker, Hartmut Oetker und Bettina Limperg, 7. Aufl., München 2015–2017, teilweise noch 6. Aufl., herausgegeben von Franz Jürgen Säcker und Roland Rixecker, München 2012–2015
MüKo-StGB	Münchener Kommentar zum Strafgesetzbuch, herausgegeben von Wolfgang Joecks und Klaus Miebach, 3. Aufl., München 2016–2017, teilweise noch 2. Aufl., München 2012–2015
n. F.	neue Fassung
NJOZ	Neue Juristische Online-Zeitschrift
NJW	Neue Juristische Wochenschrift
NJW-RR	Neue Juristische Wochenschrift – Rechtsprechungs-Report Zivilrecht
NK	Neue Kriminalpolitik
NK-StGB	Nomos Kommentar zum Strafgesetzbuch, herausgegeben von Urs Kindhäuser, Ulfrid Neumann und Hans-Ullrich Paeffgen, 4. Aufl., Baden-Baden 2013
NotSanG	Gesetz über den Beruf der Notfallsanitäterin und des Notfallsanitäters (Notfallsanitätergesetz)
Nr.	Nummer
NRW	Nordrhein-Westfalen

Abkürzungen und abgekürzt zitierte Literatur

NStE	Neue Entscheidungssammlung für Strafrecht
NStZ	Neue Zeitschrift für Strafrecht
NStZ-RR	Neue Zeitschrift für Strafrecht – Rechtsprechungs-Report
NZFam	Neue Zeitschrift für Familienrecht
NZS	Neue Zeitschrift für Sozialrecht
NZV	Neue Zeitschrift für Verkehrsrecht
NZWiSt	Neue Zeitschrift für Wirtschafts-, Steuer- und Unternehmensstrafrecht
ÖJZ	Österreichische Juristen-Zeitung
OGH	Oberster Gerichtshof für die Britische Zone
OLG	Oberlandesgericht
OLG-NL	OLG-Rechtsprechung neue Länder
Otto, AT	*Otto, Harro:* Grundkurs Strafrecht – Allgemeine Strafrechtslehre, 7. Aufl., Berlin 2004
Otto, BT	*Otto, Harro:* Grundkurs Strafrecht – Die einzelnen Delikte, 7. Aufl., Berlin 2005
OVG	Oberverwaltungsgericht
Palandt	*Palandt, Otto:* Bürgerliches Gesetzbuch, 76. Aufl., München 2017
PflR	PflegeRecht
PharmR	Pharmarecht
PID	Präimplantationsdiagnostik
PostG	Postgesetz
Prütting, Medizinrecht	*Prütting, Dorothea* (Hrsg.): Medizinrecht Kommentar, 4. Aufl., Köln 2016
Quaas/Zuck, Medizinrecht	*Quaas, Michael/Zuck, Rüdiger:* Medizinrecht, 3. Aufl., München 2014
Ratzel/Lippert, MBO	*Ratzel, Rudolf/Lippert, Hans-Dieter:* Kommentar zur Musterberufsordnung der deutschen Ärzte (MBO), 6. Aufl., Berlin 2015
Ratzel/Luxenburger, Medizinrecht	*Ratzel, Rudolf/Luxenburger, Bernd* (Hrsg.): Handbuch Medizinrecht, 3. Aufl., Bonn 2015
RDG	Rechtsdepesche für das Gesundheitswesen
RdL	Recht der Lebenshilfe
Rehmann, AMG	*Rehmann, Wolfgang A.:* Arzneimittelgesetz (AMG), 4. Aufl., München 2014
Rengier, AT	*Rengier, Rudolf:* Strafrecht Allgemeiner Teil, 8. Aufl., München 2016
Rengier, BT II	*Rengier, Rudolf:* Strafrecht Besonderer Teil II: Delikte gegen die Person und die Allgemeinheit, 18. Aufl., München 2017
RG	Reichsgericht
RGSt.	Amtliche Sammlung der Entscheidungen des Reichsgerichts in Strafsachen
RGZ	Amtliche Sammlung der Entscheidungen des Reichsgerichts in Zivilsachen
RiStBV	Richtlinien für das Strafverfahren und das Bußgeldverfahren
Rn.	Randnummer
RöV	Verordnung über den Schutz vor Schäden durch Röntgenstrahlen (Röntgenverordnung)
Roxin, AT I	*Roxin, Claus:* Strafrecht Allgemeiner Teil, Band I: Grundlagen – Der Aufbau der Verbrechenslehre, 4. Aufl., München 2005
Roxin, AT II	*Roxin, Claus:* Strafrecht Allgemeiner Teil, Band II: Besondere Erscheinungsformen der Straftat, München 2003
Roxin, TuT	*Roxin, Claus:* Täterschaft und Tatherrschaft, 8. Aufl., Berlin 2006

Abkürzungen und abgekürzt zitierte Literatur

Roxin/Schroth, Handbuch	*Roxin, Claus/Schroth, Ulrich* (Hrsg.): Handbuch des Medizinstrafrecht, 4. Aufl., Stuttgart 2010
S.	Seite/Satz
Saliger, Rechtsgutachten	*Saliger, Frank:* Selbstbestimmung bis zuletzt. Rechtsgutachten zum strafrechtlichen Verbot organisierter Sterbehilfe, Norderstedt 2015
Sch/Schr	*Schönke, Adolf/Schröder, Horst:* Strafgesetzbuch-Kommentar, 29. Aufl., München 2014
Schaden-Praxis	Schaden-Praxis (Zeitschrift)
SchKG	Gesetz zur Vermeidung und Bewältigung von Schwangerschaftskonflikten (Schwangerschaftskonfliktgesetz)
Schmidhäuser, AT	*Schmidhäuser, Eberhard:* Strafrecht Allgemeiner Teil, 2. Aufl., Tübingen 1975
Schroth/König/Gutmann/Oduncu, TPG	*Schroth, Ulrich/König, Peter/Gutmann, Thomas/Oduncu, Fuat:* Transplantationsgesetz – Kommentar, München 2005
SGb	Die Sozialgerichtsbarkeit
SGB IV	Sozialgesetzbuch – Viertes Buch – Gemeinsame Vorschriften für die Sozialversicherung –
SGB V	Sozialgesetzbuch – Fünftes Buch – Gesetzliche Krankenversicherung –
SGB X	Sozialgesetzbuch – Zehntes Buch – Sozialverwaltungsverfahren und Sozialdatenschutz –
SGG	Sozialgerichtsgesetz
SK-StGB	Systematischer Kommentar zum Strafgesetzbuch, herausgegeben von Jürgen Wolter, 9. Aufl., Köln 2016, teilweise noch 8. Aufl. von Hans-Joachim Rudolphi, Eckhard Horn, Erich Samson, Hans-Ludwig Günther, Klaus Rogall, Arndt Sinn, Jürgen Wolter, Adreas Hoyer, Hero Schall, Ulrich Stein und Gereon Wolters, Stand: 148. Lieferung: Dezember 2014, Köln 2014
sog.	sogenannte/sogenannter
SozR	Sozialrecht
Spickhoff, Medizinrecht	*Spickhoff, Andreas:* Medizinrecht, 2. Aufl., München 2014
SSW-StGB	*Satzger, Helmut/Schluckebier, Wilhelm/Widmaier, Gunther:* Strafgesetzbuch-Kommentar, 3. Aufl., Köln 2016
StA	Staatsanwaltschaft
Staudinger	*Staudinger, Julius von:* Kommentar zum Bürgerlichen Gesetzbuch mit Einführungsgesetz und Nebengesetzen, Neubearbeitung 2005–2017, Berlin 2005–2017
Steffen/Pauge, Arzthaftungsrecht	*Steffen, Erich/Pauge, Burkhard:* Arzthaftungsrecht, 12. Aufl., Köln 2013
StGB	Strafgesetzbuch
StPO	Strafprozeßordnung
StV	Strafverteidiger
StVollzG	Gesetz über den Vollzug der Freiheitsstrafe und der freiheitsentziehenden Maßregeln der Besserung und Sicherung (Strafvollzugsgesetz)
StZG	Gesetz zur Sicherstellung des Embryonenschutzes im Zusammenhang mit Einfuhr und Verwendung menschlicher embryonaler Stammzellen (Stammzellengesetz)
Tag, Körperverletzungstatbestand	*Tag, Brigitte:* Der Körperverletzungstatbestand im Spannungsfeld zwischen Patientenautonomie und Lex artis, Berlin 2000

Abkürzungen und abgekürzt zitierte Literatur

Terbille, Anwaltshandbuch	*Terbille, Michael* (Hrsg.): Münchener Anwaltshandbuch Medizinrecht, 2. Aufl., München 2013
TFG	Gesetz zur Regelung des Transfusionswesens (Transfusionsgesetz)
Thür.OLG	Thüringer Oberlandesgericht
TKG	Telekommunikationsgesetz
TPG	Gesetz über die Spende, Entnahme und Übertragung von Organen und Geweben (Transplantationsgesetz)
u. a.	unter anderem
Ulsenheimer, Arztstrafrecht	*Ulsenheimer, Klaus*: Arztstrafrecht in der Praxis, 5. Aufl., Heidelberg 2015
Urt.	Urteil
UWG	Gesetz gegen den unlauteren Wettbewerb
Var.	Variante
VersR	Versicherungsrecht
VG	Verwaltungsgericht
VGH	Verwaltungsgerichtshof
vgl.	vergleiche
Vol.	Volume
Voraufl.	Vorauflage
vorgänge	vorgänge – Zeitschrift für Bürgerrechte und Gesellschaftspolitik
VRS	Verkehrsrechts-Sammlung
VVG	Versicherungsvertragsgesetz
VwGO	Verwaltungsgerichtsordnung
VwVfG	Verwaltungsverfahrensgesetz
Wabnitz/Janovsky, Handbuch	*Wabnitz, Heinz-Bernd/Janovsky, Thomas* (Hrsg.): Handbuch des Wirtschafts- und Steuerstrafrechts, 4. Aufl., München 2014
Weber, BtMG	*Weber, Klaus*: Betäubungsmittelgesetz, 4. Aufl., München 2013
Welzel, Strafrecht	*Welzel, Hans*: Das Deutsche Strafrecht, 11. Aufl., Berlin 1969
Wessels/Beulke/Satzger, AT	*Wessels, Johannes/Beulke, Werner/Satzger, Helmut*: Strafrecht Allgemeiner Teil, 46. Aufl., Heidelberg 2016
Wessels/Hettinger, BT 1	*Wessels, Johannes/Hettinger, Michael*: Strafrecht Besonderer Teil 1, 40. Aufl., Heidelberg 2016
Wessels/Hillenkamp, BT 2	*Wessels, Johannes/Hillenkamp, Thomas*: Strafrecht Besonderer Teil 2, 39. Aufl., Heidelberg 2016
Widmaier, Strafverteidigung	*Widmaier, Gunter*: Münchener Anwaltshandbuch Strafverteidigung, herausgegeben von Eckhart Müller und Reinhold Schlothauer, 2. Aufl., München 2014
Wiesner, Einwilligung	*Wiesner, Sandra*: Die hypothetische Einwilligung im Medizinstrafrecht, Baden-Baden 2010
WissR	Wissenschaftsrecht
wistra	Zeitschrift für Wirtschafts- und Steuerstrafrecht
ZahnheilkG	Gesetz über die Ausübung der Zahnheilkunde
z. B.	zum Beispiel
ZD	Zeitschrift für Datenschutz
ZESV	Verordnung über die Zentrale Ethik-Kommission für Stammzellenforschung und über die zuständige Behörde nach dem Stammzellgesetz (ZES-Verordnung)
ZfL	Zeitschrift für Lebensrecht
ZfStrVO	Zeitschrift für Strafvollzug und Straffälligenhilfe
ZIS	Zeitschrift für Internationale Strafrechtsdogmatik
ZM	Zahnärztliche Mitteilungen
ZMGR	Zeitschrift für das gesamte Medizin- und Gesundheitsrecht

Abkürzungen und abgekürzt zitierte Literatur

ZPO	Zivilprozessordnung
ZRechtsmed	Zeitschrift für Rechtsmedizin
ZRG – Germ. Abt.	Zeitschrift der Savigny-Stiftung für Rechtsgeschichte, Germanische Abteilung
ZRP	Zeitschrift für Rechtspolitik
ZStW	Zeitschrift für die gesamte Strafrechtswissenschaft

1. Teil: **Einführung**

§ 1   Begriff, Bedeutung und Rechtsquellen des Arztstrafrechts

Die mit dem medizinisch-technischen Fortschritt der Gegenwart verbundenen gestiegenen Behandlungsmöglichkeiten haben zur Absicherung der Patienteninteressen sowie seiner „verantwortlichen Entscheidungsautonomie"[1] die Summe der Rechtsnormen anwachsen lassen, „unter denen der Arzt und seine Berufstätigkeit stehen"[2]. Dieses Arztrecht umfasst neben Gesundheits- und Berufsgesetzen sowie spezifischen Verordnungen und Satzungen auch die jeden Bürger bindenden allgemeinen Vorschriften des Zivilrechts, Öffentlichen Rechts und Strafrechts[3], die in ihrem Regelungsbereich ergänzend ineinanderfließen. Die hierdurch erfolgte Verrechtlichung der letzten Jahrzehnte sowie der Wandel des Rechtsempfindens in der Bevölkerung, die Entscheidungen der einst unantastbaren „Halbgötter in Weiß" zu hinterfragen[4], hat das Spannungsverhältnis von Medizin und Recht zu einem Dauerproblem anwachsen lassen[5], das zu einer steigenden Kriminalisierung ärztlichen Verhaltens geführt hat. Es sind nicht mehr nur drohende Schadensersatzprozesse (mit teils horrenden Summen für Folgebehandlungen, selbst wenn die verursachende Behandlung [z. B. die Verabreichung einer Spritze] dem Arzt eine nur geringe Vergütung einbringt), sondern insbesondere die hieran zumeist gleichzeitig geknüpften strafrechtlichen Verfahren mit teils existenzbedrohenden strafrechtlichen wie berufsrechtlichen Folgen (Berufsverbot von bis zu fünf Jahren [§ 70 I StGB], Widerruf der Approbation, Entzug der Kassenzulassung), die wie ein Damoklesschwert über jeder ärztlichen Behandlung schweben, zumal „auch der geschickteste Arzt nicht mit der Sicherheit einer Maschine arbeitet" und „trotz aller Fähigkeiten und Sorgfalt" etwa eines Operateurs „ein Griff, ein Schnitt oder Stich misslingen kann, der regelmäßig auch dem betreffenden Arzt selbst gelingt"[6]. Zu Arzt und Tod hat sich daher längst auch der Jurist ans Krankenbett gesellt. Diese allgegenwärtige Haftungs-

---

1   *Tag*, Körperverletzungstatbestand, S. 2.
2   So die Definition des Arztrechts bei *Laufs*, in: Laufs/Kern, Handbuch, § 5 Rn. 2.
3   Darüber hinaus geht der Begriff des „Medizinrechts", zu dem ergänzend das Arzneimittel- und Medizinprodukterecht hinzukommt (vgl. *Laufs*, in: Laufs/Kern, Handbuch, § 5 Rn. 2).
4   *Haag*, Strafrechtliche Verantwortung von Ärzten und medizinischem Hilfspersonal (2003), S. 1: „Enttabuisierung der Götter in Weiß".
5   So *Thomas Alexander Peters*, Der strafrechtliche Arzthaftungsprozess (2000), S. 17; *Tag*, Körperverletzungstatbestand, S. 2 f.; *Ulsenheimer*, Arztstrafrecht, Rn. 6.
6   RGZ 78, 432 (435).

angst hat dazu geführt, dass sich vielerorts eine sog. Defensivmedizin etabliert hat.[7]

I. Historische Entwicklung und Begriff des Arztstrafrechts

Der Bereich des Arztstrafrechts war hierbei lange Zeit entsprechend seiner historischen Vorprägung[8] beschränkt auf die besonderen strafrechtlich bedeutsamen Gefährdungslagen des Arzt-Patienten-Verhältnisses (sog. „klassisches Arztstrafrecht"):

Bei den meisten Völkern der Antike, die die Medizin noch als Mächte der Natur ansahen und einen Kausalverlauf zwischen ärztlichem Verhalten und Schädigung daher nicht behaupteten, geschweige denn nachweisen konnten, war ein Arzthaftungsrecht noch unbekannt oder zumindest sehr beschränkt[9]: In Altbabylonien kannten die Gesetze des Königs Hammurabi (1793–1750 v. Chr.) zwar eine Bestrafung von Ärzten, aber nur von Chirurgen für fehlerhafte Schnitte mit dem Operationsmesser.[10] In Ägypten waren – nach Aussage von Diodor (um 60 v. Chr.) – Ärzte „nicht zu belangen" und gingen straffrei aus, sofern sie sich „an die entsprechenden Regeln, die sie einem heiligen Buch" entnahmen, hielten, selbst wenn „sie etwa den Erkrankten nicht retten" konnten. Handelten sie aber diesen Regeln zuwider, so wurden sie „eines todeswürdigen Verbrechens angeklagt. Denn der Gesetzgeber war der Ansicht, niemand könne vermöge seines Verstandes etwa jenen Heilmethoden überlegen sein, die aus alter Zeit überkommen und von den besten Vertretern ihres Faches angewandt worden seien."[11] Gleiches galt nach dem 9. Buch von Platons Gesetz aus der Mitte des 4. Jahrhunderts v. Chr. für Griechenland; „Strafe" war lediglich ein schlechter Ruf der Ärzte.[12]

Erst als die Medizin bei den Römern große Fortschritte machte, begann man, sich über die rechtlichen Konsequenzen ärztlicher Fehlleistungen Gedanken zu machen[13]: So unterfiel im römischen Recht der Lex Aquilia (287/286 v. Chr.) auch die vorsätzliche (sowie nach der Lex Cornelia de iniuriis [88 v. Chr.] fahrlässige) Verletzung durch einen Arzt (z. B. durch unsachgemäße Operation oder das Verabreichen eines schädlichen Arzneimittels), wobei bei Vorliegen eines Kunstfehlers die Kausalität für den Schaden vermutet wurde, da das begrenzte medizinische Wissen der damaligen Zeit einen Nachweis nicht zuließ.[14] Im Mittelalter wurde nach Art. 134 der Peinlichen Halsgerichtsordnung Kaiser Karls V.

---

7 Bei einer Befragung von 824 amerikanischen Ärzten gaben fast alle (93 %) an, dass sie defensive Medizin praktizieren. Sie überwiesen Patienten unnötigerweise zu Zusatzuntersuchungen, die sie eigentlich für überflüssig hielten (92 %) oder erstellten zur Vorsicht von ihnen an sich für unnötig gehaltene Röntgenbilder (43 %): ausführlich hierzu *Studdert u.a.*, JAMA Vol. 293 (2005), 2609 ff. In Deutschland mögen die Zahlen kleiner sein, die Tendenz hierzu ist aber mehr als deutlich: vgl. nur *Laufs*, NJW 1991, 1516 (1521); *Thomas Peters*, MedR 2002, 227 ff.; *Ulsenheimer*, Arztstrafrecht, Rn. 15.
8 Umfassend hierzu *Riegger*, Die historische Entwicklung der Arzthaftung, 2007, abrufbar unter: http://epub.uni-regensburg.de/10597/1/Finale_Version_21.10.07.pdf (letzter Aufruf: 22.5.2017).
9 Vgl. hierzu nur *vGerlach*, FS Geiß (2000), S. 389 (390 f.).
10 *Bäumer*, Die Ärztegesetzgebung Kaiser Friedrichs II. und ihre geschichtlichen Grundlagen (1914), S. 13 f.
11 Zitiert nach *vGerlach*, FS Geiß (2000), S. 389 (397).
12 Hierzu *Preiser*, Medizinhistorisches Journal 1970, 1 ff.; *Preuss*, MMW 1902, 489 f.
13 *vGerlach*, FS Geiß (2000), S. 389 (391 ff.).
14 Vgl. *Bäumer*, a.a.O., S. 21 f.

§ 1 Begriff, Bedeutung und Rechtsquellen des Arztstrafrechts

(Constitutio Criminalis Carolina) von 1532[15] – die bis ins 18. Jahrhundert hinein unmittelbare oder mittelbare Anwendung fand – ein Arzt für eine Tötung „aus Unfleiß oder Unkunst" bestraft. Unter den Landesgesetzgebungen war Anfang des 19. Jahrhunderts die Zahl der Strafverfahren gegen Ärzte wegen Behandlungsfehlern angesichts der noch nicht sehr weit entwickelten naturwissenschaftlichen Erkenntnisse jedoch noch äußerst gering.[16] Ein anschauliches Beispiel hierfür ist der berühmte Fall „Horn"[17]: 1811 wurde die 21-jährige, an einer unbestimmten psychischen Erkrankung leidende Louise Thiele in der Charité in Berlin vom Wundarzt Dr. Heinrich Horn in der Psychiatrie mit den damals gängigen Methoden der Wechselbäder, Brechmittelgabe, Fesselung in der Zwangsjacke sowie des Steckens in einen Sack bei besonders heftigen Anfällen behandelt; bei einer solchen Behandlung mit dem Sack erstickte sie. Ein Verwandter erstattete Anzeige. Dennoch nahm das Kammergericht keine Ermittlungen auf, da es in der Behandlung keinen verschuldeten Tod erblickte. Daraufhin schrieb Dr. Kohlrausch, ebenfalls in der Charité tätig und seit langem im Streit mit Dr. Horn, einen Brief an einen hohen preußischen Beamten, in dem er Dr. Horn der grausamen und unmenschlichen Behandlung bezichtete sowie als Verursacher des Todes der Louise. Nach der Einholung von drei medizinischen Gutachten, die die Methoden des Dr. Horn jedoch als allgemein üblich und nicht ursächlich für das Ersticken der Patientin bezeichneten, sprach das Kammergericht Dr. Horn 1812 frei. Dr. Kohlrausch wurde der bewussten falschen Verdächtigung beschuldigt, ihm konnte dies aber nicht nachgewiesen werden. Dr. Horn wurde nach dem Freispruch von der Charité befördert, Dr. Kohlrausch verließ sie.

Erst in der zweiten Hälfte des 19. Jahrhunderts stieg die Zahl der Arzthaftungsprozesse deutlich an. Dennoch enthielten das Preußische Strafgesetzbuch von 1851 sowie das Reichsstrafgesetzbuch von 1871 (und trotz diverser Reformversuche das Strafgesetzbuch auch heute noch immer) keine Spezialnormen für den (grundsätzlich straflosen) ärztlichen Heileingriffs wie (einen Spezialtatbestand für) die eigenmächtige Heilbehandlung (unten Rn. 25).

Stattdessen sind in den letzten Jahrzehnten zu den klassischen Bereichen der Körperverletzungs- und Tötungsdelikte als Folge des ärztlichen Heileingriffs, dem Schwangerschaftsabbruch, der Verletzung der ärztlichen Schweigepflicht, der Sterbehilfe und der Verschreibung von Betäubungsmitteln immer weitere (vor allem wirtschaftsstrafrechtliche) Deliktsbereiche im Zusammenhang mit der ärztlichen Tätigkeit in den Fokus der Strafverfolgungsbehörden geraten, wie Abrechnungsbetrug, Vertragsarztuntreue, Vorteilsannahme und Bestechlichkeit, so dass der Begriff der Arztstrafrechts inzwischen in diesem Sinne (alle Delikte im Zusammenhang mit der ärztlichen Tätigkeit) wesentlich weiter gefasst werden muss (sog. „Arztstrafrecht im weiteren Sinne"). Die Zahl neuer strafrechtlicher Ermittlungsverfahren in diesem weit verstandenen arztstrafrechtlichen Bereich hat sich (mangels verlässlicher bundesweiter Zahlen) nach Schätzungen auf der

---

15 Vgl. umfassend hierzu *Eberhard Schmidt*, ZRG 53 (1933) – Germ. Abt., 1 ff.; *Hellmuth von Weber*, ZRG 77 (1960) – Germ. Abt., 288 ff.
16 *Krähe*, Die Diskussion um den ärztlichen Kunstfehler in der Medizin des 19. Jahrhunderts (1984), S. 28.
17 Vgl. hierzu nur *Krähe*, a. a. O., S. 35 ff.

Grundlage exemplarischer empirischer Untersuchungen[18] auf einem hohen Niveau von jährlich 1.500[19] – 3.000[20] eingependelt.

II. Rechtsquellen

4 Die Rechtsquellen des „Arztstrafrechts im weiteren Sinne" sind durch die notwendige Anknüpfung an arztrechtliche Vorregelungen vielfältig:
(1) Strafgesetzbuch (**StGB**)
(2) Embryonenschutzgesetz (**ESchG**), ergänzt durch das Gesetz über genetische Untersuchungen bei Menschen (Gendiagnostikgesetz – **GenDG**)
(3) Gesetz über die Spende, Entnahme und Übertragung von Organen und Geweben (Transplantationsgesetz – **TPG**), insb. §§ 3 ff. (Entnahme von Toten) und §§ 8 ff. (Entnahme bei lebenden Spendern) mit den §§ 18 ff. TPG (Straf- und Bußgeldvorschriften)
(4) Gesetz zur Regelung des Transfusionswesens (Transfusionsgesetz – **TFG**), insb. §§ 31, 32 TFG (Straf- und Bußgeldvorschrift bezüglich des Umgangs mit Blut und Blutbestandteilen)
(5) Gesetz über den Verkehr mit Betäubungsmitteln (**BtMG**), insb. §§ 29 ff. BtMG für die Verschreibung von Betäubungsmitteln
(6) Gesetz über den Verkehr mit Arzneimitteln (**AMG**), insb. §§ 95 ff. AMG (Straftatbestände und Ordnungswidrigkeiten)
(7) Gesetz gegen Doping im Sport (**AntiDopG**), insb. § 4 I Nr. 1 iVm § 2 AntiDopG (Strafvorschrift gegen unerlaubten Umgang mit Dopingmitteln)
(8) Gesetz über Medizinprodukte (Medizinproduktegesetz – **MPG**), insb. §§ 40 ff. MPG (Straf- und Bußgeldvorschriften bzgl. des Inverkehrbringens von Medizinprodukten entgegen den Vorgaben des MPG)
(9) Gesetz über die Werbung auf dem Gebiete des Heilwesens (Heilmittelwerbegesetz – **HWG**), insb. §§ 14, 15 HWG (Straftatbestände/Ordnungswidrigkeiten bei verbotener Werbung)
(10) Gesetz gegen den unlauteren Wettbewerb (**UWG**): § 16 UWG (unlautere Werbung)
(11) Landesgesetze über Schutzmaßnahmen bei psychisch Kranken (**LandesPsychKG**)
(12) Bürgerliches Gesetzbuch (**BGB**), insb. §§ 1626 ff. (Vertretung von Minderjährigen durch ihre Eltern), §§ 1896 ff. (Betreuung), §§ 1901a ff. BGB (Patientenverfügung), ergänzt durch das Familienverfahrensgesetz (**FamFG**), insb. §§ 300 f. FamFG (einstweilige Anordnung)
(13) Berufsrechtliche Regelungen, insb.
 – Sozialgesetzbuch – Fünftes Buch – Gesetzliche Krankenversicherung (**SGB V**), insb. §§ 72 ff. (Beziehungen der Krankenkassen zu Ärzten), § 77 (Regelungen der Kassenärztlichen Vereinigungen), §§ 95 ff. (ärztliche Zulassung), §§ 115 ff. (Beziehungen der Krankenkassen zu Krankenhäusern und Vertragsärzten), §§ 129 ff. (Beziehungen der Kranken-

---

18 Ein gutes Beispiel hierfür ist die Aktenauswertung der Verfahren der Staatsanwaltschaft Düsseldorf der Jahre 1992 – 1996 bei *Thomas Alexander Peters*, Der strafrechtliche Arzthaftungsprozess (2000), S. 21.
19 *Lilie/Orben*, ZRP 2002, 154 (156 Fn. 19); *Wever*, ZMGR 2006, 121.
20 Vgl. *Ulsenheimer*, Arztstrafrecht, Rn. 3 mit Fn. 11; *Egon Müller*, DRiZ 1998, 155 (158).

kassen zu den Apothekern) und §§ 143 ff. SGB V (Organisation der Krankenkassen)
- **Bundesmantelvertrag für Ärzte** (BMV-Ärzte) und Bundesmantelvertrag für Zahnärzte (BMV-Zahnärzte)[21] zwischen der Kassenärztlichen Bundesvereinigung bzw. der Kassenzahnärztlichen Bundesvereinigung und dem Spitzenverband Bund der Krankenkassen (vgl. §§ 82, 217a ff. SGB V)
- Bundesärzteordnung (**BÄO**), insb. §§ 3 ff. BÄO (Regelungen zur Approbation)
- Zulassungsverordnung für Vertragsärzte (**Ärzte-ZV**)
- Gebührenordnung für Ärzte (**GOÄ**) bzw. für Zahnärzte (**GOZ**)
- **Kammer- und Heilberufsgesetze der Länder** (berufsständische Vertretung der Ärzte, Überwachung der Berufspflichten und Berufsgerichtsbarkeit)
- Deutsche Ärztinnen und Ärzte-(Muster-)Berufsordnung (**MBO-Ä**) bzw. Musterberufsordnung Bundeszahnärztekammer (**MBO-Z**) mit grundsätzlichen Rechten und Pflichten der ärztlichen Berufsausübung

§ 2 Rechtsverhältnisse eines Arztes

Das Strafrecht dient mit seinen Normen, Sanktionen und Verfahren dem Schutz von Rechtsgütern vor Gefährdung oder Verletzung[22] und knüpft damit zwingend an rechtliche Vorwertungen an, so dass das Verständnis der arztstrafrechtsrelevanten Normen zumindest einen groben Überblick über die Rechtsverhältnisse eines Arztes erfordert: 5

I. Arztrechtliche Maxime

1. Selbstbestimmungsrecht des Patienten

Ausgangspunkt aller medizinrechtlichen Fragestellungen muss der Mensch und seine auf Art. 1 I, 2 I GG beruhende Privatautonomie[23] sein. Hieraus ergibt sich das Bestimmungsrecht des Patienten über die Art der ärztlichen Behandlung (verknüpft mit einem Recht auf umfassende Aufklärung)[24], ein Recht auf Einsicht in die (vom Arzt als Nebenpflicht aus dem Behandlungsvertrag sowie berufsrechtlich aus der landesrechtlichen Umsetzung des § 10 II MBO-Ä niederzulegenden) Krankenhausaufzeichnungen des Arztes[25] (§ 630 g BGB), ein Schutz vor unberechtigter Weitergabe seiner persönlichen Daten (sichergestellt durch die einfachrechtlichen Regelungen des Bundesdatenschutzgesetzes) sowie eine umfassende Schweigepflicht der Angehörigen der Heilberufe, strafrechtlich sanktioniert über § 203 StGB und verfahrensrechtlich abgesichert durch die Zeugnisverweigerungsrechte der §§ 53 StPO, 383 ZPO. 5a

---
21 Beide sind abgedruckt in *Engelmann* (Hrsg.), Aichberger Ergänzungsband, Gesetzliche Krankenversicherung/Soziale Pflegeversicherung (Stand: 33. Ergänzungslieferung, Februar 2017): Ordnungsnummer 555 (BMV-Ärzte) und Ordnungsnummer 900 (BMV-Zahnärzte).
22 So etwa Sch/Schr/*Eisele*, Vor §§ 13 ff. Rn. 8 ff.; LK/*Walter*, Vor § 13 Rn. 8 ff.
23 Vgl. nur BVerfGE 52, 131 (168); BVerfGE 89, 120 (130).
24 Vgl. nur *Quaas/Zuck/Zuck*, Medizinrecht, § 2 Rn. 34 ff.
25 BVerfG, NJW 1999, 1777; BVerfG, NJW 2006, 1116 ff.; BGHZ 85, 327; BGHZ 106, 146 ff.

2. Freier Beruf

6 Der Arztberuf ist als freier Beruf (Art. 12 GG) mit einem hohen „Maß von eigener Verantwortlichkeit und eigenem Risiko in wirtschaftlicher Beziehung"[26] und unabhängiger und eigenverantwortlicher Stellung[27] bei der Berufsausübung ausgestaltet. Dies gilt auch für den Vertragsarzt, der (trotz Verpflichtung zur Behandlung der Kassenpatienten aufgrund seiner Zwangsmitgliedschaft in der Kassenärztlichen Vereinigung mit seiner Zulassung) das „ganze wirtschaftliche Risiko seines Berufs selbst" trägt; „die Kassenzulassung bietet ihm nur eine besondere Chance" zum Aufbau einer „auskömmlichen Kassenpraxis"[28]. Die gesteigerte Verantwortlichkeit für das Gemeinwohl wird durch ein berufsständisches, organisationsrechtliches Gefüge sichergestellt.

3. Therapiefreiheit

7 Das „Kernstück der ärztlichen Profession"[29] bildet die Therapiefreiheit, die den Arzt nur auf seine eigene wissenschaftliche Überzeugung verweist[30] (vgl. § 2 I MBO-Ä). Er kann also nicht zu einer diesen Grundsätzen widersprechenden Behandlungsmethode gezwungen werden.[31] Dies gewährleistet nicht nur ein Fortschreiten der Medizin, sondern es verhindert auch, dass die Individualität des jeweiligen Behandlungsgeschehens durch die schematische Anwendung der anerkannten Regeln nicht hinreichend berücksichtigt wird, und dient damit der Autonomie des Patienten. Denn die Therapiefreiheit ermöglicht es dem Arzt, „unabhängig von der Fessel normierender Vorschriften nach pflichtgemäßem und gewissenhaftem Ermessen im Einzelfall diejenigen therapeutischen Maßnahmen zu wählen, die nach seiner begründeten Überzeugung unter den gegebenen Umständen den größtmöglichen Nutzen für seinen Patienten erwarten lassen"[32].

4. Berufsethik

8 Das Berufsverhalten der Ärzte ist ausgehend vom Eid des Hippokrates[33] an ethischen Grundsätzen auszurichten wie zu messen: Der Arzt ist mit seinen Kenntnissen und Fähigkeiten dem Wohl des Patienten und dessen Leben verpflichtet. Dem Patienten darf durch die Hilfsmaßnahmen nicht geschadet werden. Der Wille des Patienten ist zu achten. Über vom Patienten anvertraute Tatsachen ist zu schweigen. Bei der Behandlung der Patienten sind diese gleich zu behandeln. Die Behandlung ist begründbar und nachvollziehbar zu gestalten.[34] Diese Forderungen der Standesethik „übernimmt das Recht weithin zugleich als rechtliche Pflicht. Weit mehr als sonst in den sozialen Beziehungen des Menschen fließt im ärztlichen Berufsbereich das Ethische mit dem Rechtlichen zusammen."[35]

---

26 BVerfGE 9, 338 (351).
27 BVerfGE 33, 367 (381).
28 BVerfGE 11, 30 (40).
29 *Laufs*, NJW 1997, 1609.
30 Vgl. *Deutsch/Spickhoff*, Rn. 21; *Laufs*, FS Deutsch (1999), S. 625 ff.
31 *Quaas/Zuck/Zuck*, Medizinrecht, § 2 Rn. 52.
32 *Laufs/Katzenmeier/Lipp*, Arztrecht, X Rn. 93.
33 Deutsche Übersetzung etwa in *Laufs/Katzenmeier/Lipp*, Arztrecht, S. 1.
34 Vgl. zu diesen Grundsätzen nur *Lippert*, in: Ratzel/Lippert, MBO, § 2 Rn. 7 ff.
35 BVerfGE 52, 131 (170).

5. Regeln der ärztlichen Kunst

Die ärztliche Behandlung muss unter Beachtung der Regeln der ärztlichen Kunst erfolgen, d. h. nach dem anerkannten Stand der medizinischen Erkenntnisse.[36] Als allgemein anerkannt gilt hierbei eine Heilmethode, wenn die medizinische Wissenschaft mit breiter Mehrheit von der Wirksamkeit der in Rede stehenden Behandlungsmethode ausgeht[37]; eine (mit der Therapiefreiheit unvereinbare) Beschränkung auf die sog. Schulmedizin ist hiermit nicht verbunden.[38]

6. Wissenschaftsfreiheit

Wissenschaftlichkeit (Art. 5 III GG) ist ein „Grundthema des Medizinrechts"[39], wie die Anbindung der Leistungserbringung an den Stand der medizinischen Erkenntnisse (§§ 2 I 3, 135 I 1 Nr. 1 SGB V) zeigt.

II. Rechtsbeziehung des frei praktizierenden Arztes zum Privatpatienten

1. Rechtsnatur des Behandlungsvertrages

Das Behandlungsverhältnis zum Patienten ist bürgerlich-rechtlich.[40] Eine ausdrückliche gesetzliche Regelung des bis dahin weitgehend durch Richterrecht geprägten Behandlungsvertrages erfolgte zum 26. Februar 2013 mit dem Gesetz zur Verbesserung der Rechte von Patientinnen und Patienten[41] in den §§ 630a ff. BGB, die entsprechend der bisher überwiegenden Ansicht in Rechtsprechung[42] und Literatur[43] den Behandlungsvertrag als „spezielle Form des Dienstvertrages"[44] (§§ 611 ff. BGB) und nicht als Werkvertrag (§ 631 BGB) einordnen. Denn angesichts der Unwägbarkeiten des menschlichen Körpers kann der Arzt bei deren Heilung einen Erfolg kaum garantieren und darf es standesrechtlich auch gar nicht (§ 11 II 2 MBO-Ä).

2. Parteien des Vertrages

Der Behandlungsvertrag kommt grundsätzlich zwischen dem Arzt und dem Patienten zustande. Ist der Patient noch minderjährig, so richtet sich die Wirksamkeit des Vertrages nach den §§ 104 ff. BGB. In der Regel kommt der Vertrag dann jedoch mit dem gesetzlichen Vertreter zugunsten des Patienten iSd § 328 BGB zustande.[45] Bei bestehender Ehe gibt der Patient im Zweifel die vertraglichen Erklärungen zugleich auch für den anderen Ehegatten ab (§ 1357 BGB), sofern Art und Kosten der Behandlung sich im Lebenszuschnitt der Familie hal-

---

36 BSGE 38, 73 (76); BSGE 48, 47 (52).
37 Vgl. nur BSGE 70, 24 (27).
38 Vgl. nur *Becker/Kingreen/Lang/Niggehoff*, SGB V, § 28 Rn. 10; *Laufs*, NJW 1984, 1383 (1384).
39 *Quaas/Zuck/Zuck*, Medizinrecht, § 2 Rn. 57.
40 BGHZ 142, 126 ff.
41 BGBl. 2013 I, S. 277 ff.; vgl. hierzu BT-Drs. 17/10488; *Katzenmerer*, NJW 2013, 817 ff.; *Montgomery/Brauer/Hübner/Seebohm*, MdR 2013, 149 ff.; *Angie Schneider*, JuS 2013, 104 ff.
42 Vgl. nur BGHSt. 57, 95 (102); BGHZ 63, 306 (309); BGHZ 76, 259 (261); OLG Koblenz, VersR 2009, 1542.
43 Vgl. nur MüKo-BGB/*Busche*, § 631 Rn. 238 [„im Grundsatz"]; *Kern*, in: Laufs/Kern, Handbuch, § 38 Rn. 8 ff.; *Laufs/Katzenmeier/Lipp*, Arztrecht, III Rn. 26; Staudinger/*Richardi/Fischinger*, Vor §§ 611 ff. Rn. 55.
44 MüKo-BGB/*Wagner*, § 630a Rn. 96.
45 BGHZ 89, 263 (266 f.); *Steffen/Pauge*, Arzthaftungsrecht, Rn. 11.

ten, wie er nach außen in Erscheinung tritt (vgl. §§ 1360, 1360a BGB)[46]; bei teuren Behandlungen bedarf es jedoch einer vorangehenden ausdrücklichen Abstimmung der Ehegatten hierüber.[47] Ist der Ehepartner beihilfeberechtigt oder privat versichert, scheidet eine Verpflichtung des anderen gemäß § 1357 I BGB aus.[48] Begleitet jemand seinen Lebensgefährten ins Krankenhaus, so wird er nicht allein dadurch zum Kostenschuldner.[49] Dies gilt selbst dann, wenn im Anmeldeformular per Allgemeine Geschäftsbedingungen eine gesamtschuldnerische Haftung des Anmeldenden mit dem Patienten angeordnet wird, da eine derartige Klausel nach § 309 Nr. 11a BGB unwirksam ist.[50]

Bei einer gemeinsamen Ausübung ärztlicher Tätigkeit ist zu differenzieren[51]: Bei einer Praxisgemeinschaft hat jeder Arzt seinen eigenen Patientenstamm und seine Karteiführung, so dass der Behandlungsvertrag nur jeweils zwischen dem Patienten und dem einzelnen Mitglied der Praxisgemeinschaft zustande kommt; selbst bei einer Vertretung werden keine Vertragsbeziehungen zum Vertreter begründet. Begibt sich der Patient dagegen zur Behandlung in eine ärztliche Gemeinschaftspraxis, so kommt der Arztvertrag zwischen ihm und der Ärztegemeinschaft als Gesellschaft bürgerlichen Rechts[52] zustande.

3. Form

13 Eine Form ist für den Behandlungsvertrag nicht vorgeschrieben. Er kommt daher in der Regel konkludent zustande, wenn der Patient sich in die Behandlung des Arztes begibt und der Arzt die Behandlung auch tatsächlich übernimmt.[53] Gleiches gilt, wenn der Patient den Arzt telefonisch kontaktiert und der Arzt hierauf eingeht.[54]

4. Pflichten aus dem Vertrag

14 Aufgrund des Behandlungsvertrages ist der **Arzt** nach § 630a I BGB zur persönlichen ärztlichen Behandlung verpflichtet, einschließlich Anamnese (Ermittlung der Krankenvorgeschichte), Untersuchung, Diagnosestellung, Indikationsstellung, die ärztliche Behandlung selbst, das Ausstellen von Attesten und sonstigen Bescheinigungen sowie die ärztliche Nachsorge und Kontrolle. Hinzutreten als Nebenpflichten die ärztliche Schweigepflicht, die Dokumentationspflicht (§ 630f BGB) und die Gewährung eines Einsichtsrechtes in diese Aufzeichnungen sowie die Pflicht zur Auskunft über Diagnose und Behandlungsverlauf.[55]

Der **Patient** (bzw. der dritte Vertragspartner) schuldet dem Arzt das vereinbarte oder übliche (§ 630a I BGB) Honorar, welches anhand der Gebührenordnung für Ärzte (GOÄ) als zwingendes Preisrecht für alle beruflichen (auch medizinisch nicht indizierten) Leistungen zu bemessen ist.[56] Gegenüber seiner

---

46 Vgl. hierzu BGHZ 47, 75 (81 ff.); BGHZ 94, 1 (3 ff.); BGHZ 116, 184 ff.; BGH, NJW 1992, 909 ff.; aA OLG Köln, NJW 1981, 637.
47 BGHZ 94, 1 (4); BGHZ 116, 184 (186).
48 OLG Köln, MDR 1993, 55; Palandt/*Brudermüller*, § 1357 Rn. 16.
49 OLG Saarbrücken, NJW 1998, 828 f.
50 BGH, NJW 1990, 761 ff.
51 Vgl. nur *Kern*, in: Laufs/Kern, Handbuch, § 39 Rn. 4.
52 Vgl. nur *Steffen/Pauge*, Arzthaftungsrecht, Rn. 53.
53 Vgl. nur BGH, NJW 2000, 3429.
54 BGH, NJW 1961, 2068 f.; BGH, NJW 1979, 1248 (1249).
55 Vgl. hierzu nur *Steffens/Pauge*, Rn. 11.
56 BGH, NJW 2006, 1879. Abweichungen hiervon bedürfen der Schriftform und sind ausdrücklich vor der Behandlung zu vereinbaren: BGHZ 138, 100 (103); OLG Stuttgart, VersR 2003, 462 f.

privaten Krankenversicherung kann der Privatpatient nach einer Verauslagung des Honorars eine Kostenerstattung (§ 192 I VVG) entsprechend der Bestimmungen des Versicherungsvertrages verlangen.

III. Rechtsverhältnisse eines Vertragsarztes

1. Das vertragsärztliche Viereckverhältnis

Die Rechtsverhältnisse der rechtlichen Verhältnisse bei der vertragsärztlichen Behandlung von Kassenpatienten wird klassischerweise als „vertragsärztliches Viereck" dargestellt[57], das durch die Einführung des Gesundheitsfonds zum 1.1.2009 nur unwesentlich verändert wurde:

Die Krankenkasse (KK) schuldet ihren Mitgliedern und deren Familienangehörigen (§ 10 SGB V) aus dem öffentlich-rechtlichen Versicherungsverhältnis nach dem grundsätzlichen Sachleistungsprinzip (§§ 2, 27 ff. SGB V) einen (durch das Wirtschaftlichkeitsgebot [§ 12 I SGB V] begrenzten) Anspruch auf ärztliche Versorgung.[58] Ihre Sachleistungsverpflichtung erfüllen die Krankenkassen durch Bundesmantelverträge (§ 82 I SGB V) mit der Kassenärztlichen Bundesvereinigung, deren Inhalt Bestandteil der auf Landesebene zwischen den Krankenkassen und den Kassenärztlichen Vereinigungen (KV) geschlossenen Gesamtverträge (§§ 2 II 3, 82, 83 SGB V) wird, in denen der den Patienten gegenüber zu erbringende Leistungsrahmen näher konkretisiert und die Gesamtvergütung festgelegt wird (§ 85 SGB V). Aufgrund dieser Gesamtverträge übernehmen die Kassenärztlichen Vereinigungen die Sicherstellung der vertragsärztlichen Versorgung der Kassenpatienten (§§ 73 II, 75 I SGB V). Die Vertragsärzte werden durch ihre Zulassung öffentlich-rechtliche Mitglieder der Kassenärztlichen Vereinigung (§ 95 III SGB V) und damit zur Übernahme der ärztlichen Versorgung der Kassenpatienten nach der Maßgabe der Gesamtverträge zwischen den Verbänden der Krankenkassen und der Kassenärztlichen Vereinigung verpflichtet.

Aufgrund des Versicherungsverhältnisses hat der Patient Beiträge an die Krankenkasse zu entrichten, die als Einzugsstelle für alle Sozialversicherungsbeiträge der Arbeitnehmer und Arbeitgeber fungiert (§§ 28d, 28h SGB IV). Die Krankenkasse leitet die vereinnahmten Beiträge an den Gesundheitsfonds (verwaltet durch das Bundesversicherungsamt) weiter (§ 271 I Nr. 1 SGB V) und erhält von diesem entsprechend dem Ausmaß der „Morbidität" der bei ihr Versicherten eine Grundpauschale mit alters-, geschlechts- und risikoadjustierten Zu- und Ab-

---

57 Ausführlich hierzu *Clemens*, in: Laufs/Kern, Handbuch, § 24 Rn. 33 ff.
58 An dieser grundsätzlichen Rechtsbeziehung ändert das Recht der Mitglieder, statt der Sachleistung Kostenerstattung bis zur Grenze des (vom Patienten vorzustreckenden) Ärztehonorars zu wählen (§ 13 II SGB V), nichts, insbesondere macht es den Versicherten nicht zum Privatpatienten.

schlägen zurück (§§ 266, 268, 270 SGB V). Der einzelne Vertragsarzt stellt die von ihm gegen Vorlage der Krankenversicherungskarte erbrachten Leistungen durch quartalsweise Einreichung der Abrechnungen bei der Kassenärztlichen Vereinigung auf der Grundlage des von den Kassenärztlichen Vereinigungen im Benehmen mit den Landesverbänden der Krankenkassen und den Ersatzkassen als Satzung festgesetzten Honorarverteilungsmaßstabes (§ 87b I 2 SGB V) in Rechnung, mit dem grundsätzlich die Bewertungen des Einheitlichen Bewertungsmaßstabes (EBM)[59] an den Arzt leistungsproportional weitergereicht werden, teils unter Beibehaltung der früheren (teilweise modifizierten) Grundsätze individuell zugewiesener Regelleistungsvolumina. Eine gemeinsame Prüfstelle der Landesverbände der Krankenkassen und Ersatzkassen und der Kassenärztlichen Vereinigungen überprüft (mit Stich- und Zufallsprüfungen) die Rechtmäßigkeit und Plausibilität der Abrechnung (§§ 106 ff. SGB V).

Die von den Krankenkassen gezahlte (in den Gesamtverträgen festgelegte) Gesamtvergütung (§ 85 SGB V) wird von den Kassenärztlichen Vereinigungen auf die in ihrem Bezirk zugelassenen Ärzte verteilt (ausführlich hierzu unten Rn. 268 ff.).

2. Rechtsbeziehungen zum Kassenpatienten

17 Durch seine Zulassung (§ 95 SGB V) erlangt der Vertragsarzt das Recht und die Pflicht, an der ambulanten vertragsärztlichen Versorgung von Kassenpatienten teilzunehmen, wobei er an das Sachleistungsprinzip (§ 2 II 3 SGB V) und an den Leistungskatalog des EBM und nachgeordneter Richtlinien gebunden ist. Das Behandlungsverhältnis zum Kassenpatienten selbst ist nach der privatrechtlichen Rechtsprechung[60] und Literatur[61] privatrechtlich (Dienstvertrag), nach der sozialrechtlichen Literatur[62] dagegen öffentlich-rechtlich geprägt und durch gesetzliche Pflichten geprägt (ohne das Zustandekommen eines Dienstvertrages). Für letztere Sichtweise spricht, dass der Kassenpatient durch die Vorlage seiner Krankenversicherungskarte konkludent erklärt, Behandlungsleistungen iSd § 27 I 2 Nr. 1 SGB V in Anspruch nehmen zu wollen.[63] Unabhängig von dieser Rechtsnatur unterscheidet sich die Pflichtenstellung des Vertragsarztes gegenüber dem Kassenpatienten kaum von jener bei einem niedergelassenen Arzt gegenüber einem Privatpatienten: Der Vertragsarzt hat die Kassenpatienten nach Maßgabe des Leistungsrahmens der Gesetzlichen Krankenversicherung (§§ 2, 12, 69–140e SGB V) und unter Einbeziehung aller Nebenpflichten eines Arztvertrages zu behandeln. Einen Honoraranspruch hat er grundsätzlich nicht gegen den Patienten, sondern nur gegen die Kassenärztliche Vereinigung (einzuklagen vor den Sozialgerichten: § 51 I Nr. 2, II SGG). Nur wenn der Kassenpatient Kostenerstattung nach § 13 II SGB V gewählt hat, ist er Honorarschuldner.

---

[59] Abgedruckt in *Engelmann* (Hrsg.), Aichberger Ergänzungsband, Gesetzliche Krankenversicherung/ Soziale Pflegeversicherung (Stand: 33. Ergänzungslieferung, Februar 2017): Ordnungsnummer 765.
[60] Vgl. nur BGHZ 76, 259 (261); BGHZ 100, 363 (367); BGHZ 179, 115 (119 f.); BGH, VersR 2009, 401 (402).
[61] *Laufs/Katzenmeier/Lipp*, Arztrecht, III Rn. 1; MüKo-BGB/*Müller-Glöge*, § 611 Rn. 79.
[62] *Krause*, SGb 1982, 425 ff.; *Tiemann/Tiemann*, Kassenarztrecht im Wandel (1983), S. 33 ff.
[63] Ebenso *Krauskopf/Clemens*, in: Laufs/Kern, Handbuch, § 27 Rn. 5 ff.

3. Rechtsbeziehungen zur Kassenärztlichen Vereinigung

Mit seiner Zulassung wird der Vertragsarzt Zwangsmitglied der für seinen Sitz zuständigen Kassenärztlichen Vereinigung, einer Körperschaft des öffentlichen Rechts. Die genossenschaftliche Mitgliedschaft löst eine Reihe von Rechten aus, insbesondere die Berechtigung zur Behandlung aller gesetzlich Krankenversicherten sowie sonstiger Anspruchsberechtigter (z. B. Heilfürsorge der Soldaten und Polizeibeamten), die Vergütung sowie die Teilnahme an der Selbstverwaltung. Dem stehen als Pflichten insbesondere eine Beschränkung auf einen Vertragsarztsitz, die Einhaltung der üblichen Sprechstunden, die Behandlung aller gesetzlich Krankenversicherten, die Teilnahme am organisierten Notfall- und Bereitschaftsdienst sowie die Verpflichtung zur Weiterbildung gegenüber.[64]

18

4. Rechtsverhältnis zu den Krankenkassen?

Vertragsärzte und Krankenkassen wirken zwar zur Sicherstellung der vertragsärztlichen Versorgung der Versicherten nach § 72 I 1 SGB V zusammen, konkret geregelte Rechtsbeziehungen zwischen ihnen bestehen jedoch nicht. Die Krankenkassen können daher nicht die Behandlung eines Versicherten gegenüber einem Vertragsarzt einklagen, der seinerseits von der Krankenkasse selbst kein Honorar für die Behandlung eines der Versicherten fordern kann.

19

IV. Rechtsverhältnisse der Krankenhausärzte

Für die **stationäre Krankenhausbehandlung** ist regelmäßig nur der Krankenhausträger Vertragspartner des Patienten (sog. totaler Krankenhausvertrag)[65], wobei der Behandlungsvertrag die Rechtsnatur eines (gemischt) zivilrechtlichen Dienstvertrages (Privatpatient) hat oder (beim Kassenpatienten) das Zivilrecht vom sozialrechtlichen Sachleistungsanspruch (§§ 2 II, 13 SGB V) überlagert wird. Die im Krankenhaus tätigen Ärzte, deren Rechtsbeziehungen zum Krankenhausträger je nach der Trägerschaft dem Beamtenrecht (bei juristischen Personen als Trägern) oder dem bürgerlich-rechtlichen Dienstvertragsrecht zuzuordnen sind, erfüllen auf dieser Grundlage den Behandlungsanspruch des Patienten gegen den Krankenhausträger, so dass sie insoweit die gleichen Nebenpflichten wie bei einem selbst geschlossenen Behandlungsvertrag treffen. Bietet ein selbstliquidierungsberechtigter Krankenhausarzt (regelmäßig die Leitenden Abteilungsärzte) dem Patienten eine Wahlleistung an, so tritt er insoweit dem Krankenhausvertrag auf Seiten des Krankenhausträgers bei (sog. Arztzusatzvertrag)[66], bleibt im Übrigen aber dienstrechtlich in das Krankenhausgefüge eingeordnet.

20

In **Belegkrankenhäusern** schuldet der Krankenhausträger nur die pflegerische und medizinische Betreuung (vgl. §§ 18 BPflV, 18 KHEntG). Der Belegarzt wird hinsichtlich der ärztlichen Behandlung grundsätzlich alleiniger Vertragspartner.[67]

Bei der **ambulanten Krankenhausbehandlung** richtet sich der Vertragspartner des Patienten nach den Umständen des Einzelfalles, insbesondere danach, wer

---

64 Vgl. zu diesen Rechten und Pflichten nur *Krauskopf/Clemens*, in: Laufs/Kern, Handbuch, § 27 Rn. 2 ff.
65 Vgl. nur BGH, NJW 2000, 2741 f.
66 BGHZ 95, 63 (67 ff.); BGHZ 172, 190 (193); aA gespaltener Vertrag: BGH, NJW 1981, 2002 (2003); OLG Stuttgart, VersR 1991, 1141 ff.
67 BGHZ 129, 6 (13 f.).

liquidierungsberechtigt ist. So ist Vertragspartner eines Privatpatienten grundsätzlich nur der Chefarzt selbst.[68] Beim Kassenpatienten ist Vertragspartner nur der nach §§ 95, 116 SGB V zur Teilnahme an der vertragsärztlichen Versorgung ermächtigte Arzt.[69]

V. Rechtsverhältnisse der Zahnärzte

21 Die Rechtsverhältnisse zwischen dem Zahnarzt und dem Privatpatienten richtet sich nach den §§ 630a ff. BGB[70]; abgerechnet wird auf Grund der GOZ. Die Rechtsstellung des Vertragszahnarztes entspricht jener des Vertragsarztes: Der Vertragszahnarzt wird mit seiner Zulassung Pflichtmitglied der Kassenzahnärztlichen Vereinigung und wird damit dem Vertragszahnarztrecht unterworfen, insbesondere der aufgrund der Gesamtverträge zwischen den Krankenkassen und der Kassenzahnärztlichen Vereinigung von letzterer übernommenen Verpflichtung zur vertragszahnärztlichen Versorgung, abgerechnet über die Kassenzahnärztliche Vereinigung.

VI. Parallelberufe

22 Für zugelassene **psychologische Psychotherapeuten** gelten nach § 72 I SGB V iVm § 1 III Ärzte-ZV die Regelungen über das Vertragsarztrecht entsprechend. Zugelassen werden können hierbei nur Diplompsychologen.

Ein **Heilpraktiker** gilt dagegen für eine selbstständige Ausübung vertragsärztlicher Tätigkeit als nicht genügend geeignet[71]; umgekehrt darf ein approbierter Arzt nicht als Heilpraktiker tätig sein.

VII. Standesrecht

23 In den einzelnen Bundesländern existieren Ärztekammern als Körperschaften des öffentlichen Rechts, in denen die Ärzte Pflichtmitglieder sind. Zu den umfangreichen Aufgaben der Ärztekammern zählt auch die Regelung der Pflichten ihrer Mitglieder über Berufsordnungen und deren Überwachung durch die von den Kammern getragenen Ethik-Kommissionen.

---

68 *Steffen/Pauge*, Arzthaftungsrecht, Rn. 50.
69 Vgl. BGHZ 124, 128 (132); BGHZ 165, 290.
70 Vgl. zur Einstufung als Dienstvertrag bereits OLG Koblenz, NJW-RR 1994, 52; LG Berlin, MedR 2009, 98.
71 BVerfGE 78, 155 ff.; BSGE 48, 47 ff.

2. Teil: **Die einzelnen Bereiche des Arztstrafrechts**

§ 3 Ärztlicher (Heil-)Eingriff als vorsätzliche Körperverletzung

I. Vorbemerkungen

1. Begriff des Behandlungsfehlers

Seit der Antike wurde (insbesondere vorsätzliches) ärztliches Fehlverhalten rechtlich verfolgt und sanktioniert. Erst 1797 findet sich jedoch eine erste Definition des Kunstfehlerbegriffs durch den Mediziner *Christian Fahner*, Königlicher Landphysikus der Grafschaft Hohenstein: Kunstfehler seien „Vergehungen gegen die von den Lehrern der Arzneikunst als zuverlässig und allgemein angenommenen Regeln der gesamten Arzneikunst" aus „argloser Übereilung, grober Unwissenheit, Vorwitz, Verwegenheit, Bosheit, menschlicher Schwachheit, zu großer Ängstlichkeit oder unverzeihlicher Nachlässigkeit"[72]. Die wohl bekannteste Definition entwickelte der Mediziner und Anthropologe *Rudolf Virchow* (1821–1902) anlässlich der Schaffung des Preußischen Strafgesetzbuchs: „Approbierte Medizinalpersonen, welche in Ausübung ihres Berufes aus Mangel an gehöriger Aufmerksamkeit oder Vorsicht und zuwider allgemein anerkannten Regeln der Heilkunst durch ihre Handlungen oder Unterlassungen die Gesundheit eines ihrer Behandlung übergebenen Menschen beschädigt haben, sollen bestraft werden."[73] Folgten dem anfangs noch Rechtsprechung und Schrifttum[74], so wurde der Begriff „Kunstfehler" wegen der Gefahr einer Gleichsetzung mit einem persönlichen ärztlichen Versagen sowie wegen der Wandlung des Verständnisses der Medizin, die inzwischen als Wissenschaft und weniger als „Kunst" verstanden werden wollte[75], durch den Begriff des „Behandlungsfehlers" ersetzt. Dieser liegt vor, wenn der Arzt nicht „unter Einsatz der von ihm zu fordernden medizinischen Kenntnisse und Erfahrungen im konkreten Fall vertretbare Entscheidungen über die diagnostischen sowie therapeutischen Maßnahmen getroffen und diese Maßnahmen sorgfältig durchgeführt hat"[76].

24

---

[72] *Fahner*, Handbuch für Richter und gerichtliche Ärzte, Band 2 (1797), S. 162, zitiert nach Wagner, ZRechtsmed 1981, 303 (305) (dort zur historischen Entwicklung des Begriffs „Ärztlicher Kunstfehler").
[73] *Virchow*, in: Eser/Künschner (Hrsg.), Recht und Medizin (1990), S. 43 (52).
[74] Vgl. nur RG, JW 1938, 2203 (2204); BGHZ 8, 138 (140); *Eberhard Schmidt*, Arzt, S. 139.
[75] Umfassend hierzu *Katzenmeier*, Arzthaftung (2002), S. 274 ff.
[76] BGH, NJW 1987, 2291 (2292); ebenso *Deutsch*, NJW 1978, 1657 (1658 f.); *Giesen*, JZ 1990, 1053 (1056); *Katzenmeier*, a. a. O., S. 276 f.

2. Kein strafrechtlicher Sondertatbestand

25 Seit dem Jahre 1911 wurden stetig neue Gesetzesentwürfe eines Sonderstraftatbestandes der eigenmächtigen Heilbehandlung[77] sowie eines Ausschlusstatbestandes, der nach den Regeln der ärztlichen Kunst ausgeführte Heilbehandlungen aus dem Anwendungsbereich der Körperverletzungen herausnahm[78], vorgebracht und diskutiert, zuletzt 1996 im Referentenentwurf des 6. Gesetzes zur Reform des Strafrechts[79]. All diese Entwürfe scheiterten jedoch, anfangs wegen des rasanten Wechsels der politischen Systeme in Deutschland[80], später sachlich, weil insbesondere durch die Schaffung des Sondertatbestandes letztlich nur die Probleme der rechtfertigenden Einwilligung auf die Tatbestandsebene verlagert würden, wobei es angesichts der umfassenden Rechtsprechungsgrundsätze zu den Wirksamkeitsvoraussetzungen einer Einwilligung (hierzu unten Rn. 37 ff.), insbesondere an eine Aufklärung, mutmaßlichen Einwilligung (unten Rn. 66 ff.) sowie neuerdings einer hypothetischen Einwilligung (hierzu unten Rn. 72 ff.) kaum gelingen kann, diese mit der nötigen Rechtssicherheit zu normieren.[81] Die Folge wären nicht nur neue Abgrenzungsprobleme zu den Körperverletzungsdelikten[82], sondern in einigen Anwendungsfällen eine teilweise Ausdehnung der Strafbarkeit des Arztes[83] – so dass sich die Ärzteschaft gegen die Notwendigkeit einer Neuregelung aussprach[84] –, in anderen Bereichen eine Straflosigkeit mit Auswirkungen auf die zivilrechtliche Rechtslage und damit verbundener Rechtseinbuße der Patienten[85]. Obwohl Teile im Schrifttum auch heutzutage noch für entsprechende Reformbestrebungen (entsprechend des Sondertatbestandes in § 110 des österreichischen Strafgesetzbuchs) plädieren[86], sind derartige noch nicht einmal in Planung. Die Strafbarkeit ärztlicher (Heil-) Eingriffe richtet sich daher (weiterhin) nach den allgemeinen Strafbarkeitsbestimmungen.

---

77 So erstmals im Gegenentwurf zum Vorentwurf eines Deutschen Strafgesetzbuchs von 1911 („Wer einen anderen gegen seinen ausdrücklichen oder nach den Umständen zu vermuten Willen ärztlich behandelt, wird […] bestraft"; hierzu *Tag*, Körperverletzungstatbestand, S. 32), im weiteren in § 313 des amtlichen Entwurfs eines deutschen Strafgesetzbuchs von 1919 („Wer einen anderen gegen seinen Willen zu Heilzwecken behandelt, wird […] bestraft"; hierzu *Nathan*, ZStW 43 [1922], 451 [453 f.]).
78 So etwa in § 238 des Entwurfs von 1925 („Eingriffe und Behandlungsweisen, die der Übung eines gewissenhaften Arztes entsprechen, sind keine Körperverletzungen oder Misshandlungen im Sinne des Gesetzes"; hierzu *Mezger*, in: Gürtner [Hrsg.], Das kommende deutsche Strafrecht, Besonderer Teil (1935), S. 267 [270 f.]).
79 Vgl. *Tag*, Körperverletzungstatbestand, S. 447 f.
80 Vgl. *Ebermayer*, Der Arzt im Recht (1930), S. 161; *Eberhard Schmidt*, Einführung in die Geschichte der deutschen Strafrechtspflege (3. Aufl. 1965), S. 407 f.; *F.-C. Schroeder*, Heilbehandlung, S. 11.
81 Vgl. hierzu nur *Wiesner*, Einwilligung, S. 154 f.
82 *Cramer*, FS Lenckner (1998), S. 761 (776); *Egon Müller*, DRiZ 1998, 155 (159).
83 Vgl. *Deutsch/Spickhoff*, Medizinrecht, Rn. 738 f.; *Hans-Ludwig Schreiber*, FS Hans Joachim Hirsch (1999), S. 713 (724).
84 Vgl. *F.-C. Schroeder*, Heilbehandlung, S. 12 f.
85 Vgl. *Katzenmeier*, ZRP 1997, 156 (160); *Egon Müller*, DRiZ 1998, 155 (160).
86 So etwa *Hans Joachim Hirsch*, GedS Zipf (1999), S. 353 (373); *F.-C. Schroeder*, Heilbehandlung, S. 44 ff.

II. Strafbarkeit als einfache (vorsätzliche) Körperverletzung (§ 223 StGB)

1. Vorbemerkungen

a) Geschütztes Rechtsgut. Geschütztes Rechtsgut der §§ 223 ff. StGB ist entsprechend der Überschrift des siebzehnten Abschnitts des Strafgesetzbuchs „die körperliche Unversehrtheit".

b) Geschütztes Tatobjekt. Geschütztes Tatobjekt ist „eine andere Person", die Menschqualität aufweisen muss. Während das Bundesverfassungsgericht offen gelassen hat, ob verfassungsrechtlich der Schutz des menschlichen Lebens (Art. 2 II 1 GG) bereits mit der Befruchtung der Eizelle beginnt[87], beginnt strafrechtlich der tatbestandliche Anwendungsbereich des Schwangerschaftsabbruchs (§§ 218 ff. StGB) nach der Legaldefinition des § 218 I 2 StGB (erst) mit dem „Abschluss der Einnistung des befruchteten Eies in der Gebärmutter" (sog. Nidation). Für §§ 211 ff. StGB und §§ 223 ff. StGB beginnt der tatbestandliche Schutz – wie früher aus § 217 StGB a. F. (Kindstötung: „Eine Mutter, welche ihr nichteheliches Kind *in oder gleich nach der Geburt* tötet [...]") folgte und als „tradiertes Begriffsverständnis"[88] weitgehend unwidersprochen noch heute anerkannt ist, mit Beginn der Geburt (und damit zeitlich früher als nach dem Zivilrecht: dort beginnt nach § 1 BGB die Rechtsfähigkeit eines Menschen erst „mit der Vollendung der Geburt").[89] Nach heute überwiegender Ansicht[90] beginnt die Geburt nicht erst mit den Presswehen, mittels derer das Kind endgültig aus dem Mutterleib gepresst wird, sondern bereits (unabhängig von der Lebensfähigkeit des Kindes[91], von der Dauer des Lebens unabhängig vom Leben der Mutter[92] und der Lebensqualität[93]) mit dem tatsächlichen Beginn der Eröffnungswehen, durch die der Gebärmutterhals und der äußere Muttermund erweitert werden. Diese Vorverlagerung des Beginns der Menschqualität beruht neben einem gewollten Gleichklang mit den medizinischen Anschauungen maßgeblich auf einer kriminalpolitisch gewollten Erweiterung des Lebensschutzes (da die §§ 218 ff. StGB nur eine vorsätzliche Begehungsweise kennen). Wann das Leben bei operativer Entbindung (Kaiserschnitt) beginnt, hat die Rechtsprechung bislang zwar ausdrücklich offen gelassen[94], mit Teilen der Literatur[95] wird man hier aber auf die Öffnung des Uterus abstellen müssen.

Die Menschqualität endet mit dem „Tod", der als offener Rechtsbegriff nach den jeweils neuesten Erkenntnissen der medizinischen Wissenschaft und den anerkannten Regeln juristischer Auslegung zu bestimmen ist. Während man bis ca.

---

87 BVerfGE 39, 1 (37); BVerfGE 88, 203 (251 f.) (wenngleich dies wegen Erkenntnissen der medizinischen Anthropologie als „nahe liegend" bezeichnend); hiergegen etwa *Jarass/Pieroth/Jarass*, GG, Art. 2 Rn. 82: erst ab Nidation.
88 *Hans Joachim Hirsch*, FS Eser (2005), S. 309 (322).
89 *Hans-Joachim Hirsch*, FS Eser (2005), S. 309 ff.; *Küper*, GA 2001, 515 ff.; *Lackner/Kühl/Kühl*, Vor § 211 Rn. 3; *Ulsenheimer*, in: Laufs/Kern, Handbuch, § 139 Rn. 1; aA *Herzberg/Herzberg*, JZ 2001, 1106 (1112); NK-StGB/*Merkel*, § 218 Rn. 33 ff.: jeweils (wegen der Streichung des § 217 StGB a. F.) erst ab Vollendung der Geburt.
90 BGHSt. 32, 194 (196); OLG Karlsruhe, NStZ 1985, 314 (315); NK-StGB/*Paeffgen*, § 223 Rn. 4; aA früher RGSt. 26, 178 (179).
91 RGSt. 26, 178 (179); *Fischer*, Vor § 211–217 Rn. 5; *Lackner/Kühl/Kühl*, Vor § 211 Rn. 3.
92 BGHSt. 10, 291 (292).
93 *Wolflast*, MedR 1989, 163 (167).
94 BGHSt. 31, 348 (356 f.); BGHSt. 32, 194 (197).
95 Sch/Schr/*Eser/Sternberg-Lieben*, Vor § 211 Rn. 13; *Fischer*, Vor §§ 211–217 Rn. 5; LK/*Jähnke*, Vor § 211 Rn. 3.

1970 nach dem damaligen Stand der Medizin den irreversiblen Stillstand von Kreislauf und Atmung („Herztod" bzw. „klinischer Tod") für maßgeblich hielt, führte die moderne Re-Animationstechnik sowie die apparative Ersetzbarkeit von herz- und Atemtätigkeit zu einem medizinischen wie rechtlichen Abstellen auf das irreversible Erlöschen der (Groß- und Stamm-)Hirnfunktionen (sog. „Gehirntod")[96], wie der Gesetzgeber ihn inzwischen in § 3 II Nr. 2 des Transplantationsgesetzes (TPG) als maßgeblich festgeschrieben hat (weil die Entnahme von Organen erst nach dem „endgültigen, nicht behebbaren Ausfall der Gesamtfunktion des Großhirns, des Kleinhirns und des Hirnstammes" zulässig ist).

28 Es ergibt sich somit folgende Systematik:

Zeitpunkt der Angriffshandlung		
Von der Nidation bis zum Beginn der Eröffnungswehen:	Mit Beginn der Eröffnungswehen bis zum Hirntod:	Nach dem Hirntod:
§§ 218 ff. StGB	§§ 212 ff., 223 ff. StGB	§§ 168, 189 StGB

29 c) **Pränatale Eingriffe mit postnatalen Folgen.** Hieraus kann sich das Problem pränataler (während der Schwangerschaft vor der Geburt erfolgender) Eingriffe mit postnatalen (d. h. nach der Geburt eintretenden oder fortwirkenden) Folgen stellen:

> **Fall 1** (in Abwandlung von BGHSt. 31, 348 ff.): Assistenzarzt Dr. A nahm für die Feiertage am eingerichteten ärztlichen Notfalldienst teil. Er wurde in die Wohnung der Frau F gerufen, die über starke Krämpfe im Unterleib klagte. Dr. A erkannte, dass die Frau schwanger war und sprach sie mehrfach darauf an. Dennoch verneinte F stets eine Schwangerschaft vehement. Daraufhin wollte Dr. A ihr zeigen, wozu es führen kann, wenn man seinen Arzt anlügt: Er notierte als Diagnose „Dysmenorrhöe", verabreichte ihr eine krampflösende Spritze und verschrieb ihr Buscopan-Zäpfchen, eine Schädigung des Kindes hierdurch billigend in Kauf nehmend. Durch diese wehenhemmende Medikation gebar F erst am übernächsten Tag ihr Kind K, das in Folge eines Sauerstoffmangels wegen überlanger Geburt schwer gehirngeschädigt war. Strafbarkeit des A, wenn sich hinterher nicht ermitteln lässt, ob zum Zeitpunkt der Behandlung durch Dr. A bereits die Eröffnungswehen angefangen hatten oder ob es bloße Vorwehen waren?

Maßgeblich für die Rechtsqualität des Opfers ist der Zeitpunkt der Verletzungshandlung. Wandelt sich die Rechtsqualität des Opfers nach dem Eingriff von der Leibesfrucht zum Menschen, so ändert sich nichts daran, dass zum Zeitpunkt der Tat (nach § 9 StGB der Zeitpunkt, „zu welcher der Täter oder Teilnehmer gehandelt hat oder im Falle des Unterlassens hätte handeln müssen") kein taugliches Tatobjekt vorlag.[97] In **Fall 1** ist daher in dubio pro reo davon auszugehen, dass die Eröffnungswehen noch nicht begonnen hatten, so dass mangels Mensch-

---

[96] Vgl. nur Sch/Schr/*Eser/Sternberg-Lieben*, Vor § 211 Rn. 19; *Lackner/Kühl/Kühl*, Vor § 211 Rn. 4; *Steffen*, NJW 1997, 1619 ff.
[97] Vgl. nur EGMR, EuGRZ 2005, 568; BGHSt. 31, 348 (351); *Fischer*, Vor §§ 211–217 Rn. 8; LK/*Lilie*, Vor § 223 Rn. 7; NK-StGB/*Paeffgen*, § 223 Rn. 5.

qualität des K eine Körperverletzung an ihm ausscheidet. Diese Rechtslage erscheint vor allem bei schwer wiegenden pränatalen Schädigungen unbefriedigend und mit der Schutzpflicht des Staates für die körperliche Unversehrtheit kaum vereinbar.[98] Dennoch sind gesetzgeberische Änderungen nicht zu erwarten.

In einem vergleichbaren Fall, in dem der Arzt fahrlässigerweise das Vorliegen der Schwangerschaft verkannte (und das Kind tot geboren wurde), verneinte der Bundesgerichtshof nicht nur eine fahrlässige Tötung am Kind, sondern auch eine fahrlässige Körperverletzung an der Mutter, da „eine bloße zeitliche Verschiebung des Geburtsvorgangs" noch keine Körperverletzung darstelle.[99]

d) Aufbauschema:

Aufbauschema (§ 223 I StGB)
I. Tatbestandsmäßigkeit
   1. **Objektiver Tatbestand:**
      a) Taterfolg/Tathandlung
         aa) Körperliche Misshandlung
         bb) Gesundheitsschädigung
      b) Kausalität
      c) Objektive Zurechnung
   2. **Subjektiver Tatbestand:** Vorsatz
II. Rechtswidrigkeit
III. Schuld
IV. Strafantrag, § 230 I StGB

---

2. Objektiver Tatbestand

a) **Körperliche Misshandlung und Gesundheitsbeschädigung.** Beide Tatbestandsvarianten enthalten sowohl Elemente der Tathandlung wie auch des jeweils korrespondierenden Taterfolges, wenngleich bei der körperlichen Misshandlung mehr der Handlungsakt im Mittelpunkt steht, bei der Gesundheitsbeschädigung dagegen mehr die Wirkung der Tathandlung[100]:

Die **körperliche Misshandlung** ist ein übles und unangemessenes Behandeln, welche das körperliche Wohlbefinden (von einem objektiven Beurteilungsstandpunkt aus) mehr als nur unerheblich beeinträchtigt[101], selbst wenn es nicht zu einem pathologischen Zustand führt. Auch das Vorenthalten von Schmerzmitteln gegenüber einem an unerträglichen Schmerzen leidenden Patienten stellt eine „körperliche Misshandlung" (durch Unterlassen) dar.[102] Auf der anderen Seite ist eine Schmerzzufügung beim Opfer für eine körperliche Misshandlung genauso wenig zwingend erforderlich[103] wie eine dauerhafte körperliche Funktionsbeeinträchtigung oder sogar eine Entstellung. Rein psychische Beeinträchtigungen wie die Verursachung eines Schocks oder von Angst (z. B. nach der ausführlichen Schilderung möglicher Operationsfolgen) oder eine Traumatisie-

---

98 Ebenso Hentschel-Heinegg/*Eschelbach*, § 223 Rn. 12.
99 BGHSt. 31, 348 (357).
100 BeckOK-StGB/*Eschelbach*, § 223 Rn. 17.
101 Vgl. nur BGHSt. 14, 269 (271); BGHSt. 25, 277 (278); *Fischer*, § 223 Rn. 4.
102 BGH, LM § 230 Nr. 6; vgl. auch *F.-C. Schroeder*, FS Hans Joachim Hirsch (1999), S. 728: unterlassene Anästhesie.
103 Vgl. nur RGSt. 19, 136 (139 f.); BGHSt. 25, 277 (278).

rung genügen grundsätzlich nicht. Vielmehr bedarf es hier der Feststellung zumindest erheblicher psychovegetativer Reaktionen; bloßer Durchfall als Folge des Erschreckens soll jedoch noch nicht genügen.[104]

31 Eine **Gesundheitsbeschädigung** ist jedes Hervorrufen oder Steigern eines nicht nur ganz unerheblichen pathologischen, d. h. vom Normalzustand der körperlichen Funktionen des Menschen nachteilig abweichenden Zustandes[105], wobei die Dauer dieses Zustandes ebenso irrelevant ist wie ein Schmerzempfinden seitens des Opfers[106]. Eine „bloß psychische Einwirkung, die lediglich das seelische Wohlbefinden berührt", reicht auch hier nicht, „sofern nicht darüber hinaus die Nerven in einen krankhaften [nicht nur unerheblichen] Zustand versetzt werden"[107]. Die körperliche Beeinträchtigung muss sich von einem natürlichen Vorgang unterscheiden, so dass eine (ungewollte) Schwangerschaft selbst keine Gesundheitsbeschädigung (sondern ein „freudiges Ereignis") darstellt.[108]

> **Fall 2** Dr. A verabreicht dem Krankenhauspatienten P (ohne dessen Wissen) ein Schlafmittel. Gut erholt erwacht P am nächsten Tag. Strafbarkeit des Dr. A nach § 223 StGB?

Die Verabreichung bewusstseinstrübender Mittel (Alkohol, Drogen, Medikamente) stellt eine Gesundheitsschädigung dar. Der Schlaf ist jedoch kein pathologischer, sondern ein natürlicher Zustand, so dass ohne weitere Nachwirkungen (z. B. Erinnerungsverlust) – wie in **Fall 2** – eine Körperverletzung zu verneinen ist.

> **Fall 3** (nach OLG Frankfurt, NJW 1988, 2965): Der niedergelassene Arzt A verschrieb der bereits langjährig tablettenabhängigen, u. a. „Lexotanil" konsumierenden Patientin P auf ihr Verlangen und ohne Prüfung der Indikation wöchentlich 50–70 Tabletten „Lexotanil", so dass ihre Medikamentenabhängigkeit stabilisiert wurde. Strafbarkeit des A?

Für eine Gesundheitsschädigung genügt (nach der Definition) eine Steigerung einer bereits vorhandenen Krankheit, sei es in einer qualitativen Steigerung des Krankheitsbefundes, sei es in Form einer zeitlichen Verlängerung, „weil dadurch eine Perpetuierung [des Krankheitszustandes, in **Fall 3**:] der Sucht eintritt und Therapiemöglichkeiten zerstört oder zumindest erschwert werden"[109].

32 Abgetrennte Körperteile und Körpersubstanzen (z. B. bei einer Eigenblutspende) nehmen am strafrechtlichen Schutz lediglich dann teil, wenn sie lediglich „kurzfristig im Rahmen einer apparativen oder medikamentösen Behandlung oder zum Zwecke der Durchführung der Operation vom Körper getrennt und während desselben engen raumzeitlichen Gesamtvorgangs wieder in der ursprüngli-

---

[104] OLG Köln, NJW 1997, 2191 f.
[105] Vgl. nur BGHSt. 36, 1 (6); BeckOK-StGB/*Eschelbach*, § 223 Rn. 24.
[106] BGHSt. 36, 1 (6).
[107] OLG Düsseldorf, NJW 2002, 2118.
[108] MüKo-StGB/*Joecks*, § 223 Rn. 33.
[109] OLG Frankfurt a. M., NJW 1988, 2965; zuvor bereits RGSt. 77, 17 ff.; BGH, JR 1979, 429.

§ 3 Ärztlicher (Heil-)Eingriff als vorsätzliche Körperverletzung

chen oder einer vergleichbaren Funktion implantiert oder sonst fest eingefügt werden"[110].

> **Fall 4** (in Abwandlung von BGHSt. 43, 346): Arzt Dr. A erstellte in kürzester Zeit 140 medizinisch nicht veranlasste Röntgenbilder von Patient P, versah sie mit einem unrichtigen Herstellungsdatum und legte sie der ärztlichen Stelle H. vor, die als Sachverständigenstelle zur Qualitätssicherung bei Röntgeneinrichtungen die Vorlage bestimmter genau bezeichneter Röntgenbilder gefordert hatte. Strafbarkeit des Dr. A?

33

Eine Strafbarkeit nach § 311 StGB (Freisetzen ionisierender Strahlen) scheitert daran, dass ein „Freisetzen" verlangt, dass sich die Strahlen unkontrolliert im Raum ausdehnen (nur bei defekten Röntgengeräten), eine Strafbarkeit nach § 278 StGB (ausführlich zu dieser Norm unten Rn. 256 ff.) daran, dass die Sachverständigenstelle nach § 16 III Röntgenverordnung (RöV) keine Behörde darstellt und es damit an der Zweckbestimmung des Ausstellens („zum Gebrauch bei einer Behörde") fehlt.

Ob die übermäßige Bestrahlung mit Röntgenstrahlen bereits die Erheblichkeitsschwelle hin zu einer strafbaren Gesundheitsschädigung überschreitet, ist umstritten: Der Bundesgerichtshof bejaht dies zwar nicht für die „einmalige, kurzzeitige oder nur gelegentlich wiederholte ordnungsgemäße Anwendung von Röntgenstrahlen", wohl aber, wenn durch Röntgen in exzessiver Weise „die Zerstörung der Zellstrukturen durch Röntgenuntersuchungen [...] die Gefahr des Eintritts von Langzeitschäden nicht nur unwesentlich erhöht"[111]. In **Fall 4** erblickte er daher eine (sogar nach § 224 I Nr. 5 StGB qualifizierte) Körperverletzung.

Das Gleiche gelte nach BGH, NJW 1998, 1802 erst Recht für eine **Gammabestrahlung zur Tumorvernichtung** in deutlich überhöhter Dosis, da die Strahlentherapie regelmäßig mit wieder abklingenden Nebenwirkungen (Hautrötungen, Übelkeit, Erbrechen) und möglichen Dauerfolgen (Absterben von Gewebe, Vermehrung des Bindegewebes, Mastdarmentzündung, Darmverengung) verbunden sei. – Aus den gleichen Gründen reiche nach der Rechtsprechung auch bereits die Ansteckung mit einer nicht ganz unerheblichen Krankheit oder einem Virus (insbesondere dem HI-Virus) aus, ohne dass es zum Ausbruch der Krankheit kommen muss.[112]

Hiergegen wird vom Schrifttum[113] zutreffend eingewandt, die Rechtsprechung verwandele mit dieser Auslegung den Verletzungstatbestand des § 223 StGB in einen bloßen Gefährdungstatbestand. Auf den konkreten Nachweis pathologischer Veränderungen (wie in den HIV-Fällen auf den [4–6 Wochen nach dem Kontakt möglichen] Nachweis des „human immune deficiency virus", ohne dass das „acquired immune deficiency syndrom" [AIDS] ausgebrochen [bis zu

---

110 *Tag*, Körperverletzungstatbestand, S. 111; ebenso F.-C.*Schroeder*, FS Hirsch (1999), S. 724 (736 f.); aA NK-StGB/*Paeffgen*, § 223 Rn. 2: auch bei alsbaldiger Reimplantation mit der Trennung kein Schutzobjekt mehr.
111 BGHSt. 43, 346 (355).
112 BGHSt. 36, 1 (6 f.); BGHSt. 36, 262 (265).
113 MüKo-StGB/*Joecks*, § 223 Rn. 34; *Wolfslast*, NStZ 1999, 133 f.

6 Jahre nach dem Kontakt!] sein muss[114]) wird man daher nicht verzichten können. Ohne diesen Nachweis hat Dr. A in **Fall 4** „Glück gehabt".

b) Tatbestandseinschränkung beim ärztlichen Heileingriff

34 Fall 5 (nach RGSt. 25, 375 ff.): Die 7-jährige T wurde mit einer tuberkulösen Vereiterung der Fußwurzelknochen in die Klinik eingeliefert, nachdem der das Kind behandelnde Arzt eine Operation für notwendig erachtet hatte. Oberarzt O versuchte zunächst erfolglos mit einer Resektion der Fußknochen ein Fortschreiten der Krankheit zu verhindern. Da die Weiterverbreitung der tuberkulösen Infektion (nach dem Gutachten der Sachverständigen) das Kind in die Gefahr eines chronischen Siechtums und sogar in Todesgefahr gebracht hätte, empfahl O eine Amputation des Fußes. Der alleinerziehungsberechtigte Vater V, Anhänger der Naturheilkunde, widersprach der Operation: Er wolle auf jede Gefahr hin verhindern, dass sein Kind zum Krüppel werde. Dennoch nahm O die Amputation (kunstgerecht) vor. Danach traten tuberkulöse Erscheinungen nicht wieder auf. T entwickelte sich normal weiter. Strafbarkeit des O?

Nachdem vielfältige Versuche einer ausdrücklichen gesetzlichen Regelung des ärztlichen Heileingriffs gescheitert sind, besteht noch immer ein heftiger dogmatischer Streit, ob und inwieweit ärztliche Maßnahmen, die zu Heilzwecken durchgeführt werden, selbst wenn sie de lege artis durchgeführt werden, als Körperverletzung zu behandeln sind[115]:

34a aa) **Tatbestandslösungen der Literatur:** Im Schrifttum wird teilweise mit unterschiedlichen Ansätzen eine Tatbestandsverwirklichung von Heilbehandlungen verneint, die alle dadurch geprägt sind, dass „die ärztliche Tätigkeit [...] stets als Ganzes betrachtet und der fatale Teil einfach von der Heilbehandlung konsumiert"[116] wird, dürfe man doch Ärzte nicht mit Messerstechern auf eine Stufe stellen[117]: Nach den erfolgsunabhängigen Lösungsansätzen wird nur aus einer ex ante-Sicht die Handlung selbst ohne die tatsächlichen Auswirkungen betrachtet, der mangels Verletzung der Körperinteressen des Opfers (sog. Körperinteressentheorie[118]) bzw. als Gefahrverminderung gegenüber den dem Körper ohne ärztlichen Eingriff drohenden Nachteilen (sog. Gefahrminderungstheorie[119]) das Handlungsunrecht fehle. Die Anhänger der Erfolgstheorie differenzieren demgegenüber zwischen dem gelungenen und dem missglückten Eingriff: Der geglückte Eingriff sei bei Betrachtung des „Gesamtakts der Heilbehandlung"[120] wegen des Heilerfolgs keine „Gesundheitsbeschädigung"[121], bei fehlgeschlagener Behand-

---

114 Vgl. nur Sch/Schr/*Eser/Sternberg-Lieben*, § 223 Rn. 7.
115 Ausführliche Überblicke über den Meinungsstand finden sich etwa bei MüKo-StGB/*Joecks*, § 223 Rn. 42 ff.; *Tag*, Körperverletzungstatbestand, S. 19 ff.; *Wiesner*, Einwilligung, S. 52 ff.
116 *Binding*, Lehrbuch des Gemeinen Deutschen Strafrechts, Besonderer Teil, Erster Band (1902), S. 56.
117 *Bockelmann*, NJW 1961, 945 (946).
118 Maßgeblich geprägt durch *Beling*, ZStW 44 (1924), 220 (225 ff.); *Engisch*, ZStW 58 (1939), 1 (5 ff.); dagegen *Maria-Katharina* Meyer, GA 1998, 415 (419).
119 So *Schmidhäuser*, AT, 8/121.
120 *Tag*, Körperverletzungstatbestand, S. 19.
121 So insbesondere *Beling*, Die Lehre vom Verbrechen (1906), S. 154 f.; *Arthur Kaufmann*, ZStW 73 (1961), 341 (372 ff.); *Maurach/Schroeder/Maiwald*, BT 1, § 8 Rn. 24; *Welzel*, Strafrecht, S. 289.

§ 3 Ärztlicher (Heil-)Eingriff als vorsätzliche Körperverletzung

lung fehle der Verletzungsvorsatz und eine Fahrlässigkeitsstrafbarkeit scheitere an der Einhaltung der durch die lex artis vorgegebenen Sorgfaltspflichten.[122] Nach der modifizierten Erfolgstheorie fehle selbst bei nicht de lege artis durchgeführten Heilbehandlungen der Erfolgsunwert in Form einer Verletzung materialer Körperinteressen; einzig wenn hiermit wesentliche Substanzverletzungen verbunden seien (z. B. Amputation von Gliedmaßen), entfalle der Erfolgsunwert nur bei Vorliegen eines Einverständnisses des Betroffenen.[123]

Auch nach den Ansichten im Schrifttum fallen jedoch bloß kosmetische Operationen, die keine Heilbehandlungen darstellen, prophylaktische Eingriffe, soweit sie nicht unmittelbar eine Besserung des relativen Gesamtzustands bewirken, sowie die Entnahme von Blut oder eines Organs zugunsten Dritter tatbestandlich unter § 223 StGB und können allenfalls über eine Einwilligung gerechtfertigt werden.[124]

bb) **Rechtfertigungslösung der Rechtsprechung:** Nach der Rechtsprechung[125] und Teilen der Literatur[126] sei nicht auf das Gesamtgeschehen (Heilbehandlung), sondern isoliert auf die einzelne Verletzungshandlung (z. B. den Schnitt des Operateurs oder den Einstich der Spritze) abzustellen, bringe doch selbst der heilende Eingriff (insbesondere bei Operationen) regelmäßig zunächst eine Verschlechterung des körperlichen Zustandes mit sich, die nicht ignoriert werden dürfe; speziell Substanzverletzungen wie eine Amputation würden nach der Gesamtbetrachtung der Literatur nur unzureichend gewürdigt[127]. Zum Schutz der Privatautonomie des Patienten (voluntas aegroti suprema lex: Art. 1 I iVm 2 I GG) und damit zum Schutz vor aufgedrängten ungewollten Eingriffen, erfülle „jede in die körperliche Unversehrtheit eingreifende ärztliche Behandlungsmaßnahme den objektiven Tatbestand der vorsätzlichen Körperverletzung [...], unabhängig davon, ob sie lege artis durchgeführt und erfolgreich sind"[128]. Alles andere würde dem verfassungsrechtlichen Schutzauftrag des Staates (Art. 2 II 1 GG) nicht gerecht, da die §§ 239, 240 StGB die nach der Literatur entstehende Strafbarkeitslücke eigenmächtiger Behandlung nicht zu kompensieren vermögen (da selbst ein aufgrund fehlender oder unzureichender Aufklärung und damit willensmängelbehaftetes Einverständnis im Rahmen dieser Delikte tatbestandsausschließend wirkt). Alleine die Qualifizierung der Heilbehandlung als tatbestandsmäßig stelle den Arzt auch nicht auf eine Stufe mit Messerstechern, denn hiermit alleine sei noch kein Unwerturteil gesprochen, könne doch auf der nächsten Prüfungsebene die Rechtswidrigkeit auf Grund einer Einwilligung des Patienten entfallen. In diesem Sinne entschied bereits vor fast 120 Jahren das Reichsgericht (1894) in **Fall 5**: „Dass jemand nach eigener Überzeugung oder nach dem Urteile seiner Berufsgenossen die Fähigkeit besitzt, das wahre Interesse seines Nächsten besser zu verstehen, als dieser selbst [...], gewährt jenem [...] nicht

---

122 *Hans Joachim Hirsch*, GedS Zipf (1999), S. 353 (355); *Welzel*, Strafrecht, S. 289.
123 *Eser*, ZStW 97 (1985), 1 (5 ff.).
124 Vgl. nur MüKo-StGB/*Joecks*, § 223 Rn. 52 ff.; *Maurach/Schroeder/Maiwald*, BT 1, § 8 Rn. 31 ff.
125 RGSt. 25, 375 ff.; BGHSt. 11, 111 ff.; BGHSt. 12, 379 ff.; BGHSt. 35, 246 ff.; BGHSt. 43, 306 (308); BGHSt. 45, 219 (221); BGH, NStZ 1996, 34; BGH, NStZ 2008, 150 (151); BGH, NJW 2011, 1088 (1089); BGH, NJW-RR 2017, 533 (534); OLG Nürnberg, MedR 2016, 37; OLG Brandenburg, BeckRS 2015, 19989; LG Heidelberg, RDG 2015, 239 (240).
126 So etwa *Baumann*, NJW 1958, 2092 (2094); *Puppe*, GA 2003, 764 f.
127 *Cramer*, FS Lenckner, S. 761 (773).
128 BGH, NJW 2011, 1088 (1089).

irgend eine rechtliche Befugnis, nunmehr nach eigenem Ermessen in die Rechtsphäre des anderen einzugreifen, diesen Gewalt anzutun und dessen Körper willkürlich zum Gegenstande gutgemeinter Heilversuche zu benutzen. [...] Für das Verhältnis zwischen Arzt und Patienten wird [daher] innerhalb der Sphäre des bürgerlichen wie des [Straf-] Rechtes an der zwischen beiden Personen bestehenden Willensübereinstimmung unter allen Umständen als dem leitenden und entscheidenden Gesichtspunkte festzuhalten sein."[129] Wegen der Weigerung des Vaters als gesetzlichem Vertreter hat O nach dieser (zutreffenden) Ansicht in **Fall 5** tatbestandlich § 223 StGB erfüllt.

3. Subjektiver Tatbestand

36 Im subjektiven Tatbestand genügt bedingter Vorsatz, wobei der Bundesgerichtshof stets betont, dass die Annahme eines Vorsatzes bezüglich des Körperverletzungserfolges „nur unter besonderen Umständen geboten" sei, da „die Annahme, dass die Art und Weise der Behandlung [...] nicht am Wohl des Patienten orientiert war, [...] auch bei medizinisch grob fehlerhaftem Verhalten des Arztes häufig" fernliege.[130] Dennoch liegt in Fällen der Verschreibung von Betäubungsmitteln mit Suchtpotential an Abhängige (**Fall 3**) ein Vorsatz nahe, wenngleich es hierfür einer Gesamtwürdigung aller Umstände unter Einbeziehung der Ziele des Täters bedürfe.[131]

> **Fall 6** (nach StA Düsseldorf, Verfügung v. 5.7.2000 – 810 Js 350/00[132]): Mitten in einem operativen Eingriff verließ Chirurg C den Operationssaal, um seinen Flug in die USA noch zu bekommen. Die Patientin lag daher fast eine Stunde stark blutend und anästhesiert ohne chirurgischen Fortgang im Operationssaal, bis ein anderer Chirurg die Operation zu Ende führen konnte. Strafbarkeit des C?

In **Fall 6** bejahte die Staatsanwaltschaft den Körperverletzungsvorsatz (stellte das Verfahren dann aber nach § 153a StPO ein), da C infolge falscher Planung die Gefahren durch eine Operationsunterbrechung bewusst in Kauf genommen habe.

4. Rechtswidrigkeit

37 a) **Rechtfertigende Einwilligung.** Eine Strafbarkeit des Heileingriffs (folgt man der Rechtsprechung) sowie von kosmetischen Eingriffen oder Blut- oder Organentnahmen zugunsten Dritter kann lediglich auf der Rechtfertigungsebene entfallen, wobei die rechtfertigende (vgl. § 228 StGB: nicht „rechtswidrig"!) Einwilligung den „für die Legitimierung ärztlichen Handelns praktisch wichtigsten Rechtfertigungsgrund"[133] darstellt. Zivilrechtlich verpflichtet § 630d I 1 BGB den Behandelnden daher, den Patienten vor Durchführung einer jeden Maßnahme (nach ordnungsgemäßer Aufklärung) ausdrücklich und unmissverständlich zu fragen, ob er in die Behandlung einwilligt.[134]

---

129 RGSt. 25, 375 (378 ff.), der aktuellen Rechtschreibung angepasst.
130 BGH, NStZ 2004, 35 (36); BGH, MedR 2014, 812.
131 Vgl. BayObLG, MedR 2003, 577 (578 f.).
132 Zitiert nach *Ulsenheimer*, Arztstrafrecht, Rn. 581.
133 *Sowada*, NStZ 2012, 1 (4).
134 Vgl. hierzu BT-Drs. 17/10488, S. 23; BeckOK-BGB/*Katzenmeier*, § 630d Rn. 5 und 7 („geschäftsähnliche Handlung").

aa) Dispositionsbefugnis und Einwilligungsfähigkeit: Der Einwilligende muss dabei nicht nur über das geschützte Rechtsgut disponieren können (bezüglich der eigenen körperlichen Unversehrtheit gegeben), sondern auch einwilligungsfähig sein. Da die Einwilligung keine rechtsgeschäftliche Willenserklärung darstellt, kommt es hierfür auf die Geschäftsfähigkeit (§§ 104 ff. BGB) genauso wenig an wie auf die strafrechtliche Schuldfähigkeit[135]; abzustellen ist vielmehr auf eine (vom Arzt zu prüfende!) Einsichts- und Urteilsfähigkeit im „natürlichen Sinne"[136], Sachlage und Tragweite des Eingriffs zu erfassen.[137]

Beim gesunden **Erwachsenen** ist eine derartige Einwilligungsfähigkeit zwar „die Regel"[138], sie kann aber im Einzelfall bei einer Bewusstseinstrübung aufgrund von Alkohol[139], der Einnahme starker Medikamente[140] oder starker Schmerzen[141] fehlen. Fehlt die Einwilligungsfähigkeit, so kommt es primär auf deren Patientenverfügung (§ 1901a I 1 BGB) an (§ 630d I 2 BGB), in der konkret in bestimmte (lebenserhaltende) Maßnahmen eingewilligt oder auf bestimmte Maßnahmen verzichtet wird[142]. Bei Fehlen einer derartigen Patientenverfügung kommt es nicht auf die nächsten Angehörigen (z. B. Ehepartner) an, sondern auf die Einwilligung eines nach § 1896 BGB von Amts wegen oder auf Antrag zu bestellenden Betreuers (der sich am Wohl sowie den Wünschen des Patienten zu orientieren hat: §§ 1901 II, 1904 II BGB) bzw. bei der Gefahr des Todes oder schwerer oder langandauernder Körperschäden auf eine Genehmigung seitens des Vormundschaftsgerichts (§ 1904 BGB).

Bei **minderjährigen Patienten** gibt es zwar keine festen Altersgrenzen, Kinder (unter 14 Jahren) gelten aber als grundsätzlich einwilligungsunfähig. Bei Jugendlichen (14–18 Jahre) kommt es dagegen auf die konkrete ärztliche Maßnahme, deren Dringlichkeit und Komplikationsmöglichkeiten wie Reifegrad und Lebensalter an.[143] Mädchen ab 16 Jahren darf die „Pille" im Regelfall auch ohne Zustimmung der Eltern verschrieben werden, im Einzelfall sogar ab 14 Jahren (insbesondere bei zielbewusster Eigeninitiative).[144] Sterilisationen an Minderjährigen sind selbst bei Vorliegen einer Einwilligung ausgeschlossen (§ 1631c BGB). Ist der Minderjährige hiernach einwilligungsfähig, kommt es alleine auf seine

---

135 BVerfGE 10, 302 (309); BGHSt. 4, 88 (90 f.); BGHSt. 12, 379 (382).
136 NK-StGB/*Paeffgen*, § 228 Rn. 65.
137 Vgl. nur BT-Drs. 17/10488, S. 23; *Roxin*, AT I, § 13 Rn. 80 ff.; *Tag*, Körperverletzungstatbestand, S. 308 ff.
138 OLG Koblenz, NJW 2015, 79.
139 BGH, NStZ 2000, 87 (88).
140 Trotz Einnahme starker Medikamente sprechen jedoch differenzierte zutreffende Antworten des Patienten auf eine Vielzahl von Detailfragen in einem Aufklärungsbogen als Indiz für eine Einwilligungsfähigkeit: OLG München, BeckRS 2011, 03804.
141 OLG Frankfurt a. M., VersR 1984, 289 (290). Vgl. aber auch OLG Koblenz, NJW 2015, 79: „Einen Erfahrungssatz dahin, dass Schmerzen, die in ihrem Schweregrad und dem Einfluss auf die kognitiven Fähigkeiten des Patienten schon objektiv nicht verlässlich einschätzbar sind, jenseits der auch subjektiv kaum fassbaren Schwellen zwischen ‚einfachem', ‚starkem' und ‚unerträglichem' Schmerz die Einwilligungsfähigkeit des Patienten immer einschränken und letztendlich sogar völlig aufheben, gibt es nicht." Maßgeblich ist daher eine im Einzelfall vom Gericht vorzunehmende Gesamtwürdigung.
142 Vgl. zu den strengen Anforderungen des Bundesgerichtshofs BGH, NJW 2016, 3297 ff.; BGH, NZFam 2017, 355 ff.
143 Vgl. nur BeckOK-BGB/*Katzenmeier*, § 630d Rn. 13; *Laufs/Katzenmeier/Lipp*, Arztrecht, V Rn. 50 ff.; *Ulsenheimer*, Arztstrafrecht, Rn. 416 ff.
144 *Laufs*, Fortpflanzungsmedizin und Arztrecht (1992), S. 113.

Entscheidung an; der Wille der Eltern ist demgegenüber unbeachtlich. Fehlt dem minderjährigen Patienten dagegen selbst die Einwilligungsfähigkeit, so kommt es auf die Entscheidung grundsätzlich beider (!) Elternteile an[145] (§ 1629 I 2 BGB), bei einem allein sorgeberechtigten Elternteil auf deren Willen (§ 1629 I 3 BGB).

> **Fall 7** (nach OLG Hamm, NJW 1968, 212): Der neugeborene K litt an einer schweren, durch Auflösung der roten Blutkörperchen entstandenen Gelbsucht und bedurfte zur Lebensrettung einer Blutaustauschtransfusion. Dennoch lehnten die Eltern des K, Anhänger der Zeugen Jehovas, die Transfusion aus Gewissensgründen ab. Arzt Dr. A ignorierte dies und nahm die Blutaustauschtransfusion vor. Strafbarkeit der Beteiligten?

Ist die ärztliche Behandlung zur Rettung des Lebens des minderjährigen Patienten notwendig, sind die Erfolgschancen der Behandlung groß und die Gefährlichkeit weiterer Schädigungen gering, so ist die Weigerung der Eltern als Missbrauch des elterlichen Sorgerechts – das gemäß § 1627 S. 1 BGB „zum Wohl des Kindes auszuüben" ist – unbeachtlich, da Art. 4 GG nicht jede religiöse Überzeugung schrankenlos schützt, sondern als verfassungsimmanente Schranke Leben und Gesundheit des Kindes zu achten hat.[146] Kann aus Zeitgründen keine die Einwilligung der Eltern ersetzende Genehmigung des Familiengerichts (§ 1666 BGB) eingeholt werden, so darf der Arzt – wie in **Fall 7** – zumindest nach § 34 StGB die notwendige Maßnahme (Blutübertragung) auch alleine gegen den Willen der Eltern durchführen.

> **Fall 8** (nach LG Köln, NJW 2012, 2128): Arzt A, ein frommer Muslime, führte in seiner Praxis unter örtlicher Betäubung eine religiöse Beschneidung des zum Tatzeitpunkt vierjährigen K mittels eines Skalpells auf Wunsch von dessen islamischen Eltern ordnungsgemäß durch, ohne dass für die Operation eine medizinische Indikation vorlag. Er vernähte die Wunden des Kindes mit vier Stichen und versorgte ihn bei einem Hausbesuch am Abend desselben Tages weiter. Strafbarkeit des A?

Im gleichen Sinne sei nach dem Landgericht Köln in Übereinstimmung mit einem Teil des Schrifttums[147] „die Beschneidung des nicht einwilligungsfähigen Knaben weder unter dem Blickwinkel der Vermeidung einer Ausgrenzung innerhalb des jeweiligen religiös gesellschaftlichen Umfelds noch unter dem des elterlichen Er-

---

145 Trotz Notwendigkeit der Zustimmung beider Elternteile soll es bei der Behandlung leichter Erkrankungen ausreichen, wenn der minderjährige Patient von einem Elternteil begleitet wird. Bei der Behandlung mittel schwerer Erkrankungen müsse sich der Arzt darüber hinaus ausdrücklich versichern lassen, dass auch der andere Elternteil zustimme. Nur bei schwerwiegenden Eingriffen müsse der Arzt sich der Zustimmung auch des anderen Elternteiles Gewissheit verschaffen: BeckOK-BGB/*Katzenmeier*, § 630d Rn. 15; *Ulsenheimer*, Arztstrafrecht, Rn. 418 („Dreistufentheorie"); OLG Koblenz, NJOZ 2014, 1973 (Impfung).
146 OLG Hamm, NJW 1968, 212 (214); OLG Celle, NJW 1995, 792 f.; BeckOK-BGB/*Katzenmeier*, § 630d Rn. 16 f.
147 Für eine Strafbarkeit des Arztes: *Herzberg*, JZ 2009, 332 ff.; ders., MedR 2012, 169 ff.; *Jerouschek*, NStZ 2008, 313 (317 f.); *Kempf*, JR 2012, 436 (439); *Putzke*, NJW 2008, 1568 ff.; dagegen: *Beulke/Dießner*, ZIS 2012, 338 (343 ff.); *Valerius*, JA 2010, 481 (484 f.).

ziehungsrechts"¹⁴⁸ gerechtfertigt. Die Religionsfreiheit der Eltern trete hinter das Grundrecht des Kindes auf körperliche Unversehrtheit (Art. 2 II GG) zurück, da die Beschneidung den Körper des Kindes dauerhaft und irreparabel verändere und seinem Interesse zuwiderlaufe, später selbst über seine Religionszugehörigkeit zu entscheiden. Auf der anderen Seite werde das religiöse Erziehungsrecht der Eltern nicht unzumutbar beeinträchtigt, wenn sie dazu gebracht würden abzuwarten, ob sich der Knabe später, wenn er mündig wird, selbst für die Beschneidung als sichtbares Zeichen der Zugehörigkeit zum Islam entscheidet (zum Verbotsirrtum unten Rn. 83 f.).¹⁴⁹ Als Reaktion auf dieses Urteil hat der Bundestag die Bundesregierung aufgefordert, gesetzlich die medizinisch fachgerechte Beschneidung von Jungen ohne unnötige Schmerzen für zulässig zu erklären.¹⁵⁰ Auf der Grundlage der vom Bundesjustizministerium am 24. September 2012 vorgelegten Eckpunkte zur Beschneidung eines Jungen hat der Gesetzgeber mit Wirkung zum 28. Dezember 2012¹⁵¹ § 1631d BGB eingefügt, wonach die Personensorge nunmehr ausdrücklich auch das Recht umfasst, in eine medizinisch nicht erforderliche Beschneidung des Kindes durch einen Arzt oder eine hierfür von einer Religionsgesellschaft besonders ausgebildete Person einzuwilligen, wenn die Beschneidung nach den Regeln der ärztlichen Kunst durchgeführt werden soll und das Kindeswohl nicht gefährdet wird. Es bleibt abzuwarten, ob hierdurch die notwendige Rechtssicherheit eintreten wird.¹⁵²

bb) Freiheit von Willensmängeln und ärztliche Aufklärung: Die Einwilligung muss, um als Preisgabe subjektiver Interessen Ausdruck des Selbstbestimmungsrechts zu gelten, ernstlich und freiwillig in Kenntnis der maßgeblichen Umstände erklärt werden.¹⁵³

40

> **Fall 9** (nach BGH, NStZ 2004, 442): Im Rahmen einer Operation in Form einer Schulterluxation brach bei einem Bohrvorgang die Bohrerspitze ab und blieb im Acromion stecken. Die Bohrerspitze beeinträchtigte das Gelenk jedoch nicht und war fast vollständig im Knochen versenkt. Als dies dem Operateur O auffiel, erklärte er dem Patienten P, aus medizinischen Gründen sei ein nochmaliger Eingriff notwendig, da auch eine hintere Schulterinstabilität bestehe. P willigte ein. Tatsächlich durchleuchtete O jedoch nur die Schulter und barg das Bohrerstück. Dann raffte er – zur nachträglichen Rechtfertigung des zweiten Eingriffs – die obere Schulterkapsel, indem er eine Falte in die Kapsel legte und diese vernähte. Die Bergung der Bohrerspitze wird weder im Operationsprotokoll noch im Operationsbericht erwähnt. Hätte P den wahren Grund für die zweite Operation gekannt, hätte er O gegenüber keine Einwilligungserklärung abgegeben. Strafbarkeit des O?

Willensmängel aufgrund von (rechtsgutsbezogener) Täuschung (z.B. bei Angabe eines falschen Verwendungszwecks bei einer Blutentnahme, die in Wahrheit ei-

---
148 LG Köln, NStZ 2012, 2128 (2129).
149 Kritisch *Rox*, JZ 2012, 806 f., da das LG Köln das Elternrecht als einzigem Grundrecht mit „Dritt-Bestimmungsmacht" untergewichtet habe; deren Grenze bestimme sich nach der Schwere des Eingriffs, insbesondere der Lebensgefahr des Kindes.
150 BT-Drs. 17/10331.
151 BGBl. 2012 I, S. 2749.
152 Zweifelnd die Ausschüsse Recht und Gesundheit des Bundesrates: BR-Drs. 597/1/12.
153 Vgl. nur BGHSt. 19, 201 (206).

nem heimlichen AIDS-Test dient[154]), Drohung oder Zwang (im Sinne einer rechtswidrigen Nötigung[155]) – nicht aber bei bloßen Motivirrtümern – machen die Einwilligung daher rechtlich unbeachtlich.[156] In **Fall 9** scheidet eine Einwilligung in die zweite Operation daher aufgrund der Täuschung über Grund und Notwendigkeit der zweiten Operation aus; O hat sich wegen dieser Operation nach § 223 I StGB strafbar gemacht.

41 Entscheidende Voraussetzung einer Einwilligung in den ärztlichen (Heil-)Eingriff ist wegen deren Komplexität sowie mangels Allgemeinkundigkeit von Ablauf, Risiken und Behandlungsalternativen die vorherige **Aufklärung** über alle maßgeblichen Umstände (§ 630e BGB): Der Patient ist einerseits so ausführlich über den Befund sowie über Art, Chancen und Risiken des Eingriffs aufzuklären, dass ein verständiger Mensch in die Lage versetzt wird, Risiko und Tragweite des Eingriffs abzuschätzen (sog. informed consent)[157], und andererseits ist der Eingriff auch tatsächlich de lege artis (nur hierauf bezieht sich in der Regel die Einwilligung des Patienten) durchzuführen.[158] Werden die Aufklärungsanforderungen durch die Aufklärung nicht erfüllt und (wichtig!) liegt das verwirklichte Körperverletzungsrisiko auch im Schutzzweck der Aufklärungspflicht[159], so liegt eine rechtswidrige Körperverletzung vor.

Da mit Aufklärungsfehlern verbundene Körperverletzungsvorwürfe zumeist prozessual nach §§ 153, 153a StPO erledigt werden, hat sich eine fast unübersehbare Fülle an Entscheidungen zu Detailfragen der ärztlichen Aufklärungspflicht überwiegend in der Zivilrechtsprechung entwickelt, die der Gesetzgeber mit §§ 630d und e BGB versucht hat, grob nachzuzeichnen, ohne freilich deren Facettenreichtum vollständig normativ abbilden zu können. Auch wenn sich ein Arzt wegen des im Strafrecht zu berücksichtigenden Schuldgrundsatzes (sowie bei fahrlässigen Delikten unter dem Gesichtspunkt des Schutzzweckgedankens, der bislang nur wenig Einzug auch in die Zivilrechtsprechung gefunden hat[160]) nicht mit jedem nach einer mangelhaften Aufklärung vorgenommenen Eingriff wegen Körperverletzung strafbar macht[161], so dient die in Einzelheiten im Zivilrecht trotz Normierung des Behandlungsvertrages maßgebliche Rechtsprechung doch als Leitlinie, die es auch im Strafrecht zu beachten gilt:

42 (1) **Arten der Aufklärung**: Im zivilrechtlichen Arzthaftungsrecht wird hierbei zunächst zwischen der therapeutischen Aufklärung („Sicherheitsaufklärung") und der Selbstbestimmungsaufklärung unterschieden[162]:

---

154 Vgl. nur *Langkeit*, Jura 1990, 452 ff.; *Laufs/Laufs*, NJW 1987, 2257 (2263); *Ulsenheimer*, Arztstrafrecht, Rn. 539 ff.
155 Ein rechtmäßiger Zwang wie die Androhung zulässiger strafprozessualer Maßnahmen schließt die Wirksamkeit einer Einwilligung dagegen nicht aus.
156 BGHSt. 16, 309 (310); BGHSt. 19, 201 (206); *Amelung/Eymann*, JuS 2001, 937 (943 f.).
157 BVerfGE 52, 131 (167); BGHSt. 11, 111 (114); BGHSt. 12, 379 (383); BGH, NStZ 2008, 150 (151); *Lackner/Kühl/Kühl*, § 228 Rn. 14; *Roxin*, AT I, § 13 Rn. 112; *Schöch*, in: Roxin/Schroth, Handbuch, S. 51 (54).
158 BGH, NJW 1998, 1802 (1803); BGH, NStZ-RR 2007, 340 (341); BGH, NStZ 2008, 278 (279).
159 Vgl. grundlegend BGHSt. 56, 277 (286 f.).
160 Eine Ausnahme bildet etwa OLG Köln, MedR 2012, 121.
161 So grundlegend BGH, NStZ 1996, 34 (35).
162 Vgl. hierzu nur *Schöch*, in: Roxin/Schroth, Handbuch, S. 51 (57 ff.); *Wiesner*, Einwilligung, S. 74 ff.

§ 3 Ärztlicher (Heil-)Eingriff als vorsätzliche Körperverletzung

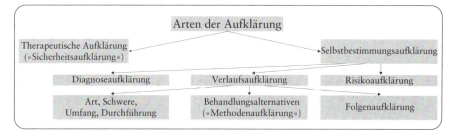

Fall 10 (nach BGH, NJW 1994, 3012): A, der nicht gegen Poliomyelitis (Kinderlähmung) geimpft ist, kam häufig in Kontakt mit dem Säugling seiner Freunde, mit denen er häufigen Umgang pflegte. Der Säugling war kurz zuvor von der Ärztin Dr. K mit abgeschwächten Lebendviren gegen Kinderlähmung geimpft worden. Dr. K hatte die Eltern des Säuglings nicht über das Ansteckungsrisiko möglicher Kontaktpersonen aufgeklärt. Kurze Zeit später traten bei A Glieder-, Kopf- und Rückenschmerzen sowie Mattigkeit und Fieber auf und die linke Hand blieb gelähmt. Bei ihm wurde eine Poliomyelitis diagnostiziert. Er ist seither auf den Rollstuhl angewiesen. Seine Erwerbsminderung wurde mit 100 % bewertet. In der Hauptverhandlung sagte ein Sachverständiger aus, das Ansteckungsrisiko für eine Kontaktperson eines Polio-Impflings betrage 1:15,5 Millionen. Strafbarkeit der Dr. K?

Therapeutische Aufklärung: Der Arzt hat den Patienten nicht nur über die notwendigen Behandlungen und Heilungsmöglichkeiten aufzuklären, sondern gemäß § 630c II 1 BGB unter dem Aspekt der Schadensabwehr zur Sicherung des Heilerfolges (als „notwendigen Bestandteil der fachgerechten ärztlichen Behandlung"[163]) begleitend auch über therapeutische Verhaltensregeln. Hierzu zählen Hinweise auf Unverträglichkeitsrisiken und Ansteckungsrisiken von Kontaktpersonen, Warnungen vor einer Überschätzung der Therapie, vor unvorsichtiger Lebensweise bei kardialer Erkrankung[164], vor möglichen Auswirkungen einzunehmender Medikamente auf Kreislauf, Blutdruck und Fahrtauglichkeit[165] oder vor dem Suchtpotential eines Medikaments bei einer Überdosierung[166] oder die rechtzeitige Absprache (Wiederbestellung) für eine sachgerechte Nachbehandlung. Die Sicherheitsaufklärung „muss so klar und eindeutig sein, dass ein Patient ein objektives und zutreffendes Bild über etwa drohende Gefahren bei Nichtbefolgen des Hinweises erhält"[167] und so hinreichend „durch die Erteilung von Schutzhinweisen zur Mitwirkung an der Heilung und zur Vermeidung einer möglichen Selbstgefährdung angehalten"[168] wird. Unterlässt der Arzt diese gebotene Aufklärung, so stellt dies **kein Einwilligungsproblem** dar, sondern einen Behandlungsfehler und damit eine Verletzung einer Nebenpflicht aus dem Behandlungsvertrag, für dessen Folgen strafrechtlich eine Haftung wegen fahrlässi-

---
163 BeckOK-BGB/*Katzenmeier*, § 630c Rn. 9.
164 OLG Köln, VersR 1992, 1231; KG, MedR 2014, 887 („Risikoschutzpflichten des Arztes"); OLG München, BeckRS 2013, 17324; OLG Köln, MedR 2015, 419.
165 Vgl. LG Konstanz, NJW 1972, 2223.
166 OLG Koblenz, VersR 2008, 404.
167 OLG Köln, MedR 2015, 419.
168 KG, MedR 2014, 887.

ger Körperverletzung oder Tötung möglich ist. So hätte in **Fall 10** Dr. K die Eltern über die Risiken, die Kontaktpersonen des mit Lebendviren geimpften Säuglings erwachsen, sowie über Vorsichtsmaßnahmen zur Vermeidung einer Ansteckung aufklären müssen. Dadurch, dass sie dies nicht tat, kann sie sich (bei nachweisbarem Eventualvorsatz der Ansteckung durch eine Kontaktperson) wegen schwerer Körperverletzung durch Unterlassen (§§ 226 I Nr. 3, 13 I StGB) oder zumindest wegen fahrlässiger Körperverletzung durch Unterlassen (§§ 229, 13 I StGB) strafbar gemacht haben, da das allgemeine (geringe) Ansteckungsrisiko im Einzelfall durch den häufigen Kontakt mit dem Säugling deutlich erhöht war: „Gerade der notwendigerweise engere körperliche Kontakt zu einem Säugling, der regelmäßig gewickelt und auf dem Arm gehalten wird, birgt für die besonders gefährdete Personengruppe eine weit höhere Gefahr der Ansteckung mit den Viren, die der Impfling mehrere Wochen lang ausscheiden kann."[169]

44 **Selbstbestimmungsaufklärung:** Für die selbstbestimmte Entscheidung über einen ärztlichen Eingriff und damit eine wirksame Einwilligung bedarf es nach § 630e BGB demgegenüber einer ausführlichen Information über den ärztlichen Befund (Diagnoseaufklärung), über die vermutliche Weiterentwicklung des Gesundheitszustandes in unbehandelter und behandelter Form sowie über Art, Schwere, Umfang, Schmerzhaftigkeit des ärztlichen Eingriffs wie Behandlungsalternativen, die sich in den Risiken oder Erfolgschancen wesentlich unterscheiden (Verlaufsaufklärung) und insbesondere über die (wenn auch selten auftretenden) Risiken des geplanten Eingriffs (Risikoaufklärung) (zu deren Umfang jeweils ausführlich unten Rn. 53 ff.).

45 **(2) Zeitpunkt der Aufklärung:** Sinn und Zweck der Aufklärung, die Basis für eine selbstbestimmte Einwilligung zu schaffen, erfordern eine Aufklärung so rechtzeitig vor dem beabsichtigten Eingriff, dass „der Patient durch hinreichende Abwägung der für und gegen den Eingriff sprechenden Gründe [d. h. „wohlüberlegt" iSd § 630e II 1 Nr. 2 BGB] seine Entscheidungsfreiheit in angemessener Weise wahren kann."[170] Ein genauer Zeitpunkt lässt sich zwar nicht generell bestimmen, wohl aber nach den Umständen des Einzelfalles[171] danach, dass der Patient während der Aufklärung noch im Vollbesitz seiner Entscheidungsfreiheit (und nicht bereits unter Wirkung starker Medikamente) ist und angesichts des Umfangs des Eingriffs genügend Überlegungszeit erhalten muss: Bei **größeren Operationen** (wie z. B. einer Bandscheibenoperation[172] oder Herzoperation[173]) muss eine Aufklärung über den Eingriff in der Regel mindestens einen oder sogar mehrere Tage vorher erfolgen, zumal dem Eingriff zumeist zu rechtfertigende Voruntersuchungen vorangehen[174]; ein Aufklärungsgespräch am Vortag der Operation – bei fehlender Vorkenntnisse oder Voraufklärungsgesprächen – wäre hier zweifellos verspätet, denn „bei Aufklärung am Vorabend einer Operation wird der Patient in der Regel mit der Verarbeitung der ihm mitgeteilten Fakten

---

169 BGH, NJW 1994, 3012 (3013); hierzu *Kraatz*, Der Einfluss der Erfahrung auf die tatrichterliche Sachverhaltsfeststellung (2011), S. 400 f.
170 Vgl. nur BGHSt. 12, 379 (383); BGH, NJW 1998, 1784 (1785); BGH, NJW 2000, 1784 (1787); OLG Hamm, BeckRS 2015, 20700; *Tag*, Körperverletzungstatbestand, S. 339.
171 BT-Drs. 17/10488, S. 25.
172 BGH, NJW 2003, 2012.
173 OLG Köln, BeckRS 2012, 02891.
174 BGH, NJW 1992, 2351 (2352).

§ 3 Ärztlicher (Heil-)Eingriff als vorsätzliche Körperverletzung   46

und der von ihm zu treffenden Entscheidung überfordert sein, wenn er – für ihn überraschend – erstmals aus dem späten Aufklärungsgespräch von gravierenden Risiken des Eingriffs erfährt, die seine persönliche zukünftige Lebensführung entscheidend beeinträchtigen können"[175]. Bei **gewöhnlichen Operationen** genügt dagegen im Einzelfall noch eine Aufklärung am Tag vor dem Eingriff[176] oder bei risikoarmen ambulanten Eingriffen sogar erst am Tag des Eingriffs[177]. Im Fall stationärer Unterbringung ist bereits vor der Vereinbarung des festen Operationstermins aufzuklären.[178] In keinem Fall reicht ein Monate vor dem Eingriff stattfindendes sog. „**Orientierungsgespräch**".[179] Nur bei **akuter Lebensgefahr** kann eine Aufklärung Minuten oder gar Sekunden vor dem Eingriff erfolgen.

(3) Form: 46

> **Fall 11** (nach OLG Koblenz, MedR 2011, 248): Im Rahmen des Aufklärungsgesprächs vor der Operation wies Chirurg C bei Besprechung des Aufklärungsbogens auf Nachfrage darauf hin, dass er das Risiko einer Blasenlähmung nicht völlig ausschließen könne. Daraufhin schrieb Patient P, der wusste, was die Operation bedeute, daneben „es darf keine Blasenlähmung entstehen", bevor er auf der Rückseite unterschrieb. Liegt eine wirksame Einwilligung vor, wenn es bei der Operation doch zu einer Blasenlähmung kommt?

Von spezialgesetzlichen Regelungen abgesehen (z. B. § 40 I 3 Nr. 3b und c AMG für klinische Prüfungen, § 8 I 1 GenDG für genetische Untersuchungen) bedarf die Aufklärung zu ihrer Wirksamkeit keiner Form, insbesondere nicht einer Schriftlichkeit.[180] Entscheidend ist einzig ein vertrauensvolles Gespräch mit dem Arzt, in dem ordnungsgemäß mündlich – in einer für den medizinischen Laien verständlicher Wortwahl (§ 630e II 1 Nr. 3 BGB)[181], bei nicht deutschsprachigen Patienten unter Zuziehung eines Dolmetschers[182] – über die Operation, deren

---

175 OLG Köln, BeckRS 2012, 02891.
176 Vgl. nur OLG Brandenburg, BeckRS 2010, 15178; OLG Köln, VersR 2014, 751 (Gebärmutterhalsentfernung durch Bauchschnitt, bei vorheriger Kenntnis der grundsätzlichen Risiken).
177 BGH, NJW 1995, 2410 (2411); OLG München, BeckRS 2011, 24452; OLG Hamm, BeckRS 2015, 20700.
178 BGH, NJW 1992, 2351; *Ulsenheimer*, Arztstrafrecht, Rn. 436.
179 OLG Dresden, BeckRS 2016, 110681 (jedenfalls bei einem zeitlichen Abstand von mehr als 6 Monaten, da dann nicht sichergestellt sei, dass beim Eingriff die Vor- und Nachteile noch gegenwärtig sind); BeckOK-BGB/*Katzenmeier*, § 630e Rn. 45 (eine zu frühe Einwilligung könne „entaktualisiert" werden); nach BGH, NJW 2014, 1527 (1529) sein ein am 2.2. erfolgte Aufklärung für eine am 11.3. erfolgte Operation „noch nicht entaktualisiert".
180 Klarstellend BGH, NJW 2014, 1527.
181 Vgl. BT-Drs. 17/10488, S. 25. Eine Aufklärung mit für einen Laien unverständlichen Fachbegriffen ist unwirksam: OLG Stuttgart, NJW-RR 2005, 1389 f.; vgl. auch OLG Koblenz, MedR 2014, 883.
182 BT-Drs. 17/10488, S. 25; OLG München, VersR 2002, 717 (Aufklärung über die Folgen einer Sterilisation gegenüber einer Türkin: „nix Baby mehr"); OLG Köln, VersR 2016, 994; AG Leipzig, MedR 2003, 582 f. Nicht notwendig ist die Hinzuziehung eines Dolmetschers, wenn ein ausländischer Patient offenbar der deutschen Sprache ausreichend mächtig ist und während des Aufklärungsgesprächs nicht zu erkennen gibt, die Aufklärung nicht verstanden zu haben: OLG München, BeckRS 2013, 06067; OLG Hamm, BeckRS 2014, 00224. Übernimmt ein Familienangehöriger des Patienten die Übersetzung, muss der Arzt in geeigneter Weise überprüfen, ob der Familienangehörige seinerseits die Erläuterungen des Arztes verstanden hat und (etwa anhand der Länge der Übersetzung) grob prüfen, ob eine vollständige Übersetzung erfolgt ist (OLG Köln, VersR 2016, 994). Die Kosten für einen Dolmetscher soll nach Willen des Gesetzgebers der Patient tragen (BT-Drs. 17/10488, S. 25; zu Recht kritisch *Spickhoff*, ZMGR 2016, 21 ff.).

Indikation, Verlauf, Wirkung und eventuelle Alternativen aufgeklärt wird[183]; die exakt medizinisch-namentliche Bezeichnung einer Komplikation ist nicht erforderlich, wenn hiermit kein Gewinn an inhaltlichen Informationen verbunden ist (z. B. bei einem medizinisch bewanderten Patienten)[184]. Einzig aus Gründen einer Beweisbarkeit des Umfangs der zumeist im Vier-Augen-Gespräch erfolgenden mündlichen Aufklärung wird der Einsatz (unterschriebener, in Abschrift nach § 630e II 2 BGB dem Patienten auszuhändigenden) Aufklärungsbögen vom Bundesgerichtshof als „dringend zu empfehlen"[185] bezeichnet, stelle ein handschriftlich ausgefülltes und von Arzt und Patient unterzeichnetes Aufklärungsformular ein „gewichtiges Indiz" dafür dar, dass das Aufklärungsgespräch, wie dokumentiert, auch stattgefunden habe[186], insbesondere wenn der Aufklärungsbogen handschriftlich vom Arzt ergänzt wurde[187]. Da sich eine Einwilligung des Patienten nicht aufspalten lässt und eine Schriftlichkeit nicht verlangt wird, ist es unbeachtlich, wenn der Patient wie in **Fall 11** einen (schriftlichen) Vorbehalt erklärt, er aber dennoch im Bewusstsein der grundsätzlichen Risiken der Operation in diese einwilligt.[188]

In der Praxis hat sich nach der von *Weißauer*[189] entwickelten „**Stufenaufklärung**" eingebürgert, zunächst als Grundinformation schriftliche Merk- und Informationsblätter auszugeben und hieran anknüpfend im persönlichen Gespräch die für den konkreten Fall erforderlichen Informationen zu vermitteln.[190] Einzig in einfach gelagerten Fällen („Routinemaßnahmen mit Massencharakter") soll die Hingabe des schriftlichen Aufklärungsbogens sogar genügen[191] (sehr zweifelhaft!), zumindest ergänzt durch ein mündliches (evtl. telefonisches) Aufklärungsgespräch, in dem der Arzt sich versichert, dass der Patient die gegebenen Hinweise verstanden hat, er auf individuelle Belange des Patienten eingeht und eventuelle Fragen beantwortet.

47 (4) **Person des Aufklärenden**: Aufklärungspflichtig ist grundsätzlich der behandelnde Arzt selbst[192], im Falle von Überweisungen nur der die ärztliche Maßnahme durchführende Arzt. Bei schwierigen, fachspezifische Spezialkenntnisse erfordernden ärztlichen Eingriffen ist das Aufklärungsgespräch vom Operateur

---

183 Vgl. nur BGHZ 144, 1 ff.; OLG Brandenburg, BeckRS 2010, 29952; OLG München, NJW-RR 2011, 749 (750); OLG Nürnberg, MedR 2016, 37; OLG Hamm, BeckRS 2015, 20703.
184 OLG München, BeckRS 2011, 00280; OLG Frankfurt a. M., BeckRS 2014, 02428; OLG Koblenz, MedR 2014, 883 („Paravasat"); OLG Koblenz, BeckRS 2014, 12759 („Arthrofibrose" als Risiko einer Knie-OP).
185 BGH, NJW 1985, 1399; BGH, NJW 2014, 1527; ebenso OLG Karlsruhe, BeckRS 2013, 02329 („nützlich und dringend zu empfehlen").
186 BGH, NJW 2014, 1527; BGH, NJW-RR 2017, 533 (534); OLG Hamm, MedR 2014, 309; OLG München, BeckRS 2013, 17323; OLG Köln, BeckRS 2016, 16957 (die ärztliche Dokumentation habe die Vermutung der Richtigkeit für sich); anders, wenn der Aufklärungsbogen lediglich „allgemeine Risiken" umfasst (OLG Dresden, BeckRS 2016, 110681).
187 OLG Köln, BeckRS 2016, 16957.
188 OLG Koblenz, MedR 2011, 248 f.
189 *Weißauer*, in: Hymmen/Ritter (Hrsg.), Behandlungsfehler – Haftung des operativ tätigen Arztes (1981), S. 30 ff.
190 Vgl. nur LG Essen, MedR 2013, 112 (Merkblatt „Informationen zur Blutspende"); vgl. zum Problem, wenn der Informationsbogen einen anderen Eingriff betrifft OLG Koblenz, MedR 2013, 1746.
191 OLG Koblenz, NJW-RR 2015, 795 (z. B. Impfung, nicht aber eine Lasik-Operation); ebenso BGH, NJW 2000, 1784 (1785 f.); OLG Koblenz, NJOZ 2014, 1973 (1974) (Broschüre „Kinderimpfungen"); OLG Koblenz, BeckRS 2015, 08401 (detaillierte schriftliche Risikoaufklärung Tage vor einer Implantatversorgung).
192 Vgl. nur OLG München, NJW 2015, 477 (478).

auch wirklich in eigener Person zu führen[193]; ansonsten ist eine Delegation auf erprobte ärztliche Mitarbeiter (selbst auf einen Studenten im Praktischen Jahr mit ausreichendem Ausbildungsstand[194]) oder Kollegen anderer Fachrichtungen zulässig (nicht dagegen auf das Pflegepersonal[195], eine Hebamme[196] oder einen anderen Patienten).

(5) Person des Aufzuklärenden: Aufzuklären ist der Patient selbst, bei nicht einwilligungsfähigen Patienten deren gesetzlicher oder bevollmächtigter Vertreter, wenngleich minderjährigen Patienten bei nur relativ indizierten Eingriffen mit möglichen erheblichen Folgen für die künftige Lebensgestaltung (bei ausreichender Urteilsfähigkeit) ein „Vetorecht" gegen die Fremdbestimmung durch die Eltern zuzubilligen ist und daher dann auch die Aufklärung des Minderjährigen erforderlich macht.[197]

48

(6) Inhalt und Umfang der Aufklärung: Die für die Einwilligung maßgebliche Selbstbestimmungsaufklärung (siehe oben Rn. 44) verlangt dreierlei:

49

Diagnoseaufklärung: Der Arzt hat den Patienten zunächst über den ärztlichen Befund (und zwar über „die ganze grausame Wahrheit") aufzuklären, sofern deren Kenntnis für die Vornahme der Operation erkennbar von Bedeutung ist.[198]

Verlaufsaufklärung: Die Verlaufsaufklärung soll den Patienten „im Großen und Ganzen" über Art, Schwere, Umfang, Durchführung und Schmerzhaftigkeit des ärztlichen Eingriffs[199] informieren (§ 630e I 2 BGB).

> **Fall 12** (nach BGH, NJW 2011, 2895): Chirurg C nahm bei der Patientin P eine Bauchdeckenstraffung verbunden mit einer Fettabsaugung vor, nachdem C im Aufklärungsgespräch vor der Einwilligung der Patientin der Wahrheit zuwider erklärt hatte, dass am Tag der Operation ein Anästhesist zugegen sein werde. Hätte P gewusst, dass C alleine den Eingriff vornehmen wollte und würde, hätte sie die Schönheitsoperation nicht durchführen lassen. Auf ihre vor Beginn des Eingriffs gestellte Frage, wo der Anästhesist sei, antwortete eine der Arzthelferinnen, „dass dies der Doktor gleich mache". Dieser verabreichte Beruhigungsmittel und nahm während der Operation eine Periduralanästhesie vor. Nach dem Eingriff kam es beim Schließen der Wunde zu einem Herz-Kreislauf-Stillstand. Nach der Reanimation verabreichte C dem P lediglich Sauerstoff sowie blutdrucksteigernde Medikamente, bestellte erst 6 Stunden später einen Krankentransportwagen ohne intensivmedizinische Ausrüstung, widersetzte sich zunächst der den Ernst der Lage erkennenden Sanitäter, mit Blaulicht ins Krankenhaus zu fahren, verschwieg die Reanimation, übergab zunächst keine Krankenunterlagen und war unter der angegebenen Handynummer nicht erreichbar. Bei der Einlieferung ins Krankenhaus litt

---

193 *Ulsenheimer*, Arztstrafrecht, Rn. 408.
194 OLG Karlsruhe, RDG 2014, 85 (86).
195 Vgl. nur OLG Brandenburg, BeckRS 2010, 29952.
196 OLG Hamm, BeckRS 2014, 09889.
197 BGH, NJW 2007, 217 (218).
198 Vgl. nur BVerfG, NJW 2005, 1103 ff.; BGH, NJW 2005, 1718 ff.; *Deutsch/Spickhoff*, Medizinrecht, Rn. 436; *Schöch*, in: Roxin/Schroth, Handbuch, S. 51 (57 f.).
199 BGH, NJW 1984, 1395; BGH, NJW 1989, 1533 f.; Thüringer Oberlandesgericht, BeckRS 2012, 06099; *Schöch*, in: Roxin/Schroth, Handbuch, S. 51 (58 f.); *Tag*, Körperverletzungstatbestand, S. 37; *Ulsenheimer*, Arztstrafrecht, Rn. 350.

P an einer schweren posthypoxischen Hirnschädigung. Tage später verstarb sie an einer globalen Hirnsubstanzerweichung. Strafbarkeit des C?

Der konkrete Umfang der Aufklärungspflicht richtet sich nach den Umständen des Einzelfalles, insbesondere danach, welche Informationen der „verständige Patient"[200] in seine Entscheidung mit einbeziehen würde. So sind dem Patienten vor allem in Fällen nicht dringlicher Indikation nicht nur die eingriffsspezifischen Risiken, sondern auch die Heilungschancen darzustellen, damit der Patient in die Lage versetzt wird, sich für oder gegen die geplante Operation zu entscheiden[201], jedenfalls dann, „wenn das Misserfolgsrisiko hoch und die Indikation zweifelhaft ist"[202]; die Ausräumung etwaiger (dem Arzt unbekannter) Fehlvorstellungen beim Patienten wird hierbei selbstverständlich nicht verlangt[203]. Hiernach hat der Arzt den Patienten beispielsweise über die allgemeine Schwere der Implantation einer Knie-Endoprothese auf die Möglichkeit einer Prothesenlockerung und die dadurch bedingte Instabilität des Knies hinzuweisen[204] oder im Falle einer Rückenoperation, bei der die Indikation elektiv und die Chance eines Erfolgs in erheblichem Maße ungewiss ist, sorgfältig über die tatsächlichen Chancen der Besserung oder Heilung und über die möglichen Folgen einer Operation (Austauschrisiko) aufzuklären[205]. In **Fall 12** hätte hiernach zur erforderlichen Aufklärung gezählt, die P auf die medizinisch gebotene Hinzuziehung eines Anästhesisten aufklären sowie, dass er dies nicht plane. Mangels wirksamer Aufklärung sowie aufgrund der hierbei erfolgten Täuschung und damit aufgrund von Willensmängeln ist die Einwilligung der P unwirksam. C hat sich damit nicht nur nach § 223 I StGB, sondern – da sich im Tod der C die fehlerhafte Reanimationsanschlussbehandlung und damit das Übernahmeverschulden des C realisiert hat (gefahrspezifischer Zusammenhang zwischen Grunddelikt und schwerer Folge, sog. Unmittelbarkeitszusammenhang) – sogar nach § 227 I StGB strafbar gemacht.

Bezüglich einer Strafbarkeit sogar nach §§ 211, 22, 13 I StGB durch eine zunächst unterlassene Verlegung in ein nahe gelegenes Krankenhaus hat der Bundesgerichtshof einen **Tötungsvorsatz** alleine mit dem Hinweis verneint, dass bei einer zu erwartenden Obduktion seine Fehler als Todesursache aufgedeckt worden wären.[206] Angesichts des stundenlangen Abwartens nach der Reanimation ohne sofortige Einlieferung in ein Krankenhaus hätte die Annahme eines Tötungsvorsatzes durchaus nahe gelegen (mit der Folge eines [mangels festgestellter Ursächlichkeit des Unterlassens für den Tod] versuchten Mordes in Verdeckungsabsicht), solange nicht festgestellt wird, dass C sich zum Tatzeitpunkt über eine mögliche Obduktion auch wirklich Gedanken gemacht hatte.

Die Aufklärung hat sogar noch ausführlicher und eindrücklicher zu erfolgen, je weniger der Eingriff medizinisch geboten ist, d. h. insbesondere bei **kosmetischen Operationen**, die nicht in erster Linie der Heilung eines körperlichen Lei-

---

200 *Steffen*, MedR 1983, 88 ff.
201 OLG Frankfurt a. M., BeckRS 2015, 09146.
202 BGH, NJW 2015, 477.
203 So ausdrücklich OLG Köln, BeckRS 2016, 16957.
204 OLG Köln, MedR 2016, 430.
205 OLG Köln, BeckRS 2013, 01560.
206 Vgl. nur BGH, NStZ 2002, 48, BGH, NStZ-RR 2004, 238 (239); BGH, NJW 2008, 2792 (2793) (insoweit in BGHSt. 52, 314 ff. nicht abgedruckt).

dens dienen, sondern eher einem psychischen und ästhetischen Bedürfnis. In diesen Fällen muss der Patient ausführlich darüber aufgeklärt werden, „welche Verbesserungen er günstigenfalls erwarten kann und ihm müssen Risiken deutlich vor Augen gestellt werden, damit er genau abwägen kann, ob er einen etwaigen Misserfolg des ihn immerhin belastenden Eingriffs und darüber hinaus sogar bleibende Entstellungen oder gesundheitliche Beeinträchtigungen in Kauf nehmen will, selbst wenn diese auch nur entfernt als eine Folge des Eingriffs in Betracht kommen."[207]

Umstritten ist seit Jahrzehnten, ob vor einer Blutentnahme ausdrücklich darüber aufgeklärt werden muss, dass auch ein HIV-Antikörper-Test gemacht werden soll, wie es bereits 1987 die Staatsanwaltschaft Mainz[208] und 1995 das Landgericht Köln[209] in Übereinstimmung mit Teilen des Schrifttums[210] annahmen, weil die Folgen für den Betroffenen von einschneidender Bedeutung seien, könne doch bereits das Bekanntwerden eines HIV-Tests dazu führen, dass der Betroffene gesellschaftlich isoliert und ihm mit Misstrauen und Vorurteilen aller Art begegnet werde; ein positives Ergebnis ändere gar das Leben des Betroffenen schlagartig in existenziell bedrohlicher Weise bis hin zur Suizidgefahr und könne erhebliche soziale Auswirkungen, insbesondere eine soziale Isolation, zur Folge haben. Demgegenüber hat 2013 das Landgericht Magdeburg[211] überzeugend in Übereinstimmung mit anderen Teilen des Schrifttums[212] festgestellt, dass sich die Therapiemöglichkeiten bei einer HIV-Infektion erheblich verbessert hätten, insbesondere bei frühzeitiger Erkennung sei HIV zu einer behandel- und beherrschbaren Erkrankung geworden, wodurch sich die Lebenserwartung und Lebensqualität infizierter Patienten deutlich erhöht habe. Auch wenn die Diagnose für den Betroffenen – wie jede Diagnose einer lebensbedrohlichen Erkrankung – erheblichen Einfluss auf sein Leben hat, so hat die bessere Therapierbarkeit jedoch Ängste und Vorurteile in der Gesellschaft abgebaut, so dass die Einwilligung in einen HIV-Test nicht anders zu bewerten ist als die Untersuchung auf andere schwere Infektionskrankheiten, derbezüglich jedenfalls bei medizinischer Indikation keine ausdrückliche Einwilligung erforderlich ist. Aufzuklären über einen geplanten HIV-Test ist jedoch dann, wenn die Blutentnahme ausschließlich der Gewinnung wissenschaftlich-statistischer Daten oder dem Schutz Dritter, z. B. des medizinischen Personals in Kliniken oder der Insassen und Bediensteten in Strafanstalten, dienen soll.[213]

Zunehmend an Bedeutung in der Rechtsprechungspraxis gewinnt die Notwendigkeit, dem Patienten gemäß § 630e I 3 BGB **alternative Behandlungsmöglichkeiten** anheim zu stellen, um diesem als Subjekt der Behandlung die Entscheidung über die Art der Behandlung zu überlassen.[214] Wegen der Therapiefreiheit des Arztes (oben Rn. 7) braucht dieser hierbei, jedenfalls wenn er eine medizini-

---

207 OLG Hamm, BeckRS 2016, 03346.
208 NJW 1987, 2946 (2947).
209 NJW 1995, 1621.
210 Vgl. nur *Bruns*, MDR 1987, 355; *Eberbach*, NJW 1987, 1470.
211 BeckRS 2014, 03364.
212 Vgl. nur Sch/Schr/*Eser/Sternberg-Lieben*, § 223 Rn. 41a; *Janker*, NJW 1987, 2897 (2899 ff.); *Michel*, JuS 1988, 8 ff.
213 Vgl. nur Lackner/Kühl/*Kühl*, § 228 Rn. 15.
214 Vgl. nur BGHZ 102, 17 (22 f.); BGH, NJW 1988, 765 (766); BGH, NJW 2004, 3703 (3704); BGH, NJW 2005, 1718; BGH, NJW 2006, 2477 (2478 f.); *Schelling/Erlinger*, MedR 2003, 331 ff.

sche Standardtherapie anwendet, zwar den Patienten grundsätzlich nicht ungefragt über (theoretisch denkbare) Behandlungsalternativen[215] oder die Details innerhalb einer Operationsmethode oder die einzelnen Operationsschritte aufzuklären[216]; die Wahl der richtigen Behandlungsmethode ist grundsätzlich allein seine Sache.[217] Anders ist es jedoch, wenn verschiedene kunstgerechte wie gleichermaßen medizinisch indizierte[218] Behandlungsmethoden (ob sie nun von der gesetzlichen Krankenkasse übernommen werden oder nicht[219]) mit wesentlich unterschiedlichen Risiken oder wesentlich unterschiedlichen Erfolgsaussichten[220] verbunden sind, die (in strafrechtlicher Sicht) erheblich sind[221]; dann muss dem Patienten die Entscheidung überlassen bleiben, auf welchem Weg die Behandlung erfolgen soll und auf welches Risiko er sich einlassen will. Kann eine Operation etwa durch eine konservative Behandlung oder deren Fortführung vermieden werden oder ist sie erst nach deren erfolgloser Vorschaltung indiziert und besteht für den Patienten eine echte Wahlmöglichkeit mit zumindest gleichwertigen Chancen, wenngleich anderen Risiken, dann ist der Patient hierüber aufzuklären.[222] Ein besonders praxisrelevantes Beispiel ist die Aufklärung über die Möglichkeit einer Kaiserschnittgeburt gegenüber einer natürlichen Geburt: Der geburtsleitende Arzt braucht in einer normalen Entbindungssituation, bei der die Möglichkeit einer Schnittentbindung medizinisch nicht indiziert und deshalb keine echte Alternative zur vaginalen Geburt ist, ohne besondere Veranlassung die Möglichkeit einer Schnittentbindung zwar nicht zur Sprache zu bringen. Anders liegt es aber dann, wenn für den Fall, dass die Geburt vaginal erfolgt, für das Kind ernstzunehmende Gefahren drohen (z. B. „Riesenkind"), daher im Interesse des Kindes gewichtige Gründe für eine Schnittentbindung sprechen und diese unter Berücksichtigung auch der Konstitution und der Befindlichkeit der Mutter in der konkreten Situation eine medizinisch verantwortbare Alternative darstellt. In einer solchen Lage darf sich der Arzt nicht eigenmächtig für eine vaginale Geburt entscheiden. Vielmehr muss er die Patientin zu einem Zeitpunkt, zu dem die Patientin sich noch in einem Zustand befindet, in dem sie ihr Selbstbestimmungsrecht (auch als Sachwalterin des Kindes) noch freiverantwortlich ausüben und damit noch zwischen ihrem Leben und der Gesundheit des Kindes abwägen kann, über die für die Mutter wie für das Kind bestehenden Risiken

---

215 OLG Brandenburg, BeckRS 2010, 29952; OLG München, BeckRS 2011, 26259.
216 OLG München, BeckRS 2012, 11481; OLG Dresden, BeckRS 2017, 110032. OLG München, BeckRS 2011, 27036: „Im Übrigen muss der Operateur dem Patienten, was diesem auch nicht dienlich wäre, ohnehin keine Vorlesung über die diversen Operationstechniken halten."
217 Vgl. nur BGHZ 102, 17 (22); BGHZ 106, 153 (157); BGH, NJW 1982, 2121; OLG Köln, VersR 2009, 834 (835).
218 OLG Frankfurt a. M., BeckRS 2010, 24745.
219 OLG Oldenburg, GesR 2008, 539 f.
220 BGH, NJW 2005, 1718; ähnlich BGH, MedR 2012, 252 (253); OLG Hamm, BeckRS 2015, 04268; OLG Brandenburg, BeckRS 2016, 15144; vgl. hierzu die umfassende Kasuistik bei *Geiß/Greiner*, Arzthaftpflichtrecht, C Rn. 25 ff.; *Steffen/Pauge*, Arzthaftungsrecht, Rn. 449; *Kraatz*, NStZ-RR 2014, 36 (38); *ders.*, NStZ-RR 2015, 97 (100 f.); *ders.*, NStZ-RR 2016, 233 (235 f.). Selbstverständlich darf der Arzt auch in diesem Falle eine Empfehlung abgeben, welche Methode er wählen würde.
221 BGH, NStZ 1996, 34.
222 BGH, NJW 2014, 1529 (1530); OLG Naumburg, BeckRS 2013, 05534; OLG Hamm, BeckRS 2014, 02179.

sowie über die Vor- und Nachteile der verschiedenen Entbindungsmethoden aufklären und sich ihrer Einwilligung für die Art der Entbindung versichern.[223]

Je neuartiger und weniger erprobt (und damit mit möglicherweise noch unübersehbaren Risiken verbunden) eine Behandlungsmethode ist, umso eindringlicher und umfassender hat der Arzt den Patienten – der sich innerhalb der durch §§ 226a, 228 StGB (Rn. 59 und 107) gezogenen Grenzen eigenverantwortlich für eine Außenseitermethode entscheiden kann[224] – über diese sowie über herkömmliche Alternativverfahren aufzuklären. Dies schließt nicht nur den Hinweis ein, dass die beabsichtige Behandlungsmethode als **Außenseitermethode** in der Wissenschaft nicht allgemein anerkannt ist[225], sondern auch und gerade einen Hinweis darauf, dass sich die Methode noch in der klinischen Erprobung befindet, Langzeitbeobachtungen fehlen und der Eingriff daher mit noch nicht bekannten Risiken und Nebenwirkungen einhergehen kann[226].

> **Fall 13** (nach BGH, NJW 2011, 1088 f.): Der 80-jährigen Patientin P wurden vom Chefarzt C nach ordnungsgemäßer Aufklärung Teile des Dickdarms entfernt. Als sich in der Folgezeit die Operationswunde entzündete und sich der Zustand der Patientin trotz der Gabe von Antibiotika verschlechterte, nahm C eine Reoperation vor, der die kaum mehr ansprechbare P durch Nicken zustimmte. Am Ende der Operation legte C auf der Grundlage persönlicher beruflicher Erfahrungen in die Wunde einen mit Zitronensaft getränkten Streifen ein und vernähte die Wunde wieder, ohne Vorkehrungen zur Gewährleistung der Sterilität des Saftes zu treffen; die allgemeine Verträglichkeit von Zitronensaft entspricht – wie C wusste – weder dem üblichen medizinischen Standard noch ist sie bislang wissenschaftlich untersucht worden und P, die über die Gabe von Zitronensaft zu keiner Zeit aufgeklärt wurde, hätte, wenn sie hierüber informiert geworden wäre, schon in die Durchführung der ersten Operation nicht eingewilligt. Trotz einer wiederholten Behandlung der Operationswunde mit Zitronensaft verstarb P an einem septischen Herz-Kreislauf-Versagen, wobei man nicht feststellen konnte, dass das Einbringen des Zitronensaftes in die Wunde für den Tod der P ursächlich war oder die Operationswunde auch nur zusätzlich bakteriell kontaminierte. Todesursächlich war vielmehr die typischerweise bei großen Bauchoperationen auftretende Entzündung der beim ersten Eingriff entstandenen Operationswunde. Strafbarkeit des C?

In diesem skurril anmutenden „Zitronensaft"-Fall scheidet eine Körperverletzung mit Todesfolge (§ 227 StGB) durch die **erste Operation** aufgrund wirksamer Einwilligung aus. Denn bei einer nicht dem medizinischen Standard entsprechenden, dem Arzt im Rahmen seiner Therapiewahl offen stehenden Außenseitermethode hat der Arzt den Patienten zwar grundsätzlich auch „über schwerwiegende Risiken einer Folgebehandlung […], die trotz kunstgerechter

---

223 Vgl. nur BGH, NJW 1993, 2372; BGH, NJW 2004, 3703; BGH, MedR 2012, 252 ff.; BGH, NJW-RR 2015, 591; OLG München, BeckRS 2012, 23577; OLG Koblenz, VersR 2015, 491.
224 OLG Zweibrücken, NJOZ 2017, 275 (278).
225 Vgl. nur *Ulsenheimer*, Arztstrafrecht, Rn. 381.
226 Vgl. nur BGHZ 168, 103 (107 f.); BGHZ 172, 1 (13 f.); BGH, NJW 2007, 2771; OLG Köln, VersR 2013, 1177; OLG Karlsruhe, NJOZ 2016, 953 ff.

Operation nötig werden kann, weil sich eine mit dieser verbundene Komplikationsgefahr verwirklicht", aufzuklären, jedoch nur dann, wenn zwischen einer ersten Operation und möglicherweise notwendig werdenden Folgebehandlungen ein enger (erhöhter) Gefahrzusammenhang besteht.[227] Dieser ist vorliegend zu verneinen, da der ersten Operation allein die Gefahr einer Wundinfektion anhaftete, die (herkömmlich) mittels Gabe von Antibiotika bekämpft werden konnte und zunächst auch bekämpft wurde; über allgemeine Risiken wie Wundinfektionen oder Embolien, mit denen ein Patient im Allgemeinen rechnen muss und rechnet, braucht nicht aufgeklärt zu werden[228] und damit auch nicht vorab über deren dann notwendige Behandlung.

Bezüglich der **zweiten Operation** scheitert eine Körperverletzung mit Todesfolge daran, dass P nicht an den Folgen der Reoperation, sondern den Komplikationen der ersten Operation verstorben ist. Tatbestandlich verbleibt somit nur eine gefährliche Körperverletzung mittels lebensgefährdender Behandlung (§ 224 I Nr. 5 StGB: hierzu unten Rn. 95; zu § 224 I Nr. 1 StGB unten Rn. 87). Auf der Rechtswidrigkeitsebene scheidet eine Einwilligung aus, da C die P nicht über den Einsatz unsterilen Zitronensaftes als Außenseitermethode aufklärte. Der Bundesgerichtshof verneinte schließlich (in zweifelhafter Weise) auch eine hypothetische Einwilligung (hierzu unten Rn. 72 ff.), weil P bei Kenntnis von der Außenseitermethode nicht eingewilligt hätte.

52 Zur Verlaufsaufklärung gehört schließlich die Aufklärung über die vermutliche Weiterentwicklung des Gesundheitszustandes des Patienten in unbehandelter und behandelter Form („Für und Wider"), d. h. insbesondere auch, welche Folgen, voraussehbaren Nebenfolgen, Erfolgs- und Heilungschancen, Gefahr des Misserfolgs oder Versagerquote mit dem Eingriff verbunden sind[229]. Eine genaue Erfolgswahrscheinlichkeit braucht aber dann nicht angegeben zu werden, wenn „keine belastbaren Fallzahlen vorhanden sind oder der Erfolg so sehr von individuellen Faktoren abhängt, dass auf allgemeine statistische Erhebungen und Erfahrungen nicht zurückgegriffen werden kann"[230].

53 **Risikoaufklärung**: Das Schwergewicht der Selbstbestimmungsaufklärung liegt in der Praxis deutlich in der Risikoaufklärung (§ 630e I 2 BGB), die dem Patienten die Gefahren der in Aussicht genommenen Behandlung für seine weitere Lebensgestaltung (unter Berücksichtigung seiner beruflichen Stellung, seiner privaten Lebensführung sowie seines persönlichen Erwartungshorizonts: „patientenbezogene Aufklärung"![231]) deutlich vor Augen führen soll.[232] Der Umfang der Aufklärungspflicht richtet sich hierbei nach den Umständen des Einzelfalles unter Berücksichtigung folgender drei Gesichtspunkte:

> **Fall 14** (nach BGH, NJW 1994, 793 f.): Patient P ließ wegen einer massiven Polypenbildung in der Nase durch Operateur Dr. O eine beidseitige endosale Siebbeinoperation mit Kieferhöhlenfensterung vornehmen. In dem im Rah-

---

227 BGH, NJW 2011, 1088 (1089).
228 BGH, NJW 1991, 1541 (1542); BGH, NJW 1992, 743.
229 Vgl. nur KG, GesR 2004, 369 f.; *Schöch*, in: Roxin/Schroth, Handbuch, S. 51 (58 f.); *Ulsenheimer*, Arztstrafrecht, Rn. 350.
230 OLG München, MedR 2013, 604.
231 Vgl. nur *Steffen/Pauge*, Arzthaftungsrecht, Rn. 378.
232 *Schöch*, in: Roxin/Schroth, Handbuch, S. 51 (59).

§ 3 Ärztlicher (Heil-)Eingriff als vorsätzliche Körperverletzung

men der Aufklärung überreichten und von P unterschriebenen Formblatt wurde auf die Gefährlichkeit des Eingriffs für die Augenhöhle nicht hinreichend hingewiesen. Auch im mündlichen Gespräch wies Dr. O hierauf nicht hin, sondern betonte vielmehr die Gefahren für die nahe gelegene Augenhöhle, wenn der Eingriff unterblieb. P willigte ein. Während der Operation kam es infolge einer Verletzung der knöchernen Trennwand zur Augenhöhle zu einer Einblutung in die rechte Augenhöhle und schließlich zur Erblindung des rechten Auges. Nach Angaben eines medizinischen Sachverständigen besteht die Wahrscheinlichkeit hierfür bei der erfolgten Operationsart allenfalls im Promille-Bereich. Strafbarkeit des O?

Der Arzt braucht dem Patienten kein allumfassendes medizinisches Entscheidungswissen zur Verfügung stellen und ihn daher nicht über alle denkbaren Risiken aufzuklären, insbesondere nicht über allgemein bekannte Risiken wie eine Wundinfektion[233], eine Thrombose, eine Embolie[234], eine Nervenirritation durch die eingeführte Nadel bei einer Blutabnahme[235] oder einen Narbenbruch[236]. Vielmehr braucht der Arzt dem Patienten lediglich ein „Bild von der Schwere und Richtung des konkreten Risikospektrums"[237] vermitteln durch eine Aufklärung über im Zeitpunkt der Behandlung bekannte[238] **eingriffsspezifische, d. h. mit einer ärztlichen Behandlung typischerweise verbundene und mit diesem unmittelbar zusammenhängende** (und damit auch über vom Hersteller etwa eines verwendeten Chemotherapie-Medikaments in Fachinformationen erwähnte[239]) **Risiken** (einschließlich der Risiken einer Nachoperation, wenn deren Notwendigkeit ein typisches Risiko der [Erst-]Operation ist[240]), sofern deren Verwirklichung für den Patienten überraschend wäre und seine Lebensführung besonders belasten würde oder wenn durch den Misserfolg der Eingriff, statt den Gesundheitszustand zu verbessern, auch zu deren Verschlechterung führen kann; auf einen bestimmten Wahrscheinlichkeitsgrad der Realisierung (auf einen bestimmten Grad der Komplikationsdichte, d. h. auf eine bestimmte Statistik) kommt es dabei jeweils nicht an, solange für eine Operationsfolge nur eine gewisse (wenn auch sehr geringe) Wahrscheinlichkeit besteht.[241] Denn dem Patienten obliegt die Entscheidung, ob er das (auch nur geringe) Risiko mit dem ärztli-

---

233 BGH, NJW 1991, 1541 (1542); BGH, NJW 1994, 2414 f.; OLG Köln, MedR 2016, 519.
234 Vgl. nur BGH, NJW 1986, 780; BGH, NJW 1991, 1541 (1542); BGH, NJW 1992, 743.
235 LG Heidelberg, NJOZ 2012, 856.
236 OLG Oldenburg, VersR 1998, 769.
237 BGHZ 90, 103 (106); ähnlich BGH, NJW 2005, 1716 (1717).
238 Vgl. nur OLG Karlsruhe, BeckRS 2014, 08102; OLG Karlsruhe, BeckRS 2016, 21194; gleichzustellen ist der Fall, wenn es sich um Risiken handelt, die im Spezialgebiet des behandelnden Arztes diskutiert wird und ihm daher bekannt sein muss (OLG Karlsruhe, NJOZ 2016, 953 [954]). Einer „nachträglichen Risikoaufklärung" bedarf es nicht: KG, MedR 2014, 887.
239 OLG Köln, RDG 2016, 135 f.
240 BGH, VersR 1996, 330 (331); OLG Stuttgart, VersR 1998, 637; BGH, VersR 2003, 1579.
241 Vgl. nur BGHZ 126, 386 (389); BGHZ 144, 1 (5); BGH, NJW 1994, 3012 f.; BGH, NJW 2000, 1784 (1785); OLG München, BeckRS 2013, 06068; OLG Brandenburg, BeckRS 2015, 19989. Teilweise wird in der Rechtsprechung eine Mindestrisikorate von 0,7 bis 1,7 % (OLG Nürnberg, MedR 2016, 37) angenommen; hiergegen zutreffend OLG Bremen, BeckRS 2015, 08069: Aufklärung selbst unter einer Risikorate von 0,1 %, es sei denn das Risiko würde für einen verständigen Patienten nicht ernsthaft ins Gewicht fallen. Vgl. zu einer umfassenden Kasuistik *Geiß/Greiner*, Arzthaftpflichtrecht, C Rn. 50 ff. sowie zur jüngeren Rechtsprechung *Kraatz*, NStZ-RR 2014, 36 (37 f.); *ders.*, NStZ-RR 2015, 97 (99 f.); *ders.*, NStZ-RR 2016, 233 (236 f.).

chen Eingriff einzugehen bereit ist. In **Fall 14** hätte über das Risiko einer Erblindung ausführlich aufgeklärt werden müssen; deren Verharmlosung führt damit mangels wirksamer Einwilligung zu einer strafbaren Körperverletzung. Im gleichen Sinne ist beispielsweise (aus der großen Fülle an Kasuistik) bei einer Fremdbluttransfusion (bzw. einer Transfusionswahrscheinlichkeit von 10 % beim geplanten Eingriff[242]) auf ein AIDS-Infektionsrisiko hinzuweisen, auch wenn die Ansteckungsgefahr bei 1:2–3 Millionen liegt.[243]

54 Der Umfang der Aufklärungspflicht hängt weiterhin maßgeblich von der **Dringlichkeit** des Eingriffs ab: Je weniger eindringlich sich der Eingriff für den Patienten darstellt, desto weitergehender ist das Maß und der Genauigkeitsgrad der Aufklärungspflicht: Bei **medizinisch nicht indizierten Eingriffen** (insb. Schönheitsoperationen wie Fettabsaugungen oder Blutspenden) besteht die Pflicht zu einer umfassenden Aufklärung, in der dem Patienten die Risiken deutlich vor Augen geführt werden, insbesondere wenn das typische Eingriffsrisiko sich negativ auf die berufliche Tätigkeit des Patienten (z. B. Berufskraftfahrer) auswirken kann.[244] Treffend: „Eine Frau, die lediglich ihre äußere Erscheinung als ungenügend empfindet, muss durch vollständige und schonungslose Aufklärung in den Stand versetzt werden, aufgrund ihrer eigenen Sachkunde zu beurteilen, ob sie den durch Operation erreichbaren Zustand dem bisherigen wirklich vorzieht."[245] Gesteigerte Anforderungen bestehen auch bei **diagnostischen Eingriffen** ohne therapeutischen Eigenwert.[246] Ist ein **Eingriff nur relativ indiziert**, also nicht zwingend erforderlich (z. B. weil eine Operation durch eine konservative Behandlung vermieden werden kann), so sind die Aufklärungspflichten gleichfalls hoch. Bei **absolut indizierten**, d. h. medizinisch zwingend notwendigen **Eingriffen**, kann die Aufklärungsintensität geringer ausfallen, da der Patient bereit ist, gewisse Risiken in Kauf zu nehmen.[247] Bei **sofortigen vital indizierten Eingriffen**, d. h. sofortigen Eingriffen in lebensbedrohlichen Situationen braucht der Arzt „mit der Einwilligung nicht viel Umstände zu machen"[248]; sein Aufklärungsumfang tendiert „gegen Null"[249] und kann im Einzelfall (aufgrund besonderer Umstände) sogar entfallen (§ 630c IV BGB).

Schließlich richtet sich der Aufklärungsumfang nach der **Schwere des Eingriffs**, d. h. je schwerer die Folgen oder je höher sogar die Sterblichkeitsquote ist, umso dringlicher muss der Arzt auch über äußerst seltene Risiken aufklären; umgekehrt braucht über nur leichte Folgen (selbst bei großer Häufigkeit) nur kurz aufgeklärt zu werden.

55 (7) **Wegfall der Aufklärungspflicht**: Die Aufklärungspflicht entfällt, wenn der Patient nicht mehr aufklärungsbedürftig ist, weil er aus eigenem medizinischen Vorwissen (z. B. Patient ist selbst Arzt und das aufklärungsbedürftige Risiko zählt zum medizinischen Grundwissen oder unterfällt der medizinischen Fach-

---

242 So Nr. 4.3 der Richtlinien zur Gewinnung von Blut und Blutbestandteilen und zur Anwendung von Blutprodukten (Hämotherapie) der Bundesärztekammer, abrufbar unter http://www.bundesaerztekammer.de/downloads/RiliHaemotherapie2010.pdf (letzter Aufruf: 22.5.2017).
243 BGHZ 116, 379 (382 ff.); *Ulsenheimer*, Arztstrafrecht, Rn. 355.
244 Vgl. nur BGHZ 166, 336 (340); BGH, NJW 1991, 2349; OLG Naumburg, VersR 2016, 404.
245 OLG Hamburg, MDR 1982, 580 (581).
246 Vgl. nur OLG Düsseldorf, VersR 1984, 643 (644); OLG Karlsruhe, VersR 1989, 1053.
247 Vgl. OLG Oldenburg, NJW 1997, 1642.
248 BGHSt. 12, 379 (382).
249 *Ulsenheimer*, Arztstrafrecht, Rn. 370.

§ 3 Ärztlicher (Heil-)Eingriff als vorsätzliche Körperverletzung

richtung des behandelten Arztes[250]) bereits ein hinreichendes Bild hat oder weil ihm durch einen vorbehandelnden Arzt Aufklärung im erforderlichen Umfang bereits erteilt ist.[251]

Die Aufklärungspflicht entfällt zudem, wenn der Patient ausdrücklich (nach dem eindeutigen Wortlaut des § 630e III BGB genügt ein konkludenter Verzicht nicht mehr![252]) auf eine Aufklärung verzichtet (wenngleich zumindest über den grundsätzlichen Eingriffsablauf aufzuklären ist, kann es doch dem Wesen nach keinen Blankoverzicht geben[253]) oder die Aufklärung kontraindiziert ist (d. h. eine Aufklärung zu ernsten und nicht behebbaren Gesundheitsschäden oder zu einer Gefährdung des Heilungserfolgs führen würde; die Gefahr bloßer psychischer Befindlichkeiten genügt nicht).[254] Ist eine Aufklärung nicht möglich, insbesondere weil der Patient bei unaufschiebbaren Eingriffen bewusstlos ist, so greift statt der Einwilligung der gewohnheitsrechtlich anerkannte Rechtfertigungsgrund der mutmaßlichen Einwilligung ein (dazu unten Rn. 66 ff.).

(8) **Aufklärung beim ärztlichen Zwangseingriff**: Inwieweit diese Grundsätze der Selbstbestimmungsaufklärung auf strafprozessuale Zwangsbehandlungen übertragen werden können, waren Gegenstand einer Entscheidung mit Symbolwert zu einem Fall, der sich so hoffentlich nie wieder ereignen wird:

Fall 15 (BGHSt. 55, 121 ff. und BGH, NStZ 2012, 2453): Arzt A war im ärztlichen Beweissicherungssicherungsdienst tätig. Er nahm bei einem vorläufig Festgenommenen F, bei dem zwei Polizeibeamten nach deutlichen Schluckbewegungen vermuteten, er habe Kokainkügelchen verschluckt, der sich aber einer freiwilligen Einnahme von Brechmittel verweigerte, erstmals nach Anordnung der Polizeibeamten (unter Inanspruchnahme ihrer Eilkompetenz nach § 81a I StPO) einen zwangsweisen Brechmitteleinsatz vor. So legte A trotz der Gegenwehr des F eine Magensonde und applizierte Brechmittel. Auch nachdem ein erstes Kügelchen erbrochen wurde, führte A über die Sonde weiter Wasser zu und löste den Brechreiz mit Pinzette und Spatel aus. F erbrach sich mehrmals und wirkte dann apathisch – was A und die Polizisten für eine Simulation hielten. Der Sauerstoffsättigungswert ging herunter, was A auf einen Gerätedefekt schob. Schließlich trat aus Mund und Nase weißer Schaum aus. Kopflos ließ A den Notarzt rufen, ohne selbst Erste-Hilfe-Maßnahmen durchzuführen. Nachdem der Notarzt F stabilisiert hatte, setzte A ohne erneute Untersuchung den Brechmitteleinsatz fort. F erbrach sich mehrfach, es kamen noch weitere Kügelchen zutage, dann fiel er ins Koma und verstarb an cerebraler Hypoxie als Folge von Ertrinken nach Aspiration

---

250 Nach OLG Koblenz, BeckRS 2015, 00370 besitzt eine Ärztin für Allgemeinmedizin als Patientin nicht unbedingt das Fachwissen eines chiropraktisch tätigen Orthopäden und muss daher umfassend aufgeklärt werden.
251 Vgl. nur OLG Braunschweig, BeckRS 2011, 26630; ebenso OLG Celle, VersR 2004, 384 (385); anders OLG Naumburg, BeckRS 2013, 05534: Notwendigkeit einer umfassenden Aufklärung durch einen nachbehandelnden Arzt nach einer Überweisung.
252 Anders noch Voraufl., Rn. 55; *Ulsenheimer*, Arztstrafrecht (4. Aufl. 2008), Rn. 126; aA bereits zum früheren Rechtszustand *Schöch*, in: Roxin/Schroth, Handbuch, S. 51 (72).
253 *Ulsenheimer*, Arztstrafrecht, Rn. 457.
254 So die zu Recht strenge Sichtweise der Rechtsprechung: BGHSt. 11, 111 (116); BGH, NJW 1972, 335 (337); zustimmend *Schöch*, in: Roxin/Schroth, Handbuch, S. 51 (72); großzügiger Teile der Literatur: Sch/Schr/*Eser/Sternberg-Lieben*, § 223 Rn. 42a; LK/*Hirsch*, § 228 Rn. 25.

> bei forciertem Erbrechen. Insgesamt hatte F fünf Kügelchen verschluckt mit einem Marktpreis von 20 Euro. Strafbarkeit des A?

In einer „beschämenden Nachhilfe"[255] hob der Bundesgerichtshof gleich zweimal den jeweiligen Freispruch (!) des Landgerichts auf und stellte in erfreulicher Deutlichkeit klar, dass aus derzeitiger – im Anschluss an die Grundsatzentscheidung des EGMR[256] (erniedrigende Behandlung iSd Art. 3 EMRK) – „geläuterter Sicht" ein Brechmitteleinsatz „eindeutig" eine (sogar gefährliche: § 224 I Nr. 1 und 5 StGB) Körperverletzung darstelle, wegen dem auf einem Übernahmeverschulden (und zutreffend unabhängig vom Verschulden auch Dritter wie dem Notarzt) beruhenden Tod des Festgenommenen sogar eine Körperverletzung mit Todesfolge (§ 227 StGB)[257]. Der dem Arzt für den ersten Brechmitteleinsatz vom Bundesgerichtshof angesichts der früheren Rechtsprechung, die einen Brechmitteleinsatz für zulässig erachtete[258], zugebilligte unvermeidbare Verbotsirrtum[259] erscheint indes fraglich, da jedenfalls der Einsatz einer Pinzette und eines Spatels nicht „den Regeln der ärztlichen Kunst" entsprach.

Unabhängig hiervon nahm der Bundesgerichtshof hinsichtlich einer fahrlässigen Tötung jedoch ein Übernahmeverschulden (unzureichende Anamnese und Untersuchung zu Beginn der Exkorporation, unzureichende Gerätekunde, fehlende Grundkenntnisse bei der Behandlung ohnmächtiger Patienten) sowie eine Aufklärungspflichtverletzung an, da ein Arzt über die medizinischen Risiken selbst vor einer Zwangsmaßnahme gemäß § 81a StPO aufzuklären habe, falls der Betroffene hierdurch – wie vorliegend – in die Lage versetzt werde, den hinzunehmenden Eingriff schonender zu gestalten.[260] Abgesehen davon, dass gerade nicht feststeht, dass der Eingriff bei entsprechender Aufklärung tatsächlich schonender hätte gestaltet werden können und der Erfolg nicht eingetreten wäre, erscheint es bereits fraglich, das Arzt-Patienten-Verhältnis dem Arzt-Beschuldigten-Verhältnis gleichzusetzen, muss der Beschuldigte doch nicht selbstbestimmt (und damit umfassend aufgeklärt) einwilligen, sondern wird er zwangsweise behandelt. Solange § 81a StPO eingehalten wird, ist jede Zwangsuntersuchung rechtmäßig und eine vorherige Aufklärung kann daher eigenständig nie dazu dienen, ein rechtlich missbilligtes Risiko zu vermeiden.[261]

(9) Aufklärung bei selbstgefährdendem Handeln

> **Fall 16** (nach BGH, NStZ 2011, 341 f.): Ein auf psychotherapeutische Behandlungen spezialisierter Arzt A führte mit zwölf Personen eine psychoanalytische Gruppensitzung durch, bei der die Patienten durch Drogen in ein Wachtraum-erleben der Objektumgebung versetzt wurden, um an unbewusste Inhalte der Psyche zu gelangen. Hierbei klärte er die Patienten über die Ein-

---
255 *Eidam*, NJW 2010, 2599 (2600).
256 EGMR, NJW 2006, 3117 ff.; für eine Zulässigkeit des Brechmitteleinsatzes dagegen zuvor BVerfG, NStZ 2000, 96 [obiter dictum]; OLG Bremen, NStZ-RR 2000, 270; KG, JR 2001, 162 ff.; *Rogall*, NStZ 1998, 66 (67 ff.).
257 BGHSt. 55, 121 (130); BGH, NJW 2012, 2453 (2454).
258 Vgl. nur OLG Bremen, NStZ-RR 2000, 270; KG, NStZ-RR 2001, 204 f.
259 BGHSt. 55, 121 (130).
260 BGHSt. 55, 121 (131 f.).
261 Ebenso die Kritik von *Matthias Krüger/Kroke*, Jura 2011, 289 (295 f.).

§ 3 Ärztlicher (Heil-)Eingriff als vorsätzliche Körperverletzung

nahme der bereit gestellten Drogen auf. Nachdem neun Personen das nicht zugelassene Neocor eingenommen hatten, meldeten sich sieben davon, um auch MDMA – mit der sie alle bereits Erfahrungen gemacht hatten – einzunehmen, wobei A ihnen aufgrund eines Fehlers seiner Waage jeweils die zehnfache Menge überreichte. Nach der Einnahme starben zwei Patienten an Multiorganversagen, die anderen mussten teils intensivmedizinisch behandelt werden. Strafbarkeit des A?

In **Fall 16** liegt keine Fremd-Körperverletzung (mit Todesfolge in zwei Fällen) vor, sondern durch die eigene Einnahme der Drogen (die Trennungslinie zwischen Selbst- und Fremdverletzung ist grundsätzlich die „Trennungslinie zwischen Täterschaft und Teilnahme", sich danach bestimmend, wer die Tatherrschaft besitze[262]) eine eigenverantwortliche Selbstgefährdung der Patienten. An der Eigenverantwortlichkeit würde es nach der „Einwilligungslösung"[263] lediglich fehlen, wenn die Patienten nicht frei von Willensmängeln gehandelt hätten und der angeklagte Arzt das Risiko aufgrund überlegenen Sachwissens besser hätte überblicken können.[264] Hieran fehlt es, da die Patienten alle Erfahrungen über der Droge MDMA gemacht hatten. Der Arzt musste die Patienten nicht auch über sämtliche – auch die eher seltenen – Risiken der Drogen aufklären, da „grundlegende Bedenken" dagegen bestehen, „die Grundsätze der Aufklärungspflicht bei ärztlicher Heilbehandlung uneingeschränkt in Fällen anzuwenden, in denen sich selbstverantwortliche Personen auf eine Behandlung einlassen, die offensichtlich die Grenzen auch nur ansatzweise anerkennenswerter ärztlicher Heilkunst überschreitet"[265].

Über die Überdosierung von MDMA irrte der Arzt genauso wie die Patienten, so dass er allenfalls (da er der Waage angesichts der großen Überdosierung nicht hätte vertrauen dürfen) eine fahrlässige Tötung (§ 222 StGB) in zwei Fällen und fahrlässige Körperverletzung (§ 229 StGB) in fünf Fällen begangen hat. Für eine Leichtfertigkeit („grobe Fahrlässigkeit") iSd § 30 I Nr. 3 BtMG (Überlassen von Betäubungsmitteln mit Todesfolge) fehlt es an hinreichenden Angaben.

cc) **Einwilligungserklärung:** Die Einwilligung muss ausdrücklich oder konkludent nach außen hin vor der Tat erklärt werden; die rein innere Zustimmung genügt ebenso wenig den Erfordernissen der Rechtsklarheit und Rechtssicherheit[266] wie eine erst nachträgliche Genehmigung.[267] Eine bestimmte Form ist nicht einzuhalten. Inhaltlich erstreckt sich eine Einwilligungserklärung grundsätzlich nur auf einen fehlerfreien Eingriff, so dass ein fehlerhafter Eingriff (trotz umfassender Aufklärung) als Exzess grundsätzlich nicht durch die Einwilligungs-

---

262 Vgl. nur BGHSt. 19, 135 (139 f.); BGHSt. 49, 34 (39); BGHSt. 49, 166 (169).
263 Vgl. hierzu nur *Lackner/Kühl/Kühl*, Vor § 211 Rn. 13a; NK-StGB/*Ulfrid Neumann*, Vor § 211 Rn. 65; *Wessels/Beulke/Satzger*, AT, Rn. 267; anders die Exkulpationslösung (Rn. 167).
264 Vgl. BGHSt. 32, 262 (265); BGHSt. 36, 1 (17).
265 BGH, NStZ 2011, 341 (342).
266 So die Anhänger der eingeschränkten Willenserklärungstheorie: vgl. nur *Lackner/Kühl/Kühl*, § 228 Rn. 6; *Tag*, Körperverletzungstatbestand, S. 304; aA die Anhänger der sog. Willensrichtungstheorie: vgl. nur *Noll*, Die übergesetzlichen Rechtfertigungsgründe, im besonderen die Einwilligung des Verletzten (1955), S. 134.
267 Vgl. Nur OLG Oldenburg, NJW 1966, 2132 (2133).

erklärung des Patienten gerechtfertigt ist und damit eine strafbare Körperverletzung darstellt.[268]

> **Fall 17:** Angsthase A hatte sich schon mehrfach zur medizinisch notwendigen Behandlung eines Bandscheibenvorfalls in die Hände von Chirurg C begeben, jedoch kurz vor Beginn der Operation seine jeweils zuvor bereits erteilte Einwilligung widerrufen, so dass der Eingriff nicht vorgenommen werden konnte. Nachdem A nun ein weiteres Mal nach ordnungsgemäßer Belehrung für den Eingriff anästhesiert werden soll, widerruft A ein weiteres Mal seine Einwilligung. Im Interesse des Gesundheitszustandes des Patienten, der eine Operation dringend notwendig macht, setzt sich C über den Widerruf hinweg und nimmt den Eingriff de lege artis vor, was den Gesundheitszustand des A verbessert. Strafbarkeit des C?

Die Einwilligungserklärung ist jederzeit frei widerruflich, wobei der Widerruf als actus contrarius auch der Kundgabe nach außen bedarf.[269] Widerruft der entscheidungsfähige Patient seine Einwilligung und leidet der Widerruf nicht offensichtlich am Mangel der Ernstlichkeit, so darf der Eingriff nicht begonnen bzw. muss dieser abgebrochen werden, wobei es dem Arzt obliegt, den Patienten über die möglichen gesundheitlichen Folgen einer Eingriffsunterbrechung ausführlich hinzuweisen.[270] Nimmt der Arzt trotz Widerrufs den (weiteren) Eingriff vor, so handelt er mangels Einwilligung rechtswidrig. Für den Fall des ängstlichen Patienten, der entgegen aller medizinischen Notwendigkeiten seine Einwilligung zu einem Eingriff selbst bei nur geringen Risiken immer wieder widerruft, wird diskutiert, den Arzt zumindest nach § 34 StGB als gerechtfertigt anzusehen.[271] Dies würde jedoch die Privatautonomie aushebeln und faktisch ignorieren, dass jede Widerrufserklärung eines einwilligungsfähigen Patienten – selbst des entscheidungsschwachen Patienten – Bindungswirkung entfalten muss, besteht ansonsten doch die Gefahr, mittels § 34 StGB sich allzu schnell über eine fehlende oder widerrufene Einwilligung hinwegzusetzen und dem Patienten einen von diesem (doch) nicht gewollten Eingriff aufzudrängen. Ein Schutz des aufgeklärten und informierten Patienten vor sich selbst ist mit dem Menschenbild des Grundgesetzes nicht vereinbar.[272] In **Fall 17** hat sich C somit nach § 223 I StGB strafbar gemacht.

dd) Grenzen der Einwilligung: Die Wirkung der Einwilligung endet, d.h. der Arzt macht sich trotz Einwilligungserklärung strafbar, „wenn die Tat trotz der Einwilligung gegen die guten Sitten verstößt" (§ 228 StGB); ob der Makel der Sittenwidrigkeit auch der Einwilligungserklärung selbst anhaftet, ist unbeachtlich[273]. Mit dem Begriff „sittenwidrig" – herkömmlich verstanden als ein Ver-

---

268 BGHZ 101, 215 (224); OLG Köln, VersR 1998, 1511 (1512).
269 Vgl. nur *Tag*, Körperverletzungstatbestand, S. 305.
270 Vgl. *Tag*, Körperverletzungstatbestand, S. 305; *Voll*, Die Einwilligung im Arztrecht (1996), S. 140.
271 So etwa *Noll*, Die übergesetzlichen Rechtfertigungsgründe, im Besonderen die Einwilligung des Verletzten (1955), S. 133; *Eberhard Schmidt*, Gutachten zum 44. DJT (1962), Rn. 169 ff.; ausführlich zu diesem Fall *Sternberg-Lieben*, Die objektiven Schranken der Einwilligung im Strafrecht (1997), S. 263 ff.
272 *Sternberg-Lieben*, a.a.O., S. 268; zustimmend *Tag*, Körperverletzungstatbestand, S. 306 f.
273 BGHSt. 4, 88 (91); *Fischer*, § 228 Rn. 8; *Lackner/Kühl/Kühl*, § 228 Rn. 10.

stoß gegen das „Anstandsgefühl aller billig und gerecht Denkenden"[274] – knüpft das Gesetz an „außerrechtliche, ethisch-moralische Kategorien"[275] an und genügt angesichts von deren Konturlosigkeit nur dann dem Gebot der Vorhersehbarkeit staatlichen Strafens, wenn der Begriff „auf seinen Kern beschränkt" wird, d. h. wenn die Körperverletzungstat „nach allgemein gültigen moralischen Maßstäben, die vernünftigerweise nicht in Frage gestellt werden können, mit dem eindeutigen Makel der Sittenwidrigkeit behaftet ist"[276]; lässt sich dies nicht sicher feststellen, so scheidet eine Strafbarkeit wegen eines Körperverletzungsdelikts aus.[277] Dieser strenge Maßstab der Sittenwidrigkeit bestimmt sich im Einzelfall nach Zweck, Ziel und den Beweggründen des ärztlichen Handelns Mittel und Gewicht des Rechtsgutsangriffs sowie der Schwere der Verletzung[278]:

Schwere der Körperverletzung:

> **Fall 18** (nach BGHSt. 49, 34 ff.): Der alkoholabhängige B kam mit A überein, mal wieder gemeinsam Heroin zu konsumieren. A kochte die Hälfte des von ihm beschafften Heroins mit Ascorbinsäure und Wasser ab und injizierte es sich – es stellte sich bei ihm ein leichter Rauschzustand ein. Nun band sich auch B den Arm ab, konnte wegen dem Zittern seiner Hände das Heroin aber nicht selbst spritzen und bat daher den A, dies zu tun. A kam der Bitte nach. Kurze Zeit später verstarb B an einer Heroinvergiftung. Seine erhebliche (von A nicht erkannte) Alkoholisierung sowie seine Vorschädigungen hatten die Wirkung des Heroins verstärkt. Dies verkannte A, der meinte, auch bei B würde das Heroin nur einen leichten Rausch hervorrufen. Strafbarkeit des A?

Für eine Tötung des B (**§ 212 StGB**) fehlt es am Tötungsvorsatz. Eine **Verabreichung von Betäubungsmitteln mit Todesfolge** (**§ 30 I Nr. 3 BtMG**) verlangt, dass A durch die Injektion „leichtfertig" den Tod des B verursacht hat, also unter grober Verkennung der Sorgfaltsmaßstäbe. A kannte jedoch die starke Alkoholisierung und die Vorschädigungen nicht und konnte insbesondere letztere nicht erkennen und damit auch nicht „leichtfertig" („grob fahrlässig") den Tod verursachen. Durch das Setzen der Heroinspritze hat A sich jedoch eines **unbefugten Verabreichens von Betäubungsmitteln** (**§ 29 I 1 Nr. 6b BtMG**) schuldig gemacht.

A kann darüber hinaus eine **Körperverletzung mit Todesfolge** (**§ 227 StGB**) begangen haben. Eine Sperrung des § 227 StGB durch § 30 I Nr. 3 BtMG als abschließender Regelung („privilegierende Spezialität") scheidet aus, da „insbesondere beim Konsum leichter Drogen in geringer Dosis […] die normalen Körperfunktionen nicht derart nachteilig beeinflusst werden [müssen], dass von einem – sei es auch nur vorübergehenden – pathologischen Zustand [und damit einer Körperverletzung iSd §§ 223 ff. StGB] gesprochen werden kann"[279]. Fraglich ist somit im objektiven Tatbestand einzig, ob die **Eigenverantwortlichkeit** des B einer Tatbesandsmäßigkeit entgegensteht. Nachdem A das Heroin injiziert

---

[274] BGHSt. 4, 24 (32) für das Strafrecht; grundlegend zu § 138 BGB: RGZ 80, 219 (221); RGZ 120, 142 (148).
[275] BGHSt. 49, 34 (40).
[276] BGHSt. 49, 34 (41); kritisch *Kühl*, FS Günther Jakobs (2007), S. 293 (303).
[277] BGHSt. 49, 34 (41); BGHSt. 49, 166 (169f.).
[278] Vgl. BGHSt. 49, 34 (42); BayObLG, NJW 1999, 372 (373).
[279] BGHSt. 49, 34 (38).

hat, weil B hierzu nicht mehr in der Lage war, hat A das Geschehen beherrscht, so dass eine einverständliche *Fremd*verletzung (und keine eigenverantwortliche *Selbst*verletzung) vorliegt:

Nach der **derzeitigen Rechtsprechung**[280] und **herrschenden Ansicht im Schrifttum**[281] seien die Fälle einverständlicher *Fremd*verletzung grundsätzlich nicht wie jene eigenverantwortlicher *Selbst*schädigung zu behandeln, sondern begehe bei einer Fremdverletzung der Täter eine *eigene* (und eben keine nur akzessorische Anstiftungs- oder Gehilfen-), den Tatbestand des Strafgesetzes erfüllende Tat, so dass die Eigenverantwortlichkeit des Eingehens des Risikos durch das Opfer einzig über eine rechtfertigende Einwilligung zu einer Straflosigkeit führen könne.

Teile im Schrifttum kritisieren heran, dass die „Einwilligungslösung" nicht nur „dogmatisch ins Leere" gehe bei Delikten, bei denen eine Einwilligung mangels disponiblem Rechtsgut nicht möglich sei[282], sondern zudem in einen Konflikt zu § 216 StGB gerate, so dass bei Todesgefahren eine Einwilligung ausscheiden müsse, auch wenn das Opfer wie bei der Selbstverletzung eigenverantwortlich das Risiko der Selbstverletzung eingegangen sei und eben nur die Herrschaft über deren Realisierung in fremder Hand (der des Täters) liege. Daher will die literarische Minderansicht bei einer Freiverantwortlichkeit des Opfers die einverständliche Fremdverletzung wie die eigenverantwortliche Selbstverletzung behandeln und auch in diesen Fällen eine objektive Zurechnung (und damit den Pflichtwidrigkeitszusammenhang) verneinen, teils generell[283], teils jedenfalls, wenn „der Schaden die Folge des eingegangenen Risikos und nicht hinzukommender anderer Fehler ist"[284]. Unterstellt man in dubio pro reo, dass B das Risiko des Heroinkonsums ausreichend (und eher besser als A) überblicken konnte (trotz Alkoholisierung), so würde hiernach bereits tatbestandlich eine Körperverletzung mit Todesfolge ausscheiden.

Wer mit der Rechtsprechung eine Tatbestandsmäßigkeit bejaht, der muss eine Rechtfertigung aufgrund einer Einwilligung an sich wegen § 228 StGB verneinen: Zwar verstoße nach dem Bundesgerichtshof nicht mehr jeder Drogenkonsum automatisch gegen die guten Sitten, sondern dies müsse für jeden Einzelfall gesondert bewertet werden. Aus § 216 StGB folge jedoch, dass „nach allgemeinem sittlichem Empfinden [...] die Grenze moralischer Verwerflichkeit dann überschritten [ist], wenn bei vorausschauender objektiver Betrachtung aller maßgeblichen Umstände der Betroffene durch das Verabreichen des Betäubungsmittels in **konkrete Lebensgefahr** gebracht wird"[285]. Dies war vorliegend zwar tatsächlich der Fall aufgrund der starken Alkoholisierung sowie den Vorschäden des B. Dies war A aber nicht bekannt, so dass er sich irrig konkrete Umstände vorgestellt hat (Heroin verursache auch bei B nur einen leichten Rausch), die, wenn sie zuträfen, den A aufgrund einer Einwilligung rechtfertigen würden, d. h.

---

280 BGH, NStZ 2009, 148 (149); OLG Düsseldorf, NZV 1998, 76 („Autosurfen") mit ablehnender Anm. *Geppert*, JK 98, StGB § 315 b/8; BayObLG, NJW 1999, 372.
281 *Fischer*, Vor § 13 Rn. 37 f.; *Kindhäuser*, AT, § 12 Rn. 71; Sch/Schr/*Lenckner/Sternberg-Lieben*, Vor §§ 32 ff. Rn. 52a.
282 *Geppert*, Jura 2001, 490 (493).
283 So *Geppert*, Jura 2001, 490 (493); *Hellmann*, FS Roxin (2001), S. 271 (280 ff.); *Otto*, FS Tröndle (1989), S. 157 (169 ff.); ders., Jura 1984, 540 ff.; *Schünemann*, JA 1975, 722 f.; Wessels/Beulke/Satzger, AT, Rn. 274.
284 *Roxin*, FS Gallas (1973), S. 241 (252); ders., AT I, § 11 Rn. 123; ders., JZ 2009, 399 (401 f.).
285 BGHSt. 49, 34 (44).

§ 3 Ärztlicher (Heil-)Eingriff als vorsätzliche Körperverletzung   61–63

einem Erlaubnistatbestandsirrtum unterlag (hierzu unten Rn. 80a f.), der analog § 16 StGB dazu führt, dass A mangels vorsätzlicher Körperverletzung nicht nach § 227 StGB bestraft werden kann.

Neben dem Fall, dass die Körperverletzungshandlung mit einer konkreten Lebensgefahr verbunden ist, ist eine Einwilligungserklärung auch dann unwirksam, wenn der Eingriff mit einer dauernden Zerstörung wichtiger Lebensfunktionen einhergeht, die einer Selbstaufgabe gleichkommt und damit wegen Art. 2 II GG der bloßen Dispositionsfreiheit des Einwilligenden (Art. 2 I GG) vorgeht[286] (z. B. wenn ein Artist einen Arzt bittet, Löcher in seine Hände und Füße zu bohren, um eine Kreuzigung nachstellen zu können[287]). Nur geringfügige körperliche Folgen genügen daher nicht, weil ansonsten der Schutz der körperlichen Unversehrtheit in den Schutz anderweitiger Interessen umgewandelt würde.[288]   61

Zweck der Tat: Die Schwere der Körperverletzungsfolgen kann jedoch nicht losgelöst vom Zweck der Körperverletzung betrachtet werden, ansonsten wäre jeder medizinische Eingriff mit konkreter Gefahr des Sterbens des Patienten generell trotz vorheriger Einwilligung rechtswidrig. Es ist daher anerkannt, dass ein einleuchtender und sozial akzeptabler Zweck die Eingriffsschwere kompensieren kann, so dass die Einwilligung in einen mit der Lebensgefahren oder Gefahren gravierender Dauerfolgen verbundenen medizinischen Eingriff, der zur Lebenserhaltung vorgenommen wird, wirksam ist.[289] Wenn der Eingriff dagegen mit großen und konkreten Gefahren einhergeht und diese zu unvernünftigem Zweck eingegangen werden, ist die Einwilligung unwirksam.[290]   62

In diesem Sinne ist die (Fremd-)Verabreichung von **Dopingmittel** (also „Substanzen, insbesondere von medizinisch nicht indizierten Pharmaka zum Zwecke künstlicher Leistungssteigerung"[291]) im Sport jedenfalls dann selbst bei einer Einwilligung rechtswidrig, wenn schwerwiegende Gesundheitsschädigungen daraus resultieren oder zumindest resultieren können.[292] Bei nur geringfügigen Gesundheitsbeeinträchtigungen durch die Dopingmittel wurde eine Sittenwidrigkeit zwar bislang teilweise (wegen der unsicheren Grenze zwischen legaler und krimineller Selbstschädigung) verneint.[293] Sie war jedoch richtigerweise bereits bislang ausweislich der gesetzgeberischen Wertung in §§ 6a, 95 I Nr. 2 a, III Nr. 2 AMG a. F. zu bejahen[294] und ist dies erst Recht, seit der Gesetzgeber den Umgang mit   63

---

286 *Roxin*, AT I, § 13 Rn. 43.
287 Beispiel nach *Ulsenheimer*, Arztstrafrecht, Rn. 542.
288 BGHSt. 38, 83 (87); BeckOK-StGB/*Eschelbach*, § 228 Rn. 24; Sch/Schr/*Stree/Sternberg-Lieben*, § 228 Rn. 21.
289 BGHSt. 4, 24 (31); BGHSt. 49, 166 (171); vgl. auch *Fischer*, § 228 Rn. 10.
290 Vgl. nur OLG Düsseldorf, NStZ-RR 1997, 325 ff. (Autosurfen); *Roxin*, AT I, § 13 Rn. 58.
291 *Linck*, NJW 1987, 2545 (2547).
292 *Fischer*, § 228 Rn. 23b; LK/*Hirsch*, § 228 Rn. 49; *Jung*, JuS 1992, 131 (132 f.); *Kargl*, NStZ 2007, 489 (491); *Anja Müller*, Doping im Sport als strafbare Gesundheitsschädigung (§§ 223 Abs. 1, 230 StGB)? (1993), S. 121 ff.; *Ulsenheimer*, Arztstrafrecht, Rn. 550; aA NK-StGB/*Paeffgen*, § 228 Rn. 110.
293 *Bottke*, FS Kohlmann (2003), S. 85 (103); *Fischer*, § 228 Rn. 23b; *Jung*, JuS 1992, 131 (132 f.); *Kargl*, JZ 2002, 389 (396 ff.); *Kohlhaas*, NJW 1970, 1958 (1959).
294 Ebenso *Linck*, NJW 1987, 2245 (2550); *Ulsenheimer*, Arztstrafrecht, Rn. 550.

Dopingmitteln einschließlich des Selbstdopings (§ 4 I AntiDopG)[295] sowie den Sportwettenbetrug (§§ 265c ff. StGB)[296] unter Strafe gestellt hat.

64 Sittenwidrig ist auch die **medizinisch unbegründete Verschreibung suchtfördernder Arzneimittel an Suchtkranke**, weil dadurch in der Regel die Sucht vertieft und Therapiemöglichkeiten zumindest erschwert werden.[297] In **Fall 3** ist somit die Verschreibung von „Lexotanil" trotz Einwilligung der Süchtigen P eine rechtswidrige Körperverletzung.

Bezüglich einer **freiwilligen** (nicht indizierten) **Sterilisation** hat der Bundesgerichtshof[298] (zivilrechtlich) die Beantwortung der Frage der Sittenwidrigkeit (trotz der erheblichen Auswirkungen auf die Fortpflanzungsfähigkeit) einer „Entscheidung des Einzelfalles" überlassen.[299]

64a ee) **Begrenzung auf einen bestimmten Arzt:** Legt der Patient einen besonderen Wert auf die Person des den Eingriff vornehmenden Arztes und begrenzt er ausdrücklich seine Einwilligung auf einen Eingriff durch diesen Arzt, so wäre die Vornahme des Eingriffs durch einen anderen Arzt rechtswidrig.[300] Hat der Patient zwar eine Chefarztbehandlung vereinbart, so bleibt der Eingriff, selbst wenn dieser nicht durch den Chefarzt durchgeführt wird, von der Einwilligung gedeckt, wenn der eine Chefarztbehandlung vorsehende Zusatzvertrag eine Vertreterregelung enthält und diese eingehalten wird.[301]

65 ff) **Subjektives Rechtfertigungselement:** Der Arzt muss den Eingriff in Kenntnis und im Rahmen der Einwilligung vornehmen. Fehlt dieses (bei jedem Rechtfertigungsgrund zur Umkehrung des Handlungsunrechts erforderliche) subjektive Rechtfertigungselement[302], so geht die Rechtsprechung von einer Vollendungsstrafbarkeit aus, während Teile im Schrifttum[303] wegen dem mit dem Vorliegen der objektiven Voraussetzungen des Rechtfertigungsgrundes verbundenen Entfallen des Erfolgsunrechts (bei verbleibendem Handlungsunrecht) von einer bloßen Versuchsstrafbarkeit ausgehen.

b) Mutmaßliche Einwilligung

66 **Fall 19:** Vater V und Mutter M verunglücken während einer Urlaubsreise zusammen mit ihrem 6-jährigen Sohn S mit ihrem Wagen. Alle drei liegen im Koma. Zur Rettung des schwer verletzten S bedarf es einer sofortigen Notoperation, die Arzt A durchführt, ohne vorher eine Zustimmung von dritter Seite einzuholen. Strafbarkeit des A?

Scheidet eine Einwilligung (wie in **Fall 19**) aus, weil eine Erklärung des Einwilligungsberechtigten nicht eingeholt oder nicht abgewartet werden kann, obwohl

---

295 BGBl. 2015 I, S. 2210.
296 Änderungsgesetz vom 11.4.2017, BGBl. I, S. 815; vgl. hierzu *Bohn/Swoboda*, JuS 2016, 686 ff.
297 Vgl. nur RGSt. 77, 17 (20); BGH, JR 1979, 429; OLG Frankfurt a. M., NJW 1988, 2965; OLG Frankfurt a. M., NJW 1991, 763; umfassend hierzu *Böllinger*, JA 1989, 403 ff.
298 BGH, NJW 1976, 1790 (1791); ebenso OLG München, VersR 2002, 717 (718).
299 Für eine Zulässigkeit angesichts des grundgesetzlichen Schutzes des Selbstbestimmungsrechts des Patienten Sch/Schr/*Eser/Sternberg-Lieben*, § 223 Rn. 62; NK-StGB/*Paeffgen*, § 228 Rn. 100.
300 OLG Köln, MedR 2009, 478; OLG Hamm, NJW-RR 2014, 1368 (1369).
301 OLG Hamm, MedR 2014, 893.
302 So zur Einwilligung: *Kühl*, AT, § 9 Rn. 41; LK/*Rönnau*, Vor § 32 Rn. 211.
303 Vgl. nur *Jescheck/Weigend*, AT, S. 330; *Wessels/Beulke/Satzger*, AT, Rn. 406.

„eine Würdigung aller Umstände [...] die Annahme erlaubt, dass er, falls man ihn fragen könnte, zustimmen würde"[304], so kann sich eine Rechtfertigung aufgrund der gewohnheitsrechtlich anerkannten mutmaßlichen Einwilligung ergeben, die „im Dreiecksverhältnis von Einwilligung, rechtfertigendem Notstand und erlaubtem Risiko angesiedelt wird"[305]. Sie stellt einen eigenständigen Rechtfertigungsgrund[306] dar und nicht nur einen Unterfall des rechtfertigenden Notstandes, da es anders als bei § 34 StGB nicht entscheidend auf eine Interessenabwägung, sondern auf den hypothetischen Willen des Opfers ankommt, für deren Ermittlung die Interessenabwägung allenfalls indizielle Bedeutung haben kann. Die Rechtfertigungswirkung der mutmaßlichen Einwilligung beruht darauf, dass dem hypothetischen Willen des an einer rechtzeitigen Einwilligungserklärung gehinderten Einwilligungsberechtigten gemäß gehandelt wird (und sich daher im erlaubten Risiko bewegt bzw. diesem zumindest angenähert ist[307]) und so die tatsächliche wie rechtliche Reichweite des in der Einwilligung zum Ausdruck kommenden Selbstbestimmungsrechts des Rechtsgutsinhabers erweitert wird.[308]

aa) Voraussetzungen einer Einwilligung: Bei der mutmaßlichen Einwilligung wird lediglich die Erklärung des Betroffenen durch ein „Wahrscheinlichkeitsurteil über den wahren Willen des Rechtsgutsinhabers im Tatzeitpunkt"[309] als „Einwilligungssurrogat" ersetzt, so dass die übrigen Voraussetzungen der Einwilligung vorliegen müssen. So greift nicht nur § 228 StGB als Einwilligungskorrektiv, sondern der Patient muss auch einwilligungsfähig sein, so dass in **Fall 19**, wo aufgrund der Dringlichkeit des lebensrettenden Eingriffs eine vorherige Bestellung eines Betreuers nicht möglich ist, auf den mutmaßlichen Willen beider Eltern abzustellen ist, der angesichts der Notwendigkeit des Eingriffs aber eine Zustimmung zu entnehmen ist. A hat sich daher nicht nach § 223 I StGB strafbar gemacht.

bb) Unmöglichkeit einer Einwilligungserklärung: Aufgrund ihres „Einwilligungssurrogats" ist die mutmaßliche Einwilligung gegenüber der Einwilligung subsidiär. Sie scheidet daher aus, wenn eine Einwilligungserklärung bereits vorliegt (z. B. wenn diese nur bedingt erfolgte und der Arzt die von der Erklärung ausschließlich ausgenommene Behandlung dennoch vornehmen möchte[310]), noch rechtzeitig eingeholt werden kann[311] oder bereits vom Patienten verneint wurde[312]. Anwendbar ist die mutmaßliche Einwilligung lediglich, wenn sich der Einwilligungsberechtigte in einer Lage befindet, in der nicht abgewartet werden kann, wie er sich zum medizinischen Eingriff positionieren würde, weil eine Untätigkeit den Interessen des Rechtsgutsinhabers mehr schaden als nützen, d. h. „ohne einen – sofort oder später – erfolgenden Eingriff eine erhebliche Gefahr

---

304 *Krey/Esser*, AT, Rn. 677.
305 *Müller-Dietz*, JuS 1989, 280 (281).
306 Vgl. nur BVerfG, NJW 2002, 2164 (2165); BGHSt. 35, 246 (249); BGH, NJW 2000, 885 (886); *Fischer*, Vor § 32 Rn. 4; *Otto*, Jura 2004, 679 (681); LK/*Rönnau*, Vor § 32 Rn. 214; aA *Puppe*, GA 2003, 764 (768 ff.); *Welzel*, Strafrecht, S. 92.
307 *Geppert*, JZ 1988, 1024 (1025).
308 Vgl. nur LK/*Rönnau*, Vor § 32 Rn. 214 und 217; *Müller-Dietz*, JuS 1989, 280 (282).
309 *Wessels/Beulke/Satzger*, AT, Rn. 571.
310 Vgl. BGH, ZfL 2003, 83 (84 f.).
311 Vgl. nur BGHSt. 16, 309 (312); LK/*Rönnau*, Vor § 32 Rn. 222; *Roxin*, AT I, § 18 Rn. 10 ff.
312 BGH, NJW 2000, 885 (886).

für Leben oder Gesundheit des Patienten" bestehen würde³¹³. Dies ist insbesondere für die Notwendigkeit einer lebensrettenden Maßnahme beim bewusstlosen Patienten der Fall. Ist die geplante ärztliche Maßnahme dagegen ohne körperliche Nachteile und Risiken für den Patienten aufschiebbar, muss zur Wahrung des Selbstbestimmungsrechts des Patienten entweder abgewartet werden, bis der Patient wieder einwilligungsfähig wird, oder ein Betreuer als gesetzlicher Vertreter bestellt werden, der dann die Einwilligungserklärung erteilt³¹⁴ (Subsidiarität der mutmaßlichen Einwilligung).³¹⁵

69 Die gleichen Grundsätze greifen in den Fällen der **Operationserweiterung** ein, in denen der Chirurg den Umfang einer begonnenen Operation aufgrund intraoperativ neuen oder erweiterten Befundes erweitert.

> **Fall 20** (nach BGHSt. 45, 219 ff.): A und B arbeiteten als Fachärzte für Gynäkologie in einem Krankenhaus, in dem die 24-jährige L zur Entbindung ihres zweiten Kindes eingewiesen wurde. Während des Geburtsverlaufs verhielt sich L unkooperativ und verweigerte schließlich eine aktive Mitwirkung bei der Geburt. Als durch falsche Atmung der L die Gesundheit des Kindes zunehmend in Gefahr geriet, entschlossen sich A und B, die Entbindung mittels Kaiserschnitts durchzuführen. Bevor die Narkose eingeleitet wurde, stellte B der schon im Operationssaal befindlichen L die Frage „Frau L, Sie wollen doch sicher keine Kinder mehr haben, wir wollen Sie gleich mit sterilisieren?" L, die sich insgesamt drei Kinder wünschte, lehnte dies ab. Während der Operation bildeten sich Risse in der Gebärmutter. Es kam zu heftigen Blutungen, die jedoch alsbald zum Stillstand gebracht werden konnten. Aufgrund dieser Komplikationen führten A und B nun einvernehmlich doch bei L eine Tubensterilisation durch. Mit dieser Maßnahme wollten sie eine erneute Schwangerschaft der L, bei der sie das Risiko eines Gebärmutterrisses mit lebensgefährlichen Folgen für Mutter und Kind befürchteten, sicher vermeiden. Dieses Risiko lag – wie es zum Grundwissen eines Gynäkologen gehört – objektiv unter 4 % und wäre durch geeignete Diagnosemittel, wie rechtzeitige Ultraschalluntersuchungen, beherrschbar gewesen. Strafbarkeit von A und B?

Hierbei begrenzte die frühere Rechtsprechung die Anwendbarkeit der mutmaßlichen Einwilligung noch auf die Fälle **akuter vitaler Indikation** (Lebensbedrohung des Patienten), bei der der Arzt (bei Fehlen eines entgegenstehenden Willens des Patienten) zur Operationserweiterung sogar verpflichtet sei.³¹⁶ Da es jedoch nicht sein kann, „dass ein Arzt, der erst bei der offenen Bauchhöhle erkennen kann, dass der Krankheitsherd weitere Organe ergriffen hat, [stets] den geöffneten Leib nach Teiloperation unter Rücklassung eines malignen Organs" zu schließen hat, „um den Patienten, sobald er aus der Narkose erwacht, um Einwilligung zu bitten und die Prozedur noch einmal von vorn zu beginnen"³¹⁷,

---

313 BGHSt. 45, 219 (223); ebenso OLG Frankfurt, MDR 1970, 694 f.; *Jescheck/Weigend*, AT, S. 385 ff.
314 Hat der Patient dagegen eine Patientenverfügung abgefasst oder eine Vorsorgevollmacht erteilt, so geht der dort geäußerte Patientenwille dem Willen des Betreuers vor: BGHZ 154, 205 ff.
315 Vgl. nur *Roxin*, AT I, § 18 Rn. 10; *Ulsenheimer*, Arztstrafrecht, Rn. 558.
316 Vgl. nur OLG Frankfurt a. M., NJW 1981, 1322 (1323 f.); OLG Celle, VersR 1984, 444 (445).
317 *Tröndle*, MDR 1983, 881 (884).

§ 3 Ärztlicher (Heil-)Eingriff als vorsätzliche Körperverletzung 70

sondern ein derartiger Abbruch der Operation im Einzelfall gerade „medizinisch kontraindiziert" sein kann[318], hat die Rechtsprechung inzwischen anerkannt, dass „die Zulässigkeit ärztlichen Handelns auf der Grundlage mutmaßlicher Einwilligung des Patienten nicht auf Fälle vitaler Indikation beschränkt" ist.[319] Um jedoch den „Vorrang des Selbstbestimmungsrechts des Patienten"[320] und damit die grundsätzliche Subsidiarität der mutmaßlichen Einwilligung nicht zu umgehen, muss die mutmaßliche Einwilligung neben der akuten vitalen Indikation[321] auf die Fälle beschränkt bleiben, dass ohne die Operationserweiterung „eine **erhebliche Gefahr** für Leben oder Gesundheit des Patienten besteht"[322] oder eine spätere Zweitoperation erheblich höhere Risiken und Belastungen des Patienten mit sich bringen würde als die Operationserweiterung[323]. Ist die **Gefahr** dagegen – wie in **Fall 20** – „**denkbar gering** und kann sie zudem mittels moderner Diagnosemöglichkeiten beherrscht werden, so darf in aller Regel eine Operationserweiterung ohne Zustimmung des Patienten auch nicht allein unter dem Gesichtspunkt erfolgen, dass eine weitere Operation – falls sie vom Patienten denn doch gewünscht würde – für diesen mit zusätzlichen seelischen oder körperlichen Belastungen verbunden würde", denn derartige sind „zwangsläufige Folgen jeder Operation".[324] In derartigen Fällen ist der Eingriff abzubrechen, um eine wirksame Einwilligung auch für den medizinisch indizierten Erweiterungseingriff einzuholen.

Dies wäre in **Fall 20** zudem deswegen erforderlich gewesen, weil den Ärzten die grundsätzliche Ablehnung einer Sterilisation bekannt war, die für die junge L einen besonders erheblichen Eingriff in ihre weitere Lebensgestaltung bedeutete, und eine Sterilisation auch zu einem späteren Zeitpunkt ohne besondere gesundheitliche Belastungen hätte durchgeführt werden können. Da sich A und B hierüber hinwegsetzten, haben sie sich nach § 226 I Nr. 1 StGB (Verlust der Fortpflanzungsfähigkeit) strafbar gemacht. Falls sie annahmen, zur Operationserweiterung im Interesse der L auch gegen ihren Willen berechtigt zu sein, so haben sie die rechtlichen Grenzen des Rechtfertigungsgrundes der mutmaßlichen Einwilligung in Kenntnis aller Tatsachen zu ihren Gunsten überdehnt und unterlagen damit einen Erlaubnisirrtum (§ 17 StGB), der vermeidbar war und allenfalls zu einer fakultativen („kann") Strafmilderung über § 17 S. 2 StGB führen kann.

cc) **Hypothetischer Wille des Einwilligungsberechtigten:** Maßgebendes Element 70 der mutmaßlichen Einwilligung ist, ob der Patient zum ärztlichen Eingriff seine Einwilligung gegeben hätte, wenn er hierzu in der Lage wäre. Dieser mutmaßliche Wille ist „in erster Linie aus den persönlichen Umständen des Betroffenen, aus seinen individuellen Interessen, Wünschen, Bedürfnissen und Wertvorstellungen zu ermitteln", unter Berücksichtigung der Risiken des Eingriffs, der aufgrund der mutmaßlichen Einwilligung vorgenommen werden soll[325]; objektive Kriterien, insbesondere die Beurteilung einer ärztlichen Maßnahme als vernünftig, können einzig Indizien hierfür bieten. Denn „liegen keine Anhaltspunkte dafür

---

318 BGHSt. 11, 111 (114); BGH, NJW 1977, 337 (338).
319 BGHSt. 35, 246 (249); ebenso BGHSt. 45, 219 (223).
320 *Ulsenheimer*, Arztstrafrecht, Rn. 558.
321 Vgl. nur OLG Zweibrücken, NJW-RR 2000, 27 f.
322 BGHSt. 45, 219 (223).
323 OLG Naumburg, VersR 2008, 224 (225).
324 BGHSt. 45, 219 (223).
325 BeckOK-StGB/*Eschelbach*, § 228 Rn. 29.

vor, dass sich der Patient anders entschieden hätte, wird [...] davon auszugehen sein, dass sein (hypothetischer) Wille mit dem übereinstimmt, was gemeinhin als normal und vernünftig angesehen wird"³²⁶, d.h. dann wird der hypothetische Wille des Patienten dem objektivierten Willen eines „vernünftigen Patienten" entsprechen.³²⁷ Diesen Willen zu ermitteln, ist Aufgabe des Arztes, der hierbei frühere Erklärungen, Äußerungen und Verhaltensweisen des Patienten zu berücksichtigen hat, die mit dem Eingriff in einem Sachzusammenhang stehen. Diese Aufgabe ist riskant, so dass die Anforderungen an den Arzt nicht überspannt werden sollten, besteht doch sonst die Gefahr, dass Ärzte aus Furcht vor einer Strafbarkeit von ihnen erkannte, dringend gebotene Operationen oder Operationserweiterungen nicht vornehmen und sich damit „das Selbstbestimmungsrecht gegen den Patienten kehrt"³²⁸. Ergibt sich vom Standpunkt eines verständigen Dritten aus ex ante-Sichtweise, der Patient hätte in den Eingriff eingewilligt, so ist der Arzt (als zwingende Folge des Erfordernisses einer Mutmaßung) auch dann gerechtfertigt, wenn sich hinterher herausstellt, dass der Patient tatsächlich nicht eingewilligt hätte.³²⁹

71 dd) **Subjektives Rechtfertigungselement:** Der Arzt hat in Kenntnis der Umstände zu handeln, die einen Eingriff aufgrund mutmaßlicher Einwilligung gestatten (Wissen der Unmöglichkeit einer rechtzeitigen Einholung einer Einwilligung, Kenntnis der Tatsachen, die einen Schluss auf den hypothetischen Willen ermöglichen)³³⁰; einer gewissenhaften Prüfung aller Umstände bedarf es jedoch nicht.³³¹

72 c) **Hypothetische Einwilligung.** Von der mutmaßlichen Einwilligung ist trotz des ähnlichen Begriffs streng die hypothetische Einwilligung zu unterscheiden:

> **Fall 21** (nach BGH, NStZ-RR 2004, 16): Patientin P litt unter einem schweren Bandscheibenvorfall in einem Bandscheibenfach der Lendenwirbelsäule sowie unter einem leichten Bandscheibenvorfall im darunter liegenden Bandscheibenfach. Nach ordnungsgemäßer Aufklärung willigte P in die operative Behandlung des schweren Bandscheibenvorfalls ein. Bei der Operation verwechselte Ärztin Dr. K jedoch das Fach und operierte aus Versehen den leichten Bandscheibenvorfall. Nachdem bei P nach der Operation Komplikationen auftraten, bemerkte Dr. K bei einer Untersuchung ihren Irrtum, verschwieg dies aber P. Nach Rücksprache mit Chefarzt Dr. A riet dieser ihr, den Fehler auch weiterhin P gegenüber zu verschweigen, ihr die Notwendigkeit einer nochmaligen Operation im tatsächlich nicht operierten Fach mit einem erneuten Vorfall zu erklären und dabei den schweren Bandscheibenvorfall zu entfernen. Derart wahrheitswidrig aufgeklärt, erteilte P ihre Einwilligung in die zweite Operation. Bei dieser konnte der schwere Bandscheibenvorfall entfernt werden. Dies entsprach dem Interesse der P, die, wenn sie über den wahren Grund der zweiten Operation aufgeklärt worden wäre, auch in diesen einge-

---

326 BGHSt. 35, 247 (249 f.).
327 Ebenso BGHSt. 40, 257 (263); OLG Hamm, VersR 2003, 1544; *Roxin*, AT I, § 18 Rn. 5.
328 *Ulsenheimer*, in: Laufs/Kern, Handbuch, § 139 Rn. 67.
329 LK/*Rönnau*, Vor § 32 Rn. 223.
330 Vgl. nur *Roxin*, AT I, § 14 Rn. 86; LK/*Rönnau*, Vor § 32 Rn. 229.
331 *Geppert*, JZ 1988, 1024 (1026); *Jakobs*, AT, 11/24 ff.; *Roxin*, AT I, § 18 Rn. 29; anders OLG Düsseldorf, NZV 1991, 77; Sch/Schr/*Lenckner/Sternberg-Lieben*, Vor § 32 Rn. 58.

willigt hätte. Strafbarkeit von Dr. K und Dr. A wegen der zweiten Operation (zur ersten Operation unten Rn. 80a)?

Hinsichtlich der zweiten Operation scheitert eine Einwilligung an rechtsgutsbezogenen Willensmängeln der P aufgrund der im Rahmen der Aufklärung vorgenommenen Täuschung der Dr. K. Eine mutmaßliche Einwilligung scheidet wegen deren Subsidiarität aus, da eine wirksame Einwilligung rechtzeitig vor der zweiten Operation hätte eingeholt werden können (vgl. hierzu oben Rn. 68).

Im zivilrechtlichen Arzthaftungsrecht ist seit langem anerkannt, dass eine (Schadensersatz-) Haftung auch in jenen Fällen ausscheide, in denen die Einwilligung des Patienten zum Heileingriff aufgrund eines Aufklärungsmangels unwirksam sei, der Patient dem Eingriff aber bei ordnungsgemäßer Aufklärung gleichfalls (und damit wirksam) zugestimmt hätte[332] (gesetzlich verankert in § 630h II 2 BGB), wobei auf die persönliche Entscheidungssituation abzustellen sei; „was aus ärztlicher Sicht sinnvoll und erforderlich gewesen wäre und wie sich ein ‚vernünftiger' Patient verhalten haben würde", sei „nicht entscheidend"[333]. Diesen Grundsatz hat der Bundesgerichtshof längst auf das Strafrecht übertragen, zunächst nur auf die fahrlässige Körperverletzung (aufgrund eines Aufklärungsmangels)[334], inzwischen aber auch auf vorsätzliche Körperverletzungen (aufgrund bewusster Täuschung über den Zweck einer zweiten, einen ersten Behandlungsfehler korrigierenden Operation[335] oder bei unzureichender Aufklärung über eine „Neulandmethode"[336]), könne es doch – wie *Rosenau*[337] betont – nicht sein, dass der Arzt strafrechtlich zur Verantwortung gezogen werde, wenn das Zivilrecht ihn wegen desselben Sachverhalts von jeder Haftung freistelle (Grundsatz der Einheit der Rechtsordnung).

aa) Rechtsnatur nach den Befürwortern dieser Rechtsfigur: Nach den Anhängern dieser zur Beschränkung der unüberschaubaren Aufklärungspflichten für notwendig gehaltenen Rechtsfigur (h. M.) handele es sich (entgegen der Rechtsprechung) nicht um einen neuen Rechtfertigungsgrund, sondern auf Rechtswidrigkeitsebene werde das Erfolgsunrecht verneint, entweder, indem die (Quasi-) Kausalität zwischen dem pflichtwidrigen Verhalten (Aufklärungspflichtverletzung) und der Einwilligung verneint werde[338], oder indem die für die Haftungsbeschränkung auf Tatbestandsebene entwickelten Grundsätze eines Ausschlusses der normativen Erfolgszurechnung aufgrund rechtmäßigen Alternativverhaltens auf die Rechtswidrigkeitsebene (im Sinne eines „normativ vermittelten Zurech-

---

[332] Vgl. nur BGH, NJW 1980, 1333 (1334); BGH, NJW 1991, 2344 (2345); BGH, NJW 1994, 2414 (2415); BGH, NJW 1998, 2734 f.; BGH, MedR 2005, 598 (599); BGH, BeckRS 2016, 06588; OLG München, BeckRS 2013, 06068; OLG Brandenburg, BeckRS 2015, 19989; KG, BeckRS 2017, 115705; ausführlich hierzu *Wiesner*, Einwilligung, S. 21 ff.
[333] OLG Bremen, BeckRS 2015, 08069.
[334] Vgl. bereits BGH, JZ 1964, 231 (232); BGH, JR 1996, 69 (71 f.); ausführlich zur Entwicklung in der strafrechtlichen Rechtsprechung *Sowada*, NStZ 2012, 1 ff.
[335] BGH, NStZ-RR 2004, 16; BGH, NStZ 2004, 442; BGH, NStZ 2012, 205 f.
[336] BGH, NJW 2013, 1688 (1689).
[337] SSW-StGB/*Rosenau*, Vor § 32 Rn. 53; *ders.*, FS Maiwald (2010), S. 683 (698).
[338] BGH, NStZ 1996, 34 (35); BGH, NStZ-RR 2004, 16 (17).

nungs-Filters"³³⁹) übertragen und verneint werden³⁴⁰. Die fehlende Einwilligung des Patienten auch im Falle ordnungsgemäßer Aufklärung sei dem Arzt nachzuweisen, wenn durch Strafurteil zu seinen Lasten entschieden werden soll³⁴¹; verbleiben Zweifel, so ist in dubio pro reo davon auszugehen, „dass die Einwilligung auch bei ordnungsgemäßer Patientenaufklärung erfolgt wäre"³⁴². Hiernach scheidet in **Fall 21** eine Strafbarkeit von Dr. K nach § 223 I StGB mangels Rechtswidrigkeit genauso aus wie eine Strafbarkeit von Dr. A nach §§ 223 I, 26 StGB mangels rechtswidriger Haupttat.

Der Unterschied zur mutmaßlichen Einwilligung bestehe darin, dass bei der mutmaßlichen Einwilligung eine Einwilligungserklärung nicht eingeholt werden konnte (der Patient aber eingewilligt hätte, wenn er hätte einwilligen können), während bei der hypothetischen Einwilligung eine wirksame Einwilligung (durch eine ordnungsgemäße Aufklärung) hätte eingeholt werden können, jedoch unterblieb – während also die mutmaßliche Einwilligung (wie die Einwilligung) die Tat rechtfertigt, sofern deren Voraussetzungen aus ex ante-Sicht vorlagen, schließe das ex post zu beurteilende Vorliegen einer hypothetischen Einwilligung nur das objektive Unrecht eines vollendeten Delikts aus.³⁴³

Fall 22 (nach BGH, NStZ-RR 2007, 340): Patient P unterzog sich nach ordnungsgemäßer Einwilligung nach umfassender Aufklärung in der Arztpraxis des niedergelassenen Chirurgen Dr. C einer Fettabsaugung und einer Entfernung der Fettschürzen. Zwei Monate später sollte P ein weiteres Mal operiert werden: Narbenstummel der ersten Operation sollten entfernt sowie auf Vorschlag von C nochmals Fett abgesaugt werden. Eine erneute Aufklärung über die Risiken der Fettabsaugung unterblieb; eine Einwilligungserklärung unterzeichnete P nicht. Da am Operationstag – einem Samstag – eine Krankenschwester nicht zur Verfügung stand, bat C einen unerfahrenen Chemiestudenten, ihn zu unterstützen. C übernahm das Patientenmonitoring selbst, verabreichte diverse Medikamente, wobei er nicht bemerkte, dass die kombinierte Gabe der verabreichten Medikamente das Risiko des Auftretens einer zentralen Atemdepression beim Patienten potenzierte. Auch das tiefe Einschlafen sowie das Beschlagen der Sauerstoffmaske, was auf eine Atemdepression hindeutete, vermochte C nicht richtig zu interpretieren. Anstatt die Operation abzubrechen, merkte er erst nach 20 Minuten, als ein Überwachungsgerät Alarmsignale aussandte, wie schlecht es dem Patienten ging. Er nahm eine Mund-zu-Mund-Beatmung und eine Herzmassage vor – einen Beatmungsbeutel hatte er nicht zur Hand. Die Herbeirufung des Notarztes verzögerte sich, da er die Telefonnummer der Rettungsstelle nicht zur

---

339 *Fischer*, Vor § 32 Rn. 4b.
340 So bereits *Hirsch/Weißauer*, MedR 1983, 41 (44); ebenso *Kühl*, AT, § 9 Rn. 47a; *Lackner/Kühl/Kühl*, § 228 Rn. 17a; *Mitsch*, JZ 2005, 279 (281 ff.); LK/*Rönnau*, Vor § 32 Rn. 230; *Rosenau*, FS Maiwald (2010), S. 683 (690 f.); *Wiesner*, Einwilligung, S. 98 ff.; in diese Richtung tendierend BGH, NJW 2013, 1688; für ein Ausscheiden bereits des objektiven Tatbestandes mangels objektiver Zurechnung *Roxin*, AT I, § 13 Rn. 122, der aber auch einer Einwilligung tatbestandsausschließende Wirkung zuerkennt (*Roxin*, AT I, § 13 Rn. 12).
341 BeckOK-StGB/*Eschelbach*, § 228 Rn. 31.
342 BGH, NStZ-RR 2004, 16 (17); BGH, NStZ 2012, 205 (206); ebenso *Ulsenheimer*, NStZ 1996, 132 (133).
343 *Kuhlen*, FS Müller-Dietz (2001), S. 431 (443); LK/*Rönnau*, Vor § 32 Rn. 230; *Roxin*, AT I, § 13 Rn. 132.

Hand hatte. Noch vor Eintreffen des Notarztes verstarb P an einem Herzstillstand infolge der Überdosierung der verabreichten Medikamente. Danach gab C der Ehefrau des Patienten ein Blankoformular mit einer Einwilligung in die Operation und sagte zu ihr, sie solle unterschreiben „wie ihr Mann". Strafbarkeit von C?

Mit der Rechtsfigur der hypothetischen Einwilligung lässt sich jedoch ein nicht nach den Regeln der ärztlichen Kunst durchgeführter Eingriff grundsätzlich nicht rechtfertigen.[344]

In **Fall 22** war die Operation jedoch von Anfang an so angelegt, dass sie nicht dem medizinischen Standard entsprach (unzureichendes Patientenmonitoring, das angesichts der gewählten Narkosemethode aber notwendig gewesen wäre) und C nahm gleich mehrere Behandlungsfehler vor (Durchführung der Operation ohne geschultes Personal, Verabreichung einer Medikamentenkombination, ohne sich über deren Risiken informiert zu haben, Nichterkennung früher Anzeichen einer Atemdepression [tiefer Schlaf, Beschlagen der Sauerstoffmaske] und eine nur unzureichende Vorbereitung auf die Notfallsituation). Es kann daher nicht davon ausgegangen werden, dass P in Kenntnis dieser (von der ersten Operation abweichenden) Umstände auch in die zweite Operation eingewilligt hätte, so dass die zweite Operation eine tatbestandsmäßige und rechtswidrige Körperverletzung (mit Todesfolge) war.

bb) Ablehnung dieser Rechtsfigur: Viele Stimmen im Schrifttum[345] lehnen die Rechtsfigur der hypothetischen Einwilligung mit verschiedenen Argumenten gänzlich ab und halten daher jeden ärztlichen Eingriff, der nicht durch eine Einwilligung oder zumindest mutmaßliche Einwilligung gedeckt sei, (und damit auch jene in **Fall 21**) für rechtswidrig:

(1) Die Frage, ob der Patient auch bei ordnungsgemäßer Aufklärung eingewilligt hätte, sei nämlich „im strengen Sinne des Wortes unsinnig"[346], da es keine (Natur-)Gesetze im Bereich der psychischen Kausalität und damit keine Methode gebe, anhand derer sich ermitteln ließe, welche Entscheidung eine Person aufgrund bestimmter Informationen getroffen hätte; es könne daher nie mit Sicherheit ausgeschlossen werden, dass der Patient auch bei ordnungsgemäßer Aufklärung dem Eingriff zugestimmt hätte.[347]

(2) Über diese Beweisfragen hinaus erlaube die Rechtsfigur der hypothetischen Einwilligung es dem Arzt, den Patienten bewusst über die Behandlung zu täuschen und dem Patienten so jede ärztliche Heilbehandlung und damit jedes Risiko aufzuzwingen, sofern der Eingriff nur de lege artis erfolge[348], in der Hoffnung, beim Richter würden aufgrund des ordnungsgemäßen Ein-

---

344 *Sternberg-Lieben*, StV 2008, 190 (191).
345 Vgl. nur *Bollacher/Stockburger*, Jura 2006, 908 (913); *Eisele*, JA 2005, 252 (254); Sch/Schr/*Eser/Sternberg-Lieben*, § 223 Rn. 40h; *Frister*, AT, 15. Kap. Rn. 35; *Jäger*, JA 2012, 70 ff.; *Otto*, Jura 2004, 679 (683); *Puppe*, GA 2003, 764 (767 ff.); NK-StGB/*dies.*, Vor § 13 Rn. 129 ff.; *dies.*, ZIS 2016, 366 ff.; *Saliger*, FS Beulke (2015), S. 257 (265 ff.); *Satzger*, JK 5/12, StGB § 223/6; *Sowada*, NStZ 2012, 1 (6 ff.); zustimmend AG Moers, BeckRS 2015, 18722 (hierzu *Kraatz*, NStZ-RR 2016, 233 [237 f.]).
346 *Puppe*, GA 2003, 764 (769).
347 *Puppe*, GA 2003, 764 (768 f.); *dies.*, JR 2004, 470.
348 *Otto*, Jura 2004, 679 (683).

griffs zumindest vernünftige Zweifel ausgelöst, ob der Patient nicht doch bei ordnungsgemäßer Aufklärung eingewilligt hätte. Die hypothetische Einwilligung sei daher „selbstbestimmungsfeindlich"[349].

(3) Der Rechtsgedanke rechtmäßigen Alternativverhalten sei auch nicht übertragbar, denn dabei gehe es nur um die Frage, ob der Täter durch sein pflichtwidriges Verhalten das Risiko für das Opfer überhaupt begründet habe; in den Fallkonstellationen der hypothetischen Einwilligung stehe dies aber außer Frage.[350]

So augenfällig die Risiken für das Selbstbestimmungsrecht des Patienten auch sind, wenn man die hypothetische Einwilligung der rechtfertigenden Einwilligung unter Übertragung von deren Grundsätzen als Rechtfertigungsgrund an die Seite stellen würde, so genügen doch die hierzu jüngst im Schrifttum diskutierten Einschränkungsbemühungen, insbesondere für den Fall der Unerreichbarkeit des Patienten als Zeuge nach dessen Tod oder schwerer Gesundheitsbeeinträchtigung. So wird die hypothetische Einwilligung teilweise als Zurechnungsfigur auf Rechtfertigungsebene erblickt, die nicht der Entscheidungsregel „in dubio pro reo" unterliege[351], teilweise als strafrechtlich-restriktiv zu handhabender Rechtfertigungsgrund eigener Art[352], teilweise als Rechtfertigungsgrund im Sinne der Rechtsprechung unter besonderer Betonung, dass der in-dubio-pro-reo-Satz kein Einfallstor für richterliche Willkür sei und der „Täterschutz" über einen Erlaubnistatbestandsirrtum daran scheitere, dass bei der hypothetischen Einwilligung ein subjektives Rechtfertigungselement fehle[353]: „Müsste der Arzt zu seiner Rechtfertigung wissen, dass der Patient in die konkret durchgeführte Heilbehandlung bei ordnungsgemäßer Aufklärung eingewilligt hätte, so würden wir hiermit zugleich fordern, dass der Arzt um die Unvollständigkeit seiner Aufklärung weiß. Dies hieße bewusste ärztliche Eigenmacht zu fördern."

75 Erkennt man daher die hypothetische Einwilligung (richtigerweise als Ausschluss normativer Erfolgszurechnung auf Rechtfertigungsebene) an, so gilt es eine Warnung zu beherzigen, die das Kammergericht[354] zwar für das Zivilrecht ausgesprochen hat, die nach Erfahrungen aus der Praxis aber auch die eine oder andere Staatsanwaltschaft im Ermittlungsverfahren genauso beherzigen sollte: „Die hypothetische Einwilligung soll in Ausnahmefällen den Arzt vor einer Haftung schützen, wenn ersichtlich ist, dass sein (festgestellter!) Fehler nicht ursächlich für die Einwilligung des Patienten war. Dieses System wird in der vom Senat mit Sorge beobachteten jüngeren Rechtsprechung dieser und anderer Kammern des Landgerichts auf den Kopf gestellt, wenn aus Gründen der Verfahrensbeschleunigung der Einwand der hypothetischen Einwilligung zum Regelfall und die Beweiserhebung zur ordnungsgemäßen Aufklärung zum Ausnahmefall wird. Das durch diese Rechtsprechung der Untergerichte an die ärztliche Praxis ausge-

---

349 *Sowada*, NStZ 2012, 1 (7); ebenso *Puppe*, JR 2004, 470 f.; *Riedelmeier*, Ärztlicher Heileingriff und allgemeine Strafrechtsdogmatik (2004), S. 82 ff.; *Rönnau*, JZ 2004, 801 (804); *Sternberg-Lieben*, StV 2008, 190 (192).
350 *Otto*, Jura 2004, 679 (683).
351 Vgl. BeckOK-StGB/*Eschelbach*, § 228 Rn 31; *Krüger*, FS Beulke (2015), S. 137 (143 ff.); *Kuhlen*, JR 2004, S. 227 ff.
352 So etwa *Saliger*, FS Beulke (2015), S. 247 (269); *Sternberg-Lieben*, FS Beulke (2015), S. 299 (306 ff.).
353 *Beulke*, medstra 2015, 67 (72 ff.).
354 KG, MDR 2015, 278.

sandte Signal, die Aufklärung sei von untergeordneter Bedeutung, weil man sich immer auf die hypothetische Einwilligung des Patienten berufen könne, kann nur als verheerend beschrieben werden."

d) **§ 34 StGB.** Der rechtfertigende Notstand (§ 34 StGB) spielt im arztstrafrechtlichen Bereich eine nur untergeordnete Rolle[355], da das Selbstbestimmungsrecht des Patienten nicht unterlaufen werden darf und § 34 StGB damit ausscheidet, wenn das Verhalten bereits durch eine Einwilligung oder mutmaßliche Einwilligung gerechtfertigt werden kann.[356] Begrenzt ist § 34 StGB somit etwa auf die Fälle, in denen ein Abbruch der Operation mit dem Ziel der Nachholung der Einwilligung zu einer schwerwiegenden Gefährdung des Patienten führen würde[357] oder in dem eine Verweigerung der Bluttransfusion aus religiösen Gründen erfolgte (**Fall 7**: oben Rn. 38). 76

e) **Zwangsbehandlungen, insbesondere im Straf- und Maßregelvollzug.** Nach § 101 StVollzG sowie den einschlägigen Vorschriften der Landesgesetze zur Unterbringung psychisch Kranker und zum Vollzug nach dem Strafgesetzbuch verhängter freiheitsentziehender Maßregeln der Besserung und Sicherung (§§ 63 ff. StGB) ist eine zwangsweise medizinische Untersuchung und Behandlung sowie Ernährung „nur bei Lebensgefahr, bei schwerwiegender Gefahr für die Gesundheit des Gefangenen oder bei Gefahr für die Gesundheit anderer Personen zulässig" (§ 101 I StVollzG). Da dies mit dem aus Art. 1 I, 2 I GG abzuleitenden Grundsatz, dass niemand gegen seinen Willen eine ärztliche Behandlung in seinem eigenen Interesse aufgezwungen werden dürfe, kollidiere, der mit § 1901a III BGB inzwischen gesetzlich verankert wurde, wird teilweise (zu Recht) vertreten, die obigen Normen seien verfassungskonform dahingehend auszulegen, dass eine zwangsweise Behandlung bei einwilligungsfähigen Patienten nur noch zur Abwehr einer erheblichen Gefährdung anderer Personen zulässig sei.[358] In diese Richtung gehen auch zwei jüngere Entscheidungen des Bundesverfassungsgerichts[359], die hohe Anforderungen an eine gesetzliche Regelung der Zwangsbehandlung im Maßregelvollzug Untergebrachter stellten: Erforderlich sei 77

(1) eine krankheitsbedingte Einsichtsunfähigkeit oder Unfähigkeit des Untergebrachten zu einsichtsgemäßem Verhalten,
(2) ein dennoch ernsthafter, mit dem nötigen Zeitaufwand und ohne Ausübung unzulässigen Drucks unternommene Versuch, eine auf Vertrauen gegründete Zustimmung zu erlangen,
(3) eine rechtzeitige, konkrete Ankündigung der Zwangsbehandlung (damit der Betroffene Rechtsschutz einholen könnte),
(4) die Zwangsbehandlung müsse „im Hinblick auf das Behandlungsziel, das ihren Einsatz rechtfertigt, Erfolg versprechen" und
(5) schließlich müsse die Zwangsbehandlung vom Arzt hinreichend dokumentiert werden;

nur dann sei der Eingriff in die körperliche Unversehrtheit des Untergebrachten durch das Freiheitsinteresse des Untergebrachten selbst gerechtfertigt. Nach An-

---

355 Ebenso *Müller-Dietz*, JuS 1989, 280 (281).
356 Sch/Schr/*Perron*, § 34 Rn. 6; *Müller-Dietz*, JuS 1989, 280 (281).
357 *Fischer*, § 223 Rn. 28; vgl. auch OLG Frankfurt a. M., NJW 1981, 1322 ff.
358 *Frister/Peters/Lindemann*, Arztstrafrecht, 1. Kap. Rn. 73.
359 BVerfGE 128, 282 ff.; BVerfGE 129, 269 ff.

sicht des Bundesgerichtshofs sei daher auch der bisherige § 1906 I Nr. 2 BGB keine ausreichende Ermächtigungsgrundlage für Zwangsbehandlungen im Rahmen betreuungsrechtlicher Unterbringung.[360] Aus diesem Grund hat der Gesetzgeber durch das Gesetz zur Regelung der betreuungsrechtlichen Einwilligung in eine ärztliche Zwangsmaßnahme vom 18. Februar 2013[361] mit Wirkung zum 26. Februar 2013 § 1906 BGB dahingehend geändert, dass ein Betreuer nur unter strengen Voraussetzungen in eine Zwangsbehandlung einwilligen kann (§ 1906 III BGB), die zudem der Genehmigung des Betreuungsgerichts bedarf (§ 1906 IIIa BGB).

78 Gegen den Willen des Patienten bestehe hiernach nach Teilen des Schrifttums auch kein Recht zur **Zwangsernährung**, selbst wenn dies zum Tode des Patienten führe (sog. „englische Lösung")[362]; lediglich bei Zweifeln an der frei verantwortlichen Willensbildung des Patienten gebühre dem Lebensschutz der Vorrang.[363] In diesem Sinne billigt die Bundesärztekammer jedem Anstaltsarzt wie beigezogenen Arzt zu, eine Zwangsbehandlung wegen Unzumutbarkeit zu verweigern.[364]

79 f) **Weitere Rechtfertigungsgründe.** Weitere Rechtfertigungsgründe finden sich etwa in §§ 81a, c und d StPO (ärztliche Eingriffe im Rahmen strafprozessualer Untersuchungen) oder § 24 IfSG.

5. Schuld

80 Im Rahmen der Schuld gilt es, neben der Schuldfähigkeit (§ 20 StGB) und der eventuellen Einschlägigkeit von Entschuldigungsgründen (§§ 33, 35 StGB, übergesetzlicher entschuldigender Notstand) vor allem zwei Irrtümer auseinanderzuhalten:

80a a) **Erlaubnistatbestandsirrtum.** Nimmt der Arzt irrtümlich Tatumstände an, bei dessen Vorliegen er gerechtfertigt gewesen wäre, so unterliegt er einem Erlaubnistatbestandsirrtum (auch Erlaubnistatumstandsirrtum genannt). Dies ist etwa **im Bereich der Einwilligung** der Fall, wenn der Arzt irrtümlich glaubt, der Patient sei einwilligungsfähig, der Patient sei bereits aufgeklärt worden oder habe auf eine Aufklärung verzichtet, oder wenn der Arzt irrtümlich glaubt, die Aufklärung sei ordnungsgemäß erfolgt, insbesondere weil dem aufklärenden Arzt ein Risiko noch nicht bekannt war und er den Patienten daher darüber auch nicht aufklärte[365].

---

360 BGH, NJW 2012, 2967 ff.; BGH, BeckRS 2012, 15563. Eine Rechtfertigung könne sich hier einzig aus § 34 StGB in Fällen vitaler Indikation ergeben: ebenso OLG Bamberg, NJW-RR 2012, 467 ff.
361 BGBl. I, S. 266 f.; vgl. hierzu BT-Drs. 17/11513; *Schmidt-Recla/Diener*, MdR 2013, 6 ff.; *Wellenhofer*, JuS 2013, 260 ff.
362 *Ulsenheimer*, in: Laufs/Kern, Handbuch, § 155 Rn. 35; *Wagner*, ZRP 1976, 1 (3 f.).
363 OLG Celle, ZfStrVo 1979, 187 f.; *Ulsenheimer*, in: Laufs/Kern, Handbuch, § 155 Rn. 37; *Wagner*, ZRP 1976, 1 (3 f.).
364 DÄBl. 1985, A-305 (306).
365 In diesem Sinne erfolgten zuletzt mehrere zivilrechtliche Entscheidungen, in denen eine Arzthaftung wegen mangelhafter Risikoaufklärung mangels schuldhafter Pflichtverletzung verneint wurde, weil dem aufklärenden Arzt ein Risiko noch nicht bekannt war und auch nicht bekannt sein musste, etwa weil es nur in anderen Spezialgebieten der medizinischen Wissenschaft, nicht aber auch in seinem Fachgebiet diskutiert wird: BGH, NJW 2010, 3230 (3231); BGH, NJW 2011, 375 ff.; OLG Köln, BeckRS 2011, 18438.

§ 3 Ärztlicher (Heil-)Eingriff als vorsätzliche Körperverletzung

> Fall 21 (oben Rn. 72): Strafbarkeit von Dr. K wegen der ersten Operation?

Der erste ärztliche Eingriff in **Fall 21** ist nicht durch eine Einwilligung gerechtfertigt, da sich diese ausdrücklich nur auf die Beseitigung des schweren Bandscheibenvorfalls bezog und rein tatsächlich der leichte Bandscheibenvorfall im Fach darunter entfernt wurde. Jedoch ging Dr. K irrig davon aus, den schweren Bandscheibenvorfall zu behandeln, also eine Behandlung vorzunehmen, die von der erteilten Einwilligung gedeckt war, d.h. Dr. K unterlag einem Erlaubnistatbestandsirrtum.

Im **Bereich der mutmaßlichen Einwilligung** fallen unter den Erlaubnistatbestandsirrtum die Fälle, dass der Arzt über die Dringlichkeit der Behandlung irrte oder darüber, dass ein Betreuer nicht rechtzeitig zu bestellen sein würde, im **Bereich der hypothetischen Einwilligung**, wenn der Arzt irrig annahm, der Patient hätte bei ordnungsgemäßer Aufklärung eingewilligt, während er sich rein tatsächlich in einem „echten Entscheidungskonflikt" befand[366].

Wie ein derartiger Erlaubnistatbestandsirrtum rechtlich zu behandeln ist, ist noch immer lebhaft umstritten[367]:

Nach den Anhängern **der strengen Schuldtheorie**[368] führe jedes fehlende Unrechtsbewusstsein zu § 17 StGB; für einen Irrtum über die tatsächlichen Voraussetzungen eines Rechtfertigungsgrundes werden hiervon keine Ausnahmen gemacht, weil der Täter bewusst eine Rechtsgutsverletzung begangen habe. Hiergegen spricht aber zum einen die Systematik der §§ 16, 17 StGB, wonach § 17 StGB lediglich falsche rechtliche Bewertungen erfasst, Irrtümer im tatsächlichen Bereich dagegen von § 16 StGB erfasst werden.[369] Zum anderen möchte der Täter sich auch „an sich rechtstreu" verhalten[370]; ihm ist einzig vorzuwerfen, dass er unachtsam den Sachverhalt verkannt hat, was allenfalls einem Fahrlässigkeitsvorwurf entspricht, nicht aber den gesteigerten Vorwurf vorsätzlichen Handelns erreicht.

Die überwiegende Ansicht macht daher vom Grundsatz des § 17 StGB (eine fehlende Unrechtskenntnis ist eine Frage der Schuld) eine Einschränkung für einen Irrtum über die tatsächlichen Voraussetzungen eines Rechtfertigungsgrundes, den sie nach § 16 StGB behandelt (**eingeschränkte Schuldtheorie**). Umstritten ist hierbei einzig, ob bereits der Tatbestandsvorsatz nach § 16 StGB analog entfällt[371], das Vorsatzunrecht[372] oder die „Vorsatzschuld" (sog. rechtsfolgen-

---

366 BGH, NStZ 2012, 205 (206).
367 Vgl. zur früheren Vorsatztheorie wie zur Lehre von den negativen Tatbestandsmerkmalen nur MüKo-StGB/*Joecks*, § 16 Rn. 123 ff.
368 *Dornseifer*, JuS 1982, 761 (765 f.); *Gössel*, FS Triffterer (1996), S. 93 (98); *Hans Joachim Hirsch*, ZStW 94 (1982), 239 (257 ff.); *Gössel*, in: *Maurach/Gössel/Zipf*, AT 2, § 44 Rn. 77; *Welzel*, Strafrecht, S. 169.
369 BeckOK-StGB/*Kudlich*, § 16 Rn. 23.
370 BGHSt. 3, 105 (107).
371 BGHSt. 2, 194 (211); BGHSt. 31, 264 (286 f.); BGHSt. 32, 243 (247 f.); BGHSt. 45, 219 (224 f.); BGHSt. 45, 378 (384); *Engisch*, ZStW 70 (1958), 566 (583 ff.); *Mitsch*, JuS 2000, 848 (850); *Roxin*, AT I, § 14 Rn. 62 ff.
372 *Geppert*, Jura 1997, 299 (303); BeckOK-StGB/*Kudlich*, § 16 Rn. 24; *Lackner/Kühl/Kühl*, § 17 Rn. 14; NK-StGB/*Puppe*, § 16 Rn. 138 f.; Sch/Schr/*Sternberg-Lieben/Schuster*, § 16 Rn. 18.

verweisende eingeschränkte Schuldtheorie³⁷³), mit Auswirkungen jedoch einzig auf eine mögliche Teilnehmerstrafbarkeit. Beruht der Irrtum auf Fahrlässigkeit und kann dem Täter dieser Vorwurf gemacht werden, so kann (analog § 16 I 2 StGB) eine Bestrafung aus dem entsprechenden Fahrlässigkeitstatbestand erfolgen.

Hiernach scheidet in **Fall 21** hinsichtlich der ersten Operation eine Strafbarkeit von Dr. K nach § 223 I StGB aus; da der Behandlungsfehler jedoch auf einer Sorgfaltspflichtverletzung beruht (Dr. K muss sich vergewissern, das richtige Bandscheibenfach zu behandeln), hat sie sich diesbezüglich nach § 229 StGB strafbar gemacht.

82 Stellte sich der Arzt tatsächliche Umstände vor, die jedoch selbst dann, wenn sie vorgelegen hätten, ihn wegen eines zusätzlichen Rechtsirrtums nicht gerechtfertigt hätten, liegt ein sog. „**Doppelirrtum**" vor (Kombination aus Erlaubnis- und Erlaubnistatbestandsirrtum), der allein nach § 17 StGB zu behandeln ist (nach obiger Definition kein „echter Erlaubnistatbestandsirrtum").³⁷⁴

83 b) **Erlaubnisirrtum.** Demgegenüber einen bloßen Erlaubnisirrtum (indirekter Verbotsirrtum) iSd § 17 StGB stellt es dar, wenn der Arzt die fehlende Einwilligung oder deren tatsächlichen Voraussetzungen (insbesondere eine umfassende Aufklärung) erkennt, einen körperlichen Eingriff aber gleichwohl für rechtlich zulässig erachtet, weil ihm dieser aus medizinischer Sicht sinnvoll und geboten erscheint – er missachtet dann das Selbstbestimmungsrecht des Patienten und irrt damit über die rechtlichen Grenzen eines Rechtfertigungsgrundes.³⁷⁵ Dies ist insbesondere im Bereich der Einwilligung der Fall, wenn der Arzt glaubt, er benötige bei kunstgerechtem Eingriff keine Einwilligung, wenn er die Minderjährigkeit des Patienten erkennt und diesen irrtümlich für einwilligungsfähig hält oder wenn er eine durch Täuschung erschlichene Aufklärung für wirksam hält³⁷⁶. Ebenso einen bloßen Verbotsirrtum stellt es im Bereich der mutmaßlichen Einwilligung dar, wenn der Arzt aufgrund eines zutreffend erkannten Sachverhalts lediglich irrig zur Annahme gelangt, sein Verhalten entspreche dem Interesse eines „verständigen Patienten" und damit dem mutmaßlichen Willen des konkreten Patienten.

Fall 23 (nach BGHSt. 35, 246 ff.): Dr. O führte bei Frau M, die bereits zwei Kinder im gleichen Krankenhaus per Kaiserschnitt zur Welt gebracht hatte, eine Kaiserschnittoperation durch, ohne M über deren Risiken aufzuklären. Bald nach Operationsbeginn stellte Dr. O zu seiner Überraschung fest, dass wider Erwarten kein „normaler Situs" vorlag, sondern die Bauchhöhle starke Verwachsungen aufwies. Die Gebärmutter war im unteren Bereich völlig mit der Bauchdecke und der Blase verwachsen. Aus Sicht des Dr. O lag ein „katastrophaler Befund" vor. Dr. O musste den Uterus-Schnitt im oberen Bereich und nicht – wie gewöhnlich – unten zwischen Körper und Halsabschnitt der

---

373 BGH, NStZ 2012, 272 (273 f.); OLG Hamm, NJW 1987, 1034 (1035); *Fischer*, § 16 Rn. 22d; *Jescheck/Weigend*, AT, S. 464 f.; *Maurach/Zipf*, AT 1, § 37 Rn. 43; *Rengier*, AT, § 30 Rn. 20; *Wessels/Beulke/Satzger*, AT, Rn. 704 f.; hiergegen *Geppert*, Jura 1997, 299 (303: „Zaubertrick"; *Schünemann*, GA 1985, 341 (350: „dogmatische Missgeburt").
374 Vgl. nur BeckOK-StGB/*Kudlich*, § 16 Rn. 25 f.
375 BGHSt. 45, 219 (225).
376 Vgl. hierzu BGH, NJW 1978, 1206.

§ 3 Ärztlicher (Heil-)Eingriff als vorsätzliche Körperverletzung   83

> Gebärmutter ansetzen; ein gesundes Mädchen kam zur Welt. Durch die höhere Schnittführung droht generell bei einer weiteren Schwangerschaft eine Uterusruptur mit Lebensgefahr für Mutter und Kind. Dr. O gewann die Überzeugung, dass eine erneute Schwangerschaft mit der dann wieder notwendig werdenden Kaiserschnittentbindung bei dieser Patientin unbedingt verhindert werden musste. Dr. O und der zur Beratung herbeigerufene Chefarzt Dr. D nahmen daher bei M eine „Eileiterunterbrechung „aus vitaler Indikation" vor. M wollte jedoch, was die Ärzte nicht wussten, noch weitere Kinder und hätte der Eileiterunterbrechung nie zugestimmt. Trotz der Eileiterunterbrechung wurde M später erneut schwanger und wurde nach einer äußerst schwierigen Operation durch Kaiserschnitt von einem weiteren Mädchen entbunden. Strafbarkeit von Dr. O und Dr. D?

Für die **Kaiserschnittoperation** selbst lag eine wirksame Einwilligung vor. Zwar wurde M diesbezüglich nicht aufgeklärt. Unabhängig davon, ob M aufgrund der vorherigen beiden Entbindungen bereits ausreichende Kenntnisse über die mit der Kaiserschnittentbindung verbundenen Risiken besaß, führt nur ein rechtsgutsbezogener Aufklärungsmangel zur Strafbarkeit, also wenn die Einwilligung in die Kaiserschnittentbindung bei ordnungsgemäßer Aufklärung mit hinreichender Wahrscheinlichkeit unterblieben wäre; davon ist vorliegend nicht auszugehen (keine Entbindung vom Kind?).[377]

Einer mutmaßlichen Einwilligung in die **Eileiterunterbrechung** steht zwar nicht bereits entgegen, dass eine derartige Folge durchaus als möglich vorhersehbar war und daher darüber vor dem Kaiserschnitt hätte aufgeklärt werden müssen. Denn „der Grundsatz der Subsidiarität [hierzu oben Rn. 68] wäre missverstanden, wollte man aus ihm das Verbot herleiten, bei schuldhaft ungenutzter Einholung einer früheren Einwilligung sei eine spätere Rechtfertigung über das Institut der mutmaßlichen Einwilligung ausgeschlossen"[378]. Die Eileiterunterbrechung war jedoch objektiv nicht „vital indiziert", da die Gefahr nur von einer weiteren Schwangerschaft ausging und diese zu späterer Zeit auf andere Weise (Verhütungsmittel) hätte verhindert werden können, genauso wie eine Sterilisation ohne erhebliche körperliche Auswirkungen auch später hätte erfolgen können. Es kommt damit darauf an, wie es sich rechtlich auswirkt, dass die Ärzte die Eileiterunterbrechung fälschlich für „vital indiziert" hielten und von einem entgegenstehenden Willen der M keine Kenntnis hatten: Während das Landgericht Aachen Dr. O und Dr. D lediglich jeweils einen vermeidbaren Verbotsirrtum zugestand, erblickte der Bundesgerichtshof einen Erlaubnistatbestandsirrtum darin, dass ein Arzt eine Operationserweiterung im Interesse des Patienten für geboten hält und dabei irrigerweise annimmt, der Betroffene hätte bei rechtzeitiger Befragung seine Zustimmung gegeben.[379] Hierbei verkannte er jedoch, dass die Ärzte in Kenntnis der maßgeblichen Tatumstände spätere Handlungsalternativen ohne erhebliche Risiken für die Patientin übersahen, d. h. ihnen bekannte Tatsachen falsch unter das normative Merkmal der „vitalen Indikation" subsumierten und damit zu ihren Gunsten den Anwendungsbereich des Rechtfertigungsgrun-

---

377 Ebenso *Geppert*, JZ 1988, 1024 (1025).
378 *Geppert*, JZ 1988, 1024 (1027).
379 BGHSt. 35, 247 (250); in diese Richtung auf der Grundlage eines „Bewertungsgrundlagenirrtums" wohl auch *Müller-Dietz*, JuS 1989, 280 (286).

des der mutmaßlichen Einwilligung überdehnten – „geradezu ein klassischer Verbotsirrtum"[380] (§ 17 StGB).

84 An die für einen Schuldausschluss erforderliche **Unvermeidbarkeit** eines Verbotsirrtums werden traditionell strenge Anforderungen (strenger als der Maßstab einer vorwerfbaren Sorgfaltspflichtverletzung bei der Fahrlässigkeit[381], da „mit der Tatbestandsmäßigkeit eines Verhaltens seine Rechtswidrigkeit in der Regel gegeben und dies allgemein bekannt" sei[382]) gestellt: Vermeidbar ist ein Verbotsirrtum immer dann, wenn der Täter nach seinen individuellen Fähigkeiten bei Einsatz aller seiner Erkenntniskräfte und sittlichen Wertvorstellungen zur Unrechtseinsicht hätte kommen können[383], wobei ihn eine Erkundigungspflicht bei einer rechtskundigen und vertrauenswürdigen Person (z.B. bei einem Rechtsanwalt oder bei der Bundesärztekammer) trifft, sofern es sich um Delikte handelt, die für seinen Berufskreis von Bedeutung sind[384]. So wird einem Arzt abverlangt, dass er sich über die für seine Berufsausübung relevanten rechtlichen Regelungen informiert.[385] Ein unvermeidbarer Verbotsirrtum wird daher im Arztstrafrecht allenfalls in Betracht kommen, wenn eine Rechtsfrage noch nicht hinreichend geklärt ist. Dies wurde etwa vom LG Köln[386] in **Fall 8** angenommen, da die Rechtmäßigkeit von Knabenbeschneidungen auf Grund der Einwilligung der Eltern in Rechtsprechung und Literatur unterschiedlich beantwortet wurde.[387]

6. Strafantrag (§ 230 StGB)

85 Für eine (einfache) vorsätzliche Körperverletzung nach § 223 StGB ist – genauso wie für eine fahrlässige Körperverletzung (§ 229 StGB), nicht dagegen für eine qualifizierte Körperverletzung nach §§ 224–227 StGB – die rechtzeitige Stellung eines Strafantrages (§§ 77–77d StGB) Prozessvoraussetzung, sofern nicht die Staatsanwaltschaft ein besonderes öffentliches Interesse bejaht[388], deren Voraussetzungen restriktiv (vgl. Nr. 86 RiStBV) zu beurteilen sind.

III. Strafbarkeit als gefährliche Körperverletzung (§ 224 StGB)

1. Vorbemerkungen

86 a) **Rechtsnatur.** Da es für Heilbehandlungen keine Sonderdogmatik gibt, kommt bei ihnen grundsätzlich auch eine „allgemein besonders gefährliche"[389] Begehungsart iSd § 224 I StGB in Betracht[390], die den Grundtatbestand des § 223 StGB qualifiziert. „Begehung" verlangt hierbei keine Eigenhändigkeit, sondern es genügt jede Tatbestandsverwirklichung.[391]

---

380 *Geppert*, JZ 1988, 1024 (1028); für einen Verbotsirrtum auch LK/*Rönnau*, Vor § 32 Rn. 221 Fn. 896 und Rn. 229.
381 BGHSt. 4, 236 (242 f.); BGHSt. 21, 18 (20); OLG Frankfurt a. M., NStZ-RR 2003, 263; dagegen *Lackner/Kühl/Kühl*, § 17 Rn. 7; Sch/Schr/*Sternberg-Lieben/Schuster*, § 17 Rn. 14.
382 BGHSt. 4, 236 (243).
383 Vgl. nur BGH, NStZ 2000, 307 (309); *Fischer*, § 17 Rn. 7; *Lackner/Kühl/Kühl*, § 17 Rn. 7.
384 *Fischer*, § 17 Rn. 9.
385 *Frister/Lindemann/Peters*, Arztstrafrecht, 1. Kap. Rn. 80.
386 LG Köln, NStZ 2012, 2128 (2129).
387 Vgl. zu einem weiteren Fall eines unvermeidbaren Verbotsirrtums nur KG, NJW 1990, 782 ff.
388 Dies ist rechtlich nicht nachprüfbar: BVerfGE 51, 176 (184 ff.); BGHSt. 16, 225 (231).
389 BGHSt. 19, 352 (353).
390 MüKo-StGB/*Hardtung*, § 224 Rn. 43.
391 BGHSt. 5, 344 f.; *Lackner/Kühl/Kühl*, § 224 Rn. 1.

§ 3 Ärztlicher (Heil-)Eingriff als vorsätzliche Körperverletzung

b) Aufbauschema:

> Aufbauschema (§ 224 I StGB)
> I. Tatbestandsmäßigkeit
>   1. Objektiver Tatbestand:
>   a) Grundtatbestand des § 223 I StGB
>   b) Begehungsweise iSd § 224 I StGB
>   aa) Nr. 1: Beibringung von Gift/anderen gesundheitsschädlichen Stoffen
>   bb) Nr. 2: mittels Waffe/gefährlichem Werkzeug
>   cc) Nr. 3: hinterlistiger Überfall
>   dd) Nr. 4: mit einem anderen Beteiligten gemeinschaftlich
>   ee) Nr. 5: lebensgefährdende Behandlung
>   2. Subjektiver Tatbestand: Vorsatz
> II. Rechtswidrigkeit
> III. Schuld

2. Die einzelnen gefährlichen Begehungsweisen

a) § 224 I Nr. 1 StGB

> **Fall 24** (nach LG Kiel, BeckRS 2010, 26831): In einem Klinikum stellte man dem A die Diagnose einer HIV-Infektion im Stadium „Aids" mit Zeichen einer ausgeprägten Hirnatrophie, die bei rascher Progredienz als Hinweis auf eine HIV-Enzephalopathie gedeutet wurde. A wurde in der Folgezeit ausführlich über die Auswirkungen und Folgen der HIV-Infektion, deren Behandlungsbedürftigkeit mit Medikamenten sowie die möglichen Gefahren einer Ansteckung für Dritte aufgeklärt. Er besuchte zunächst auch regelmäßig die Infektionsambulanz. Dann lernte er Frau D kennen und beide vollzogen mehrfach ungeschützten Geschlechtsverkehr, nachdem er zuvor auf ihre Frage wahrheitswidrig erklärt hatte, dass er regelmäßig alle halbes Jahr zum Aids-Test gehe und kerngesund sei. Als D über ständige Müdigkeit, Fieber und Gliederschmerzen klagte und stationär ins Krankenhaus eingewiesen wurde, stellte man fest, dass sie HIV-positiv sei. Bei sehr hoher Viruslast und noch fehlenden Antikörpern ging man ärztlicherseits von einem sehr frühen Stadium der Infektion aus, die vermutlich in den vergangenen zwei Monaten erfolgt sei. Als sie A vorhielt, dass die Infektion nur von ihm stammen könne, reagierte er darauf mit der Bemerkung, dann hätten sie es jetzt wohl beide, in Deutschland würden täglich etwa 8 Menschen angesteckt, dann käme es auf die paar, die er anstecken würde, auch nicht mehr an. Bei anderer Gelegenheit äußerte A, dass man an Schweinegrippe eher sterben würde als an Aids. Frau D leidet erheblich unter den Auswirkungen der HIV-Infektion. Sie lebt in der Angst, früher als gewöhnlich sterben zu müssen, zumal sie zwei noch nicht volljährige Kinder zu versorgen hat. Strafbarkeit des A?
>
> **Abwandlung** (nach AG Nürtingen, StV 2009, 418): A erhielt seit der Feststellung seiner HIV-Infektion eine hochwirksame anti-retrovirale Therapie, wobei drei Medikamente kombiniert von ihm eingenommen wurden. Diese Medikamente nahm A regelmäßig ein. Durch die Medikamentation war, was A nicht

wusste, seine Viruslast zum Zeitpunkt des Geschlechtsverkehrs auf Null gesunken, so dass er D nicht anstecken konnte und es auch nicht tat. Strafbarkeit des A?

Abwandlung 2 (nach BayObLG, NJW 1990, 131): Frau D hatte von der HIV-Infizierung des A bereits vor dem ersten Geschlechtsverkehr mit A von dritter Seite erfahren, sich selbst über die Risiken ungeschützten Geschlechtsverkehrs, die möglichen tödlichen Folgen und das Fehlen einer Heilungsmöglichkeit informiert, bestand aber dennoch auf ungeschützten Geschlechtsverkehr, dem A nach anfänglichen Bedenken schließlich nachgab. Ein Nachweis von HIV-Antikörpern konnte bei Frau D nicht erbracht werden. Strafbarkeit des A?

Ein Tötungsvorsatz und damit ein versuchter Totschlag wird angesichts der Hemmschwellentheorie (mit dem Hilfsargument, der Täter habe möglicherweise gehofft, es werde rechtzeitig ein Heilmittel gegen AIDS gefunden) zumeist verneint.[392] Durch eine Infizierung mit dem HI-Virus wird jedoch der Normalzustand des Körpers tiefgreifend verändert (insbesondere zeigt der Körper einige Wochen nach der Infizierung ein flüchtiges grippeähnliches Bild und wird der Körper des HIV-Infizierten seinerseits infektiös und bleibt dies grundsätzlich für die gesamte Dauer seines weiteren Lebens), so dass bereits in der Ansteckung eine Gesundheitsschädigung iSd § 223 StGB gesehen wird, ohne dass es zum Ausbruch des „acquired immune deficiency syndrom" (AIDS: teilweise erst 6 Jahre nach dem Kontakt) gekommen sein muss.[393] Nur soweit dagegen die Viruslast objektiv aufgrund einer hochwirksamen anti-retroviralen Therapie auf Null gesunken ist, liegt (wie in der **Abwandlung**) grundsätzlich nur ein bloßer untauglicher Versuch vor. Der Verletzungsvorsatz (in der **Abwandlung**: der Tatentschluss) ist zumeist aufgrund des verbreiteten Wissens über das Ansteckungsrisiko bei ungeschütztem Sexualkontakt und damit, dass trotz der geringen Wahrscheinlichkeit einer Infektion jeder ungeschützte Sexualkontakt derjenige sein kann, der die Virusübertragung zur Folge hat, zu bejahen, wenngleich im Einzelfall stets eine Gesamtschau aller objektiven und subjektiven Tatumstände notwendig ist.[394]

Für eine eigenverantwortliche Selbstgefährdung genügt alleine die Kenntnis um ungeschützten Geschlechtsverkehr angesichts des überlegenen Sachwissen des HIV-Infizierten noch nicht aus[395]. Erst wenn der Sexualpartner die gleichen Kenntnisse besitzt (wie Frau D in **Abwandlung 2**), liegt wegen der gemeinsamen Tatherrschaft am Geschlechtsverkehr eine eigenverantwortliche Selbstgefährdung vor, die zur Straflosigkeit (in **Abwandlung 2** bezüglich einer versuchten gefährlichen Körperverletzung) führt.[396]

„Gift" ist (als Unterfall der „gesundheitsschädlichen Stoffe") jede organische oder anorganische Substanz, die durch chemische oder chemisch-physikalische Wirkung generell (im konkreten Fall) geeignet ist, ernsthafte gesundheitliche

---

392 Grundlegend BGHSt. 36, 1 (9 ff.); BGHSt. 36, 262 (267).
393 Grundlegend BGHSt. 36, 1 (7); ebenso *Geppert*, Jura 1987, 668 (669); *Herzberg*, NJW 1987, 1461 (1462); aA AG Kempten, NJW 1988, 2313.
394 Vgl. nur BGHSt. 36, 1 (10).
395 BGHSt. 36, 1 (17); *Geppert*, Jura 1987, 668 (671); MüKo-StGB/*Joecks*, § 16 Rn. 65; aA *Bruns*, NJW 1987, 2281 (2282).
396 BayObLG, NJW 1990, 131 (132); ebenso *Geppert*, Jura 1987, 668 (671); *Herzberg*, NJW 1987, 1461 (1462); umfassend zum eigenverantwortlichen „pozzing" *Brand/Lotz*, JR 2011, 513 ff.

Schäden zu verursachen[397]; eine gesundheitszerstörende Wirkung – wie noch bei § 229 StGB a. F. – ist nicht mehr erforderlich. Hierunter fallen neben klassischen Giften wie Arsen oder Zyankali[398], Betäubungsmittel[399] (wie in **Fall 3**: oben Rn. 31), Pflanzengifte, „K.O.-Tropfen" („Liquid Extacy")[400], Schlafmittel, Betäubungsmittel, zu hoch dosierte oder kontraindizierte Arzneimittel (mit durchaus enormen Nebenwirkungen)[401] sowie Dopingmittel (die zu durchaus massiven Gesundheitsbeeinträchtigungen führen können)[402]. Nach h. M.[403] fallen hierunter auch Bakterien, Viren oder sonstige Krankheitserreger (insbesondere der HI-Virus [wie in **Fall 24** mit seinen Abwandlungen] inklusive vom Körper gelösten Körpersubstanzen wie Blut und Sperma, die HIV-verseucht sind[404]) und damit zwingend auch Impfstoffe mit aktiven Krankheitserregern in geringem oder abgeschwächtem Ausmaß[405], während Teile im Schrifttum[406] zu Recht darauf verweisen, dass Lebewesen keine „Stoffe" sein könnten und daher allenfalls § 224 I Nr. 5 StGB gegeben sein könnte. Auch alltägliche Stoffe (wie Alkohol oder Brechmittel[407]) können „Gifte" sein, wenn ihre Beibringung nach der Art ihrer „Anwendung oder Zuführung des Stoffes, seiner Menge oder Konzentration, ebenso aber auch nach dem Alter und der Konstitution des Opfers mit der konkreten Gefahr einer erheblichen Schädigung im Einzelfall verbunden ist"[408]. Da dies in **Fall 13** („Zitronensaft-Fall": oben Rn. 51) hinsichtlich des verwendeten Zitronensaftes gerichtlich nicht festgestellt wurde, ist es unverständlich, wieso der Bundesgerichtshof dennoch (wohl) § 224 I Nr. 1 StGB erwog.

„Andere gesundheitsschädliche Stoffe" sind in Abgrenzung zu § 224 I Nr. 2 StGB („gefährliches Werkzeug") nur solche Stoffe, deren mechanische oder thermische Wirkung sich nachteilig auf die Gesundheit des Menschen, dem sie beigebracht werden, auswirken.[409] Strahlen fallen nicht hierunter, da es sich bei ihnen nicht um „Stoffe" handelt[410]; allenfalls die strahlende Substanz selbst unterfällt § 224 I Nr. 1 StGB, sofern diese auch (und nicht nur die Strahlen) dem Opfer beigebracht werden; ansonsten greift allenfalls § 224 I Nr. 5 StGB bzw. die §§ 309 ff. StGB.

88

---

397 Vgl. nur *Fischer*, § 224 Rn. 3a.
398 Vgl. auch die ausführliche Giftsystematik bei BeckOK-StGB/*Eschelbach*, § 224 Rn. 15–15.5.
399 *Fischer*, § 224 Rn. 3a.
400 BGH bei *Miebach*, NStZ-RR 2010, 34; BGH bei *Miebach*, NStZ-RR 2011, 33.
401 So BeckOK-StGB/*Eschelbach*, § 224 Rn. 17; MüKo-StGB/*Hardtung*, § 224 Rn. 43; aA *Tag*, Körperverletzungstatbestand, S. 427 f. (ausgehend von einer körperbezogenen Willensfreiheit als Schutzgut).
402 *Kargl*, NStZ 2007, 489 (490).
403 *Fischer*, § 224 Rn. 4; MüKo-StGB/*Hardtung*, § 224 Rn. 9; *Rengier*, ZStW 111 (1999), 1 (9).
404 BeckOK-StGB/*Eschelbach*, § 224 Rn. 18.
405 Vgl. nur *Dringenberg*, Verantwortlichkeit, S. 147 ff.
406 BeckOK-StGB/*Eschelbach*, § 224 Rn. 18; *Knauer*, GA 1998, 428 (433 ff.).
407 *Fischer*, § 224 Rn. 5a; dafür, dass derartige Stoffe wegen nur geringfügiger körperlicher Schäden nicht erfasst werden: *Jäger*, JuS 2000, 31 (35).
408 BGHSt. 51, 18 (22 f.) – Kochsalz mit zust. Anm. *Satzger*, JK 9/06, StGB § 224/5; ebenso *Fischer*, § 224 Rn. 5; LK/*Lilie*, § 224 Rn. 11; *Maurach/Schroeder/Maiwald*, BT 1, § 9 Rn. 13; NK-StGB/*Paeffgen*, § 224 Rn. 7; Sch/Schr/Stree/Sternberg-Lieben, § 224 Rn. 2b; *Wessels/Hettinger*, BT 1, Rn. 263 und 267.
409 Vgl. BeckOK-StGB/*Eschelbach*, § 224 Rn. 17; *Fischer*, § 224 Rn. 4.
410 *Fischer*, § 224 Rn. 4.

Die **Tathandlung** des „Beibringens" erfasst jedes Einführen der Stoffe in oder Auftragen der Stoffe auf den Körper eines anderen[411] (z. B. durch Verschluckenlassen, Einspritzen, Auftragen auf die Haut oder durch äußeren Körperkontakt mit Bakterien oder Chemikalien[412]), sofern sie jeweils ihre Wirkung (in Abgrenzung zu § 224 I Nr. 2 StGB) im Körperinneren entfalten können.[413]

89 b) **§ 224 I Nr. 2 StGB. Waffen** (als Unterfall der „gefährlichen Werkzeuge"[414]) sind solche im technischen Sinn (Schuss-, Hieb-, Schlag- oder Stichwaffen iSd § 1 WaffG), die nach ihrer konkreten Beschaffenheit nicht nur geeignet, sondern auch allgemein dazu bestimmt sind, Menschen auf mechanischem oder chemischem Weg (äußere) Verletzungen nicht ganz unerheblicher Art herbeizuführen[415] und die – wie gefährliche Werkzeuge – in ihrer gefährlichen Eigenschaft konkret gebraucht werden. Gegenständen, denen die Verletzungsfunktion nicht bestimmungsgemäß zukommen, sondern die anderen Zwecken dienen (z. B. Skalpell), unterfallen nicht dem Waffenbegriff.

90 Ein **gefährliches Werkzeug** ist jeder bewegliche[416] Gegenstand (einschließlich chemisch wirkender oder anderer Flüssigkeiten[417]), der bei der konkreten Art seiner Verwendung nach seiner objektiven Beschaffenheit generell geeignet ist, nicht nur unerhebliche körperliche Verletzungen herbeizuführen.[418]

> **Fall 25** (nach BGH, NJW 1978, 1206): Frau P litt seit Jahren ständig unter starken Kopfschmerzen, deren Ursache alle ärztlichen Bemühungen nicht hatten ergründen können. Sie bat daher Zahnarzt Dr. Z, ihr alle plombierten Zähne zu ziehen, weil nach ihrer Überzeugung ein Zusammenhang zwischen dem Leiden und den mit einer Füllung versehenen Zähnen bestehe. Dr. Z stellte fest, dass der Zustand der Zähne für die Kopfschmerzen der Zeugin nicht ursächlich sein konnte und teilte ihr den Befund mit. P beharrte jedoch auf dem Wunsch nach einer Extraktion. Mit der Bemerkung, sie müsse es selbst wissen, ob sie die Zähne „heraus haben" wolle, entfernte Dr. Z ihr kunstgerecht zunächst alle Zähne des Oberkiefers, aufgrund eines Missverständnisses auch die unplombierten. P trägt seither Prothesen. Strafbarkeit des Dr. Z?

Die Zahnextraktionen stellte jedenfalls eine einfache Körperverletzung dar. Die von Frau P erklärte Einwilligung, die sich mithin nur auf die plombierten Zähne bezog, ist unwirksam und die Tat damit rechtswidrig, da Frau P trotz der Belehrung des Dr. Z einwilligte, was nach dem Bundesgerichtshof nur sein könne bei „einer seelischen Verfassung, die ein verstandesmäßiges Abwägen der vorgebrachten medizinischen Argumente verhinderte"[419]. Selbst wenn Dr. Z hinsicht-

---
411 BGHSt. 15, 113 (114); *Fischer*, § 224 Rn. 6; *Lackner/Kühl/Kühl*, § 224 Rn. 1b.
412 BGHSt. 15, 113 (114); BGH, BeckRS 2010, 08145.
413 LK/*Lilie*, § 224 Rn. 15.
414 Vgl. nur BGHSt. 44, 103 (105); *Fischer*, § 224 Rn. 7.
415 Vgl. nur BGHSt. 48, 197 (204).
416 Vgl. nur BGHSt. 22, 235; BGH, NStZ-RR 2005, 75.
417 Vgl. BGHSt. 1, 1 ff.: Salzsäure; BGH, NStZ 2000, 87 f.: Reizgasspray; aA OLG Dresden, NStZ-RR 2009, 337: „Flüssigkeiten können wegen der Wortlautgrenze des Art. 103 II GG kein „Werkzeug" sein (im Fall: heißer Kaffee).
418 Vgl. nur BGH, NStZ 2017, 164; OLG Düsseldorf, NJW 1989, 920.
419 BGH, NJW 1978, 1206.

lich der nicht plombierten Zähne tatsächlich irrte, so läge – wie bezüglich der plombierten Zähne – keine Einwilligung vor, so dass ein einheitlicher Verbotsirrtum iSd § 17 StGB vorlag (bezüglich der nicht plombierten Zähne ein „Doppelirrtum": hierzu oben Rn. 82), der vermeidbar war.

Noch immer nicht hinreichend geklärt ist die Frage, ob auch das Skalpell des Arztes bei der Operation (so in **Fall 8** zur Beschneidung: oben Rn. 39), die Zange in der Hand des Zahnarztes (in **Fall 25**), die vom Arzt verwendete Injektionsnadel oder die Kanüle zur Blutabnahme (z. B. bei einem heimlichen HIV-Test[420]) gefährliche Werkzeuge in diesem Sinne darstellen: Die Rechtsprechung[421] sowie die überwiegende Ansicht im Schrifttum[422] verneinen dies, da die erhöhte Strafbarkeit des § 224 I Nr. 2 Var. 2 StGB auf der erhöhten Gefährlichkeit beruhe, die vergleichbar einer Waffe sei. Dies sei aber nur gegeben, wenn der Täter das Instrument „bei einem Angriff oder Kampf zu Angriffs- oder Verteidigungszwecken benutzt"[423]; anders sei dies nur, wenn der Arzt den Pfad der ärztlichen Kunst verlasse und das Instrument zweckentfremdet zur bewussten Verletzung einsetze[424].

Ein derartiges Finalitätskriterium ist im Gesetzeswortlaut jedoch nicht angelegt und bedeute letztlich nichts anderes als die Anwendung des Kriteriums des Heilzwecks als Tatbestandsausschluss auf der Ebene des Qualifikationstatbestandes, obwohl dieses bereits als Kriterium zur Tatbestandseinschränkung beim Grundtatbestand des § 223 StGB abgelehnt wurde (oben Rn. 34 ff.). Halten ließe sich die Ansicht der h. M. somit nur mit der Überlegung, dass die ärztlichen Instrumente bei ihrer bestimmungsgemäßen Verwendung in der Hand eines Heilkundigen gerade nicht geeignet seien, erhebliche Verletzungen herbeizuführen[425], auch wenn dies im Einzelfall (z. B. bei der Öffnung der Bauchdecke) zumeist kaum anzuzweifeln sein wird.[426] Es sollte daher statt einer generellen Lösung dieser Problemfrage eher in jedem Einzelfall gesondert gefragt werden, ob die Verwendung des ärztlichen Instruments zu einer im Verhältnis zu § 223 StGB wesentlichen Erhöhung der Gefährlichkeit für die körperliche Unversehrtheit des Opfers geführt hat. In **Fall 25** führte die Verwendung der Zange gegenüber einer Zahnextraktion ohne Zange eher zu einer Verringerung der Gefährlichkeit, so dass § 224 I Nr. 2 StGB zu verneinen ist.

91

Fall 26 (nach BGH, NStZ 1987, 174): A brach den Besuch eines Heilpraktikerkollegs nach 3 Semestern ab, las dann Bücher über Naturheilkunde, Anatomie, innere Medizin und Neuraltherapie; eine Heilpraktikerprüfung bestand er nicht. Obwohl er daher keine Erlaubnis zur Ausübung der Heilkunde inne hatte, betätigte sich A berufsmäßig auf dem Gebiet der Heilkunde,

92

---

420 Hierzu StA Mainz, NJW 1987, 2946 ff. mit Anm. *Janker*, NJW 1987, 2897 ff.
421 BGH, NJW 1978, 1206; BGH, NStZ 1987, 174; LG Köln, NStZ 2012, 449.
422 *Geppert*, Jura 1986, 532 (536); *Hilgendorf*, ZStW 112 (2000), 811 (818); *Janker*, NJW 1987, 2897 (2899); *Lackner/Kühl/Kühl*, § 224 Rn. 5; LK/*Lilie*, § 224 Rn. 24; *Tag*, Körperverletzungstatbestand, S. 424; *Ulsenheimer*, Arztstrafrecht, Rn. 595.
423 BGH, NJW 1978, 1206.
424 *Sowada*, JR 1988, 123 (124 f.); *Tag*, Körperverletzungstatbestand, S. 424 f.
425 So *Janker*, NJW 1987, 2897 (2899); LK/*Lilie*, § 224 Rn. 24; *Tag*, Körperverletzungstatbestand, S. 424 f.
426 Zweifelnd an der h. M. daher MüKo-StGB/*Hardtung*, § 224 Rn. 43; kritisch auch *Fischer*, § 224 Rn. 9a.

> nannte sich unbefugt „Dr. med." und verabreichte unter anderem Patient P Spritzen direkt in die Schilddrüse. Strafbarkeit von A?

Neben § 132a I Nr. 2 StGB und § 5 HeilpraktG hat sich A nach § 223 I StGB strafbar gemacht, da die Einwilligung des P aufgrund der Täuschung über seine Qualifikation unwirksam ist.

Wegen der unterschiedlichen Gefährlichkeit der Handlungen geprüfter und approbierter Heilkundiger einerseits und sonstiger Personen andererseits, mögen diese im Einzelfall auch gewisse Kenntnisse der Heilkunde besitzen, erblickt die Rechtsprechung in medizinischen Instrumenten in der Hand Nichtheilkundiger generell gefährliche Werkzeuge[427]; der Bundesgerichtshof bejahte in **Fall 25** daher auch § 224 I Nr. 2 StGB. Wird das Instrument jedoch gleichfalls kunstgerecht verwendet, so muss dies nicht unbedingt zu einer erhöhten Gefahr für die körperliche Unversehrtheit des Patienten führen (z. B. wenn die Mutter ihrem zuckerkranken Kind regelmäßig Insulin spritzt oder der Vater seinem Kind mit einer desinfizierten Pinzette einen in den Fuß getretenen Dorn entfernt[428]). Inwieweit medizinische Instrumente in der Hand Heilunkundiger gefährliche Werkzeuge darstellen, sollte daher besser gleichfalls nach den Umständen des Einzelfalles (erhöhte Gefährlichkeit durch die konkrete Art der Verwendung) beurteilt werden. Erfolgte die Verwendung der Spritze im **Fall 26** ordnungsgemäß und besaß A hierfür ausreichende medizinischen Kenntnisse, so wäre § 224 I Nr. 2 StGB richtigerweise zu verneinen.

Die Körperverletzung muss schließlich „**mittels**" der Waffe oder des gefährlichen Werkzeugs erfolgen, d. h. unmittelbar durch den Waffen-/Werkzeugeinsatz gegen den Körper; es genügt nicht, wenn durch die Einwirkung des gefährlichen Werkzeugs nur ein Kausalverlauf ausgelöst wird, der mittelbar zur Körperverletzung führt[429].

93 c) **§ 224 I Nr. 3 StGB.** Die Körperverletzung „mittels eines hinterlistigen Überfalls" verlangt zum einen einen „Überfall", d. h. einen unvorhergesehenen Angriff, mit dem das Opfer nicht rechnete und auf den es sich demzufolge nicht einstellen konnte, und zum anderen ein „hinterlistiges" Vorgehen, d. h. ein planmäßiges (!) Vorgehen des Täters unter Verheimlichung der wahren Absicht[430], so dass eine bloße Ausnutzung des Überraschungseffekts für sich allein nicht ausreicht[431] und § 224 I Nr. 3 StGB daher bei ärztlichen Eingriffen in aller Regel ausscheiden muss.

94 d) **§ 224 I Nr. 4 StGB.** Strafgrund für die Qualifikation des § 224 I Nr. 4 StGB ist die erhöhte Gefahr für das Opfer, die sich aus der unmittelbaren Konfrontation mit mehreren Gegnern ergibt[432], so dass eine Körperverletzung bereits dann „mit einem anderen Beteiligten gemeinschaftlich" begangen wird, wenn mindes-

---

427 Vgl. nur BGH, NStZ 1987, 174; zustimmend *Ulsenheimer*, Arztstrafrecht, Rn. 596; ablehnend *Sowada*, JR 1988, 123 (124); *Wolski*, GA 1987, 527 (534 f.).
428 Beispiele nach *Tag*, Körperverletzungstatbestand, S. 425, die in diesen Fällen § 224 I Nr. 2 StGB verneint.
429 BGH, NStZ 2006, 572 (573); BGH, NStZ 2007, 405; BGH, NJW 2010, 2968.
430 Vgl. nur RGSt. 65, 65 (66); BGH, NStZ-RR 2009, 77 f.; *Fischer*, § 224 Rn. 10; MüKo-StGB/*Hardtung*, § 224 Rn. 29.
431 BGH, NStZ 2004, 93; BGH, NStZ 2005, 40; BGH, NStZ-RR 2009, 77 f.
432 *Otto*, NStZ 1989, 531.

tens zwei Personen bei der Körperverletzung einverständlich zusammenwirken und dem Opfer unmittelbar gegenüberstehen; eine Mittäterschaft[433] ist nicht erforderlich, bloße Teilnahme[434] (Legaldefinition des „Beteiligten" in § 28 II StGB: „Täter oder Teilnehmer") reicht genauso wie eine anwesende Person, die „die Wirkung der Körperverletzungshandlung des Täters bewusst in einer Weise verstärkt, welche die Lage des Verletzten zu verschlechtern geeignet ist"[435]. Erforderlich ist jedoch eine Beteiligung mit erhöhtem Bedrohungsfaktor für das Opfer, d. h. eine solche, die „die erhöhte Gefährlichkeit der konkreten Tatsituation begründet"[436]. An dieser Gefahrsteigerung fehlt es beim Zusammenwirken mehrerer Personen im Rahmen einer Operation (z. B. Chirurg und Anästhesist), weil der Patient ohnehin keine Gegenwehr leisten will (und im Falle der Vollnarkose es auch gar nicht kann) und weil die Arbeitsteilung in der Regel eher der Risikoverringerung dient.[437]

e) § 224 I Nr. 5 StGB. Bei der Körperverletzung „mittels einer das Leben gefährdenden Behandlung" ist noch immer umstritten, ob eine abstrakte Lebensgefahr genügt oder eine konkrete Lebensgefahr erforderlich ist: Nach einer literarischen Minderposition[438] sei eine konkrete Lebensgefahr (mit entsprechendem Vorsatz auf subjektiver Tatbestandsebene) erforderlich, was anhand einer objektiven ex post-Betrachtung zu bestimmen sei (d. h. unter der Berücksichtigung nachträglich bekannt gewordener situativer oder personaler Sonderfaktoren), wobei „lebensgefährlich" natürlich nur die Körperverletzungshandlung sein müsse, nicht auch der Körperverletzungserfolg. Vor dem systematischen Hintergrund, dass § 224 StGB auch in den Nummern 1 und 2 abstrakt gefährliche Handlungsmodalitäten umfasst, sowie vor dem Hintergrund der Diskussion um eine Änderung der Körperverletzungsdelikte im Rahmen des 6. Strafrechtsreformgesetzes[439] verzichtet die überwiegende Ansicht[440] auf den konkreten Nachweis einer Lebensgefahr und lässt es (im Sinne eines Eignungsdelikts) ausreichen, wenn die Verletzungshandlung nach den konkreten Umständen objektiv generell geeignet ist, das Leben des Opfers in Gefahr zu bringen. Dabei ist diese „generelle Eignung" weniger als eine konkrete, aber mehr als eine abstrakte, da immerhin die Möglichkeit tödlicher Folgen nach den konkreten Umständen nicht ausgeschlossen sein darf. Gemeint ist also eine „abstrakte Gefährdung unter Ausschluss konkreter Ungefährlichkeit"[441], so dass gerichtlich stets konkrete Feststellungen zu den betroffenen Körperregionen zu treffen sind[442]. Der Körperverletzungser-

---

433 So wegen dem Begriff „gemeinschaftlich" wie in § 25 II StGB: SK-StGB/*Wolters*, § 224 Rn. 24a ff.; *Renzikowski*, NStZ 1999, 377 (382).
434 BGHSt. 47, 383; BGH, NStZ 2006, 572 f.; *Fischer*, § 224 Rn. 11; LK/*Lilie*, § 224 Rn. 33 f.
435 BGHSt. 47, 383 (387); vgl. auch BGH, NStZ-RR 2016, 139; BGH, NStZ 2016, 595.
436 *Fischer*, § 224 Rn. 11a. Nicht ausreichend ist daher die Existenz von Teilnehmern, die sich nur auf die Hervorrufung des Tatentschlusses beschränken und nicht dem Opfer körperlich gegenüberstehen (also: Anstiftung und psychische Beihilfe): *Jäger*, JuS 2000, 31 (35 f.); *Wessels/Hettinger*, BT 1, Rn. 281.
437 MüKo-StGB/*Hardtung*, § 224 Rn. 43; ebenso *Dringenberg*, Verantwortlichkeit, S. 141; *Tag*, Körperverletzungstatbestand, S. 428.
438 NK-StGB/*Paeffgen*, § 224 Rn. 28; *Stree*, Jura 1980, 281 (291 f.).
439 Vgl. BT-Drs. 13/8587, S. 82 f.
440 Vgl. nur RGSt. 10, 1 ff.; BGHSt. 2, 160 (163); BGHSt. 36, 262 (265); BGH, NStZ-RR 2005, 44; BGH, NStZ 2007, 339; BGH, NStZ-RR 2010, 176 (177); BGH, BeckRS 2016, 110125; *Fischer*, § 224 Rn. 12; *Hörnle*, Jura 2001, 44 (49 f.); *Wessels/Hettinger*, BT 1, Rn. 282.
441 MüKo-StGB/*Hardtung*, § 224 Rn. 38.
442 BGH, NStZ-RR 2016, 81.

folg muss „mittels" der „gefährlichen Behandlung" und nicht erst als deren mittelbare Folge eintreten.[443]

96 Hierunter fällt beispielsweise das Beibringen lebensgefährlicher Gifte, die Überdosierung von Betäubungsmitteln oder Medikamenten[444] oder das Einspritzen unsteriler Seifenlösung beim Schwangerschaftsabbruch[445].[446] Umstritten ist dagegen, ob auch – wie in **Fall 24** – der **ungeschützte Geschlechtsverkehr einer HIV-infizierten Person mit einem unwissenden Partner** erfasst ist: Teilweise wird hiergegen eingewandt, dass erst die Infizierung die Lebensgefahr begründe, nicht jedoch bereits der sexuelle Kontakt (die Handlung) selbst[447]; es bestünde vielmehr lediglich eine Siechtumsgefahr, die für § 224 I Nr. 5 StGB aber nicht ausreiche[448]. Wegen der hohen Schutzbedürftigkeit des Rechtsguts lässt es die überwiegende Ansicht[449] jedoch wegen der „beträchtlichen Wahrscheinlichkeit eines letalen Ausgangs der Infektion [...] – jedenfalls solange keine gesicherte Heilungsmöglichkeit" besteht im Sinne einer Gesamtbetrachtung ausreichen, dass das „Verhalten eines HIV-Infizierten, der ohne Schutz durch Kondom und damit in einer generell zur Ansteckung geeigneten Weise geschlechtlichen Verkehr ausübt, grundsätzlich [wenn nominell auch nur mit einer Wahrscheinlichkeit zu 0,1 %] auch geeignet" sei, den anderen mit einer Krankheit mit einem tödlichen Verlauf zu infizieren, also „das Leben des Partners allgemein in Gefahr zu bringen"[450].

97 Nach der Rechtsprechung[451] und einem Teil des Schrifttums[452] wird auch in den Fällen **exzessiver Röntgenbehandlungen** (wie in **Fall 4**) eine lebensgefährdende Behandlung bejaht. Hiergegen spricht aber, dass in diesen Fällen – anders als in den HIV-Fällen – bereits nicht feststeht, dass die bei Röntgenuntersuchungen verwendeten Strahlendosen (unabhängig von vielleicht erst 40 Jahre später eintretenden gesundheitlichen Schäden) im Einzelfall auch abstrakt geeignet waren, das Leben des Patienten zu gefährden.[453]

3. Subjektiver Tatbestand

98 In den Fällen des § 224 I StGB genügt bedingter Vorsatz, der die Umstände umfassen muss, aus denen sich die Gesundheitsschädlichkeit des Giftes bzw. des gesundheitsschädlichen Stoffes (Nr. 1), die Eigenschaft eines Gegenstandes als gefährliches Werkzeug (Nr. 2), die Eigenschaft eines Überfalls (Nr. 3) (zusätzlich zu einer vorausschauenden Planung iSd „Hinterlist") oder die Intensivierung des Angriffs durch das einvernehmliche Zusammenwirken mit einem anderen Betei-

---

443 OLG Hamm, BeckRS 2017, 102989; *Fischer*, § 224 Rn. 12.
444 *Fischer*, § 224 Rn. 12b.
445 BGHSt. 28, 11 (17).
446 Gegen eine generelle Anwendbarkeit des § 224 I Nr. 5 StGB auf ärztliche Eingriffe, da dies rechtspolitisch „zu einer ungerechtfertigten strafrechtlichen Risikoverschiebung zu Lasten derjenigen Spezialisten" führen würde, „welche von anderen Medizinern gar nicht erst durchgeführt werden" könnten: *Dringenberg*, Verantwortlichkeit, S. 144.
447 So insbesondere *Prittwitz/Schlothauer*, NStZ 1990, 385 (387).
448 *Schünemann*, JR 1989, 89 (93).
449 Vgl. nur BGHSt. 36, 1 (9); BGHSt. 36, 262 (265); *Frisch*, JuS 1990, 362 (365); *Herzberg*, JZ 1989, 470 (475 ff.); *Rudolphi*, JZ 1990, 197 (198); *Schramm*, JuS 1994, 405 (406).
450 BGHSt. 36, 1 (9).
451 BGHSt. 43, 346 (356).
452 *Fischer*, § 224 Rn. 12b; MüKo-StGB/*Hardtung*, § 224 Rn. 40.
453 So bereits LK/*Lilie*, § 224 Rn. 37; *Martin*, JuS 1998, 563 (564); *Wolfslast*, NStZ 1999, 133 (134).

ligten (Nr. 4) ergibt.⁴⁵⁴ In den Fällen der Nr. 5 genügt es nach der Rechtsprechung, wenn der Täter die Umstände kennt, aus denen sich (nach Ansicht des Richters) die allgemeine Gefährlichkeit des Tuns in der konkreten Situation für das Leben des Opfers ergibt; selbst braucht der Täter diese Umstände nicht als lebensgefährdend zu bewerten.⁴⁵⁵ Hiernach reicht in **Fall 24** das generelle Bewusstsein des Täters, dass ein ungeschützter Sexualkontakt zur HIV-Infizierung des Sexualpartners führen kann.⁴⁵⁶ Nach der Literatur muss der Täter die Lebensgefährlichkeit seines Handelns zumindest für möglich halten und billigend in Kauf nehmen.⁴⁵⁷

IV. Strafbarkeit als schwere Körperverletzung (§ 226 StGB)

1. Vorbemerkungen

a) **Rechtsnatur.** Der auch auf ärztliche Heileingriffe anwendbare⁴⁵⁸ § 226 I StGB erfasst als erfolgsqualifiziertes Delikt den Fall einer vorsätzlichen Körperverletzung (§§ 223, 224 oder 225 StGB) mit einer iSd § 18 StGB „wenigstens fahrlässigen" schweren (weil mit andauerndem Erfolg verbundenen⁴⁵⁹) Folge. Begehrt der Täter die schwere Folge dagegen sogar absichtlich (dolus directus ersten Grades) oder wissentlich (dolus directus zweiten Grades), so greift der Qualifikationstatbestand des § 226 II StGB; Fälle des bedingten Vorsatzes unterfallen daher auch Absatz 1.

b) **Aufbauschema:**

> **Aufbauschema (§ 226 I StGB)⁴⁶⁰**
> I. Tatbestandsmäßigkeit
>   1. **Objektiver Tatbestand** des Grundtatbestandes (§ 223–225 StGB)
>   2. **Subjektiver Tatbestand** des Grundtatbestandes (§ 223–225 StGB)
> II. Rechtswidrigkeit
> III. Schuld
> IV. Schwere Folge:
>   1. Eintritt der schweren Folge
>   a) Nr. 1: Verlust Sehvermögen/Gehör etc.
>   b) Nr. 2: Verlust eines wichtigen Körpergliedes
>   c) Nr. 3: dauerhaft entstellt/Siechtum/Lähmung/geistige Krankheit oder Behinderung
>   2. kausal durch eine Handlung des Täters

---

454 Vgl. nur *Fischer*, § 224 Rn. 13; BeckOK-StGB/*Eschelbach*, § 224 Rn. 47.
455 BGHSt. 2, 160 (163); BGHSt. 19, 352; BGHSt. 36, 1 (15); zustimmend *Fischer*, § 224 Rn. 13; *Rengier*, BT II, § 14 Rn. 56.
456 BGHSt. 36, 1 (11); BGHSt. 36, 262 (267); kritisch (weil der Täter angesichts des geringen Ansteckungsrisikos auf einen positiven Ausgang hoffen wird) *Herzberg*, JZ 1989, 470 (476); *Rengier*, Jura 1989, 225 (228).
457 So MüKo-StGB/*Hardtung*, § 224 Rn. 45; *Lackner/Kühl/Kühl*, § 224 Rn. 9; *Wessels/Hettinger*, BT 1, Rn. 284.
458 Vgl. nur MüKo-StGB/*Hardtung*, § 226 Rn. 4; *Tag*, Körperverletzungstatbestand, S. 437 f.
459 Verstirbt das Opfer kurz oder bald nach der Verletzung, scheidet § 226 StGB mangels langwieriger Folge aus: MüKo-StGB/*Hardtung*, § 226 Rn. 6.
460 Für einen Aufbau des erfolgsqualifizierten Delikts in diesem Sinne *Hoffmann-Holland*, AT, Rn. 843; *Kudlich*, JA 2009, 246 (247); *Kühl*, Jura 2002, 810 (815).

3. „wenigstens fahrlässig" (§ 18 StGB)
  a) objektive und subjektive Sorgfaltspflichtverletzung
  b) objektive und subjektive Vorhersehbarkeit
4. Pflichtwidrigkeitszusammenhang
5. tatbestandsspezifischer Gefahrzusammenhang (= Unmittelbarkeitszusammenhang)

Aufbauschema (§ 226 II StGB)
I. Tatbestandsmäßigkeit
  1. Objektiver Tatbestand:
    a) Grundtatbestand (§ 223–224 StGB)
    b) Eintritt der schweren Folge (§ 226 I Nr. 1–3 StGB)
  2. Subjektiver Tatbestand:
    a) Vorsatz auf den Grundtatbestand
    b) Vorsatz auf die schwere Folge
II. Rechtswidrigkeit
III. Schuld

2. Schwere Folgen

a) § 226 I Nr. 1 StGB. Der **Verlust des Sehvermögens** auf einem oder beiden Augen meint den langwierigen (nicht nur drei Monate andauernden[461]) Verlust der Fähigkeit, mittels der Augen Gegenstände wahrzunehmen.[462] Eine Minderung der Sehfähigkeit auf 2 % steht einem Verlust gleich[463]; eine bloße Lichtempfindlichkeit ist kein Sehvermögen (mehr). Sehhilfen wie Brillen oder Kontaktlinsen mindern nur die Folgen, beseitigen aber nicht den Verlust[464].

Der **Verlust des Gehörs**, der sich im Umkehrschluss zur Var. 1 („auf einem Auge oder beiden Augen") auf beide Ohren beziehen muss, meint den Verlust, artikulierte Laute zu verstehen.[465] Absolute Taubheit ist nicht erforderlich; auch ein (Rest-)Hörvermögen, das nur noch zur Wahrnehmung ununterscheidbarer Geräusche befähigt, ist verloren[466]. Pfeifgeräusche beim Tinnitus sind nicht Teil des Gehörs.[467]

Der **Verlust des Sprechvermögens** meint den Verlust der Fähigkeit zu artikuliertem Reden[468] (z. B. als Folge einer Gehirnverletzung); völlige Stummheit ist zwar nicht erforderlich, bloßes Stottern genügt aber nicht[469].

Der **Verlust der Fortpflanzungsfähigkeit** ist nicht identisch mit dem Verlust der Beischlaffähigkeit, sondern meint den Verlust der generellen weiblichen Empfängnisfähigkeit (soweit sie nicht bereits zuvor verloren war, z. B. nach den Wechseljahren) wie der männlichen Zeugungsfähigkeit, der auch bereits bei vor-

---

461 RGSt. 72, 321 (322).
462 *Fischer*, § 226 Rn. 2a.
463 BGH, BeckRS 2017, 104191; *Fischer*, § 226 Rn. 2a; nach OLG Hamm, GA 1976, 304 genüge sogar eine Minderung auf 5–10 % (wohl eher ein verbotener Analogieschluss zu „Sehvermögen verliert"). Eine Minderung auf 20 % genügt jedenfalls nicht: AG Köln, MDR 1981, 780.
464 BayObLG, NStZ-RR 2004, 264 (265); MüKo-StGB/*Hardtung*, § 226 Rn. 18.
465 *Fischer*, § 226 Rn. 3; *Joecks*, § 226 Rn. 6.
466 BGH, BeckRS 2010, 30925; MüKo-StGB/*Hardtung*, § 226 Rn. 23.
467 BeckOK-StGB/*Eschelbach*, § 226 Rn. 9.
468 *Fischer*, § 226 Rn. 4.
469 *Fischer*, § 226 Rn. 4; LK/*Hirsch*, § 226 Rn. 12; Sch/Schr/Stree/*Sternberg-Lieben*, § 226 Rn. 1b.

§ 3 Ärztlicher (Heil-)Eingriff als vorsätzliche Körperverletzung

pubertären Kindern eintreten kann[470]. Beispiele hierfür sind eine operative Entfernung der Gebärmutter[471], eine Sterilisation (wie in **Fall 20**) oder eine operative Eileiterunterbrechung (wie in **Fall 23**).

Fall 27 (nach *Tag*, S. 432): Bei Patient P wurde eine medizinisch-indizierte Blasenexstirpation unter Einschluss der Prostata vorgenommen. Da dieser Eingriff den Verlust der Zeugungsfähigkeit zur Folge hatte, ließ P zuvor von ihm stammendes Sperma kryokonservieren. Zwei Jahre später fragte die Konservierungsabteilung der Klinik bei P an, ob er an einer weiteren Konservierung interessiert sei. Hierbei wurde angekündigt, dass die Konserve vernichtet werde, wenn nicht innerhalb von vier Wochen die gegenteilige Meinung des P einträfe. P bekundete unverzüglich schriftlich sein Interesse am Fortbestand der Konservierung. Sein Schreiben kam zwar in der Klinik an, wurde jedoch nicht in seiner Krankenakte abgeheftet. Infolgedessen wurde die Spermakonserve vom Mitarbeiter M vernichtet. Strafbarkeit des M nach § 226 I Nr. 1 StGB?

Vom Körper dauerhaft getrennte Bestandteile und Substanzen unterfallen nicht (mehr) dem Schutzzweck der §§ 223 ff. StGB; selbst wer dies anders sieht[472], muss wegen eines Erlaubnistatbestandsirrtums des M (er ging von einer Einwilligung aus) analog § 16 StGB (hierzu oben Rn. 80a f.) ebenfalls eine Strafbarkeit ablehnen.

Der „**Verlust**" setzt stets einen chronischen Zustand oder einen unbestimmt langwierigen Heilungsprozess[473] voraus. Die (versteht sich: zumutbare und risikolose) Möglichkeit operativer/schönheits-chirurgischer Beseitigung der Folge schließt einen Dauerschaden aus.[474]

b) § 226 I Nr. 2 StGB. Nach einer weiten Ansicht[475] wird der Begriff des „**Körpergliedes**" dem der „Körperteile" gleichgestellt, sofern diese eine in sich geschlossene Existenz mit besonderer Funktion im Gesamtorganismus hätten; selbst innere Organe würden hiernach erfasst. Hiergegen spricht aber, dass § 226 I Nr. 1 StGB bestimmte äußere Organe des Körpers abschließend bezeichnet und hierbei innere Organe nicht erfasst, was als gesetzgeberische Wertung verstanden werden kann. Nach einer engen (herrschenden) Ansicht im Schrifttum[476] werden als „Glied" des Körpers daher dem Sprachgebrauch der Medizin folgend nur durch Gelenke (als Abgrenzungskriterium zwischen Körpergliedern und Körperteilen) mit dem Gesamtkörper verbundene Körperteile (z. B. Fuß, Arm) verstanden, während nach der vermittelnden Ansicht von Rechtsprechung und Teilen der Literatur[477] zwar (in dogmatisch gefährlicher Überdehnung des Wortlauts

101

---

470 Vgl. nur *Fischer*, § 226 Rn. 5; MüKo-StGB/*Hardtung*, § 226 Rn. 25; *Wessels/Hettinger*, BT 1, Rn. 287; aA BeckOK-StGB/*Eschelbach*, § 226 Rn. 12; NK-StGB/*Paeffgen*, § 226 Rn. 25: Eine Gleichsetzung der künftigen mit der gegenwärtigen Fortpflanzungsfähigkeit verstoße gegen die Wortlautgrenze.
471 BGHSt. 11, 111 ff.
472 So etwa *Freund/Heubel*, MedR 1995, 194 (198).
473 RGSt. 72, 321.
474 Vgl. nur *Joecks*, § 226 Rn. 26 ff.
475 OLG Neustadt, NJW 1961, 2076 (Niere); *Ebert*, JA 1979, 278.
476 MüKo-StGB/*Hardtung*, § 226 Rn. 26; LK-*Hirsch*, § 226 Rn. 14; *Joecks*, § 226 Rn. 13; *Lackner/Kühl/Kühl*, § 226 Rn. 3; NK-StGB/*Paeffgen*, § 226 Rn. 26.
477 BGHSt. 28, 100 ff.; *Fischer*, § 226 Rn. 6; *Wessels/Hettinger*, BT 1, Rn. 288.

"Körperglied") auf das Gelenkerfordernis verzichtet (erfasst daher auch: Nase, Ohrmuschel) und lediglich ein Körperteil verlangt wird, der eine in sich abgeschlossene Existenz mit besonderer Funktion im Gesamtorganismus hat und angesichts des Wortlautes „Glied" nach außen sichtbar ist. Unabhängig vom Gelenkerfordernis wird die vorsätzliche Entnahme von Organen somit nicht von § 226 I Nr. 2 StGB erfasst.

102 Für die **Wichtigkeit** des Körpergliedes wird nach der abstrakt-generellen Auslegung zur Vermeidung einer Abhängigkeit der Strafbarkeit von einer Vielfalt an Opferbesonderheiten auf die „objektive Bedeutung des Gliedes für den Gesamtorganismus" und seinen „Wert im Verhältnis zum ganzen Körper" abgestellt.[478] Auf der anderen Seite mutet es gar lächerlich an, wenn nach dieser Ansicht zwar der Daumen[479] und der Zeigefinger[480] jeweils generell ein wichtiges Körperglied sein sollen, nicht aber die übrigen Finger wie der Ringfinger[481]. In Teilen des Schrifttums werden daher bei der Frage der Wichtigkeit die Individualität des Tatopfers (z.B. Linkshänder) einschließlich seiner beruflichen und sozialen Verhältnisse (z.B. Pianist, Stenotypistin, „Ballgefühl" eines Fußballspielers) berücksichtigt (sog. konkrete Betrachtungsweise[482]). Dies mag zwar der Opfergerechtigkeit entsprechen, nicht aber der Gesetzesauslegung, hat der Gesetzgeber doch bewusst die Norm der „länger andauernden Arbeitsunfähigkeit" aus dem preußischen Strafgesetzbuch nicht in das Reichsstrafgesetzbuch übernommen; zudem schützt § 226 StGB wie die übrigen §§ 223 ff. StGB die körperliche Unversehrtheit und Gesundheit eines anderen Menschen, nicht aber die soziale Verwendbarkeit eines bestimmten Körperteiles, die einzig im Rahmen des § 46 II StGB zu berücksichtigen ist. Aus diesem Grunde geht die überwiegende Ansicht (zu Recht) von einer differenzierten konkreten Betrachtung aus, wonach bei der Bestimmung der Wichtigkeit eines Körpergliedes zwar individuelle Körpereigenschaften und körperliche Besonderheiten des Tatopfers (einschließlich körperlicher Vorschädigungen des Opfers) zu berücksichtigen seien, nicht dagegen berufliche oder soziale Besonderheiten.[483]

103 Dem vollständigen **Verlust** des Körpergliedes (Abtrennung) wird deren **dauernde Gebrauchsunfähigkeit** gleichgestellt, also dass im Rahmen einer Gesamtwürdigung so viele Funktionen ausgefallen sind, dass das Glied im Lichte seiner eigentlichen Zweckbestimmung weitgehend „funktionsuntüchtig" und damit unbrauchbar geworden ist[484], worunter entsprechend des gesetzgeberischen Willens auch die Fälle der verletzungsbedingten Versteifung fallen[485]. Der Einsatz von Prothesen steht einem Verlust nicht entgegen.[486]

104 c) **§ 226 I Nr. 3 StGB.** Eine **dauernde Entstellung** ist jede lang andauernde (chronische) Verunstaltung der äußeren Gesamterscheinung des Opfers (selbst bei ei-

---

478 So RGSt. 6, 346 ff.; RGSt. 62, 161 ff.; RGSt. 64, 201 f.; NK-StGB/*Paeffgen*, § 226 Rn. 27.
479 RGSt. 64, 201 (202).
480 BGH bei *Dallinger*, MDR 1953, 597 f.
481 RGSt. 62, 161 (162); BGH, NJW 1991, 990.
482 So *Maurach/Schroeder/Maiwald*, BT 1, § 9 Rn. 21.
483 So BGHSt. 51, 252 (255); *Fischer*, § 226 Rn. 7; MüKo-StGB/*Hardtung*, § 226 Rn. 27; LK/*Hirsch*, § 226 Rn. 15; SK-StGB/*Wolters*, § 226 Rn. 10; *Wessels/Hettinger*, BT 1, Rn. 289.
484 BGHSt. 51, 252 (255 f.); BGH, NStZ-RR 2009, 78: nicht bei bloßer Taubheit von zwei Fingern.
485 BT-Drs. 13/9064, S. 16 unter Hinweis auf BGH, NJW 1988, 2622; BGHSt. 51, 252 (256).
486 Vgl. BayObLG, NStZ-RR 2004, 264 (265); *Fischer*, § 226 Rn. 8.

nem alten Menschen, der „ohnehin keine Schönheit war"[487]).[488] Diese muss erheblich sein, d. h. jedenfalls dem Gewicht der geringsten der übrigen in § 226 StGB genannten Voraussetzungen gleichkommen[489], wobei eine stetige Sichtbarkeit der Entstellung nicht erforderlich ist, d. h. es genügt, wenn die Entstellung nur im sozialen Leben z. B. nur beim Baden erkennbar ist und ansonsten von Kleidung verdeckt ist.[490] Auf der anderen Seite kann eine fehlende stetige Erkennbarkeit gegen eine Erheblichkeit sprechen.[491] Anerkannt wurde eine dauernde Entstellung etwa bei einer auffälligen Narbe im Gesicht[492], bei der Verkürzung des linken Oberschenkels um 3,5 cm, was beim Gehen zu einem auffälligen Hinken führt[493], beim Verlust von 16 Zähnen[494] oder mehrerer Vorderzähne (vier unten und vier oben)[495] sowie beim Verlust beider Brustwarzen[496]. Verneint wurde eine dauernde Entstellung dagegen bei einer Operationsnarbe von der Kniekehle bis zum Oberschenkel[497], bei einer 12 cm langen, 4 mm breiten rötlichen Narbe vom Ohrläppchen zum Kehlkopf[498] sowie bei Narben an der Hand oder nur rot-blau-gefärbter Haut[499]. Werden kosmetische oder zahnprothetische Maßnahmen erfolgreich durchgeführt oder sind derartige üblich, ausführbar und dem Opfer medizinisch sowie finanziell zuzumuten (konkrete Betrachtung!), so scheidet eine „dauernde" Entstellung aus.[500]

Ein „**Verfallen in Siechtum**" meint den Eintritt eines chronischen Krankheitszustandes von unbestimmter Dauer, der den Gesamtorganismus in Mitleidenschaft zieht, ein Schwinden der Körper- und Geisteskräfte sowie allgemeine Hinfälligkeit zur Folge hat und dessen Heilung sich überhaupt nicht oder doch zeitlich nicht bestimmen lässt[501]: z. B. Schwierigkeiten beim Sprechen und Schreiben, chronische Schmerzen[502], Gleichgewichtsstörungen[503], dauerhafte hirnorganische Beeinträchtigung mit Minderung der Erwerbsfähigkeit von 50–70 % und der Unfähigkeit, allein einen Haushalt zu führen[504], völliger Verlust der Arbeitsfähigkeit[505] oder der Ausbruch von AIDS.

Hinweis: Ist der Immundefekt (AIDS) offen ausgebrochen und hat damit zu den schweren Folgen des § 226 I Nr. 3 StGB geführt, so ist die Tat erst mit dem

---

487 BGH bei *Dallinger*, MDR 1968, 16.
488 Vgl. nur *Fischer*, § 226 Rn. 9.
489 *Fischer*, § 226 Rn. 9.
490 Vgl. nur *Fischer*, § 226 Rn. 9.
491 MüKo-StGB/*Hardtung*, § 226 Rn. 32; LK/*Hirsch*, § 226 Rn. 18; *Joecks*, § 226 Rn. 20.
492 BGH, NJW 1967, 297.
493 RGSt. 39, 419 f.
494 BGH, NJW 1978, 1206.
495 BGHSt. 17, 161; nach BayObLGSt. 1954, 111 (115) reicht der Verlust von fünf Zähnen nicht aus.
496 LG Saarbrücken, NStZ 1982, 204.
497 BGH, NStZ 2006, 686.
498 BGH, NStZ 2008, 32 f.
499 BGH, StV 1992, 115.
500 Vgl. nur BGHSt. 24, 315 (317 f.); BGH, BeckRS 2017, 105965 (zu § 226 I Nr. 2 StGB); BayObLG, NStZ-RR 2004, 264; MüKo-StGB/*Hardtung*, § 226 Rn. 42; einschränkend *Fischer*, § 226 Rn. 9a.
501 Vgl. nur Müko-StGB/*Hardtung*, § 226 Rn. 36.
502 *Fischer*, § 226 Rn. 11.
503 MüKo-StGB/*Hardtung*, § 226 Rn. 37.
504 BGHR § 224 Abs. 1 Siechtum 1.
505 NK-StGB/*Paeffgen*, § 226 Rn. 33.

Eintritt dieser Folgen beendet, d. h. die Verjährungsfrist beginnt erst ab diesem Zeitpunkt.[506]

106 Ein „**Verfallen in Lähmung**" meint die erhebliche Beeinträchtigung der Bewegungsfreiheit zumindest eines einzelnen Körperteils, wenn dadurch der ganze Körper in Mitleidenschaft gezogen wird[507], z. B. Versteifung des linken Armes oder Beines auf Grund einer Gehirnverletzung[508], Versteifung eines Ellenbogens oder Versteifung des Hüftgelenks (mit der Notwendigkeit von Krücken)[509], nicht dagegen nur die Lähmung einzelner Gliedmaßen (wie eines Handgelenks oder eines Fingers)[510].

Ein „**Verfallen in geistige Krankheit oder [geistige!**[511]**] Behinderung**" geht über das Eintreten des engen Begriffs der Geisteskrankheit iSd § 20 StGB hinaus und erfasst alle krankhaften seelischen Störungen (exogene wie endogene Psychosen) sowie Schädelverletzungen mit Gehirnbeteiligung und offene Gehirnverletzungen, die hirnorganische Anfälle, Sprach- und Koordinationsstörungen oder Sensibilitätsausfälle zur Folge haben.[512]

V. Strafbarkeit wegen Verstümmelung weiblicher Genitalien (§ 226a StGB)

107 Weltweit mussten zwischen 100 und 140 Millionen Frauen und Mädchen Verstümmelungen ihrer Geschlechtsorgane (Female Genitale Mutilation[513]) erdulden, jedes Jahr sind etwa 3 Millionen weitere Mädchen von derartigen Eingriffen bedroht. Nach Schätzungen von Nichtregierungsorganisationen sind auch rund 30.000 Mädchen und Frauen vorwiegend aus Migrationsfamilien in Deutschland von derartigen Misshandlungen betroffen[514] und 4.000–8.000 weitere (etwa durch Ferienaufenthalte im Herkunftsland) bedroht[515]. Bei einer Umfrage unter 493 Frauenärzten in Deutschland bereits im Jahr 2005 gaben 43 % an, bereits eine betroffene Frau in Behandlung gehabt zu haben.[516] Aufgrund der

---

506 BGH, NStZ 2009, 34.
507 BGH, NJW 1988, 2622.
508 MüKo-StGB/*Hardtung*, § 226 Rn. 39.
509 RG, JR 1926, 1201.
510 BGH, NJW 1988, 2622 im Rahmen eines obiter dictum.
511 MüKo-StGB/*Hardtung*, § 226 Rn. 40; *Lackner/Kühl/Kühl*, § 226 Rn. 4; *Schroth*, NJW 1998, 2861 (2862).
512 Vgl. nur MüKo-StGB/*Hardtung*, § 226 Rn. 40; *Jäger*, JuS 2000, 31 (37 f.); *Schroth*, NJW 1998, 2861 (2862 f.).
513 Nach der Klassifikation der u. a. der Weltgesundheitsorganisation umfasst die „female circumcision" die teilweise oder vollständige Entfernung des äußerlich sichtbaren Teils der Klitoris (Klitoridektomie – Typ Ia) und/oder der Klitorisvorhaut (Klitorisvorhautreduktion – Typ Ib), die teilweise oder vollständige Entfernung des äußerlich sichtbaren Teils der Klitoris und der inneren Schamlippen mit oder ohne Beschneidung der äußeren Schamlippen (Exzision – Typ II), die Verengung der Vaginalöffnung durch einen Nahtverschluss nach dem Aufschneiden und Zusammenfügung der kleinen oder großen Schamlippen (Infibulation – Typ III) sowie weitere Veränderungen an den weiblichen Genitalien wie Durchbohren (Piercing), Einschneiden (Introzision) oder Ausbrennen (Typ IV): WHO, Eliminating female genital mutilation. An interagency statement – OHCHR, UNAIDS, UNDP, UNECA, UNESCO, UNFPA, UNHCR, UNICEF, UNIFEM, WHO, 2008, http://www.who.int/reproductivehealth/publications/fgm/9789241596442/en (letzter Aufruf: 22.5.2017).
514 BT-Drs. 16/1391, S. 2.
515 *Hahn*, ZRP 2010, 37 (38): 4000; *Fischer*, § 226a Rn. 2a: 8000.
516 Deutsches Komitee für UNICEF e.V., Schnitte in Körper und Seele – Eine Umfrage zur Situation beschnittener Mädchen und Frauen in Deutschland, S. 6, http://frauenrechte.de/online/images/downloads/fgm/UNICEF-Studie.pdf (letzter Aufruf: 22.5.2017).

Flüchtlingskrise mit dieser „ursprünglich fremdländischen Körperverletzung von erheblicher Grausamkeit"[517] konfrontiert, schuf der Gesetzgeber zum Schutz der körperlichen Unversehrtheit sowie (als Schutzreflex) der sexuellen Selbstbestimmung der betroffenen Mädchen und Frauen[518] mit Wirkung zum 28.9.2013[519] mit § 226a StGB einen diesbezüglichen (nach Vorwurf einiger Stimmen jedenfalls anfangs rein symbolischen[520]) Qualifikationstatbestand zur vorsätzlichen Körperverletzung[521].[522] Hiernach ist als Verbrecher[523] strafbar, „wer die äußeren Genitalien einer weiblichen Person verstümmelt".

1. Verfassungsmäßigkeit

Angesichts der weitgehenden Legalisierung der Beschneidung von Jungen mit § 1631d BGB zum 28.12.2012 (oben Rn. 39) ist gegen § 226a StGB vielfältig der Vorwurf erhoben worden, er stelle eine von Art. 3 II GG ausdrücklich verbotene Ungleichbehandlung allein wegen des Geschlechts dar und sei daher verfassungswidrig.[524] Zwar existieren zwei grundsätzliche Unterschiede, die eine Ungleichbehandlung rechtfertigen könnten: Anders als die weibliche Genitalverstümmelung, die lediglich in einigen Teilen der Erde (insbesondere in Südostasien) als „religious duty" verstanden wird und in anderen Regionen der Erde einzig der kulturellen Tradition entspricht, ist die männliche Beschneidung im Judentum ein symbolischer Ersatz für Gottes Anrecht auf die Erstgeburt und ein Zeichen für den Bund mit Gott und sind auch im Islam Initiations- und Mannbarkeitsrituale ein wesentlicher religiöser Grundpfeiler.[525] Zum Zweiten reichen weibliche Genitalverstümmelungen zumeist über die der männlichen Beschneidung vergleichbare Beschneidung der Klitorisvorhaut hinaus, mit oftmals erheblicheren Folgen und bilden daher zumeist einen „radikalen Eingriff in die körperliche Integrität und psychische Befindlichkeit der Frau"[526]. Im Wortlaut des § 1631d I BGB kommt jedoch bewusst keine religiöse Motivation für die männliche Beschneidung zum Ausdruck[527], so dass die Wirksamkeit der elterlichen Einwilli-

---

517 BeckOK-StGB/*Eschelbach*, § 226a Rn. 1.
518 Zutreffend Lackner/Kühl/*Heger*, § 226a Rn. 2; *Schramm*, FS Kühl (2014), S. 603 (627); Sch/Schr/*Sternberg-Lieben*, § 226a Rn. 1; *Zöller/Thörnich*, JA 2014, 167 (169 f.).
519 BGBl. 2013 I, S. 3671.
520 So insbesondere *Fischer*, § 226a Rn. 2b; *Zöller*, FS Schünemann (2014), S. 729 (740 ff.); jedenfalls bis zur Ergänzung der Strafnorm um § 5 Nr. 9a Buchst. b StGB (Verfolgung von im Ausland begangenen Fällen des § 226a StGB) zum 27.1.2015 (BGBl. I, S. 10) war dieser Vorwurf durchaus berechtigt.
521 Vgl. nur Spickhoff/*Knauer/Brose*, Medizinrecht, § 226a StGB Rn. 1.
522 Umstritten ist, ob es des neuen § 226a StGB angesichts der §§ 223 ff. StGB überhaupt bedurfte: für eine Strafbarkeitslücke BT-Drs. 16/1391, S. 3; BT-Drs. 17/9005, S. 5; BT-Drs. 17/13707, S. 5; *Hahn*, ZRP 2010, 37 (38); *Rosenke*, ZRP 2001, 377 (379); Sch/Schr/*Sternberg-Lieben*, § 226a Rn. 1; *Wüstenberg*, ZRP 2010, 131; *ders.*, FPR 2012, 452; *Zöller/Thörnich*, JA 2014, 167 (168 f.); dagegen *Fischer*, § 226a Rn. 3 f.; *Kraatz*, JZ 2015, 246 (248 f.): zudem keine empirische Grundlage für eine Strafschärfung.
523 Nach § 23 I StGB ist daher der Versuch strafbar, wobei freilich die reine Abreise ins Ausland, wo die Tat stattfinden soll, mangels unmittelbarem Ansetzen noch nicht genügt. Möglich ist dann aber evtl. eine Verbrechensverabredung im Inland nach § 30 II StGB.
524 So BeckOK-StGB/*Eschelbach*, § 226a Rn. 1; *Fischer*, § 226a Rn. 4 ff.; *Rittig*, JuS 2014, 499 (503 f.); *Walter*, JZ 2012, 1110 (1111 ff.); aA Lackner/Kühl/*Heger*, § 226a Rn. 1; *Kraatz*, JZ 2015, 246 (250 f.); *Wolters*, GA 2014, 555 (567 ff.).
525 Grundlegend zu den historischen Grundlagen der Beschneidung *Jerouschek*, NStZ 2008, 313 ff.
526 BT-Drs. 17/11295, S. 14.
527 Anders OLG Hamm, NJW 2013, 3662.

gung von der religiösen Fundierung der Beschneidung abgekoppelt ist[528]. § 226a StGB stellt zudem jede Form der Verstümmelung der äußeren Genitalien einer weiblichen Person unter Strafe und beschränkt die Norm gerade nicht auf (im Einzelfall den Unterschied zur männlichen Beschneidung ausmachende) schwerwiegende Eingriffe. Statt hieraus aber eine gänzliche Verfassungswidrigkeit abzuleiten, sollte § 226a StGB verfassungskonform dahingehend ausgelegt werden, dass nur Genitalverstümmelungen strafbewehrt sind, die über die Eingriffsintensität der männlichen Beschneidung hinausgehen (etwa ab Genitalverstümmelung Typ II – Fn. 513).[529]

2. Objektiver Tatbestand

107b Geschützte Tatobjekte des § 226a StGB sind nur die durch religiöse oder traditionelle Beschneidungen betroffenen **„äußeren" Genitalien einer (anderen) weiblichen Person**[530], so dass „vor allem medizinische Eingriffe an den inneren Genitalien, insbesondere an den Eierstöcken, Eileitern und der Gebärmutter"[531] ausgenommen bleiben. Erfasst sind die äußeren und inneren Schamlippen, der Scheidenvorhof, die Klitoris sowie der Klitorisvorhof, nicht aber die Scheide (Vagina) als Verbindung zwischen inneren und äußeren Geschlechtsorganen.[532]

Tathandlung ist das „Verstümmeln" als ein (nicht nur unerhebliches) gewaltsames (vollständiges oder teilweises) Verkürzen, schweres Verletzen, Entstellen oder Abtrennen eines oder mehrerer Glieder; rein kosmetisch motivierte Eingriffe, wie Intimpiercing oder Schönheitsoperationen im Genitalbereich, sollen ausgenommen bleiben[533], was jedoch bei gravierenden Eingriffen zweifelhaft ist[534]. Angesichts der Straflosigkeit der männlichen Beschneidung reichen – wie aufgezeigt – Genitalverstümmelungen mit vergleichbar geringer Eingriffsintensität (Typ Ia und Ib: Fn. 513) nicht aus.[535]

3. Subjektiver Tatbestand

107c Der **subjektive Tatbestand** verlangt einen zumindest bedingten Vorsatz, der sich auf die Herbeiführung der Verstümmelung beziehen muss, nicht aber auf einen bestimmten damit verfolgten Zweck.[536]

4. Rechtswidrigkeit und sonstige deliktsrechtliche Besonderheiten

107d Eine **Einwilligung** des Opfers selbst ist regelmäßig nach § 228 StGB unwirksam (Rn. 59 ff.). Die Eltern eines einwilligungsunfähigen Mädchens können wegen der Irreversibilität des Eingriffs in diesen grundsätzlich nicht einwilligen (Um-

---

528 BT-Drs. 17/11295, S. 16.
529 So bereits *Kraatz*, JZ 2015, 246 (250).
530 Erfasst sind Mädchen und Frauen im biologischen Sinne, unabhängig vom Alter: BT-Drs. 17/13707, S. 7; Sch/Schr/*Sternberg-Lieben*, § 226a Rn. 2; Zöller/*Thörnich*, JA 2014, 167 (170).
531 BT-Drs. 17/13707, S. 7; kritisch wegen gleicher Unrechtsschwere BeckOK-StGB/*Eschelbach*, § 226a Rn. 4.
532 Vgl. nur *Fischer*, § 226a Rn. 9; Lackner/Kühl/*Heger*, § 226a Rn. 3; Spickhoff/*Knauer/Brose*, Medizinrecht, § 226a StGB Rn. 1.
533 BT-Drs. 17/13707, S. 7.
534 Während nur geringfügige Veränderungen nicht der „Verstümmelung" unterfallen, können erhebliche kosmetisch motivierte Eingriffe richtigerweise dogmatisch nur über eine rechtfertigende Einwilligung ausgenommen werden: *Fischer*, § 226a Rn. 12; Lackner/Kühl/*Heger*, § 226a Rn. 3; *Rittig*, JuS 2014, 499 (500).
535 Ebenso BeckOK-StGB/*Eschelbach*, § 226a Rn. 8; Lackner/Kühl/*Heger*, § 226a Rn. 3.
536 Lackner/Kühl/*Heger*, § 226a Rn. 4; Spickhoff/*Knauer/Brose*, Medizinrecht, § 226a StGB Rn. 2.

kehrschluss aus § 1631d BGB).⁵³⁷ Die Vorstellung einer wirksamen Einwilligung wird regelmäßig ein Rechtsirrtum und damit ein bloßer Verbotsirrtum (§ 17 StGB) sein, der alleine aufgrund der Existenz des § 226a StGB und der Diskussion in der Gesellschaft im Vorfeld regelmäßig vermeidbar sein wird.⁵³⁸ Religiöse Motive vermögen genauso wie Art. 4 I, 6 GG die Tat nicht zu rechtfertigen.⁵³⁹

Ein **minder schwerer Fall** nach § 226a II StGB kann bejaht werden, wenn die Verstümmelung nicht wesentlich und die körperlichen und psychischen Folgen für das Opfer nur gering sind und Spätfolgen nicht zu erwarten sind oder bei denen besondere Motivationslagen vorlagen.⁵⁴⁰ § 226a StGB verdrängt § 223 StGB **konkurrenzrechtlich** (Spezialität). Tateinheit ist (aus Klarstellungsgründen) möglich mit §§ 224 I (vor allem Nr. 2 und 5), 225, 226, 227 StGB sowie mit einem versuchten Tötungsdelikt.⁵⁴¹

VI. Strafbarkeit als Körperverletzung mit Todesfolge (§ 227 StGB)

In Fällen, in denen der Patient infolge des vorsätzlichen ärztlichen Eingriffs zu Tode kommt, stellt sich zudem eine mögliche Strafbarkeit nach § 227 StGB, der als Kombination aus vorsätzlicher Körperverletzung (auch: durch Unterlassen⁵⁴²) und gemäß § 18 StGB „wenigstens fahrlässiger" Verursachung des Todes der verletzten Person⁵⁴³ und damit als erfolgsqualifiziertes Delikt das menschliche Leben ebenso wie die körperliche Unversehrtheit schützt⁵⁴⁴.

> **Aufbauschema (§ 227 I StGB)**
> I. Tatbestandsmäßigkeit
>   1. **Objektiver Tatbestand** des Grundtatbestandes (§ 223–226a StGB)
>   2. **Subjektiver Tatbestand** des Grundtatbestandes (§ 223–226a StGB)
> II. Rechtswidrigkeit
> III. Schuld
> IV. Schwere Folge:
>   1. **Eintritt der schweren Folge**: Tod der verletzten Person
>   2. **kausal durch eine Handlung des Täters**

---

537 Für die Wirksamkeit der Einwilligung in geringfügige Eingriffe wie Piercings, Tätowierungen oder kleinere chirurgische Eingriffe: Lackner/Kühl/*Heger*, § 226a Rn. 6; *Kraatz*, JZ 2015, 246 (249); Zöller/*Thörnich*, JA 2014, 167 (171). Wirksam ist die Einwilligung auch bei der vom Gesetzgeber wohl übersehenen Geschlechtsumwandlung (nach dem Transsexuellengesetz) sowie bei medizinisch indizierten Eingriffen wie Krebserkrankungen oder Geschwüren an den äußeren Geschlechtsorganen: zutreffend SSW-StGB/*Momsen/Momsen-Pflanz*, § 226a Rn. 9; Zöller/*Thörnich*, JA 2014, 167 (171).
538 Vgl. BeckOK-StGB/*Eschelbach*, § 226a Rn. 11; *Rittig*, JuS 2014, 499 (501); Zöller/*Thörnich*, JA 2014, 167 (172).
539 BeckOK-StGB/*Eschelbach*, § 226a Rn. 13.
540 BT-Drs. 17/13707, S. 6; *Fischer*, § 226a Rn. 21; *Rittig*, JuS 2014, 499 (502).
541 Ebenso *Fischer*, § 226a Rn. 22; Lackner/Kühl/*Heger*, § 226a Rn. 8; SSW-StGB/*Momsen/Momsen-Pflanz*, § 226a Rn. 11; Sch/Schr/*Sternberg-Lieben*, § 226a Rn. 10; abweichend BeckOK-StGB/*Eschelbach*, § 226a Rn. 19 und Zöller/*Thörnich*, JA 2014, 167 (172): § 227 StGB verdrängt § 226a StGB; Spickhoff/*Knauer/Brose*, Medizinrecht, § 226a StGB Rn. 5: § 226a StGB konsumiere § 224 StGB.
542 Vgl. BGHSt. 41, 113; BGH, NJW 1995, 3194; *Fischer*, § 227 Rn. 6.
543 Bei sogar (bedingt) vorsätzlicher Todesverursachung tritt § 227 StGB jedoch hinter § 212 StGB zurück, nach teilweise vertretener Ansicht bereits auf Tatbestands-, jedenfalls aber auf Konkurrenzebene: vgl. *Fischer*, § 227 Rn. 7; LK/*Hirsch*, § 227 Rn. 8; NK-StGB/*Paeffgen*, § 227 Rn. 36.
544 *Joecks*, § 227 Rn. 1.

3. „wenigstens fahrlässig" (§ 18 StGB)
   a) objektive und subjektive Sorgfaltspflichtverletzung: Begehung des Grunddelikts
   b) objektive und subjektive Vorhersehbarkeit
4. Pflichtwidrigkeitszusammenhang
5. tatbestandsspezifischer Gefahrzusammenhang (= Unmittelbarkeitszusammenhang)

Fall 28 (nach OLG Düsseldorf, MedR 1984, 28): Beim 7-jährigen Jungen J wurde Diabetes mellitus diagnostiziert. Da die beiden täglichen Insulininjektionen J nervlich erheblich belasteten, bemühten sich die Eltern, eine alternative Heilbehandlung für ihren Sohn zu finden. Bei ihrer Suche stießen sie auf Ärztin A, die im Krankenhaus als Stationsärztin arbeitete und in ihrer Wohnung ohne Zulassung als Ärztin für Allgemeinmedizin praktizierte. A untersuchte J mittels Blickdiagnose und Abtasten und verabreichte ihm ein Glas mit einem Abführmittel mit dem Hinweis, davon bekäme der Junge Durchfall, wodurch die Bauchspeicheldrüse wieder in Funktion trete. Zugleich überreichte sie den Eltern noch Tabletten und schärfte ihnen ein, während der Behandlung nach ihrer Methode dem Jungen kein Insulin mehr zu spritzen. Sie wusste hierbei, dass diese Behandlung das Wohlbefinden des Jungen zunächst erheblich verschlechterte. In den nächsten Tagen verschlechterte sich der Zustand des Kindes tatsächlich stetig, was die Mutter der A mitteilte und anfragte, ob es nicht besser sei, wieder Insulin zu spritzen. A verneinte dies und riet der Mutter vielmehr, J ein Kinderberuhigungszäpfchen zu geben. Die Eltern müssten unbedingt ihre Behandlungsmethode durchhalten, sonst sei die bisherige Behandlung vergebens gewesen. Drei Tage nach Aussetzen der Insulin-Injektionen geriet J in ein Koma mit hochgradigem Flüssigkeitsverlust, Bewusstseinseintrübung und zunehmendem Kreislaufversagen und starb schließlich. Strafbarkeit der A?

A wusste, dass ihre Behandlung des Kindes eine Körperverletzung (**§ 223 I StGB**) zur Folge hatte, die mangels hinreichender Aufklärung der Eltern und damit mangels wirksamer Einwilligung auch rechtswidrig war.

Mit der erforderlichen Fahrlässigkeit bezüglich der Todesfolge ist lediglich eine objektive wie subjektive Vorhersehbarkeit gemeint, da schon in der Begehung des Grunddelikts die erforderliche Sorgfaltspflichtverletzung liegt.[545] Angesichts ihrer Ausbildung kann im **Fall 28** diese Vorhersehbarkeit der A bejaht werden.

109 Die Körperverletzung muss zudem nicht nur im Sinne der Äquivalenztheorie ursächlich für den Eintritt des Todeserfolges sein[546], sondern der Todeserfolg muss gerade „durch" die Körperverletzung eingetreten sein, d. h. „im tödlichen Ausgang muss sich gerade die der Körperverletzung anhaftende, ihr eigentümli-

---

[545] BGHSt. 24, 213 (215); BGHSt. 51, 18 (21); BGH, NStZ 2001, 478 f.; *Fischer*, § 227 Rn. 7a; *Joecks*, § 227 Rn. 5.
[546] Dies sei auch dann gegeben, wenn die Todesfolge eine „medizinische Rarität" wäre (BGH, StV 2008, 406), wenngleich es dann wohl an einer Vorhersehbarkeit fehlen wird.

che Gefahr verwirklicht haben"[547] (sog. **Unmittelbarkeitszusammenhang**). Wie dieser zu bestimmen ist, ist im Bereich des § 227 StGB noch immer heftig umstritten:

Nach Teilen des Schrifttums wird hierfür verlangt, dass der Todeserfolg sich gerade aus dem vorsätzlich zugefügten Körperverletzungserfolg ergeben habe, wobei umstritten ist, ob dies unmittelbar erfolgt sein muss (d. h. der Tod müsse aus einer gewissermaßen tödlichen Wunde [„vulnus letale"] resultieren: sog. „**Verletzungsletalitätsthese**")[548] oder ob es ausreicht, wenn die Art und Schwere des Körperverletzungserfolges erst in Verbindung mit Komplikationen (z. B. Blutvergiftung) zum Tode führte (sog. „**Erfolgsletalitätsthese**")[549]. Für diese Literaturrichtung lässt sich der Wortlaut („der verletzten Person") anführen, wobei angesichts des hohen Strafrahmens (Freiheitsstrafe von 3–15 Jahren) mehr für die restriktivere zweite Teilansicht spricht.

Auf der anderen Seite spricht gegen die Letalitätsthesen, dass der Gesetzgeber mit § 224 I Nr. 5 StGB gezeigt hat, dass durchaus bloße Körperverletzungshandlungen lebensgefährdend sein können, also bereits für sich (unabhängig von der Körperverletzungsfolge) den Tod des Opfers herbeiführen können, so dass die Rechtsprechung[550] und Teile des Schrifttums[551] es ausreichen lassen, wenn die Körperverletzungshandlung den Todeserfolg herbeiführt hat (sog. „**Handlungslehre**"), wobei der Todeserfolg „unmittelbare" Folge der dem Grundtatbestand eigentümlichen Gefahr sein müsse[552]. Hiernach ausreichend sei es beispielsweise, wenn der Tod durch einen späteren, wegen der Körperverletzungshandlung mitverursachten Herzinfarkt eingetreten ist.[553]

110

Nach einer (wohl zutreffenden) **differenzierenden Ansicht im Schrifttum**[554] sei Anknüpfungspunkt für den Todeserfolg die Körperverletzungshandlung, sofern diese im konkreten Einzelfall objektiv wie subjektiv die Anforderungen des § 224 I Nr. 5 StGB erfülle (es realisiere sich dann die Lebensgefahr der Handlung); ansonsten müsse hingegen der vorsätzlich bewirkte Verletzungserfolg zumindest ein notwendiges Durchgangsstadium des Todes bilden („Verletzungsletalität").

111

Nach allen Ansichten naheliegend ist der Unmittelbarkeitszusammenhang im Falle eines Brechmitteleinsatzes gegenüber einem bewusstseinsgetrübten, wehrlosen Beschuldigten, der hieran verstirbt (**Fall 15**). In **Fall 28** führte der Behandlungserfolg unmittelbar zum Tode und damit nach allen aufgezeigten Ansichten, so dass sich A nach § 227 I StGB strafbar gemacht hat.

Auswirkungen hat der Streit um den Unmittelbarkeitszusammenhang insbesondere auf die Strafbarkeit des erfolgsqualifizierten Versuchs (d. h. versuchtes Grunddelikt bei eingetretener schwerer Folge): Die Vorsatz-Fahrlässigkeits-Kombination des § 227 I StGB gilt nach § 11 II StGB einheitlich als Vorsatzdelikt (Bei Fahrlässigkeitsdelikten gibt es keinen Versuch!) und der Versuch des Grund-

---
547 BGHSt. 32, 25 (28); ähnlich BGHSt. 31, 96 (98).
548 So LK/*Hirsch*, § 227 Rn. 4; *Jakobs*, AT, 9/35; *Joecks*, § 227 Rn. 8.
549 MüKo-StGB/*Hardtung*, § 227 Rn. 11 und 16; *Roxin*, AT I, § 10 Rn. 115.
550 BGHSt. 14, 110 ff.; BGHSt. 31, 96 (99); BGHSt. 48, 34 (37 f.); BGH, NStZ 2008, 278.
551 So etwa *Laubenthal*, JZ 1987, 1065 (1068); *Rengier*, BT II, § 16 Rn. 11.
552 Vgl. nur BGH, NJW 1971, 152 f. – „Rötzel-Fall".
553 BGH, NStZ 1997, 341.
554 *Engländer*, GA 2008, 667 (673 ff.); *Sowada*, Jura 2003, 549 (555); *Wessels/Hettinger*, BT 1, Rn. 299.

tatbestandes als Anknüpfungspunkt der schweren Folge ist strafbar (§§ 223 II, 224 II, 225 II sowie bei § 226 StGB als Verbrechen nach §§ 23 I, 12 I StGB). Nach der Handlungslösung der Rechtsprechung genügt es zudem, dass der Täter die Körperverletzungshandlung ausführt, zum Körperverletzungserfolg muss es nicht kommen[555]; hierfür soll der Klammerzusatz in § 227 StGB [„(§§ 223 bis 226)"] sprechen, der auch auf den jeweiligen Absatz 2 und damit auf die Versuchsstrafbarkeit verweise[556]. Die Letalitätsthesen verlangen dagegen einen Körperverletzungserfolg und damit ein vollendetes Grunddelikt, so dass der erfolgsqualifizierte Versuch grundsätzlich nicht strafbar sei.[557] Für die differenzierende Ansicht kommt es dagegen darauf an, ob die Körperverletzungshandlung die Anforderungen des § 224 I Nr. 5 StGB erfüllt (nur dann sei ein erfolgsqualifizierter Versuch möglich).

VII. Strafbarkeit als Körperverletzung im Amt (§ 340 StGB)?

112 Selbst wenn der Täter als Arzt in einer Universitätsklinik, einer Kreisklinik oder einem Städtischen Krankenhaus öffentlich angestellt (§ 11 I Nr. 2b StGB) oder sogar verbeamtet (§ 11 I Nr. 2a StGB) und damit Amtsträger ist, scheidet eine Strafbarkeit nach § 340 StGB (Körperverletzung im Amt) aus[558], da die eigentliche Heilbehandlung nicht „in Beziehung auf seinen Dienst" erfolgt, d. h. es fehlt am erforderlichen inneren sachlichen (nicht nur zeitlichen!) Zusammenhang zwischen Dienstausübung und Körperverletzung, der gerade durch „Missbrauch von Amtsgewalt" geprägt sein muss.[559] „Vielmehr ist der Arzt, wovon der Patient auch ausgeht, in demselben Umfang wie jeder frei praktizierende Arzt verpflichtet, die Regeln der ärztlichen Kunst zu beachten und alle notwendigen Heilmaßnahmen durchzuführen. Er tritt also dem Patienten hinsichtlich der an ihm durchzuführenden Heilbehandlung nicht als Amtsträger gegenüber […], sondern als Arzt, der unabhängig davon, ob er seinen Beruf freiberuflich, an einem privaten oder an einem öffentlichen Krankenhaus ausübt, allein aufgrund seiner Bestallung verpflichtet ist, alles in seinen Kräften Stehende zu tun, um dem Patienten zu helfen."[560]

§ 4 Ärztlicher (Heil-)Eingriff als fahrlässige Körperverletzung oder Tötung

113 Häufig wird dem Arzt wegen seiner grundsätzlichen Orientierung am Wohl des Patienten (selbst bei medizinisch grob fehlerhaftem Verhalten des Arztes) der erforderliche Wille einer Rechtsgutsverletzung (selbst im Sinne eines dolus eventualis: billigendes Inkaufnehmen) fehlen (oben Rn. 36), so dass ärztliche Behandlungsfehler in der Praxis zumeist allenfalls den Straftatbestand der fahrlässigen Körperverletzung (§ 229 StGB) oder fahrlässigen Tötung (§ 222 StGB) erfüllen.

---

555 Vgl. nur BGHSt. 48, 34 (37 ff.).
556 BGHSt. 48, 34 (38).
557 So LK/*Hirsch*, § 227 Rn. 9; *Jakobs*, AT, 25/26.
558 Ebenso OLG Karlsruhe, NJW 1983, 352 (353); *Fischer*, § 340 Rn. 2; *Lackner/Kühl/Kühl*, § 340 Rn. 2; *Ulsenheimer*, Arztstrafrecht, Rn. 619; kritisch *Wagner*, JZ 1987, 594 (596).
559 Vgl. hierzu nur *Fischer*, § 340 Rn. 2.
560 OLG Karlsruhe, NJW 1983, 352 (353).

I. Vorbemerkungen

1. Begriff der Fahrlässigkeit

Herkömmlich wird fahrlässiges Verhalten – das im Strafgesetzbuch nicht definiert ist – nicht als bloßes „Minus" gegenüber vorsätzlichem Verhalten angesehen, sondern als sich gegenseitig ausschließendes aliud[561] (im Sinne eines normativen Stufenverhältnisses[562]), komme der Fahrlässigkeitstat doch ein eigenständiger Handlungsunrecht-Vorwurf zu. Dieser wird nach dem „zweistufigen Verständnis" von Rechtsprechung[563] und überwiegendem Schrifttum[564] in einer objektiven Verletzung einer Sorgfaltspflicht gesehen, die gerade dem Schutz des beeinträchtigenden Rechtsguts dient, soweit dieser Pflichtverstoß unmittelbar oder mittelbar eine Rechtsgutsverletzung (oder Gefährdung) zur Folge hat, die objektiv vorhersehbar war; ob der konkrete Täter den Erfolg nach seinen persönlichen Fähigkeiten und dem Maß seines individuellen Könnens auch vermeiden konnte (subjektive Sorgfaltspflichtverletzung und subjektive Vorhersehbarkeit), sei erst eine Frage der Vorwerfbarkeit und damit der Schuld.

113a

Teilweise findet sich im Schrifttum (zu Recht) eine Absage an diese „Kunstfigur"[565] eines doppelten Sorgfaltsmaßstabes mit der Folge, dass die Fahrlässigkeit bereits auf Tatbestandsebene individualisiert zu bestimmen sei (sog. „individualisierende Fahrlässigkeitslehre").[566]

2. Geschütztes Rechtsgut und Tatobjekt

Geschütztes Rechtsgut ist bei § 222 StGB das Leben eines anderen, bei § 229 StGB die körperliche Unversehrtheit eines anderen. Taugliches Tatobjekt ist ein anderer lebender Mensch, also jemand zwischen Beginn der Geburt (Beginn der Eröffnungswehen) und Gehirntod. Daraus folgt, dass pränatale Pflichtverletzungen mit postnatalen Folgen auch nach § 222 bzw. 229 StGB straflos sind (hierzu bereits oben Rn. 29), unabhängig davon, ob der Arzt unmittelbar auf die Leibesfrucht einwirkt oder eine gebotene medizinische Versorgung unterlässt[567]; es verbleibt einzig eine mögliche Strafbarkeit nach § 218 I StGB (dazu unten Rn. 205 ff.).

114

3. Aufbauschema

Folgt man der überwiegenden Ansicht, so ergibt sich hieraus folgender Aufbau[568] (besteht die Pflichtwidrigkeit in einem Unterlassen, müssen zusätzlich die Erfordernisse des unechten Unterlassungsdelikts hinzukommen):

115

---

561 Vgl. nur BGHSt. 4, 340 (344); MüKo-StGB/*Duttge*, § 15 Rn. 103 f.; *Kretschmer*, Jura 2000, 267 f.; *Gössel*, in: *Maurach/Gössel/Zipf*, AT 2, § 42 Rn. 45; NK-StGB/*Puppe*, § 15 Rn. 5; *Rengier*, AT, § 52 Rn. 2; aA *Jakobs*, AT, 9/4.
562 MüKo-StGB/*Duttge*, § 15 Rn. 104; *Fischer*, § 15 Rn. 19; *Rengier*, AT, § 52 Rn. 2; *Roxin*, AT I, § 24 Rn. 79; ähnlich BGHSt. 19, 17, 210 ff.
563 Vgl. nur BGHSt. 49, 1 (5); BGHSt. 49, 166 (174); BGHSt. 53, 55 (58).
564 Vgl. nur *Gropp*, AT, § 12 Rn. 19 ff.; *Jescheck*, ZStW 98 (1986), 1 (14); *Jescheck/Weigend*, AT, S. 564 f.; *Kretschmer*, Jura 2000, 267 (272); *Roxin*, AT I, § 24 Rn. 50 f.; *Schünemann*, JA 1975, 511 (512 ff.).
565 *Kremer-Bax*, Das personale Verhaltensunrecht der Fahrlässigkeitstat (1999), S. 95; *Otto*, AT, § 10 Rn. 14.
566 So BGH, NStZ 2005, 446 (447); MüKo-StGB/*Duttge*, § 15 Rn. 95 ff.; *Prütting/ders.*, Medizinrecht, § 222 StGB Rn. 2; *Jakobs*, AT, 9/8 ff.; *Kraatz*, Fahrlässige Mittäterschaft, S. 283; *Mir Puig*, ZStW 108 (1996), 759 (781).
567 Vgl. hierzu nur BGHSt. 31, 348 ff.; BGHSt. 32, 194 ff.; OLG Karlsruhe, NStZ 1985, 314 (315).
568 Vgl. hierzu auch das Aufbauschema bei *Rengier*, AT, § 52 Rn. 12.

> **Aufbauschema (Das fahrlässige Erfolgsdelikt)**
> I. Tatbestandsmäßigkeit
>   1. Taterfolg (bei § 222 StGB: Todeseintritt; bei § 229 StGB: Körperliche Misshandlung/Gesundheitsschädigung)
>   2. Kausalität
>   3. Objektive Fahrlässigkeit
>   a) Objektive Sorgfaltspflichtverletzung
>   b) Objektive Vorhersehbarkeit
>   4. Pflichtwidrigkeitszusammenhang
>   5. Schutzzweckzusammenhang
> II. Rechtswidrigkeit
> III. Schuld
>   1. Schuldfähigkeit
>   2. Verbotsirrtum, § 17 StGB
>   3. Subjektive Fahrlässigkeit
>   a) Subjektive Sorgfaltspflichtverletzung (= Subjektive Fähigkeit, die Sorgfaltspflicht zu erfüllen)
>   b) Subjektive Vorhersehbarkeit
>   4. Entschuldigungsgründe (z. B. Unzumutbarkeit normgemäßen Verhaltens)
> IV. Evtl. Strafantrag (bei § 229 StGB: § 230 I StGB)

II. Objektive Fahrlässigkeit

1. Objektive Sorgfaltspflichtverletzung

116 Eine Sorgfaltspflicht kann sich nicht aus der Strafnorm alleine ergeben, d. h. aus dem Erfolgsunrecht (Herbeiführung des tatbestandlichen Erfolges: z. B. Ausbleiben des Heilerfolges) kann nicht ohne weiteres auf das Handlungsunrecht der Sorgfaltspflichtverletzung geschlossen werden, kann doch „wegen der Eigengesetzlichkeit und weitgehenden Undurchschaubarkeit des lebenden Organismus"[569] auch die beste ärztliche Behandlung keinen Heilerfolg garantieren und würde daher ansonsten das verantwortungsbegrenzende Merkmal der Sorgfaltspflichtverletzung leerlaufen.[570] Eine zu verletzende Sorgfaltspflicht ergibt sich vielmehr aus gesetzlichen Bestimmungen (z. B. Vorgaben zum Umgang mit Betäubungsmitteln im Betäubungsmittelgesetz), die gerade die eingetretene Rechtsgutsverletzung vermeiden wollen[571], aus den Standards und Gepflogenheiten bestimmter Verkehrskreise[572] oder zumindest aus dem normativ von einem

---

[569] Vgl. BGH, NJW 1977, 1102 (1103); ähnlich BGH, NJW 1978, 1681 (1682).
[570] Ebenso OLG Karlsruhe, BeckRS 2016, 21194; Prütting/*Duttge*, Medizinrecht, § 222 StGB Rn. 1; *Erlinger/Warntjen/Bock*, in: Widmaier, Strafverteidigung, § 50 Rn. 12; BeckOK-StGB/*Kudlich*, § 15 Rn. 36.
[571] Zwar soll diesen nur eine starke Indizwirkung zukommen (so BGHSt. 4, 182 [185]; *Fischer*, § 15 Rn. 16a; *Lackner/Kühl/Kühl*, § 15 Rn. 39; *Roxin*, AT I, § 24 Rn. 16), so dass Ausnahmen durchaus möglich sein sollen, auf der anderen Seite stehen die Normen aber nicht zur Disposition des Richters: so zutreffend BeckOK-StGB/*Kudlich*, § 15 Rn. 40 f.
[572] Vgl. nur Sch/Schr/*Sternberg-Lieben/Schuster*, § 15 Rn. 135; BeckOK-StGB/*Kudlich*, § 15 Rn. 41; *Lackner/Kühl/Kühl*, § 15 Rn. 39; *Rengier*, AT, § 52 Rn. 18.

sorgfältigen, besonnenen Durchschnittsbürger in der konkreten Situation und sozialen Rolle des Täters erwarteten Verhalten[573].

a) Maßstab: Der Facharztstandard. Die ärztliche Behandlung hat gemäß dem § 276 II BGB ergänzenden[574] § 630a II BGB grundsätzlich „nach den zum Zeitpunkt der Behandlung bestehenden, allgemein anerkannten fachlichen Standards zu erfolgen", d. h. nach dem anerkannten Stand der „naturwissenschaftlichen Erkenntnisse und der ärztlichen Erfahrung, der zur Erreichung, des ärztlichen Behandlungsziels erforderlich ist und sich in der Erprobung bewährt hat"[575], wobei dieser Maßstab längst (wohl wegen des wenig flexibel anmutenden Begriffs „Stand"[576]) nur noch als „Facharztstandard"[577] oder „Standard eines erfahrenen Facharztes"[578] bezeichnet wird. Maßstab ist also das nach dem bewährten, nach naturwissenschaftlichen Erkenntnissen gesicherten, von einem durchschnittlich befähigten Facharzt verlangten Maß an Kenntnis und Können[579], wobei wegen der Möglichkeit ernster Folgen an das Sorgfaltsmaß hohe Anforderungen zu stellen sind[580]. Der Facharztstandard darf freilich nicht dahingehend missverstanden werden, dass nur Fachärzte (also Ärzte, die die Facharztprüfung abgelegt haben und damit ein Facharztzeugnis in Händen halten) den jeweiligen Standard ihrer Fachrichtung einzuhalten hätten. Vielmehr meint er als materielles Kriterium nur eine „**Facharztqualität**"[581], so dass grundsätzlich jeder Arzt, der auf der Ebene einer medizinischen Fachrichtung eine Behandlung vornimmt, ob selbst Facharzt dieser Fachrichtung oder nicht (oder vielleicht sogar nur Arzt in Ausbildung), den Maßstab eines Facharztes dieser Fachrichtung einzuhalten hat, d. h. das medizinisch Gebotene „theoretisch wie praktisch so beherrscht, wie das von einem Facharzt dieses Fachs [vom Patienten] erwartet werden muss"[582]. Den formellen Facharztstandard einzuhalten hat lediglich ein Arzt, der einen Noch-nicht-Facharzt anleitet und überwacht, da diese Überwachung eine besondere Kompetenz, Souveränität und Verantwortung erfordert[583].

---

573 Vgl. nur BGH, NJW 2000, 2754 (2758); BGH, NStZ 2003, 657 (658); *Fischer*, § 15 Rn. 16; BeckOK-StGB/*Kudlich*, § 15 Rn. 42; *Rengier*, AT, § 52 Rn. 18.
574 BT-Drs. 17/10488, S. 19. Kritisch dazu, dass weder das Gesetz noch die Gesetzesbegründung erhellen, was als Standards in diesem Sinne verstanden werden: BeckOK-BGB/*Katzenmeier*, § 630a Rn. 145; *Rehborn*, GesR 2013, 257 (259); *Thurn*, MedR 2013, 153 (154).
575 BGH, NJW-RR 2014, 1053 (1054).
576 *Deutsch*, NJW 1987, 1480.
577 OLG Koblenz, BeckRS 2015, 17642.
578 Vgl. nur BGHSt. 43, 306 (311); BGHZ 88, 248 (254); BGH, NJW 1993, 2989 (2990); BGH, NJW 2000, 2754 (2758); BGH, NJW 2012, 2453 (2454); OLG Hamm, MedR 2006, 358 (359); *Erlinger/Warntjen/Bock*, in: Widmaier, Strafverteidigung, § 50 Rn. 14; *Frister/Lindemann/Peters*, Arztstrafrecht, 1. Kap. Rn. 83; *Müller*, GesR 2004, 257 ff.; *Quaas/Zuck/Zuck*, Medizinrecht, § 72 Rn. 6; *Ulsenheimer*, Arztstrafrecht, Rn. 56.
579 Vgl. nur BGHZ 144, 296 (305 f.); BGH, NJW 2000, 2754 (2758); BGH, NStZ 2003, 657 (658); OLG Hamm, MedR 2006, 358 (359); LG Kassel, VersR 2001, 1031 (1034); *Ulsenheimer*, Arztstrafrecht, Rn. 56.
580 BGHSt. 6, 282 (288); BGH, NJW 2000, 2754 (2758); OLG Hamm, MedR 2006, 358 (359).
581 *Ulsenheimer*, Arztstrafrecht, Rn. 95.
582 *Steffen*, MedR 1995, 360; ebenso *Opderbecke/Weissauer*, MedR 1993, 447 (449); *Ulsenheimer*, Arztstrafrecht, Rn. 95.
583 OLG Düsseldorf, VersR 1994, 352 f.; *Erlinger/Warntjen/Bock*, in: Widmaier, Strafverteidigung, § 50 Rn. 22; *Steffen*, MedR 1995, 360 (361); *Ulsenheimer*, Arztstrafrecht, Rn. 95.

> **Fall 29** (nach BGH, NJW 1991, 1535 ff.): Heilpraktiker H injizierte bei der liegenden Frau T, nachdem er das Blut in ihrem rechten Oberschenkel durch eine Binde gestaut hatte, über einen Zeitraum von 5–7 Minuten 10 ccm eines Ozon-Sauerstoffgemisches in eine oberflächliche Vene in Kniegelenknähe des rechten Beines. Etwa 20 Minuten später wurde die Blutstauung wieder gelöst. Als sich Frau T daraufhin erhob, brach sie zusammen und verstarb an einer Luftembolie. Bei Frau T war nämlich ein offenes foramen ovale des Herzens (Verbindung vom rechten zum linken Herzvorhof) vorhanden, so dass Gasblasen des injizierten Gases direkt ins Gehirn kommen konnten. Aufgrund früherer Fälle wurde zwar vereinzelt in einigen wenigen Beiträgen vor derartigen Gefahren gewarnt, in den Standardwerken wurden die Risiken aber als kontrollierbar bezeichnet. Erst nach diesem Fall mehrten sich die kritischen Stimmen an dieser alten, längere Zeit klinisch erprobten Behandlungsmethode der intraartiellen Gastherapie. Strafbarkeit des H nach § 222 StGB?

Da die Durchschnittsanforderungen an der sozialen Rolle des Täters zu orientieren sind, sind diese in gewisser Grenze situationsbezogen, so dass ein Patient bei der bewussten Behandlung durch einen Facharzt eine höhere Sorgfalt erwartet und erwarten kann als von einem Arzt für Allgemeinmedizin[584], ebenso wie von einem Arzt in einem Spezialkrankenhaus gegenüber dem Arzt in einem Kommunalkrankenhaus[585]. Auch von einem Heilpraktiker kann zwar nicht derselbe Sorgfaltsmaßstab wie von einem Facharzt verlangt werden, sofern er jedoch invasive Behandlungsmethoden anwendet, „müssen an ihn aber auch bezüglich seines Wissens und seiner Fortbildung die Sorgfaltsanforderungen wie an einen Allgemeinmediziner gestellt werden, der solche Methoden ebenfalls anwendet"[586]. Von einem solchen wird jedoch auch nur das regelmäßige Lesen einschlägiger Fachzeitschriften auf dem entsprechenden Gebiet verlangt. Die Beachtung sämtlicher medizinischer Veröffentlichungen wird nicht gefordert[587], so dass in **Fall 29** mangels Sorgfaltspflichtverletzung eine Strafbarkeit nach § 222 StGB entfällt.

118 Zudem muss sich der Sorgfaltsmaßstab an den jeweils verfügbaren ärztlichen, pflegerischen wie räumlichen Mitteln orientieren.[588] Wirtschaftliche Engpässe vermögen daher – wie die Notwendigkeit der Einhaltung des Wirtschaftlichkeitsgebots (§§ 2 I, 12 I 2, 70 I SGB V) zeigt – die Sorgfaltsanforderungen durchaus einzuschränken, nach einer Interessenabwägung mit den Interessen des Patienten jedoch nur bezogen auf kleinere Eingriffe mit geringen Risiken.[589] Sofern die ärztliche Behandlung dem so verstandenen Facharztstandard entspricht, ist sie nicht pflichtwidrig und damit nicht fahrlässig, selbst wenn sie im Ergebnis misslingt.[590]

---

584 Vgl. BGH, MedR 1998, 26; *Erlinger/Warntjen/Bock*, in: Widmaier, Strafverteidigung, § 50 Rn. 23; *Ulsenheimer*, Arztstrafrecht, Rn. 101 f.
585 Vgl. BGH, NJW 1984, 655 (656).
586 BGH, NJW 1991, 1535 (1537).
587 BGHZ 113, 297 (304).
588 Vgl. BGH, VersR 1994, 480 (482); *Ulsenheimer*, Arztstrafrecht, Rn. 102.
589 Vgl. BGH, NJW 1984, 1400 (1401); *Frister/Lindemann/Peters*, Arztstrafrecht, 1. Kap. Rn. 91 ff.; *Kreße*, MedR 2007, 393 (397); *Uhlenbruck*, MedR 1995, 427 (435); *Ulsenheimer*, Arztstrafrecht, Rn. 105.
590 Vgl. nur OLG Hamm, MedR 2006, 358 (359); *Frister/Lindemann/Peters*, Arztstrafrecht, 1. Kap. Rn. 83.

§ 4 Ärztlicher (Heil-)Eingriff als fahrlässige Körperverletzung oder Tötung

Der aktuelle medizinische Erkenntnisstand einer Fachrichtung ergibt sich aus medizinischen Standardwerken, Beiträgen in einschlägigen Fachzeitschriften sowie aus **Leitlinien, Richtlinien und Empfehlungen,** vor allem der Arbeitsgemeinschaft der Wissenschaftlichen Medizinischen Fachgesellschaften[591]. Obwohl das OLG Stuttgart die Leitlinien als verbindlich ansah und bei einem Verstoß einen Behandlungsfehler bejahte[592], haben die Bundesärztekammer[593] sowie die Arbeitsgemeinschaft der Wissenschaftlichen Medizinischen Fachgesellschaften jeweils auf ihrer Homepage[594] (in Übereinstimmung mit der überwiegenden Ansicht[595]) klargestellt, dass die Leitlinien für Ärzte nicht bindend seien und daher unmittelbar weder eine haftungsbegründende noch eine haftungsentlastende Wirkung hätten; selbst Richtlinien der Stufe S 3 (höchste wissenschaftlich-methodische Anforderungen, während Richtlinien der Stufe S 1 bloße Expertenempfehlungen darstellen[596]) komme eine bloße (insbesondere unterstützende) Indizfunktion zu, so dass Abweichungen stets möglich sind[597]. Hierfür spricht zum einen, dass die Leitlinien wegen ihres abstrakten Regelungsgehalts keinen endgültigen Maßstab für einen individuellen Behandlungsfall (mit konkreter sozialer Rolle des Täters sowie bestimmter Erwartungshaltung des Patienten) bilden können, der in jedem Einzelfall unter Hinzuziehung eines Sachverständigen zu bewerten ist, sowie zum anderen (wie vom Bundesgerichtshof betont[598]), dass die Leitlinien „auch Standards ärztlicher Behandlung fortentwickeln oder ihrerseits veralten" können. Mangels konstitutiver Wirkung dürfen Leitlinien daher „nicht unbesehen als Maßstab für den gebotenen medizinischen Standard übernommen werden"[599]. Gleichwohl stellen solche Leitlinien einen Wegweiser für den medizinischen Standard dar.

Soweit im medizinischen Erkenntnisstand mehrere unterschiedliche Behandlungsmethoden vertreten werden (unterschiedliche „Schulen"), ist die Wahl als Teil der **Therapiefreiheit** (oben Rn. 7) „primär Sache des Arztes"[600], „nach pflichtgemäßem und gewissenhaftem Ermessen im Einzelfall mit seinen Eigenheiten, diejenigen medizinischen Maßnahmen zu wählen, die nach seiner Überzeugung unter den gegebenen Umständen den größtmöglichen Nutzen für den aufgeklärt einwilligenden Patienten erwarten lassen"[601]. Da ihm hierdurch ein weiter Entscheidungsspielraum eingeräumt wird, kann ein Behandlungsfehler nur dann angenommen werden, wenn seine Auswahl nach dem Stand der Wissenschaft als schlicht unvertretbar erscheint.[602] Dies ist etwa der Fall, wenn eine von mehreren Behandlungsmethoden oder Arzneimitteln als besonders wirksam

119

---

591 Diese sind abrufbar unter http://www.awmf.org/leitlinien.html (letzter Aufruf: 22.5.2017).
592 OLG Stuttgart, MedR 2002, 650; ebenso LG Bonn, BeckRS 2013, 05011.
593 Http://www.bundesaerztekammer.de/richtlinien/ (letzter Aufruf: 22.5.2017).
594 Http://www.awmf.org/leitlinien.html (letzter Aufruf: 22.5.2017).
595 OLG Düsseldorf, VersR 1987, 414 f.; OLG Hamm, NJW-RR 2000, 401 (402); OLG Hamm, VersR 2002, 857; *Erlinger/Warntjen/Bock,* in: Widmaier, Strafverteidigung, § 50 Rn. 27 ff.
596 Vgl. zu den einzelnen Stufen nur *Frister/Lindemann/Peters,* Arztstrafrecht, 1. Kap. Rn. 86 f.
597 Ebenso OLG München, BeckRS 2009, 05091; *Laufs/Katzenmeier/Lipp,* Arztrecht, X Rn. 11; *Spickhoff,* NJW 2001, 1757 (1764).
598 BGH, NJW-RR 2014, 1053 (1055).
599 BGH, NJW-RR 2014, 1053 (1055).
600 BGH, NJW 1982, 2121 (2122).
601 *Laufs,* FS Deutsch (1999), S. 625 (626).
602 Vgl. nur BGHSt. 37, 383 (387 f.); OLG Zweibrücken, MedR 1999, 80 (81); *Laufs,* in: Laufs/Kern, Handbuch, § 6 Rn. 35 ff.; *Siebert,* MedR 1983, 216 (219 f.).

anerkannt ist, der Arzt aber dennoch etwas anderes wählt oder wenn eine Behandlungsmethode für den Patienten mit einem deutlich geringeren Risiko verbunden ist als eine andere, der Arzt aber dennoch (ohne rechtfertigenden sachlichen Grund) die risikoreichere Methode wählt[603]. Dagegen ist es dem Arzt nicht verwehrt, eine Außenseitermethode oder sogar eine „Neulandbehandlung" zu wählen, sofern deren Erfolglosigkeit nicht objektiv erkennbar ist[604] und der Arzt den Patienten über das Wesen der Behandlungsmethode als Außenseitermethode sowie das „Für und Wider" ausführlich aufklärt (hierzu oben Rn. 51). Gleichfalls ist es ihm nicht verwehrt, ein Medikament zur Behandlung einer Krankheit außerhalb des Zulassungsbereichs des Medikaments einzusetzen, da die insoweit fehlende Verkehrsfähigkeit des Medikaments mangels Abgabe iSd AMG kein Anwendungsverbot bedeutet[605]; allerdings muss der Arzt den Patienten ausführlich über die fehlende Zulassung aufklären.

120 Fall 30 (in Abwandlung von BGH, VersR 2003, 858 f.): Anlässlich einer Krebsvorsorgeuntersuchung stellte Dr. A bei der P eine Präkanzerose an der Gebärmutter fest. Ordnungsgemäß aufgeklärt unterzog sich P im Städtischen Krankenhaus einer von Dr. A durchgeführten Hysterektomie (Entfernung der Gebärmutter mittels Bauchschnitts), obwohl ein derart schwerwiegender Eingriff – nach Auskunft des Sachverständigen – nicht geboten war. Nach postoperativen Komplikationen erlitt P einen Schlaganfall und ist seither einseitig gelähmt. Die feingewebliche Untersuchung des beim Eingriff entnommenen Gewebes ergab mittelgradige Plattenepitheldysplasien der Portio vaginalis uteri, die rückblickend – nach Auskunft des Sachverständigen – den erfolgten Eingriff doch als notwendig erscheinen ließ. Strafbarkeit des Dr. A nach § 229 StGB?

Der Stand der Wissenschaft unterliegt stets dem Wandel, so dass für die Beurteilung des Facharztstandards auf den Zeitpunkt der Vornahme oder Unterlassung der gebotenen ärztlichen Maßnahme abzustellen ist (**ex ante-Sichtweise**).[606] Unzulässig ist es daher, den Sachverhalt ex post (insbesondere unter Berücksichtigung der sich erst nachträglich ergebenden Schwere der Krankheit) zu Ungunsten des Arztes festzustellen, so dass beispielsweise in **Fall 29** nicht auf die Kenntnis einschlägiger warnender Beiträge in medizinischen Fachzeitschriften abgestellt werden kann. Umgekehrt können zwar neuere Entwicklungen in der Medizin, die die Behandlung des Arztes nachträglich rechtfertigen, nicht völlig ausgeblendet werden, gemeint sind hiermit jedoch nur Änderungen der Wissenschaft; kommen dagegen nachträglich Tatumstände ans Licht, die eine Behandlung nachträglich rechtfertigen würden (wie in **Fall 30** die erst nachträgliche Erkenntnis der eigentlichen Schwere der Krankheit), so vermag dies das ärztliche Verhalten nicht zu erlauben.[607]

---

603 *Ulsenheimer*, Arztstrafrecht, Rn. 83.
604 Vgl. *Jung*, ZStW 97 (1985), 47 ff.; *Siebert*, MedR 1983, 216 (219).
605 BVerfGE 102, 26 (34); BVerfGE 115, 25 (49); BVerfG, NJW 2013, 1664; *Ulsenheimer*, Arztstrafrecht, Rn. 89 ff.
606 Vgl. nur BGH, NJW 1961, 600; BGH, VersR 2003, 858 f.; BGH, NStZ 2003, 657 (658); OLG Düsseldorf, VersR 1987, 414 (415); *Tag*, Körperverletzungstatbestand, S. 235; *Ulsenheimer*, Arztstrafrecht, Rn. 78 ff.
607 BGH, VersR 2003, 858.

Heftig umstritten ist noch immer, ob individuelle Fähigkeiten, die den generellen Sorgfaltsmaßstab überschreiten (sog. **Sonderfähigkeiten**) oder unterschreiten (**individuelles Unvermögen**), bereits auf der Tatbestandsebene zu berücksichtigen sind: **121**

> **Fall 31** (nach *Kretschmer*, Jura 2000, 267 [271]): Der Spitzenchirurg C, dessen Kenntnisse und Fähigkeiten auf dem Gebiet der Herzchirurgie international konkurrenzlos sind, wendet bei einer Operation nur den Standard eines durchschnittlichen Herzchirurgen an. Der daraufhin verstorbene Patient hätte bei Einsatz der Sonderfähigkeiten des C mit Sicherheit gerettet werden können. Strafbarkeit des C nach § 222 StGB?
> **Abwandlung**: Chirurg C hat eine bislang unerkannte Sehschwäche. Deswegen gelingt ihm eine Operation nicht und sein Patient P verstirbt. Ein durchschnittlicher Chirurg hätte P so operiert, dass dieser mit Sicherheit überlebt hätte. Strafbarkeit des C nach § 222 StGB?

Die Anhänger eines streng generalisierenden Maßstabs[608] berücksichtigen individuelle Fähigkeiten und Kenntnisse des Täters nicht bereits auf der Tatbestandsebene, sondern erst auf der Schuldebene. Hierfür spricht, dass man nur so gezwungen ist, die Sorgfaltsgebote für bestimmte Situationen in allgemeinen Regeln niederzulegen[609], die dann die einzuhaltende Unter- wie Obergrenze bilden. Nur mit für jedermann gleichen Sorgfaltsmaßstäben vermag der Fahrlässigkeitstatbestand seine Appellfunktion zu erfüllen. Nur wenige halten diese Sicht jedoch derart streng durch, dass Sonderfähigkeiten keinerlei Berücksichtigung auf Tatbestandsebene finden[610] und in **Fall 31** daher sowohl im Ausgangsfall wie in der Abwandlung die Tatbestandsmäßigkeit zu bejahen wäre. In diesem Sinne hat auch der Österreichische Oberste Gerichtshof in Zivilsachen[611] entschieden: „Übersteigen seine Fähigkeiten dagegen den Durchschnitt, dann ist [...] doch ein zum Schadensersatz verpflichtendes Versehen nur gegeben, wenn derjenige Grad des Fleißes oder der Aufmerksamkeit unterlassen wurde, der ‚bei gewöhnlichen Fähigkeiten angewendet werden kann'."

Demgegenüber berücksichtigen Rechtsprechung und weite Teile des Schrifttums individuelle Umstände zumeist derart, dass über das Merkmal der sozialen Rolle individuelle Sonderfähigkeiten sowie Sonderwissen bei der **Bildung der Maßstabsfigur** (im Interesse des Rechtsgüterschutzes: „Jeder Patient darf von den ihn behandelnden Arzt erwarten, dass er das tut, was er kann"[612]) berücksichtigt werden, so dass in **Fall 31** der Sorgfaltsmaßstab nicht der eines Chirurgen wäre, sondern der eines international anerkannten Spitzenchirurgen – hiernach wäre eine Strafbarkeit nach § 222 StGB zu bejahen. Individuelle Unfähigkeiten blieben dagegen unberücksichtigt, da auch der Leistungsunfähige erkennen müsse, **122**

---

608 Vgl. nur *Jescheck/Weigend*, AT, S. 564 f.; *Arthur Kaufmann*, Das Schuldprinzip (1976), S. 227 f.; *Welzel*, Strafrecht, S. 131 ff.
609 *Jescheck/Weigend*, AT, S. 565.
610 So etwa *Hans Joachim Hirsch*, ZStW 95 (1983), 643 (663).
611 ÖJZ 1970, 517.
612 *Frister/Peters/Lindemann*, Arztstrafrecht, 1. Kap. Rn. 94; ebenso BGH, NJW 1987, 1479 (1480); *Gropp*, AT, § 12 Rn. 45 ff.; *Herzberg*, Jura 1984, 402 (409 f.); *Hans Joachim Hirsch*, ZStW 94 (1982), 239 (274); *Kretschmer*, Jura 2000, 267 (272); *Rengier*, AT, § 52 Rn. 19 ff.; *Roxin*, AT, § 24 Rn. 53 ff.; *Ulsenheimer*, Arztstrafrecht, Rn. 101.

welches Verhalten die rechtlichen Verhaltensregeln generell von ihm verlangen und gehe es auf Tatbestandsebene doch noch nicht um persönliche Vorwerfbarkeit[613]; in der **Abwandlung** wäre der Tatbestand daher zu bejahen und einzig die Schuld mangels subjektiver Vermeidbarkeit zu verneinen. Es wird also überwiegend nach „unten" generalisiert, nach „oben" aber individualisiert.[614]

Wer dagegen – wie oben angedeutet (Rn. 113a) – eine „individualisierende Fahrlässigkeitslehre"[615] vertritt, der bestimmt die Sorgfaltspflichtverletzung nach den individuellen Fähigkeiten und Kenntnissen des jeweiligen Täters, wie es der Bundesgerichtshof in Zivilsachen einmal so klar ausgedrückt hat: „Waren von ihm [Chefarzt der chirurgischen Abteilung] auf Grund wissenschaftlicher Tätigkeit Spezialkenntnisse zu erwarten und durfte der Patient mit solchen rechnen, ist darauf abzustellen."[616] Nur dies entspricht – wie *Deutsch*[617] es so zutreffend ausdrückte – dem „Konzept der Fahrlässigkeit": „Haftung nur für außerachtgelassene Sorgfalt bedeutet, dass man einen Freiraum zur grundsätzlich ungehinderten Bewegung erhält"; „wer aber besondere Kenntnisse hat, benötigt diesen Bewegungsraum nicht". Hiernach wäre in **Fall 31** eine Sorgfaltspflichtverletzung zu bejahen, in der **Abwandlung** wegen des Unvermögens des C dagegen zu verneinen. Hierfür spricht, dass wenn Unrecht auch täterbezogenes Unrecht ist, dann müssen Sorgfaltspflichtverletzung und Vorhersehbarkeit individuell bestimmt werden.[618]

Eine **Unterschreitung des Facharztstandards** (z. B. durch eine alternative Handlungsmethode) ist nach § 630a II BGB mit Einwilligung (nach ausführlicher Aufklärung) jederzeit in den Grenzen des § 228 StGB möglich.[619]

123 **b) Beschränkung auf grobe Behandlungsfehler?** Teilweise wird im Schrifttum[620] in Anlehnung an § 88 II Nr. 2 des österreichischen Strafgesetzbuchs a. F.[621] eine Beschränkung der strafrechtlichen Ärzteverantwortlichkeit auf grobe Behandlungsfehler gefordert und der Patientenschutz im Bereich leicht fahrlässiger Gesundheitsschädigungen vollständig auf das Zivilrecht verlagert, um der ultima ratio-Funktion des Strafrechts Genüge zu tun. Ein derartiges „Ärzteprivileg" wird jedoch aus generalpräventiven Gesichtspunkten überwiegend (zu Recht) abgelehnt und ist de lege lata – das Strafrecht unterscheidet nicht zwischen einzelnen Fahrlässigkeitsformen – nicht zu halten.[622] Entkriminalitätsmaßnahmen

---

613 *Kühl*, AT, § 17 Rn. 31 f.; *Roxin*, AT, § 24 Rn. 56; *Kretschmer*, Jura 2000, 267 (272).
614 Vgl. nur *Kretschmer*, Jura 2000, 267 (272); *Roxin*, AT I, § 24 Rn. 50.
615 So BGH, NStZ 2005, 446 (447); MüKo-StGB/*Duttge*, § 15 Rn. 95 ff.; Prütting/*ders*., Medizinrecht, § 222 StGB Rn. 2; *Jakobs*, AT, 9/8 ff.; *Kraatz*, Fahrlässige Mittäterschaft, S. 283.
616 BGH, NJW 1987, 1479 (1480) mit zust. Anm. *Deutsch*, NJW 1987, 1480 sowie *Giesen*, JZ 1987, 879 f.
617 NJW 1987, 1480.
618 Vgl. nur *Gropp*, AT, § 12 Rn. 115 ff.; *Otto*, JK 99, StGB § 15/6.
619 Vgl. nur BGHZ 113, 297 (301); *Laufs/Katzenmeier/Lipp*, Arztrecht, X Rn. 93.
620 Vgl. nur *Ulsenheimer*, MedR 1987, 207 (216).
621 § 88 II StGB Österreich (BGBl. 1974 I, S. 641 [656]) lautete bis 31.12.2010 (BGBl. 2010 I vom 30.12.2010, S. 1 [39]): „Trifft den Täter kein schweres Verschulden und ist entweder [...] 2. der Täter ein Angehöriger eines gesetzlich geregelten Gesundheitsberufes, die Körperverletzung oder Gesundheitsschädigung in Ausübung seines Berufs zugefügt worden und aus der Tat keine Gesundheitsschädigung oder Berufsunfähigkeit von mehr als vierzehntägiger Dauer erfolgt [...], so ist der Täter nach Abs. 1 [Dort wird die fahrlässige Körperverletzung unter Strafe gestellt!] nicht zu bestrafen."
622 Vgl. nur BGH, NJW 2000, 2754 (2758); OLG Hamm, MedR 2006, 358 (359); LG Kassel, VersR 2001, 1031 (1034).

ärztlicher Fahrlässigkeitstaten können derzeit daher lediglich auf strafprozessualer Ebene (Einstellung nach §§ 153 ff. StPO) erfolgen.[623] Die Frage, ob sogar ein grober Behandlungsfehler vorlag, vermag daher einzig auf der Ebene der Strafzumessung Berücksichtigung zu finden.

c) Diagnosefehler

> **Fall 32** (nach LG Potsdam, ZMGR 2009, 257 ff.): Die Sportlehrerin S erlitt gegen Mitternacht in ihrer Wohnung einen akuten Herzhinterwandinfarkt, dessen Symptome in Übelkeit, Erbrechen, Durchfall sowie Schmerzen im Rücken, in der Schulter und Missempfindungen im linken Arm bestanden. Ihr Sohn weckte den Lebensgefährten L auf, der S fand, sie bequem auf der Couch lagerte und den Notruf der Feuerwehr anrief, der er schilderte, seine Lebensgefährtin sei gestürzt, wie er meinte. Die Feuerwehr verwies ihn mangels Dringlichkeit an den kassenärztlichen Bereitschaftsdienst, deren Arzt A nach der telefonischen Auskunft eines Sturzes vorbeikam und sich von S die Beschwerden schildern ließ. S berichtete von Übelkeit, Rückenschmerzen und Schmerzen im linken Arm. Durch Befragung der S stellte A fest, dass S Raucherin war, als Sportlehrerin arbeitete und bislang keine Probleme mit dem Herz-Kreislauf-System hatte. Auch die Wohnung in der fünften Etage habe sie bislang problemlos über die Treppe erreichen können. Weiterhin teile die S mit, dass sie wegen einer Halswirbelsäulenabnutzung in orthopädischer Behandlung sei. A erwog und verwarf eine differenzialdiagnostische Abklärung der Beschwerden. Er führte die Rückenschmerzen auf den Sturz zurück, der ihm am Telefon geschildert worden war; nach dem Sturzgeschehen erkundigte er sich jedoch nicht. Die Übelkeit führte er darauf zurück, dass S am Vorabend ein Eis gegessen hatte und sich hierdurch möglicherweise den Magen verdorben haben könnte. Die Beschwerden im Bereich der Brustwirbelsäule und des linken Arms führte er auf die von S geschilderten Abnutzungserscheinungen der Wirbelsäule zurück. Er lagerte S in einer eher sitzenden Position und verabreichte ihr Medikamente gegen die von ihm festgestellte dramatische Absenkung des Blutdrucks. A vermerkte auf dem zurückgelassenen Notfall-/Vertretungsschein seine Mobiltelefonnummer. In der Nacht stand S noch einmal auf und rauchte in der Küche eine Zigarette. Kurze Zeit später verstarb sie an den Folgen des erlittenen Herzinfarktes. Hätte A einen Herzinfarkt in Erwägung gezogen und ihre sofortige Einweisung in die nächste Klinik veranlasst, wo eine Kathederintervention durchgeführt worden wäre, hätte S die nächsten 30 Tage mit einer Wahrscheinlichkeit von 99,5 % überlebt. Strafbarkeit des A?

Grundlage der ärztlichen Behandlung ist die Feststellung und medizinische Beurteilung der körperlichen Beschwerden des Patienten durch Anamnese, Untersuchung und Auswertung der erhobenen Befunde (sog. Diagnose). Angesichts der Unwägbarkeiten des menschlichen Körpers sowie der Doppeldeutigkeit diverser Symptome, die jede Diagnose mit hohen Unsicherheitsfaktoren belasten[624] und

---

623 Ebenso *Wever*, ZMGR 2006, 121 (123 f.) mit einem Vorschlag für eine Änderung der Richtlinien für das Strafverfahren und das Bußgeldverfahren (RiStBV).
624 Vgl. BGH, MedR 1983, 107 (108); BGH, NJW 2003, 2827; OLG Saarbrücken, VersR 2000, 1241 (1243).

dem Arzt daher im Bereich der Diagnose einen weiten Beurteilungs- und Bewertungsspielraum zuweisen[625], liegt nicht in jeder Fehldiagnose eine Sorgfaltspflichtverletzung.[626] Deren Bereich beginnt vielmehr erst, wenn der Arzt erforderliche oder wesentliche Befunde nicht erhebt[627] (z. B. erforderliche Röntgen- und Laboruntersuchungen trotz entsprechender Anzeichen nicht veranlasst[628], gebotene differenzial-diagnostische Untersuchungen unterlässt[629] oder Angaben Dritter ungeprüft übernimmt [z. B. im Rahmen von Ferndiagnosen[630]]) oder wenn der Arzt ein (aus ex ante-Sicht[631]) eindeutiges, klares Krankheitsbild aus Unachtsamkeit oder mangels ausreichender Erfahrung verkennt oder ein Krankheitsbild (nach den Maßstäben der Schulmedizin) in unvertretbarer Weise falsch deutet[632] (z. B. Nichterkennen eines Herzinfarkts trotz eindeutiger Symptome[633]). Hiernach muss ein Arzt bei unsicherer Diagnose von der vital bedrohlichsten Erkrankung ausgehen und die entsprechenden Maßnahmen treffen. So hätte A in **Fall 32** nicht nur nach den Umständen des Sturzes fragen müssen, sondern bereits alleine aufgrund der geschilderten Symptome wegen der Möglichkeit eines akuten Koronargeschehens eine sofortige Einweisung in eine Klinik veranlassen müssen. Da er dies nicht tat, hat er sich nach §§ 222, 13 I StGB strafbar gemacht.

Die **verspätete Befunderhebung** wird grundsätzlich einer unterlassenen gleichgestellt[634], wenngleich „was wünschenswert ist, muss kein medizinischer Standard sein, gerade weil Verzögerungen in der klinischen Praxis vorkommen und der Patient keinen Anspruch auf Idealverhältnisse hat"[635]. Ob Verzögerungen eine Sorgfaltspflichtverletzung darstellen, ist daher eine Frage des Einzelfalles und damit der Gründe der Verzögerung. Zudem bedarf es dann einer besonderen Betrachtung der Kausalität, ob eine frühzeitigere Befunderhebung und eventuell dadurch eine frühzeitigere Operation das Krankheitsbild des Betroffenen hätte verbessern können.

125 d) **Übernahmefahrlässigkeit.** Erkennt der Arzt im Rahmen der Diagnose, dass er zur Aufnahme oder Fortführung einer facharztgerechten ärztlichen Behandlung aufgrund seiner Ausbildung (z. B. Anfänger), seines medizinischen Wissensstandes oder seiner individuell-begrenzten medizinischen Fähigkeiten (sei es generell oder situativ aufgrund von Müdigkeit oder Erkrankung) nicht in der Lage ist, so hat er einen „kundigeren Kollegen"[636] (insbesondere einen Facharzt oder Spe-

---

625 *Ulsenheimer*, Arztstrafrecht, Rn. 152 ff.
626 Vgl. nur BGH, NJW 2003, 2827 f.; OLG Köln, VersR 2004, 794 (795); OLG Koblenz, NJOZ 2013, 979; OLG Rostock, VersR 2013, 465; OLG Koblenz, BeckRS 2014, 19895; OLG Karlsruhe, NJOZ 2016, 953 (959).
627 Vgl. BGH, NJW 1995, 778; OLG Celle, VersR 1993, 483 f.; OLG Düsseldorf, VersR 1997, 240; OLG Zweibrücken, NJW-RR 2008, 537 (538).
628 BGH, NJW 1995, 778; BGH, NJW 1999, 1778; BGH, NJW 2014, 688.
629 BGH, VersR 1999, 60; OLG Rostock, VersR 2013, 465; OLG Koblenz, BeckRS 2016, 113279; LG Memmingen, NJW-RR 2014, 850.
630 BGH, NJW 1979, 1248 (1249).
631 OLG Stuttgart, BeckRS 2014, 16491.
632 OLG Köln, MedR 2015, 182 (Verkennung eines Schlaganfalls); OLG Karlsruhe, NJOZ 2016, 953 (959); *Ulsenheimer*, Arztstrafrecht, Rn. 154.
633 BGHZ 132, 47 ff.
634 So bereits OLG Zweibrücken, NJW-RR 2008, 537 (539).
635 OLG Naumburg, BeckRS 2014, 09205.
636 *Laufs*, MedR 1986, 163 (170).

zialisten) hinzuziehen oder den Patienten an diesen zu verweisen.[637] Übernimmt der Arzt dagegen die Behandlung (z. B. als Chirurg eine Operation), ohne dass ein Notfall vorlag und obwohl er seinen Mangel an Kenntnissen oder Fähigkeiten erkennt oder erkennen kann, so liegt bereits in dieser Übernahme eine sorgfaltswidrige und damit objektiv fahrlässige Handlung (sog. „Übernahmefahrlässigkeit" bzw. „fahrlässige Tätigkeitsübernahme").[638] Gleiches gilt für einen Krankenhausarzt, der einen Patienten aufnimmt, obwohl er weiß oder erkennen kann, dass das Krankenhaus zu einer sachgerechten Behandlung personell oder in apparativer Hinsicht nicht hinreichend ausgestattet ist, z. B. wenn er eine Schwangere zur Geburt aufnimmt, obwohl er weiß, dass im Krankenhaus wegen fehlender Ressourcen kein Kaiserschnitt vorgenommen werden kann[639].

e) **Fehler bei Wahl und Durchführung der ärztlichen Maßnahme.** Aus der umfangreichen Kasuistik der bei Wahl und Durchführung der ärztlichen Behandlung möglichen (pflichtwidrigen) Fehler sind beispielsweise zu nennen

- eine unterlassene unverzügliche Krankenhauseinweisung trotz offensichtlicher medizinischer Notwendigkeit[640],
- das Unterlassen der Durchsuchung selbstmordgefährdeter oder als gewaltbereit bekannter Patienten nach gefährlichen Gegenständen bei der Krankenhausaufnahme[641],
- die Wahl einer für den Patienten risikoreicheren Behandlungsmethode (insbesondere einer überholten Maßnahme oder einer „Neulandmethode", sofern der Patient nicht hierin nach ausdrücklicher Aufklärung [hierzu oben Rn. 51] eingewilligt hat)[642],
- fehlerhaft vorgenommene Injektionen oder Infusionen,
- eine Über- oder Unterdosierung der verschriebenen oder verabreichten Arzneimittel oder das Ausstellen eines unvollständigen oder missverständlichen Rezepts[643],
- eine Verletzung der „Mindestanforderungen" bei einer Narkose, „die sich aus der Natur des Eingriffs und der vitalen Bedeutung sofortigen fachkundigen Eingreifens im Komplikationsfall ergeben und auch von der Medizin nicht in Zweifel gezogen werden"[644],
- eine unzureichende Überwachung der Vitalfunktionen (insbesondere ein fehlender Einsatz eines Monitors zur Überwachung der Herz- und Pulsfrequenz bei der Narkose)[645] oder die fehlende Prüfung des Anästhesisten nach Anle-

---

637 Vgl. nur BGHSt. 10, 132 (135); BGH, NJW 1989, 2321 (2322); OLG München, VersR 1991, 471 (472); OLG Köln, MedR 2015, 418; *Deutsch/Spickhoff*, Medizinrecht, Rn. 353.
638 Vgl. hierzu nur RGSt. 50, 37 (39); BGHSt. 43, 306 (311); BGH, NJW 1960, 2253; BGH, JR 1986, 248 (250); BGH, NJW 1998, 1802 (1803f.); OLG Brandenburg, BeckRS 2016, 15144; Prütting/*Duttge*, Medizinrecht, § 222 StGB Rn. 6; *Kühl*, AT, § 17 Rn. 35; *Gössel*, in: Maurach/Gössel/Zipf, AT 2, § 43 Rn. 71f.; *Rengier*, AT, § 52 Rn. 24.
639 OLG Hamm, GesR 2005, 462ff.
640 Demgegenüber ist die Verzögerung einer Operation angesichts begrenzter Kapazitäten eines Krankenhauses nicht zwingend eine Sorgfaltspflichtverletzung: OLG Köln, VersR 2014, 1460.
641 OLG Stuttgart, NJW 1997, 3103; StA Paderborn, NStZ 1999, 51 ff.
642 Vgl. nur BGH, NJW 1968, 1181 f.; OLG Düsseldorf, VersR 1985, 645.
643 *Laufs/Kern*, in: Laufs/Kern, Handbuch, § 98 Rn. 29.
644 BGH, NJW 1983, 1374 (1375).
645 Vgl. LG Hamburg, BeckRS 2013, 04886; *Ulsenheimer*, Arztstrafrecht, Rn. 157; vgl. hierzu auch das Medizinproduktegesetz, BGBl. 2002 I, S. 3146 ff.

gen des Beatmungsgeräts, ob der Signalgeber für die Vitalfunktionen am Beatmungsgerät sowie der Notalarm eingeschaltet sind[646],
- ein Zurücklassen von Fremdkörpern im Operationsfeld (wenngleich dies nicht stets einen Behandlungsfehler darstellt, sondern eine Frage des Einzelfalles darstellt[647], z. B. ob es sich um einen Gegenstand handelt, der bei einer sorgfältigen Kontrolle vor Verschließen der Operationswunde auffallen muss [z. B. ein OP-Tuch] oder der gegen Verlust besonders zu kennzeichnen oder deren Vorhandensein bei Ende der Operation zu kontrollieren ist),
- eine zu frühe Verlegung vom Aufwachraum auf die Normalstation[648] oder das Unterlassen geeigneter Maßnahmen, um sicherzustellen, dass sich der Patient nach einer ambulanten Operation nicht unbemerkt entfernt[649].

f) Bereitschaftsdienst

127

Fall 33 (nach LG Augsburg, ArztR 2005, 205 f.[650]): Nach einer komplikationslosen Schilddrüsenoperation kam Patientin P in den Aufwachraum und von dort in ansprechbarem Zustand auf die chirurgische Normalstation. O, Oberarzt der Chirurgischen Abteilung, hatte nur Rufbereitschaft. Zum nächtlichen Bereitschaftsdienst auch für die chirurgische Abteilung war A eingeteilt, ein Assistenzarzt der inneren Abteilung. Als um 19.10 Uhr und 19.30 Uhr die Redondrainagen jeweils mit 200 ml Blut gefüllt waren und der Blutdruck erhöht war, verständigte die zuständige Stationsschwester den A, der bedingt durch mangelnde Kenntnisse auf dem für ihn als Internisten fachfremden Gebiet postoperativer Komplikationen nach einer Schilddrüsenoperation nicht erkannte, dass der bereits eingetretene erhebliche Blutverlust ein ausreichender Anhaltspunkt für das Bestehen einer akuten Nachblutung war. A legte daher lediglich einen zusätzlichen venösen Zugang und verabreichte hierüber per Infusion das Blutersatzmittel HES, ordnete aber weder weitere Blutdruckmessungen noch eine Überwachung der Atmung an; lediglich der weitere Wechsel der Redonflaschen sei ihm mitzuteilen. Um 20.00 Uhr wurde A von der Stationsschwester wegen erneuten Wechsels der Redonflasche sowie einer festgestellten leichten Atemnot zu P gerufen. A erkannte nun den lebensbedrohlichen Zustand einer Sauerstoffunterversorgung (P saß mit blau angelaufenem Gesicht und geweiteten Pupillen in verkrampfter Haltung nach vorn gebeugt und rang nach Luft, dem Ersticken nahe) und intubierte sie. Um 20.02 Uhr erlitt P einen Herzstillstand, der aufgrund der Reanimation der verständigten zuständigen Anästhesistin 20 Minuten später überwunden werden konnte. Der verständigte O begann um 21.30 Uhr mit der Nachoperation, bei der er nach dem Entfernen der Drainagen und der Hämatomausräumung eine spritzende Blutung aus der Arterie des oberen Schilddrüsenpols rechtsseitig vorfand, die er operativ versorgte und P sodann auf die Intensivstation verlegte. P fiel wegen der langen Sauerstoffunterversorgung ins Wachkoma und ist ein Vollpflegefall. Strafbarkeit von A und O?

---

646 LG Hamburg, BeckRS 2013, 04886.
647 RGZ 97, 4 ff.; BGHZ 4, 138 (144); LG Köln, VersR 1964, 392.
648 *Ulsenheimer*, Arztstrafrecht, Rn. 429.
649 BGH, NJW 2003, 2309.
650 Vgl. hierzu *Ulsenheimer*, DGFC-Mitteilungen 2005, 126 ff.

Es zählt längst zur alltäglichen Praxis, dass Bereitschaftsdienste durch junge Assistenzärzte wahrgenommen werden, die im Komplikationsfall den rufbereiten Facharzt hinzuziehen müssen.[651] Aus Gründen der Wirtschaftlichkeit wurde teilweise sogar ein fachübergreifender Bereitschaftsdienst eingerichtet[652], der von einzelnen Verwaltungsgerichten zwar für den Bereich der Krankenhausfinanzierung gebilligt wurde, da die eigentliche fachärztliche Versorgung durch die Fachärzte in der Rufbereitschaft erfolge.[653] Jedoch haben die Zivilgerichte[654] (zu Recht) klargestellt, dass aus Gründen des Patienteninteresses der Facharztstandard „rund um die Uhr, d. h. gerade auch zur Nachtzeit und an Sonn- und Feiertagen, einzuhalten" sei[655], darf es doch eine „Unterschreitung des medizinischen Behandlungsstandards [...] aus reinen Kostengründen" nicht geben[656], so dass beispielsweise der in Weiterbildung stehende Arzt, wenn er im Bereitschaftsdienst eigenverantwortlich eine Behandlung übernehme, er den Facharztstandard einzuhalten habe; könne er diesen nicht gewährleisten, hafte er nach den Grundsätzen der Übernahmefahrlässigkeit[657]. Der Bereitschaftsdienst müsse also so organisiert sein, „dass sofort ein erfahrener Facharzt hinzugezogen werden und sich unverzüglich (in Bereichen der Chirurgie innerhalb von 20 Minuten[658]; im Bereich der Anästhesiologie und der Geburtshilfe sofort[659]) einfinden könne."[660] Dies bedeutet zwar nicht, dass fachübergreifende Bereitschaftsdienste gänzlich unzulässig sind, wohl aber in sensiblen Bereichen wie der Anästhesiologie und Geburtshilfe[661].

In **Fall 33** hat sich A nach § 229 StGB strafbar gemacht, da er um 19.30 Uhr nach Feststellung des vermehrten Blutverlustes den Oberarzt der Chirurgie hätte verständigen oder die Rückverlegung auf die Intensivstation veranlassen müssen, nicht aber die Patientin selbst hätte behandeln dürfen, obwohl ihm bewusst war, dass er mit Komplikationen von Schilddrüsenoperationen nicht vertraut war. Oberarzt O handelte sorgfaltspflichtwidrig und damit fahrlässig iSd § 229 StGB, indem er die Fortbildung der am Bereitschaftsdienst beteiligten Ärzte nicht ausreichend betrieben und den A nicht über mögliche Komplikationen der Operation informiert hat.

g) Verantwortlichkeit bei Arbeitsteilung. Die Erweiterung der therapeutischen Möglichkeiten und die fortschreitende wissenschaftliche Spezialisierung und

---

651 Vgl. nur *Boemke*, NJW 2010, 1562; *Frister/Lindemann/Peters*, Arztstrafrecht, 1. Kap., Rn. 102; *Ulsenheimer*, Arztstrafrecht, Rn. 274.
652 Ausführlich hierzu *Boemke*, NJW 2010, 1562 ff.
653 BayVGH, KRS I, 81.097; VG Hannover, KRS I, 90.043; ebenso *Kohlhaas*, DMW 1965, 2080 ff.
654 Vgl. BGH, NJW 1994, 3008; BGH, NJW 1998, 2736 (2737); OLG Düsseldorf, NJW 1986, 790; zustimmend *Schulte-Sasse/Bruns*, ArztR 2006, 116 (121); *Ulsenheimer*, DGfC-Mitteilungen 2005,126 (131).
655 *Boemke*, NJW 2010, 1562 (1563).
656 *Dressler*, FS Geiß (2000), S. 379 (387).
657 BGH, NJW 1994, 3008.
658 Vgl. hierzu die Entschließung zum Bereitschaftsdienst und zur Rufbereitschaft in der Anästhesie und in der Chirurgie, abrufbar unter https://www.bda.de/docman/alle-dokumente-fuer-suchindex/oeffentlich/empfehlungen/561-entschliessung-zum-bereitschaftsdienst-und-zur-rufbereitschaft-in-der-anaesthesie-und-in-der-chirurgie/file.html (letzter Aufruf: 22.5.2017).
659 *Boemke*, NJW 2010, 1562 (1565).
660 BGH, NJW 1998, 2736 (2737).
661 *Boemke*, NJW 2010, 1562 (1564); *Frister/Lindemann/Peters*, Arztstrafrecht, 1. Kap., Rn. 107; *Ulsenheimer*, Arztstrafrecht, Rn. 275.

Subspezialisierung hat dazu geführt, dass „leicht ein halbes Dutzend"[662] Personen selbst bei normalen Operationen mitwirken[663], verbunden mit den **klassischen Organisationsrisiken** (Risiken fehlerhafter Kommunikation, Koordination, Kompetenzabgrenzung oder Delegation)[664] und der damit verbundenen Rechtsfrage, wie die strafrechtliche Verantwortlichkeit bei Realisierung dieser Risiken zu verteilen ist:

aa) Horizontale Arbeitsteilung:

128a

Fall 34 (nach BGH, NJW 1980, 649): Der irakische Assistenzarzt B stellte bei der ins Krankenhaus eingelieferten Patientin P eine akute, möglicherweise schon perforierte Appendicitis fest, verständigte telefonisch Anästhesistin A und forderte sie auf, zur Operation zu kommen. Frau P war jedoch zudem an einer Darmlähmung erkrankt, worauf mehrere Symptome (Erbrechen, gespanntes Abdomen, keine Darmgeräusche, überfüllter Magen, außergewöhnliches Durstgefühl, schlechter Allgemeinzustand) hindeuteten. Vor Narkosebeginn waren daher Magen und Darm von Frau P mit mehreren Litern unverdauter Speisereste überfüllt. Als A eintraf, lag P bereits auf dem Operationstisch. B teilte ihr mit, P sei nüchtern und Darmgeräusche lägen nicht vor. Als Frau P auf Fragen der A noch antwortete, sie habe „etwas erbrochen", fand A die telefonische Mitteilung des Assistenzarztes bestätigt und war überzeugt, die Patientin habe eine normale, akute Blinddarmentzündung. Die Diagnose seines Assistenzarztes bestätigte auch der operierende Chirurg nach einer kurzen Untersuchung des Bauchs. A, die von einer gewöhnlichen Bilddarmentzündung ausging, dachte nicht an eine Darmlähmung und unterließ es daher, den Bauch der Patientin abzutasten oder nach Darmgeräuschen abzuhören. So erbrach sich P bereits bei Einleitung der Narkose vor Einführung des Tubus, atmete den Mageninhalt ein und verstarb an den Folgen einer Aspirationspneumonie. Strafbarkeit von A?

Würde man auch in Fällen der **horizontalen Arbeitsteilung** (= Aufteilung bei **fachlicher Gleichordnung**) den allgemeinen Maßstab der Verkehrserwartung heranziehen, dass derjenige, der in seinem Verantwortungsbereich eine Gefahrenlage für Dritte schafft oder andauern lässt, diejenigen Vorkehrungen zu treffen hat, die vorausschauend für ein sachkundiges Urteil erforderlich, geeignet und unter Berücksichtigung der Wahrscheinlichkeit der Schädigung im Einzelfall zumutbar sind, um nahe liegende [also nicht nur abstrakt denkbare] Schädigungen derjenigen Personen, mit deren Schädigung zu rechnen ist, mit dem in den entsprechenden Verkehrskreisen für erforderlich gehaltenen und damit erwarteten Sicherheitsgrad[665] zu verhindern[666], und damit jedem Einzelnen umfassende Einfluss- und Kontrollpflichten gegenüber sämtlichen Kollegen abverlangen, so würde eine derartige „Pflicht zur lückenlosen Überwachung" eine Arbeitsteilung

---

662 *Rumler-Detzel*, VersR 1994, 254.
663 Vgl. nur *Frister/Lindemann/Peters*, Arztstrafrecht, 1. Kap. Rn. 113; *Anne-Marie Peter*, Arbeitsteilung im Krankenhaus aus strafrechtlicher Sicht (1992), S. 11 f.; *Zwiehoff*, MedR 2004, 364 ff.
664 Vgl. hierzu nur *Deutsch*, NJW 2000, 1745 ff.; *Ulsenheimer*, Arztstrafrecht, Rn. 177 ff.
665 Vgl. hierzu BGH, NJW 1985, 1076 f.
666 Vgl. nur aus der Zivilrechtsprechung: BGH, NJW-RR 2003, 1459 (1460); BGH, NJW 2006, 610 (611); BGH, NJW 2006, 2326, BGH, NJW 2007, 1683 (1684); BGHR BGB § 823 Abs. 1 Verkehrssicherungspflicht 31.

wegen der damit verbundenen Strafrechtsrisiken de facto unmöglich machen.[667] Grundsätzlich wird eine Gesamtverantwortung jedes Einzelnen daher begrenzt durch die auf dem Vertrauensgrundsatz[668] basierenden Erwartung, „dass der andere seine Pflicht tun werde"[669], so dass jeder Arzt grundsätzlich nur „denjenigen Gefahren zu begegnen" hat, „die in seinem Aufgabengebiet entstehen"[670]. So darf beispielsweise der weiterbehandelnde Hausarzt zunächst auf die in der Krankenhausfachabteilung bzw. vom Internisten oder Röntgenologen zur Abklärung des unklaren Krankheitsbildes erhobenen Befunde[671] grundsätzlich genauso vertrauen wie Kollegen unterschiedlicher Fachrichtungen (insbesondere Chirurg und Anästhesist) auf eine sorgfaltsgemäße Aufgabenerfüllung des jeweils anderen[672]. Für die praxisrelevante Aufgabenabgrenzung zwischen Operateur und Anästhesist gilt hierbei, dass der Chirurg die richtige Diagnose (auch als Grundlage für die Narkose) stellt und darüber entscheidet, „ob, wo und wann der Eingriff durchgeführt werden soll" (unter Einkalkulierung des allgemeinen Narkoserisikos)[673], während der Anästhesist für die präoperative Versorgung des Patienten (einschließlich der Prüfung der Narkosefähigkeit, wozu es „auch gehört, sich von der Nüchternheit des Patienten zu überzeugen", um die „nahe liegende Gefahr der Aspiration zu vermeiden"[674]) sowie für die postoperative Phase bis zur Wiederherstellung der Vitalfunktionen[675] verantwortlich ist. Die Verantwortlichkeitsbegrenzung des einzelnen Arztes entbindet die beteiligten Ärzte freilich nicht von ihrer „Pflicht, durch hinreichende gegenseitige Information und Abstimmung vermeidbare Risiken für den Patienten auszuschließen"[676].

Nach diesen Grundsätzen durfte in **Fall 34** die Anästhesistin darauf vertrauen, dass der Operateur die eigene Tätigkeit sachgemäß mit der des Narkosearztes koordiniert, insbesondere die richtige Diagnose stellt, auf der das Narkoseverfahren aufbaut, und den Narkosearzt rechtzeitig und vollständig über die Anforderungen der beabsichtigten Narkose unterrichtet. Dazu gehörte vorliegend auch der Hinweis an A, dass keine Darmgeräusche vorhanden waren, was auf eine Darmlähmung hindeutete und eine andere Narkoseeinleitung erfordert hätte. A war daher nicht verpflichtet, das Untersuchungsergebnis der Chirurgen zu überprüfen, insbesondere von sich aus nochmals nach Darmgeräuschen zu horchen; eine fahrlässige Tötung seitens der A scheidet somit aus.

---

667 Vgl. nur Prütting/*Duttge*, Medizinrecht, § 222 StGB Rn. 10; *Stratenwerth*, FS Eberhard Schmidt (1961), S. 383 ff.
668 Vgl. zum Vertrauensgrundsatz als Grundlage der Fahrlässigkeitsbewertung in Fällen der Arbeitsteilung nur OLG Köln, NJW-RR 2009, 960; BeckOK-StGB/*Kudlich*, § 15 Rn. 47 f.; *Kraatz*, JR 2009, 182 (183 ff.); Prütting/*Duttge*, Medizinrecht, § 222 StGB Rn. 10; NK-StGB/*Puppe*, Vor § 13 Rn. 162 [bezeichnet den Vertrauensgrundsatz als „Metaregel"]; *Ulsenheimer*, Arztstrafrecht, Rn. 203 ff.
669 *Eberhard Schmidt*, Arzt, S. 193.
670 BGH, VersR 1991, 694 (695); ebenso BGH, NJW 1987, 2293 (2294).
671 BGH, NJW 1989, 1536 (1538); BGH, NJW 1999, 1779 (1780); BGH, NJW 2002, 2944 f.
672 Vgl. BGHSt. 3, 91 (96); BGH, NJW 1980, 649 (650); BGH, NJW 1980, 650 (651 f.); BGH, NJW 1984, 1400 ff.; *Stratenwerth*, FS Eberhard Schmidt (1961), S. 383 (387 ff.); *Ulsenheimer*, Arztstrafrecht, Rn. 207 ff.
673 BGH, NJW 1980, 649 (650).
674 BGH, NJW 1980, 649 (650).
675 BGH, NJW 1980, 650 (651).
676 OLG Naumburg, BeckRS 2014, 05590.

129 Fall 35 (nach BGH, NJW 1998, 1802 ff.): Dr. R und Dr. K, beide Fachärzte für Radiologie und Strahlentherapie, waren gleichberechtigte Partner einer Gemeinschaftspraxis, hatten intern jedoch eine Arbeitsteilung dahingehend vorgenommen, dass Dr. K die Strahlentherapie oblag, während Dr. R in diesem Bereich lediglich Urlaubsvertretungen wahrnahm. Die Fortbildung der beiden Ärzte im Bereich der Strahlentherapie war allenfalls „rudimentär", da sie die Strahlentherapie als unproblematisch ansahen, so dass die Durchführung der Strahlentherapie in der Praxis schon lange nicht mehr dem Stand der Wissenschaft und den einschlägigen Vorschriften entsprach. Insbesondere die zur größtmöglichen Schonung des gesunden Gewebes entwickelten Methoden wurden unzureichend angewandt; eine Dokumentation der Bestrahlungszeiten in den Karteikarten erfolgte nur unzureichend. All dies beanstandete Dr. R mehrfach, erreichte aber keine Änderung der Bestrahlungspraxis. Zudem errechnete Dr. K ursprünglich die erforderlichen Bestrahlungszeiten für das von ihm eingesetzte Telekobaltgerät selbst. Erst als er erfahren hatte, dass er bei Überprüfungen des Gewerbeaufsichtsamtes Bestrahlungszeittabellen benötige, ließ er sich solche von dem Medizinphysiker A mit Hilfe eines Computerprogramms erstellen, um sie vorweisen zu können. Er beabsichtigte jedoch ihre Anwendung vorerst nicht. Bei der Erstellung kam es zu einem nicht mehr aufklärbaren Fehler, der die Erhöhung der Werte um den Faktor 2,2 bewirkte. Dies bemerkten weder A noch Dr. K, der die Tabellen ungeprüft übernommen und nicht einmal eine einfache Plausibilitätskontrolle vorgenommen hatte. Während er zunächst noch nach seiner bisherigen Methode die Bestrahlungszeiten errechnete, ging er zunehmend dazu über, die Tabellen zu verwenden, weshalb es in der Folgezeit in zahlreichen Fällen zu einer Bestrahlung von Patienten mit mehr als der doppelten der medizinisch indizierten und damit einer unvertretbar hohen Dosis bis zur Entdeckung des Fehlers ein Jahr später kam. Dr. R behandelte hierbei Patient P als Urlaubsvertreter nach dem von Dr. K aufgestellten Behandlungsplan in dessen Urlaubszeit weiter. Er prüfte die Indikation zur Behandlung sowie die Feldgröße und Herdtiefe; die Bestrahlungszeiten übernahm er jedoch ungeprüft, da ihm eine Kontrolle weder nötig noch möglich erschien, weil er die Dosisleistung des Geräts nicht kannte. Strafbarkeit von Dr. R bezüglich der Bestrahlung des P?

Begrenzt wird der Vertrauensgrundsatz erst dann, wenn ein „triftiger Anlass zum Nichtvertrauen"[677] besteht (d.h. wenn der „aufgrund bestimmter Anhaltspunkte Zweifel" daran hegt[678]), der andere werde sich unsorgfältig verhalten (z. B. der andere ist grundsätzlich wegen mangelnder Kenntnisse [Anfängeroperation] oder nur in der konkreten Situation aufgrund von Krankheit oder Übermüdung zu einem sorgfältigen Eingriff nach dem Facharztstandard nicht in der Lage)[679]; aus der Einzelverantwortlichkeit wird dann (wieder) eine „Gesamtverantwortung für das Ganze"[680]. Eingeschränkt wird der Vertrauensgrundsatz auch beim Zusammenwirken verschiedener, unverträglicher Fachrichtungen

---
677 BeckOK-StGB/*Kudlich*, § 15 Rn. 48.
678 BGH, NJW 1994, 797 (798); ähnlich BGH, NJW 1989, 1536 (1538): „ins Auge springende Unrichtigkeiten".
679 Vgl. nur BGHSt. 3, 91 (96); BGHSt. 43, 306 (310); OLG Naumburg, MedR 2005, 232 (233).
680 *Ulsenheimer*, Arztstrafrecht, Rn. 204.

oder Behandlungsmethoden, die beiden Ärzten eine zusätzliche Pflicht zur gegenseitigen Abstimmung und Information abverlangt.[681]

In **Fall 35** stellt eine Gammabestrahlung zur Tumorvernichtung mit deutlich erhöhter Dosis wegen der damit verbundenen, regelmäßig wieder abklingenden Nebenwirkungen (Hautrötungen, Übelkeit, Erbrechen) sowie der möglichen Dauerfolgen (Absterben von Gewebe, Vermehrung des Bindegewebes, Mastdarmentzündung, Darmverengung) Gesundheitsschädigungen dar[682] (hierzu oben Rn. 33); eine wirksame Einwilligung des P hierfür scheitert daran, dass sich eine Einwilligung nur auf eine nach dem Stand der medizinischen Wissenschaft durchgeführte Heilbehandlung bezog, die aber nicht erfolgte. Trotz der internen Arbeitsteilung durfte Dr. R nicht auf die Bestrahlungszeiten von Dr. K vertrauen, zumal für ihn nicht ersichtlich war, dass dieser die von dem Medizinphysiker A stammenden Tabellen seinerseits kontrolliert hatte. Vielmehr musste Dr. R den Behandlungsplan selbst überprüfen, zumal durch die mangelhafte Dokumentation sowie dem Umstand, dass die Strahlenbehandlung selbst nicht mehr dem aktuellen Stand der ärztlichen Kunst entsprach, für einen Facharzt ausreichende Anhaltspunkte für ernste Zweifel an der Richtigkeit des Behandlungsplanes vorlagen.[683] Er hat sich daher nach § 229 StGB strafbar gemacht hat.

bb) Vertikale Arbeitsteilung:

Fall 36 (BGH, NJW 1987, 1479): Am Nachmittag des 18.12. verletzte sich P als Torwart bei einem Fußballspiel am rechten Schienbein und wurde um 17 Uhr in das Kreiskrankenhaus eingeliefert, wo der im ersten Jahr seiner chirurgischen Fachausbildung stehende Arzt Dr. N eine geschlossene Unterschenkelfraktur mit beginnendem Tibialis-anterior-Syndrom (akute Durchblutungsstörung der arteria tibialis-anterior mit der Gefahr einer ischämischen Nekrose der prätibialen Muskulatur) diagnostizierte. Dr. N ordnete lediglich das Anlegen einer Fersenbeinextension und das Hochlegen des Beines auf einer Braunschen Schiene nebst Salbenverbänden und Injektionen an, da er angesichts seines Ausbildungsstandes nicht wusste, dass bei einem Tibialis-anterior-Syndrom innerhalb weniger Stunden eine Fascien-Spaltung vorgenommen werden muss. Am Morgen des 19.12. führten Dr. C, Chefarzt der chirurgischen Abteilung und verantwortlicher Arzt für die Ausbildung des Dr. N, Oberarzt Dr. O und Dr. N bei P die Visite durch. Obwohl Dr. C auf Grund seiner wissenschaftlichen Tätigkeit über Spezialkenntnisse verfügte und daher um die Gefahren wissen musste, wenn bei einem Tibialis-anterior-Syndrom nicht innerhalb kürzester Zeit eine Fascien-Spaltung vorgenommen wird, ordnete er diese nicht an. So wurde eine derartige Operation erst am Morgen des 20.12. durch Dr. N unter Assistenz von Dr. O vorgenommen. Infolge der späten Operation starb Muskelgewebe an der Unterschenkelfraktur ab. Aufgrund der starken Schwellung im Wundbereich konnte die Wunde nicht geschlossen werden, so dass wegen einer ausgedehnten sequestrierten Knochenentzündung und fehlender Durchblutung des Schienbeinbruchs schließlich der rechte Unterschenkel amputiert werden musste. Strafbarkeit von Dr. C?

---

681 Vgl. grundlegend BGH, NJW 1999, 1779 (1781).
682 BGH, NJW 1998, 1802 (1803).
683 Ebenso BGH, NJW 1998, 1802 (1803).

Der leitende Arzt (einer Abteilung: in der Regel der **Chefarzt**: sog. „Chefarztprinzip"[684]) schuldet die Erfüllung der sorgfältigen (Facharzt-gerechten) Behandlung der Patienten. Diese kann er selbst vornehmen, er kann die entsprechenden Aufgaben aber auch an das ihm unterstehende ärztliche oder nichtärztliche Personal delegieren oder Kollegen beauftragen, sofern die Aufgabe delegierbar[685] (in der Regel nicht bei Hochrisikopatienten[686]) und nicht höchstpersönlich erfüllbar ist.[687] Der Übernehmende schuldet in derartigen Fällen vertikaler Arbeitsteilung dann selbst die sorgfaltsgerechte Ausführung der übernommenen Aufgabe als eigene (primäre Sorgfaltspflicht), solange ihm diese nicht wieder entzogen wird.[688] Mit der Übernahme darf der leitende Arzt grundsätzlich darauf vertrauen, dass der Untergebene bzw. Beauftragte ihn zutreffend und vollständig informieren und den übernommenen Aufgabenteil mit der gebotenen Sorgfalt ausführen wird (Vertrauensgrundsatz).[689] Beispielsweise besteht dann keine Pflicht des leitenden Arztes zur erneuten Anamnese und eigenständigen Befunderhebung[690] und er haftet nicht, wenn der Untergebene die Behandlung seinen Weisungen zuwider pflichtwidrig ausführt.[691] Die bei ihm verbliebene (sekundäre) Sorgfaltspflicht des Vorgesetzten erschöpft sich dann lediglich in einer sorgfältigen Auswahl, einer ausreichenden Instruktion und einer (zumindest stichprobenhaften) Überwachung des Untergebenen, wobei Auswahl, Instruktion und Überwachung umso sorgsamer ausfallen müssen, je schwerer der Eingriff und je höher das Risiko für den Patienten ist.[692] Insbesondere darf einem bestimmten Untergebenen eine Aufgabe nur dann übertragen werden, wenn der leitende Arzt anhand objektiver Kriterien zum ärztlich vertretbaren Ergebnis gelangt, dass hierdurch für den Patienten kein zusätzliches Risiko besteht, insbesondere weil der Delegat nach seiner Ansicht über ausreichende medizinische Kenntnisse und Fähigkeiten verfügt[693]; hegt er hieran Zweifel, so hat er zumindest Maßnahmen dafür zu treffen, dass der Delegat bei der Aufgabenausführung (etwa der Ausführung einer Operation durch einen Arzt in Ausbildung) von einer anwesenden Person überwacht wird, die ihrerseits über die formale Facharztqualifikation verfügt[694] (wie in **Fall 36** der Dr. N bei der Operation assistierende Oberarzt Dr. O), und er selbst zumindest im Notfall zur Verfügung

---

684 *Ulsenheimer*, Arztstrafrecht, Rn. 251.
685 Vgl. hierzu das Gutachten des Sachverständigenrates zur Begutachtung der Entwicklung im Gesundheitswesen, BT-Drs. 16/6339, S. 59 ff.; Empfehlungen der Bundesärztekammer und der Kassenärztlichen Bundesvereinigung: „Persönliche Leistungserbringung – Möglichkeiten und Grenzen der Delegation ärztlicher Leistungen", Stand: 29. August 2008, DÄBl. 2008, A-2173 ff.
686 Vgl. *Thomas Alexander Peters*, MedR 2002, 227 (230).
687 Prütting/*Duttge*, Medizinrecht, § 222 StGB Rn. 10.
688 Vgl. nur *Ulsenheimer*, in: Laufs/Kern, Handbuch, § 140 Rn. 26.
689 Vgl. nur BGH, MedR 2007, 304 (305); Prütting/*Duttge*, Medizinrecht, § 222 StGB Rn. 10; Frister/Lindemann/*Peters*, Arztstrafrecht, 1. Kap. Rn. 121; *Hoyer*, in: Igl/Welti, Gesundheitsrecht, Rn. 1386; Spickhoff/*Knauer/Brose*, Medizinrecht, § 222 StGB Rn. 50; Sch/Schr/*Sternberg-Lieben/Schuster*, § 15 Rn. 151; *Ulsenheimer*, in: Laufs/Kern, Handbuch, § 140 Rn. 26; *ders.*, Arztstrafrecht, Rn. 250; *Wilhelm*, Jura 1985, 183 (187); *Zwiehoff*, MedR 2004, 364 (370).
690 Thür.OLG, OLG-NL 2004, 97.
691 BGH, NStZ 1983, 263 f.
692 Vgl. nur Prütting/*Duttge*, Medizinrecht, § 222 StGB Rn. 10; Spickhoff/*Knauer/Brose*, Medizinrecht, § 222 StGB Rn. 51; Spickhoff/*Seibl*, MedR 2008, 463 (465).
693 Vgl. nur BGH, NJW 1984, 655 f.; OLG Köln, VersR 1982, 453 f.
694 Vgl. BGH, NJW 1984, 655 f.; OLG Köln, VersR 1982, 453 f.; *Frahm*, VersR 2009, 1576 (1580); Spickhoff/*Knauer/Brose*, Medizinrecht, § 222 StGB Rn. 51.

steht[695]. Zudem hat der leitende Arzt grundsätzliche ex ante notwendig erscheinende organisatorische Vorkehrungen zur Vermeidung der aus einer vertikalen Arbeitsteilung naturgemäß resultierenden Gefahren (insbesondere Kommunikations- und Abstimmungsfehler) zu treffen.[696] Hierzu zählen neben der Pflicht, mindestens einmal wöchentlich bei allen Kranken seiner Abteilung Visite zu machen[697], zahlreiche „Organisationspflichten"[698] wie Dienstanweisungen zur ärztlichen Dokumentation und Aufklärung[699], Personaleinteilungen einschließlich der Organisation des Bereitschaftsdienstes und der Rufbereitschaft, die Aufstellung der Organisationspläne[700], die Sicherstellung der apparativen Ausstattung, Funktionsfähigkeit und Wartung der Geräte sowie die Unterweisung des Personals in der Bedienung der Geräte[701].[702]

Der Vertrauensgrundsatz endet erst (und die sekundäre Sorgfaltspflicht wird wieder zur primären), wenn für den leitenden Arzt ein (gegenüber dem jeder Behandlung innewohnenden abstrakten Risiko) konkret erhöhtes Risiko durch die Arbeitsteilung greifbar wird[703], d. h. wenn die ordnungsgemäße Ausführung der übertragenen Aufgabe durch den Untergebenen für den Vorgesetzten individuell erkennbar zweifelhaft wird[704], etwa wenn ernstliche Zweifel an der vom Untergebenen gestellten Diagnose bestehen[705]. Derartige hätte Dr. C in **Fall 36** im Rahmen der Visite am Morgen des 19.12. aufgrund seiner besonderen Fachkenntnisse hegen müssen, die er nach überwiegender Ansicht (umfassend oben Rn. 121) zum Wohle des Patienten einzusetzen hat, und daher selbst eine sofortige Fascien-Spaltung anordnen müssen. Ist nachgewiesen, dass eine Operation zu diesem Zeitpunkt nicht zu den schließlich eingetretenen schweren Folgen geführt hätte, so hat sich Dr. C nach § 229 StGB strafbar gemacht. **131**

Der **Untergebene bzw. Beauftragte** darf seinerseits grundsätzlich auf das überlegene Fachwissen des leitenden Arztes und damit auf die Pflichtmäßigkeit einer ihm erteilten Weisung vertrauen und diese ausführen[706]; erst wenn ihm nach objektiven Kriterien Zweifel kommen, muss er dies dem Auftraggeber gegenüber mitteilen[707] und nur, wenn er trotz Aufrechterhaltung der Weisung deren Rechtswidrigkeit kennt oder eine solche jedenfalls offensichtlich war, kann ihn bei Ausführung der übertragenen Aufgabe eine strafrechtliche Verantwortlichkeit treffen[708]. Eine derartige trifft ihn gleichfalls, wenn er der ärztlichen Weisung zuwider die Aufgabe pflichtwidrig ausführt oder wenn er eine Aufgabe übernimmt, obgleich er bei sorgfältiger Prüfung hätte erkennen können, dass er zur Aufgabenausführung nicht die erforderlichen Kenntnisse oder Fertigkeiten be- **132**

---

695 *Frahm*, VersR 2009, 1576 (1580).
696 *Prütting/Duttge*, Medizinrecht, § 222 StGB Rn. 10; ebenso *Hart*, FS Laufs (2006) S. 843 (864 f.); *Spickhoff/Knauer/Brose*, Medizinrecht, § 222 StGB Rn. 51.
697 *Ulsenheimer*, Arztstrafrecht, Rn. 251.
698 OVG Nordrhein-Westfalen, ArztR 2006, 50.
699 Vgl. BGH, NJW 1992, 743 f.
700 Vgl. BGH, NJW 1963, 393 (395).
701 Vgl. nur BGH, NJW 1982, 699 f.
702 Umfassend zu diesen Organisationspflichten *Ulsenheimer*, Arztstrafrecht, Rn. 257 ff.
703 *Prütting/Duttge*, Medizinrecht, § 222 StGB Rn. 10; *Kraatz*, JR 2009, 182 (185).
704 Vgl. BGH, MedR 2007, 304 (305); *Prütting/Duttge*, Medizinrecht, § 222 StGB Rn. 10.
705 Vgl. OLG Köln, MedR 2009, 343 (344 f.); *Prütting/Duttge*, Medizinrecht, § 222 StGB Rn. 10.
706 Vgl. nur *Frister/Lindemann/Peters*, Arztstrafrecht, 1. Kap. Rn. 121.
707 Z. B. BGH, NJW 2000, 2754 (2757): Meldung von Hygienemängeln im Krankenhaus.
708 *Hoyer*, in: Igl/Welti, Gesundheitsrecht, Rn. 1386; *Wilhelm*, Jura 1985, 183 (187).

sitzt.⁷⁰⁹ Allerdings darf ein in Ausbildung befindlicher Assistenzarzt grundsätzlich darauf vertrauen, dass der seine Ausbildung leitende Arzt Vorkehrungen für den Fall getroffen hat, dass im Einzelfall die Fertigkeiten des Assistenzarztes doch nicht ausreichen sollten.⁷¹⁰

133 Dieselben Grundsätze gelten im Verhältnis zwischen Arzt und **nichtärztlichen Mitarbeitern**, insbesondere dem Pflegepersonal:

> **Fall 37** (in Abwandlung von LG Waldshut-Tiengen, NStZ 2005, 694 f.): In einer Seniorenresidenz verordnete der leitende Dr. A der Heimbewohnerin H die Verabreichung von Insulin und wies Pfleger S an, dieses der H subkutan zu spritzen. Dr. A vergewisserte sich aber irrtumsbedingt nicht über die Qualifikation des S. Hätte er dies getan, hätte er erfahren, dass S vielmehr gelernter Kfz-Mechaniker war und keinerlei medizinische und pflegerische Ausbildung oder Erfahrung hatte, als er seine Tätigkeit in der Residenz aufnahm, wo er von einer examinierten Altenpflegerin lediglich kurz in die Verabreichung von Spritzen eingewiesen wurde und unter Aufsicht selbst einige Spritzen gesetzt hatte. Über die Qualifikation des S waren H und deren gesetzliche Vertreter nicht unterrichtet worden, als sie in die Verabreichung der Spritzen durch S einwilligten. Die Spritzung wurde von S in medizinisch einwandfreier Weise verabreicht. Strafbarkeit von S und Dr. A?

Delegiert der leitende Arzt eine delegierungsfähige Tätigkeit im Einzelfall (§ 15 BMV-Ärzte⁷¹¹) auf eine nichtärztliche Arbeitskraft und hat er sich vergewissert, dass diese „für die in Frage kommende Maßnahme […] geschult, erprobt, erfahren und zuverlässig" ist⁷¹², so kann er grundsätzlich auf die pflichtgemäße Ausführung der Handlung vertrauen und ihn treffen lediglich sekundäre Sorgfaltspflichten für die sorgfältige Auswahl des Mitarbeiters und für (zumindest stichprobenartige) Überprüfungen der Handlungen des Mitarbeiters⁷¹³; hierneben hat er sich lediglich für den Notfall bereit zu halten. Verlangte der Bundesgerichtshof hierfür früher etwa noch, dass die Krankenschwester nach einer Injektion dem Arzt die Ampulle zeigte⁷¹⁴, so wird man derart hohe Überwachungspflichten angesichts heutzutage gestiegener Ausbildungsstandards nicht mehr verlangen müssen. Erst wenn sich bei einer stichprobenhaften Kontrolle Tendenzen einer unsorgfältigen Arbeitsweise des Hilfspersonals ergeben (z. B. Spuren eines Liegegeschwürs [Dekubitus]⁷¹⁵), hat der leitende Arzt die Überwachung zu intensivieren, entsprechende Weisungen zu erteilen und für eine ausreichende Fortbildung zu sorgen.⁷¹⁶

134 Nicht delegierungsfähig an nichtärztliche Mitarbeiter sind hierbei jedoch medizinische Aufgaben mit einem gesetzlichen Arztvorbehalt (z. B. §§ 218a I Nr. 2

---

709 Vgl. nur OLG Zweibrücken, NJW-RR 1999, 611 (612); Spickhoff/*Knauer/Brose*, Medizinrecht, § 222 StGB Rn. 53.
710 Spickhoff/*Knauer/Brose*, Medizinrecht, § 222 StGB Rn. 53.
711 Vgl. hierzu *Peikert*, MedR 2000, 352 ff.
712 *Eberhard Schmidt*, Arzt, S. 193.
713 Vgl. nur *Ulsenheimer*, Arztstrafrecht, Rn. 278 ff.
714 BGHSt. 6, 283 (286 f.).
715 Vgl. *Rumler-Detzel*, VersR 1994, 254 (257).
716 Vgl. nur *Kamps*, Arbeitsteilung, S. 184 f.; *Ulsenheimer*, Arztstrafrecht, Rn. 280.

StGB, 9 ESchG, 13 I BtMG) oder wenn die Ausführung durch nichtärztliches Personal für den Patienten ein erhöhtes Risiko bedeuten würde, weil eine ordnungsgemäße Ausführung dieser Tätigkeit wegen ihrer Schwierigkeit, Gefährlichkeit oder Unvorhersehbarkeit etwaiger körperlicher Reaktionen (sog. Komplikationsdichte) grundsätzlich ärztliche Kenntnisse oder Kunstfertigkeiten voraussetzt[717]: Nicht auf nichtärztliches Personal delegierbar sind daher die Anamnese, körperliche Untersuchungen, die Diagnose, die Erstellung des Therapieplanes, die Aufklärung vor dem Eingriff, Auswahl und Dosierung der Medikamente, die Operation oder auch nur die Narkose. Grundsätzlich delegierungsfähig sollen dagegen die Leistungen der Grundpflege[718], die Durchführung von Lateruntersuchungen, Blutentnahmen oder die Wundversorgung sein[719], die Verabreichung von Injektionen und Infusionen[720] dagegen nur insoweit, als der Arzt sich von der entsprechenden Qualifikation des nichtärztlichen Mitarbeiters in der Punktions- und Injektionstechnik überzeugt hat[721], wobei noch einmal zu differenzieren ist: Intramuskuläre Injektionen können approbierten Pflegekräften bei hinreichender Überwachung und Beaufsichtigung übertragen werden[722]. Intravenöse Injektionen sowie Infusionen und Blutentnahmen aus der Vene können nur auf erfahrenes und hierzu speziell geschultes Pflegepersonal[723] übertragen werden, und das nur, „sofern wegen der Art der Erkrankung und der Lokalisierung der Spritze keine besonderen Komplikationen drohen"[724].

Hiernach hat S in **Fall 37** bewusst eine Tätigkeit übernommen, von der er erkennen konnte, dass er hierzu nicht die erforderlichen Fertigkeiten besaß. Eine rechtfertigende Einwilligung scheitert an einer ordnungsgemäßen Aufklärung, da H und ihr gesetzlicher Vertreter nicht über die Nicht-Qualifikation des S und damit über das erhöhte Risiko einer Spritzung gerade durch S aufgeklärt worden sind. Soweit S dennoch davon ausging, die Spritzung sei rechtmäßig, befand er sich in einem vermeidbaren Verbotsirrtum (§ 17 StGB), so dass er sich nach § 223 I StGB strafbar gemacht hat. Dr. A dagegen delegierte die Tätigkeit der Spritzung an S, sich fahrlässigerweise nicht ausreichend über die hierfür auch vorhandene Qualifikation des S vergewissernd. Er hat sich somit nach § 229 StGB strafbar gemacht.

---

717 Vgl. nur BGH, NJW 1975, 2245 (2246); *Frahm*, VersR 2009, 1576 (1580); Spickhoff/*Knauer/Brose*, Medizinrecht, § 222 StGB Rn. 52; *Spickhoff/Seibl*, MedR 2008, 463 (465 ff.); vgl. hierzu auch die Empfehlungen der Bundesärztekammer und der Kassenärztlichen Bundesvereinigung: „Persönliche Leistungserbringung – Möglichkeiten und Grenzen der Delegation ärztlicher Leistungen", Stand: 29. August 2008, DÄBl. 2008, A-2173 ff.
718 Vgl. nur *Bergmann*, MedR 2009, 1 (4); *Frister/Lindemann/Peters*, Arztstrafrecht, 1. Kap. Rn. 112.
719 Abschnitt VII. der Empfehlungen der Bundesärztekammer und der Kassenärztlichen Bundesvereinigung: „Persönliche Leistungserbringung – Möglichkeiten und Grenzen der Delegation ärztlicher Leistungen", Stand: 29. August 2008, DÄBl. 2008, A-2173 ff.
720 *Ulsenheimer*, Arztstrafrecht, Rn. 280 und 286 ff.
721 *Frahm*, VersR 2009, 1576 (1580); *Frister/Lindemann/Peters*, Arztstrafrecht, 1. Kap. Rn. 109; *Rieger*, MedR 1994, 7 (8).
722 Vgl. nur BGH, VersR 1960, 19; BGH, NJW 1979, 1935 (1936); BGH, VersR 1981, 131 f.; OLG Köln, VersR 1987, 207 f.; *Rumler-Detzel*, VersR 1994, 254 (258); *Ulsenheimer*, Arztstrafrecht, Rn. 287.
723 OLG Köln, MedR 1987, 192 (194).
724 LG Berlin, PflR 1997, 30 (31).

2. Objektive Vorhersehbarkeit

135 Die konkrete Tatbestandsverwirklichung (einschließlich der groben Züge des konkreten (!) Kausalverlaufs) muss für den Täter vorhersehbar (und damit vermeidbar) sein, wobei nach überwiegender Fahrlässigkeitsdogmatik auf Tatbestandsebene ein rein objektiver Maßstab anzulegen ist.[725] Zu verneinen ist die objektive Vorhersehbarkeit insbesondere bei einem außerhalb jeder Lebenswahrscheinlichkeit liegenden Geschehensablauf.[726]

III. Pflichtwidrigkeitszusammenhang

136 Nach dem Gesetzeswortlaut der §§ 222, 229 StGB muss der jeweils tatbestandliche Erfolg gerade „durch Fahrlässigkeit" verursacht worden sein, d. h. bei wertender Betrachtungsweise muss der Erfolg gerade auf diejenigen Umstände zurückzuführen sein, die die Sorgfaltswidrigkeit des Täters begründen, „seinen Grund [also] gerade in der objektiven Pflichtverletzung haben"[727] (sog. Pflichtwidrigkeitszusammenhang oder Ursächlichkeit „im strafrechtlichen Sinne"[728]).[729] Hieran scheitert es neben den Fällen eigenverantwortlicher Selbstgefährdung des Patienten (insbesondere im Drogenbereich, so wie in **Fall 16**: oben Rn. 57), wenn der gleiche Erfolg mit Sicherheit auch bei pflichtgemäßem Verhalten eingetreten wäre (sog. rechtmäßiges Alternativverhalten[730]: z. B. Aufklärung der Ex-Frau des Patienten über dessen unheilbare Krankheit nach ausdrücklicher Ermächtigung des Patienten mit der Folge einer Depression der Ex-Frau, wenn der Patient seinen Bekanntenkreis sowieso informieren wollte[731]) und damit für den Täter gar nicht vermeidbar war (so dass der Erfolg dann nicht „sein Werk" ist und es am Erfolgsunwert des pflichtwidrigen Verhaltens fehlt[732]). Weil es sich bei der Betrachtung, wie sich das Geschehen bei sorgfaltsgemäßen Verhalten weiterentwickelt hätte, naturgemäß um eine bloße Hypothese handelt, kann es niemals eine absolute Gewissheit geben[733], so dass der Tatrichter sich (auch nach sachverständiger Beratung) zumeist kaum sicher sein kann:

> **Fall 38** (nach BGH, StV 1994, 425): Neurochirurg N nahm zur Resektion eines Tumors an der Hypophyse einen operativen Eingriff vor, an dessen Folgen Patient P trotz kunstgerecht durchgeführten Eingriffs verstarb. N hatte bei seiner Diagnose nämlich sorgfaltswidrig nicht erkannt, dass es sich bei dem Tumor um ein Prolactinom handelte, das nach verbreiteter und anerkannter Methode zur Verbesserung späterer Heilungschancen medikamentös vorbehandelt wird. Ob P bei medikamentöser Vorbehandlung die Operation

---

725 Vgl. nur *Fischer*, § 15 Rn. 17; *Jescheck/Weigend*, AT, S. 586 f.
726 Vgl. nur BGHSt. 3, 62 (64); BGHSt. 12, 75 (78); BGH, NJW 2004, 237 (239).
727 BGH, NJW 2000, 2754 (2757).
728 BGHSt. 11, 1 (7).
729 Vgl. nur BGHSt. 11, 1 (7); BGHSt. 33, 61 (63); BGHSt. 49, 1 (3 f.); *Fischer*, § 15 Rn. 16c; *Rengier*, AT, § 52 Rn. 26 ff.; *Ulsenheimer*, in: Laufs/Kern, Handbuch, § 140 Rn. 32.
730 Vgl. BGHSt. 11, 1 (7); BGHSt. 30, 228 (230); BGHSt. 33, 61 (64); BGHSt. 45, 270 (295); BGHSt. 49, 1 (4); BGH, MedR 2004, 386 (387); *Kretschmer*, Jura 2000, 267 (274); *Wessels/Beulke/Satzger*, AT, Rn. 953 ff.
731 BGH, NJW 2014, 2190.
732 *Kretschmer*, Jura 2000, 267 (274).
733 Prütting/*Duttge*, Medizinrecht, § 222 StGB Rn. 19.

überlebt hätte, hält der Tatrichter zwar für möglich, doch nicht für hinreichend sicher. Strafbarkeit des N?

137 Nach der Rechtsprechung[734] und der überwiegenden Ansicht im Schrifttum[735] kann der tatbestandliche Erfolg dem Täter nur angelastet werden, wenn der strafrechtlich relevante Erfolg bei pflichtgemäßem Handeln mit an Sicherheit grenzender Wahrscheinlichkeit verhindert worden wäre (sog. **Vermeidbarkeitstheorie**); bestünden hieran konkrete (d. h. nicht nur bloß gedanklich-mögliche) Zweifel und damit für einen Pflichtwidrigkeitszusammenhang allenfalls eine hohe Wahrscheinlichkeit, so sei der Täter – wie in **Fall 38** – in dubio pro reo freizusprechen.

138 Nach der von *Roxin*[736] begründeten, im Schrifttum[737] zunehmend vertretenen **Risikoerhöhungslehre** reiche es für den Pflichtwidrigkeitszusammenhang dagegen bereits aus, wenn das pflichtwidrige Verhalten des Täters das Risiko des tatbestandlichen Erfolgseintritts wesentlich erhöhe, selbst wenn der Erfolg möglicherweise auch bei Einhaltung der erforderlichen Sorgfalt eingetreten wäre. Hiernach wäre N in **Fall 38** wegen Überschreitung des erlaubten Risikos und damit wegen der Erhöhung der tolerierbaren Gefahr nach § 222 StGB zu bestrafen. Hierfür spricht zwar der Rechtsgüterschutz, der vergrößert würde, wenn bereits jede „typische Gefahr"-Schaffung für eine Rechtsgutsverletzung ausreichen würde[738], seien die Sorgfaltsnormen doch auch gerade dann zur Wahrung der (letzten) Rettungschance einzuhalten, selbst wenn deren Einhaltung die Chance der Rechtsgutsbewahrung konkret lediglich erhöht, nicht aber auch mit Sicherheit gewährleistet. Auch der gängige Vorwurf eines Verstoßes gegen den Grundsatz in dubio pro reo[739] lässt sich dadurch ausräumen, dass es nachweislich zu einer Risikoerhöhung gekommen sein müsse, also nicht nur die abstrakte Möglichkeit einer Risikoerhöhung bestanden habe[740]. Gegen die Risikoerhöhungslehre ist aber einzuwenden, dass das Gesetz einen Zusammenhang nicht nur zwischen der Handlung des Täters und der Risikosteigerung, sondern gerade zwischen der Handlung und dem Erfolg fordert. So muss bei § 222 StGB der Täter durch seine Handlung gerade den Tod eines Menschen verursacht haben; die bloße Risikosteigerung einer Todesgefahr genügt ausweislich des klaren Gesetzeswortlauts gerade nicht. Mit der Risikoerhöhungslehre müsste ein Täter also bereits bestraft werden, wenn er das deliktische Handlungsunrecht verwirklicht (Erhöhung des Risikos) und der Erfolg – warum auch immer – eintritt.

---

734 BGHSt. 11, 1 (4 ff.); BGHSt. 30, 228 (230); BGHSt. 37, 106 (127); BGHSt. 49, 1 (4); BGH, NStZ 2004, 151.
735 *Dencker*, JuS 1980, 210 (212); *Prütting/Duttge*, Medizinrecht, § 222 StGB Rn. 19; *Kraatz*, Fahrlässige Mittäterschaft, S. 345 ff.; *Krümpelmann*, GA 1984, 491 ff.; *Lampe*, ZStW 71 (1959), 579 (603); *Rengier*, AT, § 52 Rn. 33; *Ulsenheimer*, JZ 1969, 364 (366 ff.).
736 ZStW 74 (1962), 411 ff.
737 *Jescheck/Weigend*, AT, S. 585; *Lackner/Kühl/Kühl*, § 15 Rn. 44; *Roxin*, AT I, § 11 Rn. 72 ff.; *Otto*, FS Maurach (1972), S. 71 (101 ff.); *Ranft*, NJW 1984, 1425 ff.; *Schünemann*, GA 1999, 226 f.; *Stratenwerth*, FS Gallas (1973), S. 227 (239).
738 *Ranft*, NJW 1984, 1425 (1426).
739 So MüKo-StGB/*Duttge*, § 15 Rn. 182; *Gössel*, in: *Maurach/Gössel/Zipf*, AT 2, § 43 Rn. 129; *Wessels/Beulke/Satzger*, AT, Rn. 962.
740 So ausdrücklich *Jescheck/Weigend*, AT, S. 585; *Roxin*, ZStW 74 (1962), 411 (432); ders., AT I, § 11 Rn. 81.

Hiermit würde die tatbestandliche Rechtsgutsverletzung aber zur bloßen objektiven Bedingung der Strafbarkeit verkommen. Die Anhänger der Risikoerhöhungslehre verzichten bei Erfolgsdelikten also auf das tatbestandliche Erfolgsunrecht und deuten so contra legem Erfolgsdelikte in erfolgsbedingte Gefährdungsdelikte um.[741] Dies ist abzulehnen. Eine Strafbarkeit des N in **Fall 38** entfällt.

IV. Schutzzweckzusammenhang

139

> **Fall 39** (nach BGHSt. 21, 59 ff. – „Myokarditis-Fall"): Zahnarzt Dr. Z zog der an starker Fettsucht leidenden Frau W unter Vollnarkose zwei Backenzähne. Obwohl W ihm mitgeteilt hatte, sie habe „etwas am Herzen", zog er keinen Internisten hinzu. Nach Abschluss der ca. 4 Minuten dauernden Behandlung verfärbte sich W im Gesicht; Puls, Atemtätigkeit und Pupillenreaktionen ließen nach. Trotz sofortiger Sauerstoffbeatmung und einer Herzmassage starb W schließlich infolge eines akuten Herzstillstands infolge der Vollnarkose. Die Obduktion ergab, dass W an einer chronischen Entzündung des Herzmuskels (isolierte Myokarditis) litt. Selbst wenn Dr. Z erst einen Internisten hinzugezogen hätte und dann unter Beachtung der erforderlichen Sorgfalt die Zähne gezogen hätte, hätte die Möglichkeit bestanden, dass W diese Behandlung nicht überstanden hätte, jedoch wäre die Behandlung (und damit der Todeseintritt der W) infolge der vorherigen internistischen Untersuchung deutlich später erfolgt. Strafbarkeit des Dr. Z?

Der Erfolg muss nicht nur auf dem pflichtwidrigen Verhalten des Täters beruhen (Pflichtwidrigkeitszusammenhang), sondern er muss auch in den Schutzbereich der verletzten Norm (Sorgfaltspflicht) fallen (sog. Schutzzweckzusammenhang)[742], was bei Behandlungs- und Aufklärungsfehlern im Arztstrafrecht eine „erhebliche praktische Relevanz" besitzt[743]. So lässt sich in **Fall 39** zwar nicht mit an Sicherheit grenzender Wahrscheinlichkeit feststellen, dass die Hinzuziehung eines Internisten das Leben der Frau W gerettet hätte, sie hätte jedoch jedenfalls das Leben der W verlängert und grundsätzlich reicht selbst eine noch so kurzfristige Beschleunigung des Todeseintritts als Todesverursachung aus[744], für die die Pflichtverletzung des Dr. Z ursächlich war (Pflichtwidrigkeitszusammenhang). Die Pflicht zur Hinzuziehung eines Facharztes dient jedoch nicht dem Zweck, die Vornahme einer Operation hinauszuschieben[745], so dass die Beschleunigung des Erfolgseintritts nicht in den Schutzbereich der verletzten Norm

---

741 *Kraatz*, Fahrlässige Mittäterschaft, S. 346 f.; ebenso MüKo-StGB/*Duttge*, § 15 Rn. 182; *Prütting/ders.*, Medizinrecht, § 222 StGB Rn. 19; *Ebert/Kühl*, Jura 1979, 572; *Gössel*, in: *Maurach/Gössel/Zipf*, AT 2, § 43 Rn. 129; *Rengier*, AT, § 52 Rn. 35.
742 Vgl. nur BGH, NJW 2004, 237 (239); *Kühl*, AT, § 17 Rn. 68 ff.; BeckOK-StGB/*Kudlich*, § 15 Rn. 55; *Rengier*, AT, § 52 Rn. 37 ff.; *Roxin*, AT I, § 24 Rn. 41 ff.
743 *Ulsenheimer*, in: Laufs/Kern, Handbuch, § 140 Rn. 45.
744 Vgl. nur BGHSt. 21, 59 (61); BGHSt. 42, 301 (305); BGH, NStZ 1981, 218; *Fischer*, § 212 Rn. 3a; Spickhoff/*Knauer/Brose*, Medizinrecht, §§ 211, 212 StGB Rn. 14; *Lackner/Kühl/Kühl*, § 212 Rn. 2.
745 *Frister/Lindemann/Peters*, Arztstrafrecht, 1. Kap. Rn. 145 f.; *Hardwig*, JZ 1968, 289 (291 f.); Spickhoff/*Knauer/Brose*, Medizinrecht, §§ 211, 212 StGB Rn. 14; *Kühl*, AT, § 17 Rn. 74; *Ulsenheimer*, Arztstrafrecht, Rn. 518; *ders.*, in: Laufs/Kern, Handbuch, § 140 Rn. 45; LK/*Walter*, Vor § 13 Rn. 96.

fällt und eine Strafbarkeit nach § 222 StGB somit ausscheidet. Anders wäre es lediglich, wenn statt der Operation eine andersartige und weniger gefährliche medizinische Maßnahme (konservative Behandlung) mit dem Ziel einer Lebensverlängerung angebracht gewesen wäre[746]. Im gleichen Sinne vermag zwar ein frühzeitiger Kaiserschnitt während der Geburt natürliche Geburtsstunden über viele Stunden zu vermeiden, die ärztliche Pflicht zur Durchführung eines Kaiserschnitts dient jedoch einzig der Abwendung einer Lebens- oder Gesundheitsgefahr der Schwangeren und des ungeborenen Kindes, so dass § 229 StGB auch hier ausscheidet.[747] Gleiches gilt für Schockschäden bei anderen Personen, insbesondere nervliche Verletzungen mit Krankheitswert (bis zum tödlichen Zusammenbruch) beim Tod eines Angehörigen.[748]

V. Schuld

Geht man mit der überwiegenden Ansicht von einer zweigeteilten Fahrlässigkeitsprüfung aus (oben Rn. 113a), so erfordert die Schuldprüfung die subjektive Fahrlässigkeitsprüfung, ob der konkrete Täter bei Begehung der Tat nach seinen persönlichen Kenntnissen und Fähigkeiten in der Lage war, die Sorgfaltspflicht zu erfüllen (subjektive Sorgfaltspflichtverletzung) und die Tatbestandsverwirklichung vorauszusehen (subjektive Vorhersehbarkeit). Fehlen kann es hieran insbesondere bei Fehlverhalten infolge unvorhersehbaren Komplikationen einer überraschend doch schwierigeren Operation[749], bei plötzlichen Leistungsabbrüchen, bei Müdigkeit oder bei besonderer psychischer Belastung (z. B. sehr lange Diensttätigkeit) oder bei Erfahrungsmängeln[750], wenngleich dann jeweils an eine Übernahmefahrlässigkeit zu denken ist.

Zu den herkömmlichen Entschuldigungsgründen (§§ 33, 35 StGB) tritt bei den Fahrlässigkeitsdelikten die Unzumutbarkeit normgemäßen Verhaltens, wenngleich deren Voraussetzungen streng sind: Es bedarf besonderer Umstände, die den Normadressaten bei Abwägung der betroffenen Interessen die Erfüllung der Sorgfaltspflicht in einem außergewöhnlichen Maße erschweren[751], insbesondere Gefahren für Gesundheit oder Leben des Patienten, die etwa einem Assistenzarzt die Erfüllung der Anordnungen eines Chefarztes unzumutbar machen können[752].

§ 5 Verweigerung der Behandlung

Der den tatbestandlichen Erfolg begründende Vorwurf an den Arzt kann nicht nur in einem aktiven Tun, sondern auch in einem Unterlassen (z. B. nicht rechtzeitige Einweisung in das Krankenhaus oder zu späte operative Behandlung)

---
746 Sch/Schr/*Sternberg-Lieben*/*Schuster*, § 15 Rn. 160.
747 *Sommer/Tsambikakis*, in: Terbille, Anwaltshandbuch, § 3 Rn. 94.
748 Vgl. nur *Rengier*, AT, § 52 Rn. 43.
749 *Ulsenheimer*, Arztstrafrecht, Rn. 564 f.
750 Vgl. nur MüKo-StGB/*Duttge*, § 15 Rn. 204; BeckOK-StGB/*Kudlich*, § 15 Rn. 65 f.; *Rengier*, AT, § 52 Rn. 84.
751 Vgl. nur BeckOK-StGB/*Kudlich*, § 15 Rn. 68 f.; *Rengier*, AT, § 52 Rn. 87; *Ulsenheimer*, in: Laufs/Kern, Handbuch, § 140 Rn. 80.
752 Vgl. BGH, NJW 1984, 655 (657); Spickhoff/*Knauer/Brose*, Medizinrecht, § 222 StGB Rn. 73.

liegen, das neben dem echten Unterlassungsdelikt des § 323c I StGB bei Vorliegen einer Garantenstellung iSd § 13 I StGB sogar wegen eines echten Unterlassungsdelikts strafbar sein kann.

I. Abgrenzung von Tun und Unterlassen

141a Wegen der gegenüber einem parallelen Begehungsdelikt anderen, zumeist erhöhten Strafbarkeitsanforderungen beim Unterlassungsvorwurf kann ein Verhalten, je nachdem, ob es als aktives Tun oder als Unterlassen eingestuft wird, als strafbar oder straflos anzusehen sein; zumindest entscheidet die Einstufung über die Möglichkeit einer Strafmilderung nach § 13 II StGB. Umso bedauerlicher ist, dass die Abgrenzung zwischen Tun und Unterlassen noch immer nicht abschließend geklärt ist und in der arztstrafrechtlichen Praxis nicht nur in den Fällen der Sterbehilfe (unten Rn. 182), sondern insbesondere bei Fahrlässigkeitsdelikten (**Fall 40**) Schwierigkeiten bereitet. Denn definiert man fahrlässiges Verhalten als Außerachtlassung der im Verkehr erforderlichen Sorgfalt, so liegt in letzterem und damit in jeder Fahrlässigkeitstat ein „Unterlassungsmoment"[753]. Hieraus aber den Schluss zu ziehen, „jede Fahrlässigkeit" sei „eine Unterlassung pflichtgemäßen Handelns"[754] und eine fahrlässige Normverletzung durch positives Tun gebe es nicht[755], wäre verfehlt, da jeder Straftat eine Vermeidungsmöglichkeit innewohnt[756] und „zwischen dem Arzt, der fahrlässig handelt, und dem Arzt, der trotz Garantenstellung pflichtwidrig etwas nicht tut", ein „beachtlicher Unterschied" besteht: „Für letzteren gilt das Gebot, überhaupt tätig zu werden, während ersterer nur verpflichtet ist, die begonnene Handlung zum Zwecke der Rechtsguterhaltung sachgemäß vorzunehmen"[757]. Bei Fahrlässigkeitsdelikten ist daher wie bei Vorsatzdelikten zwischen Tun und Unterlassen zu unterscheiden, nur wird diese Unterscheidung wegen der Nähe der Fahrlässigkeitsdelikte zu den Unterlassungsdelikten nur selten eindeutig sein:

> **Fall 40** (nach BGH, NStZ 2003, 657 f.): Prof. Dr. L war Leiter der Klinik für Thorax-, Herz- und Gefäßchirurgie an der Universitätsklinik. Weder bei seiner Einstellung noch nach der Einführung regelmäßiger Vorsorge- und Kontrolluntersuchungen auf Hepatitis B in den 1980er-Jahren wurde L auf Hepatitis geprüft oder ließ sich – wie sein Stellvertreter alle zwei Jahre – freiwillig darauf prüfen. So wusste er nicht, dass er sich spätestens im Jahre 1992 mit Hepatitis B infizierte, da sich Krankheitssymptome nicht einstellten. Bei der Vielzahl der von ihm operierten Personen infizierte er zwischen 1994 und 1998 bei Herzoperationen zwölf seiner Patienten. Bei einigen kam es zu erheblichen gesundheitlichen Beschwerden; in drei Fällen verlief die Infektion chronisch. Strafbarkeit des L?

---

753 *Jescheck*, ZStW 77 (1965), 109 (145); *Radbruch*, ZStW 24 (1904), 333 (346 f.); *Roxin*, ZStW 74 (1962), 411 (415).
754 *Röhl*, JA 1999, 895 (900 f.).
755 *Röhl*, JA 1999, 600 (604).
756 Vgl. nur BGH, NStZ 2003, 657 (658); *Jakobs*, AT, 9/6; *Kraatz*, Fahrlässige Mittäterschaft, S. 107 f.; *Roxin*, AT I, § 24 Rn. 12.
757 *Ulsenheimer*, in: Laufs/Kern, Handbuch, § 140 Rn. 12.

Die Rechtsprechung[758] und Teile des Schrifttums[759] erblicken in der Abgrenzung zwischen Tun und Unterlassen eine Wertungsfrage, die nicht nach rein äußeren oder formalen Kriterien zu entscheiden sei, sondern eine normative Betrachtung nach dem **Schwerpunkt der Vorwerfbarkeit** unter Berücksichtigung des sozialen Handlungssinns verlange. Hiergegen spricht aber, dass es bei dieser („Leer-")Formel an handhabbaren Kriterien fehlt und dies daher darauf hinausläuft, in den Fällen, in denen im Einzelfall eine Straflosigkeit oder geringere Strafe vom Gericht als angebracht erscheint, den Schwerpunkt der Vorwerfbarkeit als Unterlassen einfach zu behaupten.[760]

Aus diesem Grund werden von Teilen der Literatur andere, teils aus vorrechtlichen Strukturen, teils aus normativen Erwägungen abgeleitete Kriterien herangezogen[761], wobei überwiegend (zu Recht) aktives Tun im Einsatz von Energie in Form einer gewillkürten Muskelanspannung in eine bestimmte Richtung gesehen wird, die **einen Kausalprozess in Gang setze**; lasse der Täter den Dingen dagegen nur ihren Lauf, unterlasse er etwas.[762] In **Fall 40** hat L die Patienten durch die Herzoperationshandlungen und damit durch aktives Tun angesteckt und sich einer fahrlässigen Körperverletzung in zwölf Fällen schuldig gemacht; das Unterlassen von Kontrolluntersuchungen ändert als „Unterlassungsmoment" der Sorgfaltspflichtverletzung am Begehungscharakter nichts.[763]

II. Unechtes Unterlassungsdelikt

1. Unterlassen und Aufbauschema

Das unechte Unterlassungsdelikt verlangt nach § 13 I StGB, dass der Täter eine ihm mögliche, gebotene Handlung unterlässt, er (bei Erfolgsdelikten) durch sein Unterlassen den tatbestandlichen Erfolg eines Strafgesetzes verursacht, obwohl er rechtlich dafür einzustehen hat, dass der Erfolg nicht eintritt, und der Unrechtsgehalt seines Unterlassens bei wertender Betrachtung dem parallelen Begehungsunrecht entspricht (sog. Modalitätenäquivalenz). Hieraus ergibt sich folgendes Aufbauschema:

Aufbauschema (Das unechte Unterlassungsdelikt)
I. Tatbestandsmäßigkeit
   1. Objektiver Tatbestand
      a) Erfolgseintritt
      b) Unterlassen der rechtlich gebotenen Handlung (inkl. Abgrenzung von Tun und Unterlassen)
      c) trotz physisch-realer Möglichkeit

---

758 BGHSt. 6, 46 (59); BGHSt. 52, 159 (163); BGH, NStZ 1999, 607; BGH, NStZ 2003, 657; BGH, NJW 2010, 1087 (1090).
759 *Fischer*, § 13 Rn. 5; *Kühne*, NJW 1991, 3020; Sch/Schr/*Stree/Bosch*, Vor § 13 Rn. 158; *Tag*, Körperverletzungstatbestand, S. 385 ff.; *Ulsenheimer*, in: Laufs/Kern, Handbuch, § 140 Rn. 13; *Wessels/Beulke/Satzger*, AT, Rn. 987.
760 Vgl. zur Kritik an der „Schwerpunktformel" nur MüKo-StGB/*Freund*, § 13 Rn. 5 ff.; *Jakobs*, AT, 28/4; *Kühl*, AT, § 18 Rn. 14; NK-StGB/*Wohlers/Gaede*, § 13 Rn. 7.
761 Umfassend zu den einzelnen Ansätzen *Lackner/Kühl/Kühl*, § 13 Rn. 3.
762 *Führ*, Jura 2006, 265 (267); *Gössel*, ZStW 96 (1984), 321 (326 f.); *Jescheck/Weigend*, AT, S. 603; *Kraatz*, Fahrlässige Mittäterschaft, S. 108; *Otto*, Jura 2000, 549 (550).
763 BGH, NStZ 2003, 657 (658); zustimmend *Kraatz*, Fahrlässige Mittäterschaft, S. 108; *Wessels/Beulke/Satzger*, AT, Rn. 987.

> d) hypothetische Kausalität
> e) objektive Zurechnung
> f) Garantenstellung
> g) Gleichstellungsklausel
>
> **2. Subjektiver Tatbestand**: Vorsatz
>
> II. **Rechtswidrigkeit**: evtl. rechtfertigende Pflichtenkollision
> III. **Schuld**: inkl. Zumutbarkeit

2. Garantenstellung

143 Maßgebliches Kriterium des unechten Unterlassungsdelikts sind die tatsächlichen Voraussetzungen der Garantenpflicht zur Erfolgsabwendung, die herkömmlich als „Garantenstellung" bezeichnet werden.[764]

> **Fall 41** (nach BGH, NStZ 1985, 409 f.): Patientin P war aufgrund einer Blutgefäßsklerose schwer herzkrank und litt seit einem Herzinfarkt an einer Herzinsuffizienz mit Herzrhythmusstörungen. Als sich am Samstagabend ihr Befinden verschlechterte und sie über Herzschmerzen, Schmerzen im linken Arm sowie allgemeinem Unwohlsein klagte, rief ihre Tochter T gegen 0.30 Uhr Dr. A an, der während des Wochenendes Bereitschaftsdienst hatte. T unterrichtete ihn über den Zustand ihrer Mutter und bat um einen sofortigen Hausbesuch. Nachdem er erfahren hatte, dass P seit Jahren herzkrank war, bat er, T solle die P in seine Praxis fahren. Als T erwiderte, dies sei unmöglich, riet er, T solle die P zumindest mit dem Taxi ins nächste Krankenhaus fahren. Weitere Anweisungen, insbesondere über eine sofortige Überführung ihrer Mutter in ein Krankenhaus, gab Dr. A nicht. Nach dem Telefonat war T ratlos und brachte P zunächst ins Schlafzimmer, wo sich deren Zustand verschlimmerte. Der Schwiegersohn verständigte den Malteser-Hilfsdienst, der P sofort ins nächste Krankenhaus brachte, wo P nach anfänglicher Besserung verstarb. Ihr Tod wäre zu diesem Zeitpunkt wahrscheinlich auch eingetreten, wenn T die P nach dem Telefonat mit Dr. A umgehend ins Krankenhaus gefahren hätte. Strafbarkeit des Dr. A?

Eine Garantenstellung kann sich nicht bereits aus der für jedermann geltenden Handlungspflicht (des § 323c I StGB) ergeben[765], sondern als besondere Pflichtenstellung für den behandelnden Arzt primär aus der **tatsächlichen Übernahme der Behandlung**[766]. Auf die zivilrechtliche Wirksamkeit eines Behandlungsvertrages kommt es hierbei nicht an, sondern lediglich darauf, ob die vertraglichen Pflichten tatsächlich aufgenommen wurden[767]: Sobald der Patient im Wartezim-

---

[764] Vgl. nur *Lackner/Kühl/Kühl*, § 13 Rn. 6.
[765] Vgl. *Lackner/Kühl/Kühl*, § 13 Rn. 7.
[766] Vgl. nur RGSt. 74, 350 (354); BGHSt. 7, 211 (212); OLG Köln, NJW 1991, 764; BeckOK-StGB/*Heuchemer*, § 13 Rn. 48; *Lackner/Kühl/Kühl*, § 13 Rn. 9; Sch/Schr/*Stree/Bosch*, § 13 Rn. 28a; *Ulsenheimer*, Arztstrafrecht, Rn. 138 ff. Eine bloße Beratung nach § 219 StGB begründet unstreitig jedoch noch keine umfassende Garantenstellung, da sich die Beratung „in der Aufklärung der Schwangeren über alle Gesichtspunkte [erschöpft], die aus ärztlicher Sicht für das Austragen oder Abbrechen der Schwangerschaft von Bedeutung sind" (BGH, NJW 1983, 350 [351]).
[767] BGHSt. 7, 211 (212); BGHSt. 47, 224 (229); BeckOK-StGB/*Heuchemer*, § 13 Rn. 46.

§ 5 Verweigerung der Behandlung

mer Platz genommen hat und nicht abgewiesen wurde[768] bzw. die Schwangere im Kreißsaal erscheint, trifft den behandelnden Arzt (oder die Hebamme[769]) eine Garantenstellung[770], erweckt er mit der Fallübernahme doch „in der Regel das Vertrauen, [er] werde dem Patienten unter Einsatz seiner ärztlichen Kenntnisse und Fähigkeiten beistehen, ihn weiter behandeln und notfalls weitere Hilfsmaßnahmen, zu denen er selbst nicht in der Lage ist, in die Wege leiten […]. Der Kranke verlässt sich auf diese Obhut und wird nicht versuchen, anderweitig Hilfe zu erlangen."[771] Dies gilt für den niedergelassenen Arzt, deren Praxis von einem Patienten betreten wird, diesem gegenüber, für den Aufnahmearzt eines Krankenhauses im Verhältnis zu den eingelieferten Patienten[772], für Klinikärzte gegenüber den Patienten ihrer Abteilung oder für Rettungsassistenten bei Notfalleinsätzen (nach den jeweiligen Landesgesetzen über die Durchführung des Rettungsdienstes iVm § 4 NotSanG) im Umfang der von ihm erlernten und beherrschten Fähigkeiten[773]. In die Pflichtenstellung einbezogen ist auch das nichtärztliche Hilfspersonal (z. B. Krankenschwester, Pfleger), da sich der Patient angesichts der Arbeitsteilung zwischen Arzt und Hilfspersonal auch diesen zur Behandlung anvertraut.[774]

Eine **generelle Pflicht** des Arztes zur Übernahme einer Behandlung (z. B. wenn er auf einem privaten Spaziergang eine verletzte Person entdeckt) ist (von den Fällen des Bereitschaftsdienst abgesehen) dagegen grundsätzlich nicht anzuerkennen; es verbleibt einzig eine Strafbarkeit nach § 323c I StGB.[775] Vor diesem Hintergrund ist es – wie in **Fall 41** – streitig, ob den **Bereitschaftsarzt** eine Garantenstellung „gegenüber der Bevölkerung" trifft, „in dringenden Erkrankungsfällen einzugreifen"[776]. Die überwiegende Ansicht[777] bejaht dies, „weil die Pflichten anderer Ärzte gegenüber ihren Patienten für die Dauer des Bereitschaftsdienstes mindestens erheblich eingeschränkt" würden[778]. Hieran wird von Teilen der Literatur[779] jedoch (wohl zu Recht) kritisiert, dass ein Bereitschaftsarzt für die Zeit der Schutzlosigkeit (weil Unerreichbarkeit des eigenen Arztes) nur in die Pflichtenstellung des von ihm vertretenen Kollegen eintreten kann. Sofern von einem anderen Arzt wegen der konkreten Beschwerden noch keine Behandlung übernommen worden sei, soll den Bereitschaftsarzt nur die allgemeine Hilfsleistungspflicht des § 323c I StGB treffen; erst mit einer eigenen

144

---

768 *Frister/Lindemann/Peters*, Arztstrafrecht, 1. Kap. Rn. 158; *Schöch*, in: Roxin/Schroth, Handbuch, S. 161 (163).
769 OLG Dresden, BeckRS 2014, 06731.
770 BGH, NJW 2000, 2741 (2742). Nicht ausreichend ist selbstverständlich, wenn der Patient in der Arztpraxis lediglich angerufen und um die Durchführung einer Untersuchung gebeten hat: OLG Köln, MedR 2016, 519.
771 BGH, NJW 1979, 1248 (1249).
772 *Ulsenheimer*, in: Laufs/Kern, Handbuch, § 141 Rn. 2.
773 BeckOK-StGB/*Heuchemer*, § 13 Rn. 48.2 f.; *Heuchemer/Bolsinger*, MedR 2009, 524.
774 *Kamps*, Arbeitsteilung, S. 101 f.; im Ergebnis ebenso *Lackner/Kühl/Kühl*, § 13 Rn. 9.
775 Vgl. nur *Kamps*, Arbeitsteilung, S. 103 f.; Sch/Schr/*Stree/Bosch*, § 13 Rn. 28a.
776 BGHSt. 7, 211 (212).
777 BGHSt. 7, 211 (212); BGH, NJW 1979, 1258; LG Potsdam, ZMGR 2009, 257 (259); *Kühl*, AT, § 18 Rn. 73 f.; Sch/Schr/*Stree/Bosch*, § 13 Rn. 28a; *Ulsenheimer*, in: Laufs/Kern, Handbuch, § 141 Rn. 2; NK-StGB/*Wohlers/Gaede*, § 13 Rn. 39.
778 BGHSt. 7, 211 (212).
779 *Frister/Lindemann/Peters*, Arztstrafrecht, 1. Kap. Rn. 158; *Ranft*, JZ 1987, 908 (914); SK-StGB/ *Rudolphi/Stein*, § 13 Rn. 61.

Behandlungsübernahme beginne dann die Garantenstellung (weiter zu diesem Fall unten Rn. 147 und 152).

145 Der Arzt muss, wenn er die Behandlung übernommen hat, in Erkrankungsfällen (insbesondere bei Vorliegen einer Indikation nach allgemeinen schulmedizinschen Maßstäben) eingreifen und im Rahmen des ihm Möglichen die gebotenen medizinischen Maßnahmen ergreifen, um Schädigungen vom Patienten abzuwenden[780], insbesondere um dem Patienten Schmerzlinderung zu verschaffen, oder zumindest Maßnahmen treffen, die eine rasche, gesicherte Diagnose ermöglichen[781], insbesondere als Bereitschaftsarzt einen (nächtlichen) Krankenbesuch machen und den Patienten selbst untersuchen (anstatt auf die Mitteilung bestimmter Symptome zu vertrauen[782]), eine gründliche Befunderhebung vornehmen, bei Diphtherieverdacht eine bakteriologische Untersuchung durchführen[783] oder bei unsicherer Diagnose unter Annahme der vital bedrohlichsten Erkrankung den Patienten in eine Spezialklink einweisen[784]. Der Inhaber einer Arztpraxis oder der Leiter einer Klinik hat zudem für Vorsorgemaßnahmen gegen Infektionen zu sorgen, insbesondere für regelmäßige Kontrolluntersuchungen (z. B. nach Hepatitis B) beim Personal.[785]

> **Fall 42** (nach BGH, NJW 2003, 2309 ff.): Der große und schwergewichtige P unterzog sich einer Magenspiegelung. Er wurde hierbei vor der Sedierung von Dr. A über die Risiken des invasiven Eingriffs ordnungsgemäß aufgeklärt und belehrt, dass er nach dem Eingriff kein Kraftfahrzeug führen dürfe. Eine entsprechende Belehrung hatte P bereits durch seinen Hausarzt erhalten. P erklärte Dr. A, er sei mit dem eigenen Wagen ins Krankenhaus gekommen und werde mit dem Taxi nach Hause fahren. Nach einer Sedierung mit (wegen der Leibesfülle) hoher Dosierung und der ordnungsgemäß durchgeführten Operation verblieb P zunächst eine halbe Stunde im Untersuchungszimmer unter Aufsicht, wurde dann auf den Flur vor den Dienst- und Behandlungsraum gesetzt, wo Dr. A wiederholt Blick- und Gesprächskontakt zu P hatte. Ohne vorher entlassen worden zu sein, entfernte sich P und fuhr mit seinem Kraftfahrzeug weg. Bei seiner Fahrt geriet er auf die Gegenfahrbahn, stieß mit einem Lastzug zusammen und verstarb. Strafbarkeit des Dr. A?

Der Klinikarzt hat schließlich auch Sicherungsmaßnahmen zu treffen, um Patienten vor anderen Patienten oder Besuchern zu schützen[786] sowie minderjährige Patienten[787] und insbesondere suizidgefährdete Psychiatriepatienten[788] vor einer Selbsttötung. Im gleichen Sinne habe er nach dem Bundesgerichtshof jedenfalls im Falle einer starken Sedierung, die die Fahrtauglichkeit des Patienten erheblich einschränkt, eine umfassende Überwachungspflicht und daher, durch geeignete

---

780 Vgl. BGH, NJW 1979, 1258; OLG Hamm, NJW 1975, 604 (605); *Ulsenheimer*, Arztstrafrecht, Rn. 139.
781 BGH, NJW 1979, 1258.
782 Vgl. BGHSt. 7, 211 (213); OLG Köln, NJW 1991, 764; AG Augsburg, ZMGR 2005, 70 ff.
783 RGSt. 74, 350 (354).
784 LG Potsdam, ZMGR 2009, 257 ff.
785 Vgl. nur *Kamps*, MedR 2005, 1 (15); Sch/Schr/*Stree/Bosch*, § 13 Rn. 28a.
786 Vgl. BGH, NJW 1976, 1145 ff.
787 Vgl. hierzu OLG Stuttgart, NJW 1997, 3103.
788 BGH, NJW 1994, 794 (795); OLG Koblenz, MedR 2000, 136 ff.

Maßnahmen dafür zu sorgen, dass sich der Patient nach der durchgeführten Behandlung nicht unbemerkt entferne. Dies verlange eine ständige Überwachung, etwa in einem besonderen Wartezimmer.[789] Folgt man dem, hat sich Dr. A nach § 222 StGB strafbar gemacht.

Die Garantenstellung **endet** erst durch Kündigung oder Widerruf der Übernahme, wobei bei einseitiger Aufkündigung durch den Arzt seine Pflicht erst endet, wenn der Patient ausreichende Gelegenheit hatte, sich anderweitigen Schutz zu besorgen.[790] **146**

Neben einer Garantenstellung aus tatsächlicher Übernahme verbleibt auch im Arztstrafrecht die Möglichkeit einer Garantenstellung aus vorangegangenem, gefährdendem Tun (Ingerenz), beispielsweise wenn der Arzt durch pflichtwidriges Verhalten zur Verseuchung von Blutkonserven beigetragen hat[791].

Kennt der Arzt die tatsächlichen Umstände, die seine Garantenstellung ausmachen (ansonsten: Vorsatzirrtum nach § 16 I StGB), verkennt er jedoch rechtlich die sich hieraus ergebende Garantenpflicht (zur Behandlung), so liegt hierin lediglich ein (zumeist vermeidbarer) Verbotsirrtum iSd § 17 StGB.[792]

3. Hypothetische Kausalität

Da der Unterlassende dem Geschehensablauf lediglich seinen Lauf lässt, bewirkt das Unterlassen ontologisch nichts, so dass nicht wie bei aktivem Tun von einer Kausalität gesprochen werden kann, sondern allenfalls von einer normativen Bewertung, die die nichterfolgte Handlung hypothetisch zum eingetretenen Erfolg in Beziehung setzt (sog. hypothetische Kausalität oder „Quasi-Kausalität")[793]. Diese ist in Umkehrung der conditio-sine-qua-non-Formel zu bejahen, wenn die unterlassene Handlung nicht hinzugedacht werden kann, ohne dass damit der eingetretene Erfolg entfällt.[794] Angesichts der Unmöglichkeit eines sicheren Nachweises, wie sich das Geschehen hypothetisch weiterentwickelt hätte, lässt es die überwiegende Ansicht genügen, wenn der Erfolg mit an Sicherheit grenzender Wahrscheinlichkeit verhindert worden wäre[795], wobei Zweifel zugunsten des Täters wirken[796]. In **Fall 41** scheidet bereits deswegen (unabhängig von der obigen Streitfrage um die Garantenstellung) eine Strafbarkeit nach §§ 222, 13 I StGB aus. **147**

Teile in der Literatur[797] wollen es dagegen ausreichen lassen, dass durch die Vornahme der gebotenen Handlung das Risiko des Erfolgseintritts vermindert worden wäre (sog. **Risikoverminderungslehre**), was vor allem bei ärztlichen Be-

---

789 BGH, NJW 2003, 2309 (2310); kritisch hierzu *Laufs*, NJW 2003, 2288 f. (aus Wirtschaftlichkeitsgesichtspunkten).
790 Vgl. BGH bei *Holtz*, MDR 1984, 90; BeckOK-StGB/*Heuchemer*, § 13 Rn. 48.
791 Beispiel nach *Ulsenheimer*, Arztstrafrecht, Rn. 141.
792 Vgl. hierzu nur BGHSt. 16, 155; BGHSt. 19, 295 (299).
793 Vgl. nur Sch/Schr/*Stree/Bosch*, § 13 Rn. 61.
794 RGSt. 63, 392 (393); RGSt. 75, 49 (50); BGHSt. 6, 1 (2); BGHSt. 37, 106 (126); BGHSt. 43, 381 (397); BGHSt. 48, 77 (93); BGH, NStZ-RR 2002, 303.
795 Vgl. nur RGSt. 75, 49 (50); BGHSt. 37, 106 (127); BGHSt. 43, 381 (397); BGH, NStZ 2007, 469; *Kühl*, AT, § 18 Rn. 37 f.; Sch/Schr/*Stree/Bosch*, § 13 Rn. 61; *Wessels/Beulke/Satzger*, AT, Rn. 1000; NK-StGB/*Wohlers/Gaede*, § 13 Rn. 15.
796 BGH bei *Dallinger*, MDR 1966, 24; BGH, StV 1985, 229; in diesen Fällen verbleibt freilich die Möglichkeit einer Versuchsstrafbarkeit oder einer Strafbarkeit nach § 323c I StGB.
797 So *Otto*, NJW 1980, 417 (423 f.); *Roxin*, ZStW 74 (1962), 411 (430 ff.); *ders.*, AT II, § 31 Rn. 55 ff.

handlungen, die typischerweise angesichts der Unwägbarkeiten des menschlichen Körpers nur eine gewisse Verhinderungswahrscheinlichkeit besitzen, als geboten erscheine[798]. Indem diese Ansicht aber die Ermöglichung einer bloßen Rettungschance durch die gebotene Handlung ausreichen lässt, verwandelt sie (wie die Risikoerhöhungslehre: hierzu oben Rn. 138) Erfolgsdelikte in (konkrete) Gefährdungsdelikte mit objektiver Strafbarkeitsbedingung.[799]

4. Rechtfertigende Pflichtenkollision

148 Bei Unterlassungsdelikten tritt zu den allgemeinen Rechtfertigungsgründen der selbstständige übergesetzliche Rechtfertigungsgrund[800] der rechtfertigenden Pflichtenkollision[801], wonach der Täter bei ihn treffenden verschiedenwertigen Handlungspflichten, die sich gegenseitig ausschließen, gerechtfertigt ist, wenn er die objektiv höherwertige zum Nachteil der geringwertigen erfüllt.[802] Bei gleichwertigen Handlungspflichten (z.B. wenn der Chefarzt nur noch ein freies Beatmungsgerät hat, jedoch zwei Unfallverletzte, die beide ein Beatmungsgerät bedürfen) wird der Täter nach überwiegender Ansicht[803] gerechtfertigt, wenn er eine der beiden Pflichten erfüllt (das „Wahlrecht" ist zumeist nach der Überlebungschance bzw. der jeweiligen Wahrscheinlichkeit eines Behandlungserfolgs auszuüben). Besitzt der Täter nur zu einem der beiden Opfer eine Garantenstellung (z.B. bezüglich eines der beiden Patienten hat der Arzt bereits die Behandlung übernommen), zum anderen dagegen nur eine allgemeine Hilfeleistungspflicht nach § 323c I StGB, und sind die betroffenen Rechtsgüter gleichwertig (z.B. beiden Patienten droht der Tod), so muss er nach herrschender Meinung zwingend die Garantenpflicht (bezüglich des bereits behandelten Patienten) erfüllen[804] (und diesen behandeln). Erfüllt der Täter keine der kollidierenden Handlungspflichten, so macht er sich nur der Unterlassung der primär oder einer der zu befolgenden Handlungspflichten strafbar.[805]

5. Zumutbarkeit

149 Ist die Erfüllung der Garantenpflicht unzumutbar, weil der Täter durch sie eigene billigenswerte Interessen in einem dem drohenden Erfolg – bei Mitbewertung der jeweiligen Rettungschancen[806] – nicht angemessenen Umfang gefährdet[807],

---

798 *Maiwald*, FS Küper (2007), S. 329 (336 f.).
799 Vgl. zur Kritik nur Sch/Schr/*Stree/Bosch*, § 13 Rn. 63; *Wessels/Beulke/Satzger*, AT, Rn. 1002; NK-StGB/*Wohlers/Gaede*, § 13 Rn. 15.
800 LK/*Rönnau*, Vor § 32 Rn. 118.
801 Nach MüKo-StGB/*Schlehofer*, Vor §§ 32 ff. Rn. 237 besteht nur eine hypothetische Pflichtenkollision, da diese ja durch eine restriktive Normenauslegung danach aufgelöst werde, dass der Täter faktisch nur eine Pflicht zu erfüllen habe.
802 *Fischer*, Vor § 32 Rn. 11; *Wessels/Beulke/Satzger*, AT, Rn. 1036; bei der Kollision einer Handlungspflicht mit einer Unterlassungspflicht greift lediglich § 34 StGB ein: zutreffend *Wessels/Beulke/Satzger*, AT, Rn. 1035.
803 So BGHSt. 47, 318 (322); BGHSt. 48, 307 (311); *Lackner/Kühl/Kühl*, § 34 Rn. 15; LK/*Rönnau*, Vor § 32 Rn. 115; *Satzger*, Jura 2010, 753 ff.; *Wessels/Beulke/Satzger*, AT, Rn. 1036; nach anderer Ansicht liege nur ein Entschuldigungsgrund vor: *Fischer*, Vor § 32 Rn. 11a; *Jescheck/Weigend*, AT, S. 368 und 502 f.
804 *Fischer*, Vor § 32 Rn. 11b; *Jakobs*, AT, 15/7; *Roxin*, AT I, § 16 Rn. 123; *Satzger*, Jura 2010, 753 (755); MüKo-StGB/*Schlehofer*, Vor §§ 32 ff. Rn. 239; *Wessels/Beulke/Satzger*, AT, Rn. 1036; aA *Joecks*, § 13 Rn. 77: Gleichwertigkeit der Pflichten.
805 Vgl. nur LK/*Rönnau*, Vor § 32 Rn. 126.
806 BGH, NJW 1994, 1357.
807 Vgl. BGHSt. 48, 77 (96); BGH, NStZ 1984, 164; *Lackner/Kühl/Kühl*, § 13 Rn. 5; Sch/Schr/*Stree/Bosch*, Vor § 13 Rn. 156.

insbesondere in Fällen eigener Lebens- oder zumindest Gesundheitsgefährdung[808], so entfällt – anders als bei § 323c I StGB – erst die Schuld des Täters.[809] Das Opfer wirtschaftlicher Interessen[810] oder die Gefahr eigener Strafverfolgung[811] ist dem Täter zum Schutz wichtiger Rechtsgüter jedoch grundsätzlich zuzumuten.

III. Unterlassene Hilfeleistung (§ 323c I StGB)

1. Vorbemerkungen

a) **Strafgrund und Rechtsgut.** Strafgrund dieses „Samariter-Paragraphen" ist die „Versäumung der Gelegenheit zur erfolgreichen Schadensabwendung"[812], also das Interesse der Allgemeinheit an der Wahrung mitmenschlicher Solidarität zum Schutz der Individualrechtsgüter der in Not oder gemeine Gefahr Geratenen wie Leben, Gesundheit und Freiheit[813], nicht dagegen „die in dem Unterlassen zutage tretende rücksichtslose Gesinnung"[814]. § 323c I StGB statuiert damit für Ärzte keine erweiterte Berufspflicht, sondern lediglich eine allgemeine Nothilfepflicht „wie für jedermann"[815]. Allerdings hängt die Frage, ob der Täter hilfeleistungspflichtig ist, von seinen Handlungsmöglichkeiten ab, die zumeist nur einem Arzt zustehen.[816] Mit Wirkung zum 30.5.2017 erweiterte der Gesetzgeber § 323c StGB um einen zweiten Absatz, der jedoch die aktive Behinderung hilfeleistender Personen (wie Ärzten) bestraft[817] und hier daher ausgeklammert bleibt.

b) **Rechtsnatur.** § 323c I StGB ist ein echtes Unterlassungsdelikt, das stets dann Bedeutung erlangt, wenn eine Strafbarkeit wegen eines unechten Unterlassungsdelikts (insbesondere am Fehlen einer Garantenstellung) scheitert. Ein abstraktes Gefährdungsdelikt kann § 323cI StGB nicht sein, da es mit einem bestimmten Unglücksfall, einer gemeinen Gefahr oder Not eine ganz konkrete Gefahr voraussetzt. Umgekehrt kann es sich aber auch nicht um ein konkretes Gefährdungsdelikt handeln[818], da die Tatbestandsmäßigkeit dann von den Erfolgsaussichten der Hilfeleistung abhängen würde; die Norm verlangt jedoch lediglich Aktivität, nicht auch Erfolgsabwendung, sprich: eine Hilfeleistung ungeachtet ihrer Erfolgsaussichten.[819] Man wird daher von einer Mischform ausgehen müs-

---

808 Vgl. nur BGH, NStZ 1994, 29.
809 Ebenso BGHSt. 2, 194 (204); BGHSt. 6, 46 (57); *Kühl*, AT, § 18 Rn. 33 und 140; *Lackner/Kühl/Kühl*, § 13 Rn. 5; *Wessels/Beulke/Satzger*, AT, Rn. 1040; bereits für einen Tatbestandsausschluss *Ransiek*, JuS 2010, 585 (586); NK-StGB/*Wohlers/Gaede*, § 13 Rn. 17; für einen Ausschluss der Rechtswidrigkeit *Frister*, AT, Kap. 22 Rn. 59 f.
810 Vgl. nur BGHSt. 4, 20 (23).
811 Vgl. nur BGHSt. 11, 353 (356); BGHSt. 14, 282 (286 f.).
812 BGHSt. 14, 214 (215).
813 OLG Celle, NStZ 1988, 568; aA *Otto*, BT, § 67 Rn. 1: Schutz der mitmenschlichen Solidarität sei auch ein geschütztes Rechtsgut.
814 RGSt. 75, 68 (72); ähnlich OLG Düsseldorf, NStZ 1991, 531.
815 RGSt. 75, 68 (73); ebenso *Ulsenheimer*, Arztstrafrecht, Rn. 620.
816 Ebenso *Ulsenheimer*, in: Laufs/Kern, Handbuch, § 141 Rn. 7.
817 BGBl. I, S. 1226; hierzu BT-Drs. 18/12153.
818 So aber *Fischer*, § 323c Rn. 1; *Zieschang*, Die Gefährdungsdelikte (1998), S. 342 ff.
819 BGHSt. 17, 166 (170); aus diesem Grunde für ein „unechtes Unternehmensdelikt": *Joecks*, § 323c Rn. 3; SK-StGB/*Stein*, § 323c Rn. 5.

sen, von einem „abstrakten Gefährdungsdelikt mit Teilkonkretisierung"[820], einem „Ingefahrlassungsdelikt"[821].

c) Aufbauschema:

Aufbauschema (§ 323c I StGB)
I. Tatbestandsmäßigkeit
  1. Objektiver Tatbestand:
     a) Tatsituation
        aa) Unglücksfall
        bb) gemeine Gefahr
        cc) Not
     b) Tatbestandsmäßiges Verhalten: Unterlassen einer sofortigen Hilfeleistung (auch von entferntem Ort), die
        aa) erforderlich,
        bb) dem Täter möglich und
        cc) ihm zumutbar ist
  2. Subjektiver Tatbestand: Vorsatz
II. Rechtswidrigkeit
III. Schuld
IV. Tätige Reue?

---

2. Der objektive Tatbestand

152 a) **Tatsituation.** – aa) **Unglücksfall:** Ein Unglücksfall wird überwiegend definiert als jedes „plötzliche Ereignis, das erheblichen Schaden an Menschen oder Sachen verursacht und weiteren Schaden zu verursachen droht"[822].

> **Fall 43** (nach OLG Düsseldorf, NJW 1991, 2979): Als bei der hochschwangeren S am Abend die Fruchtwasserblase platzte und die ersten Wehen einsetzten, riefen sie und ihr Mann ihre Hebamme A mehrfach an, teilten ihr den Zustand der S mit und baten um Einweisung in das Krankenhaus, wovon A abriet. Auch nachdem am Morgen der Gynäkologe die S sofort ins Krankenhaus einwies, kam A nicht hinzu, da sie sich erst noch fertigmachen müsse. So wurde S bei der Geburt nur von zwei Krankenschwestern betreut und versuchte, in Angst um ihr Kind, die Presswehen zu verhindern, was zu erheblichen Verspannungen und zusätzlichen Schmerzen führte. Erst eine Stunde, nachdem das Kind gesund zur Welt kam, erschien A. Strafbarkeit der A?

Das Merkmal der **Plötzlichkeit** wird von der Rechtsprechung auf den Unglücksfall und damit die weitergehende Gefahr bezogen, so dass eine Erkrankung nur dann ein Unglücksfall sei, wenn eine plötzliche und „sich rasch verschlimmernde Wendung" eintrete.[823] Ein Arzt mache sich daher nicht nach § 323c I StGB strafbar, wenn er die Behandlung eines Patienten mit normaler, schleichend verlaufen-

---

820 *Geppert*, Jura 2005, 39 (41).
821 *Geilen*, Jura 1983, 138 (143).
822 BGHSt. 6, 147 (152); ebenso BGHSt. 3, 65 (66); BGH, NStZ 1985, 409; *Fischer*, § 323c Rn. 3.
823 BGHSt. 6, 147 (153); BGH bei *Holtz*, MDR 1985, 285; ebenso OLG Hamm, NJW 1975, 604 (605).

§ 5 Verweigerung der Behandlung

der Krankheit ablehne[824], so etwa bei doppelseitiger Lungenentzündung ohne plötzlichem Ereignis zum Zeitpunkt des Notrufs beim Arzt[825] oder bei bloßer Halsentzündung, die erst nach dem Anruf beim Arzt eine negative Wendung nimmt[826]. Anders sei dies bei einem unerwarteten Krankheitsverlauf, etwa bei plötzlichem hohen Fieber[827], bei schlimmen Atembeschwerden[828], bei sich steigernden und nahezu unerträglich gewordenen Schmerzen in der Bauchhöhle[829] oder bei drohendem Herzinfarkt[830]. Hiernach ist in **Fall 41** durch den plötzlich und sich rasch verschlimmernden Herzzustand ein Unglücksfall zu bejahen (und damit letztlich eine Strafbarkeit nach § 323c I StGB). Diese Grundsätze sollen auch für eine Schwangerschaft gelten, so dass zwar in plötzlichen Komplikationen wie einer Bauchhöhlenschwangerschaft mit starken Blutungen[831] oder einer Eileiterschwangerschaft mit der Gefahr einer Ruptur des Eileiters und damit einem Verbluten der Schwangeren[832] ein Unglücksfall erblickt wird, nicht jedoch bei „normaler" Schwangerschaft. In **Fall 43** wurde daher ein Unglücksfall (und damit § 323c I StGB) verneint, sei S zum Zeitpunkt der Geburt doch nicht auf sich allein gestellt gewesen, sondern vielmehr im Krankenhaus betreut worden; es verbliebe daher einzig eine Strafbarkeit nach §§ 229, 13 StGB.

Demgegenüber wird von Teilen der Literatur[833] die Plötzlichkeit vom Strafgrund und Rechtsgut der Vorschrift her auf die Erforderlichkeit sofortiger Hilfe bezogen und in einer Krankheit stets dann ein Unglücksfall erblickt, wenn eine gegenwärtige Gefahr für Leib und Leben bestehe, die ein sofortiges Eingreifen zur Schadensabwehr erfordere[834], wie sie in **Fall 43** notwendig gewesen wäre. Es sei schließlich widersinnig, dass „einer im rapiden Verlauf zum Tode führenden Pneumonie, die ‚normal' verläuft und ohne Ereignisse von besonderer Plötzlichkeit das Leben zum Erlöschen bringt, […] alle Ärzte der Welt mit verschränkten Armen zusehen [dürfen], während sie helfend zuspringen müssen bei einer Ohnmacht, einer apoplektischen Arterienruptur oder starken Blutungen"[835].

Fall 44 (nach BGHSt. 32, 367 ff.): A war der Hausarzt der 76-jährigen Witwe W. Sie litt an hochgradiger Verkalkung der Herzkranzgefäße, an Gehbeschwerden wegen einer Hüft- und Kniearthrose und sah seit dem Tod ihres Mannes im Leben keinen Sinn mehr. Sie verfasste ein Schreiben, in dem sie A bat, keine Einweisung in ein Krankenhaus oder Pflegeheim und keine lebensverlängernden Maßnahmen vorzunehmen, da sie dann einen würdigen Tod sterben wolle. Hiervon berichtete sie A, der sie dann am nächsten Tag verabredungsgemäß aufsuchte, um sie von ihrem Entschluss abzubringen. Als W

---

824 Vgl. RGSt. 75, 68 (71).
825 RGSt. 75, 68 ff.
826 RGSt. 75, 68 ff.
827 BGHSt. 17, 166 ff.
828 OLG Köln, StraFo 1997, 54 (55); zuvor bereits OLG Düsseldorf, NJW 1995, 799.
829 OLG Hamm, NJW 1975, 604 (605).
830 BGH, NStZ 1985, 409.
831 RG HRR 1941 Nr. 915.
832 BGH, NJW 1983, 350 (351).
833 So Prütting/*Duttge*, Medizinrecht, § 323c StGB Rn. 2; *Joecks*, § 323c Rn. 6; *Ulsenheimer*, in: Laufs/Kern, Handbuch, § 141 Rn. 19 f.
834 *Geilen*, Jura 1983, 78 (90); *Kreuzer*, Ärztliche Hilfeleistungspflicht bei Unglücksfällen im Rahmen des § 330c StGB (1965), S. 43 ff.; *Ulsenheimer*, in: Laufs/Kern, Handbuch, § 141 Rn. 20.
835 *Eberhardt Schmidt*, Die Besuchspflicht des Arztes unter strafrechtlichen Gesichtspunkten (1949), S. 10.

> nicht öffnete, gelangte A mit Hilfe eines Nachbarn in die Wohnung. Dort lag A auf ihrer Couch, mit einem Zettel „An meinen Arzt – bitte kein Krankenhaus – Erlösung" und einem anderen Zettel „Ich will zu meinem Peterle". A erkannte anhand mehrerer Medikamentenpackungen, dass sie eine Überdosis Morphium und Schlafmittel in Selbsttötungsabsicht zu sich genommen hatte. Sie atmete nur noch sechs Mal pro Minute, ihr Puls war nicht zu fühlen. A ging davon aus, W nicht ohne schwere Dauerschäden retten zu können. So unternahm er nichts und wartete mit einem Nachbarn lediglich, bis er am nächsten Morgen ihren Tod feststellen konnte. Es ließ sich nicht klären, ob das Leben der W bei sofortiger Verbringung in die Intensivstation eines Krankenhauses oder durch andere Rettungsmaßnahmen hätte verlängert oder gerettet werden können. Strafbarkeit des A?

Ein **Selbstmord** des Opfers soll nach der Rechtsprechung[836] gleichfalls einen Unglücksfall darstellen (sowie sogar ein Tötungsdelikt durch Unterlassen, wenn der Arzt durch die faktische Übernahme der Behandlung bereits in eine Garantenstellung eingerückt sei, was in **Fall 44** aber mangels Nachweises der hypothetischen Kausalität sofort eingeleiteter Rettungsmaßnahmen zu verneinen ist[837]), könne der Täter doch nicht überblicken, ob der Selbstmordversuch auf einem freiverantwortlich gefasstem oder einem mit Willensmängeln behafteten Willensentschluss beruhe und nichts weiter als ein „Schrei um Hilfe" darstelle. Die Zumutbarkeit der Hilfeleistung bedürfe dann aber besonderer Prüfung und sei zu verneinen, wenn sie – wie in **Fall 44** – dem erklärten Willen des Betroffenen widerspreche[838]. Demgegenüber wird im Schrifttum[839] zumeist bereits ein Unglücksfall verneint, da es widersprüchlich sei, die aktive Teilnahme an freiverantwortlicher Selbsttötung mangels Haupttat straflos zu lassen, die passive Nichthinderung des Selbstmordes aber über § 323c I StGB zu bestrafen.

154 Umstritten ist ferner, von welchem **Blickwinkel** aus das Vorliegen eines Unglücksfalles zu beurteilen ist:

> **Fall 45** (nach LG Görlitz, MedR 2005, 172): V brach auf einem Einkaufsmarkt in Polen (direkt gegenüber dem deutschen Grenzübergang) zusammen; sein Puls setzte aus, das Gesicht lief blau an, aus Mund und Nase lief Blut. Er war nicht mehr transportfähig. Ärztin A wurde vom Bundesgrenzschutz zu Hilfe gerufen und traf am Grenzübergang ein, 100 m von der Unfallstelle entfernt, verweigerte V aber eine Behandlung in Polen. Wenig später wurde auf der deutschen Seite der Tod des V festgestellt. Ein Sachverständiger klärte später, dass V bereits bei Eintreffen der A tot war. Strafbarkeit der A?

Unter Hinweis auf den Strafgrund nicht erfolgsbezogener Solidaritätspflicht sowie darauf, dass strafrechtliche Verhaltensnormen für den Einzelnen jeweils in

---

836 Vgl. nur BGHSt. 6, 147 (149); BGHSt. 13, 162 (169); BGHSt. 32, 367 (381); OLG München, NJW 1987, 2940 (2945).
837 Vgl. BGHSt. 32, 367 (373 ff.).
838 BGH, NStZ 1983, 117 f.
839 *Geppert*, Jura 2005, 39 (43); *Otto*, NJW 2006, 2217 (2221 f.); MüKo-StGB/*Hartmut Schneider*, Vor § 211 Rn. 84; *Schöch*, in: Roxin/Schroth, Handbuch, S. 161 (176 f.); LK/*Spendel*, § 323c Rn. 54; *Wessels/Hettinger*, BT 1, Rn. 60.

der konkreten Situation prinzipiell erkennbar sein müssen, wird vereinzelt vertreten[840], für das Vorliegen eines Unglücksfalles sei auf die Sichtweise eines verständigen Beobachters auf Grund der ihm im Augenblick des Hilfeersuchens erkennbaren Umstände abzustellen (ex ante-Sichtweise); hiernach wäre in **Fall 45** eine Strafbarkeit nach § 323c I StGB zu bejahen. Hiergegen spricht aber, dass wenn sich nachträglich herausstellt, dass ein Unglücksfall nicht (mehr) besteht, eine Bestrafung nach § 323c I StGB sich contra legem als eine (beim Vergehen des § 323c I StGB ausdrücklich straflos gelassene) Versuchsstrafbarkeit erweisen würde. Überwiegend[841] wird daher zu Recht für das Vorliegen eines Unglücksfalles auf eine **ex post-Beurteilung** (also: unter Berücksichtigung auch erst nachträglich bekannt gewordener Tatsachen) abgestellt, so dass in **Fall 45** ein Unglücksfall (mangels weiterer drohender Schäden) zu verneinen ist.

bb) Gemeine Gefahr: Unter einer gemeinen Gefahr versteht man eine aus ex ante-Sicht zu beurteilende konkrete Gefährdung einer unbestimmten oder unbestimmbaren Mehrzahl von Personen oder von bedeutenden Sachwerten (z. B. Waldbrand, Erdbeben, Überschwemmung, Giftgaswolke nach Chemieunfall oder eine HIV-infizierte Person[842]), aber auch die konkrete Gefährdung eines für die Allgemeinheit repräsentativen Einzelnen[843] wie ein auf der Straße liegen gelassener Verkehrstoter[844] oder ein Passant, der von einem Baum erschlagen zu werden droht[845].

cc) Gemeine Not: Die gemeine Not ist eine die Allgemeinheit betreffende allgemeine, (gegenüber der spontan eintretenden gemeinen Gefahr) längerfristige Notlage[846], worunter neben dem Ausfall der Wasser- oder Stromversorgung in einer Gemeinde[847] etwa der Ausbruch von Seuchen fällt.

b) Tatbestandsmäßiges Verhalten: Unterlassen einer Hilfeleistung. Bei dieser Tatsituation muss der Täter für eine Tatbestandsverwirklichung nicht Hilfe leisten, obwohl ihm dies erforderlich und ihm den Umständen nach zuzumuten ist.

aa) Hilfspflichtiger: Die herrschende Meinung[848] interpretiert die Formulierung „bei Unglücksfällen" iSv „anlässlich von Unglücksfällen" und nicht im Sinne einer zeitlich-räumlichen Nähebeziehung, so dass hilfspflichtig nicht nur die am Unfallort oder in dessen unmittelbarer Nähe befindlichen Personen sind, sondern auch Personen aus weiter Entfernung zur Hilfe verpflichtet sein können. Bei Fehlen anderweitiger Hilfe kann daher auch ein Arzt verpflichtet sein, eine gewisse Entfernung zurückzulegen, um Hilfe zu leisten.[849]

---

840 *Rudolphi*, NStZ 1991, 237 ff.
841 BGHSt. 14, 213 (216); BGHSt. 32, 367 (381); AG Tiergarten, NStZ 1991, 236 (237); Prütting/Duttge, Medizinrecht, § 323c StGB Rn. 3; *Geppert*, Jura 2005, 39 (42); *Lackner/Kühl/Kühl*, § 323c Rn. 2; *Rengier*, BT II, § 42 Rn. 4.
842 *Lackner/Kühl/Kühl*, § 323c Rn. 3; *Meurer*, in: Szwarc (Hrsg.), AIDS und Strafrecht (1996), S. 133 (149).
843 Sch/Schr/*Sternberg-Lieben/Hecker*, § 323c Rn. 9.
844 BGHSt. 1, 266 (269).
845 Sch/Schr/*Sternberg-Lieben/Hecker*, § 323c Rn. 9.
846 *Geppert*, Jura 2005, 39 (44).
847 *Fischer*, § 323c Rn. 8.
848 BGHSt. 2, 296 ff.; BGHSt. 17, 166 ff.; BGHSt. 21, 50 (53); *Geppert*, Jura 2005, 39 (44); *Joecks*, § 323c Rn. 22.
849 BGHSt. 21, 50 (52 f.); OLG Köln, NJW 1957, 1609 (1610); LK/*Spendel*, § 323c Rn. 108; *Ulsenheimer*, in: Laufs/Kern, Handbuch, § 141 Rn. 22.

157 **bb) Unterlassen der Hilfeleistung:** Der Hilfepflichtige muss stets die zur Abwendung der drohenden Schäden ihm mögliche (ultra posse nemo obligatur!)[850] wirksamste Hilfe leisten[851], so dass auch die eigene ärztliche Behandlung des Opfers § 323c I StGB erfüllen kann, wenn der Arzt die angesichts der eigenen begrenzten Fähigkeiten notwendige Hinzuziehung eines Spezialisten oder notwendige Einweisung in ein Krankenhaus unterlässt[852]. Der genaue Umfang der zu leistenden Hilfe hängt von den jeweiligen Umständen des Einzelfalles ab. Da Ferndiagnosen zumeist sehr unzuverlässig sind, bedarf es bei telefonischer Verständigung – auch im Rahmen des Bereitschaftsdienstes – jedoch („jedenfalls bei schwereren Krankheitssymptomen"[853]) regelmäßig der Abstattung eines Hausbesuchs.[854] Verfügt der Arzt vor Ort (etwa bei privatem Ausflug) nicht über seine ärztlichen Gerätschaften, so hat er das Opfer behelfsmäßig zu untersuchen, zu versorgen und das Notwendige zu veranlassen.[855] Verfügt er dagegen wie im Krankenhaus über die erforderlichen technischen Möglichkeiten, so hat er diese zur wirksamen Abklärung der Diagnose auch einzusetzen, d. h. etwa ein EKG oder einen Röntgenapparat einzusetzen.

158 **cc) Zeitpunkt der Hilfeleistung:** Auch unter Zubilligung einer „Schreckenssekunde"[856] muss – da sich regelmäßig die Gefahr für das Leben oder die Gesundheit des Unglücksopfers mit jeder zeitlichen Verzögerung der Hilfe erhöht[857] – grundsätzlich **sofort** Hilfe geleistet werden[858], so dass die Tat nach der Rechtsprechung vollendet ist, sobald der Täter seinen Entschluss, nicht sofort zu helfen, kundgibt oder betätigt[859]. Teile des Schrifttums[860] kritisieren hieran, dass bereits ein leichtes Zögern zu einer Vollendung führen würde, und verlangen daher einschränkend, dass der untätig Bleibende die Chance einer noch möglichen erfolgreichen Schadensabwehr durch sein zögerliches Verhalten deutlich verschlechtert habe.

159 **dd) Erforderlichkeit:** Erforderlich ist die Hilfeleistung, wenn sie nach dem Urteil eines verständigen Beobachters aus objektiver ex ante-Sicht geeignet und notwendig ist, die drohenden weiteren Schäden abzuwenden[861] oder den Schadenseintritt zumindest erheblich zu mindern[862], wenn also überhaupt eine wirkliche Rettungschance besteht[863].

---

850 Vgl. MüKo-StGB/*Freund*, § 323c Rn. 77.
851 Vgl. BGHSt. 14, 213 (216); BGHSt. 21, 50 (54).
852 Vgl. BGH, NStZ 1985, 409; Prütting/*Duttge*, Medizinrecht, § 323c StGB Rn. 6; *Ulsenheimer*, Arztstrafrecht, Rn. 637.
853 *Schöch*, in: Roxin/Schroth, Handbuch, S. 161 (169).
854 Vgl. nur BGHSt. 7, 211 (213); BGH, NJW 1979, 1248 ff.; OLG Köln, NJW 1991, 764 f.; LBG für Heilberufe Koblenz, NJW 1991, 772.
855 Vgl. BGHSt. 2, 296 (299 f.).
856 MüKo-StGB/*Freund*, § 323c Rn. 86.
857 *Ulsenheimer*, Arztstrafrecht, Rn. 634.
858 BGHSt. 14, 213 (216); AG Saalfeld, NStZ-RR 2005, 142 (143); *Rengier*, BT II, § 42 Rn. 19; Sch/Schr/*Sternberg-Lieben/Hecker*, § 323c Rn. 21.
859 BGHSt. 14, 213 (216); BGHSt. 21, 50 (55).
860 *Geppert*, Jura 2005, 39 (46); SK-StGB/*Stein*, § 323c Rn. 29.
861 Vgl. nur BGHSt. 14, 213 (216); BGHSt. 17, 166 (168 f.); OLG Karlsruhe, NJW 1979, 2360; Sch/Schr/*Sternberg-Lieben/Hecker*, § 323c Rn. 2.
862 *Joecks*, § 323c Rn. 17.
863 BayObLG, NJW 1973, 770.

§ 5 Verweigerung der Behandlung   **159**

> **Fall 46** (nach OLG Hamm, Beschl. v. 29.11.2001 – 3 Ws 476/00, juris): Nachdem bei ihr ein Schlaganfall diagnostiziert wurde, wurde die in C. wohnende ältere Frau P notfallmäßig in die Neurologische Klinik in N. eingeliefert, wo sie ambulant betreut und noch am selben Tag mit der Diagnose des Verdachtes auf einen lakunären Mediainfarkt gegen 15.45 Uhr wieder entlassen wurde mit der Maßgabe der Wiedervorstellung des Krankheitsbildes. Als sich noch im Laufe des Tages ihr Gesundheitszustand verschlechterte, versuchte der herbeigerufene Notarzt Dr. L, die erneute Aufnahme der P in der Neurologischen Klinik in N. zu erreichen und telefonierte hierzu mit dem zuständigen Dr. A. Dieser verweigerte jedoch trotz Schilderung des akuten Zustandes der Frau P eine erneute Aufnahme, da man bei einer Patientin im Alter der Frau P „auch nichts mehr tun" könne. Auch die Drohung, Frau P andernfalls ins Kreiskrankenhaus zu bringen und sich am nächsten Tag beim Chefarzt der Klinik in N. über Dr. A zu beschweren, half nichts. So verbrachte Dr. L die P stattdessen in das näher gelegene Kreiskrankenhaus, in dem sie schließlich verstarb. Der Sachverständige kommt zu dem Ergebnis, dass angesichts des Gesundheitszustandes der Frau P. ihre Behandlung auf einer Intensivstation der Klinik in N. keine wirksamere Therapie gewesen, ihr keine wirksamere Erleichterung ihrer Beschwerden verschafft und sehr wahrscheinlich auch keine verlaufsrelevante Bedeutung gehabt hätte. Strafbarkeit des Dr. A?

Die Erforderlichkeit entfällt, wenn der Verunglückte im Zeitpunkt der ex ante für erforderlich gehaltenen Hilfe bereits tot war und damit jede Hilfe schlicht nutzlos war[864], die dringende Notoperation wegen zu späten Eintreffens des telefonisch verständigten Arztes nicht mehr rechtzeitig vorgenommen werden könnte[865], der Betroffene sich selbst helfen kann[866], der Betroffene freiverantwortlich fremde Hilfe (und damit etwa eine sofortige Einweisung in ein Krankenhaus oder als Zeuge Jehovas eine Bluttransfusion [hierzu bereits oben Rn. 38]) ablehnt[867] oder ausreichende Hilfe von dritter Seite bereits geleistet wird oder zumindest noch rechtzeitig erfolgen wird[868], es sei denn, der Täter ist fähig, „wirksamer oder schneller" zu helfen als der bereits Helfende[869]. Diese Grundsätze sind auch im Verhältnis zwischen mehreren an einem Unglücksfall als mögliche Hilfeleistende beteiligten Ärzte übertragbar[870], so dass in **Fall 46** nach Auskunft des Gutachters eine gleich wirksame Hilfe durch die Einlieferung in das sogar näher gelegenere Kreiskrankenhaus zur Verfügung stand und eine erneute Aufnahme in die Neurologische Klinik in N. durch Dr. A somit nicht erforderlich war.

---

864 RGSt. 71, 200 (203); BGHSt. 1, 266 (269); BGHSt. 32, 367 [381]; BGH, NStZ 1985, 501; I.G Görlitz, MedR 2005, 172.
865 Vgl. BGHSt. 1, 266 (269); BGHSt. 17, 166 (169); *Ulsenheimer*, in: Laufs/Kern, Handbuch, § 141 Rn. 30.
866 BGH, VRS 14 (1958), 191 (193).
867 *Ulsenheimer*, in: Laufs/Kern, Handbuch, § 141 Rn. 42.
868 BGH, NStZ 1997, 127.
869 BGHSt. 2, 296 (298).
870 OLG Hamm, Beschl. v. 29.11.2001 – 3 Ws 476/00, juris.

160 ee) **Zumutbarkeit:** Die Zumutbarkeit der Hilfeleistung, die nach dem Gesetzeswortlaut ein Tatbestandsmerkmal ist[871], konkretisiert der Gesetzeswortlaut dahin, dass dem Täter die Hilfeleistung „ohne erhebliche eigene Gefahr und ohne Verletzung anderer wichtiger Pflichten möglich" sein müsse. Für die Beurteilung hierauf hindeutender Umstände des Einzelfalles sind die rechtlich geschützten Güter und Interessen des Täters, die bei einer Hilfeleistung verletzt würden, sowie Art und Umfang des drohenden Schadens bei fehlender Hilfe (z. B. Grad der Gefährdung des Patienten, Schwere der Erkrankung, Wahrscheinlichkeit des Eintritts einer Verschlechterung des Gesundheitszustandes) mit den Rettungschancen bei einem Eingreifen des Täters unter Berücksichtigung der Fähigkeiten, Lebenserfahrung und Vorbildung des Täters gegeneinander abzuwägen[872], so dass etwa beruflichen Nothelfern (Ärzten, Polizeibeamten) mehr zuzumuten ist als Passanten auf der Straße[873]. Unzumutbar ist es hiernach etwa, wenn sich der Täter bei der Hilfeleistung selbst der Gefahr der Ansteckung mit einer schweren Krankheit aussetzen würde[874] (wenngleich ein Bereitschaftsarzt auch einem AIDS-Infizierten die erforderliche Hilfe zu gewähren hat[875]) oder wenn ein Arzt infolge arbeitsbedingter Übermüdung, psychischer und physischer Erschöpfung (insbesondere nach einer vielstündigen Operation) zur Behandlung eines weiteren akut Erkrankten nicht in der Lage ist, wenngleich er dann für anderweitige Hilfe (etwa Transport ins nächstgelegene Krankenhaus) zu sorgen hat[876].

161 Jedoch bleibt eine Hilfeleistung auch bei der **Gefahr eigener Strafverfolgung** (etwa infolge eines vorangegangenen Behandlungsfehlers) zumutbar, wenn die Straftat, deretwegen der Hilfspflichtige die eigene Strafverfolgung befürchtet, mit dem Unfallgeschehen zusammenhängt[877]; bezüglich der Verfolgung wegen anderer Straftaten sind die Gefahren bei einer Nichthilfeleistung gegen die dem Täter bei einer Strafverfolgung drohenden Bestrafung abzuwägen, sofern dem Täter nicht sowieso ein anonymer Anruf mit seinem Handy an berufliche Nothelfer möglich ist.

3. Der subjektive Tatbestand

162 § 323c I StGB verlangt – was nach *Ulsenheimer*[878] leider „im Justizalltag immer wieder übersehen" werde – zumindest bedingten Vorsatz bezüglich der Gefahrenlage, der die Hilfsleistungspflicht begründenden Umstände, der Erforderlichkeit und der Zumutbarkeit, so dass ein vorsatzausschließender Irrtum (§ 16 StGB) etwa vorliegt, wenn der Täter irrig annimmt, die von ihm geleistete, in Wahrheit unzureichende Hilfe sei ausreichend[879], er habe bereits alles Erforderliche getan[880] oder wenn er irrig annimmt, die Hilfeleistung sei ihm nicht zumutbar[881]. Hat der Täter dagegen die Umstände richtig erfasst, die seine Hilfsleis-

---

871 BGHSt. 17, 166 (171); *Fischer*, § 323c Rn. 15; *Lackner/Kühl/Kühl*, § 323c Rn. 7; *Wessels/Hettinger*, BT 1, Rn. 1048; aA LK/*Spendel*, § 323c Rn. 149: Schuldmerkmal.
872 Umfassend hierzu *Ulsenheimer*, in: Laufs/Kern, Handbuch, § 141 Rn. 43.
873 *Geppert*, Jura 2005, 39 (45).
874 Vgl. nur *Fischer*, § 323c Rn. 17.
875 Vgl. *Spengler*, DRiZ 1990, 259 ff.
876 Vgl. nur *Ulsenheimer*, in: Laufs/Kern, Handbuch, § 141 Rn. 52.
877 BGHSt. 1, 266 (269); BGHSt. 11, 353; BGHSt. 39, 164 (166); BGH, NStZ 1997, 127.
878 Arztstrafrecht, Rn. 625.
879 AG Saalfeld, NStZ-RR 2005, 142 (143).
880 Vgl. BGH bei *Holtz*, MDR 1993, 721 (722).
881 *Fischer*, § 323c Rn. 20.

tungspflicht begründen, und meint er nur aufgrund falscher rechtlicher Wertung, zur Hilfeleistung dennoch nicht verpflichtet zu sein (z. B. aus Gewissensgründen), so liegt – nach den auf echte Unterlassungsdelikte übertragbaren Grundsätzen von BGHSt. 16, 155 ff. – nur ein Verbotsirrtum (§ 17 StGB) vor.[882]

4. Tätige Reue?

Obwohl die Rechtsprechung von einem frühen Vollendungszeitpunkt ausgeht (oben Rn. 158), hat BGHSt. 14, 213 (217) unter Hinweis auf vom Gesetzgeber bewusst „nur für bestimmte Straftatbestände aus besonderen kriminalpolitischen Erwägungen" vorgesehene Regelungen zur tätigen Reue eine solche (analog §§ 83a, 306e, 320 StGB) in einem Fall abgelehnt, in dem der Täter, nachdem er 630 m an der Unfallstelle vorbeigefahren war, zurückkehrte und die erforderliche Hilfe leistete. Demgegenüber wird im Schrifttum teilweise[883] (zu Recht) aus Gründen des Opferschutzes die Möglichkeit einer tätigen Reue bejaht, selbst wenn ein anderer zwischenzeitlich die erforderliche Hilfe geleistet habe.

5. Konkurrenzrechtliche Besonderheiten

§ 323c I StGB tritt subsidiär hinter ein tatbestandlich mitverwirklichtes unechtes Unterlassungsdelikt genauso zurück wie hinter ein zeitlich mit der unterlassenen Hilfeleistung zusammenfallendes Begehungsdelikt (z. B. der Täter begeht eine psychische Beihilfe und zugleich eine unterlassene Hilfeleistung[884]) oder hinter ein vorangehendes, den Unglücksfall begründendes Begehungsdelikt (z. B. eine vorsätzliche oder fahrlässige Körperverletzung aufgrund eines Behandlungsfehlers).[885]

IV. Aussetzung (§ 221 StGB)

> **Fall 47** (nach OLG Zweibrücken, NJW 1998, 841 f.): Altenpflegerin A hatte die entgeltliche Betreuung der 95-jährigen, nach einem Schlaganfall linksseitig gelähmten, bettlägrigen und in vollem Umfang auf fremde Hilfe angewiesenen P übernommen. Der Gesundheitszustand der P war wechselhaft. Er konnte sich akut verschlechtern und spontan wieder bessern. Es war jederzeit mit einem plötzlichen Herzversagen oder einem weiteren Schlaganfall zu rechnen. Ohne sofortige Hilfe hätten derartige Ereignisse zum alsbaldigen Tod der Patientin führen müssen. Der konkreten Gefährdung der Patientin hätte A bei steter Anwesenheit durch das Herbeirufen eines Notarztes entgegenwirken können. Dennoch verließ A die P gegen 20.30 Uhr und kehrte erst nach 14-stündiger Abwesenheit am nächsten Morgen zurück. Nachdem die Enkelin der P die Abwesenheit der A bemerkt hatte, übernahm sie selbst ab 23 Uhr die Betreuung ihrer Großmutter. Strafbarkeit der A?

Befindet sich das Opfer (krankheitsbedingt) in einer Lage, in der es der abstrakten Gefahr des Todes oder einer schweren Gesundheitsschädigung ohne Mög-

---

882 OLG Hamm, NJW 1968, 212 (214); LG Mannheim, NJW 1990, 2212 (2213).
883 *Geppert*, Jura 2005, 39 (46); *Lackner/Kühl/Kühl*, § 323c Rn. 11; Sch/Schr/*Sternberg-Lieben/Hecker*, § 323c Rn. 26.
884 BGHSt. 3, 65 ff.
885 Vgl. nur BGH, NJW 1993, 1871 (1872); *Fischer*, § 323c Rn. 23.

lichkeit eigener oder ausreichend fremder Hilfe ausgesetzt ist (sog. hilflose Lage[886]) und lässt der Arzt, der bereits eine Garantenstellung (oben Rn. 143 ff.) für diesen Patienten inne hat, diesen (z. B. durch ein Nichtbehandeln oder durch ein Verlassen) im Stich, so macht sich der Arzt nach § 221 I Nr. 2 StGB strafbar, wenn der Patient gerade „unmittelbar"[887] durch das Imstichlassen in die weitere Gefahr des Todes oder einer schweren Gesundheitsschädigung gebracht wird oder eine derartige fortbestehen bleibt oder verstärkt wird.[888] Der Begriff einer schweren Gesundheitsschädigung reicht hierbei weiter als derjenige der schweren Körperverletzung (§ 226 StGB), hat der Gesetzgeber doch auf einen Klammerzusatz „(§ 226 StGB)" verzichtet. Vielmehr soll es ausreichen, wenn durch die Tat „die körperliche Integrität des Opfers schwer, d. h. mit erheblichen Folgen für die Gesundheit (insbesondere einer ernsten langwierigen Krankheit [oder längeren Arbeitsunfähigkeit])[889] oder in einer Weise, die mit erheblichen Schmerzen verbunden ist, beeinträchtigt" wird[890]. Angesichts der hohen Strafandrohung sollten hierbei jedoch an die Erheblichkeitsschwelle („körperlich *schwer* misshandelt") im Einzelfall keine zu geringen Anforderungen gestellt werden. An einer Gefahr hierfür fehlt es, wenn keine Möglichkeit einer günstigen Beeinflussung der Lage des Opfers mehr besteht[891], insbesondere wenn das Opfer bereits tot ist oder bereits so stark verletzt ist, dass keine Hilfsmöglichkeit, auch nicht in Form von Schmerzlinderungen, mehr besteht[892]. Nach diesen Grundsätzen führte in **Fall 47** die Abwesenheit der A dazu, dass sie sich selbst der Möglichkeit einer Verständigung des Notarztes im Krisenfalle und damit der P eine Rettungschance entzog, was für eine Intensivierung des der P drohenden Gefahrsituation ausreicht. A hat sich demnach nach § 221 I Nr. 2 StGB strafbar gemacht.

§ 6 Ärztliche Sterbehilfe

166 In welchen Grenzen der Mensch seinem Leben ein selbstbestimmtes Ende setzen darf, ist eine der zentralen rechtlichen, philosophischen und ethischen Grundfragen unserer Zeit.[893] Der medizinische Fortschritt, verbunden mit der seit Jahrzehnten bestehenden, im Hippokratischen Eid zum Ausdruck kommenden medizinischen Zielvorstellung, alle therapeutischen Maßnahmen (alles „medizinisch-Mögliche") auszuschöpfen und das Leben des Patienten um jeden Preis zu erhalten[894], hat zwar dazu geführt, dass nicht alle Krankheiten unbedingt geheilt, aber der zum Tod führende Krankheitsverlauf zumindest verlangsamt oder ein sterbender Mensch am Leben erhalten wird. Zugleich hat die Ausbreitung chronischer Krankheiten aber dazu geführt, dass der Tod weniger selten plötzlich eintritt und immer mehr am Ende eines langen, für den Betroffenen voraussehba-

---

886 *Fischer*, § 221 Rn. 7.
887 *Lackner/Kühl/Heger*, § 221 Rn. 5.
888 Vgl. hierzu nur BGHSt. 52, 153 (157); Sch/Schr/*Eser*, § 221 Rn. 8; *Lackner/Kühl/Heger*, § 221 Rn. 5; aA NK-StGB/*Ulfrid Neumann*, § 221 Rn. 31.
889 Vgl. nur BGH, StV 2002, 423 f.
890 BGH, NStZ 1998, 461.
891 Vgl. BGH, NJW 1993, 2628 (2629).
892 Sch/Schr/*Eser*, § 221 Rn. 8.
893 *Hoven*, ZIS 2016, 1; vgl. auch EGMR, NJW 2015, 2715 (2724): Mit der Sterbehilfe aufgeworfene Fragen seien „medizinische, rechtliche und ethische Fragen von größter Komplexität".
894 *Ulsenheimer*, Arztstrafrecht, Rn. 652.

ren Krankheitsverlaufs steht. Viele Menschen wollen einen für sie belastenden, teils mit Verlust der eigenen Autonomie verbundenen langwierigen Krankheitsprozess nicht widerspruchslos hinnehmen.[895] Eine Lebensverlängerung um jeden Preis ist für sie weniger eine Verlängerung des Lebens als eine Verlängerung des Sterbens und das Wissen um die Möglichkeit des „Notausgangs" eines selbstbestimmten, sanften Sterbens geradezu derart tröstend, dass sie dies erst ihr weiteres Leben meistern lässt.[896] In diesem Spannungsverhältnis wird der Arzt jedes Mal aufs Neue in Versuchung gebracht, ein (eventuell bereits verlöschendes) menschliches Leben gegen das Selbstbestimmungsrecht des Patienten oder sogar deren Recht auf ein würdevolles Sterben abzuwägen. Der deutsche Gesetzgeber hat es bislang leider versäumt, dieses Dilemma eindeutig aufzulösen.[897] Umso wichtiger ist daher die Kenntnis der zumeist in der Rechtsprechung entwickelten rechtlichen Rahmenvorgaben für eine derartige Entscheidung, vor die nach nicht repräsentativen Umfragen bereits zwei Drittel aller Ärzte mindestens einmal gestellt wurden.

I. Abgrenzung strafloser Teilnahme an eigenverantwortlicher Selbsttötung von strafbarer Fremdtötung

Fall 48 (nach LG Gießen, RDG 2012, 289): Patient P wurde wegen Suizidgefahr in eine Klinik für Psychiatrie überwiesen. Im Rahmen des Eingangsgesprächs erklärte P gegenüber der ihn aufnehmenden Ärztin A, er wolle sich nicht umbringen, befürchte aber, er werde es tun. Auf seine Bitte hin wurde der Patient stationär aufgenommen. A stufte ihn nicht als suizidgefährdet ein und ordnete weder die Gabe sedierender Medikamente noch die Wegnahme von Gegenständen des Patienten an, die, wie etwa ein Gürtel, für einen Suizid geeignet waren. Auch verschrieb sie ihm keine Medikamente, um einen aufkommenden Suizidwillen zu unterdrücken. Am nächsten Morgen wurde P tot in seinem Zimmer aufgefunden. Er hatte sich mit seinem Gürtel im Bad erhängt. Nach Einschätzung eines Sachverständigen befand sich P „genau an der Grenze zwischen freier Willensbildung und Verlust des freien Willens durch psychotisch aufgezwungene Handlungen". Die Staatsanwaltschaft klagt A der fahrlässigen Tötung durch Unterlassen an. Ist das Hauptverfahren zu eröffnen?

Mag man das Selbstbestimmungsrecht des Einzelnen über sein eigenes Leben aus religiösen[898] oder moralischen Gründen[899] auch für begrenzt ansehen und die freiverantwortliche **Selbsttötung** daher unter Ablehnung eines aus den Grund-

---

895 Vgl. hierzu EGMR, NJW 2002, 2851 (2854): „In einer Zeit fortschreitender Entwicklung der Medizin in Verbindung mit einer langen Lebenserwartung ist es für viele Personen ein Anliegen, in hohem Alter oder bei fortschreitendem körperlichen oder geistigen Abbau nicht dazu gezwungen zu werden, weiterzuleben, weil das nicht mit für wesentlich gehaltenen Vorstellungen von eigener und persönlicher Freiheit im Einklang stehen würde."
896 *Kaminski*, BJ 2015, 115.
897 So bereits *Hilgendorf*, Medizinstrafrecht, 4. Kap. Rn. 2.
898 Vgl. hierzu *Dreier*, JZ 2007, 317 f.
899 Ausführlich zur rechtstheoretischen Diskussion *Decher*, Die Signatur der Freiheit: Ethik des Selbstmords in der abendländischen Philosophie (1999); *Kutzer*, FS Schöch (2010), S. 481 ff.; *Wittwer*, Selbsttötung als philosophisches Problem (2003).

rechten ergebenden Rechts auf Selbsttötung[900] als Verstoß gegen das Sittengesetz[901] oder (trotz notwendiger Trennung zwischen Moral und Recht) mit dem Bundesgerichtshof sogar für „rechtswidrig"[902], so ändert dies nichts daran, dass die (auch nur versuchte) Selbsttötung mangels Verletzung des Rechtsguts eines anderen oder der Allgemeinheit[903] straflos ist.[904] Dogmatisch ergibt sich dies neben historischen Gründen systematisch daraus, dass ein § 216 StGB paralleler Privilegierungstatbestand fehlt (Wird eine Fremdtötung auf Verlangen des Opfers milder als § 212 StGB bestraft, so müsste eine Selbsttötung erst recht milder bestraft werden).

167 Straflos ist jedoch nur die „bei klarem Bewusstsein" getroffene, auf „persönlicher Grenzentscheidung" beruhende, also freiverantwortliche Selbsttötung[905], so dass sich die rechtsphilosophische Diskussion zu einer tatsächlichen Diskussion um die Feststellung eines selbstverantwortlichen Willens verschoben hat[906]. Da der Sterbewillige aus psychologischer bzw. psychiatrischer Sicht seinen Selbsttötungsentschluss aufgrund wirtschaftlicher, gesundheitlicher (z. B. Suchterkrankung oder psychische Störung) oder anderer Not (teilweise ein „Schrei um Hilfe": Appellsuizid und damit stets aus inneren oder äußeren Zwängen[907]) heraus und somit grundsätzlich „unfrei" fasst[908], bedarf die **Beurteilung der Eigenverantwortlichkeit**, die es ausweislich § 216 StGB geben muss, der Einbeziehung normativer Kriterien, deren Inhalt und Umfang jedoch umstritten sind: Nach den Anhängern der sog. „Einwilligungslösung"[909] sei auf die Regeln der Einwilligung abzustellen, insbesondere auf die Notwendigkeit einer ernstlichen Entscheidung ohne wesentliche Willensmängel, um einen weitgehenden Gleichklang mit § 216 StGB zu erreichen. Demgegenüber nehmen die Anhänger der sog. „Exkulpationslösung"[910] eine stärkere Normativierung (zur Erlangung einer klareren Grenzziehung) vor, indem sie danach fragen, ob das Opfer, wenn es tatbestandsmäßig gehandelt hätte, selbst schuldhaft gehandelt hätte oder ob die Schuld nach den §§ 17, 19, 20, 35 StGB, § 3 JGG ausgeschlossen wäre. Praktische Relevanz erlangt dieser Theorienstreit aber kaum, da beide Ansichten zumeist zu gleichen Ergebnissen führen, insbesondere in den Fällen eines Wis-

---

900 So BGHSt. 6, 147 (153); BGHSt. 46, 279 (285); LK/*Jähnke*, Vor § 211 Rn. 22; kritisch *Kubiciel*, JZ 2009, 600 (602 ff.); aA etwa *Wolter*, NStZ 1993, 1 (8).
901 BGHSt. 6, 147 (153).
902 BGHSt. 46, 279 (285); zu Recht kritisch *Dreier*, JZ 2007, 317 (319); *Sternberg-Lieben*, JZ 2002, 153 ff.
903 Vgl. zu diesem Erfordernis für eine Strafbarkeit nur *Swoboda*, ZStW 122 (2010), 24 ff.
904 Vgl. nur RGSt. 70, 313 (315); BGHSt. 2, 150; BGHSt. 24, 342 (343); BGHSt. 46, 279 (285 f.); *Brunhöber*, JuS 2011, 401 (402); Sch/Schr/*Eser/Sternberg-Lieben*, Vor §§ 211 ff. Rn. 33; *Fischer*, Vor §§ 211–217 Rn. 18 ff.; SSW-StGB/*Momsen*, Vor §§ 211 ff. Rn. 16.
905 VG Hamburg, MedR 2009, 550 (555); ebenso BGHSt. 32, 262 (263 f.); BGHSt. 46, 279 (288 f.); BGHSt. 53, 288 (290 f.).
906 Vgl. nur *Fischer*, Vor §§ 211–217 Rn. 26.
907 Vgl. *Klaus Thomas*, Menschen vor dem Abgrund (1970), S. 14 ff.
908 Vgl. nur *Bringewat*, ZStW 87 (1975), 632 ff. (unter Auswertung empirischen Materials); LK/*Jähnke*, Vor § 211 Rn. 27; SSW-StGB/*Momsen*, Vor §§ 211 ff. Rn. 18.
909 Vgl. nur Sch/Schr/*Eser/Sternberg-Lieben*, Vor §§ 211 ff. Rn. 36; *Ingelfinger*, Grundlagen und Grenzbereiche des Tötungsverbots (2001), S. 228 ff.; LK/*Jähnke*, Vor § 211 Rn. 26; NK-StGB/*Ulfrid Neumann*, Vor § 211 Rn. 65.
910 Vgl. nur *Bottke*, Suizid und Strafrecht (1982), S. 248 ff.; *Charalambakis*, GA 1986, 485 (498); *Dölling*, FS Maiwald (2010), S. 119 (123 ff.); *Jakobs*, AT, 21/97; *Roxin*, FS 140 Jahre GA (= FS Pötz) (1993), S. 177 (178 f.); ders., NStZ 1984, 71; MüKo-StGB/*Hartmut Schneider*, Vor §§ 211 ff. Rn. 54 ff.; LK/*Schünemann*, § 25 Rn. 72 ff. und 119.

sensdefizits auf Seiten des Opfers. Verbleiben Zweifel an der Eigenverantwortlichkeit (wie in **Fall 48** aufgrund des Sachverständigengutachtens), so können diese „keine Strafbarkeit begründen, sondern wirken, wie stets, zugunsten des Angeklagten"[911], so dass „in dubio pro reo" von einer Eigenverantwortlichkeit auszugehen ist.

Wer lediglich eine solche eigenverantwortliche Selbsttötung veranlasst, ermöglicht oder fördert, macht sich mangels tatbestandlicher Haupttat grundsätzlich nicht wegen **Teilnahme** (Anstiftung oder Beihilfe) an einem vorsätzlichen Körperverletzungs- oder Tötungsdelikts[912] oder (wie in **Fall 48**) bei **fahrlässiger Mitverursachung** aufgrund eigenverantwortlicher Selbstgefährdung oder Selbstverletzung (hierzu bereits oben Rn. 57) nicht wegen eines fahrlässigen Tötungs- oder Körperverletzungsdelikts strafbar[913]; eine Ausnahme von diesem Grundsatz hat der Gesetzgeber lediglich jüngst für die geschäftsmäßige Förderung der Selbsttötung (§ 217 StGB) geschaffen (hierzu unten Rn. 187 ff.), die jedoch wegen ihres Rechtsgrundes abstrakter Eindämmung einer Selbsttötungs-Gewöhnungsgefahr die Reichweite der fahrlässigen Tötung nicht auf eigenverantwortliche Suizide erweitert, die auf (fahrlässigen) Tathandlungen des § 217 StGB beruhen[914]. Die sich aus dem Behandlungsvertrag ergebende besondere Garantenstellung der A in **Fall 48** ändert an der Straflosigkeit nichts, da die Garantenstellung einem Arzt lediglich gebietet, „den Patienten im Rahmen der von ihm gewählten Therapie keinen vermeidbaren Risiken auszusetzen, wie sie etwa mit der erstmaligen Anwendung einer neuartigen Entziehungstherapie verbunden sind"; aktiv hat A keine derart vermeidbaren Risiken geschaffen. Diese Straflosigkeit ändert freilich nichts daran, dass jede Form der (straflosen) Suizidbeihilfe trotz (berechtigter) erheblicher Kritik[915] noch immer überwiegend als berufsrechtswidrig angesehen wird (§ 16 MBO-Ä: „Ärztinnen und Ärzte haben Sterbenden unter Wahrung ihrer Würde und unter Achtung ihres Willens beizustehen. Es ist ihnen verboten, Patientinnen und Patienten auf deren Verlangen zu töten. Sie dürfen keine Hilfe zur Selbsttötung leisten."[916]) mit entsprechenden berufsrechtlichen Sanktionen, weil „Töten nicht zum Handwerkszeug von Ärztinnen und Ärzten"[917] gehört.

---

911 LG Gießen, RDG 2012, 289 (290).
912 BGHSt. 2, 150 (152); BGHSt. 32, 262 (264); BGHSt. 36, 1 (17); BGHSt. 46, 279 (288); BGHSt. 49, 34 (39); BGH, NStZ 1987, 406; zu Aufforderungen in sog. „Todesforen" im Internet *Rackow*, JA 2003, 218 ff.
913 BGHSt. 24, 342; BGHSt. 46, 279 (288); BGHSt. 53, 288 (290); BGH, NStZ 2003, 537 (538); BGH, NStZ 2011, 341 (342); LG Gießen, BeckRS 2012, 15337.
914 Zutreffend *Gaede*, JuS 2016, 385 (391).
915 Vgl. *Schöch/Verrel*, GA 2005, 553 (580 f. und 586).
916 Vgl. bereits VG Gera, ZfL 2009, 29 (33). Auch wenn die Musterberufsordnung nicht rechtsverbindlich ist, so bietet sie den Landesärztekammern doch eine wichtige Orientierungshilfe, so dass dieses Verbot sich mitlerweile in den entsprechenden Berufsordnungen findet. Trotz eines entsprechenden Verbots in § 16 I 2 der Berufsordnung der Ärzte in Berlin hatte bislang lediglich das VG Berlin, BeckRS 2012, 51943 das berufsrechtliche Verbot ausdrücklich relativiert und die Verschreibung eines todbringenden verschreibungspflichtigen Medikaments an einen Sterbewilligen für im Einzelfall zulässig erachtet. Denn das berufsrechtliche Verbot beziehe sich nach Wortlaut und Systematik nur auf eine strafbare aktive Sterbehilfe als Täter, nicht auf die straflose Beihilfe zum Suizid.
917 *Hoppe*, Eröffnungsrede zum 114. Deutschen Ärztetag, http://www.bundesaerztekammer.de/fileadmin/user_upload/downloads/Hoppe-Rede_final.pdf (letzter Aufruf: 22.5.2017).

169 Maßgebliches Abgrenzungskriterium zwischen einer derart straflosen (bloßen) Teilnahme an einer (straflosen) Selbsttötung und einer (täterschaftlichen) **Fremdtötung** des Opfers ist die „Trennungslinie zwischen Täterschaft und Teilnahme", wobei es maßgeblich darauf ankommt, wer in wertender Betrachtung „das zum Tode führende Geschehen [d. h. den letzten, unwiderruflich zum Tode führenden Handlungsakt] tatsächlich beherrscht"[918]: Liegt die Tatherrschaft über die Schädigungshandlung, die das Opfer über den „point of no return" zum Tode führt (oder im Versuchsfalle führen soll), ausschließlich bei dem sich hieran Beteiligten (z. B. der Arzt verabreicht einem Querschnittsgelähmten auf dessen Bitten tödliche Medikamente[919]), so begeht dieser eine eigene Tat und kann nicht aus Gründen einer fehlenden Haupttat des Geschädigten straffrei sein.[920] Behielt das Opfer „dagegen bis zuletzt die freie Entscheidung über sein Schicksal, dann tötete er sich selbst, wenn auch mit fremder Hilfe"[921] (straflos wäre es daher, wenn das Opfer das bereitgestellte Medikament selbst einnimmt). Dies soll nach der Rechtsprechung auch bei einer gleichgeordneten **Mitbeherrschung** der Schädigungshandlung zwischen Täter und Opfer gelten[922], was bei einer Übertragung der Grundsätze des § 25 II StGB aber kaum überzeugen kann; vielmehr wird man mit Teilen der Literatur davon ausgehen müssen, dass in diesen Fällen die Straflosigkeit des Opfers für die Selbsttötung auf den „Mittäter" durchschlägt[923]. Eine mögliche Tatherrschaft im Sinne einer **mittelbaren Täterschaft** (mit der Folge eines Totschlags oder Mordes, da es für § 216 StGB an einem ernstlichen Verlangen fehlt) kommt dem Täter jedoch in dem Fall zu, in dem er kraft überlegenen Sachwissens das Risiko besser erfasst als der sich selbst Gefährdende (dem daher die Freiverantwortlichkeit abzusprechen ist)[924] (z. B. aufgrund der Täuschung, beim Opfer liege eine unheilbare Krankheit vor[925]) oder wenn der Suizident aus anderen Gründen (z. B. aufgrund psychischer Krankheit oder aufgrund der Androhung weiterer Misshandlungen[926] oder anderer vom Täter geschaffener Zwangssituation) unfrei war und der Dritte dies ausnutzend das Geschehen so beherrschte, dass das Opfer selbst Hand an sich legte. Bei fahrlässiger Verkennung dieser Tatherrschaft kommt § 222 StGB in Betracht[927]. Gleiches gilt, wenn der Täter dem Opfer pflichtwidrig den Zugang zu Mitteln ermöglicht (z. B. nicht verschlossener Arzneischrank), mit denen sich das Opfer, deren Suizidgefahr der Täter hätte erkennen können, selbst tötet[928]; die bloße Schaffung eines Motivs zur Selbsttötung (z. B. wahrheitsgemäße Diagnose einer unheilbaren Krankheit) genügt dagegen grundsätzlich nicht[929].

---

918 BGHSt. 19, 135 (139).
919 Beispiel nach *Brunhöber*, JuS 2011, 401 (403); vgl. auch OLG München, NJW 1987, 2940; AG Berlin-Tiergarten, BeckRS 2006, 00655.
920 Vgl. nur BGHSt. 19, 135 (139f.); BGHSt. 49, 34 (39); BGHSt. 49, 166 (169); BGH, NJW 2003, 2326 (2327); BGH, NStZ 2016, 469f. („Kannibalen II") mit Anm. *Eisele*, JuS 2016, 947f.
921 BGHSt. 19, 135 (139f.).
922 Vgl. nur BGH, NStZ 1987, 365.
923 Ebenso Prütting/*Duttge*, Medizinrecht, §§ 211, 212 StGB Rn. 25; *Hoyer*, in: Igl/Welti, Gesundheitsrecht, Rn. 1334; *Roxin*, NStZ 1987, 345 ff.
924 Vgl. nur BGHSt. 32, 262 (265); BGH, NStZ 1987, 406; BGH, NStZ 2001, 205; *Duttge*, NStZ 2006, 266 (270f.); *Roxin*, NStZ 1984, 71; *Ulfrid Neumann*, JuS 1985, 677 (680ff.).
925 SSW-StGB/*Momsen*, Vor §§ 211ff. Rn. 20.
926 OGH, NJW 1949, 598.
927 Vgl. *Fischer*, Vor §§ 211–217 Rn. 22; LK/*Jähnke*, Vor § 211 Rn. 30.
928 SSW-StGB/*Momsen*, Vor §§ 211ff. Rn. 21.
929 BGHSt. 7, 268 ff.

Obgleich es bei **fahrlässiger Begehung** keine Differenzierung zwischen Täterschaft und Teilnahme gibt[930], können die obigen Grundsätze derart auf die fahrlässige Todesherbeiführung übertragen werden, dass nur derjenige fahrlässig handelt, der die „Gefährdungsherrschaft" besitzt[931].

> **Fall 49** (nach StA München I, NStZ 2011, 345 f.): Die an Alzheimer erkrankte ältere Dame D beschloss, aus dem Leben zu scheiden, setzte ihren Tod auf einen Tag fest, lud alle Kinder (darunter den K) zu einem Essen ein, nahm dann ein Mittel gegen Übelkeit und dann eine Überdosis an Tabletten mit Sekt ein, bevor sie sich ins Bett legte. Die Kinder (darunter der K) verabschiedeten sich nach und nach und hielten der eingeschlafenen Mutter die Hand, bis deren Atmung immer unregelmäßiger wurde und diese schließlich starb. Versuche, die Mutter zu retten, unternahmen sie nicht. Strafbarkeit des K?

Nach der bisherigen Rechtsprechung soll, wenn „der Suizident die tatsächliche Möglichkeit der Beeinflussung des Geschehens (,Tatherrschaft') endgültig verloren hat, weil er infolge Bewusstlosigkeit nicht mehr von seinem Entschluss zurücktreten kann", der Eintritt des Todes (aufgrund des **Tatherrschaftswechsels**) „allein vom Verhalten des Garanten" abhängen, „in dessen Hand" es nunmehr liege, „ob das Opfer, für dessen Leben er von Rechts wegen einzustehen hat, gerettet wird oder nicht"; verhindere der Garant den Todeserfolg trotz verbleibender Rettungsmöglichkeit nicht, mache er sich wegen Tötung auf Verlangen durch Unterlassen strafbar.[932] „Dass der Garant durch sein Verhalten den früher geäußerten Wunsch des Sterbenden erfüllen will", ändere daran nichts.[933] „Jedenfalls dann, wenn der ohne ärztlichen Eingriff dem sicheren Tod preisgegebene Suizident schon bewusstlos ist, darf sich der behandelnde Arzt nicht allein nach dessen vor Eintritt der Bewusstlosigkeit erklärten Willen richten, sondern hat in eigener Verantwortung eine Entscheidung über die Vornahme oder Nichtvornahme auch des nur möglicherweise erfolgreichen Eingriffs zu treffen."[934] Ein Nichtgarant hafte entsprechend nach § 323c I StGB. Nur wenn die Rettungsmaßnahmen zu schweren und irreparablen Schäden führen würden – wovon A in **Fall 44** ausging –, sei deren Unterbleiben mangels „Zumutbarkeit" nicht zu bestrafen[935]; in **Fall 44** entfällt bereits daher eine Strafbarkeit. In **Fall 49** käme diese Rechtsprechungssicht dagegen zu einer Strafbarkeit nach §§ 216 I, 13 I StGB. Dies erklärte das OLG Hamburg[936] im Fall eines ärztlichen Sterbebegleiters jüngst trotz deutlicher „Anhaltspunkte für einen gesellschaftlichen Wertewandel" nebst neuerer Gesetzgebung, Rechtsprechung und Rechtslehre als fortgeltend.

---

930 Vgl. nur BGH, NStZ 2006, 94; BGH, NStZ 2009, 148 (149); OLG Schleswig, NStZ 1982, 116 f.; *Kretschmer*, Jura 2000, 267 (268 Fn. 10); *Puppe*, GA 2004, 129 (131 ff.); ausführlich *Kraatz*, Fahrlässige Mittäterschaft, S. 249 ff. und 360 ff.
931 BGH, NJW 2003, 2326 (2327).
932 BGHSt. 32, 367 (374); ebenso BGHSt. 2, 150; BGHSt. 7, 268 (269 f.); BGHSt. 13, 162 (166); BGH, NJW 1960, 1821.
933 BGHSt. 32, 367 (374).
934 BGHSt. 32, 367 (378); ebenso für eine sorgfältige Prüfung der Zumutbarkeit BGH, NStZ 1984, 73.
935 So BGHSt. 32, 367 ff.
936 OLG Hamburg, NStZ 2016, 530 ff. mit krit. Anm. *Kraatz*, JR 2017, 299 ff.; *Miebach*, NStZ 2016, 536 ff.; *Wilhelm*, HRRS 2017, 68 ff.

170 Wegen der hiermit verbundenen Missachtung des verfassungsrechtlich (Art. 1 iVm Art. 2 I GG – oben Rn. 5a) wie menschenrechtlich (Art. 8 I EMRK)[937] garantierten Selbstbestimmungsrechts, das auch die Selbstbestimmung zum Tode einschließt, sowie weil die dem Täter zuwachsende Tatherrschaft eine neue Garantenstellung nicht zu begründen vermag[938], wird die Rechtsprechungssicht im Schrifttum[939] überwiegend abgelehnt. Dem hat sich die Staatsanwaltschaft München I in **Fall 49** nun angeschlossen und das Verfahren gegen die Angehörigen nach § 170 II StPO eingestellt, da die Rechtsprechung zu „unauflösbaren Wertungswidersprüchen" führe: „Demnach dürfte ein Angehöriger oder Arzt straflos einen Suizidenten bei der Realisierung seines Tötungsentschlusses unterstützen – etwa indem er Gift besorgt – um dann nach Einnahme des Giftes zur Rettung verpflichtet zu sein."[940] Vorzugswürdig erscheint es daher, dass „bei einer gegebenen Garantenstellung die sich daraus ergebende Garantenpflicht durch den freiverantwortlich gefassten Selbsttötungswillen des Suizidenten eingeschränkt wird"[941].

2012 lehnte das LG Gießen[942] die Eröffnung des Hauptverfahrens gegen eine Ärztin ab, die in einer Klinik einen objektiv suizidgefährdeten Patienten aufnahm, den sie selbst aber nicht als suizidgefährdet einstufte und daher keine Vorsichtsmaßnahmen wie die Wegnahme von gefährlichen Gegenständen anordnete, so dass der Patient sich mit seinem Gürtel erhängen konnte. In der Begründung heißt es klar: „Aus der Straflosigkeit von Anstiftung und Beihilfe zur Selbsttötung folgt zwingend, dass der Garant, der nichts zur Verhinderung des freiverantwortlichen Suizids unternimmt, ebenfalls straffrei bleiben muss. Hätte die Angeschuldigte durch aktives Tun Beihilfe zum eigenverantwortlichen Suizid des Patienten geleistet, indem sie ihm etwa in Kenntnis seiner Suizidabsicht den Gürtel gereicht hätte, käme eine Strafbarkeit wegen Beihilfe aufgrund der Straflosigkeit des Suizids von vornherein nicht in Betracht. Ausgehend hiervon würde es unter Berücksichtigung der oben genannten Grundsätze einen unerträglichen Wertungswiderspruch darstellen, wollte man der Angeschuldigten das bloße Untätigbleiben im Hinblick auf die Verabreichung sedierender Medikamente und der Wegnahme des Gürtels strafrechtlich zum Vorwurf machen."

Schließlich hat der 12. Zivilsenat des Bundesgerichtshofs[943] entschieden, dass lebenserhaltende oder lebensverlängernde Maßnahmen unterbleiben, wenn der Patient zwar einwilligungsunfähig geworden ist und sein Krankheitsverlauf einen tödlichen Verlauf genommen hat, dies aber seinem zuvor – etwa in Form einer Patientenverfügung – geäußerten Willen entspricht. „Dies folgt aus der Würde des Menschen, die es gebietet, sein in einwilligungsfähigem Zustand ausgeübtes

---

937 Vgl. nur EGMR, NJW 2015, 2715 ff.
938 LK/*Jähnke*, Vor § 211 Rn. 24; *Roxin*, TuT, S. 473; MüKo-StGB/*Hartmut Schneider*, Vor § 211 Rn. 73.
939 Vgl. nur BeckOK-StGB/*Eschelbach*, § 216 Rn. 5; *Fischer*, Vor §§ 211–217 Rn. 25; *Gropp*, NStZ 1985, 97 (101); *Herzberg*, JZ 1988, 182 ff.; Spickhoff/*Knauer/Brose*, Medizinrecht, § 216 StGB Rn. 24; *Miebach*, NStZ 2016, 536 f.; NK-StGB/*Ulfrid Neumann*, Vor § 211 Rn. 73 ff.; *Otto*, NJW 2006, 2217 (2222); *Roxin*, NStZ 1987, 345 (347); MüKo-StGB/*Hartmut Schneider*, § 216 Rn. 65 ff.; *Wessels/Hettinger*, BT 1, Rn. 161; zustimmend OLG München, NJW 1987, 2940 (2942).
940 StA München I, NStZ 2011, 345 (346).
941 StA München I, NStZ 2011, 345 (346).
942 GesR 2012, 620.
943 BGH, NStZ 2003, 477.

Selbstbestimmungsrecht auch dann noch zu respektieren, wenn er zu eigenverantwortlichem Entscheiden nicht mehr in der Lage ist." Nichts anderes kann und darf vor dem Hintergrund der Einheit der Rechtsordnung strafrechtlich gelten: Wieso bei einem freiverantwortlich handelnden Suizidwilligen, der im einwilligungsfähigen Zustand seinem (ärztlichen) Sterbebegleiter seinen Sterbewunsch und damit den Wunsch auf Verzicht lebensrettender Maßnahmen nach Eintritt der Bewusstlosigkeit nach Medikamenteneinnahme äußert, der nach der Entscheidung des 12. Zivilsenats nach Eintritt der Bewusstlosigkeit aus Verfassungsgründen weiter zu beachten sei, strafrechtlich aber in der Weise ignoriert werden soll, dass dem Garanten eine Rettungspflicht gegen den ausdrücklich erklärten Willen zukommen soll, ist nicht erklärbar. Genauso wie der einmal freiverantwortlich geäußerte Wille zivilrechtlich einheitlich vor wie nach Bewusstseinsverlust des Sterbenden zu beachten ist, ist er richtigerweise – aus Gründen der Verfassung! – auch im Strafrecht zu beachten. Die vom OLG Hamburg[944] noch einmal bekräftige Sichtweise der künstlichen Aufspaltung eines einheitlichen Sterbevorgangs in einen ersten Teil, in dem der Sterbewille zu beachten sei, und einen zweiten Teil, in dem der Sterbewillige gegen seinen Willen zwingend zu retten ist, führt zudem zu geradezu grotesken Ergebnissen[945]: Würde der Garant gegen den ausdrücklichen Willen des bewusstlosen Sterbewilligen, diesen in ein Krankenhaus einliefern und dort hätte dessen Leben gerettet werden können, er wäre zu Bewusstsein gekommen und hätte – in erwartbarer Fortführung seines Sterbewunsches – die sofortige Einstellung aller lebenserhaltenden Maßnahmen gewünscht, hätten die Ärzte dem nachkommen und ihn sterben lassen müssen. Nach den aufgezeigten Rechtsprechungs-Grundsätzen aber wiederum nur bis zu dem Punkt, zu dem der Sterbewillige wiederum das Bewusstsein verloren hätte. Dann hätten die lebenserhaltenden Maßnahmen wieder aufgenommen werden müssen. Der Vorgang hätte sich zur Qual des Suizidenten immer wiederholen können („Und täglich grüßt der Arzt"). Das macht nicht nur aus Sicht des freien Willens des Suizidenten keinen Sinn, sondern würde diesen gegen seinen Willen mit (allenfalls im Bereich des Strafvollzugs nach § 101 StVollzG zulässigen) Zwangsbehandlungen überziehen. Dogmatisch lässt sich dies – in Einklang mit der aktuellen zivilrechtlichen Rechtsprechung – nur dadurch vermeiden, dass man die Garantenpflichten durch den freiverantwortlich geäußerten Sterbewunsch als eingeschränkt ansieht[946] bzw. genauer, dass die Untätigkeit des Garanten (vor dem Hintergrund des grotesken Alternativgeschehens) als außerhalb des Schutzbereichs liegend angesehen wird[947]. Dies war bereits früher zutreffend und wird durch den 2009 neu eingeführten § 1901a BGB lediglich bestätigt, der gerade die Sichtweise des Gesetzgebers aufzeigt, dass der erklärte Wille eines freiverantwortlich handelnden Menschen auch über den Zeitpunkt des Eintritts der eigenen Einwilligungsunfähigkeit hinaus zu respektieren ist und damit, dass der vom OLG Hamburg weiterhin propagierte Grundsatz, die Freiheitsrechte des Individuums seien dahingehend be-

---

[944] NStZ 2016, 530 (535).
[945] Vgl. hierzu BeckOK-StGB/*Eschelbach*, § 216 Rn. 5; *Kraatz*, JR 2017, 299 (305); *Roxin*, NStZ 1987, 345 (348).
[946] So etwa Sch/Schr/*Eser/Sternberg-Lieben*, § 216 Rn. 10; *Gropp*, NStZ 1985, 97 (101); *Kraatz*, NStZ-RR 2012, 33; MüKo-StGB/*Hartmut Schneider*, § 216 Rn. 66.
[947] So bereits *Roxin*, NStZ 1987, 345 (348); zustimmend *Kraatz*, JR 2017, 299 (305).

schränkt, dass der Lebensschutz der Selbstbestimmung in Bezug auf den Zeitpunkt des Lebensendes vorgehe, schon länger nicht mehr zeitgemäß ist.[948]

Es bleibt nur zu hoffen, dass die Rechtsprechung sich endlich dieser Sichtweise anschließt und es in der Praxis nicht mehr der „Notlösung" bedarf, dass die Tatgerichte (wie zumeist) feststellen, dass selbst bei sofortiger ärztlicher Hilfe nach Eintritt der Handlungsunfähigkeit des Suizidenten nicht mit hinreichender Wahrscheinlichkeit feststeht, dass der Suizident hätte gerettet werden können (so dass die hypothetische Kausalität ausscheidet) und der Garant hiervon auch ausging (sonst Versuchsstrafbarkeit).[949] Nicht nur die Entscheidung des OLG Hamburg, in dem das aus Sicherheitsgründen durch den Sterbebegleiter erfolgte Zuwarten einer weiteren halben Stunde nach festgestelltem Todeseintritt vor Verständigen der Feuerwehr als Tatentschluss im Hinblick eine hypothetische Kausalität gewertet wurde[950], zeigt, dass diese „Notlösung" nur begrenzt zu helfen mag. Dies zeigt auch eine kürzlich ergangene Entscheidung des Kammergerichts.[951] Dieses hat (im Rahmen einer Beschwerde gegen die Nichteröffnung des Hauptverfahrens) einen Arzt, der einer Sterbewilligen vor deren Suizid mittels Schlaftabletten ein Übelkeit und Erbrechen hinderndes Medikament verabreichte, während der tagelangen Bewusstlosigkeit der sterbenden Patientin diese täglich besuchte und Tochter und Freundin, die jeweils um die Tat wussten, durch Zureden vom Unternehmen einer Rettungsmaßnahmen abhielt, einer Tötung auf Verlangen wegen aktiven Tuns für hinreichend verdächtig angesehen.

II. Bisherige Systematik der Sterbehilfe

171 In Respektierung des in Art. 1 I, 2 I GG garantierten Selbstbestimmungsrechts des Patienten und damit in Befolgung der liberalen[952] gegenüber einer christlichen Anschauung[953] wird „Sterbehilfe" in Deutschland als grundsätzlich straflos erachtet, sofern diese nicht eine zielgerichtete Tötung iSd §§ 211, 212 StGB bzw. in Beachtung der Wertung des § 216 StGB aktive Fremdtötung darstelle.[954] Dies hat dazu geführt, dass unter dem Begriff der „Sterbehilfe" nach bisheriger Systematik – bis zur Neuordnung durch BGHSt. 55, 191 ff. (dazu unten Rn. 183) – mit der „aktiven direkten Sterbehilfe", der „aktiven indirekten Sterbehilfe" und der „passiven Sterbehilfe"[955] unterschiedliche Fallkonstellationen mit unter-

---

948 Vgl. zu letzterem Spickhoff/*Knauer*/*Brose*, Medizinrecht, § 216 StGB Rn. 24.
949 So bereits *Kraatz*, NStZ-RR 2012, 33.
950 OLG Hamburg, NStZ 2016, 530 (534).
951 KG, BeckRS 2016, 111319.
952 Grundlegend hierzu *Hilgendorf*, Medizinstrafrecht, 4. Kap. Rn. 78 ff.
953 Vgl. nur die Kongregation für die Glaubenslehre – Erklärung zur Euthanasie (in Deutsch abrufbar unter http://www.vatican.va/roman_curia/congregations/cfaith/documents/rc_con_cfaith_doc_19800505_euthanasia_ge.html [letzter Aufruf: 22.5.2017]): „Der körperliche Schmerz gehört gewiß unvermeidlich zur Verfassung des Menschen; vom biologischen Standpunkt aus ist er ein Warnzeichen, dessen Nutzen außer Zweifel steht. Da er aber auch das psychische Leben des Menschen berührt, übersteigt seine Belastung oft den biologischen Nutzen, ja sie kann derart zunehmen, daß die Beseitigung des Schmerzes um jeden Preis wünschenswert erscheint. Nach christlicher Lehre erhält der Schmerz jedoch, zumal in der Sterbestunde, eine besondere Bedeutung im Heilsplan Gottes. Er gibt Anteil am Leiden Christi und verbindet mit dem erlösenden Opfer, das Christus im Gehorsam gegen den Willen des Vaters dargebracht hat."
954 Vgl. nur *Brunhöber*, JuS 2011, 401 (402 f.); SSW-StGB/*Momsen*, Vor §§ 211 ff. Rn. 26.
955 Nicht zur Sterbehilfe zählen die Formen der Palliativmedizin, d. h. schmerzlindernde Eingriffe, die keine lebensverkürzende Wirkung entfalten: vgl. nur SSW-StGB/*Momsen*, Vor §§ 211 ff. Rn. 26.

schiedlicher Rechtsfolge verstanden wurden⁹⁵⁶ (und teilweise noch immer unterschieden werden):

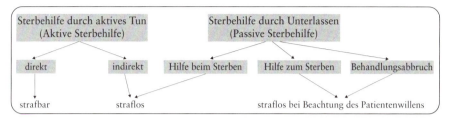

1. Direkte aktive Sterbehilfe

Die gezielte Tötung eines anderen wie die (selbst geringfügige) Beschleunigung des Todeseintritts bei einem anderen durch ein aktives Tun, gleichgültig aus welchen Motiven (Mitleid, Erfüllung des Sterbewillens des Opfers, Erbschaft) galt bis BGHSt. 55, 191 ff. (vor allem wegen der „Einwilligungssperre" des § 216 StGB sowie wegen des fehlenden Rechts auf Selbsttötung sowie damit auf Sterbehilfe⁹⁵⁷ mangels Rechtfertigung aus § 34 StGB⁹⁵⁸) als ausnahmslos verboten.⁹⁵⁹ Lediglich hinsichtlich der Unrechtsschwere wurde unterschieden:

172

a) **Tötung auf Verlangen (§ 216 StGB).** Lag der Tötungshandlung ein ernstliches, ausdrückliches Verlangen des Getöteten zugrunde, so führte die im Verlangen enthaltene Einwilligung wegen der gesetzgeberischen Wertung einer Indisponibilität des menschlichen Lebens zwar nicht zu einer rechtfertigenden Einwilligung, wohl aber zu einer Unrechtsmilderung sowie – weil der Täter hierdurch in eine erhebliche Konfliktlage geriet – zu einer Schuldminderung⁹⁶⁰ und damit zu einer Bestrafung einzig nach dem Privilegierungstatbestand⁹⁶¹ des § 216 StGB, der die Tatbestände der §§ 211, 212 StGB sperrt⁹⁶² (sodass in einer Fallbearbeitung zwingend mit § 216 StGB zu beginnen ist!).

173

---

956 Kritisch zu den unterschiedlichen Begriffen: *Fischer*, Vor §§ 211–217 Rn. 34 ff. (mit dem Vorschlag, nur straflose Tötungshandlungen als „Sterbehilfe" zu bezeichnen).
957 BVerfGE 76, 248 (251 f.); BGH, NJW 2003, 2326 (2327 f.); zweifelnd nun *Fischer*, Vor §§ 211–217 Rn. 54.
958 Vgl. Sch/Schr/*Eser/Sternberg-Lieben*, Vor §§ 211 ff. Rn. 24 f.; *Fischer*, Vor §§ 211–217 Rn. 71; *Lackner/Kühl/Kühl*, Vor § 211 Rn. 7; aA für Ausnahmefälle *Herzberg*, NJW 1986, 1635 (1639); *Mitsch*, JuS 1996, 213 (217).
959 Vgl. BGHSt. 37, 376 (379); BGH, NStZ 2003, 537 (538); *Prütting/Duttge*, Medizinrecht, §§ 211, 212 StGB Rn. 9; LK/*Jähnke*, Vor § 211 Rn. 14; SSW-StGB/*Momsen*, Vor §§ 211 ff. Rn. 28; *Ulsenheimer*, Arztstrafrecht, Rn. 275 ff.
960 Vgl. hierzu nur BeckOK-StGB/*Eschelbach*, § 216 Rn. 2; *Maurach/Schroeder/Maiwald*, BT 1, § 2 Rn. 60; *Rengier*, BT II, § 6 Rn. 1; *Scheinfeld*, GA 2007, 695 (700 f.).
961 So die zutreffende überwiegende Ansicht im Schrifttum (vgl. nur *Lackner/Kühl/Kühl*, § 216 Rn. 1; SSW-StGB/*Momsen*, § 216 Rn. 3; *Rengier*, BT II, § 6 Rn. 3; MüKo-StGB/*Hartmut Schneider*, § 216 Rn. 1), während die Rechtsprechung die §§ 211, 212, 216 StGB als jeweils selbstständige Straftatbestände erblickt (zu § 216 StGB: RGSt. 53, 293 [294]; BGHSt. 2, 258; BGHSt. 13, 162 [165]).
962 Vgl. nur BGHSt. 2, 258 ff.; Sch/Schr/*Eser/Sternberg-Lieben*, § 216 Rn. 2; *Fischer* § 216 Rn. 2; LK/*Jähnke*, § 216 Rn. 2; SSW-StGB/*Momsen*, § 216 Rn. 3.

> **Aufbauschema (§ 216 StGB)**
>
> I. Tatbestandsmäßigkeit
>   1. Objektiver Tatbestand
>   a) Erfolgseintritt: Kausale Tötung
>   b) Verlangen des Getöteten
>   aa) ausdrücklich
>   bb) ernsthaft
>   c) Bestimmung des Täters hierdurch
>   2. Subjektiver Tatbestand: Vorsatz
> II. Rechtswidrigkeit
> III. Schuld

174 aa) **Objektiver Tatbestand:** Als Tatbestandserfolg unterfällt dem § 216 StGB jede **kausale Tötung** des Opfers, die nach der Rechtsprechung[963] auch in einem Unterlassen liegen kann, insbesondere bei Nichtgewährung ärztlicher Hilfe in Respektierung des geäußerten ernsthaften Sterbewillens des Patienten.

Das „**Verlangen**" als Einflussnahme auf den Willen des Täters ist mehr als die bloße Einwilligung in die Tötung[964], nämlich eine Willensäußerung mit dem Ziel, den Adressaten zur Tötung zu veranlassen[965], wobei der Täter noch nicht einmal direkt angesprochen worden sein muss – es genügt, wenn er zum angesprochenen Täterkreis (z. B. alle behandelnden Ärzte und Pflegepersonen in einem Krankenhaus) gehört[966]. Auf die Art der Formulierung kommt es hierbei nicht an, so dass auch die Verwendung einer Frageform ausreichen kann.[967] Eine Bedingung steht der rechtlichen Wirkung nicht entgegen, wenn sie eingetreten ist.[968] Das Verlangen, das jederzeit zurücknehmbar ist[969], muss im Augenblick der Tötungshandlung noch immer bestehen.

Das Verlangen muss „**ausdrücklich**", d. h. eindeutig und unmissverständlich sein[970], konkludentes (unzweideutiges) Verlangen genügt aber[971]. Eine Verständigung mittels Gesten soll aber nur bei einer nicht auf anderem Wege äußerungsfähigen Person möglich sein.[972]

Darüber hinaus muss das Verlangen „**ernstlich**", d. h. vom freien Willen des Opfers getragen sein[973], der die Urteilskraft besitzt, Bedeutung und Tragweite seines Entschlusses verstandesmäßig zu überblicken und abzuwägen[974]. Hierbei kommt es auf die natürliche Einsichts- und Urteilsfähigkeit an[975], die zu verneinen ist, wenn das Opfer entweder generell (z. B. aufgrund einer Geisteskrankheit oder fehlender Verstandesreife) oder im Einzelfall (z. B. infolge Trunkenheit oder

---

963 Vgl. nur BGHSt. 13, 162 (166); 32, 367 (369 ff.).
964 Vgl. nur BeckOK-StGB/*Eschelbach*, § 216 Rn. 9; Sch/Schr/*Eser/Sternberg-Lieben*, § 216 Rn. 5.
965 MüKo-StGB/*Hartmut Schneider*, § 216 Rn. 13.
966 Vgl. nur SK-StGB/*Sinn*, § 216 Rn. 6; SSW-StGB/*Momsen*, § 216 Rn. 8.
967 BGH, NJW 1987, 1092.
968 BGH, NJW 1987, 1092; BGH, MDR 1987, 334 f.
969 BeckOK-StGB/*Eschelbach*, § 216 Rn. 9.
970 Vgl. nur *Lackner/Kühl/Kühl*, § 216 Rn. 2; MüKo-StGB/*Hartmut Schneider*, § 216 Rn. 18.
971 RGSt. 57, 379 (381); BGH, MDR 1987, 334 f.
972 Vgl. BeckOK-StGB/*Eschelbach*, § 216 Rn. 10; LK/*Jähnke*, § 216 Rn. 6.
973 Vgl. nur Sch/Schr/*Eser/Sternberg-Lieben*, § 216 Rn. 8.
974 BeckOK-StGB/*Eschelbach*, § 216 Rn. 11.
975 Vgl. nur BGH, NJW 1981, 932; BeckOK-StGB/*Eschelbach*, § 216 Rn. 11.

Drogenkonsums) unzurechnungsfähig ist (§ 20 StGB)⁹⁷⁶ oder zumindest infolge einer momentanen Disponiertheit (z. B. depressive Augenblicksstimmung⁹⁷⁷ oder Alkohol- bzw. Drogenrausch unterhalb der Schwelle des § 20 StGB)⁹⁷⁸ oder infolge von Täuschung⁹⁷⁹ oder eines Motivirrtums (z. B. über das Vorliegen einer schweren Krankheit)⁹⁸⁰ sich der Bedeutung seines Wunsches nicht bewusst ist.

Hierdurch (Kausalität!) muss der Täter zur Tötung „**bestimmt**" worden sein, wobei dieser Begriff wie bei § 26 StGB auszulegen ist, so dass der Täter nicht aus anderem Grunde bereits zur Tat entschlossen gewesen sein darf (sog. omnimodo facturus)⁹⁸¹; bei mehreren Motiven entscheidet das handlungsleitende Motiv⁹⁸². Kennt der Täter ein tatsächlich vorliegendes Tötungsverlangen nicht (z. B. Arzt A hat das geflüsterte Tötungsverlangen nicht gehört, tötet den Patienten aber dennoch aus Mitleid), so scheidet § 216 StGB aus, weil das Tötungsverlangen nicht handlungsleitend war.⁹⁸³ **175**

Hinweis: Folgt man der Literatur in der Systematik der Tötungsdelikte, so stellt die durch das Verlangen geweckte Bereitschaft des Täters zur Tötung ein besonderes persönliches Merkmal dar⁹⁸⁴, das die Strafbarkeit mildert, so dass auf einen Teilnehmer § 28 II StGB mit der Folge einer Tatbestandsverschiebung zur Anwendung gelangt, wenn er nicht zur Beihilfe bestimmt worden ist (z. B. O bittet den Arzt A, ihn zu töten. Krankenpfleger K, der von der Bitte nichts weiß, hilft A: Strafbarkeit des A nur nach §§ 212, 27 StGB); nach der Rechtsprechung greift lediglich § 28 I StGB mit einer bloßen Strafmilderung ein.

bb) **Subjektiver Tatbestand**: Im subjektiven Tatbestand genügt bedingter Vorsatz, der sich neben der Tötung auf das Verlangen des Sterbenden und insbesondere auf deren Ernstlichkeit beziehen muss.⁹⁸⁵ Nimmt der Täter irrtümlich ein tatsächlich nicht geäußertes Verlangen des konkreten Opfers an (z. B. der Täter tötet infolge eines error in persona nicht den Sterbewilligen, sondern eine dritte Person), so gelangt § 216 StGB über § 16 II StGB dennoch zur Anwendung.⁹⁸⁶ **176**

b) **Totschlag (§ 212 StGB)/Mord (§ 211 StGB)**. Fehlte ein Tötungsverlangen iSd § 216 StGB von Seiten des Opfers, drohte dem Täter bislang eine Bestrafung sogar aus § 212 StGB oder bei Verwirklichung eines Mordmerkmals sogar aus § 211 StGB. Hierzu ein Beispiel: **177**

---

976 Vgl. nur BGH, NJW 1981, 932; BeckOK-StGB/*Eschelbach*, § 216 Rn. 11.
977 BGH, NStZ 2011, 340 f.; BGH, NStZ 2012, 85 (86).
978 Vgl. *Fischer*, § 216 Rn. 9a.
979 Vgl. BGH, JZ 1987, 474; *Fischer*, § 216 Rn. 9; SSW-StGB/*Momsen*, § 216 Rn. 7; MüKo-StGB/ *Hartmut Schneider*, § 216 Rn. 22.
980 Vgl. Sch/Schr/*Eser/Sternberg-Lieben*, § 216 Rn. 8; NK-StGB/*Ulfrid Neumann*, § 216 Rn. 14.
981 Grundsätzlich BGHSt. 50, 80 (92).
982 Vgl. nur BVerfG, NJW 2009, 1061 (1062); BGHSt. 50, 80 (91 f.); Sch/Schr/*Eser/Sternberg-Lieben*, § 216 Rn. 9.
983 Vgl. BeckOK-StGB/*Eschelbach*, § 216 Rn. 13; Sch/Schr/*Eser/Sternberg-Lieben*, § 216 Rn. 14.
984 Ebenso SK-StGB/*Sinn*, § 216 Rn. 16; LK/*Jähnke*, § 216 Rn. 10; *Lackner/Kühl/Kühl*, § 216 Rn. 2.
985 Vgl. nur *Fischer*, § 216 Rn. 11; *Lackner/Kühl/Kühl*, § 216 Rn. 5.
986 Vgl. *Fischer*, § 216 Rn. 11; *Lackner/Kühl/Kühl*, § 216 Rn. 5; *Mitsch*, JuS 1996, 309 (311 f.); SSW-StGB/*Momsen*, § 216 Rn. 9.

> **Fall 50** (nach BGH, NStZ 2008, 93): Der schwerkranke Patient P befand sich wegen einer Krebserkrankung im Koma, betreut von Arzt A und vier weiteren Pflegekräften, die den Gesundheitszustand über den Überwachungsmonitor verfolgten. Krankenpfleger K betrat nachts das Zimmer des P und stellte, um das ohnehin bald bevorstehende Lebensende des P zu beschleunigen, einen Perfusor ab, über den P ein lebenswichtiges Medikament zugeführt wurde. Durch sofortige Gegenmaßnahmen konnte bei P zwar ein lebensbedrohliches Herzkammerflimmern beseitigt werden, er verstarb aber wenig später an den Folgen seines Grund- (Krebs-)Leidens. Dass das Abschalten des Perfusors lebensverkürzend war, ließ sich nicht feststellen. Strafbarkeit des K?

Eine Strafbarkeit nach §§ 212, 211 StGB scheitert daran, dass P an seinem Grundleiden verstarb und sich nicht feststellen ließ, dass der Tod bzw. die Verkürzung des Lebens des P kausal auf der Handlung des K (Abschalten des Perfusors) beruht. Neben einem versuchten Totschlag kommt ein versuchter Mord in Heimtücke in Betracht:

Heimtücke ist die bewusste Ausnutzung der auf Arglosigkeit beruhenden Wehrlosigkeit. Arglos ist, wer sich im Zeitpunkt der Tat keines Angriffs auf seinen Körper von Seiten des Täters versieht.[987] Anders als bei Schlafenden kann jemand, der bewusstlos wird oder aufgrund seines Gesundheitszustandes „nicht ansprechbar" ist, seinen natürlichen Argwohn nicht mit in den Zustand der Bewusstlosigkeit bzw. Nichtansprechbarkeit nehmen.[988] Hinsichtlich der Arglosigkeit ist in solchen Fällen jedoch auf die Arglosigkeit schutzbereiter Personen abzustellen: „Schutzbereiter Dritter ist jede Person, die den Schutz eines Besinnungslosen vor Leibes- und Lebensgefahr dauernd oder vorübergehend übernommen hat und diesen im Augenblick der Tat entweder tatsächlich ausübt oder dies deshalb nicht tut, weil sie dem Täter vertraut."[989] In diesem Sinne waren Arzt A und die Pflegekräfte für die Betreuung des P verantwortlich, deren Gesundheitszustand sie regelmäßig kontrollierten. Diese Pflegekräfte waren arglos, als K handelte. Zu diesem Zeitpunkt waren sie auch wehrlos, d. h. in ihren Verteidigungsmöglichkeiten eingeschränkt, was K bewusst war. Fraglich ist zudem, ob K diese Arg- und Wehrlosigkeit „ausnutzen" wollte, sich zur Erleichterung seiner Tat also zunutze machen wollte, hat er sie doch nicht von ihrer Arbeit abgelenkt oder sonst wie ausgeschaltet. Hierzu BGH, NStZ 2008, 93 (94): „Für das Ausnutzen von Arg- und Wehrlosigkeit ist es – wie bei der Heimtücke gegenüber dem Tatopfer selbst, bei der es nicht darauf ankommt, ob der Täter die Arglosigkeit herbeiführte oder bestärkte – ausreichend, dass der Täter die von ihm erkannte Arglosigkeit eines schutzbereiten Dritten bewusst zur Tatbegehung ausnutzt, und zwar unabhängig davon, worauf diese beruht."

Wegen der Absolutheit der Strafandrohung ist § 211 StGB nur verfassungsgemäß, wenn der Tatbestand restriktiv ausgelegt wird[990]: Während die Rechtsprechung diesbezüglich als weiteres Merkmal ein Begehen „in feindseliger Willens-

---

987 BGHSt. 7, 218 (221); BGHSt. 20, 301 f.
988 BGH, NJW 1966, 1824; BGH, JZ 1997, 1185; BGH, StV 2000, 309; BGH, NStZ 2008, 93 (94); krit. zu dieser Differenzierung *Geppert*, Jura 2007, 270 (273); *Kargl*, Jura 2004, 189 (190 f.).
989 BGH, NStZ 2008, 93 (94); so zuvor bereits BGHSt. 8, 216 (219); BGH, NStZ 2006, 338 (339 f.).
990 Vgl. BVerfGE 45, 187 ff.

richtung" verlangt[991], verlangen Teile des Schrifttums[992] einen verwerflichen Vertrauensbruch durch die Tat. Letzteres würde jedoch dazu führen, dass gerade die Tat eines Meuchelmörders in der Regel (mangels Vertrauensverhältnisses zum Opfer) nicht mehr heimtückisch wäre, obwohl der Tatbestand für diese Fälle mitkonstruiert worden ist. Zieht man als Einschränkung daher das Kriterium der Rechtsprechung heran, so fehlt dieses bei einem missglückten Mitnahmesuizid oder wenn der Vater seinen Kindern ein Leben in Schande und Armut ersparen möchte[993].

In **Fall 50** handelte K zwar aus Mitleid mit P. In dessen Interesse handelte K aber dann nicht, wenn er (wie in Fall 50) die Person des Opfers nach eigenen Maßstäben auswählt und selbstherrlich das Leben (ungebeten) verkürzt. K hat daher einen versuchten Mord begangen (in Tateinheit mit gefährlicher Körperverletzung [§ 224 I Nr. 5 StGB] und Aussetzung [§ 221 I Nr. 1 StGB, da er P durch das Ausschalten des Perfusors in eine hilflose Lage mit der konkreten Gefahr des Todes infolge von Herzkammerflimmern brachte]).

2. Indirekte aktive Sterbehilfe

> **Fall 51**: O lag im Sterben, schreiend vor lauter qualvoller Schmerzen, obwohl sie über einen Tropf bereits mit schmerzstillenden Mitteln behandelt wurde. Als es ihr noch besser ging, hatte sie ihre Ärztin A inständig darum gebeten, sie würdig und schmerzfrei sterben zu lassen. Als A von zwei beigezogenen anderen Ärzten die übereinstimmende Diagnose erhielt, O habe nur noch wenige Stunden zu leben, verabreichte A der O eine höhere Dosis des Schmerzmittels, obwohl ihr bekannt war, dass O hierdurch schneller sterben würde. Die Schmerzen der O nahmen merklich ab. Eine halbe Stunde später war sie tot. Strafbarkeit der A?

Verabreicht der Arzt dem Patienten wie in **Fall 51** zur Leidensverminderung gezielt ein schmerzstillendes Medikament und nimmt hierbei als unbeabsichtigte, unvermeidbare Nebenfolge einen beschleunigten Todeseintritt (auch wenn dies zumeist kaum nachweisbar sein dürfte[994]) beim Patienten in Kauf (sog. indirekte aktive Sterbehilfe), so besteht trotz an sich (unzulässiger) aktiver Sterbehilfe ein „nahezu einhelliger Grundkonsens"[995] der Straflosigkeit.[996] Gestritten wurde bislang lediglich um die dogmatische Begründung hierfür: Teilweise wurde (richtigerweise) bereits der objektive Tatbestand verneint, da sich die schmerzlindernde Medikamentierung nicht gegen das Leben des Patienten und damit (als sozialadäquate Handlung) nicht gegen den **Schutzzweck der Tötungsdelikte** richte, sondern die einzige Möglichkeit bilde, „mit deren Hilfe der Arzt dem ohnehin erlöschenden Leben noch dienen und es für den Leidenden erträglich

---

991 BGHSt. 9, 385; BGHSt. 30, 105 (119); BGHSt. 32, 382 (383 f.); BGH, GA 1987, 129; BGH, NStZ 1995, 230.
992 *Blei*, Strafrecht II, S. 25; *Jakobs*, JZ 1984, 996 ff.; *Otto*, JR 1991, 383; *Schaffstein*, FS H. Mayer (1966), S. 424 ff.
993 BGHSt. 9, 385 ff.
994 Vgl. *Bosshard/Faisst*, Ethik Med 2006, 120 (122 ff.).
995 BGHSt. 46, 279 (284).
996 Vgl. nur BGHSt. 42, 301 (305); Prütting/*Duttge*, Medizinrecht, §§ 211, 212 StGB Rn. 12; *Fischer*, Vor §§ 211–217 Rn. 55 f.; *Herzberg*, NJW 1996, 3043 (3048); *Otto*, Jura 1999, 434 (400); *Ulsenheimer*, Arztstrafrecht, Rn. 696.

gestalten" könne.⁹⁹⁷ Andere kritisieren hieran, faktisch sei jede Tötung eine schutzzweckverletzende Handlung⁹⁹⁸ und favorisieren daher eine **Rechtfertigung**, teilweise über eine rechtfertigende Pflichtenkollision⁹⁹⁹, zumeist jedoch **über § 34 StGB**, der auch anwendbar sei, da er auf die konkrete Situation abstelle und daher nicht gegen das Rechtsgut Leben abgewogen werde. Schließlich nahmen Teile der Literatur eine **Einwilligung** an¹⁰⁰⁰, teilweise in Kombination mit rechtfertigendem Notstand¹⁰⁰¹. Die Einwilligungssperre des § 216 StGB stehe dem nicht entgegen, da in Fällen der bloß nicht ausschließbaren Lebensverkürzung der therapeutische Zweck im Vordergrund stehe und der behandelnde Arzt nicht zur Tötung bestimmt worden sei¹⁰⁰²; erst wenn der Arzt mit direktem Vorsatz im Hinblick auf eine von ihm für sicher gehaltene Lebensverkürzung handele, verstoße dies (als direkte aktive Sterbehilfe) gegen die Wertentscheidung des § 216 StGB und sei strafbar¹⁰⁰³.

179 Hiermit angesprochen ist zugleich die strittige Frage, welche **subjektive Anforderungen** an den Sterbehelfer zu stellen sind: Nach überwiegender Ansicht müsse der Sterbehelfer bei seinem Tun von der Absicht der Schmerzlinderung motiviert worden sein, während er die hiermit verbundene Lebensverkürzung lediglich als mögliche oder allenfalls sichere Nebenfolge in Kauf genommen haben dürfe.¹⁰⁰⁴ Nach der Gegenauffassung soll es ausreichen, wenn der Sterbehelfer um die segensreiche Wirkung des von ihm verabreichten Schmerzmittels gewusst habe.¹⁰⁰⁵

Angesichts dieser Meinungsvielfalt hatte der 66. Deutsche Juristentag sich für eine klarstellende gesetzliche Regelung der Straflosigkeit der indirekten aktiven Sterbehilfe ausgesprochen¹⁰⁰⁶, die in das Patientenverfügungsgesetz jedoch („leider"¹⁰⁰⁷) nicht aufgenommen wurde. Dies ändert aber nichts daran, dass unabhängig von der jeweils präferierten Begründung in **Fall 51** die A straflos bleibt.

3. Passive Sterbehilfe

180 Unter einer passiven Sterbehilfe wird ein für eine konkrete Lebensverkürzung ursächliches Unterlassen lebensverlängernder medizinischer Maßnahmen oder deren Abbruch verstanden¹⁰⁰⁸, wobei bislang zu differenzieren war:

180a a) **Hilfe beim Sterben.** Ist das Grundleiden eines Kranken nach ärztlicher Überzeugung unumkehrbar (irreversibel), hat es bereits einen tödlichen Verlauf einge-

---

997 *Wessels/Hettinger*, BT 1, Rn. 32; ebenso *Herzberg*, NJW 1996, 3043 (3048): „erlaubtes Risiko"; *Jäger*, ZStW 115 (2003), 765 (770 mit Fn. 14); LK/*Jähnke*, Vor § 211 Rn. 16; *Tröndle*, ZStW 99 (1987), 37.
998 Vgl. nur *Brunhöber*, JuS 2011, 401 (405).
999 So *Leonardy*, DRiZ 1986, 281 (290 f.).
1000 *Prütting/Duttge*, Medizinrecht, §§ 211, 212 StGB Rn. 13; *Roxin*, in: in Roxin/Schroth, Handbuch, 75 (87 f.).
1001 *Dölling*, FS Gössel (2002), S. 209 (212).
1002 *Prütting/Duttge*, Medizinrecht, §§ 211, 212 StGB Rn. 13.
1003 So *Prütting/Duttge*, Medizinrecht, §§ 211, 212 StGB Rn. 13; *ders.*, GA 2006, 573 (578 f.); *Schöch*, NStZ 1997, 409 (410).
1004 Vgl. nur *Roxin*, in: Roxin/Schroth, Handbuch, S. 75 (91 mit Fn. 24); *Schöch*, NStZ 1997, 409 (411).
1005 So *Brunhöber*, JuS 2011, 401 (405); *Herzberg*, NJW 1996, 3043 (3049 mit Fn. 31); *Hoyer*, in: Igl/Welti, Gesundheitsrecht, Rn. 1328; *Merkel*, FS F.-C. Schroeder (2006), S. 297 (314 ff.).
1006 Verhandlungen des 66. Deutschen Juristentages, Band II/1 (2006), N78.
1007 *Fischer*, Vor §§ 211–217 Rn. 57.
1008 Vgl. nur *Fischer*, Vor §§ 211–217 Rn. 58 ff.

schlagen und wird der Tod in kurzer Zeit eintreten, so ist von „Hilfe für den Sterbenden und Hilfe beim Sterben, kurz: von Sterbehilfe [im eigentlichen Sinn] zu sprechen"[1009], die erlaubt ist (zulässige indizierte Therapiebegrenzung), weil die Behandlungspflicht des Arztes bereits aufgrund ihrer Sinnlosigkeit begrenzt und damit mangels Verletzung einer Behandlungspflicht bereits der Tatbestand eines Unterlassungsdelikts zu verneinen ist.[1010] Da sowohl eine aktive Schmerzbekämpfung gegen den Willen des Patienten wie das Unterlassen der Schmerzbekämpfung gegen den Willen des Patienten jeweils eine strafbare Körperverletzung darstellen, muss vom Sterbenden selbst entschieden werden, welche „Hilfe zum Sterben" er wünscht.[1011]

b) Hilfe zum Sterben. Ist der Patient dagegen noch grundsätzlich lebensfähig und sind seine Vitalfunktionen – von der Notwendigkeit einer lebenserhaltenden Maßnahme wie einer künstlichen Ernährung abgesehen – nicht beeinträchtigt, so dass das unmittelbare Stadium der Todesnähe noch nicht erreicht ist, so bedeutet ein Unterlassen dieser lebenserhaltenden Maßnahmen eine bloße „Hilfe zum Sterben" („Sterbehilfe im weiteren Sinne")[1012], die einzig – wie vom Bundesgerichtshof im „Kemptener Fall" klargestellt – „bei entsprechendem Patientenwillen als Ausdruck seiner allgemeinen Entscheidungsfreiheit und des Rechts auf körperliche Unversehrtheit anzuerkennen ist"[1013], selbst „gegenüber einem Patienten [...], der es ablehnt, einen lebensrettenden Eingriff zu dulden"[1014]. Denn „in einer Zeit fortschreitender Entwicklung der Medizin in Verbindung mit einer längeren Lebenserwartung ist es für viele Personen ein Anliegen, im hohen Alter oder bei fortschreitendem körperlichen oder geistigen Abbau nicht dazu gezwungen zu werden, weiter zu leben, weil das nicht mit für wesentlich gehaltenen Vorstellungen von eigener und persönlicher Freiheit im Einklang stehen würde"[1015]. Der bei klarem Bewusstsein befindliche Patient beherrscht mit seiner Entscheidungsfreiheit (an deren Ernstlichkeit die gleichen Anforderungen zu stellen sind wie an jene iSd § 216 StGB: Rn. 174) den todbringenden Moment[1016] und „begrenzt damit prinzipiell die vereinbarungsabhängige Garantenschutzverantwortung des Arztes"[1017], so dass eine Lebensrettungspflicht des Arztes in diesen Fällen nicht geboten ist und ein Unterlassungsdelikt daher bereits tatbestandlich ausscheidet.[1018] Bei einer dennoch vorgenommenen lebensrettenden Behandlung (z. B. Zwangsernährung) mangels Einwilligung oder mut-

---

1009 BGHSt. 40, 257 (260).
1010 Vgl. nur BGHSt. 40, 257 (259 f.); *Fischer*, Vor §§ 211–217 Rn. 59; *Opderbecke/Weißauer*, MedR 1998, 395 (397).
1011 Vgl. nur *Hoyer*, in: Igl/Welti, Gesundheitsrecht, Rn. 1324.
1012 *Ulsenheimer*, Arztstrafrecht, Rn. 700.
1013 BGHSt. 40, 257 (260) – hierzu *Bernamnn*, ZRP 1996, 87 ff.; *Laufs*, NJW 1996, 763 f.; *Schöch*, NStZ 1995, 153 ff.; *Ulsenheimer*, Arztstrafrecht, Rn. 661; vgl. auch BGHSt. 37, 376 (378); SSW-StGB/*Momsen*, Vor §§ 211 ff. Rn. 28.
1014 BGHSt. 32, 367 (378).
1015 EGMR, NJW 2002, 2851 (2854).
1016 Vgl. *Hoyer*, in: Igl/Welti, Gesundheitsrecht, Rn. 1338.
1017 OLG München, NJW 1987, 2940 (2943).
1018 Vgl. nur BGHSt. 40, 257 (260); OLG Frankfurt a. M., NJW 1998, 2747 (2748); BeckOK-StGB/*Eschelbach*, § 216 Rn. 4.2; *Fischer*, Vor §§ 211–217 Rn. 59; *Otto*, Jura 1999, 434 (438).

maßlicher Einwilligung würde er sich sogar wegen Körperverletzung strafbar machen.[1019]

Verliert der Patient im Rahmen eines von ihm selbst ausgelösten (wie in Fall 44 oder Fall 49) oder zumindest passiv hingenommenen Sterbeprozess das Bewusstsein oder ist er aus anderen Gründen einwilligungsunfähig, so ist nach Ansicht des überwiegenden Schrifttums der mutmaßliche Patientenwille gleichfalls zu respektieren, nach Ansicht der Rechtsprechung, die in diesen Fällen einen Tatherrschaftswechsel auf den Arzt annimmt, kann ein mutmaßlicher Patientenwille, sein Leben zu beenden, zumindest in Grenzfällen über das Merkmal der Unzumutbarkeit zur Straflosigkeit führen, wenn der Arzt diesen Willen respektiert und auf (weitere) Rettungsmaßnahmen verzichtet.

182 c) **Behandlungsabbruch durch Abschalten lebenserhaltender Maschinen.** Wird eine bereits vom behandelnden Arzt eingeleitete lebenserhaltende Behandlung durch den Arzt selbst wieder aktiv abgebrochen, insbesondere durch Abschalten des Reanimationsgeräts oder des Beatmungsgeräts, so erblickt hierin nur ein Teil der Literatur in (zutreffender) faktisch-naturalistischer Abgrenzung von Tun und Unterlassen (aktives Tun liege im Anstoßen eines Kausalverlaufs durch Drücken des „Aus"-Knopfes) ein aktives Tun[1020] und damit nach bisheriger Systematik – wenn nicht ein „Tatbestandsausschluss wegen Haftungsbegrenzung durch den Schutzzweck der Norm" anerkannt wird[1021] – eine strafbare aktive Sterbehilfe, während hierin überwiegend in normativ-bewertender Betrachtung (Schwerpunkt der Vorwerfbarkeit) ein „Unterlassen der (Weiter-)Behandlung"[1022] gesehen wird[1023] und damit eine nach obigen Grundsätzen bei Beachtung des Patientenwillens zulässige passive Sterbehilfe. Dies ergebe sich daraus, dass es keinen Unterschied machen könne, ob der Arzt die lebensrettende Maßnahme erst gar nicht aufnehme (passive Sterbehilfe) oder ob er zumindest kurzfristig durch die Aufnahme der lebensrettenden Maßnahme das Leben verlängere und erst dann die Maßnahme wieder beende; auch könne es keine Bedeutung haben, dass nach der modernen Behandlungstechnik die Reanimationsgeräte langfristig selbstständig den Patienten am Leben erhalten und ein Abbruch der Behandlung daher zwingend aktiv (Betätigung des „Aus"-Knopfes) sein müsse, während bei einer rein manuellen Behandlung (etwa durch ständige Infusionen) die weitere Behandlung passiv unterlassen werden könne.[1024] Erst wenn ein Dritter, für den die beiden genannten Argumente nicht gelten, aktiv die lebensrettende Maßnahme unterbreche (z. B. durch Durchtrennen der Schläuche der Beatmungsmaschine), so liege (nach bisheriger Ansicht) eine strafbare aktive Sterbehilfe vor.

1019 Vgl. BGHZ 154, 205 (210 f.); BGHZ 163, 195 (197 f.); *Uhlenbruck*, NJW 2003, 1710 ff.; *Verrel*, NStZ 2003, 449 (452).
1020 Vgl. nur LK/*Weigend*, § 13 Rn. 8 f.; *Wessels/Beulke/Satzger*, AT, Rn. 991 ff.
1021 So *Sax*, JZ 1975, 137 (149).
1022 *Fischer*, Vor §§ 211–217 Rn. 60.
1023 Vgl. nur BGHSt. 40, 257 (265 f.); *Lackner/Kühl/Kühl*, Vor § 211 Rn. 8; *Maurach/Schroeder/Maiwald*, BT 1, § 1 Rn. 37; *Murmann*, JuS 1998, 630; *Roxin*, in: Roxin/Schroth, Handbuch, S. 75 (95); MüKo-StGB/*Hartmut Schneider*, Vor § 211 Rn. 119; Sch/Schr/Stree/Bosch, Vor § 13 Rn. 160; hiergegen *Gropp*, GedS Schlüchter (2002), S. 173 (174 ff.) und *Fischer*, Vor §§ 211–217 Rn. 60: dogmatischer „Kunstgriff".
1024 Vgl. zu diesen Argumenten nur *Hoyer*, in: Igl/Welti, Gesundheitsrecht, Rn. 1342.

III. Neuausrichtung der Sterbehilfesystematik durch BGHSt. 55, 191 ff.

Diese bisherige Systematik, die maßgeblich normativ zwischen aktivem Tun (dann nach §§ 211 ff. StGB strafbare Sterbehilfe) und bloßem Unterlassen (zulässige passive Sterbehilfe bei Beachtung des Patientenwillens) unterschied, wurde im Jahre 2010 durch die Grundsatz-Entscheidung des Bundesgerichtshofs im „Fall Putz"[1025] weitgehend verändert:

> **Fall 52** (nach BGHSt. 55, 191 ff.): Frau K lag abgemagert und mit amputiertem Arm seit 5 Jahren nach einer Hirnblutung im Wachkoma. Sie war seither nicht mehr ansprechbar und wurde in einem Altenheim gepflegt und durch eine PEG-Sonde künstlich ernährt. Nachdem schon ihr Vater 2002 eine Hirnblutung erlitten hatte, hatte sie ihrer Tochter G erklärt, dass, falls sie einmal bewusstlos werde und sich nicht mehr äußern könne, keine lebensverlängernde Maßnahmen in Form künstlicher Ernährung und Beatmung wolle. Auf Antrag des auf Medizinrecht spezialisierten Rechtsanwalts P wurden Tochter G und Sohn S zu Betreuern ihrer Mutter K bestellt. In der Folgezeit bemühten sie sich um eine Einstellung der künstlichen Ernährung, für deren Fortsetzung nach Ansicht des behandelnden Arztes keine medizinische Indikation mehr gegeben sei. Selbst eine entsprechende ausdrückliche Anordnung des Hausarztes zur Einstellung der ärztlichen Ernährung wurde vom Pflegepersonal nicht befolgt. In einem Kompromiss einigten sich die Kinder der Frau K mit der Heimleiterin dahin, dass sich das Pflegepersonal nur noch um die Pflegetätigkeiten im engeren Sinne kümmern solle, während G und S selbst die Ernährung einstellen und ihrer Mutter dann beim Sterben beistehen sollten. Demgemäß beendete Frau G die Nahrungszufuhr und begann auch, die Flüssigkeitszufuhr zu reduzieren. Am nächsten Tag wies die Geschäftsleitung des das Altenheim betreibenden Gesamtunternehmens jedoch die Heimleitung an, die künstliche Ernährung umgehend wieder aufzunehmen. G und S wurde ein Hausverbot für den Fall angedroht, dass sie sich hiermit nicht einverstanden erklären sollten. Daraufhin erteilte Rechtsanwalt P ihnen am gleichen Tag telefonisch den Rat, den Schlauch der Sonde unmittelbar über der Bauchdecke zu durchtrennen, weil gegen die rechtswidrige Fortsetzung der Sondenernährung durch das Heim ein effektiver Rechtsschutz nicht kurzfristig zu erlangen sei. Nach seiner Einschätzung der Rechtslage werde keine Klinik eigenmächtig eine neue Sonde einsetzen, so dass K würde sterben können. G folgte diesem Rat und schnitt Minuten später mit Unterstützung ihres Bruders den Schlauch durch. Nachdem das Pflegepersonal dies bereits nach wenigen Minuten entdeckt und die Heimleitung die Polizei eingeschaltet hatte, wurde K auf Anordnung eines Staatsanwalts gegen den Willen ihrer Kinder in ein Krankenhaus gebracht, wo ihr eine neue PEG-Sonde gelegt und die künstliche Ernährung wieder aufgenommen wurde. Sie starb dort zwei Wochen später eines natürlichen Todes auf Grund ihrer Erkrankungen. Strafbarkeit des P?

Scheitert eine von P und G gemeinschaftlich begangene Tötung auf Verlangen (§§ 216 I, 25 II StGB) an der Kausalität des durchgeschnittenen Schlauches für den Tod der K und eine versuchte gemeinschaftliche Tötung auf Verlangen

---

[1025] BGHSt. 55, 191 ff. mit Anm. *Eidam*, GA 2011, 232 ff.; *Gaede*, NJW 2010, 2925 ff.

(§§ 216 I, 22, 25 II StGB) an einem von K selbst geäußerten ausdrücklichen Verlangen zur Beendigung der lebenserhaltenden Maßnahmen, so kommt einzig ein (gemeinschaftlich begangener) versuchter Totschlag ernsthaft in Betracht, deren Strafbarkeit nach der bisherigen Sterbehilfesystematik von der Abgrenzung zwischen Tun und Unterlassen abhing: Erblickt man im Durchtrennen der Schläuche durch einen Dritten ein aktives Tun, wäre dies eine strafbare Sterbehilfe (§§ 212 I, 22, 25 II StGB), während bei einer Bewertung als Unterlassen weiterer lebenserhaltender Maßnahmen und damit als passive Sterbehilfe (§§ 212 I, 22, 13 I, 25 II StGB) dies wegen Beachtung des Willens der Sterbenden nicht tatbestandsmäßig bzw. gerechtfertigt wäre. Der Bundesgerichtshof erkannte nun aber, dass die bloße Abgrenzung zwischen Tun und Unterlassen (und die damit verbundene bisherige teilweise normative Umdeutung naturalistischen Tuns in ein Unterlassen, die „in der Vergangenheit zu Recht auf Kritik gestoßen und als dogmatisch unzulässiger ‚Kunstgriff' abgelehnt worden" sei) den mit einem Behandlungsabbruch verbundenen „Problemen nicht gerecht" werde: Ein „Behandlungsabbruch" erschöpfe sich „nämlich nach seinem natürlichen und sozialen Sinngehalt nicht in bloßer Untätigkeit"; er könne und werde „vielmehr regelmäßig eine Vielzahl von aktiven und passiven Handlungen umfassen, deren Einordnung nach Maßgabe der in der Dogmatik und von der Rechtsprechung zu den Unterlassungstaten des § 13 StGB entwickelten Kriterien problematisch" werde und „teilweise von bloßen Zufällen abhängen" könne, so dass „alle Handlungen, die mit einer solchen Beendigung einer ärztlichen Behandlung im Zusammenhang stehen, in einem normativ-wertenden Oberbegriff des Behandlungsabbruchs zusammenzufassen" seien[1026]. Ausgangspunkt für deren rechtliche Bewertung sei zunächst – was mit der zutreffenden naturalistischen Abgrenzung übereinstimmt –, dass das Zerschneiden des Schlauches (das dem R nach Ansicht der Rechtsprechung [wertende Animus-Lehre] über § 25 II StGB als eigene zurechenbar sei) eindeutig ein aktives Tun darstelle[1027], das weder gemäß § 32 StGB durch Nothilfe (zwar stellte die Wiederaufnahme der künstlichen Ernährung gegen den Willen der K durch das Heimpersonal eine Körperverletzung und damit einen gegenwärtigen rechtswidrigen Angriff gegen den Körper der K dar, die Beendigung der Ernährung war als Verteidigungshandlung aber nicht alleine gegen den Angreifer gerichtet [Zerschneiden des Schlauches = Verletzung des Eigentums des Heimes], sondern vor allem gegen das höchstrangige Rechtsgut Leben des Angegriffenen selbst[1028]) noch gemäß § 34 StGB durch rechtfertigenden Notstand („weil sich der Eingriff […] hier gegen das höchstrangige Rechtsgut (Leben) derjenigen Person richtete, welcher die gegenwärtige Gefahr [für die Rechtsgüter der körperlichen Unversehrtheit und des Selbstbestimmungsrechts] […] drohte"[1029]) gerechtfertigt werden könne. Eine Straflosigkeit einer jeden „Sterbehilfe durch Behandlungsunterlassung, -begrenzung oder -abbruch"[1030] könne daher einzig über eine mutmaßliche Einwilligung erzielt werden, die der Bundesgerichtshof (wohl in verfassungskonformer Auslegung der §§ 216, 228 StGB unter Berücksichtigung des Selbstbestimmungsrechts des Patienten [Art. 1

1026 BGHSt. 55, 191 (201 ff.).
1027 BGHSt. 55, 191 (198).
1028 BGHSt. 55, 191 (197).
1029 BGHSt. 55, 191 (197 f.).
1030 BGHSt. 55, 191 (204).

I, 2 I GG][1031]) trotz des (durch die Neuregelung des Betreuungsrechts mit der Einführung der Patientenverfügung grundsätzlich[1032] unberührt gebliebenen) Fremdtötungsverbots der §§ 212, 216 StGB ausnahmsweise als zulässig anerkennt, wenn

(1) „die betroffene Person lebensbedrohlich erkrankt ist",
(2) die Sterbehilfehandlung „objektiv und subjektiv unmittelbar auf eine medizinische Behandlung" bezogen ist, die sich als „das Unterlassen einer lebenserhaltenden Behandlung oder ihr Abbruch" oder als Handlung „in der Form der so genannten ‚indirekten Sterbehilfe'" darstellt, sofern „sich das Handeln darauf beschränkt, einen Zustand (wieder-)herzustellen, der einen bereits begonnenen Krankheitsprozess seinen Lauf lässt, indem zwar Leiden gelindert, die Krankheit aber nicht (mehr) behandelt wird, so dass der Patient letztlich dem Sterben überlassen wird" und
(3) dies dem tatsächlichen oder mutmaßlichen Patientenwillen entspricht (vgl. § 1901a BGB).
(4) Die Anwendung dieser Grundsätze sei „nicht auf das Handeln der den Patienten behandelnden Ärzte sowie der Betreuer und Bevollmächtigten beschränkt", sondern erfasse „auch das Handeln Dritter […], soweit sie als von dem Arzt, dem Betreuer oder dem Bevollmächtigten für die Behandlung und Betreuung hinzugezogene Hilfspersonen tätig werden".[1033]

Diese Voraussetzungen waren in **Fall 52** erfüllt, so dass eine Strafbarkeit des P zu verneinen ist. Sind die aufgezeigten Voraussetzungen eines straflosen Behandlungsabbruchs dagegen nicht gegeben, insbesondere bei lebensbeendenden Maßnahmen, die außerhalb eines Zusammenhangs mit einer medizinischen Behandlung vorgenommen werden oder die die Beendigung des Lebens vom Krankheitsprozess abkoppeln, so ist die Täterhandlung „einer Rechtfertigung durch Einwilligung […] von vornherein nicht zugänglich".[1034]

Hieraus ergibt sich für die Sterbehilfeproblematik folgende **neue Systematik**, die bisherige Abgrenzungsschwierigkeiten und hiermit von Ärzten und Pflegepersonal beklagte rechtliche Unsicherheiten teilweise beseitigt[1035]: Die neue Fallkategorie des durch Einwilligung gerechtfertigten „Behandlungsabbruchs oder -verzichts" nimmt neben Teilen der bisher strafbaren aktiven direkten Sterbehilfe genauso vollständig die indirekte Sterbehilfe in sich auf (womit der Bundesgerichtshof den Streit hierzu nun zugunsten der „Einwilligungslösung" entschieden hat), die „Hilfe beim Sterben" sowie die bisherige Fallgruppe des Behandlungsabbruchs; lediglich eine aktive direkte Sterbehilfe außerhalb der Grundsätze von BGHSt. 55, 191 ff. bleibt generell strafbar. Bei der passiven „Hilfe zum Sterben", bei der der natürliche Sterbeprozess noch nicht begonnen hat, kommt es weiterhin (lediglich) auf die Beachtung des Patientenwillens an.

1031 So bereits *Kraatz*, NStZ-RR 2012, 33 (34); in diese Richtung BGHSt. 55, 191 (200 und 205). *Gaede*, NJW 2010, 2925 (2927) verkennt dies wohl, wenn er kritisiert, der Bundesgerichtshof erkenne contra legem die Einwilligung in aktive Tötungen an.
1032 Mit dem Dritten Gesetz zur Änderung des Betreuungsrechts vom 29.7.2009, BGBl. I, S. 2286.
1033 BGHSt. 55, 191 (204 ff.).
1034 BGHSt. 55, 191 (204 f.); vgl. hierzu bereits *Höfling*, JuS 2000, 111 (113) sowie jüngst BGH, NStZ 2011, 274 ff.
1035 Ebenso *Fischer*, Vor §§ 211–217 Rn. 63 f.; kritisch dagegen *Brunhöber*, JuS 2011, 401 (406).

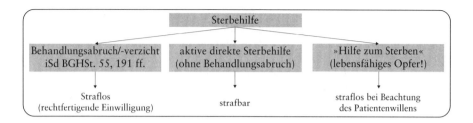

IV. Feststellung des Patientenwillens

185 Maßgebliche Bedeutung kommt nach wie vor dem Willen des Patienten zu[1036], deren konkrete Feststellung das größte dogmatische wie praktische Problem bleibt:

Solange der **Patient einwilligungsfähig** ist, trifft er seine Entscheidung selbst, wenngleich diese Einwilligung nur nach ausführlicher ärztlicher Aufklärung wirksam ist. Dieses höchstpersönliche Patientenrecht darf nicht unter Rückgriff auf Angehörige oder eine Vorausverfügung unterlaufen werden.[1037]

Ist der Patient dagegen einwilligungsunfähig oder erfordert der Behandlungsabbruch eine ärztliche Handlung, die nicht von der ärztlichen Aufklärung abgedeckt wurde, so bildet eine von einem einwilligungsfähigen volljährigen Patienten (möglichst nach vorherigem ärztlichen Beratungsgespräch[1038]) schriftlich (§ 126 BGB)[1039] (im Hinblick auf eine medizinisch indizierte Maßnahme)[1040] hinreichend bestimmt[1041] abgefasste **Patientenverfügung** (§ 1901a I BGB) – zumeist begleitet mit einer Vorsorgevollmacht (Ermächtigung einer Vertrauensperson, die der Patientenverfügung gegenüber Ärzten Ausdruck verschafft) – nicht nur ein gewichtiges Indiz für den mutmaßlichen Patientenwillen, sondern entfaltet – wie der Bundesgerichtshof in einem obiter dictum nun klargestellt hat – „auch für das Strafrecht Wirkung"[1042] und bindet als „Konkretisierung des Behandlungsauftrags"[1043] die Entscheidung des Betreuers bzw. Vorsorgebevollmächtigten wie des Arztes und Pflegepersonals[1044]. Diese unmittelbare Bindungswirkung entfaltet die Patienten-

---

1036 So ausdrücklich jüngst noch einmal EGMR, NJW 2015, 2715 (2721).
1037 Prütting/*Duttge*, Medizinrecht, §§ 211, 212 StGB Rn. 17.
1038 Ein vorheriges Beratungsgespräch wird gesetzlich zwar nicht verlangt, nach den Empfehlungen der Bundesärztekammer und der Zentralen Ethikkommission bei der Bundesärztekammer über den Umgang mit Vorsorgevollmacht und Patientenverfügung in der ärztlichen Praxis vom 30.6.2013 (DÄBl. 2013, A-1580 ff.) sollte der Arzt aber mit Patienten auch hierüber sprechen, den Patienten über mögliche Behandlungsmaßnahmen informieren und den Gesprächsinhalt dokumentieren.
1039 Angabe von Ort und Zeit ist nicht zwingend erforderlich, aber für die Beurteilung, ob die aktuelle Lebens- und Behandlungssituation noch zutrifft, empfehlenswert: Palandt/*Götz*, § 1901a Rn. 11.
1040 Nicht medizinisch indizierte Maßnahmen können in einer Patientenverfügung nicht geregelt werden: Spickhoff/*Knauer/Brose*, Medizinrecht, § 216 StGB Rn. 19.
1041 Hinreichend bestimmt ist etwa die Benennung der Sterbephase, einer unabwendbar zum Tode führenden Krankheit, eines Wachkomas oder einer bestimmten Krankheit: Spickhoff/*Knauer/Brose*, Medizinrecht, § 216 StGB Rn. 19.
1042 BGH, NStZ 2011, 274 (276); anders wohl noch BGHSt. 55, 191 (200), wo der Bundesgerichtshof eine Zivilrechtsakzessorietät noch bewusst ablehnte; anders auch *Rissing-van Saan*, ZIS 2011, 544 (548) und *Verrel*, NStZ 2011, 276 ff.: Nichteinhaltung der §§ 1901a ff. BGB führe nicht zwingend zur Strafbarkeit, da die „Legitimation durch Verfahren" nicht zu einer Umdefinition des Unrechtsgehalts der Tötungsdelikte führen dürfe.
1043 *Fischer*, Vor §§ 211–217 Rn. 52.
1044 Vgl. BT-Drs. 16/8442, S. 15; *Diehn/Rebhan*, NJW 2010, 326 (329); *Dreier*, JZ 2007, 317 (324 f.); *Fischer*, Vor §§ 211–217 Rn. 52.

verfügung jedoch nur dann, wenn ihr konkrete Entscheidungen des Betroffenen über die Einwilligung oder Nichteinwilligung in bestimmte, noch nicht unmittelbar bevorstehende ärztliche Maßnahmen entnommen werden können. Von vornherein nicht ausreichend sind allgemeine Aufforderungen, wie die Aufforderung, ein würdevolles Sterben zu ermöglichen oder dass „keine lebenserhaltenden Maßnahmen" gewünscht seien.[1045] Die insoweit erforderliche Konkretisierung kann aber gegebenenfalls durch die Benennung bestimmter ärztlicher Maßnahmen oder die Bezugnahme auf ausreichend spezifizierte Krankheiten oder Behandlungssituationen erfolgen.[1046]

Jede gegen den in der Patientenverfügung geäußerten Patientenwillen verstoßende Weiterbehandlung des Patienten stellt eine strafbare Körperverletzung dar[1047]. Hinsichtlich der Auslegung der Verfügung ist es nach § 1901a I 2, V BGB alleine Sache des Betreuers oder Bevollmächtigten, „dem Willen des Betreuten Ausdruck und Geltung zu verschaffen". Unmittelbar (d. h. ohne Bestellung eines Betreuers) kann eine Patientenverfügung gegenüber Ärzten und Pflegepersonen keine rechtfertigende Wirkung entfalten.[1048] Nach § 1904 I 1, V 1 BGB bedarf hierbei zwar grundsätzlich jede Einwilligung des Betreuers oder Bevollmächtigten, bei der die begründete Gefahr besteht, dass der Betreute auf Grund der Maßnahme verstirbt, der Genehmigung des Betreuungsgerichts, was dem behandelnden Arzt eine gewisse Rechtssicherheit verschafft. Diese Genehmigung ist jedoch nicht nur dann entbehrlich, „wenn mit dem Aufschub [der Genehmigungseinholung] Gefahr verbunden ist" (§ 1904 I 2 BGB), sondern insbesondere dann, wenn zwischen Betreuer und behandelndem Arzt in dem nach § 1901b BGB zu führenden Gespräch Einvernehmen über den Patientenwillen erzielt wurde (§ 1904 IV BGB)[1049], der nach § 10 I MBO-Ä vom Arzt zu dokumentieren ist. Ein dennoch an das Betreuungsgericht gestellter Antrag ist von diesem mangels Kontrollzuständigkeit abzuweisen bzw. von diesem ein Negativzeugnis auszustellen[1050]. Einzig, wenn der Betreuer mangels medizinischer Kenntnisse hinsichtlich der Auslegung der Patientenverfügung unsicher ist, müsste die Anrufung des Betreuungsgerichts über § 1908i iVm § 1837 I BGB zulässig sein.[1051]

Wurde eine Patientenverfügung nicht oder nicht wirksam errichtet oder treffen deren Festlegungen auf die aktuelle Lebens- oder Behandlungssituation nicht zu, so entscheidet der **mutmaßliche Wille des Patienten**, der vom Betreuer bzw. Bevollmächtigten (auf deren Bestellung der Arzt hinzuwirken hat, sofern noch kein Betreuer vorhanden ist[1052]) gemäß § 1901a II, V BGB nach einem Gespräch mit den nahen Angehörigen und sonstigen Vertrauenspersonen (§ 1901b II, III BGB) aufgrund konkreter Anhaltspunkte zu ermitteln ist, wobei er „insbesondere" frühere

---

1045 BT-Drs. 16/8442, S. 15; BGH, NJW 2016, 3297 (3301).
1046 BGH, NJW 2016, 3297 (3301).
1047 GenStA Nürnberg, NStZ 2008, 343 (344); Prütting/Duttge, Medizinrecht, §§ 211, 212 StGB Rn. 17.
1048 So auch Diehn/Rebhan, NJW 2010, 326 (327 f.); Prütting/Duttge, Medizinrecht, §§ 211, 212 StGB Rn. 18; aA Coeppicus, NJW 2011, 2085 (2086 f.).
1049 Hiernach sollte nach dem Willen des Gesetzgebers eine gerichtliche Genehmigung nur in Konfliktfällen erforderlich sein (BGH, NJW 2016, 3297 [3301]). Damit begründet diese Vorschrift aber ein bedenkliches „Einfallstor" für ein kollusives Zusammenwirken von Betreuern, Angehörigen und Ärzten, um auf der Grundlage angeblicher Patientenwünsche unter der Hand ein „bequemes" Euthanasie-Verfahren einzuführen: Fischer, Vor §§ 211–217 Rn. 66.
1050 LG Kleve, NJW 2010, 186 ff.
1051 So Heitmann, jurisPR-FamR 3/2011 Anm. 3.
1052 Diehn/Rebhan, NJW 2010, 326 (330).

mündliche oder schriftliche Äußerungen des Patienten und deren ethische oder religiöse Überzeugungen und sonstige persönliche Wertvorstellungen zu beachten hat, wohl auch die altersbedingte Lebenserwartung des Patienten[1053], nicht jedoch Art und Stadium der Erkrankung (§ 1901a III BGB). „Objektive Kriterien, insbesondere die Beurteilung einer Maßnahme als gemeinhin ‚vernünftig' oder ‚normal' sowie den Interessen eines verständigen Patienten üblicherweise entsprechend, haben keine eigenständige Bedeutung; sie können lediglich Anhaltspunkte für die Ermittlung des individuellen hypothetischen Willens sein."[1054] Zum Schutz des Lebens des Patienten vor der Gefahr eines kollusiven Zusammenwirkens zwischen Betreuern bzw. (pflegeunwilligen) nahen Angehörigen und Ärzten gelten für die beweismäßige Feststellung eines derartigen mutmaßlichen Sterbewillens „strenge Maßstäbe"[1055]. Erzielt der Betreuer bzw. Vorsorgebevollmächtigte mit dem behandelnden Arzt keine Übereinstimmung, haben beide die Entscheidung des Betreuungsgerichts herbeizuführen (§ 1904 I, IV, V BGB). Ist der mutmaßliche Wille nicht zweifelsfrei festzustellen, ist „pro vita" zu entscheiden, sofern die medizinische Indikation nicht völlig fehlt[1056], „denn im umgekehrten Fall bestünde das Risiko, dass der Betroffene [...] zu einem Zeitpunkt aus dem Leben scheiden muss, zu dem er dies noch nicht will"[1057].

V. Geschäftsmäßige Förderung der Selbsttötung (§ 217 StGB)

1. Vorbemerkungen

187 **a) Sterbehilfegesellschaften und Gesetzgebungsgeschichte.** Die rechtspolitische Diskussion um Sterbebegleitung und Sterbehilfegesellschaften stand lange Zeit im Schatten der Schlagwörter „aktive Sterbehilfe/passive Sterbehilfe"[1058]. Die wohl bekannteste Sterbehilfegesellschaft ist der am 17.5.1998 auf der Forch (bei Zürich, Schweiz) gegründete Verein Dignitas, der neben einer Palliativversorgung, Hilfe bei Patientenverfügungen und einer (in der Diskussion leider gerne verschwiegenen) Suizidversuchsprävention auch die Freitodbegleitung für ihre

---

1053 BT-Drs. 16/8442, S. 15 f.; BGHSt. 35, 246 (249 f.); BGHSt. 40, 257 (263); Palandt/*Götz*, § 1901a Rn. 28.
1054 BGHSt. 40, 257 (263).
1055 BGHSt. 55, 191 (205); ähnlich *Fischer*, Vor §§ 211–217 Rn. 67 („strenge Anforderungen"); kritisch: Spickhoff/*Knauer/Brose*, Medizinrecht, § 216 StGB Rn. 22: es sei ein Verstoß gegen den Grundsatz in dubio pro reo.
1056 Vgl. BGH, JZ 2003, 732; OLG Düsseldorf, NJW 2001, 2807 (2808); OLG Frankfurt a. M., NJW 2002, 689 (690); Spickhoff/*Knauer/Brose*, Medizinrecht, § 216 StGB Rn. 20; Prütting/*Duttge*, Medizinrecht, §§ 211, 212 StGB Rn. 19; *Ulsenheimer*, Arztstrafrecht, Rn. 711; kritisch *Verrel*, FS Jakobs (2007), S. 715 ff.
1057 LG Kleve, PflR 2010, 164 ff.; vgl. aber auch BGHSt. 40, 257 ff., der in Ausnahmefällen die Annahme eines verobjektivierten Willens durch allgemeine Wertvorstellungen (wie: „je weniger die Wiederherstellung eines nach nach allgemeinen Vorstellungen menschenunwürdigen Lebens zu erwarten ist und je kürzer der Tod bevorsteht, um so eher wird ein Behandlungsabbruch vertretbar erscheinen") für zulässig erachtet; kritisch *Höfling*, NJW 2009, 2849 (2851), der in der Einführung des § 1901a BGB die Absage an unpersönliche Wertvorstellungen als „Einfallstor für integritätsgefährdende Fremdbestimmungen" erblickt. Für eine Beachtung allgemeiner Wertvorstellungen im Falle des non liquet ist auch MüKo-StGB/*Schneider*, Vor §§ 211 ff. Rn. 157.
1058 BeckOK-StGB/*Oglakcioglu*, § 217 Rn. 5.1 vermutet (wohl zu Recht), dass dies an der aufgezeigten Dogmatik liegt, dass eine Strafbarkeit grundsätzlich nur bei einer Fremdtötung gegeben ist und daher in der Rechtsprechung nur zum Tragen kam, wenn die den Point-of-no-return überschreitende Handlung nicht unmittelbar vom Suizidenten überschritten oder dieser in Anwesenheit etwa eines Sterbebegleiters vor dem Tod das Bewusstsein verloren hat.

§ 6 Ärztliche Sterbehilfe

Mitglieder anbietet.¹⁰⁵⁹ Diese läuft wie folgt ab: Nach einem ersten Kontakt und dem Zusenden von Broschüren kann der Sterbewillige nach einem Vereinsbeitritt einen Antrag auf Freitodbegleitung stellen, in dem neben einem Lebensbericht über die Persönlichkeit auch medizinische Unterlagen (Diagnosen, Therapien, Prognosen) enthalten sein müssen, die von einem mit Dignitas kooperierenden Arzt geprüft werden. Erklärt sich dieser auf der Grundlage der Unterlagen bereit, ein in entsprechender Dosis tödlich wirkendes Medikament (z. B. Pentobarbital) zu verschreiben, erhält der Suizident das sog. „provisorische grüne Licht". Nun liegt es am Sterbewilligen, die Freitodbegleitung in Anspruch zu nehmen (die Rate soll bei ca. 30 % liegen). Hierzu finden in der Schweiz zwei persönliche Gespräche mit dem Arzt statt. Ist dieser danach weiterhin bereit, das Medikament zu verschreiben, wird der Suizid in einem von Dignitas bereit gestellten Ort in der Schweiz (zumeist eine angemietete Wohnung in Zürich) möglichst in Anwesenheit der Angehörigen sowie unter Leitung eines erfahrenen Freitodbegleiters durchgeführt, wobei darauf geachtet wird, dass der Suizident das Medikament selbst einnimmt. Früher wurde dies noch mittels Videokamera als Beweis dokumentiert. Nach dem Tod wird die Polizei informiert, die Ermittlungen zu den Umständen einleitet.¹⁰⁶⁰

Als Anfang des Jahrtausends auch in Deutschland immer mehr Fälle der Sterbebegleitung auftraten, begann – trotz der sonst so häufig behaupteten Tabuisierung des Todes – eine lebhafte Diskussion in Politik (mit Arbeitsgruppen und Enquete-Kommissionen[1061]), Öffentlichkeit und Lehre[1062], immer wieder angeheizt durch die Legalisierung der aktiven Sterbehilfe auf Verlangen durch Ärzte in Holland am 1.4.2002[1063], der Gründung weiterer Sterbehilfegesellschaften wie im September 2005 einer deutschen Niederlassung von Dignitas in Hanno-

---

1059 Vgl. umfassend www.dignitas.ch (letzter Aufruf: 22.5.2017).
1060 Vgl. hierzu www.dignitas.ch (letzter Aufruf: 22.5.2017); *Hilgendorf*, Medizinstrafrecht, 5. Kap. Rn. 3 f.; vgl. zum Ablauf der Sterbebegleitung beim Verein Sterbehilfe Deutschland: *Saliger*, Rechtsgutachten, S. 17 ff.
1061 Vgl. BT-Drs. 14/3011 (Enquete-Kommission „Recht und Ethik der modernen Medizin"); BT-Drs. 15/464 und BT-Drs. 15/5858 (Enquete-Kommission „Ethik und Recht der modernen Medizin"); Abschlussbericht der Arbeitsgruppe „Patientenautonomie am Lebensende", abrufbar unter http://www.ethikzentrum.de/downloads/bmj-bericht.pdf (letzter Aufruf: 22.5.2017).
1062 Vgl. aus der Vielzahl der Literatur nur *Engländer*, FS Schünemann (2014), S. 583 ff.; *Feldmann*, GA 2012, 498 ff.; *Fischer*, FS Roxin (2011), S. 557 ff.; *Gaede*, NJW 2010, 2925 ff.; *Großkopf*, RDG 2004, 20 ff.; *Hilgendorf*, JZ 2014, 545 ff.; *Hillenkamp*, FS Kühl (2014), S. 521 ff.; *Hufen*, NJW 2001, 849 ff.; *Jäger*, JZ 2015, 875 ff.; *Kempf*, JR 2013, 11 ff.; *Knopp/Hoffmann*, MedR 2005, 83 ff.; *Kubiciel*, JZ 2009, 600 ff.; *Kusch*, NStZ 2007, 436 ff.; *Kutzer*, FPR 2004, 683 ff.; *ders.*, ZRP 2003, 209 ff.; *Lüttig*, ZRP 2008, 57 ff.; *Neumann/Saliger*, HRRS 2006, 280 ff.; *Otto*, NJW 2006, 2217 ff.; *Saliger*, medstra 3/2015, 132 ff.; *Schöch/Verrel/et. al.*, GA 2005, 584 ff.; *Sowada*, ZfL 2015, 34 ff.
1063 „Wet toetsing levensbeëindiging op verzoek en hulp bij zelfdoding" (auf Deutsch: Gesetz zur Kontrolle der Lebensbeendigung auf Verlangen und Hilfe bei der Selbsttötung) (abrufbar unter http://wetten.overheid.nl/BWBR0012410/2014-02-15 [letzter Aufruf: 22.5.2017], eine deutsche Übersetzung ist abrufbar unter http://www.dgpalliativmedizin.de/images/stories/pdf/euthanasie.pdf [letzter Aufruf: 22.5.2017]), sie wurde am 12.4.2001 verabschiedet und trat am 1.4.2002 in Kraft; es wurde im August 2012 ergänzt durch eine neue „Richtlijn Uitvoering euthanasie en hulp bij zelfdoding" (auf Deutsch: Umsetzungsrichtlinie zu Sterbehilfe und Hilfe bei der Selbsttötung)(abrufbar unter https://www.knmp.nl/downloads/richtlijn-uitvoering-euthanasie-en-hulp-bij-zelfdoding.pdf [letzter Aufruf: 22.5.2017]); einen Überblick über die Sterbehilfe-Regelungen im Ausland bietet die Deutsche Gesellschaft für humanes Sterben e.V., www.dghs.de/wissenschaft/regelungen-im-ausland.html (letzter Aufruf: 22.5.2017).

ver[1064], deren öffentlichen Aufruf nach ersten Suizidenten sowie darauf reagierender erster Gesetzgebungsentwürfe[1065], die jedoch dem Diskontinuitätsprinzip des Bundestages zum Opfer fielen. Nach intensiver Diskussion über mehrere Gesetzesvorschläge[1066] beschloss der Bundestag (trotz kritischer Stellungnahme von 151 Strafrechtlehrern und Strafrechtslehrerinnen vom 15.4.2015[1067], die sich gegen eine Ausweitung der Beteiligungsstrafbarkeit sowie insbesondere gegen eine Kriminalisierung und gegen ein berufsrechtliches Verbot ärztlicher Suizidbegleitung wendeten) am 6.11.2015 unter Aufgabe des Fraktionszwangs (angesichts des medialen Wirbels hierum) in einem „absurden Spektakel um den Tod"[1068] den Gesetzesvorschlag der Abgeordneten *Brand*, *Griese* und *Vogler*[1069] und stellte mit dem neuen, am 10.12.2015 in Kraft getretenen § 217 StGB[1070] die geschäftsmäßige Förderung zur Selbsttötung unter Strafe.

188 b) **Strafgrund, Rechtsgut und Systematik.** Um „die Entwicklung der Beihilfe zum Suizid (assistierter Suizid) zu einem Dienstleistungsangebot der gesundheitlichen Versorgung" und damit einen „Gewöhnungseffekt an solche organisierte Formen des assistierten Suizids" zu verhindern, durch den insbesondere alte und/ oder kranke Menschen zu einen Suizid verleitet oder sich gar direkt oder indirekt gedrängt fühlt könnten[1071], erhebt § 217 StGB als **abstraktes Gefährdungsdelikt** mehr oder weniger weit im Vorfeld des potenziellen Suizids erfolgende (mangels strafbarer Haupttat an sich straflose) Beihilfehandlungen zu einem eigenverantwortlichen Suizid zu einer eigenständigen Haupttat.[1072] Dem gesetzgeberischen Ziel des Entgegenwirkens einer vom Gesetzgeber verstärkt festgestellten Kommerzialisierung der Suizidbeihilfe entsprechend, stellt die Vorschrift in ihrem Unrechtstatbestand des Absatzes 1 drei Tatbestandsmodalitäten (Gelegenheit gewähren, verschaffen oder vermitteln) unter Strafe, sofern sie sich nicht nur auf eine eigenverantwortliche Selbsttötung beziehen, sondern auch geschäftsmäßig vorgenommen werden und subjektiv von der Absicht getragen sind, den Suizid zu fördern; eine Suizidhilfe, die im Einzelfall in einer schwierigen Konfliktsituation gewährt wird, soll ausdrücklich nicht der Norm unterfal-

---

1064 Vgl. nur Hannoversche Allgemeine Zeitung v. 27.9.2005 oder Die Welt v. 29.9.2005. Inzwischen existieren der Dachverband World Federation of Right to Die Societies (www.worldrtd.net [letzter Aufruf: 22.5.2017]) mit der europäischen Dachorganisation Right to Die Europe (www.rtde.eu [letzter Aufruf: 22.5.2017]), der sich in Deutschland der deutsche Ableger von Dignitas, Dignitas Deutschland (www.dignitas.de [letzter Aufruf: 22.5.2017]), und die Deutsche Gesellschaft für humas Sterben e.V. (www.dghs.de [letzter Aufruf: 22.5.2017]) angeschlossen haben, sowie der Sterbehilfe Deutschland e.V. (www.sterbehilfedeutschland.de [letzter Aufruf: 22.5.2017]; umfassend zu diesem *Saliger*, Rechtsgutachten, S. 15 ff.).
1065 Vgl. BR-Drs. 230/06 (Entwurf der Länder Saarland, Thüringen und Hessen eines Gesetzes zum Verbot der geschäftsmäßigen Vermittlung von Gelegenheiten zur Selbsttötung); BT-Drs. 14/9020 (Entwurf der Bundesregierung eines Gesetzes zur Strafbarkeit der gewerbsmäßigen Förderung der Selbsttötung); umfassende Würdigung sämtlicher Entwürfe bei *Saliger*, Rechtsgutachten, S. 156 ff.
1066 Vgl. hierzu nur die öffentliche Anhörung von 12 Experten im Bundestagsausschuss für Recht und Verbraucherschutz am 23.9.2015, in Zusammenfassung abrufbar unter https://www.bundestag.de/dokumente/textarchiv/2015/kw39_pa_recht_sterbebegleitung/384486 (letzter Aufruf: 22.5.2017).
1067 Abgedruckt in Saliger, Rechtsgutachten, S. 216 ff. und vorgänge 2015 Heft 2/3, 101 ff.
1068 *Fischer*, Die Zeit v. 29.9.2015.
1069 BT-Drs. 18/5373.
1070 BGBl. I, S. 2177.
1071 BT-Drs. 18/5373, S. 2.
1072 Vgl. nur BT-Drs. 18/5373, S. 14; *Duttge*, NJW 2016, 120 (121); *Hilgendorf*, Medizinstrafrecht, 5. Kap. Rn. 15.

len.¹⁰⁷³ **Geschütztes Rechtsgut** sind das Recht auf Leben und die „verfassungsrechtlich geschützte individuelle Garantie autonomer Willensentscheidungen"¹⁰⁷⁴.

Aufbauschema (§ 217 I StGB)
I. Tatbestandsmäßigkeit
  1. Objektiver Tatbestand
     a) Tathandlung: Gelegenheit zur Selbsttötung eines anderen
        aa) gewähren
        bb) verschaffen
        bb) vermitteln
     b) Geschäftsmäßiges Handeln
  2. Subjektiver Tatbestand
     a) Vorsatz
     b) Absicht, die Selbsttötung eines anderen zu fördern
II. Rechtswidrigkeit
III. Schuld

---

c) Zweifel an der Verfassungsmäßigkeit. Gegen den neuen Straftatbestand ist nicht nur rechtspolitische, sondern auch vielfältige verfassungsrechtliche Kritik erhoben worden¹⁰⁷⁵: Nicht nur werde (unabhängig von der Zulässigkeit berufsrechtlicher Verbote wie § 16 II MBO-Ä¹⁰⁷⁶) in die Berufsfreiheit (Art. 12 GG) von Ärzten insbesondere im Bereich der Palliativmedizin eingegriffen, denen jede Hilfeleistung untersagt werde. Dabei wäre die Sterbebegleitung nirgendwo so gut aufgehoben wie beim eigenen Arzt, der aufgrund der Kenntnis der medizinischen sowie zumeist auch persönlichen Historie eines Patienten diesen in existenziellen Grenzfragen am besten wird behandeln und unterstützen können.¹⁰⁷⁷ Zudem werde in das allgemeine Persönlichkeitsrecht (Art. 1 I GG iVm Art. 2 I GG) der Sterbewilligen eingegriffen, welches auch die Entscheidung über das eigene Lebensende umfasse¹⁰⁷⁸. Dem Suizidenten werde die Hilfe von Sterbehilfeorganisationen, die sich selbst erfolgreich auch der Suizidprävention verschrieben hätten, sowie erfahrenen Sterbebegleitern versagt und der Suizident teils so vor die Wahl zwischen fortdauernden Leiden oder einem Suizid mittels Laien oder – mangels Zugang zu sanften Tötungsmedikamenten – mittels brutalen Suizidformen wie dem Sprung von der Brücke oder vor einen fahrenden Zug gestellt. Zugleich führt die Regelung dazu, dass Sterbewillige Sterbebegleitungsangebote

---

1073 BT-Drs. 18/5373, S. 3.
1074 BT-Drs. 18/5373, S. 13; vgl. auch *Hilgendorf*, Medizinstrafrecht, 5. Kap. Rn. 15.
1075 Vgl. nur *Duttge*, NJW 2016, 120 (123 f.); *Fischer*, § 217 Rn. 3a ff.; *Gaede*, JuS 2016, 385 (386 f.); *Hilgendorf*, JZ 2014, 385 ff.; *ders.*, Medizinstrafrecht, 5. Kap. Rn. 17 ff.; *Hoven*, ZIS 2016, 1 ff.; *Kubiciel*, ZIS 2016, 396 ff.; SSW-StGB/*Momsen*, § 217 Rn. 2; BeckOK-StGB/*Oglakcioglu*, § 217 Rn. 11 ff.; *Riemer*, BRJ 2016, 96 (104 ff.); *Roxin*, NStZ 2016, 185 ff.; *Saliger*, Rechtsgutachten, S. 23 ff. und 160 ff.
1076 Für eine Verfassungswidrigkeit eines derartigen berufsrechtlichen Verbots *Lindner*, NJW 2013, 136 (138).
1077 Zutreffend *Fischer*, § 217 Rn. 3c; *Roxin*, NStZ 2016, 185 (189 ff.) benennt hierfür gleich 6 Gründe.
1078 Vgl. nur BGHSt. 11, 111 (113 f.); BGHZ 90, 103 (105 f.); OLG München, NJW 1987, 2940 (2943); zum Streit um die genaue verfassungsrechtliche Verortung des Rechts auf Sterben *Hilgendorf*, JZ 2014, 545 (550).

im Ausland wie insbesondere in der Schweiz nicht wahrnehmen könnten, sofern die Sterbebegleiter (etwa mangels Reisefähigkeit des Suizidenten) die eigentliche Sterbebegleitung in Deutschland durchführen und so gleichfalls unter die Norm fallen, obgleich die Suizidassistenz teilweise die Sicherung der Freiverantwortlichkeit gewährleistenden medizinischen Untersuchungen und Gespräche vorsieht[1079] (*Rosenau*[1080] spricht gar von einer „Strafnorm gegen selbstbestimmtes Sterben"). Und all dies nicht nur zur Gewährleistung der staatlichen Schutzpflicht für menschliches Leben, solange die Freiverantwortlichkeit nicht gänzlich sichergestellt sei, sondern – in einem paternalistischen Schutzkonzept – zum „Schutz einer auf von Fremdbeeinflussung freien Willensbildung"[1081] des Suizidenten. Hieran ist zwar zutreffend, dass das menschliche Leben schutzwürdig vor äußeren Drucksituationen ist, die gerade kranke und ältere Menschen in ihrem gesellschaftlichen Umfeld ausgesetzt sein können. Soweit hierdurch die Selbsttötung nicht mehr freiverantwortlich erfolgt (zu den Anforderungen oben Rn. 167), kann bereits nach bisherigem Recht über eine mittelbare Täterschaft eine strafrechtliche Sanktionierung erfolgen (oben Rn. 169). Es verbleiben damit all jene Fälle, in denen der Suizident nach den gängigen Kriterien zwar noch freiverantwortlich, aber dennoch unter äußeren Einflüssen seinen Sterbewunsch bildet und umsetzt. Durch die Betonung des Fremdeinflusses wird das sanktionierte Unrecht zwar über eine reine Selbstverletzung hinaus gehoben.[1082] Letztlich geht die Gesetzesbegründung jedoch über eine reine, auf verschiedene Presseartikel und Fernsehberichte gestützte Vermutung, bereits jetzt werde durch die zunehmende Verbreitung des assistierten Suizids eine „Anreizökonomie"[1083] geschaffen, die den „fatalen Anschein einer Normalität" und „schlimmstenfalls Gebotenheit der Selbsttötung entstehen" lasse[1084], nicht hinaus. Eine wissenschaftlich fundierte Basis für diese These fehlt.[1085] Darüber hinaus mutet es skurril an, wenn die Gesetzesbegründung zum einen den hohen Wert der Palliativmedizin betont[1086], auf der anderen Seite die ärztliche Gabe von Schmerzmitteln (mit der Nebenwirkung der Todesbeschleunigung) oder das auf Wunsch des Patienten erfolgende Unterlassen weiterer Ernährung dem viel zu weiten Tatbestand unterfällt.[1087] Letztlich krankt die Norm daran, dass die Grenze zwischen absolut freiverantwortlicher Selbsttötung und einem Suizid unter nennenswertem äußeren Druck, vor der der Suizident geschützt werden soll, nur schwer fassbar ist, nicht nur rein tatsächlich (da normal in das gesellschaftliche Leben integrierte Menschen stets äußeren Einflüssen ausgesetzt sind), sondern auch tatbestandlich-sprachlich. Das Merkmal der Geschäftsmäßigkeit und damit die Wiederholung einer Tätigkeit, wie etwa einer passiven Sterbehilfe, die weiterhin zulässig sein soll, ist selbstbestimmungsneutral und vermag weder als verfassungsrecht-

---

1079 *Fischer*, § 217 Rn. 3b.
1080 NJW 2015, Heft 49 – Editoral.
1081 BT-Drs. 18/5373, S. 13.
1082 Vgl. dazu, dass das Verbleiben in der eigenen Schutzsphäre des Suizidenten mangels legitimem Grund für eine Kriminalstrafe nicht ausreiche und die Grenze zwischen Recht und Moral verschwimme: *Duttge*, NJW 2016, 120 (123).
1083 Treffend *Riemer*, BRJ 2016, 96 (105).
1084 BT-Drs. 18/5373, S. 11.
1085 Zutreffend *Eidam*, medstra 2016, 17 (19); *Gaede*, JuS 2016, 385 (387); *Riemer*, BRJ 2016, 96 (105); *Saliger*, Rechtsgutachten, S. 101 ff. und 161 ff.
1086 BT-Drs. 18/5373, S. 9.
1087 Ebenso *Hilgendorf*, Medizinstrafrecht, 5. Kap. Rn. 18.

lich tragfähiger Kriminalisierungsgrund zu tragen („allein die Absicht einer Wiederholung [ist] kein hinreichender Grund […], aus einer straffreien Handlung eine Straftat zu machen"[1088]) noch angesichts des ultima ratio-Prinzips notwendige klare Abgrenzungen zu leisten und die überschießende Weite des Tatbestandes wirksam zu begrenzen.[1089] Das Bundesverfassungsgericht hat jedoch in einem ersten Beschluss vom 21.12.2015 einen Antrag von Sterbehilfe Deutschland e.V. auf Erlass einer einstweiligen Anordnung auf Außervollzugsetzung des § 217 StGB abgelehnt.[1090] Hierbei hat die 2. Kammer des 2. Senats im Wege einer Folgenabwägung betont, dass nicht ersichtlich sei, dass die „tatsächlichen Feststellungen" des Gesetzgebers, insbesondere ältere und kranke Menschen könnten zur Selbsttötung verleitet werden, die sie ohne ein Angebot eines assistierten Suizids aus eigenem Antrieb nicht begangen hätten, „offensichtlich fehlerhaft sein könnten und die von diesem prognostizierte weitere Entwicklung einer rationalen Grundlage entbehren könnte". Es ist daher nicht absehbar, dass das Bundesverfassungsgericht in einem der mehreren anhängigen Verfassungsbeschwerde-(Haupt-)Verfahren die Norm für nichtig erklären wird; vielmehr steht zu erwarten, dass das Bundesverfassungsgericht auf eine restriktive Normanwendung drängen und die Möglichkeit verfassungskonformer, namentlich am Regelungsgrund ausgerichteter teleologischer Auslegung betonen wird. Deren Umsetzung im Einzelnen wird dann wohl der strafrechtlichen Rechtsprechung und Lehre überlassen bleiben und die Norm so weiterhin einen unwürdigen Zankapfel im Grenzbereich von Leben und Tod darstellen, der ohne Not das bisherige, gerade erst neu austarierte Selbsttötungs-Regelungskonzept wieder durcheinanderbringt.

2. Der objektive Tatbestand

Der objektive Tatbestand verlangt, dass der Täter einem anderem (dem Sterbewilligen) die (bloße) Gelegenheit zur Selbsttötung geschäftsmäßig gewährt, verschafft oder vermittelt; dass der Suizident die Selbsttötung tatsächlich vornimmt, ist nicht erforderlich.[1091] **189a**

a) **Tathandlungen.** Bezugspunkt der Tathandlung muss die **Selbsttötung eines anderen** sein. Dies ist dogmatisch im Sinne des § 216 StGB auszulegen. Damit scheiden Handlungen von „Sterbehilfe-Organisationen", die auf Wunsch eine gezielte aktive Tötung ausführen (insoweit verdrängt § 216 StGB den § 217 StGB)[1092], genauso aus wie nicht freiverantwortliche Selbsttötungen. Gleichfalls nicht antasten wollte der Gesetzgeber die Straflosigkeit eines die Anforderungen von BGHSt. 55, 191 ff. erfüllenden (gerechtfertigten) Behandlungsabbruchs (Rn. 183 f.) sowie der indirekten Sterbehilfe (Rn. 178 f.)[1093], so dass diese Fälle auch nicht dem § 217 StGB unterfallen.[1094] Der Begriff der Selbsttötung umfasst somit nur die freiverantwortliche unmittelbare Selbsttötung, die inzwischen **189b**

1088 So der nicht Gesetz gewordene Regierungsentwurf vom 22.10.2012, BT-Drs. 17/1126, S. 8.
1089 Vgl. nur *Fischer*, § 217 Rn. 3d; *Kubiciel*, ZIS 2016, 396 (400 f.); SSW-StGB/*Momsen*, § 217 Rn. 2; *Roxin*, NStZ 2016, 185 (189); *Saliger*, Rechtsgutachten, S. 163; *Schöch*, FS Kühl (2014), S. 585 (599).
1090 BVerfG, NJW 2016, 558 f.
1091 BT-Drs. 18/5373, S. 18 f.
1092 Zutreffend SSW-StGB/*Momsen*, § 217 Rn. 4.
1093 BT-Drs. 18/5373, S. 10 f.
1094 Ebenso SSW-StGB/*Momsen*, § 217 Rn. 4; BeckOK-StGB/*Oglakcioglu*, § 217 Rn. 15.

durch ausgefeilte Apparaturen selbst in extremen Krankheitsbildern wie vollständiger Bewegungsunfähigkeit möglich ist.[1095]

Die Tathandlungen des Gewährens, Verschaffens und Vermittelns einer Gelegenheit sind den §§ 180 I StGB (Förderung sexueller Handlungen Minderjähriger), 29 I 1 Nr. 10 und 11 BtMG entlehnt. Eine **Gelegenheit** ist hierbei mehr als eine bloße Möglichkeit, sondern das Angebot, die Selbsttötung organisatorisch zu ermöglichen.[1096] Beim **Gewähren** oder **Verschaffen** führt der Täter äußere Bedingungen herbei, „die geeignet sind, die Selbsttötung zu ermöglichen oder wesentlich zu erleichtern"[1097], wobei ihm beim „Gewähren" die bereitzustellenden Mittel wie Medikamente, Apparaturen oder Räumlichkeiten bereits unmittelbar zur Verfügung stehen und er sie nur noch dem Suizidenten zur Verfügung stellen muss, während der Täter beim „Verschaffen" die äußeren Umstände erst noch herbeiführen muss, d. h. etwa die Medikamente erst noch besorgen oder die Räumlichkeit erst noch anmieten muss.[1098] Der weite Tatbestand erfasst hierbei dem Wortlaut nach auch geeignete Förderungshandlungen weit im Vorfeld eines Suizids wie die bloße Gründung eines Hospizes, so dass die Norm – entsprechend der im Hinblick auf den Bestimmtheitsgrundsatz vertretenen Rechtsprechung des Bayerischen Oberlandesgerichts zu § 29 I Nr. 10 BtMG[1099] – dem Schutzzweck nach (teleologisch) auf solche Tathandlungen zu beschränken ist, bei denen die ermöglichte Suizidhandlung unmittelbar auf die Förderungshandlung folgen soll, bei denen also zwischen Förderungshandlung und (beabsichtigtem Suizid) ein tatbestandstypischer Unmittelbarkeitszusammenhang feststellbar ist[1100], so z. B. beim Überlassen des todbringenden Medikaments oder von Räumlichkeiten zum Suizid. Nicht ausreichend mangels Schaffung einer tatsächlichen Suizidmöglichkeit sind dagegen rein psychische Einwirkungen und weit im Vorfeld liegende reine Beratungen oder Informationen über Möglichkeiten und Formen des assistierten Selbstmordes[1101] und damit auch nicht die Prüfung der Unterlagen, bevor der Sterbewillige „grünes Licht" (Rn. 187) erhält und mitteilt, von der ihm eingeräumten Möglichkeit der Sterbebegleitung überhaupt Gebrauch zu machen. Genauso wenig genügt mangels Bezugs zu einer konkreten Suizidmöglichkeit der Betrieb einer Sterbehilfegesellschaft als solches, das generelle Bereitstellen von Suizidmitteln[1102], die Schaffung allgemeiner Ratgeberliteratur und jede Form der Werbung für Suizidbeihilfe sowie allgemeine oder auch gruppenbezogene Aufrufe zum Selbstmord[1103].

Vermitteln einer Gelegenheit ist das Herstellen eines bislang nicht bestehenden konkreten Kontaktes zwischen einer suizidwilligen Person und einer dritten

---

1095 Entsprechende Methoden erläuterte der Angeklagte in der mündlichen Verhandlung vor der Grundsatz-Entscheidung BGHSt. 46, 279 ff.
1096 *Fischer*, § 217 Rn. 6.
1097 BT-Drs. 18/5373, S. 18.
1098 *Gaede*, JuS 2016, 385 (388); *Hilgendorf*, Medizinstrafrecht, 5. Kap. Rn. 12; SSW-StGB/*Momsen*, § 217 Rn. 6; vgl. auch MüKo-StGB/*Renzikowski*, § 180 Rn. 32.
1099 BayObLGSt. 1982, 100 f. (die Handlung müsse dem Genuß von Betäubungsmitteln „unmittelbar dienlich sein"); BayObLGSt. 1991, 85 (86); BayObLG, NStZ-RR 2003, 310; zumindest Lackner/Kühl/*Heger*, § 180 Rn. 6; anders BGH, NJW 1959, 1284 zu § 180 I StGB: erfasst sei „nicht jede Form der Unterstützung, sondern [nur] bestimmte, typische Förderungshandlungen".
1100 Zutreffend *Kubiciel*, ZIS 2016, 396 (402); BeckOK-StGB/*Oglakcioglu*, § 217 Rn. 18.
1101 BT-Drs. 18/5373, S. 18; *Fischer*, § 217 Rn. 6; BeckOK-StGB/*Oglakcioglu*, § 217 Rn. 17.
1102 So bereits BeckOK-StGB/*Oglakcioglu*, § 217 Rn. 20.
1103 BT-Drs. 18/5373, S. 19; SSW-StGB/*Momsen*, § 217 Rn. 6; BeckOK-StGB/*Oglakcioglu*, § 217 Rn. 21; *Riemer*, BRJ 2016, 96 (99).

Person, die die Gelegenheit zur Selbsttötung gewährt oder verschafft[1104]; in Bezug auf Sterbehilfegesellschaften kann somit nur ein Außenstehender vermitteln, nicht dagegen ein Angestellter des Vereins. Das Vermitteln liegt derart weit im Vorfeld der Selbsttötung, dass es – entsprechend der Rechtsprechung zum Vermitteln einer Gelegenheit für sexuelle Handlungen gegenüber Minderjährigen iSd § 180 I 1 Nr. 1 StGB[1105] – verfassungskonform dahingehend einschränkend auszulegen ist, dass nur Fälle des erfolgreichen Vermittelns (zur Täterschaft erhobene vollendete Beihilfe) erfasst sind, in denen der vermittelte Sterbehilfebegleiter („Haupttäter") die Tatbestandsvariante des Gewährens oder Verschaffens einer Gelegenheit zur Selbsttötung erfüllt.[1106] Allein der „Hinweis auf eine allgemein bekannte Stelle" genügt selbstverständlich nicht.[1107]

b) Geschäftsmäßigkeit. Zentraler unrechtsbegründender Begriff und Kernelement des objektiven Tatbestands ist die Geschäftsmäßigkeit. Geschäftsmäßig handelt nach dem Gesetzgeber in Anlehnung an § 206 I StGB, § 4 Nr. 4 PostG, § 3 Nr. 10 TKG, „wer die Gewährung, Verschaffung oder Vermittlung der Gelegenheit zur Selbsttötung zu einem dauernden oder wiederkehrenden Bestandteil seiner Tätigkeit macht, unabhängig von einer Gewinnerzielungsabsicht und unabhängig von einem Zusammenhang mit einer wirtschaftlichen oder beruflichen Tätigkeit"[1108]. Dieses Merkmal wählte der Gesetzgeber bewusst, weil anatomiegefährdende Interessenkonflikte nicht notwendigerweise finanziell bedingt sein sowie um Sterbehilfegesellschaften den Einwand abzuschneiden, ihre Einnahmen dienten lediglich der Kostendeckung, nicht aber der Gewinnerzielung, die die Geschäftsmäßigkeit anders als der strafrechtsdogmatisch besser durchleuchtete Begriff der Gewerbsmäßigkeit gerade nicht voraussetze.[1109]

Hierbei hat der Gesetzgeber aber verkannt, dass sich das Merkmal der Geschäftsmäßigkeit in den Pate stehenden Normen jeweils auf Unternehmen (mit erlaubnisfähiger Geschäftstätigkeit) bezieht und gerade nicht wie im Rahmen des § 217 StGB die tatbestandsmäßige Handlung qualifiziert, so dass gerade bei Einzelpersonen, die nicht organisatorisch verbunden oder an eine Gruppe angegliedert sind, trennscharfe Abgrenzungen kaum erzielbar sind. Der Gesetzgeber hat zwar betont, das Merkmal der Geschäftsmäßigkeit schließe eine Suizidförderung „im Einzelfall nach sorgfältiger Untersuchung" genauso aus wie „grundsätzlich" einen assistierten Suizid durch medizinisches und pflegerisches Personal in Krankenhäusern, Pflegeheimen, Hospizen und palliativmedizinischen Einrichtungen, weil ärztlich gebotene, vor allem schmerzlindernde Maßnahmen lediglich als unbeabsichtigte, teils unvermeidbare Nebenfolge den Sterbevorgang beschleunigten.[1110] So begrüßenswert diese gesetzgeberische Intention auch ist, sie ergibt sich – von der systematisch bereits im Begriff der Selbsttötung angelegten Ausklammerung des die Anforderungen von BGHSt. 55, 191 ff. erfüllenden (gerechtfertigten) Behand-

---

1104 SSW-StGB/*Momsen*, § 217 Rn. 8; BeckOK-StGB/*Oglakcioglu*, § 217 Rn. 22; vgl. zu § 180 I StGB: BGHSt. 1, 115 (116); KG, NJW 1977, 2223 (2225); Sch/Schr/*Eisele*, § 180 Rn. 8; Lackner/Kühl/*Heger*, § 180 Rn. 5.
1105 Vgl. nur BGH, NJW 1997, 334 (335); BGH bei *Pfister*, NStZ-RR 2001, 353 (362), Nr. 47.
1106 Ebenso BeckOK-StGB/*Oglakcioglu*, § 217 Rn. 22.
1107 BT-Drs. 18/5373, S. 18.
1108 BT-Drs. 18/5373, S. 17.
1109 Vgl. nur BT-Drs. 18/5373, S. 16 f.; BVerwG, NJW 1988, 220; OLG Karlsruhe, MMR 2005, 178 (179); MüKo-StGB/*Altenhain*, § 206 Rn. 18; *Gaede*, JuS 2016, 385 (389); NK-StGB/*Kargl*, § 206 Rn. 9.
1110 BT-Drs. 18/5373, S. 17 f.

lungsabbruchs sowie der indirekten Sterbehilfe abgesehen – nicht dem Gesetz. So ergibt sich eine Geschäftsmäßigkeit im Sinne der gesetzgeberischen Definition gerade von Palliativärzten an sich unproblematisch bereits aus ihrer beruflichen Tätigkeit[1111] und sind objektiv sowohl zielgerichtete wie unbeabsichtigte Suizidförderungen erfasst. Im Hinblick auf Art. 103 II GG noch problematischer ist, dass eine auf Wiederholung angelegte Tätigkeit – wie bei der Gewerbsmäßigkeit – bereits bei einem erstmaligen Förderungsangebot gegeben sein soll, „wenn das erstmalige Angebot den Beginn einer auf Fortsetzung angelegten Tätigkeit darstellt"[1112], so dass die Geschäftsmäßigkeit letztlich eine nur schwer beweisbare „Frage der inneren Einstellung"[1113] darstellt. Indizien, welche den Schluss auf die notwendige Intention einer „künftigen (einfache? mehrfache? beliebige?) Wiederholung der Tat möglich (oder wahrscheinlich?) macht", bleiben unklar.[1114] Wie verhält es sich etwa mit dem Angehörigen, der seinem sterbenskranken Vater Suizidhilfe anbietet und sich dabei vornimmt, bei seiner alten Mutter ggf. ebenso zu verfahren?[1115] Oder wenn er objektiv bereits zwei Angehörigen eine geeignete Gelegenheit zur Selbsttötung verschafft hat, wie kann im Nachgang zur zweiten Tötung (oder erst bei der dritten oder vierten?) wirklich verlässlich ermittelt werden, dass dies bereits zuvor subjektiv angelegt war? Dies zeigt, dass gerade auf die Tathandlungsvarianten der Suizidförderung das Merkmal der Geschäftsmäßigkeit nicht passt, da Suizidhilfe stets kontextbezogen auf den jeweiligen (nach der Gesetzesbegründung zutreffend nicht erfassten) Einzelfall, d. h. die konkreten Lebensumstände und die konkrete medizinische wie psychische Situation des Suizidwilligen bezogen ist und sich daher kaum holzschnittartig als wiederkehrender Sachverhalt begreifen lässt.[1116] Insoweit ist die Norm jedenfalls verfassungskonform auf evidente Fälle einer potenziellen Beeinträchtigung autonomer Willensentscheidungen von potenziell Suizidwilligen durch Förderungshandlungen, die zur Schaffung autonomiegefährdender Gewöhnungseffekte und Abhängigkeiten geeignet sind, zu beschränken. Hier bietet sich ein Rekurs auf die (wenn auch selbst nicht ganz trennscharfen[1117]) Indizien einer Vermögensbetreuungspflicht iSd § 266 StGB (gleichfalls zur verfassungskonformen Beschränkung auf evidente Fälle[1118]) an, d. h. die Suizidförderung muss Ausdruck einer **„Haupttätigkeit"** sein, „die sich ihrer Dauer nach über eine gewisse Zeit oder ihrem Umfang nach über bloße Einzelfälle hinaus"[1119] erstreckt[1120]; nur die öffentliche Wahrnehmung derartiger Tätig-

---

1111 Ebenso *Riemer*, BRJ 2016, 96 (99).
1112 BT-Drs. 18/5373, S. 17; BVerwG, NJW 1988, 220; MüKo-StGB/*Altenhain*, § 206 Rn. 16; Erbs/Kohlhaas/*Sengel/von Galen*, Nebengesetze, § 2 StBerG Rn. 2; zustimmend im Hinblick auf § 217 StGB *Hilgendorf*, Medizinstrafrecht, 5. Kap. Rn. 14; *Riemer*, BRJ 2016, 96 (99); ablehnend BeckOK-StGB/*Oglakcioglu*, § 217 Rn. 27.
1113 BayObLG, NStZ 1981, 29.
1114 *Duttge*, NJW 2016, 120 (122).
1115 *Roxin*, NStZ 2016, 185 (189).
1116 Zutreffend BeckOK-StGB/*Oglakcioglu*, § 217 Rn. 25 („gesetzestechnisch nicht glücklich gewählt") und 25.1.
1117 Vgl. zur Kritik nur *Kindhäuser*, FS Lampe (2003), S. 709 (715 f.); *Kraatz*, ZStW 123 (2011), 447 (461 f. Fn. 126).
1118 BVerfGE 126, 170 ff. mit Anm. *Kraatz*, JR 2011, 434 ff.
1119 RGSt. 69, 58 (61).
1120 In diese Richtung im Ergebnis bereits *Gaede*, JuS 2016, 385 (390)(„Hauptaufgabe der Tätigkeit" bzw. Tätigkeit über Tätigkeit innerhalb einer Patientenbeziehung hinaus"; BeckOK-StGB/*Oglakcioglu*, § 217 Rn. 26 („Haupttätigkeit"); ähnlich bereits zu § 206 I StGB NK-StGB/*Kargl*, § 206 Rn. 9 (nicht nur „ein hobbymäßiger Betrieb"); kritisch zu entsprechenden Einschränkungen BT-Drs. 18/5373, S. 17.

keiten vermag das gesetzgeberisch befürchtete öffentliche Gefühl, Suizid sei etwas „Normales", zu rechtfertigen. So scheiden entsprechend der gesetzgeberischen Intention Förderungshandlungen im Rahmen von medizinischen und Palliativleistungen grundsätzlich aus. Der hierdurch entstehende staatliche Nachweisbedarf ist zur Vermeidung einer verfassungswidrig überschießenden Normanwendung hinzunehmen.[1121]

3. Der subjektive Tatbestand

Der Täter muss zunächst vorsätzlich handeln, wobei bedingter Vorsatz genügt. Zusätzlich bedarf es einer Förderungsabsicht, die sich nur auf die Funktion der Hilfeleistung beziehen muss, d. h. nicht auch auf die tatsächliche Durchführung der Selbsttötung; hier genügt wie beim Gehilfenvorsatz bezüglich der Durchführung der Haupttat bedingter Vorsatz.[1122] Ein Suizidhelfer kann sich daher nicht darauf berufen, dem Suizidwilligen das tödlich wirkende Mittel zwar übergeben zu haben, um ihm die etwaige Selbsttötung zu erleichtern, diese Selbsttötung letztlich selbst aber nicht gewollt oder gar missbilligt zu haben.[1123] Nur die gewährte Hilfestellung zum Suizid muss zielgerichtet sein.[1124] Dieses subjektive Erfordernis soll nach der Gesetzesbegründung „lediglich allgemeine Hinweise für eine mögliche Selbsttötung" ausschließen sowie die Abgrenzung zu Formen des zulässigen Behandlungsabbruchs und der zulässigen indirekten Sterbehilfe sichern.[1125] Da diese Tathandlungen jedoch bereits nach dem objektiven Tatbestand ausscheiden (kein Gewähren oder Verschaffen einer konkreten Gelegenheit bzw. keine Selbsttötung [Rn. 189b]), ist das restriktive Potenzial des besonderen subjektiven Merkmals mehr als zweifelhaft.[1126]

189d

4. Rechtswidrigkeit

Aufgrund der mit § 217 StGB moralisch und ethisch getroffenen grundsätzlichen Entscheidung, das Selbstbestimmungsrecht des Suizidwilligen vor geschäftsmäßig fremdunterstützter Selbsttötung zu schützen (§ 216 StGB schützt bereits vor gewollter Fremdtötung), scheidet mangels insgesamt disponiblem Rechtsgut eine rechtfertigende Einwilligung des Suizidwilligen aus.[1127] Andernfalls würde § 217 StGB leerlaufen und sein legislatives Ziel verfehlen. Gleichfalls vor dem Hintergrund divergierender Schutzgüter nicht zu rechtfertigen vermag eine vormundschaftliche Genehmigung zum Behandlungsabbruch nach § 1904 BGB, die lediglich eine zivil-verfahrensrechtliche Absicherung des Selbstbestimmungsrechts des Patienten darstellt.[1128]

189e

1121 Zutreffend *Gaede*, JuS 2016, 385 (390).
1122 BT-Drs. 18/5373, S. 19; *Fischer*, § 217 Rn. 8; *Gaede*, JuS 2016, 385 (390)(„tatbestandsüberschießend geforderter Vorsatzinhalt").
1123 BT-Drs. 18/5373, S. 19 unter Verweis auf BGH, BeckRS 2001, 30176446.
1124 BT-Drs. 18/5373, S. 18.
1125 BT-Drs. 18/5373, S. 18.
1126 Ebenso kritisch *Eidam*, medstra 2016, 17 (21); SSW-StGB/*Momsen*, § 217 Rn. 13 („systematisch nicht schlüssig"); BeckOK-StGB/*Oglakcioglu*, § 217 Rn. 29.1.
1127 Ebenso SSW-StGB/*Momsen*, § 217 Rn. 14; BeckOK-StGB/*Oglakcioglu*, § 217 Rn. 30; zur fehlenden Disponibilität über das staatliche Tötungstabu durch einen Sterbewilligen siehe auch Sch/Schr/*Eser/Sternberg-Lieben*, § 216 Rn. 1a.
1128 *Riemer*, BRJ 2016, 96 (102); *Hendrik Schneider*, MittBayNot 2011, 102 (104).

5. Täterschaft und Teilnahme

189f a) **Täterschaft.** Für Täterschaft und Teilnahme gelten grundsätzlich die allgemeinen Regeln, wobei die Tatbestandsweite des § 217 StGB eine mittelbare Täterschaft (§ 25 I Var. 2 StGB) weitgehend überflüssig macht.[1129] Eine mittäterschaftliche geschäftsmäßige Suizidförderung ist bei gemeinsamem Tatentschluss möglich, wofür jedoch allein die gemeinsame Mitgliedschaft in einem Sterbehilfeverein (genauso wenig wie eine Bandenmitgliedschaft) ausreicht.[1130]

189g b) **Teilnahme.** Im Rahmen der Anstiftung (z. B. durch das eigenverantwortliche Kontaktieren und Beauftragen des Sterbebegleiters) und Beihilfe (z. B. Telefonat zur Ermöglichung der Wahrnehmung des Sterbehilfe-Angebots, Transport des Suizidenten durch einen Angehörigen zum Suizidhelfer, Vorbereitung angemieteter Räumlichkeiten, Präparieren der Giftinjektion)[1131], wobei der Teilnehmer das iSd § 28 I StGB strafbarkeitsbegründende Merkmal[1132] der Geschäftsmäßigkeit nicht selbst verwirklichen muss, stellen sich einige Sonderfragen:

189h aa) **Notwendige Teilnahme des Suizidenten:** Nach allgemeiner Dogmatik scheidet eine Teilnahmestrafbarkeit des Suizidenten an der Förderung seines eigenen Selbstmordes aus. So bleibt nach den Grundsätzen der notwendigen Teilnahme das durch die Strafvorschrift geschützte Opfer mangels eigenständigen Unrechts auch bei einer eigenen Mitwirkungshandlung straflos, wenn die Tatbestandsverwirklichung bereits begrifflich seine Mitwirkung voraussetzt und (wenn auch teilweise im Schrifttum bestritten[1133]) – da die Straflosigkeit nicht weiter reichen kann als die Notwendigkeit der Teilnahme[1134] – seine Mitwirkung das zur Erfüllung des Tatbestandes *erforderliche Mindestmaß* nicht überschreitet.[1135] Auch wenn die Anwendung dieser Grundsätze auf § 217 StGB aufgrund der Sanktionierung auch weit im Vorfeld des Suizids liegender Handlungen nicht unproblematisch ist[1136], gebietet § 217 StGB – wie das Bundesverfassungsgericht[1137] im Rahmen eines einstweiligen Anordnungsverfahren klargestellt hat – den Schutz gerade des potenziellen Suizidenten „vor einer abstrakt das Leben und die Autonomie des Einzelnen gefährdenden Handlung in Form einer geschäftsmäßigen Förderung der Selbsttötung". „Ebenso wie sich der Sterbewillige bei einem missglückten Tötungsversuch, der

---

1129 Ebenso BeckOK-StGB/*Oglakcioglu*, § 217 Rn. 33; *Riemer*, BRJ 2016, 96 (102 f.).
1130 Zutreffend BeckOK-StGB/*Oglakcioglu*, § 217 Rn. 33; vgl. dazu, dass eine Bandenmitgliedschaft für eine mittäterschaftliche Zurechnung nicht ausreicht BGH, NStZ-RR 2007, 307; BGH, NJW 2012, 867 (868); BGH, NStZ-RR 2016, 139 (Ls.) (mit Gründen abgedruckt unter BeckRS 2016, 05916). Vgl. auch SSW-StGB/*Momsen*, § 217 Rn. 16 im Hinblick auf ein Strafbarkeitsrisiko durch eine Vereinsmitgliedschaft sogar nach § 129 StGB.
1131 Teilnahmebeispiele nach BT-Drs. 18/5373, S. 20; BeckOK-StGB/*Oglakcioglu*, § 217 Rn. 35, 37 und 38, der zutreffend auf die Gefahr verweist, dass die Beihilfe angesichts der gesetzgeberischen Intention der Bekämpfung von Sterbehilfevereinen in der Praxis bezogen auf Handlungen von Vereinsmitgliedern extensiv verstanden wird.
1132 Vgl. BT-Drs. 18/5373, S. 19; *Riemer*, BRJ 2016, 96 (99).
1133 So wird teilweise zu § 283c StGB vertreten, der Begünstigte sei auch dann wegen Beihilfe zu bestrafen, wenn er lediglich die ihm vom Schuldner übergebenen Sachen annehme: *Jakobs*, AT, 24/12; *Sowada*, Die „notwendige Teilnahme" als funktionales Privilegierungsmodell im Strafrecht (1992), S. 166 ff.
1134 RGSt 61, 314 (315); RGSt 65, 416 (417).
1135 Vgl. nur BGH, NJW 1993, 1278 (1279); Sch/Schr/Heine/Weißer, Vor §§ 25 ff. Rn. 41 ff.; MüKo-StGB/*Joecks*, Vor § 26 Rn. 33; *Roxin*, AT II, § 26 Rn. 44 f.
1136 Vgl. zu den Bedenken nur BeckOK-StGB/*Oglakcioglu*, § 217 Rn. 35 ff.
1137 BVerfG, NJW 2016, 558 (559).

§ 6 Ärztliche Sterbehilfe   **189i**

von einem anderen auf ausdrücklichen Wunsch des Opfers hin unternommen wurde, nicht wegen Teilnahme an einer Tötung auf Verlangen (§ 216 StGB) strafbar machen kann, bleibt daher auch der Suizidwillige, der bei einem anderen den Entschluss zu einer Förderungshandlung iSd § 217 StGB weckt oder eine Beihilfehandlung hierzu erbringt, straflos. Diese Straffreistellung des Suizidwilligen entspricht auch dem ausdrücklichen Willen des Gesetzgebers[1138], der allein im Hinblick auf die Anwendbarkeit der Grundsätze einer notwendigen Teilnahme von einer expliziten Straffreistellung abgesehen hat."

bb) Strafausschließungsgrund des § 217 II StGB: § 217 II StGB enthält einen **189j** persönlichen Strafausschließungsgrund[1139] für einen Teilnehmer an § 217 I StGB, der selbst nicht geschäftsmäßig handelt und (kumulativ) Angehöriger (§ 11 I Nr. 1 StGB) des Sterbewilligen ist oder diesem (wie bei § 35 I StGB[1140]) nahesteht. Für eine nahestehende Person bedarf es „einer auf Dauer [und Gegenseitigkeit] angelegten engen persönlichen Beziehung zwischen dem Täter und der betreffenden Person"[1141]. Dies ist z.B. gegeben bei festen Liebesbeziehungen, nahen Freundschaften und langjährigen Hausgemeinschaften[1142], nicht aber bei Sportfreunden, Berufskollegen und Nachbarn[1143] und selbst bei länger andauerndem Krankenhaus- oder Hospizaufenthalt des Suizidenten nicht der behandelnde Arzt[1144].

Ohne diese Norm wäre mit Blick auf die Akzessorietät der Beihilfe sowie § 28 I StGB ein nicht geschäftsmäßig handelnder Täter straffrei, der nicht geschäftsmäßig handelnde Teilnehmer aber strafbar. Dann ist es angesichts des Gleichheitsgrundsatzes (Art. 3 GG) aber mehr als zweifelhaft, warum der Gesetzgeber dies auf ausgewählte Personenkreise beschränkt hat. Der Gesetzgeber begründet die Norm damit, dass „kein Strafbedürfnis gegenüber Personen" bestehe, „die ihren Angehörigen oder anderen engen Bezugspersonen in einer in der Regel emotional sehr belastenden und schwierigen Ausnahmesituation beistehen" und etwa mit dem Hinfahren des Sterbewilligen zum Suizidhelfer (wegen § 9 II 2 StGB auch bei Fahrten etwa in die Schweiz) „kein strafwürdiges, sondern in der Regel ein von tiefem Mitleid und Mitgefühl geprägtes Verhalten an den Tag" legt.[1145] Wenn aber nahestehende Personen angesichts ihres Gewissenskonflikts kaum strafwürdiges Verhalten begehen, so verwundert es, warum der Gesetzgeber diese Personen nicht bereits generell (und nicht nur bei bloßer Teilnahmehandlung) aus der Strafbarkeit nach § 217 I StGB ausgenommen hat.[1146] Zudem stellt sich angesichts der kumulativen Voraussetzungen eines Angehörigen bzw. einer nahestehenden Person und einem nicht geschäftsmäßigen Handelnder der von § 217 II StGB erfasste Fall praktisch nur bei „Serientätern" der

---

1138 BT-Drs. 18/5373, S. 20.
1139 Vgl. nur BT-Drs. 18/5373, S. 19; *Fischer*, § 217 Rn. 9 („zunächst schwer verständliche Regelung").
1140 Vgl. nur BT-Drs. 18/5373, S. 20; *Duttge*, NJW 2016, 120 (122); *Fischer*, § 217 Rn. 11; *Gaede*, JuS 2016, 385 (391); kritisch SSW-StGB/*Momsen*, § 217 Rn. 15 wegen unterschiedlicher psychischer Zwangslage bei § 35 StGB und § 217 StGB.
1141 OLG Koblenz, NJW 1988, 2316 (2317); vgl. auch MüKo-StGB/*Müssig*, § 35 Rn. 19; NK-StGB/*Neumann*, § 35 Rn. 18; Sch/Schr/*Perron*, § 35 Rn. 15.
1142 Lackner/Kühl/*Kühl*, § 35 Rn. 4.
1143 MüKo-StGB/*Müssig*, § 35 Rn. 19.
1144 BeckOK-StGB/*Oglakcioglu*, § 217 Rn. 31.1.
1145 BT-Drs. 18/5373, S. 19 f.
1146 So *Duttge*, NJW 2016, 120 (122).

Suizidbeihilfe „im Kreis seiner Verwandten oder engen Freunde"[1147] – ein eher theoretisches, „rechtspolitisch missverstandenes Problem"[1148].

189j cc) **Werbung:** Weder die reine Werbung für die eigene (Rn. 189b) noch für die fremde geschäftsmäßige Förderung der Selbsttötung unterfällt mangels Verschaffen einer konkreten Gelegenheit weder direkt dem Tatbestand noch mittelbar über die Beihilfe.[1149] Dies gilt auch für den Webauftritt eines Sterbehilfevereins, dem (auch angesichts des ultima ratio-Prinzips des Strafrechts) – wie der Gesetzgeber[1150] selbst betont – besser außerstrafrechtlich mit einer Gewerbeuntersagung nach § 35 GewO oder mit Hilfe der Landespolizeigesetze begegnet werden kann.

6. Konkurrenzen und Rechtsfolgen

189k Im Einzelfall wird eine tateinheitliche Verwirklichung mit nebenstrafrechtlichen Delikten des Betäubungsmittelgesetzes (insbesondere § 29 I Nr. 6a BtMG), Arzneimittelgesetzes, Waffengesetzes und Chemikaliengesetzes in Betracht kommen[1151], die – angesichts einer frühen Tatbestandsverwirklichung des § 217 StGB – ggf. zu einer Handlungseinheit verklammert werden[1152]. In der Praxis wird mit Sicherheit zur Herstellung eines Gleichlaufs mit dem berufsrechtlichen Verbot der Suizidbeihilfe (z. B. § 16 S. 2 MBO-Ä, hierzu Rn. 168) zumeist auch ein Berufsverbot (unten Rn. 337 ff.) verhängt bzw. die Approbation widerrufen (hierzu Rn. 349 ff.).

VI. Früheuthanasie

190 Moderne medizinische Geräte und hochspezialisierte Ärzte können heutzutage Früh- bzw. Neugeborene selbst bei mangelnder eigener Überlebensfähigkeit (zumindest für eine gewisse Zeit) am Leben erhalten, so dass in letzter Zeit verstärkt diskutiert wird, unter welchen Voraussetzungen die Lebenserhaltungspflicht für schwer missgebildete Neugeborene ihre Grenzen findet (sog. Früheuthanasie).[1153] Beachtet man, dass alles menschliche Leben gleichwertig ist (Art. 3 GG) und daher die Behandlungspflicht gegenüber Neugeborenen genauso umfangreich zu sein hat wie bei Erwachsenen[1154], so liegt es durchaus nahe, obige Grundsätze zum Behandlungsabbruch/-verzicht entsprechend zu übertragen. Bei Neugeborenen ist diesbezüglich jedoch weder ein eigener Wille noch ein mutmaßlicher Wille feststellbar, so dass richtigerweise ein einseitiger Behandlungsabbruch vorliegt, der nur in sehr engen Grenzen zulässig ist, wenn die Behandlungsmöglichkeiten an ihre Grenzen stoßen oder wenn medizinisch feststeht, dass das Neugeborene niemals das Bewusstsein erlangen wird, aber große

---

1147 *Riemer*, BRJ 2016, 96 (102).
1148 *Fischer*, § 217 Rn. 12.
1149 Ebenso BeckOK-StGB/*Oglakcioglu*, § 217 Rn. 39 ff.
1150 BT-Drs. 18/5373, S. 19.
1151 Vgl. SSW-StGB/*Momsen*, § 217 Rn. 17; BeckOK-StGB/*Oglakcioglu*, § 217 Rn. 40.
1152 Ebenso BeckOK-StGB/*Oglakcioglu*, § 217 Rn. 41; *Riemer*, BRJ 2016, 96 (103).
1153 Vgl. nur *Glöckner*, Ärztliche Handlungen bei extrem unreifen Frühgeborenen – Rechtliche und ethische Aspekte (2007); *Merkel*, Früheuthanasie – Rechtliche und strafrechtliche Grundlagen ärztlicher Entscheidungen über Leben und Tod in der Neonatalmedizin (2001); *Ulsenheimer*, Arztstrafrecht, Rn. 724 ff.
1154 *Ulsenheimer*, Arztstrafrecht, Rn. 725 f.

Schmerzen leidet.[1155] Vor diesem Hintergrund sind als Anhaltspunkte für die Praxis die „Grundsätze der Bundesärztekammer zur ärztlichen Sterbebegleitung"[1156] zu betrachten, wonach lebenserhaltende Maßnahmen gegenüber Neugeborenen unterlassen oder abgebrochen werden können, wenn der Neugeborene an schwersten Beeinträchtigungen durch Fehlbildungen oder Stoffwechselstörungen leidet, wenn keine Aussicht auf Heilung oder Besserung besteht, wenn das unausweichliche Sterben des Neugeborenen abzusehen ist oder wenn der Neugeborene schwere zerebrale Schädigungen erlitten hat.

§ 7 Strafbare Organ- und Gewebetransplantation

Die Entnahme von Organen oder Gewebe aus dem Körper einer lebenden Person stellt als medizinisch nicht indizierter Eingriff an sich eine strafbare Körperverletzung iSd §§ 223 ff. StGB dar, die Organ- oder Gewebeentnahme von einem Toten dagegen weder eine Strafbarkeit nach den §§ 223 ff. StGB (kein taugliches Tatobjekt) noch (grundsätzlich) nach § 242 StGB (keine Verkehrsfähigkeit und damit keine Fremdheit der Leiche und ihrer Teile)[1157] oder nach überwiegender Ansicht[1158] gemäß § 168 StGB (Störung der Totenruhe: Krankenhaus hat die tatsächliche Sachherrschaft an der Leiche und gegen den Willen des Krankenhausträgers wird in der Regel nicht gehandelt). Dieses allgemeinstrafrechtliche Ergebnis wird seit Inkrafttreten des Transplantationsgesetzes (TPG) am 1.12.1997[1159] für die Spende und die Entnahme von menschlichen Organen (legal definiert in § 1a Nr. 1 TPG) und Organteilen sowie den Organhandel und seit der Neufassung des Transplantationsgesetzes im Jahre 2007[1160] auch für die Entnahme von Gewebe (legal definiert in § 1a Nr. 4 TPG) durch die §§ 18, 19 TPG als lex specialis überlagert. Angesichts des im Sommer 2012 zutage getretenen Skandals um die Bevorzugung von Wartelistenpatienten aufgrund manipulierter Akten (hierzu Rn. 192 ff.) hat der Bundestag am 14.6.2013 als Anhang[1161] zu dem am selben Tag verabschiedeten „Gesetz zur Beseitigung sozialer Überforderung bei Beitragsschulden in der gesetzlichen Krankenversicherung"[1162] mit §§ 10 III 2, 19 IIa TPG einen entsprechenden Straftatbestand geschaffen.

1155 Vgl. Sch/Schr/*Eser/Sternberg-Lieben*, Vor §§ 211 ff. Rn. 32a; *Hilgendorf*, Medizinstrafrecht, 4. Kap. Rn. 55; MüKo-StGB/*Schneider*, Vor §§ 211 ff. Rn. 181.
1156 DÄBl. 2011, A-347 ff.
1157 Vgl. RGSt. 64, 313 (314 f.); Palandt/*Ellenberger*, Vor § 90 Rn. 11; einzig künstliche Körperimplantate, die mit ihrem Einsatz in den menschlichen Körper ihre Sachqualität verlieren, erlangen diese mit dem Tod des Menschen wieder (vgl. nur OLG Bamberg, GewArch 2008, 175 [Goldzahn einer Leiche]; aA MüKo-StGB/*Schmitz*, § 242 Rn. 29: Sacheigenschaft bleibt erhalten).
1158 Vgl. OLG München, NJW 1976, 1805 f.; OLG Zweibrücken, JR 1992, 212 f.; *Bockelmann*, Strafrecht des Arztes (1968), S. 107; *Geilen*, JZ 1975, 380 (381 f.); *Lackner/Kühl/Heger*, § 168 Rn. 3; *Roxin*, JuS 1976, 505 (506); aA KG, NJW 1990, 782 ff.
1159 BGBl. I, S. 2631.
1160 BGBl. I, S. 2206.
1161 BT-Drs. 17/13947, S. 21; BT-Plenarprotokoll 17/31711.
1162 BGBl. 2013 I, S. 2423.

I. Bevorzugung von Transplantations-Wartelistenpatienten

191a Fall 53 (nach LG Göttingen, Urt. v. 6.5.2015 – 6 Ks 4/13, juris[1163]): Der verantwortliche Arzt des Transplantationszentrums A fälschte Laborwerte, täuschte durch das Verändern oder Erfinden von Dialyseprotokollen Nierenschädigungen vor oder verschwieg eine noch nicht abgelaufene Alkoholkarenz von sechs Monaten und fälschte damit die an die privatrechtliche Stiftung Eurotransplant, die mittels computergestütztem Algorithmus die Zuteilungsentscheidung im Standard-Verteilverfahren traf, übermittelten Krankendaten seiner auf eine Leberspende wartenden Patienten derart, dass sie auf der Warteliste für ein Spenderorgan weiter oben eingestuft wurden. Einige seiner Patienten erhielten daher eine Spenderleber. Hierdurch wurden andere transplantationsbedürftige Patienten von ihrem bisherigen Rang verdrängt. Ein unmittelbar verdrängter Patient P, der nicht rechtzeitig ein Spenderorgan erhalten hatte, verstarb. Strafbarkeit des A?

Mit dem Organspende-Skandal am Transplantationszentrum der Universitätsmedizin Göttingen, dem wohl größten Organspende-Skandal der Bundesrepublik Deutschland, welcher lediglich in seinem engen rechtlichen Kern in **Fall 53** zusammengefasst ist, betrat die Staatsanwaltschaft Braunschweig „juristisches Neuland", indem sie dem leitenden Transplantationsarzt sogar ein Tötungsdelikt vorwarf: Die durch die falschen Daten erfolgte Bevorzugung eigener Patienten bei der Organzuteilung verzögerte zwangsläufig die Behandlung anderer lebensbedrohlich erkrankter und auf eine Leberspende wartender Patienten womöglich bis zu deren Tod. Das „Neue" war hierbei die Struktur des vorgeworfenen Tötungsunrechts, bedingt durch den Ablauf des gemäß § 12 III TPG iVm Richtlinien der Bundesärztekammer[1164] nach festen Regeln ablaufenden Verteilverfahrens für Spenderorgane. Beispielsweise bei Lebertransplantationen wie in **Fall 53** lässt es sich wie folgt zusammenfassen: Akut lebensgefährdete Patienten (high urgency) werden auf erster Stufe prioritär berücksichtigt (bei mehreren high urgency-Patienten nach entsprechender Wartezeit), auf der zweiten Stufe kombinierte Organtransplantationen und auf der dritten Stufe nach einem Länderausgleich die breite Masse der Patienten (sog. elektive Patienten), die ein Organ nach einem Punktesystem erhalten, dem sog. MELD-Score (MELD = Model for Endstage Liver Disease), für den die Laborwerte Serum Kreatinin, Serum Bilirubin und Blutgerinnungszeit (INR) berücksichtigt werden, die eine Aussage über den Schweregrad und das Stadium der Erkrankung und damit die Einschätzung der verbliebenen Lebenserwartung zulassen. Ergänzt wird dieses „Standardverfahren" um ein beschleunigtes Verfahren, wenn aufgrund medizinischer Erfordernisse eine möglichst orts- und zeitnahe Transplantation geboten ist, z. B. bei Kreislaufinstabilität des Spenders oder wenn drei Zentren aus Spender- oder Organisationsgründen abgelehnt haben; in diesen Fällen erfolgt die Allokation innerhalb der Region der Belegenheit des Organs, wobei die regionalen Transplantationszentren den gegenwärtig am geeignetsten Empfänger in der Reihenfolge

---

1163 Der Urteilsabdruck von LG Göttingen, Urt. v. 6.5.2015 – 6 Ks 4/13 umfasst in anonymisierter Fassung 598 Seiten; in medstra 2016, 249 ff. findet sich eine Grob-Zusammenfassung der Urteilsgründe.
1164 Abrufbar unter http://www.bundesaerztekammer.de/richtlinien/richtlinien/transplantationsmedizin/ (letzter Aufruf: 22.5.2017).

§ 7 Strafbare Organ- und Gewebetransplantation **191b**

der Auflistung auswählen sollen, so dass die regionalen Transplantationszentren hier einen gewissen Entscheidungsspielraum haben. Eine vollendete Tötung durch aktives Tun (durch den Eingriff in das Organverteilungssystem[1165]) scheitert an der Kausalität und damit am Nachweis, dass P das Organ ohne die Manipulationshandlung des A erhalten hätte und dass der Tod des P durch die Transplantation dieses Spenderorgans mit an Sicherheit grenzender Wahrscheinlichkeit verhindert worden wäre. Zum einen lässt sich angesichts des schlechten Gesundheitszustandes der Empfänger von Spenderorgangen sowie der nie auszuschließenden Operationsrisiken einschließlich der Möglichkeit eines Abstoßens der transplantierten Leber nicht nachweisen, dass mit hinreichender Wahrscheinlichkeit P überlebt hätte.[1166] Zum anderen lässt sich bereits nicht sagen, wie die Organzuteilung ohne Manipulation erfolgt wäre, spielen hierbei doch eine Vielzahl an Faktoren (high urgency-Patient? Standardverfahren oder beschleunigtes Verfahren?) eine Rolle.

So besteht auch weder aus dem Transplantationsgesetz noch aus der Schutzpflicht des Staates nach Art. 2 II 1 GG ein Rechtsanspruch eines Kranken auf Zuteilung eines bestimmten Organs, sondern lediglich ein derivates Teilhaberecht am Organverteilungssystem, d. h. mit allen anderen gleichberechtigt berücksichtigt und nur nach Maßgabe sachlich begründeter Differenzierung übergangen zu werden.[1167] Aus Sicht der Wartelistenpatienten erhöhte A daher allenfalls das individuelle krankheitsbedingte Sterberisiko und griff in die jedem Wartelistenpatienten rechtlich garantierte Chance, rechtzeitig ein Spendeorgan zu erhalten, ein. Ob diese gewollte eigenmächtige Umverteilung von (Über-)Lebenschancen als versuchtes Tötungsunrecht anzusehen ist, hängt davon ab, ob A ein zumindest bedingter Vorsatz hinsichtlich des Todes des P nachgewiesen werden kann. Das OLG Braunschweig hatte am 20.3.2013 noch die Anordnung der Untersuchungshaft damit begründet, dass A es billigend in Kauf genommen habe, „dass auf der Warteliste durch seine Manipulationen überholte Kranke vor einer rettenden Transplantation versterben"[1168]. Hierfür könnte sprechen, dass A aufgrund der schlechten Gesundheitssituation seiner eigenen Patienten, des Organmangels sowie der Kenntnis von Patienten, die noch kränker waren, nicht davon ausgehen konnte, dass andere Patienten noch rechtzeitig ein Organ erhalten; schließlich klingt es widersprüchlich, bei den eigenen Patienten eine „Rangverbesserung" auf der Warteliste zur Lebenserhaltung für notwendig zu erachten, bei fremden Patienten aber darauf zu vertrauen, dass diese rechtzeitig ein anderes Organ erhalten.

191b

[1165] Hierdurch wurde einem Wartelistenpatienten aktiv eine Gesundheitschance genommen (ebenso *Kudlich*, NJW 2013, 917 [918]), vergleichbar einem Badegast, der bei einem ertrinkenden Menschen dem Rettungsschwimmer ein Bein stellt.
[1166] Vgl. *Kudlich*, NJW 2013, 917 (919); *Schroth*, NStZ 2013, 437 (442). Das LG Göttingen hat zu den dort angeklagten Fällen festgestellt, was aus den jeweiligen Wartelistenpatienten wurde, denen die Patienten von A vorgezogen wurden (nachzulesen bei *Ramelsberger*, http://sz.de/1.1753655 [letzter Aufruf: 22.5.2017]): Der Patient auf Rangnummer 3 bekam ein Organ und lebt. Nummer 4 bekam ein Organ und starb nach der Operation. Nummer 5 bekam ein Organ und lebt, Nummer 6 bekam ein Organ und ist gestorben. Nummer 7 bekam ein Organ, er hatte sogar sieben Angebote. Nummer 8 wurde von der Liste genommen, weil sich sein Zustand besserte. Nummer 9 bekam ein Organ und starb, Nummer 10 lebt.
[1167] Vgl. nur *Schroth*, NStZ 2013, 437 (441 f.).
[1168] OLG Braunschweig, NStZ 2013, 593.

191b

In Übereinstimmung mit Teilen des Schrifttums[1169] erachtete das Landgericht Göttingen mehrere Regelungen der bis dahin geltenden Richtlinie der Bundesärztekammer gemäß § 16 I 1 Nr. 1 und 5 TPG für die Wartelistenführung und Organvermittlung zur Lebertransplantation für „evident verfassungswidrig". So verstoße etwa die in der Richtlinie geregelte Voraussetzung, dass Patienten mit alkoholinduzierter Leberzirrhose mindestens sechs Monate eine völlige Alkoholabstinenz eingehalten haben müssten, gegen Art. 2 II GG – jeder Mensch habe ein Recht auf Leben und körperliche Unversehrtheit; zwar könnte im Einzelfall aus medizinischen Gründen eine Lebertransplantation kontraindiziert sein, dies rechtfertige aber keinen pauschalen Ausschluss eines Patienten bereits, wenn er eine sechsmonatige Alkoholabstinenz nicht nachweisen könne. Ein Verstoß gegen diese Regelung, indem A Patienten ohne Einhaltung der sechsmonatigen Wartezeit auf die Warteliste setzte, könne daher kein strafrechtliches Unrecht begründen. Zudem fehle A jedenfalls das voluntative Element des bedingten Vorsatzes: Ein solches stünde nicht nur dem ärztlichen Heilauftrag diametral entgegen[1170], sondern Arzt A habe auch mitbekommen, dass bei der Verschlechterung des Gesundheitszustandes eines Wartelistenpatienten dieser aufgrund der Dringlichkeit der Transplantation sofort ein Organ zugeteilt bekam. Auf diesen Mechanismus habe A vertraut; jedenfalls könne ihm dies nicht widerlegt werden.

Der Bundesgerichtshof[1171] hat den Freispruch jüngst bestätigt (Urteil vom 28.6.2017 – 5 StR 20/16). Nicht nur verstießen die verletzten Richtlinienbestimmungen gegen Art. 103 II GG, da das Transplantationsgesetz als Blankett-Ermächtigungsnorm (§ 16 II Nr. 2 TPG) keine hinreichend bestimmten Vorgaben für die Ausgestaltung der Regeln enthalte. Jedenfalls fehle sowohl das intellektuelle (fehle A doch angesichts seiner Erfahrungen das Wissen um die Kausalität einer durch die Datenmanipulation bewirkten Tötung) als auch das voluntative Element des Tötungsvorsatzes (A habe angesichts eines Wissens vom „Überangebot" von Lebern bei hohem MELD-Score darauf vertrauen dürfen, dass „überholte" Patienten nicht versterben werden).

Die Folgen des Skandals waren weitreichend: Nachdem der Skandal Mitte 2012 erstmals Schlagzeilen machte, sank die Bereitschaft zur Organspende in der Bevölkerung um 12 % gegenüber dem Vorjahr. Die Transplantationsrichtlinien wurden nachjustiert[1172] und der Gesetzgeber stellte mit § 19 IIa TPG bereits denjenigen unter Strafe, der den Gesundheitszustand des Patienten entgegen § 10 III 2 TPG (fehlerhaft) erhebt, dokumentiert oder übermittelt. Trotz aller Bemühungen liegt die Zahl der gespendeten Organe weiterhin unter dem Niveau von 2012. Auf diese mittelbare Weise gefährdete, wenn nicht gar tötete der im Göttinger Transplantationsskandal angeklagte Arzt zahlreiche Wartelistenpatienten. Strafrechtlich erfassbar ist dies (leider) nicht.

1169 Vgl. nur Schroth/König/Gutmann/Oduncu/*Gutmann*, TPG, § 16 Rn. 6 (B II); aA *Böse*, ZJS 2014, 121: Solange, bis der Gesetzgeber eine Regelung treffe, müsse die Richtlinie der Bundesärztekammer trotzdem weiter maßgeblich sein, da die hierin enthaltenen Verhaltensregelungen zumindest allgemein bekannt waren.
1170 So bereits *Böse*, ZJS 2014, 121.
1171 BGH, BeckRS 2017, 121843.
1172 Die überarbeitete Fassung vom 9.12.2013 ist abrufbar unter http://www.bundesaerztekammer.de/fileadmin/user_upload/downloads/Leber_09122013.pdf (letzter Aufruf: 22.5.2017), die aktuelle Fassung ist abrufbar unter http://www.bundesaerztekammer.de/fileadmin/user_upload/downloads/pdf-Ordner/RL/RiliOrgaWlOvLeberTx2016042122.pdf (letzter Aufruf: 22.5.2017).

II. Organg- und Gewebehandel

Fall 54: Ehemann A litt unter einem schweren Nierenleiden, so dass seine Ärzte zu einer Nierentransplantation drängten. Seine Ehefrau B ließ sich daraufhin testen, wurde jedoch medizinisch als nicht geeignete Spenderin abgelehnt. Angesichts nicht vorhandener Spenderniere suchten A und B per Inseraten in diversen Zeitungen und medizinischen Zeitschriften nach einem gleichgesinnten Paar und fanden es schließlich in Herrn C, der auch dringend eine Niere benötigte, und seiner Ehefrau D. Ausführlicher Briefwechsel, mehrere Telefonate, Treffen und Untersuchungen ergaben nicht nur, dass Frau B als Spenderin für Herrn C und Frau D als Spenderin für Herrn A in Betracht kamen, sondern beide Ehepaare beschlossen, ihr Schicksal durch eine derartige Doppeltransplantation zu begegnen. Zuvor legten sie in einer schriftlichen Verzichtserklärung fest, dass im Falle des Fehlschlagens einer der beiden Transplantationen keinem Ehepaar zivilrechtliche Schadensersatzansprüche gegen das andere Ehepaar zustünden. Die nach § 8 III 2 TPG eingeholte Stellungnahme der Ethikkommission kam zu dem Ergebnis, dass keine begründeten tatsächlichen Anhaltspunkte vorlägen, die gegen die Freiwilligkeit der Einwilligung beider spendenden Ehefrauen bestünden. Daraufhin nahm Arzt Dr. E beide Transplantationen erfolgreich vor. Beide Ehepaare begleiteten nicht nur die Reha-Maßnahmen gemeinsam, sondern treffen sich weiterhin regelmäßig zu gemeinsamen Veranstaltungen, in der Gewissheit, dass nur ihr Zusammenfinden ihren Ehemännern ein längeres Leben beschert habe. Strafbarkeit des Dr. E?

Nach § 18 I TPG als „zentraler Vorschrift des Transplantationsgesetzes"[1173] wird nicht nur das eigene Handeltreiben mit einem Organ oder Gewebe bestraft (bei Gewerbsmäßigkeit nach § 18 II TPG sogar qualifiziert)[1174], sondern bereits derjenige, der Organe oder Gewebe, die Gegenstand verbotenen Handeltreibens sind, entnimmt (selbst bei einer Einwilligung des Spenders!) oder einem anderen überträgt oder sich übertragen lässt. Neben dem Händler werden also Explanteur, Implanteur, Empfänger und sogar der Spender (bei dem das Gericht nach § 18 IV TPG einzig von Strafe absehen oder die Strafe zumindest mildern kann) unter Strafe gestellt. Mit diesem umfassend strafbewehrten Verbot wollte der Gesetzgeber „den gewinnorientierten Umgang mit menschlichen Organen verbieten und Anreize für einen Lebendspender beseitigen, seine Gesundheit um wirtschaftlicher Vorteile [Willen] zu beeinträchtigen"[1175] sowie andererseits verhindern, dass die gesundheitliche Notlage von potentiellen Empfängern der gehandelten Organe bzw. Gewebe ausgebeutet werden kann.[1176] Die Norm stellt also gewissermaßen als abstraktes Gefährdungsdelikt einen Spezialtatbestand zum Wucher (§ 291 StGB) dar[1177]. Vor diesem Schutzzweck ist der Begriff des Handeltreibens als grundsätz-

---

[1173] *Schroth*, JZ 1997, 1149; *Ulsenheimer*, in: Laufs/Kern, Handbuch, § 142 Rn. 39.
[1174] Ausweislich § 5 Nr. 17 StGB werden auch die Fälle des „Transplantationstourismus" (*Ulsenheimer*, in: Laufs/Kern, Handbuch, § 142 Rn. 41) erfasst, d. h. dass ein Deutscher im Ausland ein nach § 18 TPG strafbewehrtes Handeltreiben begeht.
[1175] BSGE 92, 19 (26).
[1176] BT-Drs. 13/4355, S. 29; *Hoyer*, in: Igl/Welti, Gesundheitsrecht, Rn. 1397; *Schroth*, in: Schroth/König/Gutmann/Oduncu, TPG, § 19 Rn. 175; *Ulsenheimer*, in: Laufs/Kern, Handbuch, § 142 Rn. 39; die Menschenwürde des Spenders als Schutzzweck (BT-Drs. 13/4355, S. 29) würde dagegen die in § 17 TPG enthaltenen Ausnahmen nicht erklären.
[1177] *Hoyer*, in: Igl/Welti, Gesundheitsrecht, Rn. 1397.

lich „jede eigennützige, auf Güterumsatz gerichtete Tätigkeit [...], selbst wenn es sich nur um eine einmalige oder vermittelnde Tätigkeit handelt, die zudem grundsätzlich auch tausch- oder sogar Schenkungsgeschäfte beinhalten kann"[1178], dahingehend einschränkend auszulegen, dass nur ein Verhalten strafbar ist, „das die Gefahr der Ausbeutung – im weitesten Sinne – in sich trägt"[1179]. Eine Strafbarkeit entfällt damit, wenn weder der Spender eine gesundheitliche Notlage des Empfängers noch der Empfänger eine finanzielle Notlage des Spenders auszunutzen sucht. Dies ist beispielsweise der Fall, wenn der Spender finanziell lediglich den durch die Operation entstandenen Verdienstausfall des Spenders begleicht oder er auf seine Kosten das Risiko einer durch die Operation verursachten Berufsunfähigkeit durch eine Versicherung zugunsten des Spenders absichert.[1180] Auch in den Fällen einer sog. „Kreuzspende" („**Cross-Over-Spende**"), bei der – wie in **Fall 54** – ein Ehepartner für den anderen Ehepartner wegen Blutgruppenunverträglichkeit nicht selbst Spender sein kann und daher als Spender für eine an sich fremde Person nur deshalb fungiert, weil deren Partner wiederum als Spender für den Partner des ersten Spenders fungiert, fehlt grundsätzlich die Ausbeutungsgefahr und damit ein Organhandel iSd § 18 I iVm § 17 I TPG[1181] (zur Strafbarkeit nach § 19 I Nr. 2 TPG unten Rn. 196).

Bereits gesetzlich vom Verbot des Handeltreibens (und damit deren Strafbewehrung in § 18 I TPG) ausgenommen werden Handlungen, die nicht „der Heilbehandlung eines anderen zu dienen bestimmt sind" (§ 17 S. 1 TPG: z. B. Gewebeentnahmen für kosmetische Operationen) oder die in der Erwartung lediglich eines „angemessenen Entgelts" erfolgen (§ 17 S. 2 Nr. 1 TPG), sowie das Handeltreiben mit aus Organen oder Geweben bestehenden oder sie enthaltenen Arzneimitteln (§ 17 S. 2 Nr. 2 TPG).

III. Organ- und Gewebeentnahme vom Toten

193 Für eine Organ- oder Gewebeentnahme von einem Toten hat der Gesetzgeber sich im Gegensatz zu den Transplantationsgesetzen anderer Staaten für eine sog. „erweiterte Zustimmungslösung" entschieden[1182], an der die am 1. November 2012 in Kraft getretene sog. „Entscheidungslösung"[1183] nichts geändert hat: Notwendig ist, dass der Gehirntod des Organ- oder Gewebespenders nach dem

---

1178 BSGE 92, 19 (25); vgl. auch *Hoyer*, in: Igl/Welti, Gesundheitsrecht, Rn. 1391; *König*, in: Roxin/Schroth, Handbuch, S. 501 (513).
1179 BSGE 92, 19 (26).
1180 Vgl. BT-Drs. 13/4355, S. 30; *Hoyer*, in: Igl/Welti, Gesundheitsrecht, Rn. 1398; *König*, in: Roxin/Schroth, Handbuch, S. 501 (518 f.).
1181 So grundsätzlich BSGE 92, 19 (26 ff.).
1182 Nach einer „engen Zustimmungslösung" (z. B. wie in Japan) wäre eine Organ- oder Gewebeentnahme nur dann zulässig, wenn der Verstorbene selbst zu Lebzeiten zugestimmt hat, nach einer „Widerspruchslösung" (z. B. in Österreich: *Bruckmüller/Schumann*, in: Roxin/Schroth, Handbuch, S. 813 [847 ff.]) schon immer dann, wenn er zu Lebzeiten nicht ausdrücklich widersprochen hat: vgl. nur *Hoyer*, in: Igl/Welti, Gesundheitsrecht, Rn. 1406 ff.; *Schroth*, in: Roxin/Schroth, Handbuch, S. 444 (454).
1183 In Umsetzung der Richtlinie 2010/457 EU, Amtsblatt EU Nr. L 207/14 ff. hat der Bundestag mit dem Gesetz zur Regelung der Entscheidungslösung im Transplantationsgesetz (BT-Drs. 17/9030) zur Stärkung der Transplantationsbereitschaft § 2 Ia TPG eingeführt, wonach jeder Krankenversicherte, der das 16. Lebensjahr vollendet hat, alle zwei Jahre Informationen zur Organspende sowie einen Spenderausweis erhält und aufgefordert wird, eine Erklärung zur Organspende zu dokumentieren.

Stand der Erkenntnisse der medizinischen Wissenschaft festgestellt worden ist (§ 3 I 1 Nr. 2 iVm II Nr. 2 TPG) und der Spender eingewilligt hat: Zunächst kann bereits der tote Spender noch zu Lebzeiten (ab dem 16. Lebensjahr: § 2 II 3 TPG) in die Organ- oder Gewebeentnahme ausdrücklich schriftlich (§ 4 I 1 TPG: z. B. in einem Organ- und Gewebespendeausweis) eingewilligt haben. Fehlt es hieran, so hat der Arzt durch Befragung der näheren Angehörigen zu klären, ob diesen eine Erklärung des Toten für oder gegen eine Organ- oder Gewebespende bekannt ist (§ 4 I 1 TPG). Ist diesen auch eine Erklärung des Toten selbst nicht bekannt, muss der Arzt den zuerst erreichbaren (§ 4 II 4 TPG) nächsten Angehörigen (§ 1a Nr. 5 TPG) (oder eine andere volljährige Person, die dem Organ- oder Gewebespender bis zu seinem Tode in besonderer persönlicher Verbundenheit offenkundig nahegestanden hat: § 4 II 5 TPG), sofern dieser in den letzten zwei Jahren vor dem Tod des möglichen Organ- oder Gewebespenders zu diesem persönlichen Kontakt hatte (§ 4 II 1 TPG[1184]), über eine in Frage kommende Organ- oder Gewebeentnahme unterrichten und um Zustimmung bitten. Stimmt dieser zu (§ 4 I 2 TPG) und hat der Spender der Organ- oder Gewebeentnahme nicht zu Lebzeiten ausdrücklich widersprochen (§ 3 II Nr. 1 TPG: z. B. in einem Organ- und Gewebespendeausweis), ist eine Entnahme erlaubt. Umfassende Recherchepflichten hinsichtlich des Widerspruchs treffen den Arzt hierbei nicht. Der Angehörige hat hierbei nach dem nicht strafbewehrten § 4 I 4 TPG den mutmaßlichen Willen des möglichen Spenders zu beachten, so dass dogmatisch umstritten ist, ob den Angehörigen überhaupt ein eigenes Entscheidungsrecht der Zustimmung zukommt, das über die Hüterfunktion des postmortalen Persönlichkeitsrechts hinauswirkt[1185], oder doch nur eine bloße Sachwalterschaft, weil eine eigene Entscheidungsbefugnis angesichts des postmortalen Persönlichkeitsrechts verfassungsrechtlich bedenklich wäre[1186]. Der Arzt hat Ablauf, Inhalt und Ergebnis der Angehörigenbeteiligung aufzuzeichnen (§ 4 IV 1 TPG). Vorzunehmen ist der Eingriff von einem Arzt (§ 3 I 1 Nr. 3 TPG: Arztvorbehalt) oder einer anderen dafür qualifizierten Person unter der Verantwortung und nach fachlicher Weisung des Arztes (§ 3 I 2 TPG). Verstöße gegen die §§ 3 I, II, 4 I 2 TPG werden nach § 19 II TPG bestraft, nach § 19 IV TPG auch in Fällen der Fahrlässigkeit. War zum Zeitpunkt der Organentnahme der Hirntod des Spenders dagegen tatsächlich noch gar nicht eingetreten, so wird eine Strafbarkeit nach dem abstrakten Gefährdungsdelikt des § 19 II iVm 3 I 1 Nr. 2, II Nr. 2 TPG durch die Verletzungsdelikte der §§ 211 ff. StGB oder § 222 StGB (im Wege materieller Subsidiarität) verdrängt.[1187]

Eine Rechtfertigung des § 19 II TPG nach § 34 StGB (wenn der Arzt eine Organentnahme bei einem Verstorbenen durchführt, um mit der geplanten Übertragung das unmittelbar bedrohte Leben eines anderen Patienten zu retten[1188]) scheidet jedenfalls dann aus, wenn der Tote zu Lebzeiten der Organ- oder Gewebeentnahme ausdrücklich widersprochen hat, da § 3 II Nr. 1 TPG nicht unter

---

[1184] Diese Norm soll sicherstellen, dass die entscheidungsbefugte Person den mutmaßlichen Willen des potentiellen Spenders kennt: BT-Drs. 13/8027, S. 10.
[1185] So *Schroth*, in: Roxin/Schroth, Handbuch, S. 444 (452 f.); *Walter*, FamRZ 1998, 201 (207).
[1186] So etwa *Kern*, NJW 1994, 753 (758); *Schroth*, JZ 1997, 1149 (1152); *Ulsenheimer*, in: Laufs/Kern, Handbuch, § 142 Rn. 25.
[1187] *Hoyer*, in: Igl/Welti, Gesundheitsrecht, Rn. 1412.
[1188] Beispiel nach MüKo-StGB/*Tag*, § 19 TPG Rn. 14.

Rückgriff auf § 34 StGB umgangen werden darf.[1189] Fehlt es dagegen an einem Widerspruch, ist es eine Frage des Einzelfalles, ob das Überlebensinteresse des potentiellen Empfängers oder die postmortale Rechtsstellung des Verstorbenen überwiegt.[1190] Hat der Arzt deutliche Hinweise für eine „mutmaßliche Einwilligung"[1191] (z. B. ein Freund des Verstorbenen teilt dem Arzt mit, dass der Verstorbene seine Organe spenden wollte, es zur konkreten Spendeerklärung aufgrund des tragischen Unfalls aber nicht mehr kam[1192]), so wird teilweise bereits die Tatbestandsmäßigkeit verneint[1193], jedenfalls „als verlängerter Arm der Einwilligung"[1194] die Rechtswidrigkeit[1195].

IV. Organ- und Gewebeentnahme vom Lebenden

195 Die Entnahme von Organen oder Gewebe von lebenden Personen, die nicht dem Handel iSd § 17 TPG I dient, bedarf einer wirksamen (widerruflichen: § 8 II 6 TPG) Einwilligung einer volljährigen und einwilligungsfähigen, ausführlich in verständlicher Form (und Anwesenheit eines zweiten Arztes!) aufgeklärten (§ 8 II TPG) und nach ärztlicher Beurteilung als Spender geeigneten Person, die über das Operationsrisiko hinaus nicht gefährdet oder über die unmittelbaren Folgen der Entnahme hinaus nicht gesundheitlich schwer beeinträchtigt wird (§ 8 I 1 Nr. 1 TPG: der Spender darf nicht zum Krüppel gemacht werden[1196]). Ein geeignetes Organ einer postmortalen Organ- oder Gewebespende darf nicht vorliegen (§ 8 I 1 Nr. 3 TPG: Subsidiarität der Lebensspende[1197]). Die Spende nicht regenerierungsfähiger Organe (insbesondere einer Niere oder des Teils einer Leber) ist ausdrücklich beschränkt „auf Verwandte ersten oder zweiten Grades [§ 1589 S. 3 BGB], Ehegatten [§§ 1303 ff. BGB], eingetragene Lebenspartner, Verlobte [§ 1297 BGB] oder andere Personen, die dem Spender in besonderer persönlicher Verbundenheit offenkundig [d. h. ohne besondere Anstrengungen belegbar[1198]] nahestehen" (§ 8 I 2 TPG); ein bloß ständiger Kontakt (z. B. Briefträger, Hausarzt, Priester) genügt nicht[1199]. Hinter dieser Einschränkung, die anonyme altruistische Lebendspende bewusst ausschließt[1200], steht die gesetzgeberische Befürchtung eines verdeckten Organhandels, bei dem der Spender trotz behaupteter altruistischen Motivs tatsächlich aus eigennützigen, insbesondere wirtschaftlichen Motivs heraus handelt.[1201] Da es sich beim Organhandel selbst um

---

1189 *Fischer*, § 168 Rn. 15; MüKo-StGB/*Tag*, § 19 TPG Rn. 14; *Ulsenheimer*, in: Laufs/Kern, Handbuch, § 142 Rn. 3, 24.
1190 Ebenso MüKo-StGB/*Tag*, § 34 Rn. 15.
1191 Eine „mutmaßliche Einwilligung" im dogmatischen Sinne liegt jedoch nicht vor, da auch eine derartige die grundsätzliche Einwilligungsfähigkeit des Einwilligenden verlangt, die bei einem Toten fehlt: MüKo-StGB/*Tag*, § 19 TPG Rn. 12.
1192 Beispiel nach MüKo-StGB/*Tag*, § 19 TPG Rn. 13.
1193 *Schroth*, JZ 1997, 1149 (1152).
1194 MüKo-StGB/*Tag*, § 19 TPG Rn. 13; *Schroth*, JZ 1997, 1149 (1152).
1195 MüKo-StGB/*Tag*, § 19 TPG Rn. 13; *Ulsenheimer*, in: Laufs/Kern, Handbuch, § 142 Rn. 25.
1196 *Ulsenheimer*, in: Laufs/Kern, Handbuch, § 142 Rn. 34.
1197 In der Regel soll der Empfänger deshalb rechtzeitig auf die Warteliste des Transplantationszentrums aufgenommen und bei der Vermittlungsstelle als transplantabel gemeldet werden: „Empfehlungen zur Lebensorganspende" der Bundesärztekammer, DÄBl. 2000, A-3287 f.; *Laufs/Katzenmeier/Lipp*, Arztrecht, VI Rn. 36.
1198 *Schroth*, in: Schroth/König/Gutmann/Oduncu, TPG, § 19 Rn. 182.
1199 Spickhoff/*Middel/Scholz*, Medizinrecht, § 8 TPG Rn. 8.
1200 *Laufs/Katzenmeier/Lipp*, Arztrecht, VI Rn. 37; *Seidenath*, MedR 1998, 253 (254).
1201 Vgl. BT-Drs. 13/4355, S. 20.

ein abstraktes Gefährdungsdelikt handelt, schützt die nach § 19 I Nr. 2 TPG strafbewehrte Nahestehensvoraussetzung vor der abstrakten Gefahr einer abstrakten Gefahr.[1202] Das Bundesverfassungsgericht hat die Norm dennoch (in einer Kammerentscheidung[1203]) für verfassungsgemäß erklärt: Die Norm sei hinreichend bestimmt, da sich aus ihr ergebe, dass zwischen den besonders persönlich verbundenen Personen „ein Assoziätätsgrad in äußerer und innerer Hinsicht bestehen muss, bei dem sich – wie etwa bei Verwandten – typischerweise die Vermutung aufstellen lässt, dass der Entschluss zur Organspende ohne äußeren Zwang und frei von finanziellen Erwägungen getroffen worden ist". Die hiermit verfolgten Ziele (Sicherstellung der Freiwilligkeit, Vorbeugung gegen Organhandel) rechtfertigten als vernünftige Gründe des Allgemeinwohls den mit der Begrenzung der Spenderauswahl verbundenen Eingriff in Art. 2 II 1 GG.

Besondere Probleme bereitet die Beschränkung vor allem in den Fällen der sog. **196** „**Cross-Over-Spende**" (**Fall 54**), die in den parlamentarischen Beratungen nicht angesprochen wurde, heutzutage aufgrund der Weiterentwicklung von Immunsupressiva aber einen immer größeren Anwendungsbereich erlangt hat[1204]: Denn auch wenn zwischen den jeweiligen Ehepartnern eine enge Verbundenheit besteht und jeder Spender nur aus der Verbundenheit zu seinem jeweils eigenen Partner spendet[1205] (in **Fall 54**: Frau B, damit ihr Ehemann A von D eine Niere hält, und Frau D in Verbundenheit zu Ehemann C, damit dieser von Frau B eine Niere erhält), muss die besondere persönliche Verbundenheit nach dem eindeutigen Gesetzeswortlaut gerade zwischen Spender und Empfänger bestehen.[1206] Zwar könnte man argumentieren, die „besondere persönliche Verbundenheit" zwischen diesen an sich fremden Personen folge bereits aus der „allgemeinen Lebenserfahrung", „dass sich zwei Menschen mit dem gleichen elementaren, täglichen Lebensrhythmus beherrschen Leiden auf Anhieb einander verbunden fühlen" (sog. Schicksalsgemeinschaft).[1207] Reine Zusammengehörigkeitsgefühle machen aus einer Verbundenheit aber noch keine persönliche Verbundenheit.[1208] Daraus aber mit Teilen des Schrifttums zu folgern, dass in jeder Cross-Over-Spende zwingend ein vom Wortlaut des § 8 I 2 TPG nicht erfasster Ringtausch liege[1209], der stets eine Strafbarkeit des Arztes nach § 19 I Nr. 2 TPG nach sich ziehe, ginge zu weit. Vielmehr wird man dem Bundessozialgericht (zur Kostenerstattung einer Nierentransplantation bei Cross-Over-Spende in der Schweiz) darin zustimmen können, dass es „einer Prüfung der Umstände des Einzelfalls" bedarf[1210], ob die persönliche Verbindung zwischen den Ehepaaren über einen persönlichen Kontakt einzig zum Zweck der Durchführung der Organspende

---

1202 *Hoyer*, in: Igl/Welti, Gesundheitsrecht, Rn. 1401; kritisch *Schroth*, in: Schroth/König/Gutmann/Oduncu, TPG, § 19 Rn. 175; *ders.*, JZ 2004, 464 (472).
1203 BVerfG, NJW 1999, 3399 ff.
1204 MüKo-StGB/*Tag*, § 8 TPG Rn. 38.
1205 Diese mittelbare Verbundenheit für eine Zulässigkeit der Cross-Over-Spende für ausreichend erachtend: *Edelmann*, VersR 1999, 1065 (1067); *Koch*, Zentralblatt für Chirurgie 1999, 718 (721).
1206 BSGE 92, 19 (30); *Holznagel*, DVBl. 2001, 1629 (1633 f.); *Schroth*, in: Schroth/König/Gutmann/Oduncu, TPG, § 19 Rn. 190.
1207 *Seidenath*, MedR 1998, 253 (256); ähnlich *Dufková*, MedR 2000, 408 (412); *Rittner/Besold/Wandel*, MedR 2001, 118 (122); *Ulsenheimer*, Arztstrafrecht, Rn. 748a.
1208 *Schroth*, in: Schroth/König/Gutmann/Oduncu, TPG, § 19 Rn. 189.
1209 Vgl. nur Höfling/*Augsberg*, TPG, § 8 Rn. 66 ff.; *Quaas/Zuck/Zuck*, Medizinrecht, § 68 Rn. 144; MüKo-StGB/*Tag*, § 8 TPG Rn. 38 ff.
1210 BSGE 92, 19 (30); ebenso *Laufs/Katzenmeier/Lipp*, Arztrecht, VI Rn. 37.

hinausgehend „so stark ist, dass ihr Fortbestehen über die Operation hinaus [zu erwarten ist]. Notwendig ist eine Beziehung, die aus Sicht der Beteiligten grundsätzlich auf eine unbefristete Dauer angelegt ist"[1211]. Ein gewisser Zeitraum, den sich die Ehepaare schon kennen (z. B. nach *Schroth*[1212], der ein Zusammengehörigkeitsgefühl aus einer Biografie heraus verlangt: „jedenfalls ein halbes Jahr"), ist dagegen nicht erforderlich, verhält sich doch „weder Anlass des Kennenlernens, noch Dauer des Kennens immer proportional zur Intensität einer menschlichen Beziehung"[1213]. In **Fall 54** hat sich über die Operation heraus eine noch immer bestehende persönliche Beziehung zwischen den Ehepaaren entwickelt, so dass eine zulässige Cross-Over-Spende und damit eine Straflosigkeit des Dr. E anzunehmen ist.

Jede Entnahme eines Organs bei einem Lebenden setzt eine Begutachtung von einer sog. Lebendspendekommission voraus (§ 8 III 2–4 TPG), die jedoch nicht notwendigerweise positiv ausfallen muss; die Letztverantwortung bleibt bei dem Arzt[1214], von dem der Eingriff schließlich vorzunehmen ist (§ 8 I 1 Nr. 4 TPG).

V. Implantation fremder Organe

197 Die Implantation eines körperfremden Organs, das nicht dem Handeltreiben dient, stellt bei ärztlicher Indikation einen ärztlichen Heileingriff und damit tatbestandsmäßig eine vorsätzliche Körperverletzung (§§ 223 ff. StGB) dar, der einer wirksamen Einwilligung nach ausführlicher Aufklärung bedarf.[1215]

VI. Verletzung der Schweigepflicht

198 Strafbar ist schließlich eine vorsätzliche Verletzung der Schweigepflicht (wie des Datenschutzes) nach § 19 III TPG, der jedoch dann nicht zur Anwendung gelangt, wenn der Täter tatsächlich (also unter Vorliegen des nach § 205 StGB notwendigen Strafantrags) nach § 203 StGB bestraft werden kann.[1216]

§ 8 Schutz des ungeborenen Lebens

199 Der Schutz des ungeborenen Lebens gilt als „Ewigkeitsthema der Menschheit"[1217] und wird es wegen des ethischen Konflikts zwischen dem moralischen Status und daraus folgend der staatlichen Schutzpflicht bezüglich des ungeborenen menschlichen Lebens auf der einen Seite[1218] und der körperlichen Integrität der Schwangeren und ihrer Menschenwürde auf der anderen Seite auch auf weiteres bleiben: Das

---

1211 BSGE 92, 19 (31); ebenso: BT-Drs. 14/868, S. 20 und 22 (Antwort der Bundesregierung auf eine Anfrage); kritisch *Schroth*, in: Schroth/König/Gutmann/Oduncu, TPG, § 19 Rn. 193: zu unbestimmt, wann eine Beziehung zwischen Ehepaaren auf eine unbefristete Dauer angelegt ist.
1212 *Schroth*, in: Schroth/König/Gutmann/Oduncu, TPG, § 19 Rn. 192.
1213 BSGE 92, 19 (30); ebenso *Koch*, Zentralblatt für Chirurgie 1999, 718 (720); *Laufs/Katzenmeier/Lipp*, Arztrecht, VI Rn. 37.
1214 *Laufs/Katzenmeier/Lipp*, Arztrecht, VI Rn. 38.
1215 Vgl. nur *Ulsenheimer*, in: Laufs/Kern, Handbuch, § 142 Rn. 38.
1216 Vgl. nur *Schroth*, JZ 1998, 506 f.; *Ulsenheimer*, in: Laufs/Kern, Handbuch, § 142 Rn. 43.
1217 NK-StGB/*Merkel*, Vor §§ 218 ff. Rn. 1.
1218 Vgl. nur BVerfGE 39, 1 ff.

§ 8 Schutz des ungeborenen Lebens **199a**

Schicksal des ungeborenen Lebens hängt untrennbar am Schicksal der Schwangeren; sein Schutz greift zugleich in die körperliche Unversehrtheit der Schwangeren ein, die nicht (in jeder Situation) gezwungen werden kann, das Kind auch zur Welt zu bringen[1219]. Diesen komplexen Interessenwiderstreit hat der Gesetzgeber nach jahrzehntelanger Debatte[1220] durch ein System gestufter Schutzphasen gelöst:

I. Überblick über die einzelnen Schutzphasen

Befruchtung der Eizelle	§§ 218 ff. StGB (-) (§ 218 I 2 StGB!)
	Schutz durch das Embryonenschutzgesetz
Nidation	
	Strafbarkeit nach § 218 I 1 StGB, allenfalls:
	Tatbestandslose Abtreibung nach Beratung
	(§ 218 a I StGB)
	Gerechtfertigte Abtreibung bei kriminologischer Indikation
	(§ 218 a III StGB)
	Gerechtfertigte Abtreibung bei medizinischer Indikation
	(§ 218 a II StGB)
12. Schwangerschaftswoche	
	Strafbarkeit nach § 218 I 1 StGB, allenfalls:
	Strafausschluss nach Beratung (§ 218 a IV 1 StGB)
	Gerechtfertigte Abtreibung bei medizinischer Indikation
	(§ 218 a II StGB)
22. Schwangerschaftswoche	
	Strafbarkeit nach § 218 I 1 StGB, allenfalls:
	Gerechtfertigte Abtreibung bei medizinischer Indikation
	(§ 218 a II StGB)
Beginn der Geburt	
	Schutz über die §§ 211 ff. StGB

Erste Phase (Pränidationsphase): Handlungen, die zwischen der Befruchtung der Eizelle (Fertilisierung) und der Implantation (Nidation) des Embryonen in der Uterus-Schleimhaut wirken, sind nach § 218 I 2 StGB nicht als Schwangerschaftsabbruch strafbar. Da die Befruchtung des Eies etwa 14 Tage nach der letzten Menstruation erfolgt und die Nidation etwa wiederum innerhalb von 14 Tagen nach der Empfängnis, ergibt sich so eine Frühphase von vier Wochen, die unabhängig von der Rechtsnatur des Schutzobjekts jedenfalls wegen der fehlenden Nachweisbarkeit grundsätzlich straflos gestellt wurde.[1221] Straflos ist also etwa die sog. „Pille danach", die bereits den Eisprung verzögert oder verhindert und damit bereits eine Nidation verhindert.[1222] Die befruchtete Eizelle erlangt über das Embryonenschutzgesetz einzig extrakorporalen (außerhalb des Körpers der Frau bestehenden) Strafrechtsschutz, d. h. wenn sie extrakorporal erzeugt wurde (künstliche Befruchtung) oder der Frau vor der Nidation entnommen wurde.[1223]

199a

[1219] Vgl. nur MüKo-StGB/*Gropp*, Vor §§ 218 ff. Rn. 11.
[1220] Vgl. zur historischen Entwicklung nur NK-StGB/*Merkel*, Vor §§ 218 ff. Rn. 4 ff.
[1221] Vgl. nur MüKo-StGB/*Gropp*, Vor §§ 218 ff. Rn. 49.
[1222] Vgl. nur *Fischer*, § 218 Rn. 8; BeckOK-StGB/*Eschelbach*, § 218 Rn. 2.
[1223] Vgl. zum Anwendungsbereich des Embryonenschutzgesetzes nur *Hoyer*, in: Igl/Welti, Gesundheitsrecht, Rn. 1298.

Zweite Phase: Mit dem Abschluss der Nidation (ca. ab Beginn der 3. Schwangerschaftswoche = 5. Woche nach der letzten Menstruation) ist der Schwangerschaftsabbruch grundsätzlich nach § 218 I 1 StGB strafbar. Allerdings unterfallen Schwangerschaftsabbrüche, die bis zur 12. Schwangerschaftswoche (= 14. Woche nach der letzten Menstruation) von einem Arzt nach umfassender Schwangerenberatung (§ 219 StGB) vorgenommen werden, nicht dem objektiven Tatbestand (§ 218a I StGB: ausführlich unten Rn. 209 ff.). Nur bis zur 12. Schwangerschaftswoche ist ein Schwangerschaftsabbruch aufgrund kriminologischer Indikation (= Schwangerschaft ist die Folge einer Sexualstraftat nach §§ 176–179 StGB) gerechtfertigt (§ 218a III StGB: ausführlich unten Rn. 220).

Dritte Phase: Bis zur 22. Schwangerschaftswoche (= 24. Woche nach der letzten Menstruation) ist eine Schwangere für einen nach Beratung (§ 219 StGB) vorgenommenen Schwangerschaftsabbruch (trotz Tatbestandsmäßigkeit und Rechtswidrigkeit) nicht strafbar (Strafausschließungsgrund: § 218a IV StGB, ausführlich unten Rn. 221).

Vierte Phase: Nach dem Ende der 22. Schwangerschaftswoche kann die Schwangerschaft nur noch aufgrund medizinischer Indikation straflos beendet werden, d. h. „um eine Gefahr für das Leben oder die Gefahr einer schwerwiegenden Beeinträchtigung des körperlichen oder seelischen Gesundheitszustandes der Schwangeren abzuwenden" (§ 218a II StGB: ausführlich unten Rn. 216 ff.).

Fünfte Phase: Mit dem Beginn der Geburt, d. h. mit dem Beginn der Eröffnungswehen (im Falle des Kaiserschnitts: mit Öffnung des Uterus, oben Rn. 27) endet der Anwendungsbereich des § 218 I 1 StGB und beginnt der Schutz der §§ 211 ff. und 223 ff. StGB, wobei es für die Rechtsqualität des Opfers auf den Zeitpunkt der Verletzungshandlung ankommt. Pränatale Eingriffe mit postnatalen Folgen wie in **Fall 1** (oben Rn. 29) sind daher allenfalls über § 218 I 1 StGB strafbar.

Fall 55 (nach *Satzger*, Jura 2008, 424 [427]): Die Schwangere S ist in der 28. Schwangerschaftswoche. Ihr Kind will sie nicht weiter austragen. Sie wendet sich an die „Engelmacherin" E, die mit primitiven Instrumenten darauf abzielt, die Leibesfrucht im Körper der S abzutöten. Dies misslingt allerdings, vielmehr löst sie eine Frühgeburt aus, bei der ein

a) lebensfähiges Kind
b) lebensunfähiges Kind

zur Welt kommt. E nimmt ein Kissen und erstickt das Neugeborene wenige Augenblicke nach der Geburt. Strafbarkeit der E?

Wird trotz der Verletzungshandlung während der Schwangerschaft ein lebensfähiges Kind geboren, so liegt nur ein fehlgeschlagener Versuch eines Schwangerschaftsabbruchs in Tatmehrheit mit Totschlag vor (§§ 218 I 1, 22; 212 I; 53 I StGB).[1224] Bei einem lebensunfähigen Kind kann entgegen einer früheren Entscheidung des Bundesgerichtshofs[1225] (Tateinheit zwischen vollendetem Schwangerschaftsabbruch und vollendetem Totschlag, weil der Schwangerschaftsabbruch den späteren Tod mitverursacht habe) dogmatisch nichts anderes gelten,

---

1224 BGHSt. 13, 21; *Fischer*, § 218 Rn. 6.
1225 BGHSt. 10, 291 (293 f.); zustimmend *Fischer*, § 218 Rn. 6.

da der konkrete Tod des Neugeborenen kausal auf dem Ersticken und nicht der Abtreibungshandlung beruht.[1226]

II. Extrakorporaler Schutz von Embryonen

1. Schutzweite des Embryonenschutzgesetzes

201 Mit dem am 1.1.1991 in Kraft getretenen Gesetz zum Schutz von Embryonen (Embryonenschutzgesetz – ESchG)[1227] verfolgte der Gesetzgeber eine Vielzahl an Zielsetzungen im Zusammenhang mit der extrakorporalen Erzeugung humanen Lebens: So sollen menschliche Embryonen vor den mit assistierten Reproduktionstechniken verbundenen Risiken (zB. durch einen Mehrfachtransfer) für ihre physische Existenz oder ihre biologische Entwicklung geschützt werden sowie in ihrem menschlichen Selbstbildnis (z. B. gegen Geschlechterwahl: strafbar nach § 3 ESchG; gegen Klonen: strafbar nach § 6 ESchG). Der so erzeugte Mensch soll sozial geschützt werden (z. B. vor einer „gespaltenen Mutterschaft") und die prospektiven Mütter sollen in ihrem Körper sowie ihrer Willensfreiheit (z. B. gegen ungewollten Embryotransfer: strafbar nach § 4 I ESchG) geschützt werden.[1228] Mit der zentralen Strafvorschrift einer missbräuchlichen Verwendung menschlicher Embryonen (§ 2 ESchG) bezweckte der Gesetzgeber hierbei weniger den Schutz des Lebens (Existenz) des Embryos (die Tötung alleine ist nicht tatbestandsmäßig!), sondern vielmehr den Schutz des Rechtsguts Menschenwürde (Art. 1 I GG): Der Embryo darf nicht zum bloßen Objekt fremdnütziger Interessen – seien sie kommerzieller, wissenschaftlicher oder sonstiger Natur – degradiert werden.[1229] So verbietet es § 2 I ESchG, dass ein extrakorporal erzeugter oder einer Frau vor Abschluss seiner Einnistung in der Gebärmutter entnommener menschlicher Embryo veräußert oder zu einem nicht seiner Erhaltung dienenden Zweck abgegeben, erworben oder verwendet wird, wobei der Begriff des „Verwendens" weit verstanden wird als jeder „zweckgerichtete Gebrauch"[1230].

2. Präimplantationsdiagnostik

202 Politisch wie gesellschaftlich äußerst umstritten war vor diesem Hintergrund jahrelang die sog. Präimplantationsdiagnostik (PID), zu deren Neuregelung ein Grundsatzurteil des Bundesgerichtshofs als Wegbereiter fungierte:

1226 Ebenso BGHSt. 13, 21 (24); BGH bei *Altvater*, NStZ 2004, 23 (25); Sch/Schr/*Eser*, § 218 Rn. 24; *Lackner/Kühl/Kühl*, § 218 Rn. 4; *Satzger*, Jura 2008, 424 (427); *Wessels/Hettinger/Satzger*, BT 1, Rn. 240.
1227 BGBl. 1990 I, S. 2746.
1228 Spickhoff/*Müller-Terpitz*, Medizinrecht, Vor § 1 ESchG Rn. 1.
1229 Vgl. BT-Drs. 11/5460, S. 10; BGHSt. 55, 206 (218 f.); Prütting/*Höfling/Engels*, Medizinrecht, § 2 ESchG Rn. 1.
1230 BGHSt. 55, 206 (217). EGMR, MedR 2012, 380 ff. hat das österreichische Verbot der künstlichen Befruchtung mit gespendeten Ei- bzw. Samenzellen – die Eizellspende zur **In-vitro-Fertilisationsbehandlung** ist auch nach deutschem Recht verboten: § 1 I Nr. 1 und 2, II EschG – für zulässig erachtet, da jedem Konventionsstaat hier (trotz klarem europäischen Trend zu einer Zulässigkeit) mangels europäischem Konsens angesichts der hiermit verbundenen sensiblen moralischen und ethischen Fragen ein weiter Beurteilungsspielraum zustehe. Ärzte, die in Deutschland eine vorbereitende Behandlung für eine im Ausland durch andere Ärzte durchgeführte Eizellspende bzw. Behandlung im Wege der Übertragung auf andere Frauen und Befruchtung der gespendeten Eizelle vornehmen, begehen daher eine (wegen § 9 II 2 StGB) strafbare Beihilfehandlung: KG, BeckRS 2014, 15250.

> **Fall 56** (nach BGHSt. 55, 206 ff.): Frauenarzt A führte bei mehreren Patientinnen mit hoher Wahrscheinlichkeit einer genetisch auffälligen Schwangerschaft eine Blastozystenbiopsie durch, bei der dem Blastozysten (Embryo im Stadium einige Tage nach der Befruchtung) pluripotente, d. h. nicht zu einem lebensfähigen Organismus entwicklungsfähige Trophoblastzellen entnommen wurden, die anschließend mittels Fluoreszens in situ Hybridisierung auf Chromosomenaberrationen hin untersucht wurden und jeweils nur die Embryonen mit negativem Befund übertragen wurden; die Embryonen mit positivem Befund wurden jeweils nicht weiter kultiviert und starben so ab. Strafbarkeit des A?

Der Bundesgerichtshof verneinte eine Strafbarkeit nach § 1 I Nr. 2 EschG (hiernach strafbar ist es, eine Eizelle zu einem anderen Zweck künstlich zu befruchten, als eine Schwangerschaft der Frau herbeizuführen, von der die Eizelle stammt), da der Arzt mit einem endgültig gefassten, handlungs- und bewusstseinsdominanten Handlungsentschluss in Richtung auf die Herbeiführung der Schwangerschaft handelte und die genetische Untersuchung ausweislich der Wertentscheidung des § 3 S. 2 EschG der aus dem Risiko einer geschlechtsgebundenen Erbkrankheit des Kindes resultierenden Konfliktlage der Eltern (durch ausnahmsweise zulässige Geschlechterwahl) Rechnung trug.[1231] Hieran ändere die mit dem Gendiagnostikgesetz vom 31. Juli 2009[1232] am 1. Februar 2010 in Kraft getretene Beschränkung auf genetische Untersuchungen nur während der Schwangerschaft (§ 2 I GenDG) nichts, wurde hierbei die Problematik der Präimplantationsdiagnostik doch bewusst ausgeklammert.[1233] Und eine Strafbarkeit nach § 2 I EschG scheitere an einem Verwenden der extrakorporal erzeugten menschlichen Embryonen, wolle die Norm doch lediglich fremdnützige Zweckverwendungen verhindern. Hinsichtlich der absterbenden Embryonen enthalte das Embryonenschutzgesetz keine Pflicht zur unbegrenzten Kryokonservierung. Zugleich bemängelte der Bundesgerichtshof jedoch, dass sich dem Gesetz weder eine „ausdrückliche Ablehnung oder auch Billigung der so erfolgten PID"[1234] ergebe.

Nach ernster Debatte ohne Fraktionszwang hat der Bundestag am 7. Juli 2011 den Gesetzesentwurf Flach/Hintze[1235] angenommen[1236], der entsprechend der Vorgaben des Bundesgerichtshofs eine Präimplantationsdiagnostik nach dem neuen § 3a II, III EschG nur dann erlaubt, wenn auf Grund der genetischen Disposition der Eltern oder eines Elternteiles für deren Nachkommen eine hohe Wahrscheinlichkeit (25–50 %[1237]) für eine schwerwiegende (d. h. sich durch eine geringe Lebenserwartung oder Schwere des Krankheitsbildes und schlechte Be-

---

1231 Vgl. Beschlussempfehlung und Bericht des Rechtsausschusses des Bundestages, BT-Drs. 11/8057, S. 15.
1232 BGBl. I, S. 2529.
1233 Vgl. BT-Drs. 16/10532, S. 20.
1234 BGHSt. 55, 206 (214).
1235 BT-Drs. 17/5451.
1236 Plenarprotokoll 17/120, S. 13910: mit 326 Stimmen; der Göring/Eckardt-Entwurf (BT-Drs. 17/5450: ausnahmsloses Verbot der PID) erhielt 260 Stimmen, der vermittelnde Roespel-Entwurf (BT-Drs. 17/5452) war bereits in der 2. Lesung gescheitert.
1237 BT-Drs. 17/5451, S. 8.

handelbarkeit von anderen Erbkrankheiten wesentlich unterscheidende[1238]) Erbkrankheit oder die hohe Wahrscheinlichkeit einer Tot- oder Fehlgeburt besteht und die genetische Untersuchung nach dem allgemein anerkannten Stand der medizinischen Wissenschaft und Technik unter schriftlicher Einwilligung der Mutter (nach einer medizinischen und psychosozialen Beratung) von fachlich geschulten Ärzten nach einem positiven Votum einer interdisziplinär zusammengesetzten Ethikkommission und in für die Präimplantationsdiagnostik lizensierten Zentren vorgenommen werden.

3. Stammzellgesetz

Verschafft sich ein deutscher Forscher im Ausland unter Verbrauch von Embryonen gewonnene Stammzellen, so greift das Embryonenschutzgesetz mangels zum Tatzeitpunkt lebenden Embryos nicht ein. Hierfür hat der Gesetzgeber mit dem Gesetz zur Sicherstellung des Embryonenschutzes im Zusammenhang mit Einfuhr und Verwendung menschlicher embryonaler Stammzellen (Stammzellgesetz – StZG)[1239] „im Hinblick auf die staatliche Verpflichtung, die Menschenwürde und das Recht auf Leben zu achten und zu schützen und die Freiheit der Forschung zu gewährleisten" (§ 1 StZG) die Einfuhr und Verwendung menschlicher embryonaler Stammzellen grundsätzlich verboten (§ 4 I StZG) und nach § 13 I StZG strafbewehrt, sofern zuvor (präventive behördliche Kontrolle!) die zuständige Behörde (§ 7 I StZG iVm § 1 I ZESV: das Robert-Koch-Institut) keine Genehmigung (§ 6 I StZG) erteilt hat. **203**

III. Schwangerschaftsabbruch (§§ 218 ff. StGB)

Im Mittelpunkt des rechtlichen Konflikts zwischen dem Schutz des ungeborenen Lebens und dem Schutz der Interessen der Schwangeren steht der Arzt: „Er hat nach dem Gesetz das Vorliegen der Voraussetzungen des Eingriffs festzustellen, er muss die Schwangere über die Bedeutung des Eingriffs beraten, er hat ihr Gelegenheit zu geben, ihm die Gründe für ihr Verlangen nach Abbruch der Schwangerschaft darzulegen und er trägt die Verantwortung für die Durchführung des Eingriffs", d.h. „er trägt strafrechtlich die Verantwortung für die Durchführung des Gesetzes"[1240]. **204**

1. § 218 StGB (Schwangerschaftsabbruch)

Der Grundtatbestand des § 218 I 1 StGB bestimmt hierbei die grundsätzliche Strafbarkeit des Schwangerschaftsabbruchs sowohl für die Schwangere selbst (Selbstabbruch, wenn auch mit geringerer Strafe: § 218 III StGB) wie auch für Dritte, sei es durch medizinische Laien, sei es durch einen Arzt (Fremdabbruch). **205**

a) **Vorbemerkungen. – aa) Geschütztes Rechtsgut**: Geschütztes Rechtsgut ist jedenfalls das ungeborene menschliche Leben, das wertmäßig bereits dem geborenen Leben gleich steht und nicht der freien Verfügungsgewalt der Schwangeren (unrichtig: „Mein Bauch gehört mir!") unterliegt.[1241] Noch nicht abschließend geklärt ist, ob daneben auch die Gesundheit der Schwangeren als geschütztes **205a**

[1238] BT-Drs. 17/5451, S. 8.
[1239] BGBl. 2002 I, S. 2277.
[1240] LK/*Kröger*, Vor §§ 218 ff. Rn. 23.
[1241] Vgl. nur *Merkel*, in: Roxin/Schroth, Handbuch, S. 295 (311); SSW-StGB/*Momsen/Momsen-Pflanz*, § 218 Rn. 4; SK-StGB/*Rudolphi/Rogall*, Vor § 218 Rn. 57; *Satzger*, Jura 2008, 424 (425).

Rechtsgut anzusehen ist (so die wohl h. M. mit Hinweis auf den Arztvorbehalt beim Schwangerschaftsabbruch)[1242], oder ob deren Schutz ein bloßer Reflex ist und zum strafrechtlichen Schutz der Schwangeren die §§ 211 ff., 223 ff. StGB ausreichen[1243]. Jedenfalls kein geschütztes Rechtsgut sind reine bevölkerungspolitische Interessen.[1244]

bb) **Aufbauschema:**

Aufbauschema (§ 218 StGB)
I. **Tatbestandsmäßigkeit**
  1. **Objektiver Tatbestand:**
     a) Tatobjekt: ungeborene lebende Leibesfrucht
     b) Tathandlung: Schwangerschaftsabbruch
     c) evtl. Tatbestandsausschluss, § 218a I StGB
  2. **Subjektiver Tatbestand:** Vorsatz
II. **Rechtswidrigkeit**
  1. Einwilligung der Schwangeren bei medizinischer Indikation, § 218a II StGB
  2. Einwilligung der Schwangeren bei kriminologischer Indikation, § 218a III StGB
III. **Schuld**
IV. **Evtl. Strafausschließungsgrund, § 218a IV StGB**

---

206 b) **Objektiver Tatbestand. – aa) Tatobjekt:** Tatobjekt ist eine noch lebende Frucht im Mutterleib („nasciturus" bzw. „Fötus") nach erfolgter Nidation, unabhängig von der Art der Zeugung, der Entwicklungsstufe wie der tatsächlichen Überlebensfähigkeit des Embryos[1245], so dass auch schwerstgeschädigte Föten wie z. B. der Anencephalus (Anenzephalie: angeborene, schwerste Fehlbildung, wobei wesentliche Gehirnteile und das Schädeldach fehlen und in der Regel nur noch Teile des Hirnstamms vorhanden sind)[1246] geschützt werden. Bei Zwillings- und Mehrlingsschwangerschaften ist jeder Embryo ein selbstständiger Rechtsgutsträger.[1247] Erfasst wird wegen des selbstständigen Schutzes des ungeborenen Lebens auch die noch lebende Leibesfrucht einer hirntoten Frau[1248] (trotz „Wegfalls der symbiotischen Schicksalsgemeinschaft")[1249]. Nicht erfasst werden wegen der Klarstellung in § 218 I 2 StGB, wonach sich das Ei im Uterus befinden

---

1242 Vgl. nur Sch/Schr/*Eser*, Vor §§ 218–219b Rn. 12; MüKo-StGB/*Gropp*, Vor §§ 218 ff. Rn. 42; dagegen LK/*Kröger*, Vor §§ 218 ff. Rn. 27 f.
1243 So *Fischer*, Vor §§ 218–219b Rn. 2 („nur mittelbar geschützt"); *Satzger*, Jura 2008, 424 (425); *Wessels/Hettinger*, BT 1, Rn. 224.
1244 Vgl. nur MüKo-StGB/*Gropp*, Vor §§ 218 ff. Rn. 43; SSW-StGB/*Momsen/Momsen-Pflanz*, § 218 Rn. 4; anders die frühere Rechtsprechung: BGHSt. 18, 283 (285 f.).
1245 Vgl. nur Prütting/*Duttge*, Medizinrecht, §§ 218, 218a StGB Rn. 6; BeckOK-StGB/*Eschelbach*, § 218 Rn. 2; *Fischer*, § 218 Rn. 3.
1246 Prütting/*Duttge*, Medizinrecht, §§ 218, 218a StGB Rn. 6; *Fischer*, § 218 Rn. 4; aA Sch/Schr/*Eser*, § 218 Rn. 7.
1247 *Ulsenheimer*, Arztstrafrecht, Rn. 788.
1248 So *Fischer*, § 218 Rn. 3; MüKo-StGB/*Gropp*, § 218 Rn. 7; *Hilgendorf*, JuS 1993, 97 ff.; LK/*Kröger*, § 218 Rn. 3; *Lackner/Kühl/Kühl*, § 218 Rn. 4; *Ulsenheimer*, Arztstrafrecht, Rn. 788; aA *Giesen/Poll*, JR 1993, 177 ff.
1249 Prütting/*Duttge*, Medizinrecht, §§ 218, 218a StGB Rn. 7.

muss, Eizellen einer extrakorporalen Schwangerschaft[1250] (hierzu oben Rn. 201 ff.) wie einer extrauterinen Schwangerschaft (zumeist einer Eileiterschwangerschaft oder auch einer Bauchhöhlenschwangerschaft)[1251]. Nicht erfasst sind ferner sog. Blasenmolen („Abortiveier": in ihnen fehlen Embryonenanlagen gänzlich oder sie sind nur in entwicklungsunfähigen Kümmerformen enthalten) als bloße Scheinschwangerschaften[1252] oder bereits abgestorbene Föten, wobei für den Todeseintritt vor allem in frühen Phasen nicht auf das Kriterium des Hirntods, sondern vielmehr auf das Fehlen einer Herztätigkeit abzustellen ist[1253] (z. B. nicht erfasst ist daher ein sog. Acardius: schwere Missbildung bei einem Zwilling, bei dem die gesamte Herzanlage verschwunden ist)[1254].

bb) Tathandlung: Die Tathandlung benennt das Gesetz „undeutlich"[1255] (einige sprechen von „verschleiert"[1256] oder „Wortschwindel"[1257]) als Abbrechen der Schwangerschaft, obwohl nicht bereits jede Beendigung des Zustandes der Schwangerschaft tatbestandlich ist, sondern nur eine vor der Geburt erfolgende Eingriffshandlung, die kausal das Absterben der noch lebenden Leibesfrucht herbeiführt, sei es durch unmittelbare Einwirkung auf die Leibesfrucht (z. B. Abtreibungspille[1258], Ausschabung der Gebärmutter [Curettage: zwischen der 7. und 12. Schwangerschaftswoche][1259], chirurgische Absaugung, Prostaglandin-Hormon-Methode [Wehen auslösendes Hormon zwecks Auslösen einer Todgeburt][1260] oder Kaiserschnittentbindung eines nicht lebenden Fötus[1261]), sei es mittelbar durch Einwirkung auf die Mutter (z. B. Tritte gegen den Bauch der Schwangeren[1262], Tötung der Schwangeren[1263], Selbstmordversuch der Schwangeren selbst[1264]).[1265] Tatbestandsmäßig ist auch die Herbeiführung einer Frühgeburt in Tötungsabsicht, wenn das Kind im Mutterleib oder außerhalb dessen infolge ungenügender Ausreifung verstirbt[1266], nicht dagegen die Gabe Wehen fördernder Mittel[1267] oder die sonstige planmäßig eingeleitete Frühgeburt, selbst wenn das Kind unter oder kurz nach der Geburt verstirbt, da es hier schon

---

1250 SSW-StGB/*Momsen/Momsen-Pflanz*, § 218 Rn. 7.
1251 Prütting/*Duttge*, Medizinrecht, §§ 218, 218a StGB Rn. 7; BeckOK-StGB/*Eschelbach*, § 218 Rn. 2; NK-StGB/*Merkel*, § 218 Rn. 11.
1252 *Merkel*, in: Roxin/Schroth, Handbuch, S. 295 (312).
1253 *Merkel*, in: Roxin/Schroth, Handbuch, S. 295 (312).
1254 *Merkel*, in: Roxin/Schroth, Handbuch, S. 295 (312).
1255 *Merkel*, in: Roxin/Schroth, Handbuch, S. 295 (324).
1256 BeckOK-StGB/*Eschelbach*, § 218 Rn. 3.
1257 *Tröndle*, Jura 1987, 66 (69).
1258 Zum medikamentösen Frühabbruch bis zum 49. Tag post menstruationem wird das Antihormon Mifegyne verwendet: *Starck*, NJW 2000, 2714 ff.; *Ulsenheimer*, Arztstrafrecht, Rn. 789.
1259 Prütting/*Duttge*, Medizinrecht, §§ 218, 218a StGB Rn. 10.
1260 Prütting/*Duttge*, Medizinrecht, §§ 218, 218a StGB Rn. 10.
1261 *Fischer*, § 218 Rn. 5.
1262 BGH, NJW 2007, 2565 f.
1263 BGHSt. 11, 15; BGH, NStZ 2008, 393 (394); *Fischer*, § 218 Rn. 5.
1264 BGHSt. 11, 15 (17); *Fischer*, § 218 Rn. 5; SSW-StGB/*Momsen/Momsen-Pflanz*, § 218 Rn. 11; *Roxin*, JA 1981, 542 (543).
1265 Vgl. nur *Fischer*, § 218 Rn. 5; *Merkel*, in: Roxin/Schroth, Handbuch, S. 295 (324); SSW-StGB/*Momsen/Momsen-Pflanz*, § 218 Rn. 11; *Ulsenheimer*, Arztstrafrecht, Rn. 789.
1266 BGHSt. 10, 291 (293); BGHSt. 13, 21 (24); BGHSt. 31, 348 (352); BGH, NStZ 2008, 393 (394); *Ulsenheimer*, Arztstrafrecht, Rn. 789.
1267 *Ulsenheimer*, Arztstrafrecht, Rn. 790.

objektiv an einem rechtsgutsspezifischen (auf eine Tötung gerichteten) Handlungsmerkmal fehlt[1268].

208 Der Schwangerschaftsabbruch ist nach allgemeinen Regeln auch durch Unterlassen möglich (z. B. Einstellen lebenserhaltender Maßnahmen bei der schwerstkranken Schwangeren[1269]), wobei nicht nur die Schwangere und der Erzeuger (wenngleich begrenzt durch die selbstbestimmte Weigerung der Schwangeren[1270]) kraft „institutioneller Zuordnung" Beschützergaranten[1271] sind, sondern auch der behandelnde Arzt kraft tatsächlicher Schutzübernahme, der aber nicht ohne bzw. gegen den tatsächlichen oder mutmaßlichen Willen der Schwangeren lebensrettend intervenieren kann[1272].

Vollendet ist die Tat mit dem Absterben der Frucht, zugleich ist sie dann beendet (Verjährungsbeginn nach § 78a StGB).[1273]

209 cc) **Tatbestandsausschluss, § 218a I StGB:** Nachdem das Bundesverfassungsgericht[1274] die frühere rechtfertigende „Fristenlösung" für verfassungswidrig erklärt hat, weil der mit einem nicht-indizierten Schwangerschaftsabbruch verbundene Eingriff in Art. 1 I iVm 2 II 2 GG des ungeborenen Kindes nicht zu rechtfertigen und daher stets „Unrecht" sei[1275], hat der Gesetzgeber nach intensiver rechtspolitischer Diskussion in § 218a I StGB ein („wenig befriedigendes"[1276]) „Beratungsschutzkonzept"[1277] mit „Letztverantwortung" der Schwangeren für die Abtreibungsentscheidung integriert, wonach ein Schwangerschaftsabbruch nach vorheriger Schwangerenkonfliktberatung zwar (mit Blick auf Nothilfe nach § 32 StGB[1278]: dazu unten Rn. 226) rechtswidrig verbleibt, jedoch aus dem objektiven Tatbestand des § 218 I StGB herausfällt[1279]; auf andere Tatbestände (§§ 218b, 218c, 219b StGB) ist die Norm nicht anwendbar[1280]. Notwendig zum Tatbestandsausschluss sind fünf Voraussetzungen:

> **Fall 57** (nach *Walter/Schwabenbauer*, JA 2012, 504 ff.): Die 18-jährige S ist ungewollt schwanger. Als der Kindsvater davon erfährt, trennt er sich von ihr und sagt ihr, sie solle das Kind abtreiben lassen. S geht zur Schwangerenkon-

---

1268 Ebenso Prütting/*Duttge*, Medizinrecht, §§ 218, 218a StGB Rn. 10; Sch/Schr/*Eser*, § 218 Rn. 19; nach anderer Ansicht fehlt zumindest der Vorsatz: *Fischer*, § 218 Rn. 6; MüKo-StGB/*Gropp*, § 218 Rn. 17.
1269 Vgl. BeckOK-StGB/*Eschelbach*, § 218 Rn. 8.
1270 Vgl. nur *Merkel*, in: Roxin/Schroth, Handbuch, S. 295 (324 f.).
1271 Sch/Schr/*Eser*, § 218 Rn. 29; *Fischer*, § 218 Rn. 7; LK/*Kröger*, § 218 Rn. 36; *Merkel*, in: Roxin/Schroth, Handbuch, S. 295 (324 f.); vgl. auch BGH, BeckRS 2009, 89441: Garantenpflicht der Mutter für den sicheren Geburtsverlauf und die Erstversorgung eines Neugeborenen bei Hausgeburten.
1272 Vgl. nur *Beckmann*, MedR 1993, 121 (124); Prütting/*Duttge*, Medizinrecht, §§ 218, 218a StGB Rn. 12; MüKo-StGB/*Gropp*, § 218 Rn. 50.
1273 Vgl. nur BGHSt. 10, 5 f.; BGHSt. 13, 21 (24); *Fischer*, § 218 Rn. 5.
1274 BVerfGE 39, 1 ff.; BVerfGE 88, 203 ff.
1275 BVerfGE 88, 203 (255).
1276 *Satzger*, Jura 2008, 424 (429 f.).
1277 Prütting/*Duttge*, Medizinrecht, §§ 218, 218a StGB Rn. 13.
1278 BT-Drs. 13/1850, S. 25.
1279 Zur Kritik an einem tatbestandslosen, aber rechtswidrigen Handeln, das in der Praxis de facto als „Rechtfertigungsgrund" begriffen wird: *Dreier*, JZ 2007, 261 (268); BeckOK-StGB/*Eschelbach*, § 218a Rn. 1 [„Etikettenschwindel"]; *Eser*, JZ 1994, 503 (507); Sch/Schr/*ders.*, § 218a Rn. 13 ff.; *Gropp*, GA 1994, 147 (155); *Günther*, ZStW 103 (1991), 851 (874 f.).
1280 Prütting/*Duttge*, Medizinrecht, §§ 218, 218a StGB Rn. 13; *Ulsenheimer*, Arztstrafrecht, Rn. 797.

fliktberatung und erhält dort eine Bescheinigung nach § 219 II 2 StGB. Drei Tage später geht S zum Frauenarzt A, dem sie die Beratungsbescheinigung vorlegt. A befragt S intensiv zu den Gründen ihres Wunsches nach einer Abtreibung. Zu den gesundheitlichen Risiken, die mit dem Eingriff verbunden und nicht unerheblich sind, äußert er sich nicht und drückt ihr nur eine vorformulierte schriftliche Einwilligungserklärung mit stichpunktartigen Hinweisen in die Hand. Die S überlegt und unterschreibt. Eine Woche später wird der Eingriff von A nach den Regeln der ärztlichen Kunst vorgenommen. Strafbarkeit von A und S?

(1) Verlangen der Schwangeren: Ein Tatbestandsausschluss verlangt zunächst, dass „die Schwangere den Schwangerschaftsabbruch verlangt" (§ 218a I Nr. 1 StGB). Das „Verlangen" ist mehr als eine bloße Einwilligung oder sogar bloße Duldung[1281], sondern vielmehr eine eigene „Letztentscheidung" der Frau, die von dieser auf dem Boden einer „ernstlichen Entschließung" iSd § 216 I StGB „ausdrücklich und ernstlich"[1282] dem Arzt gegenüber geäußert werden muss, insbesondere frei von Willensmängeln und in Kenntnis von „Wesen, Bedeutung und Tragweite" des Eingriffs mit dem Ziel der Abtötung ungeborenen Lebens[1283]. Hieran fehlt es noch nicht bei bloßer Anregung von dritter Seite (z. B. von Seiten des Erzeugers), wohl aber, wenn die Schwangere zu ihrer Entscheidung genötigt wird[1284], wenn sie aufgrund ihres Alters[1285] oder wegen psychischer Störung einwilligungsunfähig ist[1286] oder wenn die nach § 218c I Nr. 2 StGB vor dem Eingriff ausdrücklich erforderliche ausführliche ärztliche Aufklärung nicht erfolgt ist[1287]. In **Fall 57** genügte das vorformulierte Merkblatt mit nur stichwortartigen Hinweisen beim schwerwiegenden Eingriff des Schwangerschaftsabbruch mit den damit verbundenen physischen (z. B. Unfruchtbarkeit) und psychischen Gefahren (z. B. Depressionen, Schuldgefühle, das eigene Kind umgebracht zu haben) nicht aus.[1288] Nach überwiegender Ansicht würde das fehlende wirksame Verlangen jedoch nach den Grundsätzen der hypothetischen Einwilligung (hierzu oben Rn. 72 ff.) in der Regel keine Rolle spielen, da die Risiken im Rahmen der Konfliktberatung grundsätzlich erörtert wurden, jedenfalls aber aufgrund fehlenden Pflichtwidrigkeitszusammenhangs, weil das Vorlie-

---

[1281] Vgl. nur BeckOK-StGB/*Eschelbach*, § 218a Rn. 13.
[1282] Vgl. nur SSW-StGB/*Momsen/Momsen-Pflanz*, § 218a Rn. 3.
[1283] Vgl. BGHSt. 4, 88 (90); Prütting/*Duttge*, Medizinrecht, §§ 218, 218a StGB Rn. 14; SSW-StGB/*Momsen/Momsen-Pflanz*, § 218a Rn. 3.
[1284] Prütting/*Duttge*, Medizinrecht, §§ 218, 218a StGB Rn. 14; BeckOK-StGB/*Eschelbach*, § 218a Rn. 13; aA *Merkel*, in: Roxin/Schroth, Handbuch, S. 295 (353); NK-StGB/*ders.*, § 218a Rn. 69; SSW-StGB/*Momsen/Momsen-Pflanz*, § 218a Rn. 3: es störe nicht, wenn die Schwangere zur Entscheidung „überredet" werde.
[1285] Teilweise wird in der Vollendung des 14. Lebensjahrs ein bedeutamer Orientierungspunkt erblickt, an dem sich das Regel-Ausnahme-Verhältnis zugunsten einer Einwilligungsfähigkeit der Minderjährigen umkehre (so etwa HK-GS/*Rössner/Wenkel*, § 218a Rn. 14), überwiegend jedoch zumindest mit Vollendung des 16. Lebensjahres (vgl. nur BeckOK-StGB/*Eschelbach*, § 218a Rn. 9; *Fischer*, § 218a Rn. 16a; MüKo-StGB/*Gropp*, § 218a Rn. 19). Feste Altersgrenzwerte existieren richtigerweise nicht: vgl. nur AG Schlüchtern, NJW 1998, 832.
[1286] *Fischer*, § 218a Rn. 12. Dann ist ein Betreuer zu bestellen [§§ 1896 ff. BGB], der entscheidet; im Falle eines konflikthaften Dissenses zur Schwangeren bedarf es der Entscheidung des Betreuungsgerichts: § 1908 i I iVm § 1901 II, III BGB.
[1287] Vgl. nur BeckOK-StGB/*Eschelbach*, § 218a Rn. 10.
[1288] Ebenso *Walter/Schwabenbauer*, JA 2012, 504 (505).

gen eines ordnungsgemäßen Verlangens der Schwangeren nicht das Rechtsgut des § 218 StGB (Schutz des ungeborenen Lebens: oben Rn. 205a) schützen soll, sondern alleine dem Schutz der Mutter dient.[1289] A hat sich somit nicht nach § 218 I StGB strafbar gemacht, wohl aber nach § 218c StGB (dazu unten Rn. 228); S bleibt straflos.

211 (2) **Vorlage eines Beratungsscheins**: Die Schwangere muss „dem Arzt durch eine [datums- und namensbezogene: § 7 I SchKG] Bescheinigung nach § 219 II 2 StGB" nachweisen, „dass sie sich mindestens drei Tage vor dem Eingriff [von einer anerkannten Beratungsstelle: § 219 II StGB; der den Schwangerschaftsabbruch vornehmende Arzt ist ausgeschlossen, um als zusätzlicher verantwortlicher Berater zur Verfügung zu stehen![1290]] hat beraten lassen" (§ 218a I Nr. 1 StGB), wenngleich die Schwangere bei der „ergebnisoffen" (§ 5 I SchKG) zu führenden mündlichen Beratung[1291] passiv bleiben kann[1292] und bereits für das Konfliktgespräch als solchem eine Bescheinigung zu erhalten hat (§ 7 III SchKG). Der Tag der Erteilung ist von dem die Bescheinigung wie die Frist überprüfenden Arzt nach § 187 I BGB nicht mitzurechnen[1293], so dass der Eingriff erst am vierten, dem Beratungsgespräch folgenden Tag vorgenommen werden kann. Die Karenzzeit soll hierbei eine überstürzte Entscheidung der Schwangeren verhindern.[1294] Ob die Beratung die Erfordernisse des § 219 StGB erfüllt, hat der Arzt jedoch nicht zu prüfen.[1295]

212 (3) **Arztvorbehalt**: Der Schwangerschaftsabbruch muss nach § 218a I Nr. 2 StGB iVm § 13 I SchKG von einem Arzt „in einer Einrichtung vorgenommen werden, in der auch die notwendige Nachbehandlung gewährleistet ist", um sicherzustellen, dass die gesundheitlichen Risiken für die Schwangere auf das unvermeidliche Mindestmaß reduziert werden.[1296] Wenn der Abbruch im Inland vorgenommen wird, muss es ein in Deutschland approbierter Arzt (§ 2a BÄO) sein, da nur von diesem die Kenntnis des Pflichtenprogramms des § 218c StGB erwartet werden kann.[1297] Gynäkologe muss der Arzt jedoch nicht notwendigerweise sein, aber über das notwendige Fachwissen verfügen.[1298] Nach überwiegender Ansicht[1299] ist auch der Selbstabbruch durch eine Ärztin vom Arztvorbehalt gedeckt (sog.

1289 Ebenso *Walter/Schwabenbauer*, JA 2012, 504 (505 f.).
1290 Vgl. nur BeckOK-StGB/*Eschelbach*, § 218a Rn. 14.
1291 Die bloße Übergabe von Infomaterial genügt nicht: vgl. nur SSW-StGB/*Momsen/Momsen-Pflanz*, § 219 Rn. 5. Die Vertraulichkeit des Gesprächs wird über § 53 I Nr. 3a StPO geschützt.
1292 Nach § 5 II Nr. 1 SchKG hat die Schwangere zwar die Gründe mitzuteilen, „deretwegen sie einen Abbruch der Schwangerschaft erwägt", dies kann jedoch nicht erzwungen werden. Zur Kritik hieran *Lackner/Kühl/Kühl*, § 219 Rn. 4 („gravierende Schwäche des Beratungskonzepts"); *Tröndle*, NJW 1995, 3009 (3017); *ders.*, FS Otto (2007), S. 821 (837).
1293 Prütting/*Duttge*, Medizinrecht, §§ 218, 218a StGB Rn. 15; BeckOK-StGB/*Eschelbach*, § 218a Rn. 14; *Fischer*, § 218a Rn. 13; SSW-StGB/*Momsen/Momsen-Pflanz*, § 219 Rn. 6.
1294 Prütting/*Duttge*, Medizinrecht, §§ 218, 218a StGB Rn. 15.
1295 NK-StGB/*Merkel*, § 218a Rn. 74; SSW-StGB/*Momsen/Momsen-Pflanz*, § 218a Rn. 4.
1296 Vgl. nur BVerfGE 88, 203 (314); Prütting/*Duttge*, Medizinrecht, §§ 218, 218a StGB Rn. 16; *Merkel*, in: Roxin/Schroth, Handbuch, S. 295 (338).
1297 Prütting/*Duttge*, Medizinrecht, §§ 218, 218a StGB Rn. 16; *Fischer*, § 218a Rn. 8.
1298 Vgl. nur *Fischer*, § 218a Rn. 8; *Lackner*, NJW 1976, 1233 (1237); kritisch hierzu Sch/Schr/*Eser*, § 218a Rn. 58; MüKo-StGB/*Gropp*, § 218a Rn. 22. Weitergehende persönliche Voraussetzungen und Beschränkungen im bayerischen Schwangerenhilfeergänzungsgesetz wurden vom Bundesverfassungsgericht für nichtig erklärt: BVerfGE 98, 265 (305 ff.).
1299 Vgl. nur BeckOK-StGB/*Eschelbach*, § 218a Rn. 4; Sch/Schr/*Eser*, § 218a Rn. 58; *Gössel*, JR 1976, 1 (2); *Lackner/Kühl/Kühl*, § 218a Rn. 2; aA LK/*Kröger*, § 218a Rn. 16.

"Ärztinnen-Privileg"). Auch wenn der Schutzzweck des § 218 StGB (alleiniger Schutz des ungeborenen Lebens) es nicht gebietet, kann der Arztvorbehalt seinen Zweck nur erfüllen, wenn der Eingriff nach den Regeln der ärztlichen Kunst (de lege artis) vorgenommen wird – wie bei der Einwilligung in einen ärztlichen Eingriff bezieht sich daher das Verlangen der Schwangeren nur auf einen kunstgerechten Eingriff.[1300]

(4) **12-Wochen-Frist:** Seit der Empfängnis dürfen nicht mehr als 12 Wochen vergangen sein (§ 218a I Nr. 3 StGB). Da die medizinische Praxis sich zumeist an der letzten Regelblutung orientiert und davon ausgegangen wird, dass die Ovulation und damit die Empfängnis etwa am 14. Tag erfolgt, ist ab letzter Regelblutung gerechnet ein Vorgehen nach § 218a I StGB bis etwa zur 14. Schwangerschaftswoche möglich. Bei einer Abtreibung mittels "Abtreibungspille" (Antihormon Mifegyne), die nur vom 42. bis 49. Tag nach dem ersten Tag der letzten Menstruation verabreicht werden darf, verkürzt sich die Frist auf eine Woche nach der Feststellung der Schwangerschaft.[1301]

(5) **Subjektive Komponente:** Der Arzt muss schließlich in Kenntnis des Abbruchverlangens, eines ordnungsgemäßen Beratungsnachweises wie der Einhaltung der 12-Wochen-Frist handeln.[1302]

c) **Subjektiver Tatbestand.** Der (zumindest bedingte[1303]) Vorsatz des Täters muss sich auf den Abbruch der Schwangerschaft einschließlich der Tötung der Leibesfrucht beziehen, wobei es nicht darauf ankommt, ob der Tod noch im Mutterleib oder erst nach dem Abgang erfolgen soll.[1304] Geht der Arzt irrig davon aus, sein Handeln werde noch vor der Nidation wirken, so handelt er in einem vorsatzausschließenden Tatbestandsirrtum (§ 16 I 1 StGB)[1305], genauso, wenn der Arzt irrig die tatsächlichen Voraussetzungen des § 218a I StGB annimmt[1306]. Der fahrlässige Schwangerschaftsabbruch ist nicht unter Strafe gestellt (vgl. § 15 StGB), so dass dann (wie in **Fall 1:** oben Rn. 29) allenfalls eine fahrlässige Körperverletzung (§ 229 StGB) an der Mutter verbleibt.[1307]

d) **Rechtswidrigkeit.** Eine Rechtfertigung kommt sowohl nach den allgemeinen Rechtfertigungsgründen in Betracht (z.B. im Sinne eines Defensivnotstandes, wenn die Tötung der Schwangeren durch Notwehr gerechtfertigt ist)[1308] als auch aufgrund der spezialgesetzlichen Rechtfertigungsgründe der § 218a II und III

1300 So BeckOK-StGB/*Eschelbach*, § 218a Rn. 3; Sch/Schr/*Eser*, § 218a Rn. 59; MüKo-StGB/*Gropp*, § 218a Rn. 26; aA *Satzger*, Jura 2008, 424 (429).
1301 Vgl. nur *Fischer*, § 218a Rn. 7; *Starck*, NJW 2000, 2714 (2715).
1302 Vgl. nur BeckOK-StGB/*Eschelbach*, § 218a Rn. 16; *Satzger*, Jura 2008, 424 (429 f.).
1303 BGH, NJW 1951, 412 (413); *Fischer*, § 218 Rn. 11; SSW-StGB/*Momsen/Momsen-Pflanz*, § 218 Rn. 14.
1304 Vgl. nur BGHSt. 10, 5 (6); BeckOK-StGB/*Eschelbach*, § 218 Rn. 9; *Fischer*, § 218 Rn. 11.
1305 Vgl. nur BeckOK-StGB/*Eschelbach*, § 218 Rn. 9; SSW-StGB/*Momsen/Momsen-Pflanz*, § 218 Rn. 14; *Roxin*, JA 1981, 542 (543); *Ulsenheimer*, Arztstrafrecht, Rn. 792.
1306 Vgl. nur LG Memmingen, NStZ 1989, 227 (228); Prütting/*Duttge*, Medizinrecht, §§ 218, 218a StGB Rn. 18; *Ulsenheimer*, Arztstrafrecht, Rn. 792.
1307 Vgl. OLG Karlsruhe, MDR 1984, 686 (687).
1308 Vgl. *Rogall*, NStZ 2008, 1 (4).

StGB, die als Spezialfälle des rechtfertigenden Notstandes (§ 34 StGB)[1309] den allgemeinen Rechtfertigungsgrund der Einwilligung der Schwangeren verdrängen[1310]. Praktisch ist die Bedeutung jedoch gering, machen beide Indikationen zusammen doch gerade einmal ca. 3 % aller Schwangerschaftsabbrüche aus.[1311]

216 aa) **Medizinisch-soziale Indikation, § 218a II StGB:** Da im Einzelfall der Schutz zumindest des einen Lebens der Schwangeren auch auf Kosten des ungeborenen Lebens per saldo besser ist, als den Verlust zweier Leben zu riskieren[1312], sieht § 218a II StGB eine Rechtfertigung des von einem Arzt mit Einwilligung der Schwangeren[1313] vorgenommenen Schwangerschaftsabbruchs vor, wenn der Abbruch „unter Berücksichtigung der gegenwärtigen und zukünftigen [also auch bei oder nach der Geburt bestehende] Lebensverhältnisse der Schwangeren[1314] nach ärztliche Erkenntnis angezeigt [d. h. indiziert] ist, um eine Gefahr für das Leben oder die Gefahr einer schwerwiegenden Beeinträchtigung des körperlichen oder seelischen [wohin sich inzwischen der Schwerpunkt verschoben hat: insbesondere Depressionen und Suizidgefahr[1315]] Gesundheitszustandes[1316] der Schwangeren [und nicht des Kindes![1317]] abzuwenden". Notwendig hierfür ist nach ärztlicher Erkenntnis die erhebliche Wahrscheinlichkeit für einen (konkreten) schwerwiegenden, d. h. über die üblichen, mit einer Schwangerschaft einhergehenden Belastungen hinausgehenden, der Schwangeren ein Austragen nicht zumutbaren Schadenseintritt, wobei der Wahrscheinlichkeitsgrad von der Schwere des drohenden Schadens abhängig ist[1318]; bloße Vermutungen oder vage Anhaltspunkte für eine nur mögliche Gefahr genügen nicht.[1319] Eine Fehlbildung des Kindes genügt daher nur, wenn sich „aus der Geburt eines schwerbehinderten Kindes und der daraus resultierenden besonderen Lebenssituation Be-

---

1309 Vgl. nur BGHSt. 38, 144 (158); Sch/Schr/*Eser*, § 218a Rn. 22; *Fischer*, § 218a Rn. 14; *Prütting/Duttge*, Medizinrecht, §§ 218, 218a StGB Rn. 19; *Ulsenheimer*, Arztstrafrecht, Rn. 798; kritisch *Dreier*, JZ 2007, 261 (270); zur ursprünglichen richterrechtlichen Entwicklung aus § 34 StGB vgl. grundlegend RGSt. 61, 242 ff.
1310 Die Einwilligung der Schwangeren alleine rechtfertigt wegen des selbstständig geschützten ungeborenen Leben daher nicht den Schwangerschaftsabbruch nicht: vgl. nur *Fischer*, § 218 Rn. 13; SSW-StGB/*Momsen/Momsen-Pflanz*, § 218 Rn. 16; *Otto*, Jura 1996, 135 (141).
1311 *Ulsenheimer*, Arztstrafrecht, Rn. 799.
1312 Vgl. zu diesem Grundgedanken der medizinisch-sozialen Indikation nur *Prütting/Duttge*, Medizinrecht, §§ 218, 218a StGB Rn. 23; SSW-StGB/*Momsen/Momsen-Pflanz*, § 218a Rn. 7.
1313 Einer Schwangerenkonfliktberatung nach § 219 StGB bedarf es hier nicht, weil der Gesetzgeber die Beratungsmöglichkeiten der §§ 2 ff. SchKG für ausreichend erachtet: BT-Drs. 13/1850, S. 26.
1314 Keine indizielle Bedeutung kommt dagegen der Abwendung des Kindsvaters von der Mutter, z. B. durch Scheidung, Verlust der eigenen Wohnung oder einer hoffnungslosen Überschuldung zu: vgl. nur *Fischer*, § 218a Rn. 27.
1315 Vgl. BGHSt. 2, 111 (115); KG, NJW-RR 2008, 1557 ff.; *Fischer*, § 218a Rn. 20; BeckOK-StGB/*Eschelbach*, § 218a Rn. 18.
1316 Es genügt also – weiter als bei den §§ 223 ff. StGB – jede Störung des subjektiven Wohlbefindens: *Fischer*, § 218a Rn. 25.
1317 Die frühere embryopathische Indikation, die auf den Protest von Behindertenverbänden stieß, wurde vom Gesetzgeber bewusst abgeschafft (BT-Drs. 13/1850, S. 26), ist mittelbar aber weiterhin möglich, da die Gewissheit des Austragens eines geschädigten Kindes zumeist zu psychischen Störungen der Mutter führen wird: vgl. nur BeckOK-StGB/*Eschelbach*, § 218a Rn. 24; MüKo-StGB/*Gropp*, § 218a Rn. 61.
1318 Auf die Dauer der Schwangerschaft kann es hierbei entgegen BGHZ 151, 133 (141) wohl nicht ankommen, weil der Wert des menschlichen Lebens zeitlich nicht differenzierbar ist: *Hillenkamp*, FS Amelung (2009), S. 425 (443).
1319 Vgl. nur BeckOK-StGB/*Eschelbach*, § 218a Rn. 19 ff.; *Fischer*, § 218a Rn. 24; SSW-StGB/*Momsen/Momsen-Pflanz*, § 218a Rn. 9 f.; SK-StGB/*Rudolphi/Rogall*, § 218a Rn. 43.

lastungen für die Mutter ergeben, die sie in ihrer Konstitution überfordern und die Gefahr einer schwerwiegenden Beeinträchtigung ihres insbesondere auch seelischen Gesundheitszustands als so drohend erscheinen lassen, dass bei der gebotenen Güterabwägung das Lebensrecht des Ungeborenen dahinter zurückzutreten hat"[1320].

Schließlich darf die Gefahr nicht auf eine andere, für die Schwangere zumutbare Weise abwendbar sein, d. h. angesichts des Schutzes ungeborenen Lebens muss der Schwangerschaftsabbruch ultima ratio bleiben.[1321] Zu alternativen Möglichkeiten zählen insbesondere ärztliche und therapeutische Unterstützungshandlungen. So kann etwa eine kurzfristige Aufnahme der Schwangeren in einem psychiatrischen Krankenhaus noch zumutbar, ein länger anhaltender Aufenthalt (vor allem gegen ihren Willen) wird dagegen regelmäßig unzumutbar sein.[1322] Auch die **Zumutbarkeit** einer Adoptionsfreigabe richtet sich nach den Umständen des Einzelfalles[1323] und ist weder generell zu bejahen[1324] noch generell zu bejahen[1325]. **217**

> **Fall 58:** Dr. A nimmt an der Schwangeren S, die sich in der 11. Schwangerschaftswoche befindet, eine Abbruchshandlung vor in der festen Überzeugung, die schwer depressive S werde sich bei einer Fortsetzung der Schwangerschaft mit hoher Wahrscheinlichkeit selbst das Leben nehmen. Ihm liegt das Indikationsgutachten des Dr. B vor, der S dagegen für eine „Simulantin" und keineswegs suizidgefährdet hält und die Voraussetzungen der medizinisch-sozialen Indikation daher verneint. Strafbarkeit des Dr. A? **218**

Maßgebend ist jeweils die „**ärztliche Erkenntnis**", die „sowohl die Grundsätze, nach denen die Prüfung sich inhaltlich zu richten hat, als auch die Person […], auf deren Erkenntnis es wesentlich ankommt"[1326], kennzeichnet: Zunächst hat der Arzt, der nach § 218b I 1 StGB schriftlich ein Indikationsgutachten zu fertigen hat (und nicht der abbrechende Arzt selbst sein darf), in einem ex-ante-Urteil unter Ausschöpfung aller ihm zugänglichen Erkenntnisgrundlagen[1327] nach dem Maßstab eines sachkundigen und sorgfältigen Arztes[1328] mit einem Beurteilungsspielraum, der einer detaillierten gerichtlichen Nachprüfung nicht zugänglich ist (bloße Vertretbarkeitskontrolle!), zu entscheiden[1329]. Auf der Grundlage des so erstellten Indikationsgutachtens hat dann der abbrechende Arzt nach dem gleichen Maßstab sich ein eigenes Bild davon zu verschaffen, ob die Voraussetzungen der medizinisch-sozialen Indikation vorliegen (sog. „Vier-Augen-Prin-

---

1320 OLG Stuttgart, BeckRS 2016, 16633; so bereits BGH, NJW 2002, 2636 (2637); BGH, NJW 2006, 1660 (1661).
1321 Prütting/Duttge, Medizinrecht, §§ 218, 218a StGB Rn. 25.
1322 Vgl. nur *Fischer*, § 218a Rn. 28; *Lackner/Kühl/Kühl*, § 218a Rn. 13.
1323 Zutreffend *Fischer*, § 218a Rn. 28; LK/*Kröger*, § 218a Rn. 44.
1324 So aber *Weiß*, JR 1993, 449 (457); *ders.*, JR 1994, 315 (318 f.).
1325 So aber LG Memmingen, NStZ 1989, 227 (228).
1326 BGHSt. 38, 144 Ls. 1.
1327 BT-Drs. 7/4696, S. 7.
1328 Vgl. nur SK-StGB/*Rudolphi/Rogall*, § 218a Rn. 52.
1329 Vgl. hierzu nur BGHSt. 38, 144 (156); BGH, NJW 1985, 2752 ff.; BayObLG, NJW 1990, 2328 (2329); zustimmend *Fischer*, § 218a Rn. 18 f.; kritisch *Lackner*, NStZ 1992, 331 f.; *Otto*, JR 1992, 210.

zip").[1330] Beide Ärzte trifft eine Pflicht zu ausführlichen Erkundigungen ohne hinreichende Anhaltspunkte nur im Ausnahmefall.[1331] Für eine Strafbarkeit des Dr. A nach § 218 I StGB in **Fall 58** kommt es darauf an, ob die Indikationsvoraussetzungen rein tatsächlich vorlagen, wobei dem abbrechenden Arzt, der nicht an das Indikationsgutachten gebunden ist[1332], bei dieser Entscheidung ein Beurteilungsspielraum zukommt[1333]; Anzeichen dafür, dass dieser von Dr. A überschritten wurde, fehlen. Im Prozess bedarf es zur Feststellung der Vertretbarkeit der ärztlichen Entscheidung stets eines Sachverständigengutachtens.[1334] Eine Strafbarkeit nach § 218b I StGB scheidet in **Fall 58** auch aus, da ein Indikationsgutachten ja vorhanden war.

219 Fristgebunden ist der Schwangerschaftsabbruch bei medizinisch-sozialer Indikation verständlicherweise nicht, so dass an sich auch („moralisch problematische"[1335]) **Spätabtreibungen** bis zum Einsetzen der Eröffnungswehen möglich sind, was nicht nur eine Narkose des ungeborenen Kindes erfordert[1336], sondern angesichts der nach § 2a SchKG bestehenden Aufklärungs- und Beratungspflicht bei pränataldiagnostisch festgestellter voraussichtlicher Schädigung des Kindes verdächtig in die Nähe der Früheuthanasie (hierzu oben Rn. 190) gerät.[1337] Da die Überlebensrate bei Abtreibungen nach der 20. Schwangerschaftswoche durchaus 30 % betragen soll[1338], trifft den Arzt im Falle des Überlebens des Kindes eine Garantenstellung, deren Leben weiter zu sichern[1339].

Das **subjektive Rechtfertigungselement** besteht darin, dass der abbrechende Arzt alle Umstände kennen muss, die den Erlaubnistatbestand ausmachen; mit Rettungswillen muss der Arzt jedoch nicht notwendigerweise handeln[1340].

220 **bb) Kriminologische Indikation, § 218a III StGB:** Ist die Schwangere nach ärztlicher Erkenntnis Opfer einer rechtswidrigen Tat (§ 11 I Nr. 5 StGB) nach den §§ 176–179 StGB und sprechen dringende Gründe (d. h. eine tatsachengestützte hohe Wahrscheinlichkeit[1341], parallel dem dringenden Tatverdacht[1342]) dafür, dass die Schwangerschaft auf der Tat beruht, d. h. dass der Täter, der nicht namentlich identifiziert sein muss[1343], der Schwängerer ist, so wird die Unzumutbarkeit der Fortsetzung einer Schwangerschaft iSd § 218a II StGB unwiderleglich

---

1330 Vgl. hierzu nur *Fischer*, § 218a Rn. 32; SK-StGB/*Rudolphi/Rogall*, § 218b Rn. 7; *Satzger*, Jura 2008, 424 (431 f.).
1331 Vgl. nur BGHSt. 38, 144 (155); SK-StGB/*Rudolphi/Rogall*, § 218a Rn. 52.
1332 Vgl. nur *Fischer*, § 218b Rn. 4; MüKo-StGB/*Gropp*, § 218b Rn. 17; *Lackner/Kühl/Kühl*, § 218b Rn. 2.
1333 Vgl. nur *Satzger*, Jura 2008, 424 (431 f.).
1334 Vgl. nur BGH, VersR 2003, 1541 f. zum Zivilprozess.
1335 *Prütting/Duttge*, Medizinrecht, §§ 218, 218a StGB Rn. 27; vgl. auch *Weilert*, ZfL 2010, 70 ff.
1336 Vgl. *Beckmann*, MedR 1998, 155 (158).
1337 Kritisch daher etwa *Hillenkamp*, FS Amelung (2009), S. 425 (442 ff.); *Rüttgers*, ZRP 2007, 71. Aus diesem Grunde wird teilweise eine Befristung gefordert: „Erklärung zum Schwangerschaftsabbruch nach Pränataldiagnostik" der Bundesärztekammer, DÄBl. 1998, A-3013 (3014); *Graumann*, Ethik Med 2011, 123 ff.
1338 Vgl. nur *Fischer*, § 218a Rn. 22.
1339 *Fischer*, § 218a Rn. 22.
1340 Vgl. nur SSW-StGB/*Momsen/Momsen-Pflanz*, § 218a Rn. 15.
1341 Vgl. nur *Prütting/Duttge*, Medizinrecht, §§ 218, 218a StGB Rn. 35; Sch/Schr/*Eser*, § 218a Rn. 49; MüKo-StGB/*Gropp*, § 218a Rn. 76.
1342 BeckOK-StGB/*Eschelbach*, § 218a Rn. 27.
1343 Sch/Schr/*Eser*, § 218a Rn. 49; *Fischer*, § 218a Rn. 31.

vermutet[1344] und ein mit Einwilligung der Schwangeren von einem Arzt in Kenntnis aller Umstände (subjektives Rechtfertigungselement) innerhalb der 12-Wochen-Frist ab Empfängnis[1345] vorgenommener Schwangerschaftsabbruch ist „nicht rechtswidrig". Bei seiner Entscheidung hat der abbrechende Arzt alle ihm verfügbaren Erkenntnismittel zu nutzen, um die Angaben der Schwangeren zu prüfen. Weitergehende quasi-polizeiliche Ermittlungen kann man dem Arzt nicht abverlangen[1346], wohl auch nicht die mit Einwilligung der Schwangeren mögliche Einsichtnahme in die strafprozessuale Ermittlungsakte[1347]. Alleine aus dem Fehlen einer Strafanzeige kann noch nicht auf eine Unglaubhaftigkeit der Angaben der Schwangeren geschlossen werden.[1348] Nimmt der Arzt rückblickend irrig die Voraussetzungen der kriminologischen Indikation an und daher den Schwangerschaftsabbruch vor, so handelt er in einem (analog § 16 I StGB) den Schuldvorsatz ausschließenden Erlaubnistatbestandsirrtum.[1349]

e) Strafausschließungsgrund bzw. Absehen von Strafe, § 218a IV StGB. Praktisch nur sehr geringe Bedeutung kommt dem persönlichen Strafausschließungsgrund des § 218a IV 1 StGB zu, der die Schwangere (als Täterin wie Anstifterin!) von der Strafbarkeit eines rechtswidrigen Schwangerschaftsabbruchs (an dem es zumeist nach §§ 218a I, II, III StGB bereits fehlen wird) befreit, wenn die Schwangerschaft nach erfolgter und bescheinigter Konfliktberatung (§ 219 StGB) von einem Arzt (auch außerhalb eines Krankenhauses oder einer Einrichtung nach § 13 SchKG[1350]) innerhalb von 22 Wochen ab der Empfängnis vorgenommen wird; eine 3-Tages-Frist wie bei § 218a I Nr. 1 StGB ist nicht erforderlich. Ob bei irriger Annahme der Schwangeren, die 22-Wochen-Frist sei noch nicht verstrichen, § 16 II StGB analog zu ihren Gunsten Anwendung findet, ist strittig.[1351]

§ 218a IV 2 StGB sieht demgegenüber die Möglichkeit eines Absehens von Strafe (vgl. § 60 StGB) vor, wenn sich die Schwangere zur Zeit eines vollendeten Schwangerschaftsabbruchs (wegen Versuchs wird die Schwangere nicht bestraft: § 218 IV 2 StGB!) in besonderer Bedrängnis befunden hat, d. h. in einer Notsituation, die (bei der notwendigen restriktiven Auslegung) für eine Rechtfertigung nach § 218a II oder III StGB nicht ausreicht, aber gleichfalls schwere Belastungen für die Schwangere mit sich bringt, z. B. aufgrund erheblichen Drucks zum Abbruch im eigenen sozialen Umfeld[1352], etwa bei schweren Drohungen durch den Erzeuger[1353].

1344 Vgl. BT-Drs. 7/4696, S. 5; Prütting/*Duttge*, Medizinrecht, §§ 218, 218a StGB Rn. 32; Sch/Schr/*Eser*, § 218a Rn. 51; *Fischer*, § 218a Rn. 29.
1345 Kritisch zu dieser Frist, weil auch nach 12 Wochen der Grund für die fingierte kriminologische Unzumutbarkeit des Austragens des Kindes bestehen bleibt: Prütting/*Duttge*, Medizinrecht, §§ 218, 218a StGB Rn. 37.
1346 BT-Drs. 13/1850, S. 26; Sch/Schr/*Eser*, § 218a Rn. 50.
1347 So aber *Fischer*, § 218a Rn. 31; Prütting/*Duttge*, Medizinrecht, §§ 218, 218a StGB Rn. 36; dagegen *Merkel*, in: Roxin/Schroth, Handbuch, S. 295 (378) [„Anregung von zweifelhaftem Wert"]; SSW-StGB/*Momsen/Momsen-Pflanz*, § 218a Rn. 13; *Hermes/Walther*, NJW 1993, 2337 (2345).
1348 *Fischer*, § 218a Rn. 31.
1349 Vgl. BeckOK-StGB/*Eschelbach*, § 218a Rn. 27 und 30; SSW-StGB/*Momsen/Momsen-Pflanz*, § 218a Rn. 12.
1350 Vgl. nur *Fischer*, § 218a Rn. 36.
1351 Dafür: Sch/Schr/*Eser*, § 218a Rn. 72; *Fischer*, § 218a Rn. 37; dagegen: Prütting/*Duttge*, Medizinrecht, §§ 218, 218a StGB Rn. 39; MüKo-StGB/*Gropp*, § 218a Rn. 85.
1352 *Fischer*, § 218a Rn. 39.
1353 Beispiel nach Prütting/*Duttge*, Medizinrecht, §§ 218, 218a StGB Rn. 40.

222 f) **Deliktsrechtliche Besonderheiten. – aa) Versuch:** Der Versuch ist für die Schwangere straffrei (§ 218 IV 2 StGB: persönlicher Strafaufhebungsgrund[1354]), die Strafbarkeit für den Teilnehmer bleibt bestehen. Für Ärzte wie Dritte ist bei einer Fremdabtreibung der Versuch strafbar (§ 218 IV 1 StGB) und etwa gegeben, wenn trotz der auf Abtötung der Leibesfrucht gerichteten Manipulation das Kind lebend zur Welt kommt[1355], wenn nicht ausgeschlossen werden kann, dass der Tod der Leibesfrucht nicht bereits durch eine vorangegangene, ohne Abtreibungsvorsatz ausgeführte Handlung verursacht wurde[1356] oder wenn der Täter seiner Freundin, die erklärt hat, sie sei von ihm schwanger, bewusst in den Unterleib tritt, damit „das Kind weg komme", die Freundin aber tatsächlich gar nicht schwanger ist[1357]. Vorbereitungshandlungen stellen die §§ 219a und 219b StGB gesondert unter Strafe (dazu unten Rn. 229 f.).

223 bb) **Täterschaft und Teilnahme:** Täterschaft und Teilnahme bestimmen sich nach den allgemeinen Regeln (§§ 25 ff. StGB). **Täter** des Schwangerschaftsabbruchs kann jeder sein; die Norm ist kein Sonderdelikt. Ein strafbarer Eigenabbruch der Schwangeren ist gegeben, wenn die Schwangere die Schwangerschaft durch die Einnahme eines Medikaments eigenhändig abbricht oder wenn sie (als mittelbare Täterin: § 25 I Var. 2 StGB) dem abbrechenden Arzt die tatsächlich nicht gegebenen Voraussetzungen einer rechtfertigenden Indikation vortäuscht.[1358] Wirken die Schwangere und der Arzt zusammen, liegt nach den allgemeinen Vorschriften eine Mittäterschaft vor (§ 25 II StGB). Beschränkt sich der Tatbeitrag der Schwangeren dabei in der bloßen Duldung des Eingriffs, so haftet sie als Unterlassungstäterin kraft Beschützergarantenstellung.[1359]

> **Fall 59** (nach *Satzger*, Jura 2008, 424 [429]): S ist ungewollt schwanger. Ihre Freundin F will der verzweifelten S helfen, die Schwangerschaft zu beenden. Sie besorgt deshalb ein Präparat, dessen Einnahme zu einer Fehlgeburt der S führt. Strafbarkeit von S und F?

Teilnehmer wie ein Arzt, der bewusst falsch das Vorliegen einer rechtfertigenden Indikation begutachtet[1360] oder der Patientin einen Zettel mit der Adresse einer bestimmten ausländischen Abtreibungsklinik überreicht[1361], oder ein Dritter, der den Abbruch finanziert[1362], sind stets nach § 218 I StGB (§ 28 II StGB), die Schwangere dagegen nur nach § 218 III StGB zu bestrafen: In **Fall 59** macht sich die Schwangere nach § 218 III StGB strafbar, die Gehilfin F dagegen nicht nach

---

1354 Vgl. nur BeckOK-StGB/*Eschelbach*, § 218 Rn. 10; *Fischer*, § 218 Rn. 14; MüKo-StGB/*Gropp*, § 218 Rn. 48.
1355 *Ulsenheimer*, Arztstrafrecht, Rn. 795.
1356 BGH, NJW 2007, 2565 f.; *Fischer*, § 218 Rn. 14.
1357 Fall nach AG Meschede, Urt. v. 8.5.2008 – 8 Ds 292 Js 248/07 – 30/08, juris.
1358 Vgl. nur *Fischer*, § 218 Rn. 9; *Ulsenheimer*, Arztstrafrecht, Rn. 793.
1359 Vgl. nur Prütting/*Duttge*, Medizinrecht, §§ 218, 218a StGB Rn. 9; aA BeckOK-StGB/*Eschelbach*, § 218 Rn. 13.
1360 SSW-StGB/*Momsen/Momsen-Pflanz*, § 218 Rn. 21.
1361 Obgleich in der heutigen Informationsgesellschaft die Adresse auch im Internet hätte besorgt werden können (aus diesem Grund gegen eine Beihilfestrafbarkeit und allenfalls für § 219a StGB: Sch/Schr/*Eser*, § 218 Rn. 53), liegt in der Übergabe der Adresse wegen der persönlichen Arzt-Patienten-Beziehung eine strafbare Beihilfe: BayObLG, MDR 1978, 951; OLG Oldenburg, BeckRS 2013, 04717.
1362 BGH bei *Dallinger*, MDR 1975, 542 (543).

§§ 218 III, 27 I StGB, sondern über die Tatbestandsverschiebung des § 28 II StGB nach §§ 218 I, 27 I StGB.

cc) **Regelbeispiele, § 218 II StGB:** Als Strafzumessungsvorschrift enthält § 218 II 2 StGB für Fremdabtreibungen zwei Regelbeispiele[1363]: **Nr. 1** ist (in der Regel) erfüllt, „wenn der Täter gegen den Willen der Schwangeren handelt", insbesondere wenn der Täter als mittelbarer Täter die Schwangere zu einem Abbruch nötigt[1364] oder wenn die Schwangere trotz Vorliegens einer rechtfertigenden Indikation ihre Einwilligung ausdrücklich verweigert, der Arzt aber dennoch den Abbruch vornimmt[1365]. Nicht erfasst sein soll dagegen der Fall einer Tötung der Schwangeren, weil das Regelbeispiel hierauf nicht zugeschnitten sei und das über den Abbruch hinausgehende Unrecht über die §§ 211, 212 StGB voll erfasst werde.[1366] Auch ein nur geheimer Vorbehalt der Schwangeren, den Schwangerschaftsabbruch tatsächlich doch nicht zu wollen, obwohl sie nach außen ihre Einwilligung erklärt hat, führt allein noch nicht zu § 218 II 2 Nr. 1 StGB.[1367] **Nr. 2** erfasst die Fälle, dass „der Täter leichtfertig [d. h. bei besonderer Gleichgültigkeit oder grober Unachtsamkeit[1368], insbesondere bei fehlenden medizinischen Kenntnissen der abtreibenden Person oder wenn Gewalthandlungen gegen die bekannterweise Schwangere zum Absterben des Fötus im Uterus führen[1369]] die Gefahr des Todes oder einer schweren Gesundheitsschädigung der Schwangeren verursacht", wobei sich das Merkmal der „schweren Gesundheitsschädigung" (wie bei § 250 I Nr. 1c StGB) nicht auf die Fälle des § 226 StGB beschränkt (oben Rn. 165). Bejaht wurde dies etwa, wenn der illegale Schwangerschaftsabbruch eine Uterusperforation mit Harnblasen- und Sigmaverletzung zu Folge hat.[1370] Ein **unbenannter schwerer Fall** (§ 218 II 1 StGB) kommt insbesondere bei gewerbsmäßiger Begehung[1371] oder bei der Tötung eines lebensfähigen Kindes nahe dem Geburtstermin[1372] in Betracht.

224

dd) **Konkurrenzen:** Zum Schwangerschaftsabbruch stehen die Tötung der Schwangeren[1373] wie die mit einem Schwangerschaftsabbruch notwendigerweise einhergehenden Körperverletzungsdelikte (§§ 223 ff. StGB) zum Nachteil der Schwangeren wegen der unterschiedlichen Rechtsgutsträger in Tateinheit (§ 52 StGB).[1374] Das Unterlassen einer medizinischen Versorgung (§§ 212 I, 13 I StGB) des trotz Abbruchsversuchs lebend geborenen Kindes steht zu §§ 218 I, IV 1 StGB in Tatmehrheit (§ 53 StGB).

225

1363 Allgemein zu Regelbeispielen: *Jescheck/Weigend*, AT, S. 271 f.
1364 *Fischer*, § 218 Rn. 17.
1365 SK-StGB/*Rudolphi/Rogall*, § 218 Rn. 38.
1366 BGH, NStZ 1996, 276.
1367 BeckOK-StGB/*Eschelbach*, § 218 Rn. 16.
1368 Vgl. nur BeckOK-StGB/*Eschelbach*, § 218 Rn. 18.
1369 BGH, NJW 2007, 2565.
1370 StA Essen, ZfL 2004, 140 f.
1371 Vgl. BT-Drs. 7/4696, S. 5; *Fischer*, § 218 Rn. 19; LK/*Kröger*, § 218 Rn. 66.
1372 *Prütting/Duttge*, Medizinrecht, §§ 218, 218a StGB Rn. 41.
1373 BGH, NStZ 1996, 276.
1374 BGH, NJW 2007, 2565 [zu § 224 StGB]; BeckOK-StGB/*Eschelbach*, § 218 Rn. 20; Sch/Schr/*Eser*, § 218 Rn. 68; *Fischer*, § 218 Rn. 21; aA BGHSt. 10, 312 ff.: § 223 StGB sei typische Begleittat und werde daher konsumiert; LK/*Kröger*, § 218 Rn. 58; *Lackner/Kühl/Kühl*, § 218 Rn. 21: auch § 224 StGB werde verdrängt.

g) Anhang: Nothilfe zugunsten des ungeborenen Kindes?

226 Fall 60 (nach *Satzger*, Jura 2008, 424 [432]): S ist in der 10. Schwangerschaftswoche. Sie entschließt sich nach ordnungsgemäßer Beratung zu einem Schwangerschaftsabbruch bei Arzt A. Der Vater V des ungeborenen Kindes, der davon durch Zufall erfährt, will dies in jedem Fall verhindern. Er stürzt in die Praxis des A und kann den A durch einen Kinnhaken gerade noch davon abhalten, mit der Behandlung der S zu beginnen. Strafbarkeit des V?

Soll der Schwangerschaftsabbruch aufgrund einer Indikation nach § 218a II oder III StGB erfolgen, so ist der Abbruch nicht rechtswidrig und eine Nothilfe (§ 32 StGB) zugunsten des ungeborenen Kindes ausgeschlossen. Soll der Schwangerschaftsabbruch jedoch nach einer Schwangerenkonfliktberatung nach § 218a I StGB erfolgen, so ist er zwar tatbestandslos, aber rechtswidrig, so dass ein rechtswidriger Angriff auf das Leben des Ungeborenen grundsätzlich vorliegt. Ein Nothilferecht etwa des V in **Fall 60** scheitert jedoch daran, dass eine Nothilfe, um die Schwangere zum Austragen des Kindes gegen ihren Willen zu zwingen, nicht geboten ist[1375], d. h. das öffentlichen Interesse an der Wirksamkeit des Beratungsschutzkonzepts bildet eine sozialethische Schranke für die Nothilfe[1376]. In **Fall 60** wird V dennoch wohl nicht nach § 223 I StGB oder § 240 StGB bestraft werden können, da man ihn nach § 35 StGB als entschuldigt wird ansehen können.[1377]

2. § 218b StGB (fehlende bzw. unrichtige ärztliche Feststellung)

227 Damit keine Schwangerschaft ohne ordnungsgemäße Indikationsstellung vorzeitig beendet wird, enthält § 218b StGB zwei „verfahrenssichernde Gefährdungstatbestände"[1378]:

§ 218b I 1 StGB stellt es unter Strafe, wenn der abbrechende Arzt (bei dritten Personen wäre § 218 I StGB gegeben, hinter den § 218b I 1 StGB aufgrund von deren ausdrücklicher Subsidiaritätsklausel zurücktreten würde) zumindest bedingt vorsätzlich den Abbruch vornimmt, „ohne dass ihm die schriftliche Feststellung eines Arztes […] darüber vorgelegen hat, ob die Voraussetzungen des § 218a II oder III StGB gegeben sind". Strittig ist hierbei, ob die „Feststellung" des anderen Arztes eine ausführliche Begründung enthalten muss.[1379] Auch wenn ein ausführliches Indikationsgutachten wünschenswert ist, verlangt der Gesetzgeber dies anders als z. B. in §§ 275a IV, 454 II StPO nicht; eine Feststellung nach den Regeln der ärztlichen Kunst bedarf jedoch der Angabe der wesentlichen Gründe.[1380] Würde der Zeitaufwand zum Einholen der Feststellung die Schwangere einer Todes- oder schweren Gesundheitsgefahr aussetzen, so ist ein ohne Feststellung vorgenommener Abbruch nach § 34 StGB gerechtfertigt.[1381]

1375 Ebenso *Fischer*, § 218a Rn. 4; *Satzger*, JuS 1997, 800 (802 f.); vgl. auch Mitsch, JR 2006, 450 (452).
1376 So BT-Drs. 13/1850, S. 25; BVerfGE 88, 203 (279); BeckOK-StGB/*Eschelbach*, § 218a Rn. 12; Sch/Schr/*Eser*, § 218a Rn. 14; *Satzger*, JuS 1997, 800 (802 f.); *ders.*, Jura 2008, 424 (432).
1377 Ebenso *Satzger*, Jura 2008, 424 (432).
1378 Prütting/*Duttge*, Medizinrecht, § 218b StGB Rn. 1.
1379 Dies verlangend: Sch/Schr/*Eser*, § 218b Rn. 5; *Lackner/Kühl/Kühl*, § 218b Rn. 3; SK-StGB/*Rudolphi/Rogall*, § 218b Rn. 10; dagegen: *Fischer*, § 218b Rn. 3.
1380 Zutreffend BeckOK-StGB/*Eschelbach*, § 218b Rn. 15.
1381 Vgl. *Fischer*, § 218b Rn. 5; LK/*Kröger*, § 218b Rn. 12.

Nach § 218b I 2 StGB macht sich strafbar, wer als Arzt wider besseren Wissens (d. h. zumindest dolus directus zweiten Grades) „unrichtige [d. h. nicht mit der Wirklichkeit übereinstimmende] Feststellungen über die Voraussetzungen der § 218a II oder III StGB zur Vorlage nach Satz 1 trifft", wobei sich die Unrichtigkeit auf das Ergebnis und nicht nur Details in der Begründung beziehen muss[1382] und die fälschliche Verneinung einer Indikation bei teleologischer Reduktion nicht dem Tatbestand unterfällt, gefährdet dies doch nicht das ungeborene Leben[1383].

3. § 218c StGB (ärztliche Pflichtverletzung)

Mit seinen nur vom abbrechenden Arzt begehbaren vier Gefährdungstatbeständen dient § 218c I StGB entsprechend den verfassungsgerichtlichen Vorgaben[1384] der strafrechtlichen Absicherung des Beratungsschutzkonzepts: Strafbar ist es, wenn der Arzt (zumindest bedingt) vorsätzlich einen vollendeten Schwangerschaftsabbruch vornimmt (der entweder den Tatbestand des § 218 StGB nach § 218a I StGB nicht verwirklicht hat oder nach § 218a II oder III StGB gerechtfertigt ist: ansonsten tritt § 218c StGB aufgrund ausdrücklicher Subsidiarität hinter § 218 I StGB zurück), ohne der Frau Gelegenheit zum Nennen der Gründe für ihre Entscheidung zu geben (Nr. 1), ohne die Schwangere über die Bedeutung des Eingriffs, insbesondere über Ablauf, Folgen, Risiken und mögliche physische und psychische Auswirkungen ärztlich beraten zu haben[1385] (Nr. 2), ohne sich in den Fällen des § 218a I und III StGB von der Dauer der Schwangerschaft überzeugt zu haben (und damit von der Einhaltung der 12-Wochen-Frist: Nr. 3) oder obwohl er entgegen § 219 II 3 StGB selbst die Schwangerenkonfliktberatung durchgeführt hat („Verbot der Doppelrolle"[1386]: Nr. 4). Die Schwangere selbst kann sich nicht als Teilnehmerin nach § 218c StGB strafbar machen (§ 218c II StGB).

4. § 219a StGB (Werbung für den Schwangerschaftsabbruch)

Das abstrakte Gefährdungsdelikt des § 219a StGB will verhindern, dass der Schwangerschaftsabbruch in der Öffentlichkeit als etwas Normales dargestellt und kommerzialisiert wird[1387] und stellt daher das öffentliche, während einer Versammlung erfolgende oder durch das Verbreiten von Schriften (Bekanntgabeerfordernis) seines Vermögensvorteils wegen[1388] oder in grob anstößiger Weise (Handlungserfordernis)[1389] erfolgende zumindest bedingt vorsätzliche Anbieten eigener oder fremder Dienste zur Vornahme oder Förderung des Abbruchs

---

1382 Vgl. nur Prütting/*Duttge*, Medizinrecht, § 218b StGB Rn. 7.
1383 Ebenso *Hilgendorf*, in: Arzt/Weber/Heinrich/Hilgendorf, BT, § 5 Rn. 82; Prütting/*Duttge*, Medizinrecht, § 218b StGB Rn. 7: „rechtsgutsirrelevanter Verfahrensverstoß"; Sch/Schr/*Eser*, § 218b Rn. 26; MüKo-StGB/*Gropp*, § 218b Rn. 32; aA (insbesondere mit Blick auf ein abweichendes Rechtsgut: Schutz der Zuverlässigkeit des Feststellungsverfahrens) LK/*Kröger*, § 218b Rn. 18; NK-StGB/*Merkel*, § 218b Rn. 22.
1384 BVerfGE 88, 203 (293).
1385 Diese Aufklärung muss so rechtzeitig erfolgen, dass die Schwangere eine gut überlegte Entscheidung treffen kann: vgl. nur OLG Düsseldorf, NJW-RR 1996, 347. Verzichtet die Schwangere auf eine Beratung, so muss der Arzt zumindest einen ernsthaften Beratungsversuch unternehmen: SSW-StGB/*Momsen/Momsen-Pflanz*, § 218c Rn. 3.
1386 Prütting/*Duttge*, Medizinrecht, § 218c StGB Rn. 7.
1387 *Fischer*, § 219a Rn. 1.
1388 Ausreichend hierbei ist die Erwartung des regulären Honorars: LG Bayreuth, ZfL 2007, 16.
1389 Neutrale öffentliche und unentgeltliche Werbung bleibt straffrei und damit etwa die Werbung der Beratungsstellen: BeckOK-StGB/*Eschelbach*, § 219a Rn. 10.

(§ 219a I Nr. 1 StGB: Verboten ist damit insbesondere die Eigen- oder Fremdwerbung für Abtreibungspraxen!) sowie Mittel, Gegenstände (z. B. Absauginstrumente) oder Verfahren (§ 219a I Nr. 2 StGB) zur Vornahme eines illegalen oder straffreien Schwangerschaftsabbruchs unter Strafe, sofern nicht nur Ärzte oder Beratungsstellen unterrichtet (§ 219a II StGB) oder Mittel nur gegenüber Ärzten oder Befugten (z. B. Apothekern) angepriesen werden (§ 219a III StGB).

5. § 219b StGB (Inverkehrbringen von Mitteln zum Schwangerschaftsabbruch)

230 Das abstrakte Gefährdungsdelikt des § 219b StGB möchte im Vorfeld des § 218 StGB strafbare Schwangerschaftsabbrüche (vor allem durch Laienabtreiber) verhindern[1390], indem das vorsätzliche, in der Absicht der Förderung einer rechtswidrigen Tat nach § 218 StGB erfolgende Inverkehrbringen (iSd § 4 XVII AMG, wenngleich mit dem Erfordernis des Entlassens aus dem eigenen Gewahrsam[1391]) von zum Schwangerschaftsabbruch objektiv geeigneten Mitteln oder Gegenständen (einschließlich Abtreibungspillen) unter Strafe gestellt wird.

§ 9 Verletzung der ärztlichen Schweigepflicht

231 Die ärztliche Schweigepflicht gilt seit Jahrtausenden[1392] als „Kernstück der ärztlichen Berufsethik"[1393] und stellt einen „tragenden Pfeiler der Arzt-Patienten-Beziehung" dar[1394], muss und darf doch derjenige, der sich in ärztliche Behandlung begibt, als Ausdruck seiner Menschenwürde wie seines allgemeinen Persönlichkeitsrechts „erwarten, dass alles, was der Arzt im Rahmen seiner Berufsausübung über seine gesundheitliche Verfassung erfährt, geheim bleibt und nicht zur Kenntnis Unberufener gelangt. Nur so kann zwischen Patient und Arzt jenes Vertrauen entstehen, das zu den Grundvoraussetzungen ärztlichen Wirkens zählt, weil es die Chancen der Heilung vergrößert und damit – im Ganzen gesehen – der Aufrechterhaltung einer leistungsfähigen Gesundheitsfürsorge dient"[1395].

I. Verletzung von Privatgeheimnissen (§ 203 StGB)

231a Dennoch ist die praktische Bedeutung des § 203 StGB für eine strafrechtliche Sanktionierung gering, kann sie doch nur vorsätzlich verwirklicht werden, ist ein Geheimnisbruch zum Teil schwer nachweisbar und ist die Norm zudem ein absolutes Antragsdelikt (§ 205 StGB).[1396] Ihre herausgehobene Bedeutung erlangt die Norm vielmehr erst als Verbotsgesetz im Zivilrecht, etwa beim Praxisverkauf[1397] oder bei der Einschaltung externer Abrechnungsstellen[1398], so dass

---
1390 Vgl. nur BeckOK-StGB/*Eschelbach*, § 219b Vor Rn. 1; *Fischer*, § 219b Rn. 1.
1391 Vgl. nur *Fischer*, § 219b Rn. 3; LK/*Kröger*, § 219b Rn. 4; *Laufhütte/Wilkitzki*, JZ 1976, 329 (337).
1392 Sie ist bereits im Corpus Hippocraticum verankert: vgl. *Eberhardt Schmidt*, Arzt, S. 3.
1393 *Ulsenheimer*, Arztstrafrecht, Rn. 858.
1394 Prütting/*Tsambikakis*, § 203 StGB Rn. 1.
1395 BVerfG, NJW 1972, 1123 (1124); vgl. auch BVerfGE 44, 353 (372 f.).
1396 Vgl. hierzu *Braun*, in: Roxin/Schroth, Handbuch, S. 222 (226).
1397 Vgl. nur BGHZ 116, 268 ff.
1398 Vgl. nur BGHZ 115, 123; AG Mannheim, BeckRS 2011, 25262.

die Abtretung einer ärztlichen oder zahnärztlichen Honorarforderung zum Zwecke der Rechnungserstellung und Einziehung nichtig ist, wenn der Patient der damit wegen § 402 BGB erforderlichen Weitergabe seiner Unterlagen nicht zugestimmt hat[1399], da „Abtretung und Informationspflicht untrennbar zusammengehören"[1400]. Prozessual abgesichert wird die Schweigepflicht durch Zeugnisverweigerungsrechte (im Strafprozess: §§ 53 I 1 Nr. 3, 53a StPO; im Zivilprozess: § 383 I Nr. 6 ZPO).

1. Vorbemerkungen

a) Rechtsgut. Geschütztes Rechtsgut ist nach überwiegender Ansicht das Geheimhaltungsinteresse des Einzelnen (wie z. B. des Patienten) als Individualrechtsgut, d. h. die individuelle „informationelle Dispositionsbefugnis"[1401] des von einem Geheimnis Betroffenen, selbst zu entscheiden, wann und innerhalb welcher Grenzen persönliche Lebenssachverhalte offenbart werden.[1402] Ein darüber hinaus gehendendes Allgemeininteresse „Vertrauen der Allgemeinheit" wird – entgegen einiger Stimmen im Schrifttum[1403] sowie einiger Obergerichte[1404] – lediglich mittelbar geschützt[1405], wie insbesondere das Strafantragserfordernis des individuell Verletzten (§ 205 StGB) zeigt.

b) Aufbauschema:

Aufbauschema (§ 203 StGB)

I. Tatbestandsmäßigkeit
  1. Objektiver Tatbestand:
     a) Täter: Berufsperson iSd § 203 I StGB/Amtsträger iSd § 203 II StGB/Gehilfe iSd § 203 III StGB
     b) Tatobjekt
        aa) § 203 I, II 1 StGB
           (1) Fremdes Geheimnis,
           (2) das dem Täter im Rahmen seiner beruflichen/amtlichen Tätigkeit anvertraut worden oder bekannt geworden ist
        bb) § 203 II 2 StGB
           (1) Einzelangaben über persönliche oder sachliche Verhältnisse anderer, die für Aufgaben der öffentlichen Verwaltung erfasst worden sind und
           (2) die dem Täter im Rahmen seiner beruflichen/amtlichen Tätigkeit anvertraut worden oder bekannt geworden ist (§ 203 II 2 StGB)

1399 Vgl. nur BGH, NJW 2014, 141 (142).
1400 OLG Koblenz, BeckRS 2014, 07763.
1401 NK-StGB/*Kargl*, § 203 Rn. 4.
1402 BT-Drs. 7/550, S. 235; BGHZ 115, 123 (125); BGHZ 122, 115 (117); OLG Oldenburg, NJW 1992, 758; OLG Hamburg, NStZ 1998, 358; OLG Dresden, NJW 2007, 3509 (3510); *Fischer*, § 203 Rn. 2; *Heghmanns/Niehaus*, NStZ 2008, 57 (60); NK-StGB/*Kargl*, § 203 Rn. 3; Spickhoff/*Knauer/Brose*, Medizinrecht, §§ 203–205 StGB Rn. 1.
1403 So *Cramer*, Strafprozessuale Verwertbarkeit ärztlicher Gutachten aus anderen Verfahren (1995), S. 50; *Henssler*, NJW 1994, 1817 (1819 f.); für ein doppeltes Rechtsgut: SSW-StGB/*Bosch*, § 203 Rn. 1; MüKo-StGB/*Cierniak/Pohlit*, § 203 Rn. 5.
1404 So etwa OLG Köln, NStZ 1983, 412 (413); OLG Karlsruhe, NJW 1984, 676.
1405 Ebenso *Fischer*, § 203 Rn. 2.

> c) Tathandlung: offenbaren
> d) Evtl. Qualifikation, § 203 V Var. 1 StGB: Handeln gegen Entgelt
> 2. Subjektiver Tatbestand
>   a) Vorsatz
>   b) Evtl. Qualifikation, § 203 V Var. 2 StGB: Bereicherungs- oder Schädigungsabsicht
> II. Rechtswidrigkeit: Unbefugtheit
> III. Schuld
> IV. Strafantrag, § 205 StGB

2. Objektiver Tatbestand

233 a) **Täterqualifikation.** § 203 StGB ist ein Sonderdelikt, das täterschaftlich[1406] nur von Personen begangen werden kann, die zum Zeitpunkt des Anvertrauens oder sonstigen Bekanntwerdens des Geheimnisses[1407] Berufspersonen iSd § 203 I StGB, Amtsträgern iSd § 203 II StGB oder Gehilfen iSd § 203 III StGB sind[1408]; für nicht schweigepflichtige Teilnehmer gilt § 28 I StGB (obligatorische Strafmilderung)[1409]. Für den arztstrafrechtlichen Bereich sind hierbei folgende Personengruppen erfasst:

§ 203 I Nr. 1 StGB erfasst Ärzte (§ 2 BÄO) inklusive Pathologen[1410], Zahnärzte (§ 1 I ZahnheilkG), Tierärzte (§ 3 BTÄO), Apotheker (§ 2 BApO) und Angehörige eines anderen Heilberufs, „der für die Berufsausübung oder die Führung der Berufsbezeichnung eine staatlich geregelte Ausbildung erfordert", wie Krankenschwester oder -pfleger (§ 1 KrPflG), Hebammen (§ 1 HebG), Physiotherapeuten, Rettungsassistenten, Diät-Assistenten, Krankengymnasten (§ 16 MPhG), Logopäden oder Masseure, nicht aber Inhaber von Zahnlaboren, die keinen Heilberuf ausüben[1411], und auch nicht Heilpraktiker, da für diese keine staatliche Berufsausbildung vorausgesetzt wird.[1412] Obwohl § 203 I StGB an den jeweiligen Status anzuknüpfen scheint, wird die Norm vom Schutzzweck her überwiegend so weit interpretiert, dass es auf die jeweilige Funktion ankommt und damit auch derjenige „als Arzt" ein Geheimnis anvertraut bekommen hat, deren Approbation unwirksam erteilt oder entzogen wurde, der mit einem Berufsverbot (§ 70 StGB) belegt wurde oder schlicht ein Hochstapler ist, der nach außen hin aber als Arzt aufgetreten ist, kann ein Patient die jeweilige Stellung doch zumeist nicht selbst überprüfen und bekommt der nur scheinbare

---

1406 Ein nicht Schweigepflichtiger kann sich auch nicht eines gutgläubigen Schweigepflichtigen als Werkzeug in mittelbarer Täterschaft bedienen: BGHSt. 4, 355 (359).
1407 Vgl. nur NK-StGB/*Kargl*, § 203 Rn. 28; Spickhoff/*Knauer/Brose*, Medizinrecht, §§ 203–205 StGB Rn. 7.
1408 Die jeweiligen Kataloge sind abschließend: *Fischer*, § 203 Rn. 11; *Schünemann*, ZStW 90 (1978), 11 (51).
1409 So die h.M.: MüKo-StGB/*Cierniak/Pohlit*, § 203 Rn. 141; *Fischer*, § 203 Rn. 49; NK-StGB/*Kargl*, § 203 Rn. 86; *Lackner/Kühl/Heger*, § 203 Rn. 2; LK/*Schünemann*, § 203 Rn. 160; aA, weil die Pflichtenstellung als tatbezogenes Merkmal interpretierend: *Gössel/Dölling*, BT 1, § 37 Rn. 181.
1410 *Laufs*, NJW 1980, 1315 (1319).
1411 OLG Köln, VersR 2012, 62 und BeckRS 2011, 23355.
1412 Vgl. zu den Beispielen nur MüKo-StGB/*Cierniak/Pohlit*, § 203 Rn. 31; *Fischer*, § 203 Rn. 12; *Prütting/Tsambikakis*, Medizinrecht, § 203 StGB Rn. 8; BeckOK-StGB/*Weidemann*, § 203 Rn. 15.

Arzt wie ein approbierter Arzt vom Patienten ein Geheimnis anvertraut.[1413] § 203 I Nr. 2 StGB erweitert die Täterstellung auf Berufspsychologen mit staatlich anerkannter wissenschaftlicher Abschlussprüfung (Diplom oder Promotion im Hauptfach Psychologie)[1414], § 203 I Nr. 4a StGB auf Mitglieder oder Beauftragte einer anerkannten Schwangerschaftskonflikt-Beratungsstelle (§§ 3 und 8 SchKG) – worunter Berater einer Babyklappeneinrichtung, mit dem der Kontakt erst nach der Geburt hergestellt wird[1415], oder Mitarbeiter des deutschen Kinderschutzbundes e.V. jedoch nicht fallen[1416] – und § 203 I Nr. 6 StGB auf Angehörige eines Unternehmens der privaten Kranken-, Unfall- und Lebensversicherung sowie einer privatärztlichen, steuerberaterlichen oder anwaltlichen Verrechnungsstelle einschließlich selbstständiger Versicherungsvertreter[1417], angesichts des klaren Wortlauts aber wohl nicht auf Mitarbeiter gewerblicher Verrechnungsstellen (wie Factoring-Stellen)[1418].

§ 203 III 2 StGB erweitert den Kreis tauglicher Täter schließlich auf die berufsmäßig tätigen Gehilfen der in § 203 I StGB Genannten und die Personen, die bei ihnen zur Vorbereitung auf den Beruf tätig sind. Hierunter fallen beispielsweise Sprechstundenhilfen, Pflegepersonal, medizinisch-technische Assistenten, medizinische Mitarbeiter im Krankenhaus oder die Krankenhausleitung, aber auch Medizinstudenten[1419], nicht jedoch Personen, die nicht in den organisatorischen und weisungsgebundenen internen Bereich der vertrauensbegründenden Sonderbeziehung einbezogen sind[1420] (z. B. Reinigungskräfte und Pförtner oder von einem Zahnarzt hinzugezogene Zahntechniker[1421]). Den Personen des Absatzes 1 stehen nach § 203 III 3 StGB zudem jene Personen gleich, die das Geheimnis vom verstorbenen Geheimnisträger oder nach deren Tod aus deren Nachlass erlangt haben.

Zum Personenkreis nach **§ 203 II StGB** zählen insbesondere Amtsträger (**Nr. 1**: § 11 I Nr. 2 StGB) und damit Angestellte kommunaler Krankenhäuser oder Universitätskliniken.[1422]

1413 So *Braun*, in: Roxin/Schroth, Handbuch, S. 222 (227); Spickhoff/*Knauer/Brose*, Medizinrecht, §§ 203–205 StGB Rn. 8; LK/*Schünemann*, § 203 Rn. 59; Prütting/*Tsambikakis*, Medizinrecht, § 203 StGB Rn. 9.
1414 Vgl. nur BT-Drs. 7/550, S. 239; BayObLG, NStZ 1995, 187 f.; *Fischer*, § 203 Rn. 13; *Kühne*, NJW 1977, 1478 ff.
1415 Vgl. LG Köln, NStZ 2002, 332 f.
1416 Vgl. OLG Stuttgart, NJW 2006, 2197.
1417 So OLG Stuttgart, BeckRS 2009, 10924.
1418 Für eine verbotene Analogie daher Spickhoff/*Knauer/Brose*, Medizinrecht, §§ 203–205 StGB Rn. 18; *Lackner/Kühl/Heger*, § 203 Rn. 6; Prütting/*Tsambikakis*, Medizinrecht, § 203 StGB Rn. 15; BeckOK-StGB/*Weidemann*, § 203 Rn. 20.1; aA OLG Stuttgart, NJW 1987, 1490 f.; SSW-StGB/*Bosch*, § 203 Rn. 17; MüKo-StGB/*Cierniak/Pohlit*, § 203 Rn. 37; NK-StGB/*Kargl*, § 203 Rn. 36; Sch/Schr/*Lenckner/Eisele*, § 203 Rn. 41.
1419 Vgl. zu den Beispielen nur SSW-StGB/*Bosch*, § 203 Rn. 28; *Fischer*, § 203 Rn. 21a; Prütting/*Tsambikakis*, Medizinrecht, § 203 StGB Rn. 19 ff.; für den Verwaltungsleiter offen lassend BGH, NJW 2015, 2652 (dafür OLG Oldenburg, NJW 1982, 2615 [2616]; dagegen MüKo-StGB/*Cierniak/Pohlit*, § 203 Rn. 122).
1420 Vgl. zu diesem Kriterium nur *Fischer*, § 203 Rn. 21; aA *Heghmanns/Niehaus*, NStZ 2008, 57 (61 f.), die auf das Vorhandensein einer effektiveren Kontroll- und Steuerungsmacht abstellen.
1421 OLG Köln, BeckRS 2011, 24394 und BeckRS 2011, 23355; LBG für Zahnärzte Stuttgart, NJW 1975, 2255 f.; NK-StGB/*Kargl*, § 203 Rn. 38.
1422 Vgl. nur Spickhoff/*Knauer/Brose*, Medizinrecht, §§ 203–205 StGB Rn. 19; Prütting/*Tsambikakis*, Medizinrecht, § 203 StGB Rn. 26.

235 b) **Tatobjekt.** Tatgegenstand ist ein fremdes Geheimnis, das nur für die Fälle des § 203 II StGB erweitert wird um Einzelangaben über persönliche oder sachliche Verhältnisse (§ 203 III 2 StGB). Beides muss dem Täter gerade in seiner täterqualifizierenden Stellung anvertraut oder sonst bekanntgeworden sein.

> **Fall 61** (Abwandlung von LG Berlin, NStZ 1999, 86): Die Staatsanwaltschaft ermittelt gegen den Beschuldigten U, dem Eigentümer einer Wohnung, in der eines Abends aus bisher ungeklärten Gründen ein Brand ausgebrochen war. Der Bewohner W erlitt eine Kohlenmonoxid-Vergiftung mit schwerem, hypotoxischem Hirnschaden. W konnte zwar reanimiert werden, verblieb jedoch in komatösen Zustand und starb drei Monate später, ohne das Bewusstsein wiedererlangt zu haben. Dr. N stellte den Leichenschauschein aus; eine Obduktion wurde nicht vorgenommen. Auf deren Begehren übersandte Dr. N der Staatsanwaltschaft eine Kopie des Leichenschauscheins inklusive der Angaben zur Art des Todeseintritts, zur Todesursache, ob eine Vergiftung vorlag und ob eine Leichenöffnung vorgesehen war. Strafbarkeit des Dr. N?

235a aa) **Geheimnis:** Unter einem Geheimnis versteht die überwiegende Ansicht mit dem dreigliedrigen Geheimnisbegriff (1) Tatsachen, die nur einem Einzelnen oder einem beschränkten Kreis von Personen bekannt (also „geheim") sind, (2) an deren Geheimhaltung ein sachlich begründetes Geheimhaltungsinteresse des Betroffenen besteht und (3) die nach dem erkennbaren Willen des Betroffenen geheim gehalten werden sollen.[1423] Bezugspunkt sind hierbei mit Tatsachen dem Beweis zugängliche Vorgänge oder Zustände der Vergangenheit oder der Gegenwart, die sich auf die Person des Betroffenen sowie seine Lebensverhältnisse beziehen[1424]; Werturteile werden selbst nicht erfasst. Allenfalls kann es als Tatsache erfasst werden, dass eine Person eine bestimmte Meinung vertritt, etwa wertende Äußerungen Dritter im Rahmen eines Arztbesuchs oder aus Befundtatsachen gezogene Schlussfolgerungen eines Geheimnisträgers kraft besonderer Sachkunde[1425]. Geheim sind diese Tatsachen nicht mehr, wenn sie einem nicht mehr individualisierbaren Personenkreis bekannt (z. B. Eintrag auf eine Internet-Seite) oder offenkundig (z. B. bei für jedermann erkennbaren Krankheiten wie einer Querschnittslähmung oder Amputation) sind.[1426] Ein nur gerüchteweises Bekanntwerden hindert die Einordnung als Geheimnis nicht[1427]. Ein sachlich begründetes Geheimhaltungsinteresse des Betroffenen, das sich in der Regel in seinem (mutmaßlichen) Geheimhaltungswillen äußern wird[1428], wird wohl nur bei bloßen Bagatellen verneint werden können.[1429] Als Geheimnis anerkannt

---

[1423] Vgl. BGHZ 64, 325 (329); BGH, NJW 1995, 2301; OLG Köln, NJW 2000, 3656; OLG Hamm, NJW 2001, 1957 (1958); OLG Frankfurt a. M., NStZ-RR 2005, 235; OLG Dresden, NJW 2007, 3509; OLG Stuttgart, BeckRS 2009, 10924; NK-StGB/*Kargl*, § 203 Rn. 6 f.; Spickhoff/*Knauer/Brose*, Medizinrecht, §§ 203–205 StGB Rn. 2; *Rengier*, BT II, § 31 Rn. 45; *Schalast/Safran/Sassenberg*, NJW 2008, 1486 (1487); nach anderer Ansicht erlange der Geheimhaltungswille erst auf der Rechtfertigungsebene (Einwilligung oder mutmaßliche Einwilligung) an Bedeutung: *Bock/Wilms*, JuS 2011, 24 (25); SK-StGB/*Hoyer*, § 203 Rn. 11; *Rogall*, NStZ 1983, 1 (6).
[1424] Vgl. nur NK-StGB/*Kargl*, § 203 Rn. 6.
[1425] Vgl. SSW-StGB/*Bosch*, § 203 Rn. 2; NK-StGB/*Kargl*, § 203 Rn. 6; LK/*Schünemann*, § 203 Rn. 20.
[1426] Vgl. nur Spickhoff/*Knauer/Brose*, Medizinrecht, §§ 203–205 StGB Rn. 3.
[1427] BGHSt. 20, 342 (383); *Schmitz*, JA 1996, 772 (774); BeckOK-StGB/*Weidemann*, § 203 Rn. 4.
[1428] So *Fischer*, § 203 Rn. 6.
[1429] Vgl. SSW-StGB/*Bosch*, § 203 Rn. 5; *Rogall*, NStZ 1983, 1 (6).

sind alle Umstände, die der Arzt im Rahmen der Patientenbehandlung in Erfahrung gebracht hat (z. B. Name, Tatsache der Behandlung, Gesundheitszustand des Patienten, Alkohol- und Drogenabhängigkeit, Geschlechtskrankheiten, Testierfähigkeit, Art der Verletzungen, Bestehen einer Schwangerschaft), die Daten der elektronischen Gesundheitskarte wie auch der elektronischen Patientenakte.[1430] Nicht erfasst sind mangels Geheimhaltungsinteresse dagegen die Erkenntnisse, die ein Arzt im Rahmen der Ausführung gesetzlicher Zwangsbefugnisse (§§ 81 ff., 126a StPO) erlangt.[1431] In **Fall 61** handelte Dr. N nicht als vom Patienten beauftragter Arzt, sondern er hatte kraft Gesetzes (§ 87 StPO) die Pflicht, die Leichenschau vorzunehmen und durfte daher der Staatsanwaltschaft nicht nur Auskunft über die Todesursache geben, sondern musste es sogar; eine Strafbarkeit nach § 203 StGB scheidet selbstverständlich aus.[1432]

bb) Fremdheit: Fremd ist ein Geheimnis, wenn es eine andere natürliche oder juristische Person betrifft[1433], so dass die Verschwiegenheitpflicht nicht im Verhältnis zum geschützten Patienten selbst besteht, dem sogar ein Informationsanspruch zukommt (oben Rn. 5a). Der noch nicht geborene Mensch (nasciturus) kann noch kein geschützter Rechtsträger sein; ihn betreffende Informationen (z. B. diagnostiziertes „Down-Syndrom") werden zumeist als Geheimnisse der Schwangeren oder des Erzeugers geschützt.[1434] Dagegen unterfallen minderjährige Patienten mit wachsender Einsichts- und Urteilsfähigkeit durchaus dem Geheimnisschutz, so dass der Arzt im Einzelfall den Eltern gegenüber eine Auskunft grundsätzlich selbst dann verweigern muss, wenn mit diesen der Behandlungsvertrag geschlossen wird (zur Rechtfertigung in diesen Fällen unten Rn. 249).[1435] Nach dem Tod des Betroffenen gilt der Geheimnisschutz vollumfänglich weiter (§ 203 IV StGB) und geht nicht auf die Erben über[1436], so dass Geheimnisse aus dem persönlichen Lebensbereich grundsätzlich (d. h. wenn keine abweichende Willensäußerung des Verstorbenen zu Lebzeiten erfolgte oder kein entsprechender mutmaßlicher Wille ermittelt werden kann) den Erben gegenüber nicht mitgeteilt werden dürfen; einzig für vermögenswerte Geheimnisse wird eine Disposition der Erben erwogen.[1437]

cc) Einzelangaben iSd § 203 II 2 StGB: Dem Geheimnis gleichgestellt sind für die Fälle des § 203 II StGB Einzelangaben über persönliche oder sachliche Verhältnisse anderer Personen, die für Aufgaben der öffentlichen Verwaltung erfasst werden, d. h. in Akten, Karteien oder elektronischen Dateien fixiert sind.[1438] Offenkundige Angaben, d. h. solche, von denen verständige Menschen ohne wei-

---

1430 Vgl. zu diesen Beispielen nur *Braun*, in: Roxin/Schroth, Handbuch, S. 222 (231); NK-StGB/*Kargl*, § 203 Rn. 6 b; Heintschel-Heinegg/*Weidemann*, § 203 Rn. 5.2.
1431 Vgl. nur Prütting/*Tsambikakis*, Medizinrecht, § 203 StGB Rn. 30.
1432 Vgl. hierzu LG Berlin, NStZ 1999, 86 zur Pflicht des Landesstatistikamtes, dem der Leichenschauschein für die Todesursachenstatistik übergeben wurde, eine Kopie an die Staatsanwaltschaft zu senden.
1433 Spickhoff/*Knauer/Brose*, Medizinrecht, §§ 203–205 StGB Rn. 4; Sch/Schr/*Lenckner/Eisele*, § 203 Rn. 8; *Ulsenheimer*, Arztstrafrecht, Rn. 864; BeckOK-StGB/*Weidemann*, § 203 Rn. 7.
1434 *Braun*, in: Roxin/Schroth, Handbuch, S. 222 (235); MüKo-StGB/*Cierniak/Pohlit*, § 203 Rn. 25; NK-StGB/*Kargl*, § 203 Rn. 9.
1435 Vgl. nur *Ulsenheimer*, Arztstrafrecht, Rn. 868.
1436 Vgl. hierzu RGSt. 71, 21 (22); BGH, NJW 1983, 2627 (2628); OLG Naumburg, NJW 2005, 2017 ff.
1437 Vgl. zu diesem Komplex nur BGH, NJW 1983, 2627 (2628); *Lackner/Kühl/Heger*, § 203 Rn. 27.
1438 Vgl. nur *Fischer*, § 203 Rn. 10.

teres Kenntnis haben oder sich aus allgemein zugänglichen Quellen verschaffen können, sind jedoch auch hierbei nicht geschützt.[1439]

238 dd) **Anvertraut/bekannt geworden: Anvertraut** wurde das Geheimnis dem Täter, wenn dieser vom Betroffenen oder einem Dritten (z. B. der Patient berichtet darüber, dass sein Nachbar die gleiche Krankheit habe und beide sich stets austauschen würden) in ein Geheimnis unter ausdrücklicher Auflage des Geheimhaltens oder unter Umständen eingeweiht wurde, aus denen sich eine Pflicht zur Verschwiegenheit ergibt.[1440] **Sonst bekannt geworden** ist das Geheimnis bei einer Kenntniserlangung durch eigene oder fremde Handlungen außerhalb eines „Anvertrauens"[1441], z. B. durch eigene Sachverhaltsaufklärung[1442], selbst bei eigenen rechtswidrigen Handlungen (z. B. bezüglich heimlich vom behandelnden Arzt angefertigter Fotos während einer körperlichen Untersuchung)[1443].

239 Maßgeblich ist jeweils, dass der Täter die Kenntnis gerade „**als**" Funktionsträger, d. h. gerade kraft seiner Berufsausübung und nicht als Privatperson erlangt hat, zwischen der Kenntniserlangung und der beruflichen bzw. amtlichen Tätigkeit also ein innerer Zusammenhang besteht.[1444] Das dem Arzt entgegengebrachte Vertrauen besteht hierbei bereits im Rahmen der Anbahnung des Behandlungsverhältnisses und bezieht sich daher auch auf die Identität einer Begleitperson.[1445] Von einem „inneren Zusammenhang" kann auch dann noch gesprochen werden, wenn der Patient seinem Hausarzt (gerade wegen deren Stellung!) gegen dessen Willen im privaten Rahmen (!) „sein Herz ausschüttet"[1446] oder der Arzt im Rahmen der Anamnese von Krankheiten der Angehörigen Kenntnis erlangt[1447]. Der Bezug zur Berufsstellung fehlt erst dann, wenn der Arzt wie ein beliebiger Dritter – also als Privatperson – Kenntnis erlangt[1448], etwa wenn der Arzt anlässlich eines Hausbesuchs aus privater Neugier heraus (und damit wie eine Privatperson) den Sekretär des Patienten öffnet und darin verwahrte Briefe ohne Einverständnis des Geheimnisgeschützten liest.[1449]

1439 Vgl. BGHSt. 48, 28 (30); *Fischer*, § 203 Rn. 10a; *Schmitz*, JA 1996, 772 (776); BeckOK-StGB/*Weidemann*, § 203 Rn. 11.
1440 Vgl. RGSt. 13, 60 (62); OLG Köln, NStZ 1983, 412; OLG Köln, NJW 2000, 3656; OLG Dresden, NJW 2007, 3509; *Fischer*, § 203 Rn. 8; ausdrücklich gegen die Notwendigkeit einer ausdrücklichen Geheimhaltungsverpflichtung NK-StGB/*Kargl*, § 203 Rn. 12.
1441 *Fischer*, § 203 Rn. 9.
1442 NK-StGB/*Kargl*, § 203 Rn. 15.
1443 Vgl. nur SSW-StGB/*Bosch*, § 203 Rn. 6.
1444 Vgl. nur BGHSt. 33, 148 (150); OLG Köln, NJW 2000, 3656 (3657); *Fischer*, § 203 Rn. 9; *Rengier*, BT II, § 31 Rn. 48.
1445 So BGHSt. 33, 148 (151) zu § 53 StPO.
1446 Vgl. NK-StGB/*Kargl*, § 203 Rn. 14; *Mitsch*, JuS 1989, 964 (967).
1447 Ebenso *Bender*, MedR 2002, 626 (628); für eine komplette Ablehnung der Einbeziehung von Drittgeheimnissen dagegen *Hackel*, NJW 1969, 2257 ff.
1448 SSW-StGB/*Bosch*, § 203 Rn. 8; Spickhoff/*Knauer/Brose*, Medizinrecht, §§ 203–205 StGB Rn. 27.
1449 Beispiel nach *Braun*, in: Roxin/Schroth, Handbuch, S. 222 (237). Geheimnisse, die erst durch eigene Entscheidungen des Täters geschaffen werden, sollen dem Tatbestand nach der Rechtsprechung zwar gleichfalls nicht unterfallen (so OLG Düsseldorf, NJW 2005, 1791 [1798]; OLG Dresden, NJW 2007, 3509), dies überzeugt angesichts des Wortlauts jedoch nicht (ebenso kritisch *Fischer*, § 203 Rn. 9a).

> **Fall 62** (Abwandlung von VG Berlin, NJW 1960, 1410 ff.): K bewarb sich um eine Einstellung in den Behördendienst. Der für die Einstellung zuständige B bat daraufhin das Landesgesundheitsamt um Einsicht in die dort dem Vernehmen nach vorhandenen Vorgänge oder um entsprechende Unterrichtung. Der beim Landesgesundheitsamt tätige Arzt Dr. A, der den K mehrfach behandelt hatte, teilte daraufhin B telefonisch mit, K stehe in Überwachung der Nerven- und Gemütskrankenfürsorge und sei für eine Tätigkeit im Staatsdienst nicht geeignet. Strafbarkeit des Dr. A?

240

Umstritten ist, ob darüber hinaus eine konkrete, **auf Vertrauen beruhende Sonderbeziehung** notwendig sei, so dass bei Behandlungen gegen den Willen des Patienten (z. B. bei amtsärztlicher oder betriebsärztlicher Untersuchung oder bei der Behandlung von Strafgefangenen durch den Anstaltsarzt [§ 158 StVollzG]) eine Schweigepflicht des Arztes nicht bestehe.[1450] Zur Begründung wird zumeist auf den Normzweck des § 203 StGB verwiesen.[1451] Diese restriktive Auslegung, die der eindeutige Wortlaut jedoch gerade nicht voraussetzt, würde den Inhalt dessen, was unter einer Vertrauensbeziehung zu verstehen ist, mit dem aktuellen Geheimhaltungswillen des Betroffenen überfrachten. Mit der herrschenden Meinung[1452] ist es im Falle der unfreiwilligen Behandlung daher für ausreichend zu erachten, wenn der Patient auf die konkrete Nutzung der in Erfahrung gebrachten Tatsachen im Rahmen des konkreten Behandlungsverhältnisses vertraut.[1453] Für **Fall 62** bedeutet dies, dass auch „die den Ärzten des Gesundheitsamtes bekannt gewordenen Untersuchungsergebnisse aus den ärztlichen Berichten" den Ärzten in ihrer beruflichen Stellung anvertraute Geheimnisse darstellen.

c) **Tathandlung: offenbaren**

> **Fall 63** (nach *Bock/Wilms*, JuS 2011, 24 [26]): Zahnarzt Z behandelte in seiner Praxis den in der Nachbarschaft beliebten L. Im Rahmen einer Routineuntersuchung stellte Z bei L erhebliche Zahnschäden fest, die lediglich auf fehlender Mundhygiene beruhen können. Während des Abendessens berichtete Z seiner Ehefrau E beiläufig hiervon, nachdem sie ihn pauschal nach den Ergebnissen seines Tages gefragt hatte. Strafbarkeit des Z?

241

Tathandlung ist das Offenbaren, d. h. jede mündliche, schriftliche oder auf sonstige Weise erfolgende Weitergabe eines zum Zeitpunkt der Tat noch bestehenden Geheimnisses oder einer Einzelangabe und seines jeweiligen Trägers an einen Dritten (und nicht nur an einen Gehilfen des Täters, der nach § 203 III 2 StGB zum „Kreis der Wissenden" zählt[1454]), der diese Tatsachen nicht, nicht in dem Umfange, nicht

---

[1450] So Sch/Schr/*Lenckner/Eisele*, § 203 Rn. 15; *Schmitz*, JA 1996, 772 (776).
[1451] Vgl. nur LK/*Schünemann*, § 203 Rn. 39.
[1452] Vgl. nur BGHSt. 33, 148 (150); OLG Köln, NJW 2000, 3656 (3657); *Fischer*, § 203 Rn. 9; NK-StGB/*Kargl*, § 203 Rn. 16; *Rogall*, NStZ 1983, 413; *Ulsenheimer*, Arztstrafrecht, Rn. 865; *Wessels/Hettinger*, BT 1, Rn. 565.
[1453] Ebenso OLG Köln, NJW 2000, 3656 (3657); *Braun*, in: Roxin/Schroth, Handbuch, S. 222 (238).
[1454] *Ulsenheimer*, Arztstrafrecht, Rn. 873.

in dieser Form oder nicht sicher kennt.[1455] Dies umschließt die Mitteilung an Dritte mit dem Hinweis „vertraulich" oder an einen Familienangehörigen ein[1456], so dass sich Z in **Fall 63** nach § 203 I Nr. 1 StGB strafbar gemacht hat. Die Offenbarung muss die geheime Tatsache und (zumindest aus den Begleitumständen) die Person des Berechtigten umfassen, so dass anonymisierte Mitteilungen[1457] wie Mitteilungen in Fachzeitschriften über medizinisch erhobene Befunde, aus denen die Person des Betroffenen nicht ersichtlich ist[1458], nicht ausreichen, wohl aber das Veröffentlichen von Auszügen der Krankenakte als Werbemaßnahme des Arztes auf dessen Homepage, solange der Patient aufgrund der Informationen identifizierbar bleibt[1459]. Eine Offenbarung durch Unterlassen ist möglich, ergibt sich doch aus der Stellung als Geheimhaltungsverpflichteter regelmäßig eine Garantenstellung. Ob das „Herumliegen lassen" geschützter Schriftstücke, die von Dritten (z. B. Reinigungskraft) gelesen werden, hierfür im Einzelfall ausreicht[1460], ist eine Frage des (zumindest bedingten) Vorsatzes[1461].

Das „Offenbaren" erfasst grundsätzlich auch Mitteilungen an eine andere schweigepflichtige Person und gilt damit auch im Verhältnis von Ärzten untereinander[1462], so dass insbesondere auch ein Praxisverkauf mit der Verpflichtung zur Aktenübergabe gegen § 203 StGB verstößt[1463]. Im Rahmen des § 203 II StGB wird die Weitergabe eines Geheimnisses innerhalb einer Behörde an den zuständigen Mitarbeiter im Rahmen des Dienstbetriebs oder im Rahmen der Erfüllung von Berichtspflichten an die Aufsichtsbehörde nicht erfasst, entspricht dies doch dem Anliegen des Bürgers um entsprechende Befassung der Behörde mit dem Geheimnis.[1464]

242 d) **Qualifikation, § 203 V Var. 1 StGB.** Nach § 203 V Var. 1 StGB wird die Tat qualifiziert, wenn der Täter gegen Entgelt (§ 11 I Nr. 9 StGB) handelt, wofür eine Offenbarung im Rahmen einer vergüteten Tätigkeit jedoch alleine noch nicht ausreicht, sondern gerade der Geheimnisverrat selbst muss gegen die Gewährung

---

1455 Vgl. nur RGSt.38, 62 (65 f.); BayObLG, NJW 1995, 1623 f.; *Fischer*, § 203 Rn. 30 f.; *Rengier*, BT II, § 31 Rn. 50; *Ulsenheimer*, Arztstrafrecht, Rn. 873. Vollendet ist die Tathandlung grundsätzlich mit tatsächlicher Kenntniserlangung, bei Briefen und E-Mails mit der Möglichkeit der Kenntnisnahme: umfassend hierzu NK-StGB/*Kargl*, § 203 Rn. 20 f.
1456 Vgl. nur Sch/Schr/*Lenckner/Eisele*, § 203 Rn. 19a.
1457 Vgl. nur *Fischer*, § 203 Rn. 30; BeckOK-StGB/*Weidemann*, § 203 Rn. 31.
1458 SSW-StGB/*Bosch*, § 203 Rn. 31; NK-StGB/*Kargl*, § 203 Rn. 19a.
1459 LG Schweinfurt, BeckRS 2013, 07714 für den zivilrechtlichen Unterlassungs- und Schmerzensgeldanspruch, von der strafrechtlichen Sanktionierung berichtend.
1460 Dafür: SSW-StGB/*Bosch*, § 203 Rn. 34; *Braun*, in: Roxin/Schroth, Handbuch, S. 222 (239); *Fischer*, § 203 Rn. 30b; *Langkeit*, NStZ 1994, 6; dagegen: NK-StGB/*Kargl*, § 203 Rn. 19a; Sch/Schr/*Lenckner/Eisele*, § 203 Rn. 20.
1461 Zutreffend Spickhoff/*Knauer/Brose*, Medizinrecht, §§ 203–205 StGB Rn. 31.
1462 Vgl. nur BGHZ 116, 268 (273 ff.); BayObLG, NJW 1995, 1623; *Gramberg-Danielsen/Kern*, NJW 1998, 2708 (2709); NK-StGB/*Kargl*, § 203 Rn. 19; *Schöch*, FS Schreiber (2003), S. 437 (438); Spickhoff/*Knauer/Brose*, Medizinrecht, §§ 203–205 StGB Rn. 29; BeckOK-StGB/*Weidemann*, § 203 Rn. 32.
1463 Vgl. nur BGH, NJW 1995, 2026 ff.; BGH, NJW 1996, 2087 f.; BGH, NJW 1999, 1404 (1406); anders ist es freilich, wenn der Erwerber die Geheimnisse aufgrund einer Tätigkeit als Mitarbeiter bereits kannte: vgl. nur BGH, NJW 1997, 188.
1464 OLG Frankfurt a. M., NStZ-RR 1997, 69; OLG Frankfurt a. M., NJW 2003, 2549; LG Bonn, NJW 1995, 2419 (2420); NK-StGB/*Kargl*, § 203 Rn. 22; *Lackner/Kühl/Heger*, § 203 Rn. 21; *Otto*, wistra 1999, 201 (203); BeckOK-StGB/*Weidemann*, § 203 Rn. 32.

eines Vermögensvorteils erfolgen.[1465] Eine entsprechende Einigung genügt, das Entgelt muss nicht bereits tatsächlich geleistet worden sein.[1466]

3. Subjektiver Tatbestand

a) Vorsatz. Der subjektive Tatbestand verlangt einen zumindest bedingten Vorsatz.[1467] Der Täter muss daher wissen, dass es sich um ein Geheimnis oder eine Einzelangabe handelt, die ihm kraft seiner Stellung bekannt geworden ist und die der Geheimnisgeschützte geheim halten möchte, und er muss die tatsächlichen Voraussetzungen des Offenbarens kennen.[1468] Meint der Täter irrig, ein Geheimnis bestehe nicht mehr, d. h. der Empfänger kenne das Geheimnis schon, so liegt ein Tatbestandsirrtum (§ 16 I StGB) vor. Geht er umgekehrt davon aus, ein Geheimnis zu offenbaren, von dem ohne sein Wissen sein Gesprächspartner jedoch bereits Kenntnis hat, so liegt ein strafloser (untauglicher) Versuch vor.

b) Qualifikation, § 203 V Var. 2 StGB. Nach § 203 V Var. 2 StGB wird die Tat auch dann qualifiziert, wenn der Täter in Bereicherungsabsicht (die nicht auf die Erlangung eines rechtswidrigen Vorteils gerichtet zu sein braucht[1469]) oder in der Absicht handelt, einen anderen (der nicht der Geheimnisgeschützte zu sein braucht!ial[1470]) zu schädigen, wobei streitig ist, ob hierbei jeder Nachteil ausreicht (z. B. „Rufmord")[1471], oder ob – wofür ein Vergleich zu den anderen Qualifikationsgründen spricht – zumindest ein Vermögensbezug erforderlich ist.[1472]

4. Rechtswidrigkeit: Unbefugtheit

Die Offenbarung muss „unbefugt" sein, wobei dies nach überwiegender Ansicht nur ein gesetzgeberischer Hinweis darauf ist, dass bei § 203 StGB Rechtfertigungsgründe besonders häufig auftreten können[1473]. Eine Zustimmung des Verfügungsberechtigten schließt daher nicht bereits den Tatbestand aus[1474], sondern wirkt wie jede andere Berechtigung erst als Rechtfertigungsgrund[1475], würden doch ansonsten Fragen der Auslegung des Geheimnisbegriffs und einer Rechtfertigung durch Einwilligung vermengt[1476]. Nimmt der Täter irrig Tatsachen an, bei deren Vorliegen eine Befugnis vorliegen würde (z. B. der Arzt meint, die Verletzungen des untersuchten Kindes beruhten auf einer Misshandlung und er informiert das Jugendamt, während die Verletzungen tatsächlich auf einem Sturz beruhen oder der Arzt glaubt irrig, der Patient habe seine Einwilligung zur Weitergabe erteilt)[1477], so liegt ein Er-

---

1465 Vgl. nur Spickhoff/*Knauer/Brose*, Medizinrecht, §§ 203–205 StGB Rn. 55.
1466 BGH, NStZ 1993, 538 f.; BGH, NStZ 1995, 540; SSW-StGB/*Bosch*, § 203 Rn. 49.
1467 Vgl. nur SSW-StGB/*Bosch*, § 203 Rn. 48; *Fischer*, § 203 Rn. 48.
1468 *Fischer*, § 203 Rn. 48; NK-StGB/*Kargl*, § 203 Rn. 48.
1469 BGH, NStZ 1993, 538 (539); *Fischer*, § 203 Rn. 50; NK-StGB/*Kargl*, § 203 Rn. 83.
1470 *Fischer*, § 203 Rn. 50.
1471 So Spickhoff/*Knauer/Brose*, Medizinrecht, §§ 203–205 StGB Rn. 57; *Lackner/Kühl/Heger*, § 203 Rn. 28; LK/*Schünemann*, § 203 Rn. 164.
1472 So SSW-StGB/*Bosch*, § 203 Rn. 49; SK-StGB/*Hoyer*, § 203 Rn. 64; NK-StGB/*Kargl*, § 203 Rn. 84.
1473 BT-Drs. 7/550, S. 236; *Bock/Wilms*, JuS 2011, 24 (27); NK-StGB/*Kargl*, § 203 Rn. 50.
1474 So aber OLG Köln, NJW 1962, 686 ff.; MüKo-StGB/*Ciernak/Pohlit*, § 203 Rn. 55; *Michael Jakobs*, JR 1982, 359; Spickhoff/*Knauer/Brose*, Medizinrecht, §§ 203–205 StGB Rn. 32; BeckOK-StGB/*Weidemann*, § 203 Rn. 33.
1475 Vgl. nur OLG Schleswig, NJW 1985, 1090 (1092); OLG Köln, NJW 2000, 3656 (3657); *Fischer*, § 203 Rn. 31; NK-StGB/*Kargl*, § 203 Rn. 50; *Rogall*, NStZ 1983, 1 (6); LK/*Schünemann*, § 203 Rn. 93; *Warda*, Jura 1979, 286 (296).
1476 So bereits SSW-StGB/*Bosch*, § 203 Rn. 35.
1477 Beispiele nach NK-StGB/*Kargl*, § 203 Rn. 49.

laubnistatbestandsirrtum vor, der analog § 16 I StGB den Schuldvorsatz entfallen lässt.[1478] Zieht der Täter dagegen aus der richtigen Kenntnis der Umstände den falschen rechtlichen Schluss, er sei zur Offenbarung befugt, liegt ein bloßer (zumeist vermeidbarer) Verbotsirrtum vor.[1479] Als Rechtfertigungsgründe kommen hierbei insbesondere folgende in Betracht:

a) Einwilligung

246 Fall 64 (Abwandlung von AG Mannheim, ZD 2012, 42): Frau B war bei Zahnarzt Dr. Z in Behandlung. Hierbei musste sie eine vorformulierte Abtretungserklärung zugunsten des Abrechnungsunternehmens A-GmbH sowie eine Weiterabtretung an die refinanzierende B-Bank unterzeichnen, in der ausdrücklich der Zugriff der A-GmbH auf die Patientendaten und eine Schweigepflichtentbindung zu deren Gunsten genannt werden, nicht jedoch, dass auch die refinanzierende B-Bank Zugriff zu den Patientendaten und Unterlagen zum Zweck der Forderungseintreibung erhält. Nach der Behandlung tritt Dr. Z seine Honorarforderung gegen B an das Abrechnungsunternehmen ab und übergibt diesem sämtliche Unterlagen. Die A-GmbH reicht diese samt Abtretungserklärung an die B-Bank weiter, die nun von B die Honorarzahlung begehrt. Strafbarkeit von Dr. Z?

Da § 203 StGB das Geheimhaltungsinteresse des Einzelnen schützt, kann derjenige, der über ein ihn selbst betreffendes Geheimnis berichtet[1480], den Täter durch seine Einwilligung von seiner Schweigepflicht bezüglich eines konkret bestimmten Geheimnisses entbinden, sofern er die Bedeutung und Tragweite seiner Entscheidung zu überblicken vermag.[1481] Insbesondere in den Fällen der mit einer Honorarabtretung verbundenen Weitergabe von Patientenakten (wie in **Fall 64**) obliegt es dem Arzt, eine ausdrückliche Einwilligung des Patienten einzuholen.[1482] Obgleich es inzwischen längst keine Seltenheit mehr ist, dass Arztpraxen ihre Honorarforderungen an gewerbliche Abrechnungsstellen abtreten, kann auch und gerade im Hinblick auf die Höchstpersönlichkeit der Daten keine Rede davon sein, dass ein Patient stets damit rechnen muss, dass seine Daten im Zusammenhang mit einer Abtretung der ärztlichen Honorarforderung an Dritte weitergegeben werden; eine derartige zur Verkehrssitte erstarkte Üblichkeit besteht nicht.[1483] Dies verlangt jedoch, dass für den Patienten „eindeutig und zweifelsfrei" erkennbar ist, „dass dem Zessionar zu diesem Zweck sämtliche zur Erstellung der Abrechnung erforderlichen Behandlungsdaten vom behandelnden Arzt zu überlassen sind"[1484]. Hieran fehlte es in **Fall 64**, da nicht erkennbar war, dass auch die B-Bank die sensiblen Patientendaten und Unterlagen erhalten sollte.

247 Bei **Drittgeheimnissen**, also wenn die anvertrauende Person von einem Geheimnis berichtet, das eine andere Person betrifft (z. B. der Patient berichtet, seine

---

1478 Vgl. nur OLG Koblenz, NStE Nr. 5 zu § 203 StGB; SSW-StGB/*Bosch*, § 203 Rn. 48; NK-StGB/*Kargl*, § 203 Rn. 49; BeckOK-StGB/*Weidemann*, § 203 Rn. 46.
1479 Vgl. BayObLG, NStZ 1995, 187 (188); *Fischer*, § 203 Rn. 48.
1480 Vgl. nur OLG Karlsruhe, NJW 1960, 1392; *Braun*, in: Roxin/Schroth, Handbuch, S. 222 (242).
1481 Vgl. nur NK-StGB/*Kargl*, § 203 Rn. 52; *Sieber*, FS Eser (2005), S. 1155 (1170).
1482 Vgl. allgemein BGHZ 115, 123 (128); BGH, NJW 1991, 2955 (2957).
1483 BGHZ 115, 123 (124 ff.); LG Mannheim, ZD 2015, 183 (184).
1484 AG Mannheim, BeckRS 2011, 25262 (zur Nichtigkeit der Abtretungserklärung nach § 134 BGB).

Mutter habe eine Erbkrankheit und er befürchte nun, auch betroffen zu werden), ist umstritten, wen die Einwilligungsbefugnis trifft: Nach einer Ansicht sei dies die anvertrauende Person alleine (im Beispiel: der Patient)[1485], denn wenn er das Geheimnis einem anderen (dem Arzt) straflos mitteilen könne, so könne er auch „durch Ausplauderung" andere hierzu ermächtigen. Nach anderer Sichtweise sind sowohl der Anvertrauende wie auch der vom Geheimnis Betroffene einwilligungsbefugt.[1486] Dem Schutzzweck der Norm entsprechend wird man jedoch mit einer letzten Ansicht alleine den vom Geheimnis Betroffenen (im Beispiel: die Mutter) als einwilligungsbefugt ansehen müssen.[1487]

Eine **konkludent erteilte Einwilligung** kann angenommen werden, „wenn die Inanspruchnahme des Schweigepflichtigen speziell im Hinblick auf die von einem Dritten verlangten Informationen erfolgt […], aber auch dann, wenn der Betreffende weiß, dass der Schweigepflichtige nur mit Hilfe Dritter für ihn wirksam tätig werden kann", „dessen Tätigkeit üblicherweise mit der Einschaltung anderer Personen verbunden ist"[1488], der an Abläufen mitwirkt, die ihrer Natur nach das Offenbaren von Geheimnissen voraussetzen[1489], oder insbesondere, wenn das Offenbaren sogar dem Zweck der Inanspruchnahme des Schweigepflichtigen entspricht, etwa bei Mitteilungen an den gesetzlichen Vertreter urteilsunfähiger minderjähriger Patienten[1490].

248

> **Fall 65** (nach OLG Düsseldorf, GesR 2008, 587 ff.): Wegen einer Alkoholerkrankung des Mitarbeiters K füllte Dr. D, der für ihn zuständige Betriebsarzt, eine „Anmeldung zur Motivationsbehandlung" aus (ohne anzugeben, ob er selbst K wegen der Alkoholerkrankung behandelt hat oder nur die fragliche Therapie vermittelte), übersandte dieses an das Krankenhaus, in deren teilstationärer Behandlung sich K nach einer Terminabsprache über Dr. D daraufhin begab. Den ihn dort behandelnden Krankenhausarzt Dr. A entband er mit ausdrücklicher formularmäßiger Erklärung von deren Schweigepflicht gegenüber der Bundesversicherungsanstalt für Angestellte, die Krankenkasse des K sowie den Hausarzt von K, Dr. F; Dr. D wird dagegen nicht erwähnt. Nach Abschluss der Behandlung übersandte Dr. A den 13-seitigen Entlassungsbericht mit der Krankengeschichte sowie der erfolgten Behandlung an Dr. D, da die Weitergabe eines derartigen Berichts an den einweisenden Arzt eine übliche Verfahrensweise sei, die jedem Patienten bekannt sei. Strafbarkeit des Dr. A?

Wird ein Patient von einem anderen Arzt in ein Krankenhaus eingewiesen oder an einen Facharzt überwiesen, so liegt grundsätzlich eine „offensichtliche stillschweigende Einwilligung" des Patienten zur Befreiung des Krankenhausarztes bzw. Facharztes von der Schweigepflicht gegenüber dem einweisenden bzw. überweisenden

---

[1485] So OLG Köln, NStZ 1983, 412 (413); SSW-StGB/*Bosch*, § 203 Rn. 38; *Schmitz*, JA 1996, 949 (952).
[1486] So *Braun*, in: Roxin/Schroth, Handbuch, S. 222 (243); *Fischer*, § 203 Rn. 34; *Krauß*, ZStW 97 (1985), 81 (113 f.); Sch/Schr/*Lenckner/Eisele*, § 203 Rn. 23; LK/*Schünemann*, § 203 Rn. 99; *ders.*, ZStW 90 (1978), 11 (57 f.).
[1487] Ebenso OLG Hamburg, NJW 1962, 689 (691); MüKo-StGB/*Cierniak/Pohlit*, § 203 Rn. 77; NK-StGB/*Kargl*, § 203 Rn. 55; *Rogall*, NStZ 1983, 413 (414).
[1488] OLG Karlsruhe, NStZ 1994, 141 (142).
[1489] *Fischer*, § 203 Rn. 33.
[1490] NK-StGB/*Kargl*, § 203 Rn. 58.

Arzt vor, um diesem eine wirksame Weiter- und Nachbehandlung zu ermöglichen.[1491] Ob eine solche konkludente Einwilligung anzunehmen ist, ist jedoch in jedem Einzelfall anhand einer Gesamtwürdigung der Einzelumstände zu entscheiden. In **Fall 65** spricht gegen eine stillschweigende Einwilligung, dass Dr. D in der ausdrücklichen Schweigepflichtentbindungserklärung nicht genannt wird: „Gerade dann, wenn ein Patient seinen Behandler durch eine ausdrückliche und zudem schriftliche Erklärung von der Schweigepflicht gegenüber bestimmten anderen Institutionen, Ärzten und sonstigen Personen entbunden hat, ist Zurückhaltung geboten bei der Annahme, dass daneben noch eine stillschweigende Einwilligung des Patienten in die Weitergabe seiner Behandlungsunterlagen an andere, in der ausdrücklichen schriftlichen Erklärung nicht genannte Personen und Institutionen bestehe. Denn der Zweck einer in Schriftform erteilten Entbindung von der Schweigepflicht besteht gerade darin, zwischen dem Patienten und seinem Behandler eindeutig und nicht zuletzt für den Behandler beweissicher zu klären, an wen Informationen und Unterlagen über die Behandlung weitergeleitet werden dürfen. Im Zweifel wird [daher] davon auszugehen sein, dass die ausdrückliche schriftliche Erklärung über die Entbindung von der Schweigepflicht vollständig und abschließend ist."[1492] Dr. A hat sich somit nach § 203 I Nr. 1 StGB strafbar gemacht. Sein Irrtum, hierzu befugt zu sein, stellt lediglich einen vermeidbaren Verbotsirrtum dar (§ 17 I StGB).

Fall 66 (nach OLG Karlsruhe, NStZ 1994, 141 f.): Frau F war am 7.9. beim Allgemeinmediziner Dr. A, der Frau F wegen einer Infektion der oberen Atemwege eine Arbeitsunfähigkeit bis zum 13.9. attestierte; die Art der Erkrankung war in dem Attest nicht näher bezeichnet. Am 10.9. fand vor dem Landgericht gegen Frau F eine Berufungsverhandlung statt. In dieser erschien F nicht, sondern übersandte das besagte Attest und führte aus, sie könne zur Hauptverhandlung nicht erscheinen. Daraufhin rief der Vorsitzende der Strafkammer Dr. A an und erkundigte sich nach der Erkrankung der Frau F. Hierüber erteilte ihm Dr. A erschöpfende Auskunft und führte aus, Frau F leide an einer Infektion der oberen Atemwege, sie habe jedoch trotz dieser Erkrankung an der Hauptverhandlung teilnehmen können. Die Arbeitsunfähigkeitsbescheinigung habe er nicht im Hinblick auf das Gerichtsverfahren abgegeben, Frau F habe ihn im Hinblick auf eine mögliche Inanspruchnahme zu Pflichtarbeit durch das Sozialamt um deren Ausstellung gebeten. Hierauf verwarf das Landgericht die Berufung der F gemäß § 329 I StPO. Strafbarkeit des Dr. A?

Das Attest war ohne Angabe der Zumutbarkeit des Erscheinens bei Gericht für F erkennbar zur Vorlage bei Gericht dafür unbrauchbar, dass das Gericht nur auf dieser Grundlage im Rahmen der Berufungsverwerfung nach § 329 I StPO im Wege des Freibeweises[1493] feststellen konnte, ob das Fernbleiben genügend entschuldigt war. Das Gericht war daher erkennbar auch im Interesse der Frau

---

1491 Vgl. nur BGH, NJW 1983, 350 f.; OLG München, NJW 1993, 797; OLG Hamm, MedR 1995, 328 f.; *Fischer*, § 203 Rn. 33; NK-StGB/*Kargl*, § 203 Rn. 58; aA *Ulsenheimer*, Arztstrafrecht, Rn. 877: bereits tatbestandlich keine Schweigepflicht dem einweisenden Arzt gegenüber.
1492 OLG Düsseldorf, GesR 2008, 587 (589).
1493 Vgl. OLG Köln, NJW 1982, 2617; *Meyer-Goßner/Schmitt/Meyer-Goßner*, StPO, § 329 Rn. 20.

F verpflichtet, nähere Erkundigungen bei Dr. A einzuholen, so dass von einer konkludenten Einwilligung auszugehen ist.[1494]

Eine konkludente Einwilligung sollte jedoch nur zurückhaltend angenommen werden, um das Selbstbestimmungsrecht des vom Geheimnis Betroffenen nicht „mit Erwägungen der Sachgerechtigkeit und inneren Notwendigkeit"[1495] auszuhebeln. Keine konkludent erteilte Einwilligung wird daher im bloßen Abschluss eines Behandlungsvertrages im Hinblick auf die Mitteilung der Patientendaten und Befunde an eine externe Verrechnungsstelle[1496] oder an eine Versicherung[1497] gesehen oder im bloßen Geschehenlassen einer betriebsärztlichen Untersuchung im Hinblick auf die Mitteilung von Einzelbefunden an den Arbeitgeber[1498].

Eine **mutmaßliche Einwilligung** (ausführlich hierzu bereits oben Rn. 66 ff.) kommt dort in Betracht, wo der Patient „zweifelsfrei und erkennbar kein Interesse an der Wahrung des Geheimnisses hat oder nicht rechtzeitig befragt werden kann"[1499], insbesondere bei einer Benachrichtigung naher Angehöriger über den Gesundheitszustand des einwilligungsunfähigen Patienten[1500].

b) Rechtfertigender Notstand (§ 34 StGB)

> **Fall 67** (nach RGSt. 38, 62 ff.): Arzt A erfuhr von der verheirateten I, als diese ihr Kind bei ihm impfen ließ, dass ihre Kinder, die auch im Haus der Witwe W wohnten, mit deren Tochter intim verkehrten. A hielt es deshalb für seine Pflicht, die I vor der Ansteckung ihrer Kinder und insbesondere des Impflings durch die Berta W. zu warnen. Zu diesem Zweck teilte er ihr mit, dass Berta an einer „ansteckenden Krankheit" leide. Als I erwiderte „Ich kann es mir schon denken, was die Sau wieder hat, sie kommt ja keine Nacht vor 3–4 Uhr nach Hause und läuft jetzt auch immer zum Doktor", äußerte A weiter: „Na wenn Sie meinen, es wäre etwas wie Syphilis, dann nehmen Sie sich in acht". Dieses Gespräch teilte I einer anderen Hausbewohnerin mit, die sodann im ganzen Haus verbreitete, dass Berta W an Syphilis leide. Strafbarkeit des A?

250

Ein Recht zur Offenbarung besteht nach § 34 StGB dann, wenn dies zum Schutz eines höherrangigen Rechtsguts erforderlich ist und das geschützte Rechtsgut das beeinträchtigte Rechtsgut (Geheimhaltungsinteresse des Betroffenen) wesentlich überwiegt. Eine allgemeine Pflicht des einen infizierten Patienten behandelnden Arztes, gefährdete Personen hierüber aufzuklären, besteht zwar nicht[1501], kann sich jedoch im Einzelfall ergeben, wenn der Arzt zuvor alles Mögliche und ihm Zumutbare getan hat, um die infizierte Person selbst zur Aufklärung der gefährdeten Personen zu veranlassen und andere wirksame Möglichkeiten zur Verhütung der Infizierung weiterer Personen nicht bestehen. In **Fall 67** hätte es wohl ausgereicht,

---

1494 Vgl. OLG Karlsruhe, NStZ 1994, 141 f.; OLG Frankfurt a. M., NStZ-RR 2005, 237 f.
1495 SSW-StGB/*Bosch*, § 203 Rn. 37.
1496 BGHZ 115, 123 (128); BGHZ 116, 268 (273); OLG Karlsruhe, NJW 1998, 831 f.
1497 *Weichert*, NJW 2004, 1695 (1699).
1498 Vgl. *Jung*, NJW 1985, 2729 (2731); *Klöcker*, MedR 2001, 183 (185 f.).
1499 BGH, NJW 1991, 2955 (2956).
1500 Vgl. nur BGH, NJW 1983, 2627 ff.; OLG Naumburg, NJW 2005, 2017 (2018); *Lackner/Kühl/Heger*, § 203 Rn. 19; *Ulsenheimer*, Arztstrafrecht, Rn. 887.
1501 Ebenso *Arloth*, MedR 1986, 295 (298); *Bruns*, StV 1987, 504 (506); *Fischer*, § 203 Rn. 47; *Langkeit*, Jura 1990, 452 (459 f.); *Laufs/Laufs*, NJW 1987, 2257 (2264 f.).

mitzuteilen, dass es sich um eine ansteckende Krankheit handelte, die Benennung der Krankheit war nicht notwendig; eine Rechtfertigung nach § 34 StGB ist daher abzulehnen. Die gleichen Grundsätze gelten für einen Arzt, der einen AIDS-Kranken behandelt.[1502] Erst wenn der Arzt hinsichtlich einer der gefährdeten Personen eine Garantenstellung innehat (z. B. beim Anstaltsarzt im Straf- oder Maßregelvollzug, wenn andere Gefangene gefährdet sind) und ein hinreichender Schutz nicht auf andere Weise erreicht werden kann, kann sich die Garantenstellung bzw. der Behandlungsvertrag zur gefährdeten Person sogar (von einer bloßen Offenbarungsbefugnis) zu einer Offenbarungspflicht verdichten.[1503]

251 Eine Rechtfertigung aus § 34 StGB ergibt sich auch für Offenbarungen zur gerichtlichen Durchsetzung von Honoraransprüchen des Schweigepflichtigen[1504] oder von Name und Adresse eines Mitpatienten zur Durchsetzung von Schadensersatzansprüchen wegen vorsätzlicher Körperverletzung[1505] oder zur Abwendung der Gefahr einer unbegründeten strafrechtlichen Verfolgung[1506] oder für die Mitteilung sexueller Übergriffe eines Heimleiters auf einen Heimbewohner zur Abwendung einer gegenwärtigen Suizidgefahr[1507]. Gleiches gilt, wenn der Arzt trotz eingehender Belehrung über die eingeschränkte Fahreignung des Patienten infolge seiner Erkrankung oder der Einnahme von Medikamenten diesen nicht davon abhalten kann, am Straßenverkehr teilzunehmen. Dann „darf der Arzt, um eine akute Gefährdung der Allgemeinheit zu verhindern, die Verkehrsbehörde benachrichtigen"; denn „bei dem Umfang des heutigen Verkehrs überwiegt das Interesse daran, fahruntaugliche Personen aus dem Verkehr auszuschalten, gegenüber dem Interesse des Einzelnen und der Allgemeinheit an der Geheimhaltung durch den Arzt"[1508]. Allerdings hat der Arzt die Mitteilung „auf das unbedingt Notwendige zu beschränken" und darf etwa neben einer Mitteilung der Diagnose sowie der eigenen Zweifel nicht auch die erste Seite des Klinik-Entlassungsberichts übersenden.[1509]

252 c) **Gesetzliche Offenbarungspflichten.** Eine Befugnis zur Offenbarung von Geheimnissen ergibt sich in der Praxis zumeist aus gesetzlichen Offenbarungspflichten, insbesondere aus §§ 6 ff. IfSG, § 16 III RöV, § 182 II 2 StVollzG oder § 11 IV TPG. Keine Offenbarungspflicht folgt dagegen aus der Zeugnispflicht, da dem Schweigepflichtigen ein Zeugnisverweigerungsrecht (§§ 53, 53a StPO) zusteht.

5. Deliktsrechtliche Besonderheiten

253 a) **Strafantrag, § 205 StGB.** Die Verletzung des § 203 StGB wird gemäß § 205 I 1 StGB nur auf Antrag (§§ 77 ff. StGB) verfolgt. Antragsberechtigt ist der Träger

---

1502 Vgl. OLG Frankfurt a. M., NStZ 2001, 149 f.; Spickhoff/*Knauer/Brose*, Medizinrecht, §§ 203–205 StGB Rn. 43; *Spickhoff*, NJW 2000, 848 f.; *Ulsenheimer*, Arztstrafrecht, Rn. 892; vgl. auch EuGH, NJW 2010, 1865 ff.
1503 Vgl. *Fischer*, § 203 Rn. 47; NK-StGB/*Kargl*, § 203 Rn. 65.
1504 Vgl. BGHSt. 1, 366 (368); BGHZ 122, 115 (120); *Fischer*, § 203 Rn. 46; *Schmitz*, JA 1996, 949 (954); LK/*Schünemann*, § 203 Rn. 133.
1505 BGH, NJW 2015, 2652.
1506 Vgl. BGHSt. 1, 366 (368); NK-StGB/*Kargl*, § 203 Rn. 68.
1507 BayObLG, NJW 1995, 1623 (1624).
1508 BGH, NJW 1968, 2288 (2290); ebenso *Geppert*, FS Gössel (2002), S. 303 (310 f.).
1509 OLG Düsseldorf, BeckRS 2015, 18615 (ein Irrtum über den Umfang der Mitteilung sei kein Erlaubnistatbestands-, sondern ein Verbotsirrtum).

des Geheimnisses[1510], bei Drittgeheimnissen der vom Geheimnis betroffene Dritte[1511]. Nach dem Tod des Verletzten geht das Antragsrecht bei Taten bezogen auf ein Geheimnis aus dem persönlichen Lebensbereich auf die Angehörigen (§ 205 II 1 StGB), bei wirtschaftlich verwertbaren Geheimnissen dagegen auf die Erben über (§ 205 II 2 StGB).

b) Konkurrenzen. Treffen § 203 I StGB und § 203 II 1 StGB zusammen (z. B. beim verbeamteten Arzt), so ist nur eine einzige Tat gegeben.[1512] Tateinheit ist mit §§ 185, 353b StGB möglich.[1513] Gegenüber § 19 III TPG (oben Rn. 198) ist § 203 StGB vorrangig, selbst wenn ein für § 203 StGB notwendiger Strafantrag nicht wirksam gestellt wurde[1514].

II. Verwertung fremder Geheimnisse (§ 204 StGB)

Mit der gleichen Strafandrohung wie der Qualifikationstatbestand des § 203 V StGB bestraft es § 204 StGB, wenn ein nach § 203 StGB Schweigepflichtiger ein ihm in seiner beruflichen bzw. amtlichen Stellung anvertrautes Geheimnis verwertet. Das Verwerten erfordert hierbei ein wirtschaftliches Ausnutzen des Geheimnisses zur Gewinnerzielung für sich oder einen Dritten auf eine andere Weise als durch Offenbaren (z. B. durch Ausnutzen des Wissensvorsprungs), weil für den Fall des auf wirtschaftliche Nutzung abzielenden Offenbarens bereits § 203 V Var. 2 StGB vorgesehen ist.[1515]

§ 10 Ausstellen und Gebrauchen unrichtiger Gesundheitszeugnisse

Zum Schutz der Sicherheit und Zuverlässigkeit des Rechtsverkehrs mit Gesundheitszeugnissen (geschütztes Rechtsgut)[1516] bestraft § 278 StGB (im Unterschied zu § 277 StGB) „schriftliche Lügen approbierter Medizinalpersonen"[1517], d. h. wenn eine zur Ausstellung von Gesundheitszeugnissen befugte Person ein inhaltlich unrichtiges Gesundheitszeugnis ausstellt[1518]; § 279 StGB ergänzt den Schutz um den bloßen Gebrauch derart unrichtiger Gesundheitszeugnisse.

1510 Vgl. nur *Ulsenheimer*, Arztstrafrecht, Rn. 905; BeckOK-StGB/*Weidemann*, § 205 Rn. 3.
1511 Ebenso *Fischer*, § 205 Rn. 2; NK-StGB/*Kargl*, § 205 Rn. 7; *Lackner/Kühl/Heger*, § 205 Rn. 2; LK/*Schünemann*, § 205 Rn. 7; aA SSW-StGB/*Bosch*, § 205 Rn. 2: sowohl dem Anvertrauenden, als auch dem Dritten.
1512 *Fischer*, § 203 Rn. 52; NK-StGB/*Kargl*, § 203 Rn. 88; aA *Gössel/Dölling*, BT 1, § 37 Rn. 182: Idealkonkurrenz.
1513 Vgl. *Fischer*, § 203 Rn. 52.
1514 Behm, StV 2002, 29; SSW-StGB/*Bosch*, § 203 Rn. 51; NK-StGB/*Kargl*, § 203 Rn. 89; Spickhoff/ *Knauer/Brose*, Medizinrecht, §§ 203–205 StGB Rn. 60; *Lackner/Kühl/Heger*, § 203 Rn. 29.
1515 Vgl. nur BayObLG, NStZ 1984, 169 f.; *Fischer*, § 204 Rn. 3; *Rengier*, BT II, § 31 Rn. 54.
1516 Vgl. nur LK/*Zieschang*, § 278 Rn. 1; Spickhoff/*Schuhr*, Medizinrecht, § 278 StGB Rn. 1; SSW-StGB/*Wittig*, § 278 Rn. 2; aA MüKo-StGB/*Erb*, § 278 Rn. 1: Dispositionsfreiheit der Täuschungsadressaten.
1517 Spickhoff/*Schuhr*, Medizinrecht, § 278 StGB Rn. 1.
1518 Vgl. nur BeckOK-StGB/*Weidemann*, § 278 Rn. 2.

I. Ausstellen unrichtiger Gesundheitszeugnisse (§ 278 StGB)

> **Aufbauschema (§ 278 StGB)**
> I. Tatbestandsmäßigkeit
>   1. Objektiver Tatbestand:
>   a) Täter: Arzt oder eine andere approbierte Medizinalperson
>   b) Tatobjekt: Unrichtiges Gesundheitszeugnis
>   c) Tathandlung: Ausstellen
>   d) Zweckrichtung: Gebrauch bei einer Behörde oder Versicherungsgesellschaft
>   2. Subjektiver Tatbestand
>   a) Vorsatz bzgl. Tathandlung und Gebrauchsbestimmung
>   b) Wider besseren Wissens bzgl. der Unrichtigkeit des Gesundheitszeugnisses
> II. Rechtswidrigkeit
> III. Schuld

1. Objektiver Tatbestand

257 a) **Täterqualifikation.** § 278 StGB ist ein Sonderdelikt, das täterschaftlich nur von approbierten Ärzten (§§ 3 ff. BÄO) und anderen approbierten (d. h. eine gesetzlich geregelte, durch Staatsexamen abgeschlossene Ausbildung besitzenden[1519]) Angehörigen eines Heilberufs (z. B. Krankenpfleger, Hebammen, Masseure, nicht aber Heilpraktiker[1520] oder medizinisch-technische Assistenten, die keine „ärztlichen" Gesundheitszeugnisse ausstellen können[1521]) begangen werden kann, sofern sie gerade in ihrer Eigenschaft als Medizinalperson für einen Dritten handeln, kommt Zeugnissen in eigenen Angelegenheiten doch bereits nicht der von § 278 StGB geschützte erhöhte Beweiswert eines Gesundheitszeugnisses zu[1522]; nicht erfasst ist daher auch ein approbierter Arzt, der privat als Entschuldigung für seinen schulpflichtigen Sohn ein unrichtiges Gesundheitszeugnis erstellt[1523]. Für andere Personen kommt bei einer täterschaftlichen Begehung allenfalls § 277 StGB, bei Amtsärzten § 348 StGB in Betracht, im Teilnahmefall gilt § 28 I StGB.

b) **Tatobjekt: Unrichtiges Gesundheitszeugnis**

258 **Fall 68** (OLG Düsseldorf, StraFo 2000, 133): Der approbierte Dr. A untersuchte als Amtsarzt Frau F im Auftrag des Amtsgerichts und teilte diesem folgenden Befund per Fax mit: „Obengenannte habe ich heute im Rahmen eines Hausbesuches gegen 8.00 Uhr befragt und untersucht. Aufgrund eines erhöhten Medikamentenkonsums und der damit verbundenen psychischen und mentalen Beeinträchtigungen ist die Betreffende aus amtsärztlicher Sicht momentan nicht in der Lage, einer mündlichen Verhandlung zu folgen. Dem-

---

[1519] Vgl. nur Spickhoff/*Schuhr*, Medizinrecht, § 278 StGB Rn. 2.
[1520] Zutreffend NK-StGB/*Puppe*, § 277 Rn. 5; *Schroth*, in: Roxin/Schroth, Handbuch, S. 253 (255); Spickhoff/*Schuhr*, Medizinrecht, § 278 StGB Rn. 2; aA *Ulsenheimer*, Arztstrafrecht, Rn. 912.
[1521] *Ulsenheimer*, Arztstrafrecht, Rn. 912.
[1522] Vgl. BeckOK-StGB/*Weidemann*, § 278 Rn. 2.
[1523] Vgl. zu letzterem BeckOK-StGB/*Weidemann*, § 278 Rn. 2; SSW-StGB/*Wittig*, § 278 Rn. 1; LK/*Zieschang*, § 278 Rn. 2.

nach besteht meines Erachtens bei Frau F zur Zeit Verhandlungsunfähigkeit." Bei einer telefonischen Rückfrage des Richters äußerte Dr. A die Vermutung, F habe sich vorsätzlich oder fahrlässig selbst in einen Verhandlungsunfähigkeit ausschließenden Zustand versetzt. Frau F ist empört: Es stimme nicht, dass sie einen „erhöhten Medikamentenkonsum" habe, nehme sie doch nur die ihr von ihrem Hausarzt verordneten Medikamente. Sie erblickt hierin den unbegründeten Vorwurf eines Medikamentenmissbrauchs. Auch sei die Vermutung, sie selbst habe ihre Verhandlungsunfähigkeit herbeigeführt, unerhört. Sie erhebt daher Strafanzeige gegen Dr. A. Wird die Staatsanwaltschaft nach diesem Sachstand Anklage gegen Dr. A erheben?

aa) Gesundheitszeugnis: Gesundheitszeugnisse sind schriftliche Urkunden (§ 267 StGB) oder elektronisch fixierte beweiserhebliche Daten (§ 269 StGB) mit Tatsachenaussagen über die körperliche oder psychische Gesundheit oder Krankheit eines (anderen) lebenden Menschen[1524] einschließlich der tatsächlichen Resultate von ärztlichen Beobachtungen und Untersuchungen[1525]. Die Aussagen können sich auf den früheren (z. B. fachärztliche Gutachten)[1526] oder gegenwärtigen Gesundheitszustand (z. B. Verhandlungsfähigkeit)[1527] beziehen sowie auf sachverständige Prognosen über künftige Gesundheitsaussichten (z. B. Arbeitsfähigkeit)[1528], nicht aber (mangels Gesundheitszustand) auf die Geburt, den Tod oder die Ursache des Todes eines Menschen[1529]. Erfasst sind insbesondere ein Impfschein[1530], ein Krankenschein[1531], ein Durchgangsarztbericht oder das Ergebnis einer Blutalkoholuntersuchung[1532], aber auch der Bericht über psychotherapeutische Sitzungen für ein MPU-Gutachten[1533] oder nach dem LG Köln[1534] ein Rezept. Ob auch reine Befundobjekte wie ein Röntgenbild als Gesundheitszeugnisse anzusehen sind, hat der Bundesgerichtshof in **Fall 4** (oben Rn. 33) offen gelassen (im Hinblick auf eine fehlende Zweckbestimmung mangels Behördenqualität der Sachverständigenstelle). Die Frage ist richtigerweise zu verneinen, da ein Befundobjekt ohne menschliche Erklärung keinen eindeutigen Sinn hat, dieser sich vielmehr erst durch eine menschliche Interpretation ergibt.[1535] In **Fall 68** ist das gefakte Attest zur Verhandlungsunfähigkeit zwar ein Gesundheitszeugnis (zur Unrichtigkeit sogleich), nicht jedoch die rein mündliche Aussage auf die richterliche Nachfrage.

258a

1524 Spickhoff/*Schuhr*, Medizinrecht, § 278 StGB Rn. 5.
1525 Vgl. nur BGHSt. 10, 157 (159 f.); NK-StGB/*Puppe*, § 277 Rn. 3.
1526 Vgl. BGHSt. 5, 75 (84).
1527 Vgl. OLG Frankfurt a. M., NJW 1977, 2128 (2129).
1528 Vgl. BGH, NStZ-RR 2007, 343 (344).
1529 Vgl. nur RGSt. 65, 78 f.; MüKo-StGB/*Erb*, § 277 Rn. 2; *Fischer*, § 277 Rn. 3; SSW-StGB/*Wittig*, § 277 Rn. 2. Eine Strafbarkeit kann sich im letzteren Fall aber nach § 258 StGB ergeben.
1530 RGSt. 24, 284 ff.
1531 BGHSt. 6, 90 (92).
1532 BGHSt. 5, 75 (84).
1533 OLG Stuttgart, NJW 2014, 482 ff.
1534 LG Köln, medstra 2017, 127 f.; anders zuvor AG Köln, BeckRS 2016, 119556. Zweifel bestehen insbesondere wegen fehlender Tatsachenaussage über die Gesundheit.
1535 Ebenso bezüglich Röntgenbildern *Gercke*, MedR 2008, 592; NK-StGB/*Puppe*, § 277 Rn. 3; *Schroth*, in: Roxin/Schroth, Handbuch, S. 253 (256); Spickhoff/*Schuhr*, Medizinrecht, § 278 StGB Rn. 6; SSW-StGB/*Wittig*, § 277 Rn. 2; für ein Gesundheitszeugnis dagegen *Rigizahn*, JR 1998, 523 (526); *Ulsenheimer*, Arztstrafrecht, Rn. 913.

259 **bb) Unrichtigkeit:** Unrichtig ist ein Gesundheitszeugnis, wenn der darin angegebene Befund oder die angegebenen ärztlichen Beobachtungen der Wirklichkeit bzw. dem allgemein anerkannten Stand der medizinischen Wissenschaft nicht entsprechen.[1536] Die Unrichtigkeit von wesentlichen Einzelbefunden genügt für eine Unrichtigkeit aus, selbst wenn der Gesamtbefund zutrifft.[1537] Hiernach ist in **Fall 68** die gefaxte Einschätzung „erhöhter Medikamentenkonsum" für sich wertungsneutral und enthält keineswegs die Feststellung einer Fehl- oder Überdosierung, so dass das Gesundheitszeugnis nicht unrichtig war. Aus dem gleichen Grund scheidet auch eine Strafbarkeit nach § 348 StGB aus. Anklage wird nicht erhoben werden (§ 170 II StPO).

260 **Fall 69** (nach OLG Frankfurt a. M., StV 2006, 471 ff.): Als ihr Visum abgelaufen war, hielt sich die ausländische Staatsbürgerin A illegal in der Bundesrepublik auf. Ihr Zuhälter B schlug ihr daher vor, ihren Aufenthalt in der Bundesrepublik ausländerrechtlich scheinbar korrekt zu verlängern und damit weitere Verdienstmöglichkeiten zu erhalten, indem er veranlasse, dass ein ihm bekannter Rechtsanwalt für A einen Verlängerungsantrag mit unrichtigen Eintragungen zu Vermögen und Grund des Aufenthalts stelle und hierbei ein unrichtiges ärztliches Attest beigefügt würde, wonach A krank und nicht reisefähig sei. Hiermit einverstanden, informierte sich die gesunde A über die Symptome der nicht sofort durchschaubaren Krankheit eines LWS-Syndroms, deren Darstellung sie einübte. B brachte sie daraufhin in die Praxis von Arzt C, der weder A noch B kannte. Obwohl A nicht krankenversichert war, sah es Arzt C als seine berufsethische Pflicht an, sie zu behandeln. Im Gespräch, das B für A, die kein Deutsch spricht, führte, erklärte er dem Arzt C, dass bei A Schmerzen vorlägen, die auf ein LWS-Syndrom hinweisen würden. C nahm keinerlei körperliche Untersuchungen vor und stellte auch keine ergänzenden Fragen zur Krankengeschichte und bisher erfolgte Diagnosen und Behandlungen, sondern schrieb sofort ein Attest auf, druckte es aus, unterschrieb es und gab es dem B. Das Attest lautete: „Ärztliches Attest zur Vorlage bei der Ausländerbehörde: O.g. Patientin ist seit 10 Tagen in meiner schmerztherapeutischen Behandlung. Diagnosen: Akutes LWS-Syndrom ICD 10 M54.4, mit pseudoradikulärem Syndrom L5 und Wirbelblockaden ICD10 M99.0. Sie ist wegen o. g. Diagnosen und der laufenden Behandlung derzeit und für weitere 10 Tage nicht reisefähig." C wusste, dass er A zum ersten Mal sah. Die Richtigkeit der Aussagen von B war ihm gleichgültig. Er rechnete damit, dass A einige Tage später erneut komme; sollte sich ihr Zustand nicht gebessert haben, wäre es erst dann zu einer intensiven Auseinandersetzung mit der Krankheit gekommen. Strafbarkeit des C?

Während nach Teilen des Schrifttums[1538] das Gesundheitszeugnis nach dem Wortlaut des § 278 StGB eine unwahre Erklärung gerade über den Gesundheits-

---

[1536] Vgl. nur OLG Zweibrücken, NStZ 1982, 467 (468); NK-StGB/*Puppe*, § 278 Rn. 2; *Ulsenheimer*, Arztstrafrecht, Rn. 914; BeckOK-StGB/*Weidemann*, § 278 Rn. 4.
[1537] BGHSt. 10, 157 (158); Spickhoff/*Schuhr*, Medizinrecht, § 278 Rn. 9.
[1538] SK-StGB/*Hoyer*, § 278 Rn. 2; NK-StGB/*Puppe*, § 278 Rn. 2; *Ulsenheimer*, Arztstrafrecht, Rn. 914; *Wolfslast*, FS Roxin (2011), S. 1121 (1125 f.).

§ 10 Ausstellen und Gebrauchen unrichtiger Gesundheitszeugnisse

zustand eines Menschen enthalten muss, liegt nach herrschender Ansicht[1539] bei ausschlaggebender teleologischer Auslegung „ein unrichtiges Gesundheitszeugnis in der Regel auch dann vor, wenn ein Zeugnis über einen Befund ausgestellt wird, ohne dass eine Untersuchung stattgefunden hat"[1540] und z. B. nur eine Telefondiagnose erfolgte. Für die überwiegende Ansicht spricht hierbei, dass ein Untersuchungsbefund konkludent impliziert, dass es überhaupt zu einer Untersuchung gekommen sei, auf deren Grundlage die Diagnose erstellt worden sei; hat eine Untersuchung tatsächlich nicht stattgefunden, ist diese konkludent erklärte Tatsache und damit das Gesundheitszeugnis unrichtig.[1541] Zwar bedarf eine ärztliche Untersuchung nicht in jedem Fall einer körperlichen Untersuchung (beispielsweise wenn die Art der Erkrankung oder die seelische Verfassung des Patienten eine solche nicht zulassen) oder persönlichen Befragung. In derartigen Fällen hat sich der Arzt aber auf andere Weise zuverlässig über den Gesundheitszustand des Patienten zu unterrichten.[1542] In **Fall 69** erscheint es jedoch zweifelhaft, dass alleine durch das Befragen eines Begleiters der Patientin eine hinreichende Tatsachengrundlage für eine Diagnosestellung gebildet wurde; das Gesundheitszeugnis ist daher als unrichtig anzusehen (zum subjektiven Tatbestand unten Rn. 265).

Fall 70 (nach OLG Zweibrücken, NStZ 1982, 467 f.): X verbüßte eine 1-jährige Freiheitsstrafe und suchte in seinem kurzen einwöchigen Sozialurlaub seinen langjährigen Hausarzt Dr. A in dessen Praxis für Allgemeinmedizin auf. X begehrte ein ärztliches Attest über seinen Gesundheitszustand zum Beleg einer krankheitsbedingten Haftunfähigkeit. Dr. A beschränkte die Untersuchung des X auf die Erstellung eines EKG, auf ein Abtasten und Abklopfen des Bauches, Messungen des Blutdrucks, Untersuchungen des Stuhls und darauf, die Sklera (Lederhaut) der Augen des X zu inspizieren. Ob Dr. A dem X eine Blutprobe entnahm und analysieren ließ, ist mangels Dokumentation einer solchen zweifelhaft. Dr. A händigte X einige Stunden später ein Attest folgenden Wortlauts aus: „Ärztliche Bescheinigung zur Vorlage bei Behörden: Bei Herrn X liegt vor: 1. Fettleber im Umbau zur Zirrhose, 2. Beginnende Fibrose, 3. Cholangitis, 4. Sek. Anämie, 5. Periphere Durchblutungsstörungen. Es handelt sich sozusagen um getrennte Krankheitsbilder, die als ausgeprägt pathologisch zu bezeichnen sind. Herr X muss in dauernder ärztlicher Behandlung stehen. Es müssen Spritzen verabfolgt werden, die in einer Haft nicht gegeben werden können. Von ärztlicher Seite besteht eine Haftunfähigkeit [...]." Dieses Attest legte X in der JVA vor, jedoch ohne den erstrebten Erfolg zu erreichen. Strafbarkeit des Dr. A?

Das Unterlassen einer Untersuchung, die eine zusätzliche Beurteilungsgrundlage geschaffen hätte, macht ein Zeugnis jedoch noch nicht unrichtig, sondern es

---

[1539] RGSt. 74, 229 (231); BGHSt. 10, 157 (158); BGH, NStZ-RR 2007, 343 f.; OLG München, NJW 1950, 796; OLG Frankfurt a. M., NJW 1977, 2128; OLG Frankfurt a. M., StV 2006, 471 ff.; OLG Celle, MedR 2015, 418; *Fischer*, § 278 Rn. 4; *Maurach/Schroeder/Maiwald*, BT 2, § 66 Rn. 44; SSW-StGB/*Wittig*, § 278 Rn. 6; LK/*Zieschang*, § 278 Rn. 6 f.
[1540] OLG Frankfurt a. M., StV 2006, 471 (472).
[1541] Vgl. zu diesem Argument nur Spickhoff/*Schuhr*, Medizinrecht, § 278 StGB Rn. 11; kritisch NK-StGB/*Puppe*, § 278 Rn. 2 mit Hinweis auf die gegenteilige herrschende Meinung beim Parallelproblem im Rahmen von § 348 StGB.
[1542] OLG Frankfurt a. M., StV 2006, 471 (472).

kommt darauf an, welches Maß an Genauigkeit nach der Sachlage geboten ist.[1543] In **Fall 70** reichen die getätigten Untersuchungen aus, insbesondere die festgestellten Auffälligkeiten (Blässe der Binde- und Lederhaut, Blut im Stuhlgang) tragen die Diagnose „sekundäre Anämie". Das Fehlen einer Blutprobe alleine reicht daher für eine Unrichtigkeit nicht aus, zumal sie nur den Grad der diagnostizierten Erkrankung zur Vorbereitung der anzuwenden Therapie aufklären sollte. Eine Strafbarkeit nach § 278 StGB scheidet aus.

262 c) **Tathandlung: Ausstellen.** Tathandlung ist das Ausstellen des Gesundheitszeugnisses, also die körperliche oder elektronisch (jedoch nicht notwendigerweise eigenhändige) Herstellung und die nach außen deutliche Übernahme der Verantwortung für den Inhalt (Unterschrift oder Signatur)[1544]; angesichts der notwendigen Zwecksetzung bedarf es entgegen der überwiegenden Ansicht[1545] zudem, dass der Täter das Zeugnis in den Rechtsverkehr gibt (z. B. durch Aushändigung an den Patienten)[1546]. Nicht ausreichend ist es, wenn das Dokument noch im Stadium des Entwurfs oder ein bloßes Internum ist, wie etwa bei einer unrichtigen internen Dokumentation.[1547]

263 d) **Zweckrichtung.** Die Ausstellung muss zum Gebrauch des Gesundheitszeugnisses bei einer Behörde (§ 11 Nr. 7 StGB)[1548] oder Versicherungsgesellschaft (z. B. Krankenkasse[1549] oder Kfz-Haftpflichtversicherung des Unfallgegners[1550]) erfolgen, wobei vom geschützten Rechtsgut nur solche Behörden erfasst werden, welche die vorgelegten Zeugnisse zur Beurteilung des Gesundheitszustandes eines bestimmen Menschen verwenden[1551]. In **Fall 4** erfüllt die Herstellung der Röntgenbilder daher (unabhängig vom Charakter als Gesundheitszeugnis: oben Rn. 258 f.) mangels Zweckbestimmung den Tatbestand des § 278 StGB nicht, ist Aufgabe der „Sachverständigenstelle" nach § 16 III RöV doch alleine die Qualitätssicherung von Röntgeneinrichtungen.[1552]

2. Subjektiver Tatbestand

264 Hinsichtlich der Tathandlung und der Gebrauchs-Zweckbestimmung genügt bedingter Vorsatz; ein Schädigungsvorsatz ist nicht erforderlich.[1553] Bezüglich der Unrichtigkeit des Gesundheitszeugnisses muss der Täter angesichts der „Relativität medizinischer Erkenntnisse"[1554] wider besseren Wissens handeln, d. h. mit positiver Kenntnis[1555] (dolus directus zweiten Grades). In **Fall 69** reicht es daher nicht aus, dass C der Richtigkeit der Aussage von B gleichgültig gegenüber stand,

---

1543 *Fischer*, § 278 Rn. 4.
1544 Vgl. nur *Fischer*, § 278 Rn. 3; Spickhoff/*Schuhr*, Medizinrecht, § 278 StGB Rn. 4.
1545 Vgl. nur Sch/Schr/*Heine/Schuster*, § 278 Rn. 5; *Fischer*, § 278 Rn. 3 und 6; BeckOK-StGB/*Weidemann*, § 278 Rn. 8; LK/*Zieschang*, § 278 Rn. 13.
1546 Ebenso SK-StGB/*Hoyer*, § 278 Rn. 4; NK-StGB/*Puppe*, § 278 Rn. 2.
1547 Vgl. *Fischer*, § 278 Rn. 3; Spickhoff/*Schuhr*, Medizinrecht, § 278 StGB Rn. 4. Ein eventuell bestehender Versuch ist nach § 23 I StGB nicht strafbar!
1548 Hierunter fällt z. B. nicht die beim TÜV angesiedelte Begutachtungsstelle für Fahreignung: OLG Stuttgart, NJW 2014, 482 (483).
1549 Spickhoff/*Schuhr*, Medizinrecht, § 278 StGB Rn. 14.
1550 AG Hof, Schaden-Praxis 1999, 373.
1551 *Ulsenheimer*, Arztstrafrecht, Rn. 914.
1552 BGHSt. 43, 346 (352 f.).
1553 Vgl. BGHSt. 10, 157 (160); *Fischer*, § 278 Rn. 7.
1554 Spickhoff/*Schuhr*, Medizinrecht, § 278 StGB Rn. 15.
1555 Vgl. NK-StGB/*Puppe*, § 278 Rn. 3.

mag dies doch allenfalls einen bedingten, aber keinen direkten Vorsatz begründen.

3. Konkurrenzen

§ 278 StGB wird von § 348 StGB konsumiert.[1556] Mit §§ 133, 136 I, 258 I StGB besteht Tateinheit[1557], gegenüber einem Betrug (§ 263 StGB) ist § 278 StGB eine Vorbereitungshandlung und steht daher in Tatmehrheit (während eine Beihilfe zum Betrug des Patienten bereits durch die Ausstellung verwirklicht wurde und daher in Tateinheit zu § 278 StGB steht)[1558].

II. Gebrauch unrichtiger Gesundheitszeugnisse (§ 279 StGB)

§ 279 StGB stellt – entsprechend § 271 II StGB – das vorsätzliche und in der Absicht einer Täuschung über den Gesundheitszustand[1559] erfolgende Gebrauchen eines zumindest objektiv inhaltlich falschen Gesundheitszeugnisses selbstständig unter Strafe. Wider besseren Wissens braucht das Gesundheitszeugnis vom Schutzzweck her (Sicherheit und Zuverlässigkeit des Rechtsverkehrs im Umgang mit Gesundheitszeugnissen)[1560] nach zutreffender überwiegender Ansicht vom Arzt jedoch nicht ausgestellt worden zu sein.[1561]

§ 11 Abrechnungsbetrug

Die strafrechtliche Verantwortung des Arztes ist nicht auf den Behandlungsvorgang begrenzt, sondern erfasst zunehmend auch die wirtschaftliche Betätigung des Arztes, wie insbesondere Betrugshandlungen im Rahmen der Rechnungsstellung als „Kerntatbestand des Wirtschaftsstrafrechts der Medizin"[1562]. Der Abrechnungsbetrug ist als „rechtliches Phänomen"[1563] hierbei erst seit den 1980er Jahren verstärkt ins Bewusstsein von Justiz und (wegen der hohen Schadenssummen für das klamme Gesundheitssystem[1564]) Öffentlichkeit geraten, mit einer

---

1556 Vgl. nur Sch/Schr/*Heine/Schuster*, § 278 Rn. 7; *Fischer*, § 278 Rn. 9; *Lackner/Kühl/Heger*, § 278 Rn. 6; Spickhoff/*Schuhr*, Medizinrecht, § 278 StGB Rn. 17; aA NK-StGB/*Puppe*, § 278 Rn. 6: Tateinheit.
1557 Vgl. nur *Fischer*, § 278 Rn. 9.
1558 Zutreffend *Fischer*, § 278 Rn. 9; Spickhoff/*Schuhr*, Medizinrecht, § 278 StGB Rn. 17; aA SSW-StGB/*Wittig*, § 278 Rn. 9: Tateinheit zwischen § 278 StGB und § 263 StGB.
1559 Vgl. nur BeckOK-StGB/*Weidemann*, § 279 Rn. 4; aA NK-StGB/*Puppe*, § 279 Rn. 5: „einfacher Vorsatz".
1560 BeckOK-StGB/*Weidemann*, § 279 Rn. 2.
1561 Vgl. nur RGSt. 32, 295 (296 f.); BGHSt. 5, 75 (84); SSW-StGB/*Wittig*, § 279 Rn. 2.
1562 *Prütting/Tsambikakis*, Medizinrecht, § 263 StGB Rn. 1.
1563 *Erlinger/Warntjen/Bock*, in: Widmaier, Strafverteidigung, § 50 Rn. 142.
1564 Im Jahre 2009 wurde ein Schaden von 46 Mio. Euro, 2010 von 35 Mio. Euro und 2011 immerhin von 31,4 Mio Euro registriert: vgl. hierzu FAZ v. 18. Januar 2013, S. 11. Nach einem Bericht des Tagesspiegels vom 14.12.2016 entstehen im Gesundheitswesen durch Betrug und Korruption sogar jährlich Schäden zwischen 20 und 50 Milliarden Euro: *Heine*, Der Polizist, der kriminelle Berliner Ärzte jagt, Der Tagesspiegel 14.12.2016, abrufbar unter http://www.tagesspiegel.de/themen/reportage/abrechnungsbetrug-im-gesundheitswesen-der-polizist-der-kriminelle-berliner-aerzte-jagt/14974260.html (letzter Aufruf: 22.5.2017). Alleine die Kaufmännische Krankenkasse (KKH) meldete für 2016 einen Schaden von 1,8 Mio. Euro: https://www.deutsche-apotheker-zeitung.de/news/artikel/2017/03/01/apotheker-bringen-kkh-um-1-2-millionen-euro (letzter Aufruf: 22.5.2017).

Flut von Publikationen im medizinischen und juristischen Schrifttum[1565] wie Tausenden von Ermittlungsverfahren[1566], die nicht nur das Vertrauensverhältnis zwischen Arzt, Patient und Krankenkasse erschüttert haben[1567] („Deutschlands Ärzte sind geldgierig, unfähig und skrupellos"[1568]), sondern die den einzelnen Arzt neben einer Kriminalstrafe mit Folgeverfahren bedrohen, die bis hin zum Verlust der kassenärztlichen Zulassung und Approbation und damit zum Verlust der gesamten Existenz führen können. Dabei hat es Honorarfehlberechnungen sicherlich schon immer gegeben, sind sie doch dem geltenden Abrechnungssystem im vertragsärztlichen wie privatärztlichen Bereich „systemimmanent"[1569]: Das Abrechnungssystem ist nämlich derart kompliziert („Dschungel von Abrechnungsvorschriften"[1570]), „dass nur mehr Spezialisten es fehlerfrei beherrschen und selbst diese häufig unterschiedlicher Meinung sind"[1571] – „der [vermeintliche?] Irrtum [z. B. Unachtsamkeit und Verwechslungen bei Bewertungen und Zuordnungen] wird den Ärzten leicht gemacht" und „finanzielle Vorteile verführen"[1572], zumal der Arzt die Zuordnung zu einer bestimmten Gebührenziffer in eigener Verantwortung weitgehend ohne wirksame Kontrolle vornimmt[1573], jedenfalls ohne Kontrolle der Person, die den behaupteten Leistungsumfang als einzige bestätigen oder widerlegen könnte: den Patienten. Die zunehmenden Fallzahlen bestehen seit wenigen Jahren nicht mehr nur im vertragsärztlichen Bereich, sondern gleichermaßen im Rahmen eines (privatärztlichen) Liquidationsrechts auf der Grundlage der Gebührenordnung für Ärzte (GOÄ), primär aufgrund des „strukturellen Problems", dass zumeist nur ein liquidationsberechtigter Arzt (Chefarzt, Leitender Arzt) (insbesondere in einer Klinik) vorhanden ist, aber eine so große Zahl Privatversicherter dessen persönliche Behandlung wünscht, dass er sie unmöglich alle eigenhändig erbringen kann.[1574] Als „neue Form" des Abrechnungsbetrugs wird neuerdings auch das illegale Abrechnungsverhalten von Kliniken anerkannt.[1575]

1565 Vgl. zum Abrechnungsbetrug lediglich aus jüngster Zeit *Caspar*, Vertragsärztlicher Abrechnungsbetrug und Schadensbestimmung (2009); *Dannecker/Bülte*, NZWiSt 2012, 81 ff.; *Ellbogen/Wichmann*, MedR 2007, 10 ff.; *Freitag*, Ärztlicher und Zahnärztlicher Abrechnungsbetrug im deutschen Gesundheitswesen (2009); *Günther*, Kriminalistik 2012, 40 ff.; *Hancok*, Abrechnungsbetrug durch Vertragsärzte (2006); *Hellmann/Herffs*, Der ärztliche Abrechnungsbetrug (2006); *Kölbel*, NStZ 2009, 312 ff.; *Luig*, Abrechnungsbetrug und Schadensbestimmung (2009); *Steinhilper*, GesR 2010, 398 ff.
1566 Statistische Erhebungen bei *Hancok*, Abrechnungsbetrug, S. 25 ff.; *Specht*, in: Steinhilper (Hrsg.), Arzt und Abrechnungsbetrug (1988), S. 71.
1567 Vgl. nur *Ulsenheimer*, Arztstrafrecht, Rn. 1075 f.
1568 Zitiert nach *Stüwe*, DÄBl. 2007, A-1341.
1569 *Schroth/Joost*, in: Roxin/Schroth, Handbuch, S. 179 (182); *Ulsenheimer*, in: Laufs/Kern, Handbuch, § 151 Rn. 2.
1570 *Schmidt*, in: Ratzel/Luxenburger, Medizinrecht, 15. Kap. Rn. 159.
1571 *Erlinger/Warntjen/Bock*, in: Widmaier, Strafverteidigung, § 50 Rn. 142.
1572 *Quaas/Zuck/Zuck*, Medizinrecht, § 74 Rn. 2.
1573 So auch die Einschätzung von *Sommer/Tsambikakis*, in: Terbille, Anwaltshandbuch, § 3 Rn. 121.
1574 So bereits *Ulsenheimer*, in: Laufs/Kern, Handbuch, § 151 Rn. 35.
1575 Vgl. hierzu ausführlich *Kölbel*, NStZ 2009, 312 ff.

I. Überblick über das ärztliche Vergütungssystem

Vor diesem Hintergrund bedarf es zunächst eines Überblicks über die einzelnen Abrechnungsabläufe sowie der hierbei einschlägigen typischen Betrugsfallgruppen, bevor diese unter die einzelnen Tatbestandsmerkmale des § 263 StGB subsumiert werden können:

1. Die vertragsärztliche Abrechnung

a) Das Abrechnungssystem. Im „vertragsärztlichen Viereckverhältnis" (oben Rn. 15) erfüllen die Krankenkassen ihre Sachleistungsverpflichtung gegenüber den Patienten (§ 2 I SGB V) durch öffentlich-rechtliche Bundesmantelverträge des Spitzenverbandes Bund der Krankenkassen mit der Kassenärztlichen Bundesvereinigung (§ 82 I SGB V), deren Inhalt Bestandteil (§ 82 I 2 SGB V) der auf Landesebene zwischen den Krankenkassen und den Kassenärztlichen Vereinigungen geschlossenen Gesamtverträge (§§ 2 II 3, 82, 83 SGB V) wird, in denen nicht nur der den Patienten gegenüber von den in den Kassenärztlichen Vereinigungen zusammengeschlossenen Vertragsärzten (§§ 77, 95 III SGB V) zu erbringende Leistungsrahmen näher konkretisiert, sondern auch die den Kassenärztlichen Vereinigungen zu zahlende Gesamtvergütung als das Ausgabenvolumen für die Gesamtheit der zu vergütenden vertragsärztlichen Leistungen (§ 85 SGB V) festgestellt werden. Bestandteil der Bundesmantelverträge ist nach § 87 I 1 SGB V der von den Kassenärztlichen Bundesvereinbarungen mit dem Spitzenverband Bund der Krankenkassen durch Bewertungsausschüsse[1576] (Besetzung: § 87 III SGB V) festgelegte einheitliche Bewertungsmaßstab für ärztliche Leistungen (EBM)[1577]. Dieser enthält ein abschließendes Verzeichnis der abrechnungsfähigen Leistungen (Gebührenordnungspositionen)[1578], gegliedert in einen hausärztlichen- und fachärztlichen Teil (§ 87 IIa–IIc SGB V)[1579], und ihr wertmäßiges, in Punkten ausgedrücktes Verhältnis (Zeitaufwand, ärztlicher und technischer Leistungsanteil) zueinander sowie, inwieweit die Leistung bereits Bestandteil einer anderen Leistung ist und damit nicht (doppelt) abgerechnet werden kann.[1580] Zur Bewertung der enthaltenen Gebührenpositionen kommen künftig delegationsfähige Leistungsanteile, die gesondert vergütet werden sollen (§ 87 IIb 1, IIc 1 SGB V).[1581]

[1576] Deren Beschlüsse sind abrufbar über http://www.kbv.de/html/beschluesse_des_ba.php (letzter Aufruf: 22.5.2017).

[1577] *Engelmann* (Hrsg.), Aichberger Ergänzungsband, Gesetzliche Krankenversicherung/Soziale Pflegeversicherung (Stand: 33. Ergänzungslieferung, Februar 2017): Ordnungsnummer 765.

[1578] Nicht aufgeführte Leistungen sind im Rahmen der gesetzlichen Krankenversicherung nicht abrechenbar (BSGE 79, 239 [242]; BSGE 81, 86 [92]; BSGE 88, 126 [128]). Eine ausdehnende Auslegung oder sogar analoge Anwendung ist ausgeschlossen (BSG, SozR 3-2500, § 87 Nr. 5; Becker/Kingreen/*Scholz*, § 87 Rn. 6); für die Auslegung ist vielmehr primär der Wortlaut maßgeblich (BSG, BeckRS 2016, 68114). Vom Gemeinsamen Bundesausschuss beschlossene neuaufzunehmende Leistungen sind innerhalb von 6 Monaten in den EBM aufzunehmen (§ 87 Vb SGB V).

[1579] Einer neuer EBM im hausärztlichen wie fachärztlichen Bereich tritt am 1.7.2017 in Kraft (DÄBl. 2015, A-1958). Hierbei sollen im Bereich der spezialfachärztlichen Versorgung die Vergütung auf nach Diagnosen differenzierte Gebührenpositionen umgestellt werden (BT-Drs. 17/6906, S. 83), bis dahin existieren in einem eigenen EBM-Kapitel ggf. Zuschläge (BT-Drs. 17/6909, S. 84; BT-Drs. 17/8005, S. 117).

[1580] Vgl. *Frister/Lindemann/Peters*, Arztstrafrecht, 2. Kap. Rn. 16. Eine Zweitmeinung ist jedoch als neue Leistung extrabudgetär zu vergüten, §§ 27b, 87 IIa 9 SGB V (vgl. BT-Drs. 18/4095, S. 95).

[1581] BT-Drs. 18/4095, S. 94.

269 Auf der Grundlage des EBM sowie des vereinbarten und ggf. bereinigten[1582] morbiditätsbedingten Behandlungsbedarfs der Patienten im Bezirk der jeweiligen Kassenärztlichen Vereinigung vereinbaren die Kassenärztliche Vereinigung und die Landesverbände der Krankenkassen und Ersatzkassen gemeinsam und einheitlich (d. h. bundeseinheitlich kassenartenübergreifend[1583]) jährlich bis zum 31. Oktober den (voraussichtlichen) Behandlungsbedarf der Patienten im Folgejahr[1584], ausgedrückt als EBM-Punktzahlvolumen (§ 87a III 2 SGB V).[1585] Zugleich vereinbaren die Parteien jeweils zum 31. Oktober auf der Grundlage der im einheitlichen Bewertungsmaßstab bis zum 31. August festgelegten Orientierungswerte (§ 87 IIe SGB V: strikte Bindung der Vertragsparteien!)[1586] einen Punktwert als Orientierungswert in Euro (d. h. wie viel Euro ein Leistungspunkt entspricht), der mit Wirkung zum 1.10.2013 von 3,5363 Cent/Punkt[1587] an den Orientierungswert angeglichen wurde und erst 10 Cent/Punkt[1588] betrug, 2016 10,4361 Cent/Punkt[1589] betrug sowie seit 1.1.2017 10,5300 Cent/Punkt[1590] beträgt; auf regionaler Ebene ist zur Berücksichtigung landesbezogener Besonderheiten die Vereinbarung von Zu- oder Abschlägen jedoch möglich (§ 87a II 2 SGB V). Aus dem vereinbarten Punktwert und dem einheitlichen Bewertungsmaßstab erstellen die Parteien auf Landesebene eine regionale Gebührenordnung mit Euro-Preisen (regionale Euro-Gebührenordnung: § 87a II 5 SGB V). Aus dem Punktzahlvolumen multipliziert mit dem bundeseinheitlichen Punktwert als Orientierungswert (§ 87 IIe SGB V) ergibt sich die sog. morbiditätsbedingte Gesamtvergütung (und damit zugleich die „notwendige medizinische Versorgung" iSd § 71 I 1 SGB V)[1591], die von den Krankenkassen an die Kassenärztlichen Vereinigungen gezahlt werden. Die Zahlung der Gesamtvergütung hat jeweils befreiende Wirkung (§ 87a III 1 SGB V), d. h. die jeweilige Krankenkasse wird hierdurch (im Prinzip unabhängig von Art und Menge der im jeweiligen Zeitraum von den Ärzten erbrachten Leistungen) grundsätzlich von den finanziellen Lasten der vertragsärztlichen Versorgung befreit.[1592] Leistungen der Ärzteschaft, die auf einem nicht vorhersehbaren Anstieg des morbiditätsbedingten Behand-

---

1582 Eine Bereinigung um an der hausarztzentrierten Versorgung teilnehmende Versicherte mit Wohnort im Bezirk anderer Kassenärztlichen Vereinigungen erfolgt über eine Vereinbarung der Parteien (vgl. nur *Klöck/Klein*, NZS 2012, 87 ff.; Becker/Kingreen/*Scholz*, SGB V, § 87a Rn. 4) nach Vorgaben des Bewertungsausschusses nach § 87a V 7 SGB V, vgl. die Vorgaben für 2016: Beschluss des Bewertungsausschusses vom 19.8.2015, DÄBl. 2015, A-1486.
1583 Vgl. BT-Drs. 16/3100, S. 128; *Engelhart-Au*, in: Hänlein/Kruse/Schuler, SGB V, § 87a Rn. 1.
1584 Vgl. zu den Kriterien der Anpassung § 87a IV 1 SGB V. Zum Abbau möglicher unbegründeter Unterschiede in der morbiditätsbezogenen Gesamtvergütung zwischen den einzelnen Kassenärztlichen Vereinigungen und damit in Reaktion auf BSG, SozR 4-2500, § 87a Nr. 2 hat der Gesetzgeber (BT-Drs. 18/4095, S. 96) mit § 87a IVa SGB V den Verhandlungsparteien ermöglicht, für 2017 eine einmalige (oder über mehrere Jahre gestaffelte) basiswirksame Anpassung vom Prinzip der Vorjahresanknüpfung vorzunehmen.
1585 Neue Leistungen werden zunächst befristet auf zwei Jahre außerhalb der morbiditätsbedingten Gesamtvergütung extrabudgetär vergütet, vgl. nur Beschluss des Gemeinsamen Bewertungsausschusses vom 23.3.2014, DÄBl. 2014, A-663.
1586 Bei deren Anpassung ist § 87 IIg SGB V zu beachten.
1587 Beschluss des Erweiterten Bewertungsausschusses vom 15./30. August 2012, DÄBl. 2012, A-2328.
1588 Beschluss des Bewertungsausschusses vom 22.10.2013, DÄBl. 2013, A-959.
1589 Beschluss des Erweiterten Bewertungsausschusses vom 22.9.2015, DÄBl. 2015, A-1686.
1590 Beschluss des Bewertungsausschusses vom 21.9.2016, DÄBl. 2016, A-1834.
1591 Vgl. nur *Engelhart-Au*, in: Hänlein/Kruse/Schuler, SGB V, § 87a Rn. 11; *Frister/Lindemann/Peters*, Arztstrafrecht, 2. Kap. Rn. 19.
1592 BSGE 19, 270 (272); Quaas/Zuck/*Clemens*, Medizinrecht, § 22 Rn. 32.

lungsbedarfs zurückzuführen sind (z. B. bei einer Grippeepidemie[1593]), sind von den Krankenkassen zeitnah nach dem vollen Wert der regionalen Euro-Gebührenordnung über einen Nachschuss zu begleichen (§ 87a III 4 SGB V; d. h. die Krankenkassen tragen nunmehr das Morbiditätsrisiko).

270 Die Verteilung der von den Krankenkassen gezahlten Gesamtvergütung durch die Kassenärztlichen Vereinigungen an die an der vertragsärztlichen Versorgung teilnehmenden Leistungserbringer erfolgt nach einem Honorarverteilungsmaßstab, der im Benehmen mit den Landesverbänden der Krankenkassen und den Ersatzkassen als Satzung festgesetzt wird (§ 87b I 2 SGB V). Bei dieser Festlegung sind die Kassenärztlichen Vereinigungen an Vorgaben der Kassenärztlichen Bundesvereinigung (§ 87b IV 1 SGB V) zu einer Trennung in einen haus- und fachärztlichen Bereich (§ 87b I 1 SGB V), zum Ziel einer Fallzahlbegrenzung (§ 87b III 1 SGB V, außer in unterversorgten Gebieten), zur Förderung kooperativer Berufsausübung (§ 87b II 2 SGB V) sowie zur Vergütung psychotherapeutischer Leistungen (§ 87b II 4 SGB V) gebunden.[1594] Mit dem Honorarverteilungsmaßstab werden grundsätzlich die Bewertungen des EBM an den Arzt leistungsproportional weitergereicht, wenngleich insbesondere abzüglich der Verwaltungskostenumlage sowie einer gesonderter Vorabvergütung sonstiger Kosten. Die Sicherstellung einer hinreichenden Kalkulationssicherheit (§ 87b II 1 SGB V) macht eine Mengensteuerung durch Honorarbegrenzungsregelungen unumgänglich[1595], so dass die meisten Kassenärztlichen Vereinigungen (wenn auch teils mit Modifikationen) die früheren Honorarverteilungsregelungen unter Zuweisung eines jeweiligen Regelleistungsvolumens (seit Mitte 2010 ergänzt durch ein arztgruppenspezifisch gebildetes qualifikationsbedingtes Zusatzvolumen für vormals „freie Leistungen"[1596]) beibehalten haben (vgl. § 87b I 4 SGB V). Die Ermittlung des Regelleistungsvolumens erfolgt arztbezogen, ihre Zuweisung mittels Verwaltungsaktes (§ 31 SGB X) der Kassenärztlichen Vereinigung praxisbezogen.[1597] Sofern diese Leistungsmenge überschritten wird, kann der Arzt für die übersteigenden Punkte nicht den vollen Euro-Punktwert abrechnen, sondern lediglich abgestaffelte Preise, gedeckelt durch fachgruppenspezifische „Sondertöpfe" mit einem festen, für jedes Quartal angepassten Höchstbetrag. Das vertragsärztliche Honorar setzt sich somit grundsätzlich zusammen aus dem zugewiesenen Regelleistungsvolumen und einem qualifikationsgebundenen Zusatzvolumen, der (bis zur Erreichung der Budgetobergrenze nach festem EBM-Preis, dann nur noch abgestaffelt erfolgenden) Vergütung von die Honorargrenze überschreitenden Leistungen, dem Honorar für bestimmte festgelegte Leistungen innerhalb der morbiditätsbedingten Gesamtvergütung zum vollen

---

1593 BT-Drs. 16/3100, S. 120; vgl. hierzu Teil E des Beschlusses des Erweiterten Bewertungsausschusses vom 27./28. August 2008, DÄBl. 2008, A-1988 (1991).
1594 Diese Vorgaben sind abrufbar unter http://www.kbv.de/html/2753.php (letzter Aufruf: 22.5.2017).
1595 So ausdrücklich bereits BeckOK-Sozialrecht/*Schröder*, § 87b SGB V Rn. 5.
1596 Vgl. Beschluss des Bewertungsausschusses vom 26. März 2010, DÄBl. 2010, A-780 und A-1038.
1597 Spickhoff/*Nebendahl*, Medizinrecht, § 87b SGB V Rn. 34 ff. Die bestandskräftige Zuweisung des Regelleistungsvolumens entfaltet Tatbestandswirkung bei der Honorarzuteilung: BSG, SozR 3-2500, § 85 Nr. 27 (S. 193).

271 EBM-Preis sowie dem Honorar für bestimmte Leistungen außerhalb der morbiditätsbedingten Gesamtvergütung zum vollen EBM-Preis.[1598]

271 Die Abrechnung des Arztes erfolgt mittels Quartalsrechnung bei seiner Kassenärztlichen Vereinigung unter Übermittlung der notwendigen Daten (§ 295 IV SGB V), wobei zur Quartalsrechnung jeweils eine sog. Sammelerklärung (als „Garantieerklärung"[1599]) zählt, in welcher der Arzt erklärt, die Leistungen ordnungsgemäß, vollständig und entsprechend den gesetzlichen Vorschriften unter Beachtung des Wirtschaftlichkeitsgebotes selbst oder durch zulässige Delegation erbracht zu haben.[1600] Ein Honoraranspruch besteht (selbst bei ordnungsgemäßer Leistungserbringung) nur bei Einhaltung der statusrechtlichen Voraussetzungen (insbesondere vertragsärztliche Zulassung), bei Vorliegen von Fachkundenachweis und Gerätequalität, Einhaltung der durch das Berufsrecht definierten Leistungserbringung, Einhaltung des zugrunde liegenden Überweisungsauftrags und Einhaltung des Wirtschaftlichkeitsgebots.[1601] Dieses richtet sich neben den Leistungserbringern auch an die Krankenkassen (vgl. §§ 2 I 1, 4 III und IV, 12 I, 70 I 2 SGB V), denen wie den Kassenärztlichen Vereinigungen nach § 106 SGB V nicht nur das Recht zur Überwachung der Wirtschaftlichkeit der ärztlichen Leistungen zukommt, sondern nach dem Bundessozialgericht[1602] (aufgrund der Bedeutung des Wirtschaftlichkeitsgebots für die Funktionsfähigkeit und Finanzierbarkeit der gesetzlichen Krankenversicherung) sogar die Pflicht zur Überwachung. Diese gemeinsame Prüfpflicht der eigentlichen Vertragsparteien wurde bis zum 31.12.2016 bei ärztlichen Verordnungen parallel durch Auffälligkeitsprüfungen (§ 106 II Nr. 1 SGB V a. F.) sowie arztbezogene Stichprobenprüfungen (sog. Zufälligkeitsprüfungen – § 106 II Nr. 2 SGB V a. F.) vorgenommen, seit 1.1.2017 nach § 106 II 2 iVm §§ 106a und b SGB V durch eine gemeinsame Prüfungsstelle (§ 106c SGB V). Der Sachbearbeiter der Kassenärztlichen Vereinigung erlässt daher einen (wegen des zumeist noch laufenden Prüfungsverfahrens nur) vorläufigen Honorarbescheid in Form eines Verwaltungsaktes unter dem Vorbehalt der (Teil-)Rücknahme im Falle des Auftretens von Beanstandungen.[1603] Der Honorarbescheid bildet schließlich die rechtliche Grundlage für die Überweisung des dem Arzt zustehenden Honorarbetrages (abzüglich bereits zuvor geleisteter monatlicher Abschlagszahlungen).[1604]

1598 Vgl. hierzu beispielsweise die Hinweise der Kassenärztlichen Vereinigung Berlin zur „Vergütung von Leistungen außerhalb des Regelleistungsvolumens – Quartal 4/2016", abrufbar unter https://www.kvberlin.de/20praxis/30abrechnung_honorar/90honorarverteilung/erlaeuterung_exrlv.pdf (letzter Aufruf: 22.5.2017).
1599 BSG, MedR 1998, 338.
1600 Vgl. nur *Freitag*, Abrechnungsbetrug, S. 57 f.; *Frister/Lindemann/Peters*, Arztstrafrecht, 2. Kap. Rn. 31.
1601 Vgl. nur BSG, SozR 3-5533, Allg. Nr. 2 (S. 11). Für bestimmte neue Verfahren können die Parteien des Bundesmantelvertrages nach § 135 II 1 SGB V besondere Voraussetzungen für einen ärztlichen Honoraranspruch festlegen, z. B. eine Genehmigung der Kassenärztlichen Vereinigung bei der Abrechnung von Kernspinuntersuchungen, die jedoch zu erteilen ist, wenn die fachliche Befähigung nachgewiesen ist: vgl. hierzu BVerfG, NZS 2011, 297 ff.
1602 BSGE 75, 220 (222 f.); BSG, NZS 2002, 330 ff.
1603 Vgl. nur *Frister/Lindemann/Peters*, Arztstrafrecht, 2. Kap. Rn. 38; *Hancok*, Abrechnungsbetrug, S. 112 ff.; *Hellmann/Herffs*, Abrechnungsbetrug, Rn. 81 ff.; *Wenner*, Vertragsarztrecht nach der Gesundheitsreform (2008), § 21 Rn. 68 ff. Beachte: Widerspruch und Anfechtungsklage gegen diesen Bescheid haben nach § 87b II 6 SGB V keine aufschiebende Wirkung!
1604 Vgl. nur Spickhoff/*Nebendahl*, Medizinrecht, § 87b SGB V Rn. 24.

Bestimmte besonders geförderte Sonderleistungen wie insbesondere Substitutionsbehandlungen bei Drogenabhängigen unterliegen der Einzelleistungsvergütung (§ 87a III 5 SGB V) und können daher von den Vertragsärzten unmittelbar gegenüber den Krankenkassen abgerechnet werden, die diese außerhalb der Gesamtvergütung nach den in der regionalen Euro-Gebührenordnung festgelegten Euro-Werten unmittelbar dem Vertragsarzt gegenüber vergüten.[1605]

b) Typische Fallgruppen des Abrechnungsbetrugs. Die Möglichkeiten von „Abrechnungsfehlern" sind „außerordentlich vielgestaltig"[1606], „dem Erfindungsreichtum und der Fantasie des einzelnen Arztes sind hier keine Grenzen gesetzt"[1607]. Die typischen Fälle lassen sich in zwei große Fallgruppen[1608] einteilen: In den Fällen ohne Leistungshintergrund („Grundfall des Abrechnungsbetrugs"[1609]) werden tatsächlich nicht oder nicht vollständig erbrachte ärztliche Leistungen abgerechnet (sog. „Luftleistungen"). In den Fällen mit Leistungshintergrund ist zwar eine ärztliche Leistung erbracht worden, diese aber nicht in der erfolgten Höhe (falsche gebührenrechtliche Bewertung: z. B. „Splitting" nicht gesondert berechenbarer Leistungen, Wahl einer höher bewerteten EBM-Leistungsziffer oder gesonderte Abrechnung einer Leistung, die gebührenrechtlich bereits in einer Honorierung einer anderen Leistung enthalten ist) oder gar nicht abrechenbar, weil z. B. sie medizinisch nicht indiziert war, die apparative Ausstattung den Mindestanforderungen nicht genügt, persönlich zu erbringende Leistungen unzulässigerweise delegiert wurden, erlangte Rabatte und Boni („Kick-Back -Modelle") im Rahmen der Rechnung nicht weitergereicht (d. h. honorarmindernd berücksichtigt) wurden oder die erbrachte Leistung objektiv unwirtschaftlich war, wie der Arzt es auch erkannte.

2. Die vertragszahnärztliche Abrechnung

Das vertragszahnärztliche Abrechnungssystem folgt parallel durch den nach § 72 I 2 iVm § 82 I 1 SGB V geschlossenen Bundesmantelvertrag-Zahnärzte (BMV-Z) zwischen der Vertragszahnärztlichen Bundesvereinigungen und dem Spitzenverband Bund der Krankenkassen, deren Inhalt Bestandteil (§ 82 I 2 SGB V) der auf Landesebene geschlossenen Gesamtverträge (§§ 2 II 3, 82, 83 SGB V) wird, und auf deren Grundlage der einheitliche Bewertungsausschuss einen Bewertungsmaßstab für zahnärztliche Leistungen erlässt (BEMA-Z)[1610], grundsätzlich dem gleichen System. Ausweislich §§ 87a I, 87b V SGB V gelten jedoch die §§ 87a, 87b SGB V für die vertragszahnärztliche Abrechnung nicht, so dass sich hier die Abrechnung weiterhin nach den allgemeinen Vorschriften des § 85 SGB V bestimmt, d. h. die mit befreiender Wirkung zu zahlende Gesamtvergütung bestimmt sich

---

1605 Vgl. nur *Fister/Lindemann/Peters*, Arztstrafrecht, 2. Kap. Rn. 20; *Steinhilper*, MedR 2009, 464.
1606 *Ulsenheimer*, Arztstrafrecht, Rn. 1098.
1607 *Janovsky*, in: Wabnitz, Heinz-Bernd/Janovsky, Thomas, Handbuch des Wirtschafts- und Steuerstrafrechts (3. Aufl. 2007), 11. Kap. Rn. 12 (in der 4. Aufl. nicht mehr enthalten).
1608 Vgl. hierzu nur *Hilgendorf*, in: Wabnitz/Janovsky, Handbuch, 13. Kap. Rn. 13 ff.; *Schmidt*, in: Ratzel/Luxenburger, Medizinrecht, 15. Kap. Rn. 160 ff.; *Prütting/Tsambikakis*, Medizinrecht, § 263 StGB Rn. 5 f.; *Ulsenheimer*, in: Laufs/Kern, Handbuch, § 151 Rn. 6 ff.; *ders.*, Arztstrafrecht, Rn. 1098 ff.
1609 *Schroth/Joost*, in: Roxin/Schroth, Handbuch, S. 179 (187).
1610 Vgl. nur *Frister/Lindemann/Peters*, Arztstrafrecht, Arztstrafrecht, 2. Kap. Rn. 40; abgedruckt ist der BEMA-Z bei *Engelmann* (Hrsg.), Aichberger Ergänzungsband, Gesetzliche Krankenversicherung/Soziale Pflegeversicherung (Stand: 33. Ergänzungslieferung, Februar 2017): Ordnungsnummer 1219.

nach von den Landesverbänden der Krankenkassen und Ersatzkassen mit den jeweiligen Kassenzahnärztlichen Vereinigungen gemeinsam und einheitlich festgelegten Punktwerten (differenziert nach konservativ-chirurgische Leistungen, kieferorthopädische Leistungen, Leistungen der Individualprophylaxe und der Früherkennung sowie der sonstigen Leistungen)[1611], wobei für das Jahr 2013 nach § 85 III 5 SGB V die tatsächlich für das Jahr 2012 abgerechnete Punktmenge zugrunde gelegt wurde (unter Berücksichtigung von Regelungen zur Ost-West-Angleichung – § 85 IIIg SGB V) und in den Folgejahren (unter Berücksichtigung des Grundsatzes der Ausgabenneutralität) ausschließlich rechnerisch anzupassen war (Prinzip der Vorjahresanknüpfung)[1612]. Die Kassenzahnärztlichen Vereinigungen wenden bei der Verteilung der Gesamtvergütungen an die Vertragszahnärzte einen im Benehmen mit den Landesverbänden der Krankenkassen und der Ersatzkassen festgelegten Honorarverteilungsmaßstab an (§ 85 IV SGB V), in dem Vorkehrungen gegen eine übermäßige Ausdehnung der Tätigkeit des Vertragszahnarztes (§ 84 IV 5 SGB V) wie Honorarkontingente und Individualbudgets zu treffen sind. Vor der Durchführung der Honorarverteilung sind Punktwertverminderungen bei Erreichen bestimmter in § 85 IVb SGB festgelegter Gesamtpunktmengen vorzunehmen (sog. Punktwertdegression – § 85 IVc SGB V).

Abweichend von diesem Honorarverteilungsmaßstab hat der Versicherte bei Zahnkronen nur einen Anspruch auf einen (vom Vertragszahnarzt einzig abzurechnenden) Festzuschuss seiner Krankenkasse iHv grundsätzlich 50 % (§ 55 I 2 SGB V) der nach § 57 SGB V festgesetzten Beträge für die jeweilige Regelfestsetzung durch den Gemeinsamen Bundesausschuss; bei Zahnfüllungen kann der Versicherte eine über die ausreichende Versorgung hinausgehende Versorgung wählen, sofern er die Mehrkosten selbst trägt (§ 28 II 2 und 3 SGB V). Abrechnungen erfolgen monatlich gegenüber der Kassenzahnärztlichen Vereinigung.

3. Die privatärztliche Abrechnung

275 Im privat(zahn-)ärztlichen Arzt-Patienten-Verhältnis wird ein Behandlungsvertrag in Form eines Dienstvertrages abgeschlossen (oben Rn. 11), der den Patienten selbst zur Zahlung des vereinbarten oder üblichen Honorars (§ 630a I BGB) verpflichtet, das nach der Gebührenordnung für Ärzte (GOÄ) als zwingendes Preisrecht für alle beruflichen (auch medizinisch nicht indizierten) Leistungen zu bemessen ist.[1613] Nach § 5 GOÄ/GOZ ist die Vergütung hierbei variabel ausgestaltet, d. h. insbesondere abhängig vom Schwierigkeitsgrad und der Dauer der Behandlung kann mit dem einfachen bis maximal dem 3,5-fachen Gebührensatz abgerechnet werden, wobei die Gebühr in der Regel nur bis zum 2,3-fachen Gebührensatz bemessen werden und einzig bei Besonderheiten des Einzelfalles diese Grenze überschritten werden darf (§ 5 II 4 GOÄ/GOZ), so dass in der Praxis für durchschnittliche Leistungen eine Bemessung mit einem Multiplikationsfaktor von 2,3 üblich ist.[1614] Einzig für einige Leistungstatbestände ist der Multiplikationshöchstwert auf 2,5 begrenzt, der (in der Praxis angewendete) Mittelwert beträgt dann 1,8 (§ 5 III GOÄ). Nicht im Leistungsverzeichnis angegebene Leistungen können nach § 6 II GOÄ/§ 6 I 2 GOZ „entsprechend einer nach Art, Kosten- und Zeitaufwand

---

1611 Spickhoff/*Nebendahl*, Medizinrecht, § 85 SGB V Rn. 19.
1612 Vgl. BT-Drs. 17/6906, S. 59; Becker/Kingreen/*Scholz*, SGB V, § 85 Rn. 16.
1613 BGH, NJW 2006, 1879 ff.
1614 Vgl. nur BGHZ 151, 102 (115); BGHZ 174, 101 ff.; *Frister/Lindemann/Peters*, Arztstrafrecht, 2. Kap. Rn. 50.

gleichwertigen Leistung des Gebührenverzeichnisses berechnet werden" (sog. Selbstergänzungsmöglichkeit, um dem raschen Fortschritt der Medizin gerecht zu werden[1615]), sofern eine derartige Analogbewertung nach § 12 IV GOÄ/§ 10 IV GOZ „verständlich" beschrieben und mit dem Hinweis „entsprechend" sowie der Nummer und Bezeichnung der als gleichwertig erachteten Leistung versehen wird. Gegenüber seiner privaten Krankenversicherung kann der Privatpatient nach einer Verauslagung des Honorars eine Kostenerstattung (§ 192 I 1 VVG) entsprechend der Bestimmungen des Versicherungsvertrages verlangen. Zu den typischen „Abrechnungsfehlern" zählt auch hier die Abrechnung nicht erbrachter oder nicht selbst erbrachter Leistungen (ohne die nach § 5 II GOÄ/GOZ vorgesehene Gebührenreduzierung) sowie der unberechtigte Ansatz eines überhöhten Gebührenfaktors, eine unzulässige Analogiebewertung oder ein Verstoß gegen das Wirtschaftlichkeitsgebot (§ 1 II GOÄ/GOZ).[1616]

4. Die Abrechnung von Krankenhäusern

In der letzten Zeit häufen sich zudem die Fälle fehlerhafter Abrechnungen durch Krankenhäuser, denen sich eine Krankenkasse nach §§ 108 f. SGB V bedient, um den Behandlungsanspruch des Patienten (§§ 2, 39 SGB V) zu erfüllen. Der Vergütungsanspruch der Krankenhäuser folgt unmittelbar als Gegenleistungsanspruch aus der Leistungsverpflichtung nach § 109 IV 2 und 3 SGB V auf der Grundlage von sog. „Diagnosis Related Groups" (Zusammenfassung der real vorkommenden Behandlungsformen zu medizinisch ähnlichen Gruppen) gemäß §§ 3 ff. des auf § 17b KHG beruhenden KHEntgG sowie der auf § 16 S. 1 Nr. 1 KHG beruhenden BPflV.[1617] Typischer „Abrechnungsfehler" ist dabei eine Falschkodierung gegenüber der tatsächlich einschlägigen „Diagnoses Related Group".[1618]

276

II. Dogmatische Vorbemerkungen zur Betrugsstrafbarkeit

1. Geschütztes Rechtsgut

Geschütztes Rechtsgut des Betruges ist allein das Vermögen als Ganzes, die bloße Beeinträchtigung der wirtschaftlichen Dispositionsfreiheit genügt nicht.[1619]

277

2. Aufbauschema

> **Aufbauschema (§ 263 StGB)**
> I. Tatbestandsmäßigkeit
>   1. Objektiver Tatbestand:
>   a) Tathandlung: Täuschung über Tatsachen
>   aa) ausdrücklich
>   bb) konkludent
>   cc) durch Unterlassen (§ 13 I StGB)

1615 Vgl. *Klakow-Franck*, DÄBl. 2003, A-726 = http://www.baek.de/page.asp?his=1.108.4144.4¬193.4211 (letzter Aufruf: 22.5.2017).
1616 Vgl. hierzu nur *Schmidt*, in: Ratzel/Luxenburger, Medizinrecht, 15. Kap. Rn. 173 ff.; *Ulsenheimer*, Arztstrafrecht, Rn. 1100.
1617 Vgl. nur Becker/Kingreen/*Becker*, SGB V, § 107 Rn. 27 ff.; *Schroth/Joost*, in: Roxin/Schroth, Handbuch, S. 179 (208 f.).
1618 Vgl. nur *Schroth/Joost*, in: Roxin/Schroth, Handbuch, S. 179 (209 f.).
1619 Vgl. nur RGSt. 74, 167 (168); BGHSt. 16, 220 (221); BGHSt. 16, 321 (325); BGH, NStZ-RR 2000, 331; Sch/Schr/*Perron*, § 263 Rn. 1/2; *Lackner/Kühl/Kühl*, § 263 Rn. 2.

> b) Irrtum
> c) Vermögensverfügung
> d) Vermögensschaden
> e) Evtl. Qualifikation, § 263 V StGB: gewerbsmäßiger Bandenbetrug
> 2. Subjektiver Tatbestand
>   a) Vorsatz
>   b) Absicht rechtswidriger und stoffgleicher Bereicherung
> II. Rechtswidrigkeit
> III. Schuld
> IV. Evtl. Regelbeispiel, § 263 III StGB
> V. Evtl. Strafantrag, § 263 IV iVm §§ 247, 248a StGB

III. Objektiver Tatbestand

1. Täuschung

278 Die Tathandlung des Betruges besteht in einer **Täuschung über Tatsachen**, also in einer Handlung mit Erklärungswert (Betrug ist ein Kommunikationsdelikt![1620]), die final darauf abzielt, bei einem Menschen eine Fehlvorstellung von der Wirklichkeit bezogen auf Tatsachen hervorzurufen.[1621] „Tatsachen" sind hierbei alle Vorgänge oder Zustände der Außen- (z. B. Zahlungsfähigkeit) oder Innenwelt (z. B. die Zahlungswilligkeit[1622] oder der Vorsatz, sich vertragswidriger Manipulationen zu enthalten[1623]), sofern sie der Gegenwart oder der Vergangenheit angehören und somit dem Beweis zugänglich sind[1624], z. B. das Vorliegen bestimmter Krankheitssymptome, die erfolgte Vornahme einer bestimmten Behandlung oder die Erlangung bestimmter Rabatte[1625]. Bloße Werturteile und Zukunftsprognosen werden nicht erfasst, es sei denn, mit ihnen wird zugleich der Tatsachenkern, auf denen die Wertung gestützt wird, mit behauptet.[1626] Wählt der Arzt in seiner Abrechnung einen falschen Gebührenansatz (z. B. eine falsche EBM-Ziffer oder eine falsche GOÄ-Gebührenziffer), so wird mit der gewählten Subsumtion unter die rechtlichen Vorschriften nur eine eigene rechtliche Würdigung und damit keine Tatsachen behauptet; zugleich (konkludent) mitbehauptet werden jedoch die tatsächlichen Voraussetzungen, die rechtlich für die Geltendmachung der abgerechneten Leistung erforderlich sind. Sind diese unzutreffend, so liegt eine (konkludente) Täuschung vor.[1627] Sind die konkludent mitbehaupteten tatsächlichen Grundlagen dagegen zutreffend (und die Rechtsansicht auf der Grundlage dieser Tatsachen daher in der Regel [zumindest noch] vertretbar), so liegt im Vertreten der unzutreffenden Rechtsansicht grundsätzlich

---

[1620] Vgl. nur MüKo-StGB/*Hefendehl*, § 263 Rn. 91; LK/*Tiedemann*, § 263 Rn. 4.
[1621] Vgl. zum Finalitätselement nur BGHSt. 47, 1 (5 ff.); OLG Frankfurt a. M., NJW 2003, 3215; *Hoffmann*, GA 2003, 610 (616 f.).
[1622] Vgl. nur BGHSt. 15, 24 (26).
[1623] BGHSt. 54, 70 (121 f.).
[1624] Vgl. nur LK/*Tiedemann*, § 263 Rn. 9 f.
[1625] Beispiele nach Spickhoff/*Schuhr*, Medizinrecht, § 263 StGB Rn. 6.
[1626] Vgl. nur BGHSt. 48, 331 (344 f.); BGH, NJW 2004, 375 (379); Prütting/*Tsambikakis*, Medizinrecht, § 263 StGB Rn. 13.
[1627] Vgl. nur BGH, wistra 1992, 95 (96); OLG Hamm, NStZ 1997, 130 (131).

nur eine nicht nach § 263 StGB strafbare Meinungsäußerung.[1628] Eine Täuschung liegt dann erst bei einer bewussten Missachtung völlig eindeutiger Regelungen, da die Abrechnung dann konkludent die unzutreffende Behauptung eines so nicht existierenden Rechtstextes beinhaltet (sog. institutionelle Tatsache) sowie die unzutreffende Behauptung der inneren Tatsache, der Arzt sei subjektiv von der Berechtigung seiner Forderung überzeugt.[1629]

> **Fall 71** (nach BGHSt. 57, 95 ff.): Arzt A betrieb als Arzt für Allgemeinmedizin eine Praxis für Naturheilverfahren, in der er (mangels Kassenarztzulassung) grundsätzlich Privatpatienten behandelte. Um sich „eine auf Dauer gerichtete Einnahmemöglichkeit zu verschaffen", ließ A über die gutgläubige M-GmbH an 129 Tagen mehr als 2300 „inhaltlich unrichtige Abrechnungen" an seine Patienten schicken: In einigen Fällen ließ A in Absprache mit Patienten erstattungsfähige Leistungen (Lieferung erstattungsfähiger Medikamente, Injektionen, Hausbesuche etc.) unter Angabe von Normketten abrechnen, obwohl er genau diese Leistungen tatsächlich gar nicht erbracht hatte, sondern allenfalls vergleichbare. Die Patienten reichten diese Rechnungen bei ihren jeweiligen Versicherungen bzw. der Beihilfestelle ein und erhielten so die in Rechnung gestellten Kosten erstattet. Zudem rechnete er Laborleistungen der Laborgemeinschaft, deren Mitglied er war und deren Leistungen er nach §§ 4 II 1, 5 IV 2 GOÄ mit einem Steigerungsfaktor 1,15 selbst abrechnen konnte, mit dem Hinweis „sehr umfangreiche und zeitintensive Leistung auf Grund persönlicher Befundung" mit dem Höchst-Steigerungsfaktor (§ 5 IV 1 GOÄ) von 1,3 ab, obwohl er wusste, dass er keine einzige Befundung selbst je durchgeführt hatte. Zudem rechnete A von der Laborgemeinschaft bezogene Untersuchungen der Klasse M II als angeblich im eigenen Labor erbrachte Leistungen der Klasse M I ab, dies wiederum teilweise mit dem unzutreffenden Höchststeigerungsfaktor von 1,3. Darüber hinaus (und vor allem) ließ A nicht persönlich erbrachte Leistungen abrechnen: Insbesondere profitierte A von einer mit einer Laborgruppe „seit vielen Jahren vielen tausend interessierten Ärzten im Bundesgebiet" angebotenen Kooperation (Rahmenvereinbarung): Speziallaborleistungen der Klassen M III und M IV, die an sich nur von einem hierzu befähigten und einzig gegenüber dem Patienten selbst liquidationsberechtigten Laborarzt erbracht werden können, ließ A von der Laborgruppe fachlich und medizinisch korrekt erbringen und rechnete diese selbst mit dem Standard-Erhöhungsfaktor von 1,15 dem Patienten gegenüber als eigene Leistung ab; die Laborgruppe selbst rechnete die Untersuchung nicht dem Patienten, sondern mit Erhöhungsfaktoren zwischen 0,32 und 1,0 gegenüber dem Einsendearzt ab. Ferner ließ A „eingekaufte" Untersuchungen, die in seinen Praxisräumen tätige, weder approbierte noch niedergelassene Therapeuten (ein Osteopath und ein aus China stammender Arzt für Traditionelle Chinesische

---

1628 Vgl. nur OLG München, wistra 2010, 37 ff.; StA Saarbrücken, Einstellungsverfügung vom 10.6.2002 – 33 Js 319/97, zitiert nach *Ulsenheimer*, Arztstrafrecht, Rn. 1138; *Schroth/Joost*, in: Roxin/Schroth, Handbuch, S. 179 (191 f.); *Ulsenheimer*, in: Laufs/Kern, Handbuch, § 151 Rn. 37; *ders.*, Arztstrafrecht, Rn. 1113 und 1140 f.; nach der Rechtsprechung wird dagegen zumeist nur der Vorsatz verneint: vgl. nur BGH, wistra 1992, 95 (96); BGH, NStZ 1994, 585 (586).
1629 Vgl. LG Münster, GesR 2008, 246; *Ellbogen/Wichmann*, MedR 2007, 10 (11); *Fischer*, § 263 Rn. 11; *Schroth/Joost*, in: Roxin/Schroth, Handbuch, S. 179 (192); *Ulsenheimer*, Arztstrafrecht, Rn. 1113.

> Medizin) eigenverantwortlich erbrachten, abrechnen. A führte jeweils nur „Eingangs-" und „Abschlussgespräch", verfügte jedoch nicht über die fachlichen Kenntnisse, die Therapeuten zu überwachen. Strafbarkeit des A?

279 a) **Ausdrückliche Täuschungen.** Eine Täuschung kann zunächst ausdrücklich erfolgen, d. h. der Täter behauptet mündlich oder schriftlich eine bestimmte Tatsache, die nicht mit der Wirklichkeit übereinstimmt. Hierunter fällt insbesondere die Erklärung mit der Honorarabrechnung (und im vertragsärztlichen Bereich der darin enthaltenen Sammelerklärung), dass die angegebenen Leistungen tatsächlich erbracht wurden.[1630] Soweit „Luftleistungen" oder unvollständig erbrachte Leistungen abgerechnet werden, liegt darin somit eine ausdrückliche Täuschung des Adressaten, im Vertragsarztbereich des Sachbearbeiters der Kassenärztlichen Vereinigung (§§ 85 I, 87b I, 295 SGB V) sowie mittelbar des Sachbearbeiters der Krankenkasse (§§ 106 ff. SGB V), im privatärztlichen Bereich des Privatpatienten sowie mittelbar des Sachbearbeiters der privaten Krankenversicherung bzw. bei Krankenhausabrechnungen im Rahmen der gesetzlichen Krankenversicherung des Sachbearbeiters der Krankenkasse (§ 109 IV SGB V).[1631] Zugleich enthält die Sammelerklärung (wegen §§ 15 I, 28 I SGB V, 15 I BMV-Ärzte) die ausdrückliche Behauptung, dass eine ärztliche Leistung durch den Arzt persönlich oder auf seine Anordnung hin unter seiner Aufsicht und Verantwortung erfolgt ist und die Abrechnung sachlich richtig und vollständig ist, so dass bei unzulässiger Delegation oder Vertretung, bei der selbst bei lege artis durchgeführter Leistung ein Honoraranspruch nicht besteht[1632], deren Abrechnung eine ausdrückliche Täuschung darstellt.[1633]

280 Im privatärztlichen **Fall 71** erblickte der Bundesgerichtshof eine ausdrückliche Täuschung in der Abrechnung tatsächlich nicht durchgeführter Leistungen sowie in der Angabe einer wahrheitswidrigen Begründung eines (entgegen § 5 GOÄ/GOZ) überhöhten Steigerungsfaktors. Die Regelungen der GOÄ, „ein für alle Ärzte verbindliches Preisrecht", seien abschließend.[1634] Hiergegen wendet *Tiedemann*[1635] zu Recht ein, dieser rechtliche Ausgangspunkt widerspreche § 6 II GOÄ. Der von *Tiedemann* hieraus gezogene Schluss, die abgerechneten Leistungen seien keine „Luftleistungen" (wie der Bundesgerichtshof meint), sondern zulässige Analogbewertungen mit Normenketten, vermag dagegen nicht gänzlich zu überzeugen, müsste eine solche nach § 12 IV GOÄ doch „verständlich" beschrieben und mit dem Hinweis „entsprechend" versehen werden, woran es vorliegend fehlt; ein eventueller Irrtum über die formalen Anforderungen an eine Analogbewertung ist lediglich ein vermeidbarer Verbotsirrtum (§ 17 S. 1 StGB).

Im privatärztlichen Bereich gilt zudem auf der Grundlage des zivilrechtlichen Behandlungsverhältnisses nach § 613 BGB sowie § 4 II GOÄ/GOZ (auch) der Grundsatz persönlicher Leistungserbringung, so dass nur persönlich erbrachte

---

[1630] Vgl. OLG Hamm, NStZ 1997, 130 (131).
[1631] Vgl. *Ellbogen/Wichmann*, MedR 2007, 10 (12); Spickhoff/*Schuhr*, Medizinrecht, § 263 StGB Rn. 16.
[1632] Vgl. nur BSGE 80, 1 (3 f.); LSG Nordrhein-Westfalen, NZS 1997, 195 ff.
[1633] Vgl. nur *Sommer/Tsambikakis*, in: Terbille, Anwaltshandbuch, § 3 Rn. 124; Prütting/*Tsambikakis*, Medizinrecht, § 263 StGB Rn. 18.
[1634] BGHSt. 57, 95 (103 f.).
[1635] JZ 2012, 525.

oder im Wege zulässiger Delegation (z. B. im Falle einer entsprechenden ausdrücklichen Vereinbarung mit dem Patienten[1636]) durch einen Vertreter erbrachte Leistungen abgerechnet werden können.

In **Fall 71** stünden A nach dem Bundesgerichtshof hinsichtlich der in den Praxisräumen erbrachten Akupunktur- und Osteopathieleistungen daher keine Zahlungsansprüche gegen die Patienten zu; der abschließende Charakter der GOÄ verhindere auch eine Anwendbarkeit des § 670 BGB.[1637] Hiergegen hat *Tiedemann*[1638] eingewandt, § 2 GOÄ eröffne die Möglichkeit einer individualvertraglichen Vereinbarung, in deren Rahmen § 278 BGB den § 4 II GOÄ verdrängen würde; das Fehlen der nach § 2 II GOÄ erforderlichen Schriftform, worauf der Bundesgerichtshof verweist, führe über § 612 BGB lediglich zur Gewährung der „üblichen" Vergütung, die sich aus der GOÄ ergeben könne – eine „Nullbewertung" finde sich in der GOÄ nämlich nicht. Auf diese Weise würde der Schutzzweck der Formvorschrift, den Patienten hinreichend darüber zu informieren, dass Leistungen durch Dritte erbracht würden, was erheblichen Einfluss auf das durch ein besonderes Vertrauensverhältnis geprägte Arzt-Patienten-Verhältnis von erheblicher Bedeutung ist, jedoch entwertet. Es ist daher richtigerweise davon auszugehen, dass der Patient in einem persönlichen Gespräch mit dem Arzt über die Modalitäten der individual-vertraglich vereinbarten Behandlung und der Vergütung zu informieren ist. „Andernfalls, wenn zum Beispiel die Honorarvereinbarung ausschließlich durch eine im Vorzimmer geleistete Unterschrift unter einen Standardtext abgewickelt würde, kommt keine rechtswirksame Vereinbarung zustande"[1639].

b) Konkludente Täuschungen. Täuschungen können (im Wege einer an der Lebenswirklichkeit orientierten richterlichen Rechtsfortbildung[1640]) auch nur konkludent erfolgen, d. h. wenn dem schlüssigen Gesamtverhalten des Täters nach der Verkehrsauffassung (bzw. nach allgemeinen Regeln der Sprache oder Konvention und des Rechts) ein bestimmter (eindeutiger!) Erklärungswert beigemessen wird, der als stillschweigend (mit-)erklärt gilt. Es kommt nach dem faktisch-normativen Maßstab der Rechtsprechung hierbei darauf an, wie der Adressat der vermeintlichen schlüssigen Erklärung nach dem Maßstab des objektivierten Empfängerhorizontes[1641] das Täterverhalten unter Berücksichtigung der Gesamtumstände der konkreten Situation[1642] nach der in Bezug auf den konkreten Geschäftstyp bestehenden Verkehrsauffassung vernünftigerweise verstehen durfte.[1643]

Fall 72 (nach LG Lübeck, GesR 2006, 176 ff.): A ist Labormediziner. Mit Ärzten seiner Fachrichtung gründete er an verschiedenen Standorten Innengesellschaften. Deren Hauptzweck war die Errichtung und der Betrieb von La-

---

[1636] Vgl. BGH, MedR 2008, 155 (156); *Ulsenheimer*, in: Laufs/Kern, Handbuch, § 151 Rn. 39.
[1637] BGHSt. 57, 95 (111).
[1638] JZ 2012, 525 (526 f.).
[1639] *Klakow-Franck*, DÄBl. 2004, A-1693 = http://www.baek.de/page.asp?his=1.108.4144.4172.4¬174 (letzter Aufruf: 22.5.2017).
[1640] So LK/*Tiedemann*, § 263 Rn. 28; *Vogel*, GedS Rolf Keller (2003), S. 313.
[1641] BGHSt. 47, 1 (3); BGHSt. 51, 165 (170); BGH NJW 1995, 539; *Gaede*, HRRS 2007, 16; *Ranft* JA 1984, 723 (724).
[1642] BGHSt. 51, 165 (170).
[1643] Vgl. nur BGHSt. 3, 69 (70 ff.); BGHSt. 29, 165 (167); BGHSt. 47, 1 (3); BGH NStZ 2004, 266 (267); kritisch hierzu *Kraatz*, FS Geppert (2011), S. 269 ff.

borarztpraxen. Auf diese Weise entstand eine bundesweit vernetzte Laborfacharztgruppe. Aufgrund der Innengesellschaftsverträge hatten die vor Ort tätigen Ärzte nur eingeschränkte Entscheidungsbefugnisse im Bereich der wirtschaftlichen Praxisführung. In medizinischen Fragen entschieden sie ohne jegliche Einflussnahme Dritter. A wurde der Mittäterschaft an Abrechnungsbetrugstaten in über 200 Fällen angeklagt, da die betroffenen Ärzte scheinselbstständig seien und daher mittels Quartalssammelerklärung gegenüber der Kassenärztlichen Vereinigung zu Unrecht (konkludent) erklärt hätten, die Voraussetzungen des § 32 I 1 Ärzte-ZV („Der Vertragsarzt hat die vertragsärztliche Tätigkeit persönlich in *freier Praxis* zu erfüllen") einzuhalten. Wird das Gericht die Anklage zur Hauptverhandlung zulassen?

Ein konkludenter Abrechnungsbetrug im vertragsärztlichen Bereich liegt vor, wenn die Quartalsabrechnung zwar in seinem Wortlaut nicht ausdrücklich etwas Falsches behauptet, die ärztliche Leistung aber nicht abrechenbar ist, weil ihre konkludent mitbehaupteten tatsächlichen Grundlagen nicht vorlagen. So wird nach dem Empfängerhorizont vom Kassenarzt durch die Abrechnung insbesondere miterklärt, dass die abgerechnete Leistung unter die betreffende Gebührenziffer fällt, seine Leistung zu den kassenärztlichen Versorgungsleistungen gehört und nach dem allgemeinen Bewertungsmaßstab abgerechnet werden darf.[1644] Eine konkludente Täuschung liegt danach vor, wenn bewusst vom einheitlichen Bewertungsmaßstab abgewichen wird, wenn entgegen Nr. 7.1 EBM 2010 allgemeine Praxiskosten, Kosten zur Anwendung medizinischer Gerätschaften, Kosten für Einmalspritzen, Einmalhandschuhe oder Versand- und Transportkosten, die bereits in die allgemeine Gebührenbemessung einbezogen sind, gesondert in Rechnung gestellt werden[1645], wenn die eingesetzten Geräte die zur Abrechnung notwendigen Voraussetzungen nicht erfüllen[1646] oder wenn die ärztliche Leistung entgegen §§ 12 I, 70 I 2, 72 II SGB V nicht wirtschaftlich war[1647]. Da jedoch „die kassenärztliche Zulassung der Einreichung der Quartalssammelerklärungen vorausgeht, ist es fern liegend, dass der abrechnende Arzt mit jeder Quartalssammelerklärung sinngemäß erklären sollte, dass er [noch immer] rechtmäßig zugelassen ist und die Zulassungsvoraussetzungen weiterhin vorliegen", zumal die Kassenärztlichen Vereinigungen mit Hilfe der Sammelerklärungen nur die Honorarforderungen der Ärzte in einem Massenverfahren bewältigen, nicht jedoch auch die kassenärztlichen Zulassungen überprüfen wollten, wofür zudem die Zulassungsausschüsse und nicht die Kassenärztlichen Vereinigungen zuständig sind.[1648] Mangels konkludenter Täuschung fehlt es in **Fall 72** daher an einem hinreichenden Tatverdacht, so dass die Anklage nicht zur Hauptverhandlung zugelassen werden wird (§§ 203, 204 I StPO).

1644 BGH, wistra 1992, 253 f.
1645 Vgl. nur BGH, NStZ 1994, 188 ff.; umfassend hierzu *Frister/Lindemann/Peters*, Arztstrafrecht, 2. Kap. Rn. 96 f.
1646 Vgl. nur Spickhoff/*Schuhr*, Medizinrecht, § 263 StGB Rn. 16.
1647 Vgl. nur *Hellmann/Herffs*, Abrechnungsbetrug, Rn. 276 ff.; Spickhoff/*Schuhr*, Medizinrecht, § 263 StGB Rn. 16.
1648 LG Lübeck, GesR 2006, 176; zur Auslegung des Merkmals „in freier Praxis" jüngst BGH, BeckRS 2017, 121422.

Fall 73 (nach BGH, NStZ 2004, 568): Augenarzt R lieferte über seine R-oHG den ebenfalls kassenärztlich zugelassenen Augenärzten Dr. A, Dr. B und Dr. C Augenlinsen und Medikamente, die diese für die von ihnen ambulant durchgeführten Operationen zur Behandlung des Grauen Stars benötigten und über den gutgläubigen Apotheker V geliefert bekamen. Der vorher zwischen R und den Augenärzten für die Augenlinsen abgesprochene Preis orientierte sich an dem von den gesetzlichen Krankenkassen und Kassenärztlichen Vereinigungen als marktüblich eingestuften Betrag. Diesen Betrag wies R in der von ihm dem Apotheker V gestellten Rechnung als anzusetzenden Verkaufspreis aus. V berechnete diesen Betrag den Augenärzten weiter. Im Rahmen ihrer turnusmäßigen Abrechnungen ließen sich die Augenärzte diesen Betrag erstatten. Tatsächlich hatte R zur Sicherung einer dauerhaften Geschäftsbeziehung den Augenärzten jedoch eine umsatzbezogene Rückvergütung („Kick-Back") angeboten, die von diesen angenommen und an sie in bar ausgezahlt wurden, so dass sie selbst insgesamt weniger für die Augenlinsen bezahlen mussten, als sie abrechneten.

Zugleich bestellten die Augenärzte bei R im Wege kassenärztlicher Verordnung die von ihnen benötigten Medikamente. Die Auslieferung erfolgte über den Apotheker V, bei dem das Rezept verblieb. Anschließend reichte V die Rezepte mit den von R vorgegebenen überhöhten Preisen einmal monatlich bei der Verrechnungsstelle für Apotheker in München ein, die eine Aufteilung auf die jeweils betroffenen Krankenkassen vornahm. Diese überwiesen den fälligen Betrag an die Verrechnungsstelle, die ihn wiederum an V auszahlte. Strafbarkeit des R?

Eine konkludente Täuschung wird von der Rechtsprechung[1649] auch angenommen, **wenn der Arzt erhaltene Vergünstigungen und Boni nicht honorarmindernd berücksichtigt,** da hierin nicht nur – wie von Teilen des Schrifttums[1650] angenommen – das Verschweigen von Rabatten und damit eine zumeist mangels Garantenstellung nicht strafbare Täuschung durch Unterlassen liege. Vielmehr werde mit der Abrechnung implizit behauptet, es habe keine Vergünstigungen gegeben – lediglich Skonti bis zu einer Höhe von 3 % lässt die Praxis als üblich unberücksichtigt.[1651] Hierhinter steht der (leider teilweise noch unbekannte) § 44 VI 7 BMV-Ä, nach dem ein Vertragsarzt verpflichtet ist, bei nach Kapitel 7.3 der Allgemeinen Bestimmungen des Einheitlichen Bewertungsmaßstabes nicht in den Gebührenordnungspositionen enthaltenen Materialien (u. a. Kosten für Arzneimittel, Verbandmittel, Materialien, Instrumente, Gegenstände und Stoffe, die nach der Anwendung verbraucht sind oder die der Kranke zur weiteren Verwendung behält) die tatsächlich realisierten Preise in Rechnung zu stellen und ggf. vom Hersteller bzw. Lieferanten gewährte Rückvergütungen wie Preisnachlässe, Rabatte, Umsatzbeteiligungen, Bonifikationen und rückvergütungsgleiche Gewinnbeteiligungen mit Ausnahme von Barzahlungsrabatten bis zu 3 % weiterzugeben. Anders als bei diesen Materialien fehlt bei der Verschreibung von

---

[1649] Vgl. nur BGH, NStZ 2004, 568 (569); vgl. auch jüngst zum 1999–2002 erfolgten „Globudent"-Skandal: LSG Nordrhein-Westfalen, BeckRS 2012, 70030.
[1650] Vgl. etwa *Sommer/Tsambikakis*, in: Terbille, Anwaltshandbuch, § 3 Rn. 128 ff.; Prütting/*Tsambikakis*, Medizinrecht, § 263 StGB Rn. 27.
[1651] Spickhoff/*Schuhr*, Medizinrecht, § 263 StGB Rn. 16; offen gelassen in BSG, NZS 1993, 35 (37).

Arzneimitteln eine entsprechende Wertung, so dass ein Arzt, der für die bevorzugte Verschreibung von Medikamenten eines bestimmten Pharmaherstellers Geld erhalten und dies in seinen Quartalsabrechnungen nicht honorarmindernd berücksichtigt hat, keine konkludente Täuschung begeht.[1652]

Nach diesen Grundsätzen müsste in **Fall 71** hinsichtlich der Abrechnung der vom Speziallabor durchgeführten Leistungen eine konkludente Täuschung liegen, ist eine Abrechnung der selbst an das Labor verauslagten Gebühren doch weder aus eigenem Recht (§ 670 BGB: zudem keine Erforderlichkeit) noch mangels Vertretungswillen aus abgetretenem Recht weiterreichbar, so dass die Vereinbarung zwischen A und dem Laborarzt „wirtschaftlich […] nichts anderes" darstelle „als die [wohl nach § 138 BGB nichtige] Vereinbarung einer umsatzunabhängigen ‚Kick-Back'-Zahlung"[1653]. In **Fall 73** lag hiernach hinsichtlich der Abrechnung der Augenlinsen durch die Augenärzte Dr. A, Dr. B und Dr. C eine konkludente Täuschung, „weil die Abrechnung des vollen Preises je Augenlinse die stillschweigende Erklärung enthielt, dass diese Kosten tatsächlich und endgültig angefallen waren"; „diese Erklärung war falsch, weil sie die ‚Kick-Back'-Zahlungen unberücksichtigt ließ"[1654]. R beging hiernach eine Beihilfe zum Betrug.

283 Im privatärztlichen Bereich wird zudem konkludent getäuscht, wenn eine nicht gesondert abrechenbare Position aufgeführt wird, etwa wenn unselbstständige Teilleistungen oder allgemeine Praxiskosten abgerechnet werden, obwohl diese in den Gebührensätzen oder anderen Gebührenziffern bereits enthalten sind[1655] oder die zur Abrechenbarkeit erforderliche Einzelanordnung nicht vorlag[1656], wenn eine unzulässige Pauschalierung vorgenommen wird[1657] oder unwirtschaftliche oder nicht indizierte Leistungen abgerechnet werden.

Hinsichtlich des Umfangs konkludenter Erklärungen ist die normative Risikoverteilung zu berücksichtigen, so dass eine Täuschung jeweils zu verneinen ist, wenn alleine der Adressat das Risiko zu tragen hat oder wenn die Entscheidung eines Sachbearbeiters bereits durch eine interne Richtlinie vorgegeben ist.[1658] In einer Arzneimittelversorgung ohne medizinische Notwendigkeit liegt daher keine Täuschungshandlung mit entsprechendem Erklärungswert gegenüber dem Apotheker, da eine formal ordnungsgemäß ausgestellte Verordnung den Leistungserbringungsanspruch des Patienten (§§ 27 I 1 und 2 Nr. 3, 31 ff. SGB V) konkretisiert und den Apotheker – aufgrund des Rechtsanspruchs der Versicherten auf Versorgung iSd § 31 SGB V – verpflichtet, die kassenärztlichen Verschreibungen gemäß § 17 IV ApBetrO in angemessener Zeit einzulösen („zivilrechtlicher Kontrahierungszwang"), unabhängig davon, ob die Leistung notwendig iSd § 12 I 1 SGB V ist, was Apotheker daher grundsätzlich nicht zu prüfen haben.[1659] Auch kann die jeweilige Krankenkasse dem Apotheker Ein-

---

1652 AG Ulm, BeckRS 2013, 03248.
1653 BGHSt. 57, 95 (106).
1654 BGH, NStZ 2004, 568.
1655 Vgl. BGH, NStZ 1994, 188 f.
1656 BGH, NStZ 1995, 85 f.
1657 Vgl. BGH, wistra 1992, 95 (96).
1658 Vgl. Spickhoff/*Schuhr*, Medizinrecht, § 263 StGB Rn. 10.
1659 Vgl. nur BGH, NJW 2004, 454 (455); Spickhoff/*Schuhr*, Medizinrecht, § 263 StGB Rn. 11; *Sommer/Tsambikakis*, in: Terbille, Anwaltshandbuch, § 3 Rn. 133; Prütting/*Tsambikakis*, Medizinrecht, § 263 StGB Rn. 24; *Ulsenheimer*, in: Laufs/Kern, Handbuch, § 151 Rn. 32.

wendungen, die die ärztliche Verordnung betreffen, regelmäßig nicht entgegenhalten; ein entsprechendes Leistungsverweigerungsrecht besteht nicht.[1660]

In **Fall 73** scheidet hinsichtlich der Ausstellung der Verordnungen ein Betrug von Dr. A, Dr. B und Dr. C gegenüber dem Apotheker (und damit eine Beihilfe des R hierzu) daher aus.[1661] Auch ein Betrug in mittelbarer Täterschaft gegenüber und zu Lasten des Sachbearbeiters der Krankenkasse und damit eine Beihilfe des R hierzu scheidet aus, da die Vermögensverfügung bereits durch die fehlerhafte Arzneimittelversorgung erfolgte (zur Vertragsarztuntreue unten Rn. 326).[1662]

c) **Täuschung durch Unterlassen.** Die Grenzen des konkludenten Verhaltens sind deshalb so heikel, da ansonsten lediglich eine Täuschung durch Unterlassen in Betracht kommt, für die nach allgemeinen Grundsätzen eine Garantenstellung nach § 13 I StGB erforderlich ist. An das Vorliegen einer Garantenstellung sind hohe Anforderungen zu stellen, insbesondere bedarf es in der konkreten Rechtsbeziehung eines Zusammenhangs mit den Vermögensinteressen des Opfers. Der Vertragsarzt ist als Zwangsmitglied der Kassenärztlichen Vereinigung jedenfalls nicht Beschützer oder gar Abrechnungsgarant der Kassenärztlichen Vereinigung (die das Geld nur weiterleiten), so dass ihn keine Garantenstellung zu Gunsten der Kassenärztlichen Vereinigung im Rahmen der Abrechnung trifft und er sich daher nicht wegen Betrugs durch Unterlassen strafbar macht, wenn er zunächst unbewusst falsch abrechnet, er später seinen Fehler bemerkt, diesen der Kassenärztlichen Vereinigung gegenüber aber nicht aufklärt.[1663] Aber auch gegenüber der Krankenkasse, mit der keinerlei Rechtsbeziehungen bestehen (oben Rn. 14), bestehen keine Aufklärungspflichten, auch nicht aus dem allgemeinen, durch konkrete Rechtsbeziehungen ausfüllungsbedürftigen Wirtschaftlichkeitsgebot oder der vom Amtsgericht Minden[1664] nur formelhaft behaupteten „besonderen Vertrauensstellung im Abrechnungssystem".[1665] In **Fall 73** liegt daher auch keine Täuschung durch Unterlassen durch die betroffenen Augenärzte dadurch vor, dass sie den Krankenkassen ihre Rückvergütungsabreden verschweigen.

284

2. **Irrtum**

(Mit-)Ursächlich durch die Täuschungshandlung muss ein Irrtum der getäuschten Person erregt worden sein, also eine Fehlvorstellung über Tatsachen, d. h. ein Widerspruch zwischen der subjektiven Vorstellung und der Wirklichkeit.[1666] Wird die täuschende Erklärung nicht wahrgenommen, kommt nur ein Betrugsversuch in Betracht.[1667] Nur natürliche Personen können sich irren, nicht Computer (daher bei rein maschineller Prüfung der Abrechnungen: allenfalls § 263a StGB) oder juristische Personen, bei denen auf die jeweils zuständigen Sachbear-

285

1660 Vgl. BSGE 77, 194 (206).
1661 Vgl. BGH, NStZ 2004, 568 (570).
1662 Vgl. zu einer ähnlichen Konstellation BGH, NJW 2004, 454 (456); offen lassend BGH, NStZ 2004, 568 (570).
1663 Vgl. nur *Schroth/Joost*, in: Roxin/Schroth, Handbuch, S. 179 (192); *Sommer/Tsambikakis*, in: Terbille, Anwaltshandbuch, § 3 Rn. 126.
1664 MedR 2004, 165 ff.
1665 Vgl. nur *Sommer/Tsambikakis*, in: Terbille, Anwaltshandbuch, § 3 Rn. 129; *Ulsenheimer*, Arztstrafrecht, Rn. 1114 ff.
1666 Vgl. nur Sch/Schr/*Perron*, § 263 Rn. 33; NK-StGB/*Kindhäuser*, § 263 Rn. 169; *Lackner/Kühl*/Kühl, § 263 Rn. 18.
1667 Vgl. nur BGH, NStZ 2009, 694.

beiter abzustellen ist. Das bloße Fehlen der Vorstellung einer wahren Tatsache (ignorantia facti) ist kein Irrtum[1668], so dass es an einem Irrtum fehlt, wenn ein Sachbearbeiter die Abrechnung prüft und sich hierbei irrt, die verfügende (auszahlende) Person jedoch hiervon verschieden ist und sich angesichts der vorliegenden Auszahlungsanordnung des prüfenden Kollegen keine Gedanken macht.[1669] Nach der Rechtsprechung ausreichend sein soll jedoch ein „sachgedankliches Mitbewusstsein" der vom Verfügenden ohne Nachdenken vorausgesetzten Tatsachen[1670], also das Gefühl, es sei „alles in Ordnung", sofern dieses Gefühl beruhigender Sicherheit nur die Folge des empfangsgerichteten Täuschungsverhaltens sei.[1671] Bei standardisierten, auf Massenerledigung angelegten Abrechnungsverfahren (wie jenen der kassenärztlichen Abrechnungsprüfung) sei es daher nicht erforderlich, dass der Sachbearbeiter zu jeder falschen Rechnungsposition (nachweislich) positiv die Vorstellung habe, sie sei vollumfänglich zutreffend[1672] – das dem Vertragsarzt entgegengebrachte Vertrauen rechtfertige diese erhebliche Herabsetzung des Prüfungsumfangs ärztlicher Honorarabrechnungen[1673]. Wenn der Sachbearbeiter auf eine ordnungsgemäße Abrechnung vertraut und in diesem Bewusstsein Rechnungen als rechtskonforme Zahlungsanforderungen ansieht, irre er.[1674] In diesem Sinne betonte der Bundesgerichtshof in **Fall 71**, ein jeweiliger Irrtum des zuständigen Sachbearbeiters der privaten Krankenversicherung bzw. des Patienten sei aufgrund des sachgedanklichen Mitbewusstseins, die Abrechnung sei in Ordnung, gegeben, da insbesondere die Patienten mangels hinreichender eigener Fachkenntnisse auf die Richtigkeit der Rechnung vertrauen mussten und es auch taten; die „Regel", Patienten unterlägen wegen der Erkennbarkeit des tatsächlichen Leistungsumfangs und des tatsächlichen Leistungserbringers keinem Irrtum[1675], gelte hier daher nicht[1676].

Fall 74 (nach BGH, NJW 2003, 1198 ff.): Zahnarzt A eröffnete eine eigene Praxis. Wegen seiner Vorstrafen bemühte er sich aber nicht um eine kassenärztliche Zulassung, sondern stellte den als Kassenarzt zugelassenen Zahnarzt B als „Strohmann" ein, um auch Kassenpatienten behandeln zu können. So behandelte A 90 % der Kassenpatienten der Praxis, die B zusammen mit seinen 10 % gegenüber der Kassenzahnärztlichen Vereinigung abrechnete. Nach einer anonymen Strafanzeige ermittelte die Kassenzahnärztliche Vereinigung

---

1668 RGSt. 42, 40 ff.; *Lackner/Kühl/Kühl*, § 263 Rn. 18; *Wessels/Hillenkamp*, BT 2, Rn. 510; aA OLG Celle, MDR 1957, 436 f.
1669 Vgl. nur BGH, NStZ 2005, 157 f.
1670 BGHSt. 51, 165 (174); BGH, wistra 2009, 433 (434) (insoweit in BGHSt. 54, 44 ff. nicht abgedruckt).
1671 Vgl. nur BGHSt. 2, 325 (326 f.); BGHSt. 24, 386 (389); BGH, NStZ 2007, 213 (215); BGH, NJW 2009, 2900 (2901); BGH, NStZ 2015, 341 f.; zustimmend *Maurach/Schroeder/Maiwald*, BT 1, § 41 Rn. 58; *Schroth/Joost*, in: Roxin/Schroth, Handbuch, S. 179 (193); *Ulsenheimer*, in: Laufs/Kern, Handbuch, § 151 Rn. 17. Dies ist die Widerspiegelung des maßgeblichen Empfängerhorizonts bei Bestimmung des Inhalts der Täuschungshandlung und wie jener ein bloßer „Kunstgriff" (*Trüg/Habetha* JZ 2007, 878 [882]): Kritisch hierzu *Kraatz*, FS Geppert (2011), S. 269 (276 f.); *Sommer/Tsambikakis*, in: Terbille, Anwaltshandbuch, § 3 Rn. 136.
1672 Vgl. nur Spickhoff/*Schuhr*, Medizinrecht, § 263 StGB Rn. 24; *Ulsenheimer*, in: Laufs/Kern, Handbuch, § 151 Rn. 33.
1673 BGH, NStZ 2007, 213 (215).
1674 Vgl. Prütting/*Tsambikakis*, Medizinrecht, § 263 StGB Rn. 35.
1675 So Spickhoff/*Schuhr*, Medizinrecht, § 263 Rn. 25.
1676 BGHSt. 57, 95 (112).

intern wegen Abrechnungsbetrugs. Da aber nicht ermittelt werden konnte, dass A tatsächlich über B abrechnete, zahlte der zuständige Sachbearbeiter der Kassenzahnärztlichen Vereinigung trotz seiner Zweifel an B Honorare iHv 600.000 Euro aus. B behielt davon sein mit A vereinbartes Gehalt ein und zahlte das restliche Geld an A aus. Strafbarkeit des B?

Bei der Beurteilung der Frage, ob der zuständige Sachbearbeiter der Kassenzahnärztlichen Vereinigung trotz seiner Zweifel irrte, geht der viktimologische Ansatz von *Amelung*[1677], wonach bereits jede Form von Zweifeln einen Irrtum ausschließe, deutlich zu weit, genauso wie die Ansicht[1678], dass das Opfer die Wahrheit der vorgespiegelten (tatsächlich falschen) Tatsache zumindest für wahrscheinlicher halten müsse als ihre Unwahrheit (und damit seine Zweifel). Denn beide einschränkenden Ansichten finden im Gesetzeswortlaut keine Stütze und nehmen den von der Norm gewollten Opferschutz zu weit zurück, läuft die hinter diesen Ansichten stehende These, „dass das Tatopfer sich bei Zweifeln über die Wahrheit oder Unwahrheit der behaupteten Tatsache zu vergewissern habe, [doch] auf eine dem Strafrecht fremde Bewertung eines Mitverschuldens hinaus, das auch sonst nicht tatbestandsausschließend wirkt, und begegnet zudem in ihren tatsächlichen Prämissen Bedenken: Insbesondere in Fällen, in denen das Tatopfer unter Täuschung über das Vorliegen der Voraussetzungen auf gesetzlich oder vertraglich geschuldete Leistungen in Anspruch genommen wird, ist seine Freiheit, die Erfüllung wegen Zweifeln an der Wahrheit der anspruchsbegründenden Behauptungen zu verweigern, faktisch schon durch das mit der Weigerung verbundene Prozessrisiko begrenzt"[1679]. Mit der überwiegenden Ansicht genügt es daher, dass das Opfer trotz seiner Zweifel noch die Wahrheit der vom Täter behaupteten (unwahren) Tatsachen für möglich hält und deswegen die Vermögensverfügung trifft, also trotz seiner Zweifel der List des Täters zum Opfer fällt.[1680] Hiernach hat in **Fall 74** der zuständige Sachbearbeiter geirrt und B damit einen Betrug begangen.

3. Vermögensverfügung

Eine Vermögensverfügung erfasst jedes kausal auf dem Irrtum beruhende Tun, Dulden oder Unterlassen einer natürlichen Person, das sich auf Seiten des Geschädigten unmittelbar vermögensmindernd auswirkt[1681] und stellt damit als ungeschriebenes Tatbestandsmerkmal des Selbstschädigungsdelikts des Betruges ein „Bindeglied zwischen Irrtum und Vermögensschaden"[1682] dar.

287

a) **Begriff des Vermögens.** Verfügungsgegenstand ist das Vermögen. Nach dem rein wirtschaftlichen Vermögensbegriff der Rechtsprechung[1683] umfasst es die Summe der geldwerten Güter einer natürlichen oder juristischen Person[1684], die

287a

[1677] GA 1977, 1 (4 ff.).
[1678] So etwa *Sonnen*, wistra 1982, 123 (127 f.).
[1679] BGH, NStZ 2003, 313 mit zust. Anm. *Geppert*, JK 7/03, StGB § 263/69.
[1680] BGHSt. 24, 257 (260 f.), BGH, NStZ 2003, 313, OLG Karlsruhe, wistra 2004, 276, *Heinrich*, in: Arzt/Weber/Heinrich/Hilgendorf, BT, § 20 Rn. 65: „wer zweifelt, irrt", LK/*Tiedemann*, § 263 Rn. 84 ff.
[1681] Vgl. etwa BGHSt. 50, 174 (178); *Fischer*, § 263 Rn. 70.
[1682] Prütting/*Tsambikakis*, Medizinrecht, § 263 StGB Rn. 40.
[1683] RGSt. 44, 230 ff.; BGHSt. 2, 364, 365; BGHSt. 8, 254 ff.; BGH NStZ 2008, 627.
[1684] So etwa *Wessels/Hillenkamp*, BT 2, Rdn. 531.

von Teilen der Literatur wegen des Grundsatzes der Einheit der Rechtsordnung beschränkt wird auf solche faktische Zurechnungen, die unter Billigung der rechtlichen Güterordnung stehen (sog. wirtschaftlich-juristischer Vermögensbegriff[1685]), teilweise sogar darauf, dass die Zurechnung rechtlich erfolgen müsse (sog. integrierter Vermögensbegriff[1686]). Geschützt werden auch rechtlich gefestigte und wirtschaftlich realisierbare Exspektanzen, nicht hingegen bloße Gewinnaussichten und Chancen.[1687]

288 b) **Person des Geschädigten.** Eine Bestimmung der Vermögensverfügung beim Abrechnungsbetrug bedarf zunächst eine Klärung der Frage, wessen Vermögen durch eine überhöhte Vermögenszuweisung an den abrechnenden Arzt geschädigt wird:

288a aa) **Vertragsärztlicher Bereich:** Im vertragsärztlichen Bereich wird das Vermögen der Krankenkasse lediglich geschädigt, wenn der Vertragsarzt Sonderleistungen wie insbesondere Substitutionsbehandlungen bei Drogenabhängigen (§ 87a III 5 SGB V) unmittelbar gegenüber den Krankenkassen abrechnet und diese die Rechnung begleichen.[1688]

289 Problematisch ist dagegen die Abrechnung herkömmlicher ärztlicher Leistungen über seine Quartalsabrechnungen bei seiner Kassenärztlichen Vereinigung:
Seit dem 1.1.2009 konnte jeder Vertragsarzt seine Leistungen zu zuvor festgelegten festen Euro-Punktwerten der regionalen Euro-Gebührenordnung (§ 87a II 5 SGB V) abrechnen, seit Inkrafttretens des Gesetzes zur Verbesserung der Versorgungsstrukturen in der gesetzlichen Krankenversicherung[1689] erfolgen Honorarzuweisungen auf der Grundlage von den Kassenärztlichen Vereinigungen im Benehmen mit den Landesverbänden der Krankenkassen und Ersatzkassen festgesetzten Honorarverteilungsmaßstäben, so dass sich die Honorarzuweisungen an die anderen Vertragsärzte nicht verändern. Der vom unberechtigt abrechnenden Vertragsarzt verlangte Honorarmehrbedarf entstammt vielmehr dem „Topf" als Teil der von den Krankenkassen an die Kassenärztlichen Vereinigungen gezahlten Gesamtvergütungen, der für Honorarzuweisungen zur Verfügung steht. Vom Ausnahmefall eines nicht vorhersehbaren Anstiegs des morbiditätsbedingten Behandlungsbedarfs (§ 87a III 4 SGB V: z.B. bei einer Grippeepidemie) abgesehen, besteht keine Nachschusspflicht der Krankenkassen, so dass deren Vermögen durch überhöhte Abrechnungen nicht geschädigt wird. Hält sich die Mehrvergütung noch innerhalb eines festgesetzten Regelleistungsvolumens (ergänzt durch das qualifikationsbedingte Zusatzvolumen) des abrechnenden Arztes und wird eine im Rahmen des Regelleistungsvolumens abzurechnende Leistung zu Unrecht abgerechnet, so wird das Verteilungsvolumen je Arztgruppe mehr ausgeschöpft, als es ohne den Abrechnungsbetrug der Fall wäre, und steht daher nur vermindert zur Honorierung außerhalb von Regelleistungsvolumen und qualifikationsbedingtem Zusatzvolumen erbrachter, beson-

---

1685 Zu den Anhängern zählen etwa *Cramer*, JuS 1966, 472 (475); Sch/Schr/*Perron*, § 263 Rdn. 82 ff.; *Geppert*, JK 1/05, StGB § 263/75; LK/*Tiedemann*, § 263 Rn. 132; *Welzel*, Strafrecht, S. 372.
1686 Zur steigenden Zahl der Anhänger zählen: *Hefendehl*, Vermögensgefährdung und Exspektanzen (1994), S. 115 ff.; MüKo-StGB/*ders.*, § 263 Rdn. 374 ff.; *Pawlik*, Das unerlaubte Verhalten zum Betrug (1999), S. 259 ff.; *Rönnau*, FS Kohlmann (2003), S. 239 (254 ff.).
1687 Ausführlich hierzu *Kraatz*, ZStW 122 (2010), 521 (531).
1688 Ebenso *Frister/Lindemann/Peters*, Arztstrafrecht, 2. Kap. Rn. 172.
1689 BGBl. 2011 I, S. 2983.

ders förderungswürdiger „freier" Leistungen zur Verfügung[1690]; geschädigt werden dann die übrigen, diese Leistungen abrechnenden Ärzte. Wird das dem abrechnenden Arzt zur Verfügung stehende Regelleistungsvolumen dagegen überschritten, so erfolgt die Abrechnung ab Erreichung der Budgetobergrenze für das Quartal nur zu abgestaffelten Preisen aus dem zu diesem Zweck einbehaltenen gedeckelten Teil der Gesamtvergütung; dieser arztgruppenspezifische „Sondertopf" wird unter allen Vertragsärzten, die ihr Regelleistungsvolumen und qualifikationsgebundenes Zusatzvolumen überschreiten, aufgeteilt, so dass die überhöht geltend gemachten Leistungen den nachträglich errechneten Euro-Punktwert verringern und damit die anderen Vertragsärzte der gleichen Fachgruppe schädigen.[1691] Geschädigt werden daher die übrigen Vertragsärzte. Für den vertragszahnärztlichen Bereich gilt grundsätzlich das Gleiche.[1692]

bb) Privatärztlicher Bereich: Bei privatärztlicher Abrechnung schuldet der Privatpatient selbst das Honorar, so dass bei einem Abrechnungsbetrug sein Vermögen geschädigt wird, sowie, wenn er nach einer Zahlung die Rechnung bei seiner privaten Krankenversicherung einreicht und erstattet bekommt, das Vermögen seiner Krankenversicherung.[1693]

290

cc) Abrechnungen von Krankenhäusern: Krankenhäuser rechnen unmittelbar gegenüber den Krankenkassen ab, so dass auch hier das Vermögen der Krankenkassen geschädigt wird.[1694]

290a

c) Zulässigkeit des Dreiecksbetrugs. Von der Zahlung durch den Privatpatienten selbst abgesehen, verfügt mit einem Mitarbeiter der Kassenärztlichen Vereinigung über das Vermögen der Vertragsärzte bzw. einem Mitarbeiter der Krankenkasse über das Vermögen der Krankenkasse jeweils ein Dritter über fremdes Vermögen. Ein derartiger „Dreiecksbetrug" ist trotz dem Charakter des Betruges als *Selbst*schädigungsdelikt erfasst, wenn die Vermögensverfügung des Dritten dem Geschädigten zurechenbar ist, wenn also eine „Zurechnungseinheit zwischen Vermögensinhaber und Irregeführtem bestehen"[1695] vorliegt. Wie diese zu bestimmen ist, ist umstritten[1696]:

291

Im Bereich des Sachbetrugs hat sich als „Minimalkonsens"[1697] die **Befugnis- oder Ermächtigungstheorie**[1698] herausgebildet, wonach die Verfügung des Irrenden dem Geschädigten zugerechnet wird, wenn der Verfügende hierzu vom Vermögensinhaber rechtsgeschäftlich oder durch das Gesetz ermächtigt wurde und wenn der Verfügende sich nach seiner irrtumsbedingten Vorstellung in jenem Befugnisrahmen hält, der ihm auch objektiv eingeräumt worden ist. Da diese Theorie jedoch auf rechtliche Verfügungsbefugnisse abstellt und daher noch zu

---

[1690] Ebenso *Frister/Lindemann/Peters*, Arztstrafrecht, 2. Kap. Rn. 173.
[1691] Ebenso *Frister/Lindemann/Peters*, Arztstrafrecht, 2. Kap. Rn. 174.
[1692] Umfassend hierzu *Frister/Lindemann/Peters*, Arztstrafrecht, 2. Kap. Rn. 177 ff.
[1693] Ebenso *Freitag*, Abrechnungsbetrug, S. 80 ff. und 158; Spickhoff/*Schuhr*, Medizinrecht, § 263 StGB Rn. 49.
[1694] Ebenso Spickhoff/*Schuhr*, Medizinrecht, § 263 StGB Rn. 49.
[1695] LK/*Tiedemann*, § 263 Rn. 114.
[1696] Umfassend hierzu *Kraatz*, Jura 2007, 531 (532 f.).
[1697] LK/*Tiedemann*, § 263 Rn. 116.
[1698] Hierauf die Konstellationen des Dreiecksbetrugs beschränkend *Amelung*, GA 1977, 1 (14 f.); *Haas*, GA 1990, 201 (205); MüKo-StGB/*Hefendehl*, § 263 Rn. 329 ff.; *Otto*, ZStW 79 (1967), 59 (84 f.); *Mitsch*, BT 2, S. 302; *Roxin/Schünemann*, JuS 1969, 372 (375).

sehr dem inzwischen aufgegebenen juristischen Vermögensbegriff (Vermögen als Summe aller gültigen Vermögensrechte)[1699] verhaftet ist, lässt die Rechtsprechung (ausgehend vom weiten wirtschaftlichen Vermögensbegriff) jede unmittelbar räumliche Einwirkungsmöglichkeit[1700] des Verfügenden, jedes „Näheverhältnis" zur Vermögenssphäre des Geschädigten als Zurechnungsgrund ausreichen (sog. **Nähetheorie**)[1701]. Dieses Verständnis wird im Schrifttum jedoch als zu weit[1702] angesehen, so dass sich hier die Lagertheorie als Gegenentwurf herausgebildet hat, wonach es für eine Zurechnung zu Recht erforderlich ist, dass „der getäuschte Dritte, der dem Täter die Sache verschafft, bildlich gesprochen im ‚Lager' des Geschädigten"[1703] gestanden habe (sog. **Lagertheorie**)[1704] und der Geschädigte sich dadurch, dass er den Dritten in sein „Lager" gelassen und ihm somit faktisch den Zugriff auf sein Vermögen ermöglicht hat, dessen Verfügung als eigene zurechnen lassen muss.

Auf den Forderungsbetrug sind diese Ansichten übertragbar: Hiernach ist der zuständige Mitarbeiter der Krankenkasse, der mit Honorarabrechnungen betraut wurde, zu Verfügungen bereits nach der engen Befugnistheorie ermächtigt. Im (sonstigen) Bereich der Gesetzlichen Krankenversicherung wurde der zuständige Sachbearbeiter der Kassenärztlichen Vereinigung von dieser zu Honorarzahlungen ermächtigt, wobei die Kassenärztliche Vereinigung ihrerseits aufgrund der Mitgliedschaft der Ärzte in ihr zu diesen in einem tatsächlichen Näheverhältnis steht sowie in deren Lager.[1705]

292 d) **Verfügungshandlung.** Die verfügende Handlung besteht im vertragsärztlichen Bereich erst in der Honorarzuweisung der Kassenärztlichen Vereinigung mittels Verwaltungsakt, da erst durch diesen der Auszahlungsanspruch begründet und damit das an die anderen Vertragsärzte auszahlbare Vermögen verschmälert wird.[1706] Bei der Abrechnung von Sonderleistungen sowie von Krankenhäusern gegenüber der Krankenkasse ist die Zahlung seitens des zuständigen Krankenkassenmitarbeiters die Vermögensverfügung. Im privatärztlichen Bereich verfügt der Patient gegenüber dem Arzt durch seine Zahlung bzw. dessen private Krankenversicherung durch Begleichung gegenüber dem Patienten.

4. Vermögensschaden

293 Das Ergebnis der Vermögensverfügung muss ein Vermögensschaden sein, d.h. eine verfügungsbedingte Vermögensminderung, ohne dass diese durch einen unmittelbaren Zuwachs kompensiert wird.[1707] Für unmittelbare Zahlungen der

---

1699 Dieser wurde maßgeblich von *Binding*, Lehrbuch des gemeinen deutschen Strafrechts, Besonderer Teil 1 (2. Aufl. 1902), S. 238 ff. und 341 f. vertreten.
1700 BGHSt. 18, 221 (223).
1701 Vgl. nur RGSt. 25, 244 (247); BGHSt. 18, 221 ff.; BayObLG, GA 1964, 82 f.; OLG Hamm, NJW 1969, 620; OLG Celle, NJW 1994, 142 (143).
1702 Vgl. zur Kritik nur *Geppert*, JuS 1977, 69 (72).
1703 *Lenckner*, JZ 1966, 320 (321); aufbauend auf *Schröder*, ZStW 60 (1941), 33 (65 ff.).
1704 Diese wird etwa vertreten von Sch/Schr/*Perron*, § 263 Rn. 66; *Geppert*, JuS 1977, 69 (72 f.); *Herzberg*, ZSW 89 (1977), 367 (407 f.); *Rengier*, FS Roxin (2001), S. 811 (825).
1705 Vgl. nur *Schroth/Joost*, in: Roxin/Schroth, Handbuch, S. 179 (195).
1706 Anders *Ulsenheimer*, in: Laufs/Kern, Handbuch, § 151 Rn. 18, der bereits in der Einreichung der falschen Rechnung eine schadensgleiche Vermögensgefährdung erblickt, ohne dass es zu einer selbstschädigenden Handlung bereits gekommen ist.
1707 Vgl. nur BGHSt. 16, 220 (221); BGH, NStZ 1999, 353 (354); BGH, NStZ 2009, 150 f.; MüKo-StGB/*Hefendehl*, § 263 Rn. 489 ff.; *Lackner/Kühl/Kühl*, § 263 Rn. 36; *Satzger*, Jura 2009, 518 (521).

Krankenkasse bei Sonderleistungen oder des Patienten im privatärztlichen Fall ist dies selbstverständlich. Im vertragsärztlichen Bereich verringert der Honorarbescheid an den falsch abrechnenden Arzt, wenn dieser damit sein Regelleistungsvolumen überschreitet, die Aussicht der anderen Vertragsärzte, ihre Überschreitung des Regelleistungsvolumens zu höheren Punkt-Euro-Werten vergütet zu bekommen. Derartige Exspektanzen werden zum geschützten Rechtsgut gezählt, wenn sie unter dem Schutz der Rechtsordnung stehen und einen nicht bloß flüchtigen, hinreichend sicher zu erwartenden Vermögenszuwachs darstellen[1708], wobei entsprechend den Anwartschaftsrechten zu fragen, ob dem Inhaber eines in der Außenwelt manifestierten Vermögensvermehrungsvorhaben rechtlich anerkannte Möglichkeiten zustehen, externe Störfaktoren bei der Entwicklung zum Vollwert zu unterbinden und ob derjenige, von dem das Exspektanzobjekt erlangt werden soll, sich von seiner Verpflichtung nicht mehr sanktionslos lösen kann[1709], ob der Exspektanzinhaber also eine Herrschaftsabschirmungsmacht besitzt, so dass er es wie beim rechtlichen Anwartschaftsrecht es alleine in der Hand hat, ob die Exspektanz zum Vollrecht erstarkt.[1710] Die Ansprüche der Vertragsärzte entstehen mit Einreichung der vollständigen und prüfbaren Abrechnung bei der Kassenärztlichen Vereinigung[1711], „weil zu diesem Zeitpunkt alles von Seiten des Arztes Erforderliche getan ist, um die Auszahlung des Honorars zu veranlassen. Durch einseitige Handlungen der Kassenärztlichen Vereinigung oder der Kasse kann die Konkretisierung des Anspruchs nicht mehr beeinträchtigt werden"[1712]; die Bekanntmachung per Honorarbescheid und die anschließende Überweisung der einzelnen Honorare stellt lediglich die konsequente Verfestigung dar.[1713]

Überschreitet der Täter sein Regelleistungsvolumen dagegen nicht, so wird das Verteilungsvolumen der Arztgruppe weiter ausgeschöpft als bei ordnungsgemäßer Abrechnung und steht damit den anderen Vertragsärzten zur Abrechnung als besonders förderungswürdig eingestufter „freier" Leistungen nur noch begrenzt zur Verfügung, so dass ihnen (in der Regel) ihre Exspektanz auf eine höhere Quote genommen wird. Sollten die Verteilungsvolumen (und damit die Gesamtvergütung) einmal nicht ausgeschöpft werden, so fließt der Überschuss aufgrund vertraglicher Vereinbarungen zwar zumeist in die Rückstellungen[1714], eine vermögenswerte Exspektanz der anderen Vertragsärzte hierauf wird dann aber zu verneinen sein.

a) Saldierung mit formell rechtswidrigen werthaltigen Leistungen? – aa) Vertragsärztlicher Bereich: Problematisch ist ein Schadenseintritt, wenn die abgerechnete Leistung vollständig erbracht wurde, diese sozialrechtlich wegen Verstoßes gegen (formelle) berufs- oder sozialrechtliche Vorschriften jedoch nicht abgerechnet werden kann. Zumeist stellt sich dieses Problem, wenn ein Vertragsarzt, der nach § 95 IX SGB V iVm § 32b I Ärzte-ZV iVm § 14a BMV-Ärzte zur

294

1708 Vgl. nur *Hellmann/Herffs*, Abrechnungsbetrug, Rn. 162.
1709 Vgl. zu diesen Voraussetzungen *Hefendehl*, Vermögensgefährdung und Exspektanzen (1994), S. 117 f.; MüKo-StGB/*ders.*, § 263 Rdn. 392; *Rönnau*, FS Kohlmann (2003), S. 239 (255); *Szebrowski*, Kick-Back (2005), S. 53 ff.
1710 Grundlegend *Kraatz*, ZStW 122 (2010), 521 (532 f.).
1711 Vgl. nur LSG Schleswig-Holstein, MedR 1995, 515 (516).
1712 *Hellmann/Herffs*, Abrechnungsbetrug, Rn. 162.
1713 *Hellmann/Herffs*, Abrechnungsbetrug, Rn. 162.
1714 *Becker/Kingreen/Scholz*, SGB V, § 87b Rn. 13.

persönlichen Leistungserbringung grundsätzlich nur drei vollbeschäftigte Ärzte anstellen kann, über weitere angestellte Vertragsärzte mit nach außen hin bestehender Scheinselbstständigkeit versucht, seinen Gewinn zu maximieren. Ein derartiges Modell lag auch **Fall 72** zugrunde, so dass sich – für den Fall, dass man eine Täuschung entgegen der hier vertretenen Meinung bejahen sollte – die Frage stellt, ob durch die Abrechnung der nicht freiberuflich erbrachten Leistungen überhaupt ein Vermögensschaden herbeigeführt wurde, oder ob dieser zu verneinen ist, weil die Patienten in gleicher Höhe tatsächliche ärztliche Leistungen erhalten haben:

Nach der **Rechtsprechung**[1715] gelte der für das Sozialversicherungsrecht über die Wirtschaftlichkeitsprüfung bestehende normative Schadensbegriff mit seiner streng formalen Betrachtungsweise (nach der eine Leistung insgesamt nicht erstattungsfähig sei, wenn sie nicht den gesetzlichen Anforderungen genüge[1716]) auch für das Strafrecht, weil das kassenärztliche Versorgungssystem den Regelungen des Sozialrechts unterfalle und nicht marktwirtschaftlich bestimmt sei. Eine Kompensation in der Form, dass infolge der tatsächlich erbrachten Leistungen Aufwendungen erspart wurden, die bei Inanspruchnahme eines anderen Arztes durch die behandelten Ärzte entstanden wären, finde daher nicht statt.[1717] Denn ansonsten würde man nicht nur einen rein hypothetischen Sachverhalt zugrunde legen, obwohl nicht feststehe, ob ein anderer Arzt die gleiche Behandlungsweise gewählt hätte[1718], sondern man würde „gleichsam durch die Hintertür" zu dem systemwidrigen Ergebnis gelangen, eine Kostenübernahme schließlich doch zuzulassen, obgleich die gesetzlichen Bestimmungen mit ihrer Steuerungsfunktion zur Qualität der Leistungserbringung gerade nicht eingehalten wurden.[1719] Bei der tatsächlich erbrachten Leistung handele es sich daher nicht nur um ein „quantitatives Weniger", sondern um ein „qualitatives Anderes", „nämlich um eine systemfremde Leistung, die demzufolge auch nicht wirtschaftlich bewertet und mit der systemgerechten, eigentlich zu erbringenden Leistung saldiert werden könne."[1720] Einer nicht abrechnungsfähigen Leistung komme also kein Wert zu. Einzig im Bereich der Strafzumessung sei die tatsächlich erbrachte Leistung (wegen geringerer krimineller Energie[1721]) zugunsten des Täters zu berücksichtigen.[1722]

295 Demgegenüber stellt die **Literatur**[1723] überwiegend darauf ab, dass der Schaden dadurch „neutralisiert" werde, „dass dann, wenn der [abrechnende Arzt] diese

---

1715 Vgl. nur BGHSt. 57, 95 (115 ff.); BGH, NStZ 1993, 388 f.; BGH, NStZ 1995, 85 f.; BGH, NJW 2003, 1198 (1200); BGH, NJW 2012, 3665 (3668); BGH, BeckRS 2017, 121845; OLG Koblenz, MedR 2001, 144 (145); OLG Karlsruhe, MedR 2015, 608; zustimmend Spickhoff/*Schuhr*, Medizinrecht, § 263 StGB Rn. 44 ff.
1716 BSGE 30, 83 (87); BSGE 39, 288 (290); BSGE 74, 154 (158); BSGE 80, 48 (54).
1717 Vgl. nur OLG Koblenz, MedR 2001, 144 (145).
1718 BGH, NJW 2003, 1198 (1200).
1719 LSG Schleswig-Holstein, MedR 2007, 313 (318).
1720 LSG Schleswig-Holstein, MedR 2007, 313 (318).
1721 Spickhoff/*Schuhr*, Medizinrecht, § 263 StGB Rn. 44 ff.
1722 BGH, NStZ 1995, 85 (86); OLG Koblenz, MedR 2001, 144 (145); aA BGH, NJW 2012, 1377 (1385) (nicht in BGHSt. 57, 95 ff. abgedruckt): obiter dictum.
1723 Vgl. nur Sch/Schr/*Perron*, § 263 Rn. 112b; *Grunst*, NStZ 2004, 533 (536 f.); *Hancok*, Abrechnungsbetrug, S. 223 f.; *Herffs*, wistra 2004, 281 (286 f.); *Idler*, JuS 2004, 1037 (1040 f.); *Saliger*, ZIS 2011, 902 (916 f.); *Stein*, MedR 2001, 124 (130); *Ulsenheimer*, Arztstrafrecht, Rn. 1120 ff.; *Volk*, NJW 2000, 3385 (3387 ff.).

Leistungen nicht erbracht, sondern die Patienten abgewiesen hätte, diese dieselben Untersuchungen bei einem anderen Arzt hätten vornehmen lassen müssen, was zu den gleichen Honoraransprüchen und damit ebenfalls zu einer Belastung des Honorartopfs geführt hätte"[1724]. Diese Befreiung von einer Verbindlichkeit lasse den Vermögensschaden entfallen. Denn der an sich zulässige Rekurs auf staatliche Vergütungssysteme finde seine Grenze „in der Gefahr der Rechtsgutsvertauschung", zu der es komme, wenn eine Schadenssaldierung (im Sinne des früheren juristischen Vermögensbegriffs[1725]) allein durch Rekurs auf berufsordnungs- und standespolitischen Zwecken dienende Vorschriften versagt werde, diene der Betrugstatbestand doch alleine dem Vermögensschutz und weder sozialrechtlichen ordnungspolitischen Gründen noch der Leistungsfähigkeit der Sozialversicherung.[1726] Zudem hatte das Bundesverfassungsgericht[1727] einem gesetzlich versicherten Patienten einen Anspruch sogar auf die Vornahme einer nicht im Leistungskatalog der gesetzlichen Krankenversicherung enthaltenen Behandlungsmethode zuerkannt, wenn der Patient an einer lebensbedrohlichen Erkrankung leide, das ärztliche Vorgehen ultima ratio sei und eine Aussicht auf Heilung oder Besserung bestehe, so dass der behandelnde Arzt diese Leistung dann auch abrechnen dürfe, obgleich die Leistung formal nicht ordnungsgemäß erbracht wurde. Insbesondere für die Fälle der Scheinselbstständigkeit ist das Landgericht Lübeck[1728] in **Fall 72** dem Schrifttum gefolgt: Alleine der Umstand, dass die Ärzte wirtschaftlich abhängig seien, nehme ihrer Arbeit nicht den Wert, da bei ärztlichen Leistungen nicht der Kapitaleinsatz entscheidend sei, sondern das persönliche Tätigwerden. Zur Sicherung der ordnungspolitischen Ziele der verletzten formellen Vorschriften genügten schließlich disziplinar- und berufsrechtliche Sanktionen.[1729] Immerhin für die Fälle der Scheinselbstständigen (wie in **Fall 72**) hat der Bundesgerichtshof inzwischen selbst Zweifel angemeldet, dass hier der Irrtum der Verantwortlichen bei der Kassenärztlichen Vereinigung kaum mehr als eine „Statusfrage" betreffe.[1730]

bb) **Privatärztlicher Bereich:** In **Fall 71** übertrug der Bundesgerichtshof seine streng formelle Sichtweise sogar auf den privatärztlichen Bereich durch den „Kunstgriff"[1731], den für den Vergleich von Leistung und Gegenleistung maßgeblichen Verkehrswert nach den „materiell-rechtlichen Normen zur Abrechenbarkeit der Leistung, namentlich der GOÄ" zu bestimmen[1732], so dass einer nicht nach der GOÄ abrechenbaren ärztlichen Leistung kein (der Rechnungszah-

---

1724 BayLSG, BeckRS 2009, 51390.
1725 Vgl. zu diesem Argument nur *Schroth/Joost*, in: Roxin/Schroth, Handbuch, S. 179 (196); *Ulsenheimer*, Arztstrafrecht, Rn. 1123; hiergegen Spickhoff/*Schuhr*, Medizinrecht, § 263 StGB Rn. 44.
1726 Vgl. *Herffs*, wistra 2004, 281 (286); *Saliger*, ZIS 2011, 902 (917); *Schroth/Joost*, in: Roxin/ Schroth, Handbuch, S. 179 (196 f.): die Rechtsprechung bedeute daher einen Verstoß gegen Art. 103 II GG; Prütting/*Tsambikakis*, Medizinrecht, § 263 StGB Rn. 52; *Ulsenheimer*, in: Laufs/ Kern, Handbuch, § 151 Rn. 22 ff.; *Volk*, NJW 2000, 3385 (3388).
1727 BVerfG, NJW 2006, 891 ff.
1728 GesR 2006, 176 (177).
1729 *Saliger*, ZIS 2011, 902 (917); *Stein*, MedR 2001, 124 (131).
1730 BGH, NJW 2003, 1198 (1200): Einzig für die Fälle abrechnender Ärzte, die mangels Zulassung erst gar nicht zum Kreis der Anspruchsberechtigten gehörten, sei an der formellen Betrachtungsweise festzuhalten.
1731 *Dann*, NJW 2012, 2001 (2002).
1732 BGHSt. 57, 95 (116); ebenso für einen Abrechnungsbetrug einer Pflegedienstbetreiberin BGH, NJW 2014, 3170 ff. (kritisch hierzu *Kraatz*, NStZ-RR 2015, 131 [134]).

lung gegenzurechnender) wirtschaftlicher Wert zukomme: „Führt die erbrachte Leistung mangels Abrechenbarkeit nicht zum Entstehen eines Zahlungsanspruchs, findet eine saldierende Kompensation nicht statt. Zahlt der in Anspruch Genommene irrtumsbedingt ein nicht geschuldetes Honorar, ist er in Höhe des zu Unrecht Gezahlten geschädigt."[1733] Hierbei verkennt der Bundesgerichtshof jedoch, dass seine streng formelle Sichtweise im Sozialrecht auf dem Schutz der Leistungsfähigkeit des gesetzlichen (!) Krankenversicherungssystems fußt und daher nicht auf die privatärztliche Abrechnung übertragbar ist, zumal ein bloßer Verstoß gegen das Berufsrecht nicht den wirtschaftlichen Wert einer medizinischen Leistung beseitigen, sondern allenfalls mindern kann.[1734] Die Sichtweise des Bundesgerichtshofs führt zudem dazu, dass jeder Verstoß gegen die GOÄ gleichzeitig eine Täuschung und damit zugleich eine Vermögensschädigung bedeute, sodass der strafrechtliche Vermögensbegriff hierdurch entgegen der Rechtsprechung des Bundesverfassungsgerichts[1735] von seinem wirtschaftlichen Kern abgekoppelt wird, was zu einer „Verschleifung" der Tatbestandsmerkmale führt und damit dem Vermögensschädigungserfordernis jede tatbestandseinschränkende Wirkung nimmt.[1736]

297   **b) Berechnung durch Hochrechnung?** Angesichts der Schwierigkeiten, im Einzelfall den Vermögensschaden eines Abrechnungsbetrugs genau gerichtlich festzustellen, wenn sich die Betrugshandlungen wiederholt über einen längeren Zeitraum erstrecken, hat der Bundesgerichtshof[1737] es für ausreichend erachtet, wenn das Tatgericht für den Tatzeitraum stichprobenartig den Schaden im Rahmen der Abrechnung der Behandlungen einiger Patienten (insbesondere unter deren detaillierter Vernehmung) feststellt (sog. Beanstandungsquote) und dann unter Berücksichtigung des Grundsatzes, dass der Täter typisierte Verhaltensmuster entwickelte (sprich: stets die gleichen Abrechnungsfehler), in einem mathematisch-statistischen Verfahren hochrechnete; sicherzustellen sei einzig, dass die Stichprobe keine besonderen Auffälligkeiten aufweise, etwa Unterbrechungen der Handlungsreihe oder Häufungen in bestimmten Zeiträumen (z. B. infolge von Grippewellen).[1738] Nach der Übertragung der Untreue-Rechtsprechung des Bundesverfassungsgerichts zum Vermögensnachteil[1739] auf den Betrug[1740], wonach der real eingetretene Vermögensschaden „von einfach gelagerten und eindeutigen Fällen – etwa bei einem ohne weiteres greifbaren Mindestschaden – abgesehen, [...] der Höhe nach beziffert und dies in wirtschaftlich nachvollziehbarer Weise in den Urteilsgründen dargelegt werden"[1741] müsse, erscheint es mehr als zweifelhaft, eine derartige bloße Hochrechnung weiterhin für zulässig zu erachten.

1733 BGHSt. 57, 95 (116).
1734 Ebenso *Tiedemann*, JZ 2012, 525 (527); *Ulsenheimer*, Arztstrafrecht, Rn. 1151.
1735 BVerfG, NStZ 2012, 496 (504: Rn. 176) mit Anm. *Kraatz*, JR 2012, 329 ff.
1736 Ebenso *Dann*, NJW 2012, 2001; *Tiedemann*, JZ 2012, 525 (528).
1737 Grundlegend BGHSt. 36, 320 (323 ff.); ebenso BGH, wistra 1992, 95 (97 f.); BGH, GesR 2007, 77 (81): die Anforderungen an die Aufklärungspflicht (§ 244 II StPO) seien nicht zu überspannen.
1738 BGHSt. 36, 320 (327).
1739 BVerfGE 126, 170 ff.
1740 BVerfG, NStZ 2012, 496 ff.
1741 BVerfG, NStZ 2012, 496 (504).

IV. Subjektiver Tatbestand

1. Vorsatz

Der subjektive Tatbestand verlangt zum einen zumindest bedingten Vorsatz hinsichtlich aller objektiven Tatbestandsmerkmale (einschließlich eines endgültigen Schadenseintritts selbst bei bloßer Vermögensgefährdung[1742] sowie der Kausalität zwischen den einzelnen Merkmalen), an deren Nachweis strenge Anforderungen zu stellen sind[1743], wobei der Arzt hinsichtlich der sozialrechtlichen Vorfragen die zugrunde liegenden Tatsachen kennen und deren rechtliche Wertungen „nach Laienart" nachvollzogen haben muss (sog. Parallelwertung in der Laiensphäre)[1744]. Der Arzt, der seine Abrechnung hiernach für zutreffend hält, handelt daher wegen § 16 I StGB nicht vorsätzlich; ein bloßes „Kennenmüssen" genügt als bloße Fahrlässigkeit nicht. Für einen Vorsatz spricht jedoch etwa ein vorheriger Hinweis der Kassenärztlichen Vereinigung auf den Abrechnungsfehler[1745] oder wenn der Täter ein Fachseminar für Abrechnungsfragen besucht hat[1746]. Gegen einen Vorsatz sollen dagegen ordnungsgemäß geführte, vollständige Unterlagen, eine Fehlerquote unter 1 % sowie – zumindest in abgeschwächter Form – ein über einen längeren Zeitraum nicht beanstandeter Abrechnungsmodus sprechen.[1747]

298

2. Bereicherungsabsicht

Zum Zweiten bedarf es der Absicht (dolus directus ersten Grades), sich oder einem Dritten einen rechtswidrigen und stoffgleichen Vermögensvorteil zu verschaffen, an der es jedenfalls beim eigennützigen Betrug kaum fehlen wird[1748]. Soweit der Abrechnungsbetrug im privatärztlichen Bereich gegenüber dem Patienten zugleich einen Betrug in mittelbarer Täterschaft zu Lasten der privaten Krankenversicherung zugunsten des Privatpatienten darstellt, wird es regelmäßig an einer entsprechenden Fremdbereicherungsabsicht fehlen.[1749] Die erstrebte Bereicherung muss „stoffgleich" sein, d. h. „der Täter muss den Vermögensvorteil unmittelbar aus dem Vermögen des Geschädigten in der Weise anstreben, dass die erstrebte Bereicherung gewissermaßen die Kehrseite oder das Spiegelbild des eingetretenen Schadens ist"[1750]. Das objektive Tatbestandsmerkmal der Rechtswidrigkeit des erstrebten Vorteils liegt vor, wenn der Täter (beim eigennützigen Betrug) bzw. der Dritte (beim fremdnützigen Betrug) keinen Anspruch hierauf hat; Irrtümer hierüber sind Tatbestandsirrtümer nach § 16 I StGB.

299

1742 Vgl. nur BGHSt. 51, 100 (120 ff.); BGHSt. 52, 182 (189).
1743 *Ulsenheimer*, in: Laufs/Kern, Handbuch, § 151 Rn. 29.
1744 Vgl. nur Spickhoff/*Schuhr*, Medizinrecht, § 263 StGB Rn. 59.
1745 *Hilgendorf*, in: Wabnitz/Janovsky, Handbuch, Kap. 13 Rn. 33.
1746 Vgl. nur BGH, wistra 1994, 22 (23 f.).
1747 Vgl. Spickhoff/*Schuhr*, Medizinrecht, § 263 StGB Rn. 59; *Ulsenheimer*, Arztstrafrecht, Rn. 1110.
1748 Vgl. *Sommer/Tsambikakis*, in: Terbille, Anwaltshandbuch, § 3 Rn. 144.
1749 Ebenso Spickhoff/*Schuhr*, Medizinrecht, § 263 StGB Rn. 63; aA *Freitag*, Abrechnungsbetrug, S. 188 und 208 f.
1750 *Geppert*, JK, StGB § 263/65.

V. Deliktsrechtliche Besonderheiten

1. Versuch

300 Der Versuch ist nach § 263 II StGB strafbar. Die Erschleichung der Vertragsarztzulassung stellt jedoch noch eine bloße straflose Vorbereitungshandlung gegenüber dem späteren Abrechnungsbetrug dar.[1751]

2. Qualifikation und Regelbeispiele

301 Neben dem in der Fallgruppe des Abrechnungsbetrugs nur selten vorkommenden Qualifikationstatbestand des gewerbsmäßigen Bandenbetrugs (§ 263 IV StGB: erforderlich ist ein auf ausdrücklicher oder konkludenter Vereinbarung beruhender Zusammenschluss von mindestens drei Personen mit dem ernsthaften Willen, für eine gewisse Dauer künftig mehrere selbstständige Straftaten nach den §§ 263–264 oder §§ 267–269 StGB zu begehen[1752], bejaht worden etwa bei Vertragsärzten in einer Gemeinschaftspraxis, die wie in einer Praxisgemeinschaft abrechneten[1753]) enthält § 263 III 2 StGB mehrere Regelbeispiele (d. h. benannte Strafzumessungsgründe):

§ 263 III 2 **Nr. 1** StGB erfasst hierbei neben einem Bandenbetrug eine gewerbsmäßige Begehungsweise, die vorliegt, wenn es dem Täter darauf ankommt, sich durch wiederholten Betrug eine fortlaufende Einnahmequelle von gewisser Dauer und Erheblichkeit zu verschaffen. Bei entsprechendem Nachweis geplanter weiterer Taten ist eine „Gewerbsmäßigkeit" bereits dann zu bejahen, wenn der Täter bereits bei der ersten Tat erwischt wird.[1754] Die Gewerbsmäßigkeit ist ein besonderes persönliches Merkmal iSd § 28 II StGB.

§ 263 III 2 **Nr. 2** StGB verlangt entweder die Herbeiführung eines tatsächlich eingetretenen[1755] „Vermögensverlusts großen Ausmaßes" (pro Einzeltat)[1756], der nach den Vorstellungen des Gesetzgebers derzeit bei mindestens 50.000 Euro liegt[1757], oder die „Absicht" (wobei auch dolus directus zweiten Grades für ausreichend erachtet wird[1758]), eine „**große Zahl**" (zumindest 14 Personen[1759]) in die (bloße) „Gefahr" von Vermögensverlusten zu bringen.

§ 263 III 2 **Nr. 3** StGB („eine andere Person in wirtschaftliche Not" bringen) erfasst auch nicht-stoffgleiche Schäden und verlangt, dass das Opfer in eine Mangellage gerät, in welcher ihm lebenswichtige Aufwendungen (materieller oder auch kultureller Art) entzogen werden.[1760] Der bloße Anspruch auf das Arbeitslosengeld II (oder sogar deren Auszahlung) beseitigt die „wirtschaftliche Not" natürlich nicht.

1751 Vgl. nur BGH, NJW 1994, 808 f.; LK/*Tiedemann*, § 263 Rn. 135; *Ulsenheimer*, in: Laufs/Kern, Handbuch, § 151 Rn. 19.
1752 Grundlegend BGHSt. 46, 321 (325 ff.); fortentwickelt in BGH, NStZ 2007, 269 f.: eine Bande könne auch bestehen aus mehreren Vertretern und einem Arzt trotz der unterschiedlichen Interessen.
1753 LG Bad Kreuznach, ZMGR 2008, 219 ff.
1754 Vgl. nur BGH, NStZ-RR 2006, 106.
1755 Eine nur schadensgleiche Vermögensgefährdung wird für nicht ausreichend erachtet: BGHSt. 48, 354 ff.
1756 Vgl. nur Spickhoff/*Schuhr*, Medizinrecht, § 263 StGB Rn. 77.
1757 BT-Drs. 13/8587, S. 43; zustimmend BGHSt. 48, 360 (361 ff.); BGHSt. 53, 71 (81).
1758 Vgl. nur LK/*Tiedemann*, § 263 Rn. 299.
1759 BGHSt. 44, 175 ff. zu § 306b I StGB; für eine Untergrenze von 10 Personen: *Müller/Hönig*, JA 2001, 522; nach OLG Jena, NJW 2002, 2404 (2405) komme es auf eine Breitenwirkung der Taten an.
1760 Vgl. nur *Fischer*, § 291 Rn. 27.

§ 263 III 2 **Nr.** 4 StGB setzt voraus, dass der Täter „seine Befugnisse oder seine Stellung als Amtsträger [§ 11 I Nr. 2 StGB: dazu unten Rn. 306] missbraucht". Für den Abrechnungsbetrug unbedeutend ist schließlich das in § 263 III 2 **Nr.** 5 StGB normierte Regelbeispiel der Vortäuschung eines Versicherungsfalles.

3. Konkurrenzen

Jede vorsätzlich unrichtige Quartalsabrechnung des Arztes sowie jede Privatliquidation stellt eine selbstständige Einzeltat des Betruges dar.[1761]

§ 12 Korruption im Gesundheitswesen

Korruption hat Konjunktur[1762] und hat sich längst „zu einer ernsthaften Bedrohung der moralischen Grundlagen unserer Gesellschaft entwickelt"[1763]. Durch Korruption und Abrechnungsbetrug entstehen jährlich Schäden in zweistelliger Milliardenhöhe, nach Schätzungen von Transparency International zwischen 6 und 20 Milliarden Euro[1764], nach einem Bericht des Tagesspiegels vom 14.12.2016 sogar zwischen 20 und 50 Milliarden Euro[1765]. Auch wenn die große Mehrheit an Medizinern sich korrekt verhält, kann ein einzelner Arzt riesige Summen umleiten oder abzweigen, das Vertrauen der Patienten in die gesamte Ärzteschaft erschüttern und zu erheblichen Kostensteigerungen im deutschen Gesundheitswesen beitragen. Der Grund hierfür liegt an der durch die Verschreibungs- und Apothekenpflicht von Arzneimitteln (§§ 43, 48 AMG) und der ärztlichen Berechtigung zur Verschreibung von Arzneimitteln und Hilfsmitteln begründeten „gatekeeper"-Funktion von Ärzten[1766], die so verbindlich über die Voraussetzungen eines Krankenversicherungsfalls zu Lasten der Krankenkassen entscheiden und hierbei selbst nur eingeschränkten Kontrollen nach § 106a III und IV SGB V unterworfen sind. Vor allem die Affäre um Geld- und Sachleistungen von Pharmaunternehmen für Leitende Klinikärzte, die im Gegenzug von diesen Unternehmen überteuerte Herzklappen einkauften und den Kassen gegenüber abrechneten, und die Ermittlungen der Staatsanwaltschaft Wuppertal hierzu von August 1994 bis 1997 mit über 1.500 Verfahren gegen Ärzte und Techniker aus insgesamt 418 Kliniken (davon 32 Universitätskliniken) hat zu einer erheblichen Verunsicherung innerhalb der beteiligten Ärztegruppen geführt, betrafen die meisten Fälle doch weniger Fälle privater Bereicherung der Ärzte, sondern vielmehr grundsätzliche Fragen der Zusammenarbeit zwischen

---

1761 Vgl. nur Spickhoff/*Schuhr*, Medizinrecht, § 263 StGB Rn. 81.
1762 Vgl. *Bannenberg*, in: Wabnitz/Janovsky, Handbuch, Kap. 12 Rn. 1; *Schaupensteiner*, NStZ 1996, 409.
1763 Innenministerkonferenz, zitiert nach *Bannenberg*, in: Wabnitz/Janovsky, Handbuch, Kap. 12 Rn. 2.
1764 *Transparency International Deutschland e.V.*, Transparenzmängel, Korruption und Betrug im deutschen Gesundheitswesen – Kontrolle und Prävention als gesellschaftliche Aufgabe (5. Aufl. 2008), S. 5.
1765 *Heine*, Der Polizist, der kriminelle Berliner Ärzte jagt, Der Tagesspiegel 14.12.2016, abrufbar unter http://www.tagesspiegel.de/themen/reportage/abrechnungsbetrug-im-gesundheitswesen-der-polizist-der-kriminelle-berliner-aerzte-jagt/14974260.html (letzter Aufruf: 22.5.2017).
1766 So ausdrücklich *Geiger*, NK 2013, 136 (144).

Ärzten und Pharmaunternehmen.[1767] Auf den Prüfstand gerieten so auch Beratungsverträge, Anwendungsbeobachtungen, Kongressausrichtungen, Zuwendungen zu Forschungsvorhaben, Referentenhonorare für Vorträge und ähnliche Arten der industriellen Unterstützung von Ärzten.[1768] Obwohl sich die anfängliche Verunsicherung in diesen Bereichen rechtlich infolge der Grundsatzentscheidung des Bundesgerichtshofs zur Drittmitteleinwerbung[1769] teilweise gelegt hat, haben die Korruptionsdelikte im arztstrafrechtlichen Bereich „nach wie vor eine nicht zu unterschätzende Bedeutung"[1770], wie nicht zuletzt die Entscheidung des Großen Senats zur Bestechung von Vertragsärzten[1771] (hierzu unten Rn. 317 ff.) sowie die hierauf zum 4.6.2016 erfolgte Einführung der Straftatbestände der Bestechlichkeit und Bestechung im Gesundheitswesen (§§ 299a und b StGB)[1772] (ausführlich hierzu unten Rn. 319 ff.) gezeigt hat.

I. Bestechung von Klinikärzten nach §§ 331 ff. StGB

303a Ärzte, die als Amtsträger im öffentlichen Dienst stehen – insbesondere Klinikärzte –, können sich hierbei nach den echten Amtsdelikten der §§ 331, 332 StGB strafbar machen (passive Bestechung), die jeweiligen Mitarbeiter der ihnen zuwendenden Pharmaunternehmen nach den spiegelbildlich ausgestalteten §§ 333, 334 StGB, wobei nach überwiegender Ansicht § 332 StGB gegenüber § 331 StGB wie § 334 StGB gegenüber § 333 StGB jeweils einen Qualifikationstatbestand darstellt, deren gesteigerter Unrechtsgehalt in der Pflichtwidrigkeit der Diensthandlung bestehen soll.[1773]

1. Rechtsgut und Deliktsnatur

304 Das von den §§ 331 ff. StGB geschützte Rechtsgut wird teilweise alleine in der Sachlichkeit staatlicher Entscheidungen bzw. in der Lauterbarkeit des öffentlichen Dienstes erblickt[1774], teilweise alleine im Vertrauen der Allgemeinheit in deren Funktionsfähigkeit[1775], während die Rechtsprechung[1776] wie die überwiegende Ansicht im Schrifttum[1777] von einem komplexen Rechtsgut ausgeht, das die Lauterkeit des (inländischen) öffentlichen Dienstes und – da die Funktionsfähigkeit der öffentlichen Verwaltung im demokratischen Rechtsstaat keinen Selbstzweck darstellt – auch das Vertrauen der Allgemeinheit in diese Lauterbar-

---

1767 Vgl. zum Herzklappenskandal nur BGHSt. 47, 295 ff.; *Bruns*, ArztR 1998, 237 ff.; *Dieners*, in: Dieners, Compliance, Rn. 5 ff.; *Tondorf/Waider*, MedR 1997, 102 ff.; *Ulsenheimer*, in: Laufs/Kern, Handbuch, § 152 Rn. 2.
1768 Vgl. zu einer ausführlichen Auflistung nur *Ulsenheimer*, in: Laufs/Kern, Handbuch, § 152 Rn. 3.
1769 BGHSt. 47, 295 ff.
1770 *Schmidt*, in: Ratzel/Luxenburger, Medizinrecht, 15. Kap. Rn. 148.
1771 BGHSt. 57, 202 ff. mit Anm. *Kraatz*, NZWiSt 2012, 273 ff.
1772 BGBl. I, S. 1254.
1773 Vgl. nur BGH, NStZ 1984, 24; *Fischer*, § 332 Rn. 1; *Lackner/Kühl/Heger*, § 332 Rn. 2; LK/*Sowada*, § 332 Rn. 1; für ein Aliud-Verhältnis dagegen *Henkel*, JZ 1960, 507 (509).
1774 Vgl. *Hettinger*, NJW 1996, 2263 (2268 f.); *Arthur Kaufmann*, JZ 1959, 375 (377).
1775 Vgl. *Fuhrmann*, ZStW 72 (1960), 534 (537); *Geppert*, Jura 1981, 42 (46); *Horst Schröder*, GA 1961, 289 (292).
1776 Vgl. nur BGHSt. 15, 88 (96 f.); BGHSt. 30, 46 (48); BGHSt. 47, 22 (31); OLG Hamm, NStZ 2002, 38 (39).
1777 Vgl. *Fischer*, § 331 Rn. 2; MüKo-StGB/*Korte*, § 331 Rn. 8; NK-StGB/*Kuhlen*, § 331 Rn. 12; *Lackner/Kühl/Heger*, § 331 Rn. 1; *Lenckner*, ZStW 106 (1994), 502 (539); *Rengier*, BT II, § 60 Rn. 6; *Schlüchter*, FS Geerds (1995), S. 713 (715).

keit schützt, nicht dagegen auch das Vermögen der Anstellungskörperschaft[1778]. Die Bestechungsdelikte sind abstrakte Gefährdungsdelikte.[1779]

2. Vorteilsannahme (§ 331 StGB)

Aufbauschema (§ 331 StGB) 305
I. Tatbestandsmäßigkeit
   1. Objektiver Tatbestand:
      a) Täterqualität
         aa) Amtsträger (§ 11 I Nr. 2 StGB)
         bb) Europäischer Amtsträger (§ 11 I Nr. 2a StGB)
         cc) für den öffentlichen Dienst besonders Verpflichteter (§ 11 I Nr. 4 StGB)
         dd) Richter (§ 11 I Nr. 3 StGB), Mitglied eines Europäischen Gerichts oder Schiedsrichter (§ 331 II StGB)
      b) Tathandlung
         aa) Fordern, Sich-versprechen-lassen oder Annehmen
         bb) eines Vorteils
      c) für die Dienstausübung oder richterliche Handlung
      d) Unrechtsvereinbarung
   2. Subjektiver Tatbestand: Vorsatz
II. Rechtswidrigkeit: evtl. Genehmigung, § 331 III StGB
III. Schuld

a) Objektiver Tatbestand. – aa) **Täterqualität**: Täter des § 331 StGB kann neben 305a einem Richter, Richter eines Gerichts der Europäischen Union[1780] oder Schiedsrichter (§§ 1025 ff. ZPO, §§ 101 ff. ArbGG) nur ein Amtsträger, Europäischer Amtsträger[1781] oder ein für den öffentlichen Dienst besonders Verpflichteter sein:

Tauglicher Täter ist damit zunächst jeder **Arzt mit Beamtenstatus (§ 11 I Nr. 2a Var. 1 StGB)**, d. h. derjenige (Arzt), der unter Beachtung der beamtenrechtlichen Vorschriften durch Aushändigung der Ernennungsurkunde durch die dafür zuständige staatliche Stelle in ein Beamtenverhältnis berufen wurde (sog. Beamter im statusrechtlichen Sinne).[1782] Der einstweilige Ruhestand beendet diesen Beamtenstatus genauso wenig wie eine vorläufige Suspendierung, sondern erst der endgültige Ruhestand.

Amtsträger ist zudem, wer sonst (d. h. über die Fälle in Nr. 2a und b hinaus) „dazu bestellt ist [Bestellungsakt = Übertragung einer Tätigkeit durch öffentlich-rechtlichen Akt, der keiner besondere Form bedarf und selbst konkludent erfolgen kann[1783]], bei einer Behörde [§ 1 IV VwVfG] oder einer sonstigen Stelle oder

---
1778 BGHSt. 30, 46 (48).
1779 *Fischer*, § 331 Rn. 2.
1780 Wie der Europäische Amtsträger eingefügt mit dem Gesetz zur Bekämpfung der Korruption mit Wirkung zum 26.11.2015 (BGBl. I, S. 2025).
1781 Erfasst sind alle Personen, die bislang nach dem nun aufgehobenen Art. 2 § 1 I Nr. 2a und c, II Gesetz zu dem Protokoll vom 27. September 1996 zum Übereinkommen über den Schutz der finanziellen Interessen der Europäischen Gemeinschaften (EU-Bestechungsgesetz – EUBestG) vom 10.9.1998 (BGBl. II, S. 2340) bereits den deutschen Amtsträgern gleichgestellt waren.
1782 Vgl. BGHSt. 37, 191 (192); BGH, NJW 2004, 3129.
1783 *Fischer*, § 11 Rn. 20.

in deren Auftrag Aufgaben der öffentlichen Verwaltung [die über den bloßen erwerbswirtschaftlich-fiskalischen Bereich hinausgehen!] unbeschadet der zur Aufgabenerfüllung gewählten Organisationsform wahrzunehmen" (§ 11 I Nr. 2c StGB) und damit alle angestellten Ärzte und Pflegekräfte in Universitätskliniken, Kreis-, Bezirks- oder Städtischen Krankenhäusern (nochmals: unabhängig von deren Organisationsform, also auch z. B. Krankenhaus-GmbH), die die zur Daseinsvorsorge zählende öffentliche Aufgabe der Heilung von Krankheiten wahrnehmen.[1784] Nicht erfasst sind dagegen niedergelassene Vertragsärzte und Belegärzte, da diese jeweils freiberuflich tätig sind[1785] (ausführlich hierzu unten Rn. 317 ff.), sowie Ärzte und Pflegekräfte in Privatkliniken oder Krankenhäusern, deren Träger Großkirchen sind[1786].

Für den öffentlichen Dienst besonders Verpflichtete (§ 11 I Nr. 4 StGB) sind schließlich alle förmlich nach dem Verpflichtungsgesetz verpflichtete Mitarbeiter (Dauerbeschäftigungsverhältnis!) oder beauftragte Personen[1787] einer Behörde oder Stelle (z. B. Sachbearbeiter, Schreibkräfte, Auszubildende, Reinigungspersonal), die selbst unmittelbar Aufgaben der öffentlichen Verwaltung wahrnimmt (§ 11 I Nr. 4a StGB) bzw. als „verlängerter Arm" des Staates erscheint (§ 11 I Nr. 4b StGB). Nicht erfasst sind dagegen Lieferanten oder Mitarbeiter des EDV-Wartungsdienstes, da sie nicht mit einer Verwaltungsaufgabe betraut sind.[1788]

306 bb) **Tathandlung:** Tathandlung ist das Fordern, Sich-versprechen-lassen oder Annehmen eines Vorteils:

Fordern ist das ausdrückliche oder konkludente Verlangen, durch das der Täter objektiv erkennen lässt, dass er einen Vorteil für seine Dienstausübung begehrt.[1789] Es muss nur dem Adressaten – deren genaue Identität der Täter bei der Tatbegehung noch nicht genau kennen muss – zur Kenntnis gelangt sein; dieser braucht den Sinn nicht auch verstanden haben[1790] und erst recht nicht auf das Verlangen eingegangen sein. Hierdurch wird die Vollendung des Delikts auf den sehr frühen Zeitpunkt der Kenntnisnahme vorverlegt.[1791]

Sich-versprechen-lassen ist die unter beidseitiger Willensübereinstimmung erfolgte ausdrückliche oder konkludente Annahme eines auch nur bedingten Angebots einer künftigen Leistung.[1792] Ob es auch zur späteren Leistung kommt, ist irrelevant; der Täter muss nur den Sinn des Angebots verstehen und die Leistung wollen[1793].

Annehmen (als Auffangtatbestand in der Praxis bei Beweisschwierigkeiten hinsichtlich der ersten beiden Tatmodalitäten) ist die unmittelbare oder mittel-

---

1784 Vgl. hierzu nur OLG Karlsruhe, NJW 1983, 352; *Schmidt*, in: Ratzel/Luxenburger, Medizinrecht, § 15 Rn. 149; *Ulsenheimer*, in: Laufs/Kern, Handbuch, § 152 Rn. 65.
1785 BVerfGE 11, 30 (39 ff.).
1786 Vgl. nur BGHSt. 37, 191 ff. [Kirchenbeamte keine Amtsträger im strafrechtlichen Sinne]; *Bruns*, ArztR 1998, 237 (240); *Schmidt*, in: Ratzel/Luxenburger, Medizinrecht, 15. Kap. Rn. 149; *Ulsenheimer*, in: Laufs/Kern, Handbuch, § 152 Rn. 67; *ders.*, Arztstrafrecht, Rn. 995.
1787 BGHSt. 42, 230.
1788 BeckOK-StGB/*Heintschel-Heinegg*, § 11 Rn. 34.
1789 Vgl. nur BGHSt. 10, 237 (241 ff.); BGHSt. 15, 88 (97 f.); *Kuhlen*, JuS 2011, 673 (675).
1790 BGHSt. 10, 237 (240 f.).
1791 Da es hierdurch aber bereits zu einer Rechtsgutsverletzung kommt, liegt keine unzulässige Vorverlegung in das Versuchsstadium vor: BGHSt. 15, 88 (97); MüKo-StGB/*Korte*, § 331 Rn. 52.
1792 Vgl. RGSt. 39, 193 (199); *Kuhlen*, JuS 2011, 673 (675); BeckOK-StGB/*Heintschel-Heinegg*, § 331 Rn. 22.
1793 BGH, NStZ-RR 2002, 272 (274).

§ 12 Korruption im Gesundheitswesen

bare Empfangnahme des geforderten oder angebotenen Vorteils oder deren Weitergabe an einen Dritten, für den der Vorteil bestimmt ist[1794] (sprich: der Vollzug der Unrechtsvereinbarung[1795]), wobei es nach dem LG Wuppertal[1796] genügen soll, wenn der Vorteil unmittelbar an den Dritten gelangt. Die Annahme setzt eine Willensübereinstimmung über den Leistungsübergang voraus[1797], so dass ein eigenmächtiges Nehmen des Vorteils mit Gewalt nicht genügt.

Ein **Vorteil** als Bezugspunkt der Tathandlung ist hierbei jede Leistung des Zuwendenden, welche den Amtsträger oder einen Dritten (der auch die öffentliche Anstellungskörperschaft sein kann[1798]: z. B. Zuwendungen, durch die unmittelbar der Klinikträger oder einzelne Mitarbeiter profitieren) materiell (z. B. Geld, Einladung zu einem Fußballspiel, Abschluss eines lukrativen Beratungsvertrages) oder – entsprechend dem geschützten Rechtsgut – immateriell (z. B. „sexuelle Zuwendung", bezahlter „Begleitservice") in seiner wirtschaftlichen, rechtlichen oder auch nur persönlichen Lage objektiv besser stellt und auf die er keinen rechtlich begründeten Anspruch hat.[1799] Sozialadäquate Zuwendungen wie kleine Weihnachtsgeschenke oder kleine Belohnungen aus Dankbarkeit genügen jedoch nicht, wobei die Wertgrenze im Einzelfall anhand der Stellung des Amtsträgers und den jeweiligen Gepflogenheiten der Höflichkeit zu beurteilen ist.[1800]

307

Fall 75 (nach OLG Köln, NStZ 2002, 35 ff.): Prof. Dr. A, Direktor und Chefarzt der universitären Klinik und Poliklinik für Nuklearmedizin, bezog von verschiedenen Pharmaunternehmen umsatzbezogene Zahlungen für Bestellungen der Klinik gerade bei diesen Unternehmen. Die Zahlungen wurden teilweise von den Pharmaunternehmen direkt an den Pächter eines Ruderclubs geleistet, der Abendessen und Weihnachtsfeiern der Klinik ausrichtete, bei denen A als Veranstalter und Einladender erschien; die restlichen Gelder gingen auf ein Drittmittelkonto der Universitätsklinik, über das A verfügungsbefugt war und nach seinem Gutdünken verwenden konnte und weitgehend für die personelle und sachliche Ausstattung der Klinik und die Verbesserung seiner Arbeitsmöglichkeiten sowie Honorare und Bewirtungen von Gastprofessoren verwendete. A hielt sein Verhalten für rechtmäßig, weil er kein Geld für private Zwecke erhalten, sondern ohne privaten Eigennutz einzig zum Wohle der Patienten gehandelt habe. Strafbarkeit des A?

Einen Vorteil stellen in **Fall 75** jedenfalls die Zahlungen an den Pächter des Ruderclubs dar, bei denen A nach außen hin als Einladender und Veranstalter der Feiern in Erscheinung trat und daher eigene, ansonsten anfallende Aufwendungen ersparte.[1801] Hinsichtlich der Zahlungen auf das Drittmittelkonto verneinte

---

1794 OLG Karlsruhe, NStZ 2001, 654 f.
1795 Vgl. RGSt. 58, 263 (266); *Kuhlen*, JuS 2011, 673 (675); *Lackner/Kühl/Heger*, § 331 Rn. 7.
1796 NJW 2003, 1405.
1797 BGHSt. 10, 237 (240 f.).
1798 OLG Karlsruhe, NJW 2001, 907.
1799 BGHSt. 31, 264 (279); BGHSt. 35, 128 (133); BGHSt. 47, 295 (304); BGH, NStZ 2001, 425 (426); *Fischer*, § 331 Rn. 11; anders die Anhänger eines naturalistischen Vorteilsbegriffs, nach deren Verständnis ein bestehender Anspruch der Annahme eines Vorteils nicht entgegenstehe: vgl. nur *Ambos*, JZ 2003, 345 (351); *Satzger*, ZStW 115 (2003), 469 (475).
1800 Nach OLG Hamburg, MedR 2000, 371 (374): Wertgrenze von 50 Euro.
1801 OLG Köln, NStZ 2002, 35 (36).

das Landgericht Bonn[1802] einen Vorteil noch, da ein derartiger immaterieller Vorteil „nur ein Reflex aus einer bestehenden Dienstpflicht" wäre, „die nach der Ausstattung seiner Klinik bestmögliche Patientenversorgung und Forschung zu betreiben, hervor gerufen durch den Erfolg seiner Bemühungen, die Ressourcen seines Dienstherrn durch Einwerbung von staatsnützigen Mitteln aus der Industrie zu schonen. Allein eine Steigerung des Ansehens kann aber nicht als Vorteil im Sinne der §§ 331 f. StGB begriffen werden." Auch wenn inzwischen geklärt ist, dass eine Ansehenssteigerung in der Tat nicht genügt, weil hierdurch „der Bereich der objektiven Messbarkeit oder Darstellbarkeit eines Vorteils verlassen und ins Unbestimmte abgleiten" würde[1803], vermag die erste These nicht zu überzeugen, wonach „Vorteile, die ausschließlich der Dienststelle selbst für die Erfüllung der ihr zugewiesenen Aufgaben zufließen, also staatsnützig in ihrem Aufgabenbereich sind", nach „außen die Makellosigkeit der Amtsführung und das Vertrauen der Bevölkerung in die Lauterbarkeit der Amtsführung nicht gefährden"[1804] könnten, würde doch die Bestimmung, was staatsnützig ist, nicht nur dem Amtsträger überlassen, sondern besteht eine Gefährdung gerade in der sachwidrigen Verknüpfung des Vorteils mit der Dienstausübung.[1805] Zu Recht erblickte das OLG Köln[1806] daher einen Vorteil auch in der Besserstellung der Arbeitsmöglichkeiten des A, hat er doch gleichfalls eigene Aufwendungen erspart, hätte er eine vergleichbare für ihn positive Situation ohne die unternehmerischen Zuwendungen schaffen wollen; jedenfalls liegt ein Drittvorteil vor[1807].

308 Das normative Korrektiv des „fehlenden Rechtsanspruchs" erfährt nach der überwiegenden Ansicht[1808] in den Fällen eine Lockerung, in denen die Leistung an den Amtsträger auf einem vertraglich begründeten Anspruch beruhe, unabhängig davon, ob Leistung und Gegenleistung in einem angemessenen Verhältnis stünden. Jedoch könne dann bereits der Abschluss des Vertrages einen Vorteil darstellen.[1809] Im Schrifttum ist hiergegen zwar vereinzelt eingewandt worden, dass grundsätzlich auch für den Amtsträger ungünstige Vertragsschlüsse denkbar seien und der Vorteilsbegriff gänzlich marginalisiert werde, wollte man selbst hierin einen Vorteil erblicken[1810]; ein solcher liege vielmehr erst bei einem Vertragsschluss mit unangemessener Leistung zu Gunsten des Amtsträgers vor – nur dann könne der „Eindruck der Käuflichkeit" entstehen.[1811] Hiergegen spricht aber nicht nur, dass das Kriterium der Angemessenheit selbst ziemlich unbestimmt ist und daher Rechtsunsicherheiten begründen würde[1812], sondern dass

---

1802 MedR 2001, 260 (263).
1803 BGHSt. 47, 295 (304 f.); ebenso OLG Karlsruhe, NJW 2001, 907 f.; *Bernsmann*, StV 2003, 521 (525 f.); *Ulsenheimer*, in: Laufs/Kern, Handbuch, § 152 Rn. 74.
1804 LG Bonn, MedR 2001, 260 (262); im Ergebnis zustimmend *Ulsenheimer*, in: Laufs/Kern, Handbuch, § 152 Rn. 84.
1805 So OLG Karlsruhe, NJW 2001, 907 (908); OLG Köln, NStZ 2002, 35 (36); *Ambos/Ziehn*, NStZ 2008, 498 (499); *Knauer/Kaspar*, GA 2005, 385 (392).
1806 NStZ 2002, 35 (36); unter Bezug auf *Dauster*, NStZ 1999, 63 (65).
1807 Vgl. *Ulsenheimer*, in: Laufs/Kern, Handbuch, § 152 Rn. 78.
1808 Vgl. nur BGHSt. 31, 264 (280); MüKo-StGB/*Korte*, § 331 Rn. 72 ff.; SSW-StGB/*Rosenau*, § 331 Rn. 17.
1809 BGHSt. 31, 264 (279 f.); OLG Hamburg, StV 2001, 284.
1810 So insbesondere *Zieschang*, StV 2008, 253 (255).
1811 Vgl. nur *Lüderssen*, JZ 1997, 112 (114); *Satzger*, ZStW 115 (2003), 469 (482 f.); *Ulsenheimer*, in: Laufs/Kern, Handbuch, § 152 Rn. 76; *Verrel*, MedR 2003, 319 (322); *Zieschang*, StV 2008, 253 (255).
1812 *Bernsmann*, WissR 2002, 1 (11); *Schlösser*, StV 2011, 300 (304).

§ 12 Korruption im Gesundheitswesen

selbst für den Amtsträger auf den ersten Blick nachteilige Vertragsabschlüsse diesem Chancen auf begehrte entgeltliche Nebentätigkeiten (insbesondere Beraterverträge) eröffnen können.[1813] Mit der überwiegenden Ansicht liegen Vorteile somit auch in der vertraglichen Übernahme von Nebentätigkeiten (unabhängig von der Art der Gegenleistung)[1814] oder in der (vertraglich begründeten) Finanzierung von Grundlagenforschungen und Nachbeobachtungen[1815].

> **Fall 76** (nach BGHSt. 47, 295 ff.): Zu den Dienstaufgaben von Universitätsprofessor Dr. A, Ärztlicher Direktor der Abteilung Herzchirurgie des Universitätsklinikums Heidelberg, zählt die Einwerbung von Drittmitteln für die Forschung. Das Medizintechnikunternehmen M-GmbH belieferte das Universitätsklinikum mit medizintechnischen Produkten, vor allem Herzklappen, Herzschrittmachern und Defibrillatoren. Innerhalb der Herzchirurgie trug A auf Grund seiner Stellung die Verantwortung für die Auswahl und den Einsatz der dort implantierten Herzklappen und Herzschrittmacher. Deren eigentliche Bestellung sowie der Abschluss entsprechender Rahmenverträge mit den Lieferanten oblag der Materialverwaltung der Universität, die auf der Grundlage der Vorgaben der medizinischen Abteilungen die bestmöglichen Konditionen mit den Lieferanten auszuhandeln hatte. A vereinbarte mit Mitarbeitern der M-GmbH, dass diese ihm in der Folgezeit „Boni" iHv 5 % auf den getätigten Umsatz gewährte und auf einem bei dem geführten Unternehmen geführten „Bonus-Konto" gut brachte. Die aufgelaufenen „Boni" sollten ihm sodann zur Verfügung stehen. Durch die Annahme dieser Zuwendungen wollte sich A nicht selbst bereichern, sondern er war alleine darauf bedacht, für seine Forschungsvorhaben eine zusätzliche Geldquelle zu erschließen. Da er Effizienz und Umfang der Förderung dieser Vorhaben auf Grund seiner bisherigen Erfahrung mit der Verwendung seines offiziellen Forschungsbudgets und des bei der Universitätsverwaltung für ihn geführten Drittmittelkontos gefährdet sah, falls die Zuwendungen an die Universitätsverwaltung gelangt wären, gründete er den Verein „Freunde und Förderer der Herzchirurgie Heidelberg", dessen erster Vorsitzender er war und dem ganz überwiegend Mitarbeiter von ihm angehörten. Aufgrund der Vereinbarungen mit der M-GmbH veranlasste er sechs Zahlungen dieses Unternehmens von seinem dort geführten „Bonus-Konto" iHv 81.000 Euro an den Verein. Entsprechend dem Vereinszweck wurden mit diesen Mitteln Mitarbeitern der Herzchirurgie Auslagen für Kongressreisen ersetzt, die Beschaffung und Wartung von büro- und medizintechnischen Geräten finanziert, Probanden in verschiedenen Studien bezahlt sowie Aushilfslöhne für geringfügige Beschäftigte finanziert, die in unterschiedlichen Forschungsprojekten tätig waren. Zum Teil erhielt die M-GmbH Spendenquittungen, in denen sich A für die Unterstützung seiner Forschungsvorhaben bedankte. Strafbarkeit des A?

Noch viel deutlicher als in **Fall 75** liegt dem Grundsatz-**Fall 76** das Drittmittel-Spannungsfeld zugrunde: A war zum einen dienstlich zur Einwerbung von Drittmitteln verpflichtet, zum anderen werden diese Mittel wegen der Verbesserung

---
1813 Vgl. *Höltkemeier*, Sponsoring als Straftat (2005), S. 211 ff.
1814 Vgl. BGH, MedR 2003, 688 f.
1815 Vgl. *Ulsenheimer*, in: Laufs/Kern, Handbuch, § 152 Rn. 78.

seiner Arbeitsbedingungen nach dem aufgezeigten weiten Vorteilsbegriff als Vorteil angesehen, mit der Gefahr einer Strafbarkeit nach §§ 331 ff. StGB, auf die in **Fall 76** das Tatgericht dann auch erkannte (Untreue in sechs Fällen, davon in fünf Fällen in Tateinheit mit Vorteilsannahme). Im Schrifttum wird hier teilweise der Vorteilsbegriff im Lichte der Wissenschaftsfreiheit (Art. 5 III GG) dahingehend eingeschränkt, dass es an einem Vorteil fehle, wenn die Zuwendungen des Dritten an einen universitären Forschungsträger nur das Entgelt für eine dem dienstlichen Aufgabenbereich unterfallende Erfüllung von Verträgen darstelle.[1816] Demgegenüber erblickt der Bundesgerichtshof in **Fall 76** einen Vorteil darin, dass durch die Mittel Auslagen ersetzt und Personal finanziert werden konnte, so dass sich für A „jedenfalls ‚dem Grunde nach' eine objektiv messbare Verbesserung seiner persönlichen Wirkungsmöglichkeiten" ergab[1817]. Die vom Schrifttum geforderte restriktive Auslegung der §§ 331 ff. StGB nimmt der Bundesgerichtshof erst im Rahmen der Unrechtsvereinbarung vor (dazu unten Rn. 312).

309 cc) **Dienstausübung:** Seit der Novellierung der §§ 331 ff. StGB durch das Korruptionsbekämpfungsgesetz vom 13.8.1997[1818] braucht sich die Tat nicht mehr auf die konkrete Diensthandlung zu beziehen, sondern nur noch auf die vergangene oder zukünftige (pflichtwidrige wie pflichtgemäße) Dienstausübung, worunter jede Handlung (nach § 336 StGB auch jedes Unterlassen) zu verstehen ist, durch die ein Amtsträger oder ein Verpflichteter die ihm übertragenen öffentlichen Aufgaben wahrnimmt, d. h. die gesamte allgemeine dienstliche Tätigkeit, soweit sie zu den Obliegenheiten des Betroffenen zählt und in amtlicher Tätigkeit vorgenommen wird.[1819] Privathandlungen[1820] und Handlungen im Rahmen von Nebentätigkeiten außerhalb des Amtes, d. h. die nicht in einem funktionalen Zusammenhang zum dienstlichen Aufgabenbereich stehen[1821], selbst wenn sie unter Verwendung dienstlich erworbener Kenntnisse erfolgen[1822], sind nicht umfasst. Eine dienstliche Handlung liegt somit vor, wenn ein Arzt forscht, Vorträge hält, bestimmte Medizinprodukte selbst bestellt, einen anderen Krankenhausmitarbeiter zu deren Beschaffung veranlasst, bei der Auswahl mitwirkt, Gespräche mit den Herstellerfirmen führt, ein positives Votum zugunsten eines bestimmten Medikaments oder eines bestimmten Geräts abgibt[1823] etc.

310 dd) **Unrechtsvereinbarung:** Der Vorteil muss gerade „für" die Dienstausübung gefordert etc. werden, womit auch nach dem Korruptionsbekämpfungsgesetz weiterhin eine beiden Seiten bewusste (zumindest gelockerte, weil nicht mehr auf eine konkrete Diensthandlung bezogene) Unrechtsvereinbarung das „Kernstück aller Bestechungsdelikte"[1824] bildet. Erforderlich ist eine wenigstens stillschweigende Übereinkunft der Beteiligten, dass die Zuwendung vor dem Hinter-

---

1816 Vgl. nur *Dauster*, NStZ 1999, 63 (67); *Ulsenheimer*, in: Laufs/Kern, Handbuch, § 152 Rn. 80 ff.
1817 BGHSt. 47, 295 (306).
1818 BGBl. I, S. 2038.
1819 BGHSt. 31, 264 (280).
1820 Vgl. BGHSt. 18, 59 (60 f.); BGHSt. 29, 300 (303); OLG Köln, NJW 2000, 3727.
1821 Vgl. hierzu nur OLG Hamburg, StV 2001, 277 (278); Sch/Schr/*Heine/Eisele*, § 331 Rn. 33; *Rengier*, BT II, § 60 Rn. 18.
1822 Vgl. BGHSt. 18, 263 (266 f.); BGH, wistra 2001, 388 f.; BGH, NStZ-RR 2007, 309 (310).
1823 Vgl. nur *Ulsenheimer*, Arztstrafrecht, Rn. 1009.
1824 BGH, NJW 2008, 3580 (3582); MüKo-StGB/*Korte*, § 331 Rn. 93; ähnlich *Satzger*, ZStW 115 (2003), 469 (479) („Kernelement").

§ 12 Korruption im Gesundheitswesen

grund erfolgt, dass der Amtsträger eine dienstliche Tätigkeit vorgenommen hat oder dass er eine solche vornehmen werde („Beziehungsverhältnis im Sinne eines ‚do ut des‘"[1825]). Ob sie auch in der Zukunft tatsächlich so vorgenommen wird, ist jedenfalls bezogen auf zukünftige Dienstausübungen als Bezugspunkt irrelevant. Zudem genügt es, dass durch den Vorteil die „Klimapflege" (allgemeines Wohlwollen) oder ein Anfüttern im Hinblick auf spätere Verknüpfungen mit weiteren Zahlungen erreicht werden soll.[1826] Durch das Erfordernis der Unrechtsvereinbarung werden damit bestimmte Verhaltensweisen, die dem „erlaubten Risiko" unterfallen[1827], im Wege „praktischer Konkordanz"[1828] aus dem Tatbestand herausgenommen, obgleich sie an sich geeignet wären, das geschützte Rechtsgut zu gefährden: Lediglich Vorteilsgewährungen allgemein im Zusammenhang mit dem Amt genügen daher nicht. Wo die Grenze genau liegt, ist eine Frage des Einzelfalles, für deren Bestimmung teilweise eine normative Orientierung dergestalt vorgeschlagen wird, dass eine Unrechtsvereinbarung nur bejaht wird, wenn der „böse Anschein möglicher Käuflichkeit" des Amtsträgers bestehe[1829]; andere verlangen eine „Regelwidrigkeit"[1830].

Das Spannungsfeld zwischen der Dienstpflicht zur **Drittmitteleinwerbung** und dem strafbewehrten Verbot der Vorteilsannahme hat der Bundesgerichtshof grundlegend derart aufgelöst, dass ein „unrechtes Beziehungsverhältnis" nicht bereits entfalle, „weil die als Gegenleistung gewährten Vorteile für Wissenschaft und Forschung verwendet" würden, wohl aber, wenn bei der Einwerbung sachlicher Zuwendungen als Fördermittel für Forschung und Lehre das formell im Drittmittelrecht vorgeschriebene Verfahren eingehalten würden. Hierzu zählten insbesondere „im Interesse des Schutzguts der Strafvorschrift (Vertrauen in die Sachgerechtigkeit der Entscheidung) die Offenlegung, die Anzeige der Mitteleinwerbung und ihre Genehmigung in dem hochschulrechtlich dafür vorgeschriebenen Verfahren"[1831] – so wird faktisch der Rechtfertigungsgrund der Genehmigung (§ 331 III StGB) zum Tatbestandsausschluss verwendet. So sehr die Rechtsprechung mit ihrem klaren Erfordernis der Transparenz und Verfahrenseinhaltung auch für Rechtssicherheit gesorgt hat, dieser Maßstab vermag nicht gänzlich zu überzeugen, ist die Korruption doch nicht notwendigerweise ein heimliches Delikt[1832] und erscheint es zudem nicht nachvollziehbar, eine Unrechtsvereinbarung auch dann zu bejahen, wenn ein Amtsträger eine Drittmitteleinwerbung transparent macht, bei der Einwerbung aber ein Formular falsch ausfüllt. Richtigerweise wird man die Intransparenz oder das Vorliegen von Verfahrensfehlern daher als bloße Indizien für eine Kopplung der Zuwendung mit einer vom Amtsträger zugesicherten Einflussnahme auf Beschaffungsentscheidungen bzw. die Verfolgung anderer sachwidriger Absichten erblicken müssen. In **Fall 75** und **Fall 76** fehlen Umstände, die der Indizwirkung des jeweils nicht eingehaltenen hochschulrechtlichen Verfahrens entgegenstehen, so dass die Verurteilungen wegen Vorteilsnahme jeweils zu Recht unbeanstandet blieben.

1825 *Ulsenheimer*, in: Laufs/Kern, Handbuch, § 152 Rn. 90.
1826 BGH, NStZ-RR 2007, 309 (310).
1827 Vgl. hierzu *Knauer/Kaspar*, GA 2005, 385 (394 f.); *Walther*, Jura 2010, 511 (517).
1828 LK/*Sowada*, § 331 Rn. 84.
1829 Vgl. nur BGH, NStZ 2005, 334 (335).
1830 So etwa Sch/Schr/*Heine/Eisele*, § 331 Rn. 39.
1831 BGHSt. 47, 295 (308); zustimmend BGH, NStZ-RR 2003, 171 f.
1832 Zutreffend *Schlösser*, StV 2011, 300 (309); aA *Rönnau*, JuS 2003, 232 (236).

312 **b) Subjektiver Tatbestand.** Im subjektiven Tatbestand genügt bedingter Vorsatz, der sich insbesondere auf die Voraussetzungen der Unrechtsvereinbarung erstrecken muss. Bei dem normativen Tatbestandsmerkmal der Amtsträgereigenschaft[1833] wie dem zumindest normativierten Erfordernis der Unrechtsvereinbarung[1834] genügt eine Parallelwertung in der Laiensphäre: Nur wenn dem Täter etwa nicht bewusst ist, dass die erhaltenen Zuwendungen als Gegenleistungen für seine Dienstausübungen erfolgen, handelt er ohne Vorsatz.[1835] Der Vorteil ist dagegen „ein tatsächliches Merkmal"[1836], so dass hier für eine Vorsatzkenntnis die Kenntnis der zugrunde liegenden Tatsachen genügt. Soweit A in **Fall 75** also meinte, einzig fremdnützig zugunsten der Patienten gehandelt zu haben, verkannte er den Vorteilsbegriff und unterlag einem Subsumtionsirrtum, der angesichts der vollen Kenntnis der zugrunde liegenden Tatsachen den Vorsatz nicht zu beseitigen vermag, sondern allenfalls einen Verbotsirrtum nach § 17 StGB begründet.[1837] Stellt der Täter sich dagegen Tatumstände vor, die eine Sozialadäquanz der Zuwendung begründen würde (z. B. der Wert des tatsächlich teuren Geschenks wird als nur gering geschätzt), so handelt er nach § 16 I StGB ohne Vorsatz; ein Irrtum über die Wertgrenze der Sozialadäquanz begründet dagegen nur einen Verbotsirrtum[1838].

313 **c) Genehmigung, § 331 III StGB.** Nach § 331 III StGB ist die vorherige Genehmigung (zivilrechtlich: Einwilligung; z. B. „Nebentätigkeitsgenehmigung") der nach den beamtenrechtlichen, tarifrechtlichen, hochschulrechtlichen oder drittmittelrechtlichen etc. Bestimmungen sachlich und örtlich zuständigen Behörde (vorgesetzte Dienstbehörde bzw. Arbeitgeber), sofern sie im Rahmen der öffentlich-rechtlichen Vorschriften erfolgt[1839], ein Rechtfertigungsgrund[1840]. Nicht genehmigungsfähig ist nach dem eindeutigen Wortlaut die Annahme von Vorteilen, die der Amtsträger gefordert hat. Die irrige Annahme einer vorherigen Genehmigung stellt daher einen Erlaubnistatbestandsirrtum dar.[1841] Eine erst nachträgliche Genehmigung kann dagegen nur die Wirkung eines Strafaufhebungsgrundes haben[1842], da die Rechtmäßigkeit zum Zeitpunkt der Tatbegehung (also der Tathandlung, § 8 StGB) vorliegen muss.

314 **d) Konkurrenzrechtliche Aspekte.** Beziehen sich verschiedene Tathandlungsmodalitäten auf die gleiche Unrechtsvereinbarung, so liegt eine tatbestandliche Handlungseinheit vor. Tateinheit ist möglich mit Betrug und Untreue.

1833 Vgl. nur LK/*Sowada*, § 331 Rn. 98. Ein Irrtum dürfte in der Praxis jedoch nur selten vorkommen: BGH, NStZ 2007, 211 (212).
1834 Vgl. hierzu *Ambos/Ziehn*, NStZ 2008, 498 (502).
1835 Vgl. nur MüKo-StGB/*Korte*, § 331 Rn. 154; *Lackner/Kühl/Heger*, § 331 Rn. 13.
1836 BGHSt. 47, 295 (311).
1837 OLG Köln, NStZ 2002, 35 (37); soweit das Gericht hinsichtlich der Zahlungen auf das Drittmittelkonto sogar einen unvermeidbaren Verbotsirrtum annahm, vermag dies nach der Grundsatzentscheidung BGHSt. 47, 295 ff. zur Drittmittelforschung und dem vorliegend nicht eingehaltenen Transparenzgebot, auf das das Oberlandesgericht selbst abstellt, nicht (mehr) zu überzeugen.
1838 BGH, NStZ 2005, 335.
1839 Bei Fehlern wird teilweise auf die Wirksamkeit der Genehmigung abgestellt (LK/*Sowada*, § 331 Rn. 112), teilweise auf die Rechtmäßigkeit (MüKo-StGB/*Korte*, § 331 Rn. 165).
1840 Vgl. nur BGHSt. 31, 264 (285); OLG Hamburg, StV 2001, 277 (282); NK-StGB/*Kuhlen*, § 331 Rn. 131; aA *Bernsmann*, StV 2003, 521 (522); SK-StGB/*Stein/Deiters*, § 331 Rn. 66.
1841 BGHSt. 31, 264 (286 f.).
1842 Vgl. nur MüKo-StGB/*Korte*, § 331 Rn. 179; LK/Sowada, § 331 Rn. 121; *Wessels/Hettinger*, BT 1, Rn. 1113.

3. Bestechlichkeit (§ 332 StGB)

> **Aufbauschema (§ 332 StGB)**
> I. Tatbestandsmäßigkeit
>   1. Objektiver Tatbestand:
>   a) Grundtatbestand des § 331 StGB
>   b) Qualifikationsmerkmal
>   aa) Beziehung auf eine konkrete Diensthandlung/richterliche Handlung
>   bb) Pflichtwidrigkeit der konkreten Diensthandlung/richterlichen Handlung
>   2. Subjektiver Tatbestand: Vorsatz
> II. Rechtswidrigkeit
> III. Schuld
> IV. Ggf. Regelbeispiel, § 335 StGB

Die Bestechlichkeit (§ 332 StGB) ist ein Qualifikationstatbestand, bei dem die Zuwendung für eine konkrete, ihrem sachlichen Gehalt nach zumindest in den groben Umrissen erkennbare und festgelegte[1843] pflichtwidrige Diensthandlung eines Amtsträgers (§ 332 I StGB) gefordert etc. werden muss, d. h. Zuwendungen allgemein zur „allgemeinen Klimapflege" unterfallen nicht § 332 StGB (sondern nur § 331 StGB). Die **Pflichtwidrigkeit** der Diensthandlung, die sich aus ihrem Inhalt ergeben muss und nicht bereits aus der Unrechtsvereinbarung[1844], ist bei **gebundenen Entscheidungen** bei jeder Missachtung der sie vorzeichnenden Rechtsnormen, Dienstanweisungen oder Anordnungen gegeben[1845] oder wenn sich der Amtsträger bezogen auf künftige Diensthandlungen bereits gezeigt hat, seine Pflichten zu verletzen. **Handlungen mit Ermessensspielraum** sind (entsprechend § 40 VwVfG) pflichtwidrig, wenn sie sachwidrig sind, dem Zweck der ermächtigenden Norm zuwiderlaufen[1846], wenn sich der Amtsträger bei seiner Ermessensausübung vom Vorteil beeinflussen lässt sowie bezogen auf künftige Handlungen nach § 331 III Nr. 2 StGB bereits dann, wenn sich der Amtsträger dem anderen gegenüber bereit gezeigt hat, sich bei Ausübung des Ermessens durch den Vorteil beeinflussen zu lassen.[1847]

Im **subjektiven Tatbestand** genügt dolus eventualis, der insbesondere die Kenntnis der die Pflichtwidrigkeit der Diensthandlung ausmachenden Umstände (da normatives Tatbestandsmerkmal!) verlangt.[1848] Eine rechtfertigende **Genehmigung** (einschließlich einer analogen Anwendung von § 331 III StGB) scheidet wegen der Pflichtwidrigkeit aus.

§ 335 StGB sieht nach der Regelbeispielstechnik einen **besonders schweren Fall** vor, wenn sich die Tat auf einen Vorteil großen Ausmaßes[1849] bezieht (§ 332

[1843] BGH, NStZ 1989, 74; BGH, NStZ 2005, 214.
[1844] BGH, NStZ-RR 2008, 13 (14).
[1845] Vgl. nur BGHSt. 48, 44 (46); *Fischer*, § 332 Rn. 8.
[1846] *Joecks*, § 332 Rn. 10.
[1847] Vgl. nur BGHSt. 15, 88 (92); BGHSt. 15, 239 (242 und 247); BGHSt. 48, 44 (46); *Fischer*, § 332 Rn. 9; SSW-StGB/*Rosenau*, § 332 Rn. 9.
[1848] BeckOK-StGB/*Heintschel-Heinegg*, § 332 Rn. 10.
[1849] Nach *Fischer*, § 335 Rn. 6 ab 10.000 Euro, nach Sch/Schr/*Heine/Eisele*, § 335 Rn. 3 ab 25.000 Euro, nach MüKo-StGB/*Korte*, § 335 Rn. 9 ab 50.000 Euro entsprechend dem „Vermögensverlust großen Ausmaßes" iSd § 263 III 2 Nr. 2 StGB (BGHSt. 48, 360).

II Nr. 1 StGB), der Täter fortgesetzt[1850] Vorteile als Gegenleistung für die künftige Vornahme der Diensthandlung annimmt (§ 335 II Nr. 2 StGB) oder der Täter gewerbsmäßig (also in der Absicht, sich durch wiederholte Tatbegehung eine nicht nur vorübergehende Einnahmequelle von einigem Umfang zu verschaffen[1851]) oder als Mitglied einer Bande[1852] handelt, die sich zur fortgesetzten Begehung solcher Taten verbunden hat (§ 335 II Nr. 3 StGB).

4. Vorteilsgewährung (§ 333 StGB)

316 § 333 StGB bestraft als Spiegelbild zu § 331 StGB jedermann, der einem Amtsträger oder Richter einen Vorteil „für" (gelockerte Unrechtsvereinbarung!) die Dienstausübung bzw. richterliche Handlung anbietet (auf den Abschluss einer Unrechtsvereinbarung gerichtete ausdrückliche oder konkludente Erklärung, von der die Amtsperson Kenntnis erlangt), verspricht (Vereinbarung der Beteiligten) oder gewährt (tatsächliche Zuwendung des Vorteils). Die vorherige Genehmigung stellt auch hier einen Rechtfertigungsgrund dar (§ 333 III StGB), eine erst nachträgliche Genehmigung dagegen lediglich einen Strafaufhebungsgrund.

5. Bestechung (§ 334 StGB)

316a § 334 StGB stellt als Spiegelbild zu § 332 StGB einen Qualifikationstatbestand zu § 333 StGB dar, wenn sich die Unrechtsvereinbarung auf eine konkrete pflichtwidrige Diensthandlung bzw. richterliche Handlung bezieht. Die Regelbeispiele des § 335 StGB gelten auch für § 334 StGB.

II. Bestechung von Vertragsärzten

317 Während jahrelang eher die strafrechtliche Verantwortlichkeit von Ärzten in öffentlichen Kliniken im Mittelpunkt medialer wie rechtlicher Diskussionen stand, sind es seit kurzem „Schein-Beraterverträge", „Kopfprämien", die kostenlose Zurverfügungstellung hochwertiger medizinischer Geräte oder sonstige Zuwendungen von Pharmaunternehmen an niedergelassene Vertragsärzte („Geschenke auf Rezept"[1853]), um diese dazu zu bewegen, im Rahmen der medizinisch indizierten[1854] Verschreibung von Medikamenten oder medizinischer Gerätschaften gerade das Produkt des zuwendenden Pharmaunternehmens auszuwählen.[1855]

1. Strafbarkeit nach §§ 331 ff. StGB

Fall 77 (nach BGH, NStZ-RR 2011, 303): Die X.GmbH betrieb über ihre Pharmareferentin R zur Steigerung ihres Umsatzes unter dem Schlagwort „Verordnungsmanagement" (VOM) auf Grundlage sog. „VOM-Vereinbarungen" ein System zur Bestechung von niedergelassenen Ärzten (darunter mit

---

1850 *Fischer*, § 335 Rn. 9: mindestens dreimal.
1851 Vgl. hierzu LG Essen, BeckRS 2011, 24054 mit Anm. *Ellbogen*, ArztR 2012, 5 ff.
1852 BGHSt. 46, 321: ab drei Personen.
1853 Http://www.fr-online.de/politik/mediziner-unter-verdacht-geschenke-auf-rezept,1472596,3305318.html (letzter Aufruf: 22.5.2017).
1854 War die Verschreibung noch nicht einmal medizinisch indiziert, so kommt allenfalls eine Untreue (§ 266 StGB) in Betracht.
1855 Vgl. zur rechtlichen Diskussion nur *Badle*, NJW 2008, 1028 ff.; *Dieners*, PharmR 2010, 613 ff.; *Klötzer*, NStZ 2008, 12 ff.; *Kraatz*, NZWiSt 2012, 273 ff.; *Matthias Krüger*, ZIS 2011, 692 ff.; *Neupert*, NJW 2006, 2811 ff.; *Rengier*, FS Tiedemann (2008), S. 837 ff.; *Sahan/Urban*, ZIS 2011, 23 ff.; *Hendrik Schneider*, HRRS 2010, 241 ff.

§ 12 Korruption im Gesundheitswesen

> Dr. B) mit Geld- und Sachleistungen, deren Höhe abhängig war von Menge und Preis der im jeweiligen Quartal verschriebenen X-Medikamente (bei B: 5 % des Herstellerabgabepreises aller im jeweiligen Quartal verordneten X-Medikamente). Im Rahmen der Vereinbarung erhielt Dr. B zudem die Verschreibungssoftware „DOCexpert", die vorrangig Originalpräparate oder Wirkstoffe im Sortiment der X.GmbH anzeigte sowie, wie viel Umsatz der Arzt dem Pharmaunternehmen X.GmbH in einem Quartal gebracht hatte und wie hoch seine Prämie sein würde. Deklariert als Provision für nicht gehaltene Vorträge erhielt B innerhalb eines Jahres von R sieben Schecks über insgesamt 10.000 Euro, was der Verordnung von X-Medikamenten mit einem Herstellerabgabepreis in Höhe von über 200.000,00 Euro entsprach. 80 % der Umsätze und der daran anknüpfenden Zuwendungen entfielen auf Verordnungen, die Dr. B in seiner Eigenschaft als Vertragsarzt für gesetzlich versicherte Patienten ausstellte. Strafbarkeit von R und Dr. B?

Der 5. Strafsenat des Bundesgerichtshofs erblickte in **Fall 77** den Vertragsarzt als Amtsträger iSd § 11 I Nr. 2c StGB und bejahte damit jeweils sogar eine Strafbarkeit des Vertragsarztes nach § 331 I StGB sowie der Gesundheitsunternehmensmitarbeiter (in **Fall 77**: Pharmareferentin R) nach § 333 StGB[1856]: Die gesetzlichen Krankenkassen seien nicht nur durch ihre Organisationsform einer rechtsfähigen Körperschaft des öffentlichen Rechts mit Selbstverwaltung (§ 4 I SGB V) (was eine „erhebliche indizielle Bedeutung" habe[1857]) eine sonstige Stelle nach § 11 I Nr. 2c StGB, sondern maßgeblich durch ihre Eingliederung in das sozialrechtliche System der staatlichen Daseinsvorsorge, die Gesundheit der Versicherten zu erhalten, wiederherzustellen oder ihren Gesundheitszustand zu verbessern (§ 1 I SGB V), zumal bei Organisationsformen des öffentlichen Rechts diese nicht unbedingt im Rahmen einer Gesamtbetrachtung als „verlängerter Arm" des Staates erscheinen müssten.[1858] Die „Bestellung" des niedergelassenen Vertragsarztes führe nach § 95 III 1 SGB V dazu, dass der Vertragsarzt zur Teilnahme an der vertragsärztlichen Versorgung berechtigt und verpflichtet werde und er so auf eine gewisse Dauer in das „öffentlich-rechtliche System"[1859] der medizinischen Versorgung nach §§ 72 ff. SGB V eingegliedert werde, wo er den als Rahmenrecht konzipierten Leistungsanspruch des Versicherten gegen seine Krankenkasse erst konkretisiere.

Der Große Strafsenat[1860] hat sich demgegenüber der überwiegenden Sichtweise des Schrifttums[1861] angeschlossen und eine Amtsträger-Eigenschaft verneint: Die Krankenkassen seien zwar „sonstige Stellen" iSd § 11 I Nr. 2c StGB aufgrund „den gesetzlich vorgegebenen Verbandsstrukturen auf Landes- und Bundesebene (§§ 207 ff. SGB V), der Gesetzesbindung der Krankenkassen sowie [...] staatlicher Rechtsaufsicht [...] (§§ 87, 90 SGB IV; § 195 I SGB V)"[1862]. Es fehle jedoch

---
1856 BGH, NStZ-RR 2011, 303; ebenso BGH, wistra 2011, 375 (377); so zuvor bereits *Pragal/Apfel*, A&R 2007, 10 (16 f.); *Neupert*, NJW 2006, 2811 (2812 ff.).
1857 BGHSt. 54, 39 (41); BGHSt. 54, 202 (208); BGH, wistra 2011, 375 (377).
1858 Ebenso bereits BGHSt. 54, 202 (212).
1859 BVerfGE 11, 30 (39).
1860 BGHSt. 57, 202 ff. mit Anm. *Kraatz*, NZWiSt 2012, 273 ff.
1861 Vgl. nur *Geis*, wistra 2007, 361 (363 ff.); *Klötzer*, NStZ 2008, 12 (16); *Reese*, PharmR 2006, 92 (94); *Taschke*, StV 2005, 406 (409 f.); zu den einzelnen Argumenten Voraufl. Rn. 324.
1862 BGHSt. 57, 202 (205).

an der Wahrnehmung öffentlicher Aufgaben durch die Vertragsärzte: Eine Gesamtschau der sozialrechtlichen Normen des gesetzlichen Vertragsarztkonzepts ergebe, dass die Tätigkeit des Vertragsarztes im Verhältnis zum Bürger nicht den Charakter eines hoheitlichen Eingriffs trage, sondern vielmehr das persönliche Vertrauensverhältnis im Vordergrund stehe.[1863] Tätig werde der Vertragsarzt „im konkreten Fall nicht aufgrund einer in eine hierarchische Struktur integrierten Dienststellung [...], sondern aufgrund der individuellen, freien Auswahl der versicherten Person"[1864] (§ 76 I 1 SGB V). „Sowohl der Gegenstand als auch die Form und die Dauer der Behandlung sind einem bestimmenden Einfluss der Krankenkasse entzogen und ergeben sich allein in dem jeweiligen persönlich geprägten Verhältnis zwischen Patient und Vertragsarzt."[1865]

2. Strafbarkeit nach § 299a StGB (Bestechlichkeit im Gesundheitswesen)

319 Mit den am 4.6.2016 in Kraft getretenen Straftatbeständen der Bestechlichkeit und Bestechung im Gesundheitswesen (§§ 299a und b StGB) als Kernelement des „Gesetzes zur Bekämpfung von Korruption im Gesundheitswesen"[1866] hat der Gesetzgeber einen Schlussstrich unter eine jahrzehntelange rechtspolitische Diskussion gezogen. So hatte der Große Senat in Strafsachen[1867] am 29.3.2012 frühere Versuche verschiedener Strafgerichte, korruptive Praktiken von Vertragsärzten mit § 299 StGB (Bestechung im geschäftlichen Verkehr) zu begegnen[1868], eine deutliche Absage erteilt: Ein Vertragsarzt sei kein „Beauftragter" der Krankenkasse. Denn dem Beauftragten-Begriff sei seinem Wortlaut nach „die Übernahme einer Aufgabe im Interesse des Auftraggebers immanent, der sich den Beauftragten frei auswählt und ihn bei der Ausübung seiner Tätigkeit anleitet, sei es, dass er ihm im Rahmen eines zivilrechtlichen Auftrags- oder Geschäftsbesorgungsvertrags (§§ 665, 675 BGB) Weisungen erteilt, sei es, dass der Beauftragte faktisch mit einer für den geschäftlichen Betrieb wirkenden Befugnis handelt"[1869]; alleine „gemessen daran" scheide eine Beauftragtenstellung des Vertragsarztes aus, der nach § 72 I 1, II 1 SGB V mit den Krankenkassen kooperativ zusammenwirke. Diese Entscheidung führte dazu, dass Schmiergeldeinnahmen im Vertragsarztsystem quasi als legale Betriebseinnahmen festgestellt wurden.[1870] Vor dem Hintergrund, dass durch Korruption und Abrechnungsbetrug jährlich Schäden in zweistelliger Milliardenhöhe entstehen, sei dies ein unhaltbarer Zustand. Die hinlänglich bekannten korruptiven Verhaltensweisen von „Bonusmodellen"[1871] wie „Schein-Beraterverträgen", „Kopfprämien", Bezahlung wertloser „Anwendungsbeobachtungen" oder die kostenlose Zurverfügungstellung hochwertiger medizinischer Geräte[1872] („Geschenke auf Rezept"[1873]), die

---

1863 BGHSt. 57, 202 (206 f.).
1864 BGHSt. 57, 202 (208).
1865 BGHSt. 57, 202 (208).
1866 BGBl. I, S. 1254.
1867 BGHSt. 57, 202 ff. mit Anm. *Kraatz*, NZWiSt 2012, 273 ff.; umfassend zum Streit im Vorfeld Voraufl. Rn. 320 ff.
1868 Vgl. nur BGH, wistra 2011, 375 ff.; OLG Braunschweig, NStZ 2010, 392 f.; LG Hamburg, GesR 2011, 164 ff.; AG Ulm, Urt. v. 26.10.2010 – 3 Cs 37 Js 9933/07.
1869 BGHSt. 57, 202 (211).
1870 So ausdrücklich *Fischer*, § 299a Rn. 1.
1871 *Badle*, NJW 2008, 1028.
1872 Vgl. hierzu nur *Rengier*, FS Tiedemann (2008), S. 837 ff.
1873 Http://www.fr-online.de/politik/mediziner-unter-verdacht-geschenke-auf-rezept,1472596,3305318.html (letzter Aufruf: 22.5.2017).

bei Angestellten an öffentlichen Kliniken strafbar seien (oben Rn. 303 ff.), müssten zur Vermeidung von Ungleichbehandlungen (Art. 3 GG) auch im freiberuflichen Bereich strafrechtlich sanktioniert werden.[1874] Trotz ausdrücklichem Appell des Großen Senats wies der damalige Gesundheitsminister in einer aktuellen Stunde im Bundestag eine gesetzliche Neuregelung noch mit Blick auf § 263 StGB sowie insbesondere berufsrechtliche Sanktionen bis hin zum Widerruf der Approbation (dazu unten Rn. 350 ff.) zurück.[1875] Erste Regelungsversuche einer Blankettvorschrift in § 307c SGB V mit dem Entwurf eines „Gesetzes zur Förderung der Prävention"[1876] sowie ein erster Gesetzesentwurf des Bundesrates eines „Strafrechtsänderungsgesetzes zur Bekämpfung der Korruption im Gesundheitswesen"[1877] in der 17. Legislaturperiode fielen der Diskontinuität des Bundestages zum Opfer, bevor die Bundesregierung dies mit ihrem Gesetzesentwurf vom 21.10.2015[1878] wieder aufgriff und nach einem „bewegten Gesetzgebungsverfahren [...], das reich an Lobby-Aktivitäten und wissenschaftlicher Begleitmusik war"[1879] und zahlreiche Änderungen im Ausschuss für Recht und Verbraucherschutz (Streichung der auch mangels bundeseinheitlich festgeschriebenen ärztlichen Berufspflichten verfassungsrechtlich bedenklichen Tatbestandsvariante der „Verletzung berufsrechtlicher Pflichten zur Wahrung der heilberuflichen Unabhängigkeit", Beschränkung heilberuflicher Abgabeentscheidungen auf Fälle des Bezugs zur unmittelbaren Anwendung, Änderung von einem relativen Antragsdelikt in ein Offizialdelikt)[1880] brachte, endlich beschlossen wurde, „was längst gesellschaftlicher Konsens ist"[1881]. Angesichts der Vielgestaltigkeit potenzieller Korruptionshandlungen ist in der Praxis mit schwierigen Abgrenzungsfragen zu rechnen[1882], so dass das Strafrecht mit den §§ 299a, 299b StGB noch mehr zum „alltäglichen Begleiter"[1883] im Gesundheitswesen werden wird, mit nicht unerheblichen Strafbarkeitsrisiken.

a) Rechtsgut und Deliktsnatur. Die Vorschrift soll neben dem überindividuellen Rechtsgut des „Vertrauens der Patienten in die Integrität heilberuflicher Entscheidungen" (wie § 299 StGB) den lauteren Wettbewerb sowie mittelbar das Vermögen der Krankenkassen zugunsten der Solidargemeinschaft schützen.[1884] So sehr der kriminalpolitische Wunsch nach einem derartigen Rechtsgüterpluralismus auch verständlich ist,[1885] angesichts der Notwendigkeit einer wettbewerbsbeeinträchtigenden Handlung erscheint der Vertrauensschutz der Patienten, der im Gesetzeswortlaut keine Stütze findet, richtigerweise als reiner Reflex

---

1874 Vgl. nur *Rauer*, PharmR 2016, 357; SSW-StGB/*Rosenau*, § 299a Rn. 1.
1875 Aktuellen Stunde im Bundestag am 28.6.2012, Plenarprotokoll 17/187, S. 22361.
1876 BT-Drs. 17/14184; hierzu Voraufl. Rn. 324; der Entwurf wurde in den Vermittlungsausschuss verwiesen und dann mit BT-Drs. 17/14575 verworfen.
1877 BT-Drs. 17/14575.
1878 BT-Drs. 18/6446.
1879 *Dann/Scholz*, NJW 2016, 2077.
1880 Beschlussempfehlung und Bericht, BT-Drs. 18/8106; vgl. zu den Änderungen nur BeckOK-StGB/*Momsen/Laudien*, § 299a Rn. 7; *Rauer/Pfuhl*, PharmR 2016, 357 (358 f.); *Tsambikakis*, medstra 2016, 131 f.
1881 *Von Delden*, ZM 2013, Nr. 10, 18.
1882 Ebenso die Prognose von *Dann/Scholz*, NJW 2016, 2077.
1883 *Bittmann*, NStZ 2016, 249 (als allgemeine Charakteristik des Strafrechts im gesellschaftlichen Leben).
1884 BT-Drs. 18/6446, S. 12 f.
1885 Kritisch zum Rechtsgüterpluralismus BeckOK-StGB/*Momsen/Laudien*, § 299a Rn. 6.

des Rechtsguts des fairen Wettbewerbs[1886] und auch ein mittelbarer Vermögensschutz der Krankenkassen ist nach Streichung des Geschäftsherrenmodells („Verletzung berufsrechtlicher Pflichten") nur noch schwer vertretbar.[1887] Dem Rechtsgut entsprechend ist für Korruptionsverfahren beim Landgericht eine Wirtschaftsstrafkammer zuständig (§ 74c I Nr. 5a GVG).

Das an § 299 StGB orientierte Sonderdelikt des § 299a StGB ist Tätigkeitsdelikt und **abstraktes Gefährdungsdelikt**[1888] und als Offizialdelikt ausgestaltet, ergänzt um die reine Strafzumessungsvorschrift des § 300 StGB mit Regelbeispielen:

Aufbauschema (§ 299a StGB)
I. **Tatbestandsmäßigkeit**
   1. **Objektiver Tatbestand:**
      a) Täterqualität: Angehöriger eines Heilberufs
      b) Tathandlung
         aa) Fordern, Sich-versprechen-lassen oder Annehmen
         bb) eines Vorteils
         cc) Handeln im Zusammenhang mit der Ausübung des Berufs
      c) Unrechtsvereinbarung
         aa) Verordnung von Arznei-, Heil- oder Hilfsmitteln oder von Medizinprodukten (Nr. 1)
         bb) Bezug von Arznei- oder Hilfsmitteln oder von Medizinprodukten (Nr. 2)
         cc) Zuführung von Patienten oder Untersuchungsmaterial (Nr. 3)
   2. **Subjektiver Tatbestand:** Vorsatz
II. **Rechtswidrigkeit**
III. **Schuld**
IV. **Evtl. Regelbeispiel, § 300 StGB**

---

321 b) **Objektiver Tatbestand. – aa) Täterqualität:** Täter des § 299a StGB kann nur ein Berufsträger sein, deren Berufsausbildung oder dessen Berufsbezeichnung eine staatlich geregelte Ausbildung voraussetzt. Dies sind in Anlehnung an § 203 I Nr. 1 StGB (Rn. 233) Ärzte (§ 2 BÄO) inklusive Pathologen[1889], Zahnärzte (§ 1 I ZahnheilkG) und Tierärzte (§ 3 BTÄO)[1890] sowie an sich auch Apotheker (§ 2 BApO), die im Rechtsausschuss zwar nicht ausdrücklich aus dem Anwendungsbereich der Norm ausgenommen wurden, wohl aber faktisch durch die Streichung der Abgabe von Arznei, Heil- oder Hilfsmitteln als Variante der Unrechtsvereinbarung[1891]. Über die Erfassung freiberuflicher akademischer Heilbe-

---

[1886] Ebenso *Dann/Scholz*, NJW 2016, 2077 f.; *Gaede/Lindemann/Tsambikakis*, medstra 2015, 142 (147 und 150); SSW-StGB/*Rosenau*, § 299a Rn. 1; *Schneider*, HRRS 2013, 473 (477).
[1887] Ablehnend auch *Tsambikakis*, medstra 2016, 131 (132); aA BeckOK-StGB/*Momsen/Laudien*, § 299a Rn. 5.
[1888] Vgl. zum Wesen der Norm nur SSW-StGB/*Rosenau*, § 299a Rn. 1; *Tsambikakis*, medstra 2016, 131 (133); *Wissing/Cierniak*, NZWiSt 2016, 41 (45).
[1889] *Laufs*, NJW 1980, 1315 (1319).
[1890] Ablehnend SSW-StGB/*Rosenau*, § 299a Rn. 6, da es hier an einem Arzt-Patienten-Vertrauensverhältnis fehle, der Tierarzt sei in § 203 StGB nur wegen auf den Menschen übertragbaren Krankheiten erfasst und zu den kritisierten Gesamtausgaben des Gesundheitssystems zählten Tierarztausgaben nicht.
[1891] Vgl. BT-Drs. 18/8106, S. 14 ff.; *Tsambikakis*, medstra 2016, 131 (133).

rufe und damit über die eigentliche Schließung der durch den Großen Senat aufgezeigten Strafbarkeitslücke geht § 299a StGB jedoch wegen einer „erhöhten Korruptionsanfälligkeit des Gesundheitswesens"[1892] bewusst hinaus und erfasst sämtliche (gleich strafwürdige) staatlich reglementierten Heilberufler und damit auch Gesundheitsfachberufe wie Krankenschwester oder -pfleger (§ 1 KrPflG), Hebammen (§ 1 HebG), Physiotherapeuten, Rettungsassistenten, Diät-Assistenten, Krankengymnasten (§ 16 MPhG), Logopäden oder Masseure, nicht aber die sog. Heilhilfsberufe wie Heilpraktiker, da für diese keine staatliche Berufsausbildung vorausgesetzt wird.[1893] Diese Täterqualität ist ein strafbegründendes besonderes persönliches Merkmal, so dass für Teilnehmer § 28 I StGB gilt.[1894]

bb) Tathandlung: Die an die §§ 299, 331 ff. StGB angelehnte Tathandlung besteht im Fordern, Sich-Versprechen-Lassen oder der Annahme eines Vorteils (vgl. Rn. 306). **Fordern** ist das ausdrückliche oder konkludente Verlangen, durch das der Täter objektiv erkennen lässt, dass er einen Vorteil (als Gegenleistung für eine unlautere Bevorzugung im Wettbewerb) begehrt.[1895] Das Fordern muss dem anderen nur zur Kenntnis gelangen, dieser braucht den Sinn nicht auch verstanden haben[1896] und erst recht nicht auf das Verlangen eingegangen sein. Hierdurch wird die Vollendung des (unechten Unternehmens-)Delikts auf den sehr frühen Zeitpunkt der Kenntnisnahme vorverlegt.[1897] Ein **Sich-versprechen-lassen** ist die unter beidseitiger Willensübereinstimmung erfolgte ausdrückliche oder konkludente Annahme eines auch nur bedingten Angebots einer künftigen Leistung.[1898] Ob es auch tatsächlich zum Austausch der späteren Leistung kommt, ist irrelevant.[1899] Geht der Täter jedoch von einem Angebot aus und nimmt dieses an, obgleich es nicht existiert, scheidet ein Sich-versprechen-Lassen aus, dann kommt allenfalls ein Fordern in Betracht[1900]. **Annehmen** ist die unmittelbare oder mittelbare tatsächliche Empfangnahme des geforderten oder angebotenen Vorteils durch den Täter oder einen Dritten, wobei bei der Annahme durch einen Dritten eine diesbezügliche Kenntnis und ein Einverständnis des Täters vorliegen muss[1901]; ein eigenmächtiges Nehmen des Vorteils mit Gewalt genügt genauso wenig wie eine Vorteilsannahme nur zum Schein[1902].

Gegenstand der Tatbemühungen muss ein **Vorteil** sein. Der Vorteilsbegriff, der jenem in §§ 299, 331 StGB (hierzu oben Rn. 307) sowie §§ 31, 32 MBO-Ä entspricht[1903], ist weit auszulegen und darunter jede unentgeltliche Leistung materieller oder (über §§ 31, 32 MBO-Ä hinausgehend) immaterieller Art zu verstehen, die die wirtschaftliche, rechtliche oder persönliche Lage des Empfän-

---

1892 BT-Drs. 18/6446, S. 16 f.
1893 Vgl. zu den Beispielen nur *Fischer*, § 299a Rn. 7 f.; *Rauer/Pfuhl*, PharmR 2016, 357 (359); *Tsambikakis*, medstra 2016, 131 (133).
1894 SSW-StGB/*Rosenau*, § 299a Rn. 3; *Tsambikakis*, medstra 2016, 131 (133).
1895 Vgl. nur BGHSt. 10, 237 (241 ff.); BGHSt. 15, 88 (97 f.); *Tsambikakis, medstra 2016, 131 (133)*.
1896 BGHSt. 10, 237 (240 f.).
1897 Vgl. nur BGHSt. 15, 88 (97); *Fischer*, § 299a Rn. 15; BeckOK-StGB/*Momsen/Laudien*, § 299 Rn. 20.
1898 Vgl. RGSt. 39, 193 (199); *Tsambikakis*, medstra 2016, 131 (133 f.).
1899 Vgl. nur NK-StGB/*Dannecker*, § 299 Rn. 33.
1900 NK-StGB/*Dannecker*, § 299 Rn. 33; *Tsambikakis*, medstra 2016, 131 (133).
1901 BGHSt. 10, 237 (240 f.); MüKo-StGB/*Krick*, § 299 Rn. 22; *Tsambikakis*, medstra 2016, 131 (133).
1902 Vgl. nur NK-StGB/*Dannecker*, § 299 Rn. 34.
1903 BT-Drs. 18/6446, S. 16 f.; krit. *Wigge*, NZS 2015, 447 (449).

gers objektiv verbessert und auf die er keinen Anspruch hat.[1904] Hierunter fallen beispielsweise Geldzuwendungen, Rabattgewährungen, Rückvergütungen (wie in **Fall 77** – oben Rn. 317), Fachbücher, günstige (Mit-)Überlassung medizinischer Geräte, Einladungen zu Kongressen, die Verschaffung eines Ehrenamtes, die Verschaffung einer Auszeichnung, die Übernahme der Kosten von Fortbildungsveranstaltungen, die Einräumung von Vermögens- oder Gewinnbeteiligungen an medizinischen Unternehmen (auch bei Unternehmensbeteiligungen an nahe Angehörige des Arztes als deren Strohmänner[1905]) oder die Verschaffung einer Verdienstmöglichkeit etwa durch die Teilnahme an einer vergüteten Anwendungsbeobachtung oder (selbst zulässige) Kooperationskonstellationen zur Durchführung etwa nachstationärer Behandlung oder spezialfachärztlicher ambulanter Behandlung[1906], wobei bereits der Abschluss eines Vertrages (etwa für die Anwendungsbeobachtung) einen Vorteil darstellt, selbst wenn das Entgelt für die erbrachte Leistung angemessen ist[1907].

Eine feste Geringwertigkeits- oder Bagatellgrenze hat der Gesetzgeber zwar bewusst (wie bei §§ 299, 331 ff. StGB) nicht eingeführt.[1908] **Sozialadäquate Zuwendungen** wie Werbe-Kugelschreiber, Post-its oder Schreibblöcke, denen die „objektive Eignung fehlt, konkrete heilberufliche Entscheidungen zu beeinflussen"[1909], sind vom Tatbestand ausgeschlossen. Angesichts der Orientierung an § 32 MBO-Ä ist bei § 299a StGB gleichfalls die in den Hinweisen und Erläuterungen der Berufsordnungsgremien der Bundesärztekammer am 12.8.2003 zu § 33 MBO-Ä festgelegte Grenze von 50 Euro[1910] heranzuziehen, wenngleich bei mehreren Zuwendungen über einen überschaubaren Zeitraum die Werte (zur Vermeidung eines „Anfütterns") zusammenzuziehen sind.[1911] Geschenke von Patienten als Dank für eine erfolgreiche Behandlung und damit nachträgliche Zuwendungen sind vom Tatbestand gleichfalls nicht erfasst.[1912]

Der Bestochene muss „**im Zusammenhang mit der Ausübung seines Berufs**" handeln, also gerade in seiner beruflichen Funktion. Hierdurch werden – ebenso wie beim Merkmal „im geschäftlichen Verkehr" iSd § 299 StGB – private Handlungen von der Strafbarkeit ausgenommen[1913], nicht aber die (Haupt-)Berufstätigkeit vorbereitende, unterstützende oder organisatorisch verbundene Tätigkeiten[1914].

1904 BT-Drs. 18/6446, S. 17 ff.; BGHSt. 31, 264 (279); BGH, NStZ 2001, 425 (426); BGH, NJW 2003, 2996 (2997 f.); Graf/Jäger/Wittig/*Sahan*, Wirtschaftsstrafrecht, § 299a StGB Rn. 16.
1905 Vgl. BGH, NJW 2011, 2211 (2217); *Wissing/Ciernak*, NZWiSt 2016, 41 (43).
1906 Beispiele nach BT-Drs. 18/6446, S. 18; *Großkopf/Schanz*, RDG 2016, 220 (225); BeckOK-StGB/ *Momsen/Laudien*, § 299 Rn. 15; SSW-StGB/*Rosenau*, § 299a Rn. 12; *Tsambikakis*, medstra 2016, 131 (134).
1907 BT-Drs. 18/6446, S. 18; *Dann/Scholz*, NJW 2016, 2077 (2078); SSW-StGB/*Rosenau*, § 299a Rn. 11.
1908 BT-Drs. 18/6446, S. 17 f.
1909 BT-Drs. 18/6446, S. 17.
1910 DÄBl. 2004, A-297 ff.
1911 SSW-StGB/*Rosenau*, § 299a Rn. 12.
1912 BT-Drs. 18/6446, S. 18; *Großkopf/Schanz*, RDG 2016, 220 (225).
1913 Vgl. nur BT-Drs. 18/6446, S. 20; Graf/Jäger/Wittig/*Sahan*, Wirtschaftsstrafrecht, § 299a StGB Rn. 17; *Grzesiek/Sauerwein*, NZWiSt 2016, 369 (370); zweifelnd an einer Relevanz dieses Merkmals durch Herausnahme des Apothekers und damit auch des Leiters eines Apothekengroßhandels aus § 299a Nr. 3 StGB, der mangels Bezug zu typischen Apothekentätigkeiten nicht der früheren Entwurfsfassung unterfallen sollte: SSW-StGB/*Rosenau*, § 299a Rn. 8.
1914 *Fischer*, § 299a Rn. 9.

cc) **Unrechtsvereinbarung:** Den Kern der Korruptionsdelikte und damit auch des **323**
§ 299a StGB bildet das „normative Korrektiv"[1915] einer Unrechtsvereinbarung
und damit eine wenigstens stillschweigende Übereinkunft der Beteiligten bzw. im
Fall des Forderns eine einseitige Erklärung, dass der Täter den Vorteil gerade als
Gegenleistung („dafür") für eine unlautere Bevorzugung im Wettbewerb fordert,
sich versprechen lässt oder annimmt. Die zukünftige Privilegierung muss nicht
tatsächlich realisiert, sondern nur angestrebt bzw. vereinbart werden. Nicht erforderlich ist auch, dass ein Mitbewerber tatsächlich geschädigt wird oder dass
auch nur die Vorstellung eines bestimmten verletzten Mitbewerbers besteht.[1916]
Der Gesetzgeber hat – anders als bei §§ 331 ff. StGB (Rn. 310) – bewusst von
einer Lockerung der Unrechtsvereinbarung abgesehen. Nicht ausreichend ist es
daher, wenn mit der Zuwendung nur das allgemeine „Wohlwollen" („Klimapflege") des Nehmers erkauft werden soll[1917], etwa bei einer Kongresseinladung
oder der Finanzierung einer Fortbildungsveranstaltung, ohne dass diese direkt
an eine Gegenleistung geknüpft wird, aber eine künftige unlautere Bevorzugung
im Wettbewerb intendiert[1918].

Die vom Täter erfolgende unlautere Bevorzugung muss bei der Verordnung
(Nr. 1) oder beim Bezug von Arznei-, Heil- oder Hilfsmitteln oder von Medizinprodukten (Nr. 2) oder bei der Zuführung von Patienten oder Untersuchungsmaterial (Nr. 3) erfolgen (enumerativer Katalog!). Die Begrifflichkeiten sind vom
Gesetzgeber zumeist den Berufsordnungen der betroffenen Berufsgruppen (insbesondere § 31 MBO-Ä) sowie dem Sozial- und Medizinrecht entnommen[1919]: Die
Verordnung von Arzneimitteln (§ 2 AMG), Heilmitteln (§ 32 SGB V), Hilfsmitteln (§ 33 SGB V) (wie die Verordnung der TENS-Geräte in **Fall 77** – oben
Rn. 317) oder Medizinprodukten (§ 3 MPG) ist die Verschreibung zugunsten
von Patienten unabhängig davon, ob für das verschriebene Mittel oder Produkt
eine Verschreibungspflicht besteht. Erfasst sei dabei jede Tätigkeit, die mit dem
Verordnen in einem engen inneren Zusammenhang steht, wie z. B. die Übersendung der Verordnung an einen anderen Leistungserbringer.[1920] Der **Bezug** meint
jede Form eines Sich-Verschaffens, inklusive Teilhandlungen wie die Bestellung,
die Abnahme oder die Bezahlung[1921], wenngleich begrenzt auf Arznei-, Hilfsmitteln oder Medizinprodukten zur unmittelbaren Anwendung (wie Arzneien, Prothesen oder Implantate). Der Bezug von (dem unternehmerischen Kontext zuzuordnenden) Ausstattungsgegenständen wie einem Behandlungsstuhl wird nicht
erfasst, Verbrauchsmittel wie Handschuhe oder Desinfektionsmittel werden nur
erfasst, wenn ihnen eine Verordnung vorausgeht[1922]. Die **Zuführung** soll dem
sozialrechtlichen Zuweisungsbegriff (§§ 73 VII SGB V, 31 MBO-Ä) entsprechen
und jede Einwirkung auf den Patienten mit der Absicht erfassen, dessen Auswahl
eines Arztes oder eines anderen Leistungserbringers zu beeinflussen[1923], sei es

---

[1915] *Dann/Scholz*, NJW 2016, 2077 (2078).
[1916] BGH, NStZ-RR 2015, 278 (279).
[1917] BT-Drs. 18/6446, S. 18.
[1918] Beispiel nach *Großkopf/Schanz*, RDG 2016, 220 (224).
[1919] BT-Drs. 18/6446, S. 20.
[1920] BT-Drs. 18/6446, S. 20.
[1921] *Tsambikakis*, medstra 2016, 131 (135).
[1922] BT-Drs. 18/6446, S. 20 und 22; *Geiger*, medstra 2016, 9 (10); *Jary*, PharmR 2015, 99 (102); SSW-StGB/*Rosenau*, § 299a Rn. 27 f.; *Tsambikakis*, medstra 2016, 131 (135).
[1923] BT-Drs. 18/6446, S. 20; kritisch zur abweichenden Begriffswahl wegen des damit verbundenen Spielraums für (Miss-)Interpretationen *Tsambikakis*, medstra 2016, 131 (135 f.).

auch nur eine (selbst vom Patienten nicht erbetene[1924]) mündliche Empfehlung[1925]. Grundsätzlich fallen auch Zuführungen im Rahmen von Kooperationen darunter. Die Zuführung von Untersuchungsmaterial meint insbesondere die Weiterleitung von Proben zur Weiterleitung von Laboruntersuchungen.[1926]

Diese Leistung muss sich auf einen inländischen oder ausländischen **Wettbewerb** beziehen, der auf Anbieter- und/oder Nachfrageseite bestehen kann.[1927] Dies setzt mindestens zwei Konkurrenten und eine Entscheidung zwischen diesen voraus[1928], bei den Nr. 1 und 2 zwischen Herstellern oder Vertrieben von Arznei-, Heil- oder Hilfsmitteln gleicher oder verwandter Art und bei Nr. 3 zwischen zwei Bewerbern, die um die gleichen Patienten oder das Untersuchungsmaterial gleicher Art buhlen[1929]. Maßgeblich sind die jeweils örtlichen Gegebenheiten. Bei **Monopolstellungen** fehlt es zwar grundsätzlich an einem Wettbewerb. Dennoch sollen (angesichts des Gesetzeswortlauts durchaus bedenklich[1930]) Vorteilsgewährungen trotz Monopolstellungen dann wettbewerbsrelevant sein, soweit diese dazu dienen die Monopolstellung abzusichern und künftige Wettbewerber auszuschalten bzw. schlechter zu stellen, d. h. es soll bei weiter Auslegung des Wettbewerbsbegriffs ausreichen, wenn ein Wettbewerb möglich und den Umständen nach zu erwarten ist.[1931] Erfasst sei hiernach ein Hausarzt, der Patienten dem einzigen Krankenhaus der Umgebung zuführt, oder wenn ein Arznei- oder Heilmittel eingeführt wird und mit der Bevorzugung eine Patientenbindung aufgebaut und so weitere Markteintritte verhindert werden sollen.[1932] Inwieweit im Einzelfall ernsthaft mit einem Wettbewerb gerechnet werden kann, ist eine Frage des Einzelfalles; Streitigkeiten in der Praxis sind hier vorprogrammiert. Gleiches gilt bei Verordnungen trotz fehlender medizinischer Indikation, bei denen die Bevorzugung außerhalb des legalen Wettbewerbs liegt.[1933]

Eine Bevorzugung ist **unlauter**, wenn sie geeignet ist, Mitbewerber durch Umgehung der Regeln des Wettbewerbs und durch Ausschaltung der Konkurrenz zu schädigen.[1934] Die Regeln des Wettbewerbs werden insbesondere umgangen, wenn die Wettbewerbsentscheidung des Täters auf sachfremden Erwägungen, insbesondere auf dem Einfluss der empfangenen oder erwartbaren Vorteile beruht. Nach der Gesetzesbegründung fehlt es an der Unlauterbarkeit „insbesondere dann, wenn die Bevorzugung berufsrechtlich zulässig ist, sofern in diesen Fällen nicht ohnehin bereits der erforderliche Zusammenhang zwischen Vorteil und heilberuflicher Handlung zu verneinen ist und der Zuwendung damit keine Unrechtsvereinbarung zugrunde liegt". Auch wenn ein Verstoß gegen reine wettbewerbsschützende Berufsregeln für eine strafrechtsrelevante unlautere Bevorzugung im Wettbewerb angesichts des Normcharakters sowie der nur bedingten

---

1924 *Wissing/Cierniak*, NZWiSt 2016, 41 (45).
1925 BGH, NJW 2011, 2211 (2214).
1926 SSW-StGB/*Rosenau*, § 299a Rn. 29.
1927 *Fischer*, § 299a Rn. 10.
1928 BGH, NStZ-RR 2015, 278 (279).
1929 *Tsambikakis*, medstra 2016, 131 (136).
1930 Kritisch *Tsambikakis*, medstra 2016, 131 (136 f.).
1931 So BT-Drs. 18/8106, S. 15; *Fischer*, § 299 Rn. 25; Sch/Schr/*Heine/Eisele*, § 299 Rn. 23; SSW-StGB/*Rosenau*, § 299a Rn. 15.
1932 BT-Drs. 18/8106, S. 16.
1933 Für eine Tatbestandsmäßigkeit BT-Drs. 18/8106, S. 17, solange nicht der heilberufliche Betrieb gänzlich illegal sei, dagegen *Tsambikakis*, medstra 2016, 131 (137) mit Blick auf das geschützte Rechtsgut und die fehlende Eignung der Beeinträchtigung des (legalen) Wettbewerbs.
1934 *Fischer*, § 299 Rn. 27.

Bestimmtheit des Berufsrechts (in positiven Sinne) nicht ausreicht[1935] und Verstößen gegen berufsrechtliche Regeln oder Branchenkodizes allenfalls eine Indizfunktion zukommen kann[1936], so besteht doch immerhin eine „negative"[1937] (strafbarkeitsausschließende) Akzessorietät. Ausdrücklich straflos bleiben sollen daher gesundheitspolitisch gewollte, grundsätzlich sozialrechtlich zugelassene berufliche Zusammenarbeiten[1938] wie Kooperationsvereinbarungen über die Durchführung von vor- und nachstationären Behandlungen (§ 115a SGB V), über die Durchführung ambulanter Behandlungen (§ 115b SGB V), über die Durchführung ambulanter spezialfachärztlicher Versorgung (§ 116b SGB V) oder über sektorenübergreifende Versorgungsformen (integrierte Versorgung – § 140a SGB V), aber auch bedenkliche Kooperationsformen wie vergütete Anwendungsbeobachtungen (§ 67 VI AMG).[1939] Die Grenze zur Strafbarkeit soll hier erst überschritten sein, wenn „das Entgelt nicht entsprechend dem Wert der erbrachten heilberuflichen Leistung in **wirtschaftlich angemessener Höhe** nachvollziehbar festgelegt worden ist und es eine verdeckte Zuweiserprämie enthält"[1940]. Auch wenn bestehende ärztliche Abrechnungssysteme (GOÄ, EBM) eine gewisse Orientierungshilfe geben[1941], so ist über die „Angemessenheit" und ihre Maßstäbe bei Kooperationen bereits viel gestritten worden und wird – leider mit nicht unerheblichen Strafbarkeitsrisiken für die beteiligten Ärzte – weiter gestritten werden. Gleiches gilt angesichts eindeutiger prozentualer Vorgaben für die Verordnung oder Zuweisung an Leistungserbringer im Gesundheitswesen, an denen der Täter selbst wirtschaftlich beteiligt ist (§ 128 II 3 SGB V).[1942] Bonuszahlungen auf sozialrechtlicher Grundlage (z. B. § 84 IV SGB V) sind nicht unlauter, solange dem Arzt die Möglichkeit erhalten bleibt, „aus medizinischen Gründen eine andere als die mit finanziellen Anreizen verbundene Entscheidung zu treffen" (§ 32 I 2 MBO-Ä).[1943]

c) Subjektiver Tatbestand. Der Vorsatz muss sich auf die tatsächlichen Voraussetzungen der eigenen Täterstellung, die Bevorzugung bei Verordnung, Bezug oder Zuführung und der Wettbewerbslage sowie (mit einer Parallelwertung in der Laiensphäre[1944]) die Unlauterbarkeit zum Zeitpunkt der Bevorzugung beziehen. Bedingter Vorsatz reicht grundsätzlich aus.[1945] Lediglich bei der Tathandlung des Forderns muss es dem Täter darauf ankommen (Absicht), dass der Vorteilsgeber den Vorteil als Gegenleistung für eine Bevorzugung versteht und

---

1935 Zutreffend Graf/Jäger/Wittig/*Sahan*, Wirtschaftsstrafrecht, § 299a StGB Rn. 22.
1936 Ebenso *Dann/Scholz*, NJW 2016, 2077 (2078); vgl. zum Verstoß gegen einen Verbandskodex als bloßer Indizfunktion BGH, GRUR 2011, 431 ff.
1937 SSW-StGB/*Rosenau*, § 299a Rn. 17.
1938 BT-Drs. 18/6446, S. 18.
1939 Vgl. hierzu die Hinweise und Erläuterungen der Bundesärztekammer zu Kooperationen zwischen Krankenhäusern und niedergelassenen Ärztinnen und Ärzten, DÄBl. 2016, A-1 ff.
1940 BT-Drs. 18/6446, S. 18 f.
1941 So Graf/Jäger/Wittig/*Sahan*, Wirtschaftsstrafrecht, § 299a Rn. 23; *Schneider/Ebermann*, HRRS 2013, 219 (221 ff.); *Seiler*, NZS 2011, 410 (417).
1942 Nach BGH, NJW 2011, 2211 (2217) maßgeblich sei der Gesamtumsatz des Unternehmens, der Anteil der Verweisungen an dieses und die Höhe der Beteiligung. Vgl. zum Strafbarkeitsrisiko in diesem Bereich nur SSW-StGB/*Rosenau*, § 299a Rn. 20; *Wigge*, NZS 2015, 447 (450). Wie bei vergüteten Anwendungsbeobachtungen ist auch hier betroffenen Ärzten zu raten, schriftliche Vereinbarungen vorab der Ärztekammer vorzulegen.
1943 *Großkopf/Schanz*, RDG 2016, 220 (228); *Wissing/Cierniak*, NZWiSt 2016, 41 (45).
1944 NK-StGB/*Dannecker*, § 299 Rn. 60; Sch/Schr/*Heine/Eisele*, § 299 Rn. 29.
1945 *Fischer*, § 299a Rn. 14; BeckOK-StGB/*Momsen/Laudien*, § 299a Rn. 17.

hierauf eingeht.¹⁹⁴⁶ Irrtümer hinsichtlich der die Unlauterbarkeit begründenden tatsächlichen Umstände führen zu einem Tatbestandsirrtum (§ 16 I StGB). Fehler bei der rechtlichen Bewertung als nicht unlauter, insbesondere hinsichtlich der Überschreitung der Grenzen erlaubter Kooperationen, vermögen den Täter allenfalls bei Unvermeidbarkeit nach § 17 S. 1 BGB zu entschuldigen.¹⁹⁴⁷

324a d) **Strafzumessungsvorschrift des § 300 StGB.** Die Strafzumessungsregel des § 300 StGB sieht für besonders schwere Fälle der Bestechung und Bestechlichkeit im geschäftlichen Verkehr (§ 299 StGB) und im Gesundheitswesen (§§ 299a, 299b StGB) mit einer Regelbeispielstechnik eine Strafandrohung von drei Monaten bis 5 Jahren vor¹⁹⁴⁸: § **300 S. 2 Nr. 1 StGB** verlangt, dass sich die Tat auf einen **Vorteil großen Ausmaßes** bezieht; auf den Umfang der Bevorzugung kommt es (wohl weil die Höhe der Schäden einer Bevorzugung wie Marktstörung nur schwerlich festgestellt und beziffert werden kann¹⁹⁴⁹) nicht an¹⁹⁵⁰. Ein Vorteil großen Ausmaßes ist zu bejahen, wenn im konkreten Einzelfall unter Berücksichtigung der jeweiligen geschäftlichen Beziehung und der Wettbewerbssituation der Wert des erlangten oder erstrebten Vorteils den Durchschnittswert der erlangbaren Vorteile erheblich überschreitet.¹⁹⁵¹ Die Bandbreite der im Schrifttum vertretenen Grenz- oder zumindest Orientierungswerte schwanken zwischen 10.000 Euro¹⁹⁵² – 25.000 Euro¹⁹⁵³ – 50.000 Euro¹⁹⁵⁴. Während der 1. Strafsenat des Bundesgerichtshofs auf einen Grenzwert (angesichts vielfältiger inländischer wie ausländischer Marktsituationen zu Recht) verzichtet¹⁹⁵⁵, hat der 5. Strafsenat¹⁹⁵⁶ jüngst – zur Vermeidung einer Unbestimmtheit der Norm¹⁹⁵⁷ – die Wertgrenze bei §§ 263 III Nr. 2 Var. 1, 300 S. 2 Nr. 1, 335 II Nr. 1, 370 III Nr. 1 AO einheitlich auf 50.000 Euro festgelegt. § **300 S. 2 Nr. 2 StGB** erfasst eine **bandenmäßige Begehung** (erforderlich ist ein auf ausdrücklicher oder konkludenter Vereinbarung beruhender Zusammenschluss von mindestens drei Personen [auch auf aktiver und passiver Bestechungsseite¹⁹⁵⁸] mit dem ernsthaften Willen, für eine gewisse Dauer künftig mehrere selbstständige Korruptionsstraftaten zu begehen¹⁹⁵⁹ – vgl. oben Rn. 301) sowie ein **gewerbsmäßiges Handeln** (wenn es dem Täter darauf ankommt, sich durch wiederholten

---

1946 RGSt. 58, 429 (431); NK-StGB/*Dannecker*, § 299 Rn. 57; Lackner/Kühl/*Heger*, § 299 Rn. 8; MüKo-StGB/*Krick*, § 299 Rn. 31; SSW-StGB/*Rosenau*, § 299a Rn. 30.
1947 Vgl. nur SSW-StGB/*Rosenau*, § 299a Rn. 31.
1948 Die gegenüber § 335 StGB geringere Strafandrohung rechtfertigt sich mit der bei den §§ 331 ff. StGB zusätzlich vorliegenden Verletzung des öffentlichenden Interesses an der sachlichen Amtsführung: *Fischer*, § 300 Rn. 2.
1949 Graf/Jäger/Wittig/*Sahan*, Wirtschaftsstrafrecht, § 300 Rn. 4.
1950 Kritisch, weil die Störung des freien Wettbewerbs nicht von der Bevorzugung (dem „Schmiergeld") abhänge: *Fischer*, § 300 Rn. 3; Sch/Schr/*Heine/Eisele*, § 300 Rn. 3.
1951 *Fischer*, § 300 Rn. 4; BeckOK-StGB/*Momsen/Laudien*, § 300 Rn. 2; Graf/Jäger/Wittig/*Sahan*, Wirtschaftsstrafrecht, § 300 Rn. 8.
1952 SK-StGB/*Rogall*, § 300 Rn. 4.
1953 NK-StGB/*Dannecker*, § 300 Rn. 5.
1954 LK/*Tiedemann*, § 300 Rn. 4.
1955 BGH, NStZ-RR 2015, 278 (280): Untergrenze jedenfalls unter der Grenze des § 264 II Nr. 1 StGB, die bei 50.000 Euro liegt.
1956 BGH, NStZ 2016, 349 (351).
1957 Kritisch bereits SSW-StGB/*Rosenau*, § 300 Rn. 2: „bedenklich weiter Berurteilungsspielraum" für den Rechtsanwender.
1958 *Fischer*, § 300 Rn. 6.
1959 Grundlegend BGHSt. 46, 321 (325 ff.).

Betrug eine fortlaufende Einnahmequelle von gewisser Dauer und Erheblichkeit zu verschaffen – vgl. oben Rn. 301). Hierneben sind **unbenannte schwere Fälle** bei vergleichbarer erhöhter krimineller Energie denkbar, etwa eine eingetretene objektive Schädigung von Mitbewerbern[1960] oder bei Schädigung oder erheblicher Gefährdung der Gesundheit von Patienten infolge korruptiv bedingter Falschbehandlung[1961].

e) **Konkurrenzen.** Erfüllt der Täter (etwa als angestellter Arzt, der für den Bezug von Medikamenten, die zur unmittelbaren Anwendung bestimmt sind, einen Vorteil erhält) sowohl § 299 StGB wie § 299a StGB, so ist wegen der unterschiedlichen Schutzrichtung beider Normen Tateinheit anzunehmen.[1962] Gleiches gilt (wenn auch heftig umstritten) aus Klarstellungsgründen bei einem Zusammentreffen von § 299a StGB mit den §§ 331 ff. StGB.[1963]

324b

3. Strafbarkeit nach § 299b StGB (Bestechung im Gesundheitswesen)

Spiegelbildlich zu § 299a StGB erfasst § 299b StGB die aktive Bestechung durch das Anbieten, Versprechen oder Gewähren eines Vorteils gegenüber dem Angehörigen eines Heilberufs auf der Grundlage einer Unrechtsvereinbarung. Der Täter selbst kann dagegen jeder sein (Allgemeindelikt).[1964] Besonders schwere Fälle sind in § 300 StGB geregelt. Hinter eine Teilnahme an § 299a StGB tritt § 299b StGB konkurrenzrechtlich zurück.[1965]

324c

4. Strafbarkeit nach § 266 StGB (Vertragsarztuntreue)

Auswirkungen hat die Rechtsprechung des Großen Senats in Strafsachen zugleich auf eine Rechtsfigur, die erst in jüngerer Zeit Einzug in das Arztstrafrecht gefunden hat: die Vertragsarztuntreue.

325

> **Fall 78** (nach BGH, NStZ 2017, 32 ff.): A betreibt als Chirurg und Durchgangsarzt eine eigene Praxis und ist als Vertragsarzt zur vertragsärztlichen Versorgung zugelassen. Seit 1999 arbeitet er als „Kooperationsarzt" mit B und C zusammen, die „Gesundheitszentren" führen, in denen sie unter anderem Physiotherapie und Krankengymnastik anbieten. Sie sind zur Abgabe physiotherapeutischer Leistungen von den Krankenkassen zugelassen. A erstellte Heilmittelverordnungen für physiotherapeutische Leistungen, insbesondere manuelle Therapien, Wärmepackungen, Unterwasserdruckstrahlmassagen sowie gerätegestützte Krankengymnastik für „Patienten" ohne Untersuchung oder anderweitige Kon-

---

1960 Teilweise soll auch eine Untreuehandlung gegenüber dem Geschäftsherrn einen unbenannten schweren Fall begründen (so *Fischer*, § 300 Rn. 5; BeckOK-StGB/*Momsen/Laudien*, § 300 Rn. 5); hierbei wird aber verkannt, dass die Strafandrohung des § 266 StGB eigenständig neben § 299a StGB tritt (zutreffend SSW-StGB/*Rosenau*, § 300 Rn. 5).
1961 BT-Drs. 18/6446, S. 23.
1962 BT-Drs. 18/6446, S. 16; *Fischer*, § 299a Rn. 17; SSW-StGB/*Rosenau*, § 299a Rn. 40; aA *Tsambikakis*, medstra 2016, 131 (139): Spezialität des § 299a StGB.
1963 Ebenso *Fischer*, § 299a Rn. 17; NK-StGB/*Dannecker*, § 299 Rn. 90; für eine Subsidiarität des § 299a StGB (wie im Verhältnis des § 299 StGB zu den §§ 331 ff. StGB) BT-Drs. 18/6446, S. 16, zustimmend Graf/Jäger/Wittig/*Sahan*, Wirtschaftsstrafrecht, § 299a Rn. 30). Teilweise wird § 299a StGB sogar als lex specialis angesehen mit einer Sperrwirkung gegenüber den §§ 331 ff. StGB: *Pragal/Handel*, medstra 2015, 337 (344), ausführlich hiergegen SSW-StGB/*Rosenau*, § 299a Rn. 39.
1964 So bereits *Tsambikakis*, medstra 2016, 131 (138).
1965 *Fischer*, § 299b Rn. 1.

sultation; eine medizinische Indikation bestand für sie nicht. Vielmehr wurden A von B und C aufgrund eines gemeinsamen Tatplans Krankenversicherungskarten von Angestellten der „Gesundheitszentren" und u. a. den Spielern eines Fußballvereins überlassen, die A als Mannschaftsarzt sowie B und C – unentgeltlich – physiotherapeutisch betreuten. Die Heilmittelverordnungen leitete A sodann B und C zu. Diese ließen sich die Erbringung der von A verordneten Leistungen von den „Patienten" bestätigen, obwohl sie – was A ebenfalls wusste und billigte – in keinem der Fälle erbracht worden waren. Anschließend wurden sie – was ebenfalls Teil des gemeinsamen Tatplanes war – von B und C (kassen- und monatsweise zusammengefasst durch insgesamt 217 Handlungen) bei verschiedenen Krankenkassen eingereicht und von diesen in der Annahme, die verordneten Leistungen seien erbracht worden, in Höhe von insgesamt 51.245,73 Euro bezahlt. Von den Zahlungen erhielt A keinen Anteil. Ihm ging es darum, die einträgliche Stellung als Kooperationsarzt der „Gesundheitszentren" zu erhalten und das unberechtigte Gewinnstreben von B und C zu ermöglichen und zu unterstützen, die sich durch ihr Vorgehen eine Einnahmequelle von einigem Umfang und nicht nur geringer Dauer erschließen sowie – zu einem Teil – ihre für die Vereine kostenlose Betreuung „refinanzieren" wollten. Strafbarkeit des A?

325a **a) Missbrauchstatbestand.** Angesichts der (Nachweis-)Schwierigkeiten bei der Anwendung des Betrugstatbestandes ging die Rechtsprechung mit einer Grundsatz-Entscheidung des Bundesgerichtshofs Ende 2003[1966] dazu über, Konstellationen des „Abrechnungsbetruges" (wie Kick-Back -Fälle oder Fälle der Verschreibung nicht notwendiger Medikamente[1967]) zumindest unter den blankettartigen Untreuestraftatbestand zu subsumieren[1968], namentlich den **Missbrauchstatbestand**: Der Vertragsarzt handele „nach den Prinzipien des kassenärztlichen Abrechnungssystems" bei der Ausstellung einer Verordnung als „Vertreter der Krankenkasse, indem er an ihrer Stelle das Rahmenrecht des einzelnen Versicherten auf medizinische Versorgung konkretisiert". Hierbei dürfe er den materiellen wie formellen Rahmen der kassenärztlichen Versorgung nicht verlassen, insbesondere keine unnötigen Leistungen verordnen. Verschreibe er dennoch unter Verstoß gegen den Wirtschaftlichkeitsgrundsatz ein Medikament, verletze er durch eine im Außenverhältnis wirksame Verpflichtung der Krankenkassen die ihm vom Gesetz eingeräumte Betreuungspflicht gegenüber dem betroffenen Vermögen der Krankenkasse im Innenverhältnis. Diese vom 1. Strafsenat[1969] übernommene sog. **Vertretertheorie** ist im Schrifttum zu Recht fast einhellig auf Kritik[1970] gestoßen: Zwar konkretisiert der Vertragsarzt durch seine Verordnung rein tatsächlich den Sachleistungsanspruch des Patienten gegen seine Krankenkasse (§ 2

[1966] BGHSt. 49, 17 ff.
[1967] BGH, NJW 2004, 454.
[1968] Vgl. *Sommer/Tsambikakis*, in: Terbille, Anwaltshandbuch, § 3 Rn. 154 f.
[1969] BGH, NStZ 2004, 568 (569); BGH, MedR 2006, 721 (724); zustimmend auch OLG Hamm, NStZ-RR 2006, 13 (14); LG Hamburg, GesR 2011, 164 ff.; AG Kiel, MPR 2012, 209 mit Anm. *Taschke*, MPR 2012, 189 ff.
[1970] Vgl. nur *Ellbogen/Wichmann*, MedR 2007, 10 (13 f.); *Geis*, GesR 2006, 345 ff.; *Herffs*, wistra 2006, 63 ff.; *Klötzer*, NStZ 2008, 12 ff.; *Leimenstoll*, wistra 2013, 121 ff.; *ders.*, Vermögensbetreuungspflicht, Rn. 159 ff.; *Schimmelpfeng-Schütte*, GesR 2006, 529 (537); *Schnapp*, FS Herzberg (2008), S. 795 ff.; *Steinhilper*, MedR 2005, 238 ff.; *Taschke*, StV 2005, 406 ff.; *Ulsenheimer*, MedR 2005, 622 ff.

II SGB V) und besitzt damit in der Tat eine gewisse faktische „Schlüsselstellung"[1971]; für eine Vertreterstellung fehlte und fehlt es jedoch an einem Grundverhältnis, bestehen zwischen der Krankenkasse und dem Vertragsarzt, der mit seiner Zulassung Zwangsmitglied der für seinen Sitz zuständigen Kassenärztlichen Vereinigung und nur dieser und nicht den Krankenkassen gegenüber berechtigt und verpflichtet ist (bei entsprechender Disziplinargewalt der Kassenärztlichen Vereinigung), doch keinerlei unmittelbare Rechtsbeziehungen.[1972] Und bei der eigentlichen Behandlungstätigkeit handelt der Vertragsarzt – insoweit nicht bestritten – im Rahmen des mit dem Patienten geschlossenen Behandlungsvertrages und damit für seine eigene Praxis. Da die Verordnungstätigkeit mit dieser Behandlungstätigkeit aber untrennbar verbunden ist, wie etwa die Voraussetzung einer medizinischen Indikation für eine Verordnung zeigt, erscheint es nicht einsichtig, dass der Vertragsarzt bei seiner einheitlichen Tätigkeit mal für seine Praxis (Behandlung), mal als Vertreter der Krankenkassen (Verordnung) handeln soll.[1973] Jedenfalls bestimmt der Vertragsarzt durch Ausstellung einer Verordnung bezogen auf einen Kaufvertrag über das verordnete Medikament angesichts der Apothekerwahlfreiheit der Patienten (§ 31 I 5 SGB V) weder den Vertragspartner der Krankenkassen noch die Zahlungsweise, so dass dem Vertragsarzt mangels Vertreter- wie Beauftragtenstellung keinerlei rechtliche Verfügungsbefugnis zukommt. Auch von der „Vertreter"-Seite wurde der Vertragsarztuntreue in Form des Missbrauchstatbestandes durch ein Urteil des 3. Senats des Bundessozialgerichts[1974] der Boden entzogen[1975]: Hiernach kommt zwischen Apotheker und Krankenkasse nämlich nicht mehr ein öffentlich-rechtlicher Kaufvertrag analog § 433 II BGB zustande, vermittelt durch die vom Vertragsarzt erfolgte Verordnung als Kaufvertragsangebot für die Krankenkasse, sondern der Vergütungsanspruch des Apothekers gegen die Krankenkasse ergibt sich unmittelbar aus dem öffentlichen Recht, nämlich aus § 129 SGB V iVm den Rahmenverträgen zwischen den Spitzenverbänden der Krankenkassen und dem Deutschen Apothekerverband nach § 129 II SGB V sowie dem jeweiligen Landes-Arznei-Liefervertrag zwischen den Landesverbänden der Krankenkassen und dem Landesapothekerverband nach § 129 V 1 SGB V. Eine Vertreterstellung für die Krankenkassen komme dem Vertragsarzt daher sozialrechtlich gerade nicht mehr zu. Dies akzeptierte der Große Senat, der u. a. auf dieser Grundlage den Vertragsarzt bei der Verordnung von Arzneimitteln nicht als Beauftragten iSd § 299 StGB ansah[1976], was zur Einführung des diesbezüglichen Sondertatbestandes des § 299a StGB führte (oben Rn. 319 ff.). Der Missbrauchstatbestand ist seither nicht mehr vertretbar.

b) Treubruchtatbestand. Da dem Vertragsarzt jedoch auch nach neuer sozialrechtlicher Sichtweise mit der Notwendigkeit einer vertragsärztlichen Verord-

---

1971 *Ulsenheimer*, MedR 2005, 622 (625) spricht vom Vertragsarzt als „Schlüsselfigur der Arzneimittelversorgung".
1972 Hierauf haben bereits verwiesen: *Leimenstoll*, Vermögensbetreuungspflicht, Rn. 162; *ders.*, wistra 2013, 121 (122); *Schimmelpfeng-Schütte*, GesR 2006, 529 (531).
1973 Ebenso *Klötzer*, NStZ 2008, 12 (14); *Schimmepfeng-Schütte*, GesR 2006, 529 (531).
1974 BSGE 105, 157 ff.; inzwischen bestätigt durch den 1. Senat: BSGE 106, 303 ff.
1975 AA *Bülte*, NZWiSt 2013, 347 (348 f.), der die rein praktische Bindung an die ärztliche Verordnung für den Missbrauchstatbestand genügen lässt.
1976 BGHSt. 57, 202 ff. mit Anm. *Kraatz*, NZWiSt 2012, 273 ff.; OLG Braunschweig, NStZ 2010, 392 f. hatte die Rechtsprechungsänderung noch übersehen.

nung jedenfalls faktisch ein maßgebliches Konkretisierungsrecht (rubrifiziert[1977] als „Schlüsselstellung") zukomme[1978], hat der Große Senat – wegen der Möglichkeit einer hierauf gegründeten Vermögensbetreuungspflicht im Sinne des Treubruchtatbestandes[1979] – die Möglichkeit einer Vertragsarztuntreue ausdrücklich offen gelassen.[1980] Nach einem obiter dictum des Oberlandesgericht Stuttgart aus dem Jahre 2012[1981] wähnten viele den Weg zum Ende der Vertragsarztuntreue eingeleitet[1982], zumal das Bundesverfassungsgericht mit seiner Grundsatzentscheidung aus dem Jahr 2010[1983] an eine Vermögensbetreuungspflicht iSd § 266 StGB hohe, ja für einen Vertragsarzt wohl zu hohe Anforderungen gestellt hat.

325c aa) **Vermögensbetreuungspflicht des Vertragsarztes:** Mit Beschluss vom 16. 8.2016 hat der 4. Strafsenat des Bundesgerichtshofs[1984] dennoch in Übereinstimmung mit Teilen im Schrifttum[1985] in der Möglichkeit des Vertragsarztes, das Rahmenrecht des Versicherten auf Arzneimittelversorgung als Sachleistung mit seiner Verordnung zu konkretisieren, eine herausgehobene Vermögensbetreuungspflicht (d. h. eine inhaltlich herausgehobene [Haupt-]Pflicht zur Wahrnehmung fremder Vermögensinteressen, die über die jedermann geltende Sorgfalts- und Rücksichtnahmepflichten und insbesondere über die allgemeine Pflicht, auf die Vermögensinteressen des Vertragspartners Rücksicht nehmen, ebenso hinausgeht wie über einen bloßen Bezug zu fremden Vermögensinteressen oder eine rein tatsächliche Einwirkungsmöglichkeit auf materielle Güter anderer"[1986] und die „ihm Raum für eigenverantwortliche Entscheidungen und eine gewisse Selbstständigkeit"[1987] belässt) erblickt: Denn seine „Rechtsmacht" umfasse nicht nur „das verbindliche Feststellen der medizinischen Voraussetzungen des Eintritts des Versicherungsfalles mit Wirkung für den Versicherten und die Krankenkasse", sondern auch die „an die Krankenkasse gerichtete Feststellung", „das Heilmittel sei notwendig sowie wirtschaftlich und werde zur Erfüllung der Sachleistungspflicht der gesetzlichen Krankenversicherung auf Kosten der Krankenkasse erbracht"[1988]. Aufgrund des die Stabilität wie Funktionsfähigkeit der gesetzlichen Krankenversicherung als überragend wichtigem Gemeinschaftsgut

---

1977 *Matthias Krüger*, ZIS 2011, 692 (699).
1978 Auch wenn das Recht zur Konkretisierung des Sachleistungsanspruchs des Patienten durch den Katalog der für eine Verordnung in Betracht kommende Medikamente sowie das Prinzip der aut-idem-Substitution (§ 73 V SGB V) nur in einem engen rechtlichen Korsett wirkt, wird in der Praxis zumeist vom Apotheker genau jenes Arzneimittel ausgegeben, welches der Vertragsarzt aus der Liste verschreibbarer Medikamente ausgesucht und verordnet hat: vgl. *Kraatz*, NZWiSt 2012, 273 (277).
1979 So ausdrücklich Spickhoff/*Schuhr*, Medizinrecht, § 266 StGB Rn. 40.
1980 BGHSt. 57, 202 (214).
1981 NStZ-RR 2013, 174: „erhebliche Zweifel" an einem Näheverhältnis zwischen Vertragsarzt und geschädigter Krankenkasse; eine Vermögensbetreuungspflicht sogar ausdrücklich verneinend AG Ulm, BeckRS 2013, 03248.
1982 So etwa *Bülte*, NZWiSt 2013, 346, wenngleich selbst mit kritischer Anmerkung zum obiter dictum; *Kraatz*, NZWiSt 2012, 273 (277).
1983 BVerfGE 126, 170 ff. mit Anm. *Kraatz*, JR 2011, 434 ff.
1984 NStZ 2017, 32 ff.
1985 Vgl. etwa *Bülte*, NZWiSt 2013, 347 ff.; *Goetze*, Arzthaftungsrecht und kassenärztliches Wirtschaftlichkeitsgebot (1989), S. 89 ff. und 178 f.; *Herffs*, wistra 2006, 63 (65); *Schneider*, HRRS 2010, 241 (245 f.); Spickhoff/*Schuhr*, Arztrecht, § 266 Rn. 32.
1986 BGH, NStZ 2017, 32 (33).
1987 BGH, NStZ 2017, 32 (33).
1988 BGH, NStZ 2017, 32 (34).

§ 12 Korruption im Gesundheitswesen **325d**

schützenden[1989] Gebots der Wirtschaftlichkeit (§ 12 SGB V), deren Beachtung zum Schutz der finanziellen Ressourcen der Krankenkasse die Tätigkeit des Vertragsarztes entscheidend prägen würde[1990], erhalte der allenfalls nachträglich kontrollierte und daher ohne „gleichzeitige Steuerung und Überwachung" handelnde[1991] Vertragsarzt eine „hervorgehobene Pflichtenstellung mit einem selbstverantwortlichen Entscheidungsbereich gegenüber der Krankenkasse"[1992]. In **Fall 78** bestätigte der Bundesgerichtshof daher die Verurteilung des A wegen Untreue (und hob lediglich die tateinheitliche Verurteilung wegen Beihilfe zum Betrug auf, da es sich um eine mitbestrafte Nachtat gehandelt habe).

Teile des Schrifttums[1993] sowie der untergerichtlichen Rechtsprechung[1994] lehnen demgegenüber (zu Recht) eine Vermögensbetreuungspflicht des Vertragsarztes gegenüber den Krankenkassen (insbesondere bei Verletzung des Wirtschaftlichkeitsgebotes) aus vielfältigen Argumenten ab: **325d**

- Dem Vertragsarzt fehle zunächst die einer Vermögensbetreuungspflicht immanente „**gewisse Selbstständigkeit**": Die Krankenkassen erbrächten keine eigenen ärztlichen Leistungen, sondern das Sachleistungsprinzip statuiere vielmehr eine Pflicht der Krankenkassen auf Verschaffung der durch Verträge mit Leistungserbringern garantierten medizinischen Leistungen[1995], also eine Pflicht, ihren Versicherten entgeltliche Leistungen anderer zur Verfügung zu stellen.[1996] Die Gewährleistung der vertragsärztlichen Versorgung obliege hierbei allein den Kassenärztlichen Vereinigungen (§ 75 I SGB V), für die der Vertragsarzt nach freier (Arzt-)Wahl des Patienten tätig werde. Diese bewusste gesetzliche Trennung von Kostenträgern und Ärzten solle gerade sicherstellen, dass der Mediziner nicht in eine Interessenkollision gerate, die die Sicherstellung einer qualitativen vertragsärztlichen Versorgung gefährde.[1997] Diesem gesetzlichen System würde es, wie das Landgericht Stade[1998] es ausführte, „widersprechen, den Vertragsarzt als verlängerten Arm der Krankenkassen anzusehen". Vielmehr werde er nach Wahl des Patienten für diesen als medizinischer Fachmann tätig[1999], konkretisiere den Sachleistungsanspruch des Patienten somit lediglich in medizinischer Hinsicht[2000] und dies, wie auch die Existenz des Medizinischen Dienstes der Krankenversicherung (§ 275 SGB V) zur medizinischen Überprüfung der vertragsärztlichen Fest-

---

1989 BVerfG, DVBl. 2002, 400 (401).
1990 So *Bülte*, NZWiSt 2013, 347 (350).
1991 BGH, NStZ 2017, 32 (35): gegenüber der Kontrolle durch die Krankenkassen komme dem Vertragsarzt eine „zeitlich früher relevante" Hauptpflicht zur Vermögensbetreuung zu.
1992 BGH, NStZ 2017, 32 (34).
1993 *Brandts/Seier*, FS Herzberg (2008), S. 811 ff.; *Leimenstoll*, wistra 2013, 121 ff.; *ders.*, Vermögensbetreuungspflicht des Vertragsarztes? (2012); *Noak*, MedR 2002, 76 (81); *Taschke*, StV 2005, 406 ff.; *Ulsenheimer*, Arztstrafrecht, Rn. 1169 ff.; *ders.*, MedR 2005, 623 ff.; *ders.*, in: Laufs/Kern, Handbuch, § 153 Rn. 14 ff.
1994 LG Halle, wistra 2000, 279 (280); LG Mainz, NJW 2001, 906 f.; LG Stade, BeckRS 2011, 18495.
1995 Vgl. nur BSGE 73, 271 (279 ff.).
1996 So bereits RGSt. 68, 70 (72 ff.).
1997 Vgl. nur BSGE 81, 143 (146 f.); *Herffs*, wistra 2004, 281 (282); *Leimenstoll*, wistra 2013, 121 (126).
1998 BeckRS 2011, 18495.
1999 *Leimenstoll*, Vermögensbetreunngspflicht, Rn. 346.
2000 Zutreffend BSGE 73, 271 (280 f.); *Klötzer*, NStZ 2008, 12 (15); *Leimenstoll*, Vermögensbetreuungspflicht, Rn. 264; *ders.*, wistra 2013, 121 (125); *Schwerdtfeger*, NZS 1998, 49 (50).

stellungen und damit als „Spezialisten der Krankenkassen in medizinischen Fragen"[2001] zeige, für den Patienten. Auch die gesetzliche Bindung an das Wirtschaftlichkeitsgebot, das auch den Versicherten[2002] sowie primär[2003] die Krankenkassen binde (vgl. §§ 2 I 1, 4 III und IV, 12 I, 70 I 2 SGB V), versetze den Vertragsarzt nicht ins Lager der Krankenkasse, sondern begrenze lediglich die ärztlichen Vergütungsansprüche, dürften die Krankenkassen unwirtschaftliche Verordnungen von Vertragsärzten doch nicht bewirken (§ 12 I 2 SGB V). Auch wenn Überprüfungen angesichts der Notwendigkeit sofortiger ärztlicher Behandlung und Verordnung naturgemäß nur nachträglich sein könnten, so solle der gesetzlichen Konstruktion eine „Art Gewaltenteilung"[2004] zwischen Vertragsarzt, Kassenärztlicher Vereinigung und Krankenkasse eine effektive Kontrolle auch der ärztlichen Verordnungstätigkeit innewohnen.[2005]

- Zudem fehle es an einer **Vermögensbetreuungs-Hauptpflicht** des Vertragsarztes, stelle § 12 I SGB V die Einhaltung des Wirtschaftlichkeitsgebots mit der vertragsärztlichen Pflicht zur Leistungserbringung in fachlich gebotener Qualität (§ 135a I 2 SGB V) doch auf eine Stufe. Angesichts der Menschenwürde, des Lebens sowie der körperlichen Unversehrtheit des Patienten stehe ausweislich des Hippokratischen Eides über jeder ärztlichen Tätigkeit das Gebot „salus aegroti suprema lex"[2006], d. h. das Leitbild der Heilberufe sei der „homo empathicus", nicht der „homo oeconomicus"![2007] Zwar müsse es sich bei der Vermögensbetreuungspflicht nicht um die einzige Hauptpflicht handeln[2008], rechtlich sei die Behandlung des Patienten jedoch bewusst aus dem Aufgabenbereich der Krankenkasse ausgelagert und nach § 75 I SGB V den Kassenärztlichen Vereinigungen überantwortet, für die der Vertragsarzt die Behandlung übernehme, so dass es bei der Konkretisierung durch den Vertragsarzt somit schlicht um eine externe Gutachtertätigkeit gehe[2009], bei der die Heilung des Patienten an oberster Stelle stehe. Diese „externe" Stellung des Vertragsarztes werde von § 72 I 1 SGB V sogar ausdrücklich gesetzlich betont, wenn es dort heiße, dass Ärzte und Krankenkassen zur Sicherstellung der vertragsärztlichen Versorgung der Versicherten zusammen wirkten. Das zeige, dass Vertragsarzt und Krankenkasse unterschiedliche Verantwortungsbereiche überantwortet wurden, deren Erfüllung sich zur vertragsärztlichen Versorgung ergänzten. Hinsichtlich der Beachtung des Wirtschaftlichkeitsgebots komme dem Vertragsarzt somit keinerlei weitergehende Verpflichtungen als den übrigen Adressaten zu; im Verhältnis zu den Vermögensinteressen der Krankenkasse liege, wie der Große Senat in Strafsachen[2010] zutreffend betont habe, lediglich eine rein tatsächliche Reflexwir-

---

2001 *Leimenstoll*, Vermögensbetreuungspflicht, Rn. 277.
2002 Vgl. nur BSGE 75, 220 (222 f.); BSG, GesR 2010, 263 (266).
2003 So BSG, GesR 2010, 263 (266).
2004 *Leimenstoll*, Vermögensbetreuungspflicht, Rn. 265.
2005 Vgl. *Steinhilper*, GesR 2009, 337 (344 f.).
2006 So zutreffend *Schimmelpfeng-Schütte*, GesR 2004, 361 (362).
2007 *Dettling*, GesR 2008, 169 (177).
2008 BGH, NStZ 2017, 32 (34), bezugnehmend auf *Bülte*, NZWiSt 2013, 347 (349 f.).
2009 So Leimenstoll (o. Fn. 15), Rn. 373; *Schimmelpfeng-Schütte*, GesR 2006, 529 (531).
2010 BGHSt. 57, 202 (217).

kung. Die Beachtung des Wirtschaftlichkeitsgebots stelle lediglich eine nachrangige Nebenpflicht dar[2011].

Eine Vermögensbetreuungspflicht wird im Gesundheitswesen auch zuerkannt dem Vorsitzenden der Vertreterversammlung einer Kassenärztlichen Vereinigung (da er nach § 69 II SGB IV iVm § 78 III SGB V die Haushaltswirtschaft in der Kassenärztlichen Vereinigung nach den „Grundsätzen der Wirtschaftlichkeit und Sparsamkeit" zu führen habe)[2012], den Vorstandsmitgliedern einer Kassenärztlichen Vereinigung (aufgrund ihrer Leitungsfunktion nach § 79 V SGB V)[2013] sowie den Sachbearbeitern einer Krankenkasse oder Kassenärztlichen Vereinigung, soweit sie im Einzelfall Vermögensverfügungen treffen[2014]. Keine Vermögensbetreuungspflicht trifft den angestellten Arzt gegenüber seinem Arbeitgeber oder gegenüber dem Privatpatienten[2015] oder den Apotheker gegenüber der Krankenkasse[2016].

325e

bb) **Pflichtverletzung:** Selbst wenn man mit dem Bundesgerichtshof eine Vermögensbetreuungspflicht des Vertragsarztes bejaht, so genügt nicht jede Verletzung der mit der Vermögensbetreuungspflicht verbundenen Pflicht.[2017] So ist nicht nur erforderlich, dass die pflichtwidrige Handlung nicht nur bei Gelegenheit, sondern gerade in der Eigenschaft als Vermögensbetreuungspflichtiger begangen wird, die Handlung also dem durch das Treueverhältnis geprägten Aufgabenbereich zuzuordnen ist (sog. Funktionalzusammenhang)[2018], sondern die verletzte Norm muss gerade auch vermögensschützenden Charakter für das zu betreuende Vermögen haben.[2019] Und wenn der Vermögensbetreuungspflichtige aufgrund nur teilweise bekannter Tatsachengrundlage bzw. auf der Basis von Prognosen und anderen Wertungen eine Entscheidung unter Abwägung von Chancen und Risiken zu treffend hat, so wie der Vertragsarzt – der nach § 1 I MBO-Ä der Gesundheit des einzelnen Menschen zu dienen hat, auf der anderen Seite aufgrund des finanziellen Drucks im Gesundheitswesen und der damit einhergehenden Beschränkung des Leistungsumfangs in der Gesetzlichen Krankenversicherung aber auch an die Beachtung des Wirtschaftlichkeitsgebots (§ 12 I SGB V) gebunden ist –, so ist dem Täter ein gewisser Entscheidungsspielraum zuzubilligen und kann eine strafrechtsrelevante Pflichtverletzung erst bejaht werden, wenn das Verhalten des Täters als unvertretbar anzusehen ist.[2020] Eine Untreue eines Vertragsarztes kommt daher, selbst wenn man eine Vermögensbetreuungspflicht bejaht, wegen unwirtschaftlicher Verordnungsweise allenfalls in Extrem-

325f

2011 *Brandts/Seier*, FS Herzberg (2008), S. 811 (825 f.); *Leimenstoll*, Vermögensbetreuungspflicht, Rn. 377; *ders.*, wistra 2013, 121 (128); *Taschke*, StV 2005, 406 (408 f.); *Ulsenheimer*, Arztstrafrecht, Rn. 1180; *ders.*, MedR 2005, 623 (626 f.).
2012 KG, MedR 2015, 276.
2013 KG, MedR 2015, 276: wegen § 79 III 1 Nr. 6 SGB V jedoch nicht im Hinblick auf die eigene Vergütung.
2014 Spickhoff/*Schuhr*, Medizinrecht, § 266 StGB Rn. 27.
2015 Spickhoff/*Schuhr*, Medizinrecht, § 266 StGB Rn. 35.
2016 *Reese*, PharmR 2006, 92 (100); Spickhoff/*Schuhr*, Medizinrecht, § 266 StGB Rn. 34.
2017 Grundlegend MüKo-StGB/*Dierlamm*, § 266 Rn. 170 ff.; *Kraatz*, ZStW 123 (2011), 447 (449 ff.).
2018 Sch/Schr/*Perron*, § 266 Rn. 23a.
2019 Vgl. nur BGHSt. 55, 288 (303 ff.); BGH, NJW 2013, 401 (403); *Wessels/Hillenkamp*, BT 2, Rn. 767.
2020 Vgl. nur BGHSt. 49, 147 (163); BGH, NJW 2006, 453 (454 f.); MüKo-StGB/*Dierlamm*, § 266 Rn. 232; Spickhoff/*Schuhr*, Medizinrecht, § 266 StGB Rn. 52.

fällen (wie der Abrechnung von Luftleistungen in **Fall 78**) zur Anwendung.[2021] Nur innerhalb dieses schmalen Anwendungsbereichs wirkt sich der Streit um eine Vermögensbetreuungspflicht des Vertragsarztes gegenüber den Krankenkassen (Rn. 325b–d) in der Praxis überhaupt aus.

325g cc) **Vermögensnachteil und subjektiver Tatbestand:** Während die Zufügung eines nach dem Prinzip der Gesamtsaldierung zu bestimmenden Vermögensnachteils, der dem Vermögensschaden beim Betrug mit seinen Einzelheiten entspricht (oben Rn. 293 ff.)[2022], nur im Einzelfall Anwendungsprobleme nach sich ziehen wird, muss der Vertragsarzt sich im subjektiven Tatbestand zumindest bedingt vorsätzlich (im Sinne einer „Parallelwertung in der Laiensphäre") seiner Pflichtstellung, der Pflichtwidrigkeit seines Verhaltens (sowie des dadurch bewirkten Nachteils für das betreute Vermögen) bewusst sein.[2023] Dieser Nachweis wird bei einem sich regelmäßig als freiberuflich und eigenverantwortlich entscheidend fühlenden Vertragsarzt nicht immer zu führen sein[2024] und in der Praxis die Fälle einer Verurteilung wegen Vertragsarztuntreue weiter begrenzen.

III. Compliance im Gesundheitswesen

326 Angesichts der Folgen der Korruption, die nicht nur die beteiligten natürlichen Personen selbst, sondern auch die Pharmaunternehmen und Kliniken in Form von Geldbußen und insbesondere einem empfindlichen Imageverlust treffen, besteht ein Bedürfnis, die Straftaten mit ihren Konsequenzen bereits im Vorfeld durch sog. Compliance[2025]-Strategien zu verhindern. So haben nicht nur die Kassenärztlichen Vereinigungen nach § 81a SGB V und die Krankenkassen nach § 197a SGB V Meldestellen gegen Fehlverhalten im Gesundheitswesen eingerichtet, die ernstgemeinten Hinweisen nachzugehen[2026] und bei einem Anfangsverdacht unverzüglich die Staatsanwaltschaft zu unterrichten haben (§§ 81a IV, 197a IV SGB V), und viele (Pharma-)Unternehmen einen Compliance-Officer zur internen Sicherstellung gesetzestreuen Verhaltens installiert[2027], sondern von Seiten der Berufs- und Interessenverbände wurden auch zahlreiche Versuche der Selbstreglementierung unternommen: Im arztstrafrechtlichen Bereich von besonderer Bedeutung sind hierbei der vom Bundesverband Medizintechnologie e.V. im September 2016 neu veröffentlichte Kodex Medizinprodukte[2028] und der von

---

2021 Momsen/Grützner/*Krüger*, Wirtschaftsstrafrecht, 10. Kap. Rn. 43; Spickhoff/*Schuhr*, Medizinrecht, § 266 StGB Rn. 54.
2022 Zu Kick-Back-Zahlungen umfassend *Kraatz*, ZStW 122 (2010), 521 ff.
2023 Spickhoff/*Schuhr*, Medizinrecht, § 266 StGB Rn. 72 f.; *Ulsenheimer*, Arztstrafrecht, Rn. 1182.
2024 Momsen/Grützner/*Krüger*, Wirtschaftsstrafrecht, 10. Kap. Rn. 43; *Ulsenheimer*, Arztstrafrecht, Rn. 1182.
2025 Der Begriff „Compliance" entstammt der anglo-amerikanischen Rechtsterminologie und bezeichnete ursprünglich im Bankenwelt ein Konzept zur Gewährleistung gesetzestreuen Verhaltens der Banken in Bereichen wie Insidergeschäften oder Geldwäsche (Behringer/*Behringer*, Compliance kompakt, S. 34 f.). Heutzutage steht „Compliance" allgemein für „die Einhaltung von gesetzlichen Bestimmungen, regulatorischen Standards und der Erfüllung weiterer wesentlicher Anforderungen" (*Salvenmoser/Hauschka*, NJW 2010, 331 [334]).
2026 *Becker/Kingreen/Kaempfe*, SGB V, § 197a Rn. 3.
2027 Zu deren strafrechtlichen Haftungsrisiko BGHSt. 54, 44 ff.
2028 Abrufbar unter https://www.bvmed.de/de/recht/healthcare-compliance/kodex-medizinprodukte/kodex-medizinprodukte-2016 (letzter Aufruf: 22.5.2017).

führenden Verbänden[2029] getragene „Gemeinsame Standpunkt zur strafrechtlichen Bewertung der Zusammenarbeit zwischen Industrie, medizinischen Einrichtungen und deren Mitarbeitern"[2030], der am 4.10.2000 mit einer gemeinsamen Presseerklärung der Verbände veröffentlicht wurde und verbandsübergreifende Hinweise enthält, die als „wichtige Orientierungshilfe" gelten[2031]. Hinzu treten der Kodex der Mitglieder des Vereins „Freiwillige Selbstkontrolle für die Arzneimittelindustrie e.V." (FSA-Kodex Fachkreise[2032]), der die „Verhaltensempfehlungen für die Zusammenarbeit der pharmazeutischen Industrie mit Ärzten"[2033] (u.a. nach § 28 I FSA-Kodex Fachkreise mit der Verpflichtung der Beschäftigung eines Compliance-Officers) für ihre Mitglieder verbindlich festschreibt[2034] und dem Verein Überwachungs- und Sanktionsbefugnisse bei Verstößen zugesteht (u.a. Geldstrafen bis zu 250.000 Euro), der diesem nachgebildete „Verhaltenskodex der Mitglieder des ‚Arzneimittel und Kooperation des Gesundheitswesens e.V.'"[2035], der für die angeschlossenen Mitglieder ebenfalls verbindliche Verhaltensregelungen vorsieht, sowie die Kodizes der European Federation of Pharmaceutical Industries and Associations[2036].

Diesen verschiedenen Kodizes lassen sich als Mindeststandard und Grundlagen für die Zusammenarbeit zwischen Industrie und Forschung einige **einheitliche Prinzipien** entnehmen[2037]:

- **Trennungsprinzip**: Zuwendungen an Mitarbeiter medizinischer Einrichtungen oder an niedergelassene Ärzte sind strikt von etwaigen Umsatzgeschäften (z.B. Bestellungen von Medizintechnik) zu trennen, um zu garantieren, dass ärztliche Entscheidungen einzig zum Wohle des Patienten getroffen werden.
- **Prinzip der Kontendistanz**: Ärzte, die dennoch an Umsatzgeschäften beteiligt sind, dürfen keine Zugriffsbefugnis auf jene Konten haben, auf die die Zuwendungen der Pharmaunternehmen eingezahlt werden.
- **Transparenzprinzip**: Sämtliche Kontakte zwischen Produkt- oder Arzneimittelherstellern und Krankenhausärzten sind dem Krankenhausträger bzw. der Krankenhausverwaltung gegenüber komplett offen zu legen und die notwendigen Genehmigungen (nach § 331 III StGB) einzuholen.
- **Dokumentationsprinzip**: Alle Absprachen, die Leistungen beinhalten, sind schriftlich zu erfassen und vollständig zu dokumentieren, um die Geschäftsbeziehungen jederzeit vollständig nachvollziehen und den Verdacht strafbarer Beziehungen vermeiden zu können.

2029 Eine Auflistung findet sich etwa bei *Dieners/Klümper/Oeben*, in: Dieners/Reese, Handbuch des Pharmarechts (2010), § 12 Rn. 25.
2030 Abrufbar unter https://www.bvmed.de/de/recht/healthcare-compliance/gemeinsamer-standpunkt (letzter Aufruf: 22.5.2017).
2031 *Dieners/Klümper/Oeben*, in: Dieners/Reese, a.a.O., § 12 Rn. 28.
2032 Die Neuauflage 2015 ist abrufbar unter https://www.fsa-pharma.de/fileadmin/Downloads/Pdf_s/Kodizes__Empfehlungen/FSA-Kodex_Fachkreise_web.pdf (letzter Aufruf: 22.5.2017).
2033 Abrufbar unter https://www.fsa-pharma.de/fileadmin/Downloads/Pdf_s/Diverses/2012.07.18_Verhaltensempfehlungen_BAH__BPI__VFA.pdf (letzter Aufruf: 22.5.2017).
2034 Vgl. hierzu *Balzer/Dieners*, NJW 2004, 908 f.; *Rieser*, DÄBl. 2004, A-542; *Volz*, CCZ 2008, 22 ff.
2035 Abrufbar unter http://www.ak-gesundheitswesen.de/verhaltenskodex (letzter Aufruf: 22.5.2017).
2036 Vgl. hierzu http://www.efpia.eu (letzter Aufruf: 22.5.2017).
2037 Ausführlich hierzu *Ulsenheimer*, Arztstrafrecht, Rn. 1060 ff.; *ders.*, in: Laufs/Kern, Handbuch, § 152 Rn. 127 ff.

- **Prinzip der Bargeldlosigkeit:** Zahlungen in bar sollten unbedingt vermieden werden und nur in Form von Überweisungen oder Schecks erfolgen.
- **Äquivalenzprinzip:** Bei vertraglichen Beziehungen müssen Leistung und Gegenleistung in einem angemessenen Verhältnis zueinander stehen, um sicherzustellen, dass ein entsprechendes Entgelt bei Entscheidungen keine maßgebliche Rolle gespielt hat.
- **Prinzip der Fremdnützigkeit:** Bei der Annahme von Zuwendungen dürfen nur Patienten-, Klinik- oder Forschungsinteressen eine Rolle spielen; Privatinteressen sind vollständig zu eliminieren, um von vornherein jedem Anschein der Käuflichkeit vorzubeugen.

§ 13 Nebenstrafrechtliche Bereiche

I. Strafbare Verschreibung von Betäubungsmitteln

328 Verschreibt ein Arzt Betäubungsmittel zu Behandlungszwecken, insbesondere im Rahmen einer Substitutionstherapie, so gerät er in Konflikt mit dem vom Betäubungsmittelgesetz (BtMG) geschützten Rechtsgut, „die menschliche Gesundheit des Einzelnen sowie der Bevölkerung im Ganzen [Volksgesundheit] vor den von Betäubungsmitteln ausgehenden Gefahren zu schützen und die Bevölkerung, vor allem Jugendliche, vor Abhängigkeit von Betäubungsmitteln zu bewahren"[2038].

328a **1. Das Ärzteprivileg des § 13 BtMG**
Der Gesetzgeber löst diesen Konflikt mit dem „Ärzteprivileg"[2039] des § 13 I BtMG dahin, dass ein Arzt lediglich die in der Anlage III bezeichneten Betäubungsmittel im Rahmen einer ärztlichen oder zahnärztlichen Behandlung (selbst) verschreiben, selbst verabreichen (unmittelbare Anwendung am Körper des Patienten: z. B. Injektion, Infusion oder Eingabe von Tabletten[2040]) oder zum unmittelbaren Gebrauch (also: Gebrauch an Ort und Stelle in der Arztpraxis, ohne dass der Patient die Sachherrschaft an dem Stoff erlangt[2041]) an den Patienten überlassen darf, „wenn ihre Anwendung am oder im menschlichen [...] Körper begründet ist", d. h. der Verschreibende muss auf Grund ärztlicher Prüfung zur Überzeugung gelangen, dass nach den anerkannten Regeln der ärztlichen Wissenschaft die Anwendung des Mittels zulässig und geboten ist, der Krankheit entgegen zu wirken oder zumindest ihre Auswirkungen zu lindern.[2042] Andere Möglichkeiten zur Erreichung des Behandlungszwecks dürfen nicht bestehen (§ 13 I 2 BtMG). Der Wortlaut der Norm lässt hierbei jedoch die Auslegung zu, „dass eine sozialmedizinische Indikation zum Verschreiben ausreicht, etwa um den Opiatabhängigen unter Inkaufnahme einer fortbestehenden Abhängigkeit von dem Zwang zur Beschaffungskriminalität zu befreien"[2043].

2038 BVerfG, NJW 1997, 1910; ebenso BVerfGE 90, 145 (174 f.); vgl. hierzu auch *Weber*, BtMG, § 1 Rn. 1 ff.
2039 *Ulsenheimer*, in: Laufs/Kern, Handbuch, § 147 Rn. 2; umfassend hierzu sowie den Grenzen des Ärzteprivilegs *Kraatz*, medstra 2015, 273 ff.
2040 Vgl. nur Spickhoff/*Malek*, Medizinrecht, § 13 BtMG Rn. 4; *Ulsenheimer*, in: Laufs/Kern, Handbuch, § 147 Rn. 5.
2041 Vgl. nur BGH, NStZ-RR 1998, 149; Spickhoff/*Malek*, Medizinrecht, § 13 BtMG Rn. 4.
2042 Vgl. BGHSt. 1, 318 ff.
2043 BGHSt. 37, 383 (384).

329 Fall 79 (nach BGHSt. 37, 383 ff.): Der praktische Arzt A verschrieb seinem drogenabhängigen Patienten P L-Polamidon bzw. Ritalin, um ihn bis zum bevorstehenden Antritt einer Therapie oder einer Haftstrafe zu stabilisieren. Strafbarkeit des A?

Ein Verstoß gegen die „anerkannten Regeln der ärztlichen Wissenschaft" und damit gegen § 13 I BtMG (mit der Folge einer Strafbarkeit nach § 29 I Nr. 6 BtMG) ergibt sich in **Fall 79** nicht bereits dadurch, dass es grundsätzlich der Schulmedizin widerspricht, einem Drogenabhängigen eine Ersatzdroge zu verordnen. Denn „dies würde zu einer Kriminalisierung medizinisch vertretbarer abweichender Auffassungen führen und durch Strafandrohung die Entwicklung neuer Therapien verhindern. Vielmehr ist anerkannt, dass die Verfahren der Schulmedizin nicht ohne weiteres mit den für die strafrechtliche Auslegung maßgeblichen Regeln der ärztlichen Kunst gleichzusetzen sind."[2044] Die Regeln der ärztlichen Kunst belassen einem Arzt gerade auf einem medizinisch umstrittenen Gebiet wie dem der Verschreibung von Ersatzdrogen für Drogenabhängige einen von ihm zu verantwortenden Risikobereich."[2045] Eine Strafbarkeit nach 29 I Nr. 6 BtMG greift erst, „wenn die dem Arzt zuzubilligende Risikogrenze eindeutig überschritten ist"[2046]. Hierbei gilt es in **Fall 79** zu beachten, dass A handelte, um P für den bevorstehenden Antritt einer Therapie oder einer Haftstrafe zu stabilisieren und bereits das Reichsgericht[2047] eine derartige Überbrückungstherapie für zulässig erachtete, woran der Bundesgerichtshof[2048] festhielt, so dass eine Strafbarkeit ausscheidet.

Für die Anwendung des § 13 I BtMG im Rahmen einer **Substitutionsbehandlung** sieht § 5 der Betäubungsmittel-Verschreibungsverordnung (BtMVV) detaillierte Vorgaben vor, die es einzuhalten gilt: So sind Substitutionsmittel dem Patienten grundsätzlich in der Praxis oder in einem Krankenhaus oder in einer Apotheke in einer Dosis für einen Tag zum unmittelbaren Verbrauch zu überlassen und die Einnahme vor den Augen des Arztes oder ärztlichen Hilfspersonals durchzuführen. Nur ausnahmsweise darf der Arzt, wenn der Behandlungsverlauf dies zulässt und Risiken der Selbst- oder Fremdgefährdungen soweit wie möglich ausgeschlossen sind, Rezepte mit einer Ration für bis zu 2 Tage (sog. Wochenendrezept) oder sogar bis zu 7 Tage (sog. **Take-Home-Verschreibung**) dem Patienten zum eigenen Verbrauch überlassen.

2. Strafbarkeit nach § 29 I Nr. 6a und b BtMG

330 Eine ärztliche Verschreibung, Abgabe oder Gebrauchsüberlassung von Betäubungsmitteln entgegen den Beschränkungen des § 13 I BtMG (z. B. bei einer Vorratsverschreibung[2049], bei einer Kontraindikation [z. B. Schwangerschaft oder Zuckerkrankheit[2050]], wenn der Arzt sich selbst Betäubungsmittel zum persönlichen Bedarf zur Befriedigung seiner eigenen Betäubungsmittelsucht ver-

---

2044 Vgl. *Körner/Patzak/Volkmer/Patzak*, BtMG, § 29 Teil 15 Rn. 23.
2045 BGHSt. 37, 383 (385).
2046 BGHSt. 37, 383 (385); ebenso BGHSt. 29, 6 (11).
2047 RGSt. 62, 369 (386).
2048 BGHSt. 37, 383 ff.
2049 Vgl. BGHSt. 1, 318 (319 ff.); *Ulsenheimer*, in Laufs/Kern, Handbuch, § 147 Rn. 11.
2050 Beispiel nach *Ulsenheimer*, in: Laufs/Kern, Handbuch, § 147 Rn. 13.

schreibt[2051] oder wenn ein Humanmediziner Betäubungsmittel zur Anwendung auf dem Gebiet der Tiermedizin verordnet[2052]) erfüllt den objektiven Tatbestand des (verfassungsmäßigen[2053]) § 29 I Nr. 6 BtMG.[2054] Im Hinblick auf das Verschreiben ist Vorsatz erforderlich, bei einer Verabreichung oder Überlassung zum unmittelbaren Gebrauch reicht Fahrlässigkeit (§ 29 IV BtMG). Als Regelbeispiele sieht § 29 III 2 BtMG die Gewerbsmäßigkeit (Nr. 1) sowie die Gefährdung der Gesundheit mehrerer Menschen (Nr. 2) vor. Erfolgsqualifiziert wird das Delikt, wenn der Täter leichtfertig den Tod des Patienten verursacht (§ 30 I Nr. 3 BtMG), wobei der Begriff der Leichtfertigkeit in etwa der zivilrechtlichen Kategorie grober Fahrlässigkeit entspricht[2055]. Verletzungen der Vorschriften der Betäubungsmittel-Verschreibungsverordnung über Form, Inhalt und Ausgabe des Rezepts führen dagegen nur zu einer Ordnungswidrigkeit (§ 32 I Nr. 6 BtMG iVm § 17 I Nr. 1 BtMVV). Darüber hinaus droht im Einzelfall sogar eine Strafbarkeit wegen fahrlässiger Körperverletzung bzw. Tötung, wenngleich (wegen der Straflosigkeit eigenverantwortlicher Selbstgefährdung bzw. -verletzung: Rn. 168) nur dann, wenn der Arzt „infolge eines bei dem sich selbst Gefährdenden [Patienten] bestehenden Mangels der Eigenverantwortlichkeit Tat- bzw. Handlungsherrschaft über das Geschehen erlangt", wenngleich „ein allgemeiner Erfahrungssatz, dass Betäubungsmittelkonsumenten zu eigenverantwortlicher Entscheidung nicht fähig sind", nicht besteht; maßgeblich ist vielmehr die konkrete Krankheitssituation.[2056]

II. Strafbarkeiten nach dem Arzneimittelgesetz

331 Das Arzneimittelgesetz (AMG) versucht, zum Schutz der Patienten Qualität, Wirksamkeit und Unbedenklichkeit verwendeter Arzneimittel sicherzustellen (§ 1 AMG) und bestraft daher in seiner zentralen Strafvorschrift § 95 I AMG unter anderem jedes vorsätzliche Inverkehrbringen eines „bedenklichen" Arzneimittels (z. B. nicht zugelassener Schlankheitskapseln[2057], nicht aber von nikotinhaltigen Verbrauchsstoffen für E-Zigaretten mangels Arzneimitteleigenschaft, wenn sie nicht der Rauchentwöhnung dienen[2058]), bei dem nach wissenschaftlichen Erkenntnissen der begründete Verdacht auf schädliche Wirkungen besteht[2059] (§ 95 I Nr. 1 AMG[2060]), das Inverkehrbringen radioaktiver Arzneimittel (§ 95 I Nr. 3 AMG) oder das Handeltreiben mit Arzneimitteln, die nur auf Verschreibung an Verbraucher abgegeben werden dürfen (§ 95 I Nr. 4 AMG); für rein fahrlässiges Verhalten greift § 95 IV AMG ein. Von den Tatbeständen der Strafvorschrift § 96 AMG ist § 96 Nr. 5 AMG von besonderer Bedeutung,

---
2051 Vgl. BGH, NJW 1975, 2249 ff.
2052 Vgl. BGHSt. 7, 248 (251).
2053 BGHSt. 59, 150 ff. mit Anm. *Kudlich*, JA 2014, 392 ff.
2054 LG Bonn, BeckRS 2014, 20410 hat in diesem Fall auch einer analogen Anwendung des § 13 BtMG eine Absage erteilt, da die Unterscheidung in § 13 I und II BtMG gegen eine planwidrige Regelungslücke im Gesetz spreche, genauso wie der Schutzzweck der Norm.
2055 BGHSt. 14, 240 (255); BGHSt. 33, 66 (67); BGHSt. 43, 158 (168).
2056 Vgl. nur BGH, MedR 2014, 812 ff.
2057 BGH, NStZ 1999, 625.
2058 BGH, NJW 2016, 1251 ff.
2059 *Rehmann*, AMG, § 5 Rn. 2.
2060 Strafbar macht sich hierbei auch der dem Apotheker ein Rezept ausstellende Arzt: vgl. OVG Münster, NJW 1997, 2470 (2471); *Giring*, in: Ratzel/Luxenburger, Medizinrecht, 15. Kap. Rn. 209.

§ 13 Nebenstrafrechtliche Bereiche **331**

der insbesondere das Inverkehrbringen eines Fertigarztmittels ohne Zulassung unter Strafe stellt:

> **Fall 80** (nach OLG München, BeckRS 2011, 05445): Apotheker A erwarb ein auf dem deutschen Markt nicht zugelassenes Fertigarzneimittel („Gemzar"), überführte es nach ärztlicher Verordnung durch Zusetzung von Lösungsstoffen in einen applikationsfertigen Zustand, gab es an die Patienten zur Injektion durch den Arzt B ab und rechnete es nach der „Lauer-Taxe"[2061] ab. Das Landgericht ließ die Anklageschrift nicht zur Hauptverhandlung zu, die A 44 tatmehrheitliche Fälle des § 96 Nr. 5 AMG und 530 tatmehrheitliche Fälle des Betrugs zur Last legte. Zu Recht?

Der nach § 203 StPO notwendige hinreichende Tatverdacht wurde vom OLG München[2062] zu Recht bejaht, die Anklage vor der Wirtschaftskammer zugelassen und das Hauptverfahren eröffnet, da das Auffüllen des Arzneimittels mit Kochsalzlösung und das Umfüllen in einen anderen Behälter keine maßgebliche qualitative Veränderung des ursprünglichen Fertigarzneimittels oder einen wesentlichen Herstellungsschritte iSd § 21 II Nr. 1 AMG dargestellt hat und damit weiterhin das (ursprüngliche) nicht verkehrsfähige Fertigarzneimittel iSd § 96 Nr. 5 AMG in Verkehr gebracht wurde und kein selbst hergestelltes Arzneimittel[2063] – „aus einem nicht zugelassenen Arzneimittel kann durch ‚Streckung' kein zulässiges Arzneimittel entstehen, welches in Verkehr gebracht werden kann"[2064]!

In der Abrechnung nach der „Lauer-Taxe" und Vorlage der entsprechenden ärztlichen Verordnung liegt zudem das konkludente Vorspiegeln der Abgabe eines in Deutschland zugelassenen Arzneimittels und, da kein Erstattungsanspruch bei nicht zugelassenen Arzneimitteln besteht[2065], besteht zugleich der hinreichende Tatverdacht eines gewerbsmäßigen Betruges (§ 263 I, III Nr. 1 StGB).

Hierneben hervorzuheben ist § 96 Nr. 10 AMG, der klinische Prüfungen zu Wirkungen und Nebenwirkungen eines noch nicht zugelassenen Arzneimittels entgegen den Sorgfaltspflichten des § 40 I 3 Nr. 2–6 und 8, IV AMG[2066] (insbesondere: ärztliche Vertretbarkeit, ausführliche Aufklärung, Leitung durch einen erfahrenen Arzt und vorherige pharmakologische, toxikologische Prüfung der Arznei) unter Strafe stellt, wenn diese Verstöße vorsätzlich erfolgten; bei Fahrlässigkeit liegt eine bloße Ordnungswidrigkeit nach § 97 I AMG vor.

Der bisherige § 95 I Nr. 2a AMG a. F. (Inverkehrbringen, Verschreiben oder Anwenden von Arzneimitteln im Sport) ist inzwischen in § 4 I Nr. 1 AntiDopG

2061 Datenbank der ABDATA-Pharma-Daten-Service (Unternehmensbereich der Werbe- und Vertriebsgesellschaft Deutscher Apotheker mbH) mit den Daten aller gemeldeten Fertigarzneimittel und apothekenüblichen Waren, die in Deutschland für den Handel zugelassen sind: https://www.cgm.com/lauer-fischer/loesungen_lf/lauer_taxe_lf/lauer_taxe.de.jsp (letzter Aufruf: 22.5.2017).
2062 BeckRS 2011, 05445; im Ergebnis ebenso BGH, NJW 2012, 3665 (3666 f.) mit krit. Anm. *Brand/ Unseld*, ZWH 2012, 482 ff.: Freispruch, da die hergestellten Zytostatikalösungen bloße Rezepturen seien.
2063 Ebenso bereits LG Braunschweig, Beschl. v. 30.4.2009 – 6 Qs 116/09, zitiert nach OLG München, BeckRS 2011, 05445.
2064 OLG München, BeckRS 2011, 05445.
2065 BSG, NZS 2005, 308 (309 f.).
2066 Ausführlich hierzu *Ulsenheimer*, Arztstrafrecht, Rn. 938 ff.

aufgegangen; die Strafandrohung (bis zu drei Jahren Freiheitsstrafe) ist geblieben.

III. Strafbare Werbung

332 Während jahrzehntelang ein allgemeines ärztliches Werbeverbot galt[2067], kam es durch den 105. Deutschen Ärztetag 2002 in Rostock in Folge einer Entscheidung des Europäischen Gerichtshofs für Menschenrechte[2068] sowie mehrerer Entscheidungen des Bundesverfassungsgerichts[2069] zu einer in § 27 MBO-Ä inzwischen normierten Liberalisierung bis hin zu einem grundsätzlichen „Werberecht des Arztes"[2070] (zum Werbeverbot für Schwangerschaftsabbrüche nach § 219a StGB oben Rn. 229).

1. Strafbarkeit nach § 16 I UWG

332a Zum Schutz des Vertrauens der Patienten in den Berufsstand der Ärzteschaft[2071] dergestalt, „dass der Arzt nicht aus Gewinnstreben bestimmte Untersuchungen vornehme, Behandlungen vorsehe oder Medikamente verordne"[2072], sowie zum Schutz konkurrierender Ärzte[2073] machen sich Ärzte jedoch auch weiterhin nach § 16 I UWG strafbar, wenn sie „in der Absicht, den Anschein eines besonders günstigen Angebots hervorzurufen, in öffentlichen Bekanntmachungen oder in Mitteilungen, die für einen größeren Kreis von Personen bestimmt sind, durch unwahre Angaben irreführend" werben. „Unwahr" ist eine Angabe hierbei, wenn ihr tatsächlicher Informationsgehalt mit der Realität nicht übereinstimmt.[2074] Ob hierdurch „irreführend" geworben werde, entscheidet die „Durchschnittsauffassung des angesprochenen Patientenkreises"[2075] unter Abwägung der Interessen der Allgemeinheit mit den Interessen des Arztes an ungehinderter Berufsausübung (Art. 12 I GG).[2076] Unzulässig ist hiernach etwa die Werbung mit Doktor- oder Professorentitel aus dem nichtmedizinischen Bereich, ohne dies klarzustellen[2077], oder die Bezeichnung „Kleintierpraxis und Fachpraxis für Zahnheilkunde und Kieferorthopädie" durch einen Tierarzt[2078].

333 Fall 81 (nach OVG Berlin-Brandenburg, BeckRS 2010, 51082): Fünf Zahnärzte – darunter Dr. B – betrieben unter der Bezeichnung „Zahnklinik B." eine Praxisgemeinschaft bestehend aus einer Gemeinschaftspraxis und mehreren Einzelpraxen, wobei sie diese Bezeichnung auf ihrem Praxisschild im Ein-

---

2067 Vgl. nur BVerfG, NJW 1986, 1533 ff.; BVerfG, MedR 1994, 325.
2068 EGMR, NJW 2003, 497 ff.
2069 BVerfG, NJW 1996, 3067 ff.; BVerfG, NJW 2002, 3091 ff.; BVerfG, NJW 2003, 879 ff.
2070 *Kleine-Cosack*, NJW 2003, 868: „Vom Werbeverbot zum Werberecht des Arztes".
2071 BVerfG, NJW 1996, 3067 (3068).
2072 BVerfG, NJW 1986, 1533 (1534).
2073 Vgl. zum Schutzzweck des § 16 I UWG nur BGHSt. 27, 293 (294): Schutz der Mitbewerber vor unlauterer Werbung sowie des Interesses der Allgemeinheit an der Erhaltung eines leistungsfähigen Wettbewerbs.
2074 Vgl. nur KG, GRUR 1973, 601; OLG Stuttgart, GRUR 1981, 750; MüKo-StGB/*Janssen/Maluga*, § 16 UWG Rn. 26.
2075 *Ulsenheimer*, Arztstrafrecht, Rn. 697; *Giring*, in: Ratzel/Luxenburger, Medizinrecht, 15. Kap. Rn. 185.
2076 Vgl. nur *Giring*, in: Ratzel/Luxenburger, Medizinrecht, 15. Kap. Rn. 182.
2077 BGH, MedR 1998, 419 (421 f.).
2078 OVG Nordrhein-Westfalen, RdL 2010, 334 ff.

gangsbereich und im Branchenfernsprechbuch „Gelbe Seiten" angaben sowie als Endung ihrer E-Mail-Adresse verwendeten und undifferenziert nach den einzelnen Ärzten die Tätigkeitsschwerpunkte jeweils auflisteten. Die einzige Aufgabe der Praxisgemeinschaft bestand im gemeinsamen Werbeauftritt, mit dem den Kunden eine geballte Leistungsfähigkeit vermittelt werden sollte; weitergehende organisatorische oder arbeitsteilige Verbindungen hierüber hinaus bestanden zwischen den einzelnen Ärzten nicht. Strafbarkeit des Dr. B?

Von Werbebeschränkungen grundsätzlich ausgenommen sind zwar Krankenhäuser, Sanatorien und Kliniken, um der Doppelstellung in derartigen Einrichtungen tätiger Ärzte als freiberuflichem Arzt und auf Gewinnerzielung gerichteter gewerblicher Tätigkeit gerecht zu werden.[2079] Eine unzulässige Umgehung des Werbeverbots und damit „irreführend" ist jedoch die Bezeichnung einer einfachen Praxis als „Klinik" oder „Praxisklinik", da dies nach der Verkehrsauffassung „eine gewisse personelle und apparative Mindestausstattung für die stationäre Betreuung" sowie die Gewährleistung von Übernachtungsmöglichkeiten[2080] voraussetzt, die eine einfache Praxis nicht erfüllt. In diesem Sinne entschied das OVG Berlin-Brandenburg[2081] (als Beschwerdeinstanz im berufsrechtlichen Verfahren) für **Fall 81**, dass mit der Verwendung der Bezeichnung „Zahnklinik" bei potentiell Interessierten der fehlerhafte Eindruck entstanden sei, „dass hier eine Zahnbehandlung mit einer vollstationären Betreuung wahrgenommen werden kann, wie sie auch von Universitäts-Kliniken oder Krankenhäusern mit einer Abteilung für Mund-, Kiefer- und Gesichtschirurgie angeboten wird", was bei der „Zahnklinik B." nicht der Fall war – der objektive Tatbestand des § 16 I UWG ist erfüllt.

Der subjektive Tatbestand verlangt zumindest bedingten Vorsatz, d.h. der Arzt muss sich bewusst sein, dass seine Angaben unwahr sind und den „durchschnittlichen Patienten" irreführen können[2082], was in **Fall 81** nahe liegt. Kennt er die (tatsächliche) Unrichtigkeit seiner Angabe nicht, so handelt er in einem vorsatzausschließenden Tatbestandsirrtum (§ 16 I StGB); hält er sich dagegen in Kenntnis aller Umstände rechtlich für die Verwendung einer Angabe zur Werbung für berechtigt, so handelt er in einem Verbotsirrtum (§ 17 StGB), der jedoch vermeidbar ist, wenn der Täter – wie zumeist – nach seinen individuellen Fähigkeiten bei Einsatz aller seiner Erkenntniskräfte und sittlichen Wertvorstellungen zur Unrechtseinsicht hätte kommen können[2083].

2. Strafbarkeit nach § 14 HWG

Zum Schutz der Gesundheitsinteressen des Einzelnen und der Allgemeinheit vor den Gefahren einer unsachgemäßen Selbstmedikation mit Arzneimitteln und des Fehlgebrauchs anderer Mittel zur Linderung von Krankheiten[2084] bestraft § 14 HWG zunächst denjenigen, der (als Werbeverantwortlicher) vorsätzlich entgegen § 3 HWG Arzneimitteln, Medizinprodukten, Verfahren, Behandlungen, Gegen-

---

2079 Vgl. nur OLG Düsseldorf, MedR 1992, 46 ff.; *Giring*, in: Ratzel/Luxenburger, Medizinrecht, 15. Kap. Rn. 183.
2080 LG Düsseldorf, AZR 2007, 84.
2081 BeckRS 2010, 51082.
2082 *Ulsenheimer*, Arztstrafrecht, Rn. 968.
2083 Vgl. nur BGH, NStZ 2000, 307 (309); *Fischer*, § 17 Rn. 7 ff.; *Lackner/Kühl/Kühl*, § 17 Rn. 7.
2084 BVerfG, NJW-RR 2007, 1048 (1049) zum Schutzzweck des Heilmittelwerbegesetzes.

ständen oder anderen Mitteln eine therapeutische Wirksamkeit beilegt, die sie nicht haben (§ 3 S. 2 Nr. 1 HWG: z. B. die unwahre Aussage, ein Medikament sei nicht nur zur Symptombekämpfung, sondern zur Heilung der Krankheit geeignet[2085]). Zum Zweiten wird bestraft, wer fälschlich den Eindruck erweckt, dass ein Heilerfolg mit Sicherheit erwartet werden kann[2086], bei bestimmungsgemäßem oder längerem Gebrauch keine schädlichen Wirkungen auftreten können oder die Werbung nicht zu Zwecken des Wettbewerbs veranstaltet werde (§ 3 S. 2 Nr. 2 HWG). Schließlich bestraft wird, wer unwahre oder zur Täuschung geeignete Angaben über die Zusammensetzung oder Beschaffenheit von Arzneimitteln (z. B. über eine nicht bestehende Wirkstoffidentität[2087]), Gegenständen oder anderen Mitteln tätigt, wer über die Art und Weise der Verfahren oder Behandlungen täuscht (wie in **Fall 81**, da die Bezeichnung „Zahnklinik" die unwahre Behauptung einer stationären Behandlung beinhaltete) oder über die Person, Vorbildung, Befähigung oder Erfolge des Herstellers, Erfinders oder für sie tätige oder tätig gewordene Personen (§ 3 S. 2 Nr. 3 HWG). Fahrlässige Verstöße begründen nach § 15 II HWG nur eine Ordnungswidrigkeit.

3. Strafbarkeit nach § 148 Nr. 1 und 2 GewO

335 Der Betrieb von „Privatkranken- und Privatentbindungsanstalten" sowie von „Privatnervenkliniken" bedarf nach § 30 I 1 GewO der gewerberechtlichen Konzession, bei deren Fehlen der Betreiber sich nach § 144 I Nr. 1b GewO ordnungswidrig sowie bei einem beharrlichen (d. h. nicht bereits bei einem wiederholten, sondern erst bei einem „besonders hartnäckigen"[2088]) Verstoß nach § 148 Nr. 1 GewO oder einem Verstoß, durch den Leib und Leben anderer oder fremde Sachen von bedeutendem Wert (Wertgrenze bei ca. 750[2089]–1.300 Euro[2090]) gefährdet werden, nach § 148 Nr. 2 GewO sogar strafbar macht.

2085 OLG Hamburg, PharmR 1999, 20.
2086 Vgl. hierzu EGMR, MedR 2003, 290 ff.
2087 OLG Hamburg, PharmR 2006, 222 ff.
2088 BGH, NStZ 1992, 594 (595).
2089 BGH, NStZ 2011, 215; aA Erbs/Kohlhaas/*Ambs*, Nebengesetze, § 148 GewO Rn. 10: 300 Euro.
2090 MüKo-StGB/*Weyand*, § 148 GewO Rn. 51 (aufgrund der Geldentwertung).

3. Teil: **Sanktionen**

§ 14 Strafrechtliche Sanktionen

I. Strafen

Wird das Verfahren nicht bereits – wie zumeist im Rahmen einer Körperverletzung durch einen ärztlichen Heileingriff – nach den §§ 153 ff. StPO (insbesondere nach § 153a StPO gegen [Geld-]Auflage) eingestellt, stehen als Kriminal(haupt)strafen die Geldstrafe (§§ 40 ff. StGB: 5–360 Tagessätze[2091]) und die Freiheitsstrafe (§§ 38, 39 StGB) – eventuell ausgesetzt zur Bewährung (§ 56 I StGB) – zur Verfügung, wenn nicht bereits eine Verwarnung mit Strafvorbehalt (§ 59 StGB) „zur Verteidigung der Rechtsordnung" (Generalprävention) ausreicht.[2092] **336**

II. Die Anordnung eines Berufsverbots (§ 70 StGB)

Zum Schutz der Allgemeinheit vor den Gefahren, die von der Ausübung eines Berufs durch hierfür nicht hinreichend zuverlässige Personen[2093] ausgehen, erlaubt die Maßregel der Besserung und Sicherung des § 70 StGB dem Tatrichter einen sehr einschneidenden Eingriff in die Existenz des angeklagten Arztes – ein Berufsverbot. **337**

1. Formelle Voraussetzung: Anlasstat

Voraussetzung hierfür ist zunächst, dass der Täter nach der begründeten Überzeugung des Gerichts eine noch nicht verjährte (§ 78 I StGB) rechtswidrige (nicht unbedingt auch schuldhafte) Tat (11 I Nr. 5 StGB) begangen hat, die er entweder „unter Missbrauch seines Berufs oder Gewerbes" oder „unter grober Verletzung der mit ihnen verbundenen Pflichten begangen hat" und wegen dieser verurteilt oder nur deswegen nicht verurteilt worden ist, „weil seine Schuldunfähigkeit erwiesen oder nicht auszuschließen ist[2094]". **337a**

a) **Missbrauch des Berufes oder Gewerbes.** Ein Missbrauch von Beruf oder Gewerbe liegt vor, wenn der Täter die ihm durch Beruf oder Gewerbe gegebenen **338**

[2091] Nach *Ulsenheimer*, Arztstrafrecht, Rn. 1362 f.: 30–120 Tagessätze bei fahrlässiger Körperverletzung, 60–250 Tagessätze bei fahrlässiger Tötung.
[2092] Umfassend zur Strafzumessung im Arztstrafrecht *Ulsenheimer*, Arztstrafrecht, Rn. 1361 ff.
[2093] MüKo-StGB/*Bockemühl*, § 70 Rn. 2 sowie *Lackner/Kühl/Heger*, § 70 Rn. 1: Das Berufsverbot ist eine reine Sicherungsmaßnahme, so dass bei der Normanwendung Sühnebedürfnis, Schuldausgleich oder generalpräventive Gesichtspunkte außer Betracht zu bleiben haben.
[2094] Im Falle der Schuldunfähigkeit kann das Berufsverbot nach § 71 II StGB iVm §§ 413 ff. StPO auch selbstständig angeordnet werden.

Möglichkeiten oder Befugnisse bewusst und planmäßig zur Begehung von Straftaten ausnutzt.[2095] Hierfür genügt es noch nicht, wenn der Täter ganz allgemein für einen Beruf erworbene Kenntnisse oder Fähigkeiten bei der Begehung von Straftaten verwertet hat[2096] oder nur anlässlich der Berufsausübung sich ergebende äußere Gelegenheiten zur Tatbegehung ausnutzt[2097], z. B. wenn der Arzt seine Vertrauensbeziehung zu einem Patienten unter Vorspiegelung falscher Tatsachen ausnutzt, um ein Darlehen zu erlangen[2098]. „Die strafbare Handlung muss vielmehr Ausfluss der jeweiligen Berufs- oder Gewerbetätigkeit sein und einen berufstypischen Zusammenhang erkennen lassen"[2099]. Dies ist bei einem Arzt etwa der Fall bei einem strafbaren Schwangerschaftsabbruch[2100] oder bei der Verschreibung von Betäubungsmitteln ohne ärztliche Begründung[2101]. Die betrügerische Anmaßung eines bestimmten Berufs oder Gewerbes (z. B. als Arzt) wird dagegen nicht erfasst.[2102]

> **Fall 82** (OLG Frankfurt a. M., NStZ-RR 2001, 16): Zu den dienstlichen Aufgaben des Arztes A, einem an einem Kreiskrankenhaus angestellten Anästhesisten, gehörte nicht die Bereitstellung, Verwaltung und Ausgabe der Opiate; dies oblag allein dem Pflegepersonal. Bereits den ersten Tag seiner Tätigkeit – an dem A den Dienst eines Notarztes versah – nutzte er daher dazu, nach Opiaten zu suchen und vom Anästhesiewagen im Operationssaal mehrere Ampullen Fentanyl und Rapifen wegzunehmen und sich selbst in seinem Bereitschaftsraum zu injizieren. Dies wiederholte sich an mehreren Tagen, selbst wenn er den Dienst eines Anästhesieassistenzarztes versah: Er verließ dann mehrmals den Operationssaal und den sterilen Bereich, um sich die Opiate in seinem Arbeitszimmer oder auf der Toilette zu injizieren, bevor er – ohne Kleidung und Schuhe zu wechseln – in den sterilen Bereich des Operationssaals zurückkehrte, um weiter bei den Operationen zu assistieren. Kann das Amtsgericht ein Berufsverbot verhängen?

In **Fall 82** erfolgten die Diebstähle der Opiate des A während der Dienstzeit und sie waren an sich zur Behandlung von Patienten gedacht, einer typischen beruflichen Tätigkeit als Notarzt oder Anästhesist, so dass das OLG Frankfurt a. M.[2103] einen bewussten Missbrauch des Berufes bejahte. Dass A nach den hausinternen Regelungen des Kreiskrankenhauses keinen unmittelbaren Zugriff auf die Opiate hatte, sondern deren Verwaltung, Kontrolle und Ausgabe dem Pflegepersonal übertragen war, ändere daran nichts, da A als angestellter Arzt mit dem Verwenden von Arzneimitteln des Krankenhauses beruflich befasst gewesen sei.

[2095] BeckOK-StGB/*Stoll*, § 70 Rn. 4.
[2096] BGH, NJW 1968, 1730.
[2097] RGSt. 68, 397 (398); BGH, NJW 1983, 2099; BGH, BeckRS 2011, 07824.
[2098] Beispiel nach BGH, wistra 2003, 423, wenngleich dort ein Fahrlehrer seine Vertrauensbeziehung zum Fahrschüler ausnutzte.
[2099] BGH, wistra 2003, 423; BGH, StV 2008, 80; ähnlich bereits BGHSt. 22, 144 (146); vgl. auch BGH, NStZ-RR 2016, 110 (111).
[2100] Vgl. *Fischer*, § 70 Rn. 4.
[2101] BGH, NJW 1975, 2249 f.
[2102] Vgl. BGH, NStZ 1998, 567 zur Anmaßung einer Stellung als Rechtsanwalt.
[2103] NStZ-RR 2001, 16.

b) Grobe Verletzung berufsrechtlicher Pflichten. Die zweite Variante der groben **339**
Verletzung der mit dem Beruf oder Gewerbe verbundenen Pflicht, die sich dogmatisch nicht ganz von der ersten Variante trennen lässt[2104], bezieht sich auf berufsspezifische Pflichten, aber auch allgemeine Pflichten, die aus der Berufs- oder Gewerbetätigkeit erwachsen[2105], und sich für Ärzte maßgeblich aus den auf der Musterberufsordnung beruhenden Berufsordnungen für Ärzte ergeben. Ob die Pflichtverletzung grober Art ist, beurteilt sich nach dem Grad der Pflichtwidrigkeit und nach der Bedeutung der missachteten Pflicht.[2106] Als grob ist danach die Pflichtwidrigkeit einzustufen, wenn die jeweilige Pflicht in einem besonders schweren Maß verletzt wird oder der Verstoß sich gegen eine besonders gewichtige Pflicht richtet.[2107] Eine derartige grobe Pflichtverletzung liegt etwa vor bei Schweigepflichtverletzungen eines Arztes[2108] oder in den Fällen des Abrechnungsbetruges[2109].

In **Fall 82** bejahte das OLG Frankfurt a. M.[2110] gleichfalls eine grobe Verletzung der beruflichen Pflicht eines Arztes, mit den zur Behandlung von Patienten bereitgestellten Betäubungsmitteln nur sachgerecht umzugehen, verringerte A doch durch seinen Diebstahl und Eigenverbrauch nicht nur die bereitgestellten Opiate, die in Notsituationen nun nicht mehr unverzüglich verabreicht werden konnten, sondern er versah seine Tätigkeit als Notarzt und Anästhesist auch unter Einwirkung dieser Opiate („äußerst grobe Verletzung der ärztlichen Pflichten"). Die hiermit verbundene Gefährdung der Patienten zeigte sich etwa in der Missachtung der Hygienevorschriften.

2. Materielle Voraussetzung: Gefahrenprognose

Weitere Voraussetzung ist nach § 70 I 1 StGB eine für den Zeitpunkt der letzten **340**
tatrichterlichen Verhandlung[2111] anzustellende Prognose, ob „die Gesamtwürdigung des Täters und der Tat die Gefahr erkennen lässt, dass er bei weiterer Ausübung des Berufs, Berufszweiges [...] erhebliche rechtswidrige Taten der bezeichneten Art [d. h. unter Missachtung des Berufs oder der groben Missachtung berufsrechtlicher Pflichten] begehen wird". Angesichts der existenziellen Bedeutung des in die Berufsfreiheit (Art. 12 I GG) eingreifenden Berufsverbots genügt hierfür eine bloße Wiederholungsmöglichkeit nicht[2112], vielmehr müssen die erheblichen Rechtsverletzungen im Sinne der Anlasstat mit naheliegender[2113] (nicht auch erheblicher) Wahrscheinlichkeit prognostiziert werden können[2114]; hieran fehlt es etwa, wenn die Anlasstat in der konfliktbezogenen Beziehung zum konkreten Opfer lag[2115]. Es ist daher stets zu prüfen, ob einerseits bei erstmaliger Straffälligkeit nicht bereits die Verurteilung an sich oder der Strafvollzug den Täter von weiteren gleichartigen Straftaten abhalten würden, und anderer-

---

2104 Ebenso MüKo-StGB/*Bockemühl*, § 70 Rn. 10; SSW-StGB/*Harrendorf*, § 70 Rn. 10.
2105 BeckOK-StGB/*Stoll*, § 70 Rn. 5.
2106 Vgl. LK/*Hanack*, § 70 Rn. 25; Sch/Schr/*Stree/Kinzig*, § 70 Rn. 11.
2107 Sch/Schr/*Stree/Kinzig*, § 70 Rn. 11.
2108 Vgl. Sch/Schr/*Stree/Kinzig*, § 70 Rn. 11.
2109 OLG Koblenz, wistra 1997, 280.
2110 NStZ-RR 2001, 16.
2111 Vgl. nur BGH, NJW 1975, 2249; LK/*Hanack*, § 70 Rn. 45; *Lackner/Kühl*, § 70 Rn. 7.
2112 Vgl. nur MüKo-StGB/*Bockemühl*, § 70 Rn. 15; Sch/Schr/*Stree/Kinzig*, § 70 Rn. 14.
2113 MüKo-StGB/*Bockemühl*, § 70 Rn. 14.
2114 BeckOK-StGB/*Stoll*, § 70 Rn. 6; *Ulsenheimer*, Arztstrafrecht, Rn. 1370; SSW-StGB/*Harrendorf*, § 70 Rn. 14: „hohe Wahrscheinlichkeit".
2115 BGH, NStZ-RR 2016, 110 (111).

seits, ob andere (auch außerstrafrechtliche), weniger einschneidende Maßnahmen – vor allem Bewährungsauflagen – die prognostizierte Gefahr entfallen lassen[2116].

3. Die richterliche Entscheidung

341 Über die **Anordnung** eines Verbotes des Berufes, der missbraucht wurde[2117], entscheidet das Gericht nach (zu begründendem: §§ 260 II, 267 VI StPO) pflichtgemäßem Ermessen („kann"), das streng an den Zweck der Maßnahme gebunden ist[2118] und bei dem wegen des Eingriffs in Art. 12 I GG der in § 62 StGB normierte Grundsatz der Verhältnismäßigkeit in besonderer Weise zu berücksichtigen ist. So kann beispielsweise erwogen werden, einem Arzt nur die medizinische Behandlung von Frauen[2119] oder eine Tätigkeit als Substitutionsarzt oder lediglich die Ausübung einer selbstständigen ärztlichen Tätigkeit zu untersagen, so dass eine Tätigkeit als angestellter Krankenhausarzt weiterhin möglich bliebe[2120]. Die Verhältnismäßigkeit ist auch bei der nach dem Gewicht der ungünstigen Prognose vorzunehmenden[2121] Bemessung der Dauer des Berufsverbots (nach § 70 I 1 StGB: 1–5 Jahre[2122]) zu beachten, so dass von der nach § 70 I 2 StGB möglichen Verhängung eines lebenslangen Berufsverbots, „wenn zu erwarten ist, dass die gesetzliche Höchstfrist zur Abwehr der von dem Täter drohenden Gefahr nicht ausreicht", nur vorsichtig (zumeist nur bei „schwerster oder chronischer Berufskriminalität"[2123]) Gebrauch gemacht werden darf. Verhängt wurde ein lebenslanges Berufsverbot dennoch etwa in einem Fall, in dem davon auszugehen war, „dass der Angeklagte zukünftig bei weiterer Ausübung seines Berufes als Gynäkologe erneut gegen eklatante Grundsätze der ärztlichen Kunst verstoßen wird und es hierdurch zu gravierenden Schäden potentieller Patientinnen kommen könnte"[2124].

342 Bereits im Rahmen des Ermittlungsverfahrens kann das Gericht nach § 132a StPO I ein **vorläufiges Berufsverbot** anordnen, wenn „dringende Gründe" für die Annahme vorhanden sind, dass ein Berufsverbot angeordnet werden wird. Erforderlich ist damit ein dringender Tatverdacht für die von § 70 I 1 StGB verlangte Anlasstat sowie eine hohe Wahrscheinlichkeit für die übrigen Tatbestandserfordernisse.[2125]

Werden nach der Anordnung des Berufsverbots konkrete Tatsachen (die nicht notwendigerweise erst nachträglich entstanden sein müssen[2126]) bekannt, die zur

---

2116 Vgl. BGH, NStZ 1995, 124 f.; *Fischer*, § 70 Rn. 9; LK/*Hanack*, § 70 Rn. 43 ff.; *Lackner/Kühl/Heger*, § 70 Rn. 7; BeckOK-StGB/*Stoll*, § 70 Rn. 6.
2117 Hierauf muss das Verbot beschränkt bleiben: BGH, wistra 1986, 257. Daher ist es unzulässig, jede selbstständige Gewerbetätigkeit zu verbieten: BGH bei *Holtz*, MDR 1979, 455; *Lackner/Kühl/Kühl*, § 70 Rn. 13.
2118 *Lackner/Kühl/Heger*, § 70 Rn. 13.
2119 BGH, StV 2004, 653.
2120 OLG Koblenz, wistra 1997, 280; *Ulsenheimer*, Arztstrafrecht, Rn. 1371.
2121 *Lackner/Kühl/Heger*, § 70 Rn. 11.
2122 Eine nachträgliche Verlängerung der Dauer bis zur Höchstfrist ist ebenso wenig möglich wie eine nachträgliche Verkürzung: MüKo-StGB/*Bockemühl*, § 70 Rn. 27.
2123 MüKo-StGB/*Bockemühl*, § 70 Rn. 28; ebenso *Lackner/Kühl/Heger*, § 70 Rn. 11; BeckOK-StGB/*Stoll*, § 70 Rn. 10.
2124 LG Essen, ZfL 2004, 140 f.; kritisch *Ulsenheimer*, Arztstrafrecht, Rn. 1371: zu knappe Begründung.
2125 *Ulsenheimer*, Arztstrafrecht, Rn. 1372.
2126 BeckOK-StGB/*Stoll*, § 70a Rn. 2.

nachträglichen richterlichen Überzeugung führen, der Verurteilte werde keine rechtswidrigen, berufsspezifischen Taten mehr begehen (z. B. die Nachholung einer beruflichen Aus- oder Fortbildung[2127]), kann das Gericht durch Beschluss (§§ 463 VI 1, 462 I 1 StPO) das Berufsverbot nach § 70a I StGB mit einer Bewährungsfrist von 2–5 Jahren (§ 70a III iVm § 56a I StGB) **zur Bewährung aussetzen.**

4. Folgen des Berufsverbots

343 Mit der Rechtskraft des Urteils wird das Berufsverbot wirksam (§ 70 IV 1 StGB)[2128] und eine hiernach erfolgende Berufsausübung ist (wenn keine Aussetzung zur Bewährung nach § 70a StGB erfolgt ist) nach § 145c StGB strafbewährt. Zur Verhinderung von Umgehungen[2129] bestimmt § 70 III StGB, dass der Täter den Beruf oder das Gewerbe auch nicht für einen anderen ausüben darf oder durch eine von seinen Weisungen abhängige Person für sich ausüben lassen darf. Nicht untersagt ist allerdings der Fall, dass ein selbstständig handelnder Dritter den Beruf oder das Gewerbe betreibt und die Gewinne dem vom Berufsverbot Betroffenen abführt[2130], d. h. die Praxis des Täters von einem weisungsunabhängigen Praxisvertreter fortgeführt wird und der Praxisgewinn dem Täter zufließt[2131].

Das Berufsverbot endet mit Ablauf der vom Gericht festgesetzten Frist oder – im Falle der Aussetzung gem. § 70a StGB – mit der gerichtlichen Erledigungserklärung nach Ablauf der Bewährungsfrist gem. § 70b V StGB.[2132] Bei Berechnung des Fristablaufs ist nach § 70 IV 2 StGB ein zuvor verhängtes vorläufiges Berufsverbot (§ 132a StPO) einzurechnen.

§ 15 Außerstrafrechtliche Sanktionen

344 Neben strafrechtlichen Sanktionen drohen einem Arzt infolge einer Straftat auch (teils erhebliche) außerstrafrechtliche Folgen:

I. Berufsrechtliche Folgen

344a Kammermitglieder müssen sich nach den einschlägigen Landesgesetzen bei berufsunwürdigen Handlungen in einem Berufsgerichtsverfahren verantworten. Die Verhängung berufsrechtlicher Sanktionen obliegt hierbei in erster Instanz (zumeist bei den Verwaltungsgerichten angesiedelten[2133]) Berufsgerichten, bestehend zumeist aus einem Berufsrichter und zwei Beisitzern aus dem Beruf des Beschuldigten, in der Berufungsinstanz Landesberufsgerichten, bestehend in der Regel aus drei Berufsrichtern und zwei Beisitzern; eine Revisionsinstanz existiert

---

2127 Sch/Schr/*Stree/Kinzig*, § 70a Rn. 3.
2128 Es sei denn, das Gericht hat gem. § 456c I StPO bei Erlass des Urteils das Wirksamwerden des Berufsverbots durch Beschluss aufgeschoben!
2129 MüKo-StGB/*Bockemühl*, § 70 Rn. 31; Sch/Schr/*Stree/Kinzig*, § 70 Rn. 28.
2130 Vgl. *Fischer*, § 70 Rn. 16; SSW-StGB/*Harrendorf*, § 70 Rn. 23.
2131 AG Bochum, MedR 1988, 161 (162).
2132 Vgl. hierzu umfassend MüKo-StGB/ *Bockemühl*, § 70 Rn. 30.
2133 Vgl. nur § 61 HeilBerG NRW; § 48 HeilBG RP.

nicht[2134]. Die jeweiligen Verfahrensvorschriften sind zumeist an das Gerichtsverfassungsgesetz (GVG) und die Strafprozessordnung bzw. die Verwaltungsgerichtsordnung und die Landesdisziplinarordnungen angelehnt, die subsidiär zur Anwendung gelangen. In einem strafgerichtlichen Urteil getroffene Feststellungen sind hierbei für die Berufsgerichte grundsätzlich bindend, sofern diese nicht ausnahmsweise eine eigene Überprüfung beschließen.[2135]

1. Berufsunwürdigkeit

345 Anknüpfungspunkt für die Durchführung des Verfahrens sind berufsunwürdige Handlungen, d. h. solche, die gegen die Pflichten verstoßen, die einem Arzt zur Wahrung des Ansehens seines Berufs obliegen, so dass der Arzt mit seiner Handlung das öffentliche Bild des Arztes in Misskredit gebracht oder zu einem massiven Ansehensverlust für den ärztlichen Berufsstand beigetragen hat.[2136] Eine Straftat braucht dies nicht zu sein, aber behandlungsbezogene Straftaten mit erheblichen Folgen oder ein Abrechnungsbetrug in einem besonders schweren Fall[2137] werden in der Regel erfasst. Verfehlungen, die nicht in Verbindung mit der Berufsausübung und deren Pflichten stehen, genügen dagegen genauso wenig wie politische, religiöse und wissenschaftliche Ansichten und Handlungen oder die Stellungnahme zu wirtschaftlichen Berufsangelegenheiten[2138].

2. „Berufsrechtlicher Überhang"

346 Fall 83 (nach BayObLGSt. 2004, 75 ff.): Der 65-jährige Patient P begab sich in die Chirurgische Praxis des Dr. S, um in Anästhesie in Form eines Dämmerschlafes einen endoskopischen Eingriff im Bereich der Lendenwirbelsäule durchführen zu lassen. Nach ausführlicher Aufklärung führte Anästhesist A zusammen mit der OP-Schwester die Lagerung des P durch, wobei das Gesäß unterlagert wurde, um die Wirbelsäule anzuheben. Auf eine Fixierung des P auf dem Operationstisch verzichtete Dr. S wie in all seinen Operationen. Mit zwei Hypnotika wurde P sodann in einen Zustand versetzt, in dem P zwar schlief, jedoch noch selbstständig atmen konnte. Anschließend begann Dr. S als Chirurg mit dem operativen Eingriff. Nach diesem wandte sich A vom Tisch ab, um aus einem Nebenraum ein Medikament zur Blutdrucksenkung zu holen. Während sich A im Nebenraum befand, wandte sich auch die OP-Schwester vom Operationstisch ab, um für den Chirurgen eine Spritze aufzuziehen. Gleichzeitig drehte sich Dr. S vom OP-Tisch weg, um hinter die neben dem Operationstisch stehende Röntgenschutzwand zu gehen, damit er mit einem Fußschalter das abschließende Bildwandlerbild auslösen konnte. In diesem Moment erwachte P von seinem Dämmerschlaf und wollte die ihm unbequeme Lage beenden und vom Operationstisch aufstehen. Hierbei rutschte der noch unzurechnungsfähige Patient linksseitig vom Tisch ab und fiel ohne ausreichende Schutzreflexe mit dem Kopf auf den Boden, wobei er sich auf

---

2134 Vgl. beispielhaft § 62 I, II HeilBerG NRW, § 49 I, II HeilBG RP, § 68 I, II HKG Nd.
2135 Vgl. nur Art. 86 III 2 HKaG Bay; § 76 III HeilBerG NRW.
2136 Vgl. BVerfGE 27, 180 (186 f.); VGH Kassel, NJW 1986, 2390; LBG beim OVG NRW, MedR 1988, 272 (273); vgl. hierzu auch die Legaldefinition in § 55 II HBKG BW.
2137 So LBG für die Heilberufe beim OVG NRW, MedR 1988, 272 ff.; *Frister/Lindemann/Peters*, Arztstrafrecht, 2. Kap. Rn. 13; *Ulsenheimer*, in: Laufs/Kern, Handbuch, § 151 Rn. 55; aA VGH Mannheim, MedR 1983, 36 ff.
2138 Vgl. nur § 55 II HBKG BW.

> der rechten Seite eine Schädelfraktur mit einem subduralen Hämatom zuzog. Nach durchgeführter Notfallversorgung des Patienten P wurde dieser in das Städtische Krankenhaus verlegt, wo er einen Tag nach dem Sturz zusätzlich einen Hirninfarkt erlitt. Trotz rechtzeitiger operativer Versorgung blieb P als Folge der irreversiblen Hirnschädigung komatös, musste als schwerstpflegebedürftiger Patient in ein spezielles neurologisches Zentrum verlegt werden und verstarb dort wenig später. Wegen dieses Sachverhalts wurde A mit Strafbefehl des Amtsgerichts rechtskräftig wegen fahrlässiger Körperverletzung zu einer Geldstrafe verurteilt. Kann das Berufsgericht wegen des gleichen Sachverhalts gegen A eine Geldbuße verhängen?

Einer zusätzlichen berufsrechtlichen Sanktionierung steht zwar das Doppelbestrafungsverbot des Art. 103 III GG nicht entgegen, da dieses sich nach seinem Wortlaut („auf Grund der allgemeinen Strafgesetze") nicht auf alle Arten von Bestrafungen bezieht und disziplinarrechtliche wie berufsrechtliche Geldbußen, obgleich sie ähnlich wie die Geldstrafe des Kriminalrechts wirken, zu diesen wesensverschieden sind[2139]: Anders als im Kriminalstrafrecht geht es bei der Verhängung berufsrechtlicher Sanktionen nämlich nicht um die (repressive) Ahndung individueller Verstöße, sondern darum, den Arzt (präventiv) zur Erfüllung seiner Berufspflichten anzuhalten und dadurch die Funktionsfähigkeit der Ärzteschaft bei der Erfüllung ihres Auftrags im Interesse der Allgemeinheit zu sichern.[2140] „Trotz einer strafgerichtlichen Verurteilung zu einer Geldstrafe kann es [daher] geboten sein, durch die Auferlegung einer Geldbuße noch besonders zum Bewusstsein zu bringen, dass die Tat nach dem Verständnis der Berufsgenossen ‚berufsunwürdig' ist", so dass es grundsätzlich nicht „gegen die auf die Gerechtigkeit gegründeten Grundsätze der Rechtsstaatlichkeit" verstößt, „wenn zusätzlich zu einer Geldstrafe noch eine Geldbuße, die unter einem anderen Aspekt gerechtfertigt ist, verhängt wird"[2141]. Jedoch ist stets im Einzelfall zu prüfen, ob die Verhängung einer berufsrechtlichen Maßnahme nach strafgerichtlicher Verurteilung nicht dadurch mit dem verfassungsrechtlichen Grundsatz der Verhältnismäßigkeit kollidiert, dass die Funktion der berufsrechtlichen Maßnahme bereits durch die strafgerichtliche Bestrafung verbraucht ist[2142] – eine zusätzliche berufsgerichtliche Ahndung ist daher einzig möglich, wenn nach der strafgerichtlichen Verurteilung ein „berufsrechtlicher Überhang" verbleibt, d. h. wenn die in der strafrechtlichen Verurteilung liegende Pflichtenmahnung nicht ausreicht, um den Beschuldigten zukünftig zu einem pflichtgemäßen Verhalten anzuhalten[2143]. Folgerichtig ist in den einschlägigen Landesheilberufekammergesetzen nicht nur geregelt, dass ein berufsgerichtliches Verfahren auszusetzen ist, wenn wegen desselben Sachverhalts die öffentliche Klage im strafgerichtlichen Verfahren erhoben

---

[2139] Grundlegend BVerfGE 21, 378 ff.; BVerfGE 21, 391 ff.; BVerfG, NJW 1970, 507 (508).
[2140] *Frister/Lindemann/Peters*, Arztstrafrecht, 4. Kap. Rn. 11; *Laufs/Katzenmeier/Lipp*, Arztrecht, II Rn. 35.
[2141] BVerfG, NJW 1970, 507 (509).
[2142] Vgl. BVerfG, NJW 1970, 507 (509).
[2143] Vgl. nur LBG für die Heilberufe beim Hess.VGH, MedR 1995, 250 (251); *Frister/Lindemann/Peters*, Arztstrafrecht, 4. Kap. Rn. 14; *Hancok*, Abrechnungsbetrug, S. 245; *Hellmann/Herffs*, Abrechnungsbetrug, Rn. 642; *Laufs*, in: Laufs/Kern, Handbuch, § 14 Rn. 25.

ist[2144], sondern zumeist auch, dass nach Verhängung einer Strafe, eines Bußgeldes oder einer Disziplinarmaßnahme eine berufsgerichtliche Ahndung wegen desselben Sachverhalts unzulässig ist, „soweit nicht eine berufsgerichtliche Maßnahme zusätzlich erforderlich ist, um das Kammermitglied zur Erfüllung seiner Pflichten anzuhalten und das Ansehen des Berufs zu wahren"[2145]. Erforderlich ist also kumulativ die Notwendigkeit der Wahrung des Standesansehens wie die Notwendigkeit der Pflichtenmahnung.[2146] Eine derartige zusätzliche Pflichtenmahnung ist nach der berufsgerichtlichen Rechtsprechung nur dann erforderlich, „wenn die konkrete Befürchtung besteht, ohne berufsgerichtliche Ahndung würde sich der Beschuldigte auch künftig pflichtwidrig verhalten. Selbst ein hoher Unrechts- und Schuldgehalt sowie eine lange Dauer eines pflichtwidrigen Verhaltens eines Arztes ändert nichts daran, dass die strafrechtliche Ahndung regelmäßig auch die berufsrechtlichen Belange wahrt."[2147]

In **Fall 83** reicht es für einen „berufsrechtlichen Überhang" nicht aus, dass der Tatvorwurf den Kernbereich der Tätigkeit eines Anästhesisten betrifft, da ansonsten das Regel-Ausnahme-Verhältnis zusätzlicher berufsgerichtlicher Ahndung ins Gegenteil verkehrt würde; weitere Feststellungen, wonach die Wahrung des Ansehens des ärztlichen Berufsstandes eine zusätzliche Ahndung im berufsgerichtlichen Verfahrens erfordern, wurden nicht getroffen. Eine zusätzliche Geldbuße kann nicht verhängt werden.

Fall 84 (nach BVerfG, NJW 1970, 507 ff.): Der praktische Arzt Dr. A wurde morgens zu einem Unfallverletzten gerufen, der am Abend zuvor vom Fahrrad gestürzt war und in der Nacht das Bewusstsein verloren hatte. Da Dr. A nicht erschien, wurde er wenige Stunden später telefonisch an die Notwendigkeit eines Besuchs erinnert. Nach seiner Angabe fuhr Dr. A sodann in den Wohnort des Verletzten, fand aber die Wohnung nicht. Am Nachmittag wies ein anderer Arzt den Verletzten in die Klinik ein, wo dieser kurz vor Beendigung der Operation, die wegen eines Schädelbruchs und einer Verletzung des Hauptastes der Gehirnader erforderlich war, verstarb. Ob der Verletzte bei früherer ärztlicher Hilfe hätte gerettet werden können, wurde nicht festgestellt. Durch rechtskräftiges Urteil des Amtsgerichts, über das in den Medien berichtet wurde, wurde Dr. A daher (nur) wegen unterlassener Hilfeleistung zu einer Geldstrafe verurteilt, wobei das Gericht es strafmildernd berücksichtigte, dass Dr. A die sofortige Hilfe nicht aus eigensüchtigen Motiven unterließ, sondern in dieser Zeit Patienten in seiner Sprechstunde behandelt hatte. Kann das Berufsgericht Dr. A wegen dieses Vorfalls eine Geldbuße auferlegen?

In **Fall 84** ließ das Bundesverfassungsgericht[2148] (in einem Mehrheitsvotum) unbeanstandet, dass das Berufsgericht im Verhalten des Dr. A eine „gravierende Zuwiderhandlung" gegen die ärztliche Pflicht erblickte, unverzüglich einen lebensnotwendigen Hausbesuch vorzunehmen, nachdem er gerufen wurde, stehe hierhinter doch die grundsätzliche Maxime, dass die Erhaltung und Wiederher-

---

2144 Vgl. nur § 76 I HeilBerG NRW; § 56 II HeilBG RP; § 61 I HKG Nd iVm § 23 Niedersächsisches Disziplinargesetz.
2145 § 46 HeilBG RP; vgl. auch § 61 II HKG Nd.
2146 Vgl. nur *Ulsenheimer*, Arztstrafrecht, Rn. 1377.
2147 BayObLGSt. 2004, 75 (77).
2148 BVerfG, NJW 1970, 507 (509).

stellung der Gesundheit seiner Patienten Richtschnur des ärztlichen Handelns sein soll. Durch seinen Verstoß, über den in den Medien berichtet worden sei, habe das Ansehen des Berufsstands der Ärzteschaft eine empfindliche Einbuße erlitten, so dass zur Vermeidung künftiger vergleichbarer Verstöße neben der strafgerichtlichen Bestrafung die berufsgerichtliche Verhängung einer Geldbuße notwendig sei. Bejaht wird ein „berufsrechtlicher Überhang" zumeist auch in den Fällen eines Missbrauchs des Vertrauensverhältnisses zwischen Arzt und Patient, bei schwerwiegenden Abrechnungsmanipulationen sowie in Fällen der Vorteilsannahme oder Bestechlichkeit.[2149]

> **Fall 85** (nach Gerichtshof für die Heilberufe Niedersachsens, MedR 2007, 454 ff.): Anlässlich der Untersuchung der Patientin auf dem gynäkologischen Stuhl mittels Spekulum und auf bimanuelle Weise zur Abklärung einer Eileiterschwangerschaft führte Gynäkologe G nach Spreizen der Schamlippen den Zeige- und Mittelfinger seiner rechten Hand in die Scheide der P ein und legte seine andere Hand zunächst auf ihren Unterbauch, bevor er mit einem Finger dieser Hand die Klitorishaut hochschob und ihre Klitoris mehrfach berührte und drückte, ohne dass dies durch die Untersuchung veranlasst oder geboten gewesen war. Aus Angst traute sich P, die Wut und Scham empfand, nicht, sich dagegen zur Wehr zu setzen. Vom Strafgericht wurde G vom Vorwurf der Beleidigung (§ 185 StGB) freigesprochen, weil eine längere und gezieltere Berührung der Klitoris durch G gerade nicht festgestellt worden sei. Kann das Berufsgericht dennoch das Verhalten des G berufsrechtlich ahnden?

Wird der beschuldigte Arzt im strafgerichtlichen Verfahren freigesprochen, so kann wegen des Sachverhalts, der Gegenstand der strafgerichtlichen Untersuchung war, ein berufsgerichtliches Verfahren zwar nur dann geführt (und mit einer Sanktionierung) abgeschlossen werden, wenn dieser Sachverhalt, ohne den Tatbestand eines Strafgesetzes zu erfüllen, die Annahme einer berufsunwürdigen Handlung rechtfertigt[2150] oder wenn die Pflichtwidrigkeit des ärztlichen Verhaltens zwar feststeht, nicht dagegen deren Kausalität für die Verletzung oder sogar den Tod des Patienten.[2151]

In **Fall 85** haben die Handlungen des G, die durch die Feststellungen im Strafverfahren auch im berufsgerichtlichen Verfahren feststehen, zwar nicht die Intensität einer Beleidigung erreicht, wohl aber das Gebot gewissenhafter Berufsausübung wie das ihm von seiner Patientin entgegengebrachte Vertrauen sowie Würde, Selbstbestimmungsrecht und Privatsphäre der Patientin missachtet, indem er während der gynäkologischen Untersuchung ihre Geschlechtsteile in einer Weise berührt hat, die nicht durch die Untersuchung selbst veranlasst waren. Der Berufsgerichtshof erblickte hiernach eine Geldbuße iHv 5.000 Euro für tat- und schuldangemessen an.[2152]

[2149] Vgl. nur *Ulsenheimer*, in: Laufs/Kern, Handbuch, § 151 Rn. 58; *ders.*, Arztstrafrecht, Rn. 1377.
[2150] Vgl. beispielhaft § 76 II HeilBerG NRW; 57 III HBKG BW.
[2151] Vgl. nur Berufsgericht für Heilberufe beim VG Köln, ArztR 1981, 324 ff.; *Ulsenheimer*, Arztstrafrecht, Rn. 1377.
[2152] Gerichtshof für die Heilberufe Niedersachsens, MedR 2007, 454 (455 f.).

3. Rechtsfolgen

348 Je nach der Schwere des Berufsvergehens kann das Berufsgericht eine Warnung, einen Verweis, die Entziehung des passiven Berufswahlrechts, Geldbußen bis zu 50.000 Euro[2153], 100.000 Euro (z. B. Niedersachsen[2154]) oder sogar 200.000 Euro (z. B. Rheinland-Pfalz[2155]) sowie in einigen Bundesländern (z. B. in Nordrhein-Westfalen[2156]) die Feststellung der Unwürdigkeit zur Ausübung des Berufs verhängen. Zum Widerruf der Approbation besteht dagegen keine Kompetenz.

II. Widerruf und Ruhen der Approbation

349 Strafrechtliche Verfehlungen des Arztes können aber nach rechtskräftigem Strafurteil oder Strafbefehl zum Widerruf der Approbation durch die zuständige Approbationsbehörde nach § 5 II 1 iVm § 3 I Nr. 2 BÄO führen, wenn sich der Arzt „eines Verhaltens schuldig gemacht hat, aus dem sich seine Unwürdigkeit oder Unzuverlässigkeit zur Ausübung des ärztlichen Berufs ergibt". Der hiermit verbundene Eingriff in Art. 12 GG in Form einer subjektiven Zulassungsregelung ist – wie das OVG Lüneburg[2157] es betonte – durch den Schutz des überragenden Gemeinschaftsgutes des Ansehens der Ärzteschaft in den Augen der Öffentlichkeit gerechtfertigt, „dies freilich nicht als Selbstzweck, sondern um das für jede Heilbehandlung unabdingbare Vertrauen der Patienten in die Integrität der Person aufrecht zu erhalten, denen mit der Approbation die staatliche Erlaubnis zur selbstständigen Ausübung der Heilkunde verliehen ist und in deren Behandlung sich die Patienten begeben". Der stets gesondert zu beachtende Grundsatz der Verhältnismäßigkeit wird zumeist bereits durch die Möglichkeit eines Antrags auf Wiedererteilung der Approbation gewahrt.[2158]

1. Unwürdigkeit oder Unzuverlässigkeit zur Ausübung des ärztlichen Berufs

350 Die erste Tatbestandsvariante der **Unwürdigkeit** liegt vor, wenn der Arzt durch sein Verhalten nach einer Gesamtwürdigung nicht mehr das für die Berufsausübung unabdingbar nötige Ansehen und Vertrauen bei der Bevölkerung besitzt, das für die Ausübung seines Berufs unabdingbar nötig ist.[2159] Notwendig hierfür ist ein derart schwerwiegendes Fehlverhalten in unmittelbarem Zusammenhang mit der Berufsausübung (wenngleich nicht notwendigerweise auch unmittelbar im Arzt-Patienten-Verhältnis[2160]), das bei Würdigung aller Umstände die weitere Berufsausübung (zum Zeitpunkt der letzten Verwaltungsentscheidung) als untragbar erscheinen lässt.[2161]

[2153] Z. B. § 58 Nr. 3 HBKG BW; 60 I Nr. d HeilBerG NRW.
[2154] § 63 I Nr. 2 HKG Nd.
[2155] § 52 I Nr. 3 HeilBG RP.
[2156] § 60 I Nr. e HeilBerG NRW.
[2157] BeckRS 2012, 49890; ähnlich VGH München, BeckRS 2014, 59401.
[2158] VG München, BeckRS 2012, 47410.
[2159] Vgl. nur BVerwG, NJW 1993, 806; BVerwG, NJW 1999, 3425 (3426); VG München, BeckRS 2016, 41255. *Ulsenheimer*, Arztstrafrecht, Rn. 1376.
[2160] OVG Lüneburg, BeckRS 2015, 41955; VG Hannover, BeckRS 2014, 56575.
[2161] Vgl. nur VG München, BeckRS 2012, 47410; VG München, BeckRS 2016, 41255; *Frister/Lindemann/Peters*, Arztstrafrecht, 4. Kap. Rn. 20.

> **Fall 86** (nach VG München, BeckRS 2012, 47410): Der approbierte Arzt A verschrieb mehreren Patienten Betäubungsmittel, um den Sichtdruck der Patienten zu lindern, jedoch ohne Definition eines Therapiezieles bzw. Erstellung eines ärztlichen Behandlungsplans zur Erreichung des Therapiezieles. Er wurde rechtskräftig wegen unerlaubten Verschreibens von Betäubungsmitteln in Tateinheit mit einer Zuwiderhandlung gegen eine in § 29 I 1 Nr. 14 BtMG genannte Rechtsverordnung in 25 tatmehrheitlichen Fällen zu einer Gesamtfreiheitsstrafe von 11 Monaten verurteilt, deren Vollstreckung zur Bewährung ausgesetzt wurde. Gleichzeitig wurde ihm für die Dauer von 3 Jahren untersagt, die Tätigkeit des Substitutionsarztes auszuüben. Der Verurteilung ging eine Verständigung (§ 257c StPO) voraus, in dessen Rahmen das Gericht bei der Strafzumessung neben dem Geständnis des A die Tatsache strafmindernd berücksichtigte, dass A nicht aus Gewinnsucht, sondern aus falsch verstandener Freundschaft gegenüber den mit ihm bekannten Patienten gehandelt hatte. Wäre eine Entziehung der Approbation rechtmäßig?

Eine Berufsunwürdigkeit ist grundsätzlich zu bejahen, „wenn der Arzt vorsätzlich eine schwere, gemeingefährliche oder gemeinschädliche oder gegen die Person gerichtete, von der Allgemeinheit besonders missbilligte, ehrenrührige Straftat begangen hat"[2162], wie z. B. wenn der Patient durch die ärztliche Verschreibungspraxis wissentlich oder grob fahrlässig in Lebensgefahr gebracht wird,[2163] wenn ein Zahnarzt einem Patienten ohne Einwilligung zwanzig Zähne zieht[2164], bei einem sexuellen Missbrauch unter Ausnutzung eines Behandlungsverhältnisses[2165] oder gegenüber den eigenen Auszubildenden,[2166] bei einer schweren Vorteilsannahme oder Bestechlichkeit[2167], bei einem „schwerwiegenden, beharrlichen steuerlichen Fehlverhalten"[2168], bei einem Handel mit Betäubungsmitteln[2169], bei wiederholten Verstößen gegen betäubungsmittelrechtliche Bestimmungen im Rahmen der Substitutionsbehandlung opiatabhängiger Patienten[2170] oder bei einem Abrechnungsbetrug gegenüber der Kassenärztlichen Vereinigung in großem Umfang, der die Ärzteschaft im Ganzen beschädigt, da die Öffentlichkeit die an dem individuellen Gewinnstreben orientierte Berufsausübung eines Arztes kritisch sieht.[2171] In **Fall 86** steht durch die Bindung an die strafrechtlichen Feststellungen fest, dass A durch die Verschreibung von Betäubungsmitteln unter Verzicht auf jegliche ärztliche Kontrolle der Wirkungsweisen eine schwerwiegende Verfehlung begangen hat.

[2162] VG Göttingen, BeckRS 2011, 51322; so zuvor bereits VGH Mannheim, NJW 2003, 3647 (3648).
[2163] OVG Lüneburg, BeckRS 2015, 45503; OVG Lüneburg, BeckRS 2015, 52568.
[2164] VG Magdeburg, BeckRS 2013, 54406.
[2165] OVG Luneburg, BeckRS 2013, 51203; ob sich der Patient/die Patientin hierbei kooperativ gezeigt hat, spielt dabei keine Rolle: VG Gießen, NVwZ-RR 2013, 316 (317).
[2166] VGH München, BeckRS 2015, 53726.
[2167] Vgl. nur VGH München, MedR 2011, 594 ff.
[2168] VG Regensburg, BeckRS 2012, 59381.
[2169] Vgl. nur *Schmuck/Huber*, NJOZ 2011, 1793 (1794).
[2170] OVG Lüneburg, BeckRS 2015, 41955; ähnlich VGH München, BeckRS 2014, 59401.
[2171] OVG Lüneburg, BeckRS 2012, 49891; OVG Lüneburg, BeckRS 2013, 52516; OVG Lüneburg, BeckRS 2015, 41955; VG Göttingen, BeckRS 2011, 51322; VG Magdeburg, BeckRS 2013, 50718; VG München, BeckRS 2016, 41255; VG Regensburg, BeckRS 2016, 52002.

351 Während sich die Unwürdigkeit aus einer rückblickenden Bewertung des früheren Fehlverhalten des Arztes ergibt, besteht eine **Unzuverlässigkeit** in der behördlichen Prognose zum Zeitpunkt der letzten Verwaltungsentscheidung, dass der Arzt entsprechend seines bisherigen Verhaltens wie seiner inneren Einstellung in der Zukunft gegen berufsrechtliche Vorschriften und Pflichten verstoßen wird.[2172] Bejaht wird dies etwa in den Fällen erheblichen und langjährigen Abrechnungsbetrugs.[2173]

352 Hierbei hat die Behörde jeweils nach § 24 I VwVfG den Sachverhalt von Amts Wegen zu ermitteln und ist nicht an die **tatsächlichen Feststellungen des Strafgerichts** gebunden. Die Approbationsbehörde ist jedoch berechtigt, die Strafakten im Wege des Urkundenbeweises zu verwerten und die im Strafverfahren gewonnenen Erkenntnisse einer eigenen Würdigung zu unterziehen.[2174] Regelmäßig wird die Behörde hierbei die strafgerichtlichen Feststellungen jedoch hinnehmen, sofern nicht „gewichtige Anhaltspunkte für die Unrichtigkeit der strafgerichtlichen Tatsachenfeststellung sprechen, insbesondere wenn ersichtlich Wiederaufnahmegründe vorliegen oder wenn die Behörden und das Verwaltungsgericht den bestrittenen Sachverhalt nunmehr besser aufklären können als das Strafgericht"[2175]. Das Gleiche soll gelten für einen rechtskräftig gewordenen Strafbefehl.[2176] Selbst die auf einer Verständigung nach § 257c StPO beruhenden Feststellungen dürfen zur Grundlage der behördlichen oder gerichtlichen Entscheidung über den Entzug der ärztlichen Approbation gemacht werden.[2177] Demgegenüber sind Approbationsbehörde wie Verwaltungsgerichte weder an die Wertungen eines Zulassungs- oder Disziplinarausschusses der Kassenärztlichen Vereinigung gebunden noch etwa daran, dass die Kassenärztliche Vereinigung davon absieht, die Entziehung der Zulassung als Vertragsarzt beim Zulassungsausschuss zu beantragen.[2178]

2. Berufsrechtlicher Überhang

353 Wie die gerichtliche Verhängung berufsrechtlicher Sanktionen scheidet ein Widerruf der Approbation grundsätzlich aus, wenn bereits das Strafgericht die Verfehlungen im Rahmen des Berufsverbots so umfassend geprüft hat, dass der Betroffene darauf vertrauen kann, dass damit dem Interesse der Allgemeinheit in vollem Umfang genüge getan wurde. Eine verwaltungsbehördliche Maßnahme sei nur dann möglich, wenn ein „berufsrechtlicher Überhang" besteht[2179], d. h. wenn der Widerruf der Approbation im konkreten Einzelfall nicht (nur) der

---

2172 Vgl. nur BVerwGE 105, 214 (220); BVerwG, NJW 1991, 1557; BVerwG, NJW 1993, 806; OVG Münster, MedR 2009, 751 (752); *Laufs*, in: Laufs/Kern, Handbuch, § 8 Rn. 8 f.
2173 Vgl. nur *Frister/Lindemann/Peters*, Arztstrafrecht, 4. Kap. Rn. 19.
2174 Vgl. nur BVerwG, BeckRS 1998, 30435109; *Schmuck/Huber*, NJOZ 2011, 1793 (1794).
2175 VG München, BeckRS 2012, 47410; ebenso OVG Lüneburg, BeckRS 2012, 49891; VGH München, BeckRS 2014, 59401; OVG Lüneburg, BeckRS 2015, 41955; vgl. auch OVG Münster, NJW 2004, 2034 (2036), wonach ein rechtskräftiges Strafurteil die Unschuldsvermutung widerlege.
2176 OVG Lüneburg, BeckRS 2014, 47430; OVG Lüneburg, NZS 2014, 754 (756); VGH München, BeckRS 2014, 57175; VG Regensburg, BeckRS 2016, 52002: „weil der Strafbefehl [...] aufgrund einer tatsächlichen und rechtlichen Prüfung durch das Gericht ergeht".
2177 OVG Lüneburg, NZS 2015, 318.
2178 VGH München, NJW 2015, 892.
2179 Vgl. BVerfG, NJW 1970, 507 (509); BVerwGE 137, 1 ff.; OVG Münster, NJW 2004, 2034 (2035).

Verhinderung weiterer Straftaten in der Zukunft dient (dies ist bereits durch das Berufsverbot abgedeckt), sondern der „generalpräventiven Ansehenswahrung des Berufsstandes"[2180]. Dies ist in den Fällen des Widerrufs wegen „Unwürdigkeit" – wie in **Fall 86** – stets gegeben: Denn ein Berufsverbot verfolgt nur den Zweck, rechtswidrige Taten des Verurteilten in der Zukunft zu verhindern, während der Approbationswiderruf wegen Unwürdigkeit nur die bestehende „Untragbarkeit des Betroffenen wegen vorausgegangenen Handelns unter Gesichtspunkten der Ansehenswahrung des Berufsstandes" sanktioniert.[2181] Nur bei einem Approbationswiderruf wegen „Unzuverlässigkeit" kommt es auf eine Prognose an und verlangt daher aus Gründen der Verhältnismäßigkeit, dass „über die Begehung von Straftaten hinaus noch reine berufsspezifische, nicht strafbewehrte, Pflichtenverstöße zu befürchten wären". Im umgekehrten Fall, dass das Strafgericht von der Verhängung eines Berufsverbots abgesehen hat, schränkt dies die den Verwaltungsbehörden eingeräumte Befugnis zur Untersagung des Berufs jedoch nicht ein.[2182]

3. Widerrufsentscheidung

Ergibt sich auf Grund des festgestellten Verhaltens des Arztes nach Erteilung der Approbation dessen Unzuverlässigkeit oder Unwürdigkeit zur Ausübung des ärztlichen Berufs, so ist nach § 5 II 1 BÄO zwingend die Approbation zu widerrufen[2183], wobei eine Approbation nur insgesamt und nicht – auch nicht unter Auflagen – nur teilweise widerrufen werden kann[2184]. Erfolgt der Widerruf zur Abwehr konkreter Gefahren für wichtige Gemeinschaftsgüter, so kann er nach § 80 II 1 Nr. 4 VwGO für sofort vollziehbar erklärt werden, so dass dann Widerspruch und Anfechtungsklage keine aufschiebende Wirkung hätten.

354

4. Ruhen der Approbation

§ 6 I 1 Nr. 1 BÄO ermöglicht es der Approbationsbehörde, bei Verdacht einer Straftat, aus der sich die Unwürdigkeit oder Unzuverlässigkeit des Arztes ergibt, vorläufig das Ruhen der Approbation für bestimmte oder unbestimmte Zeit anzuordnen. Wegen des hiermit verbundenen Eingriffs in Art. 12 I GG genügt jedoch nicht der Verdacht jeder Straftat aus, sondern nur einer solchen, die „gravierend bzw. von einigem kriminellem Gewicht" ist[2185] und die „konkrete Gefahren für wichtige Gemeinschaftsgüter"[2186] Dritter befürchten lässt. Bejaht wurde dies etwa beim Verdacht, eine Ärztin habe unzulässigerweise Sterbehilfe geleistet.[2187]

355

III. Vertragsärztliche Folgeverfahren

1. Entzug der Kassenzulassung

Folge einer Straftat kann auch der endgültige Entzug der Kassenzulassung (§ 81 V SGB V iVm der entsprechenden Satzung der Kassenärztlichen Vereinigung)

356

2180 VG München, BeckRS 2010, 36437.
2181 VG München, BeckRS 2012, 47410.
2182 OVG Lüneburg, BeckRS 2012, 49890; OVG Lüneburg, BeckRS 2012, 49891.
2183 Vgl. hierzu BVerwG, NJW 1999, 3425 (3426); VGH Mannheim, NJW 2003, 3647 (3649).
2184 Vgl. zu letzterem nur *Schmuck/Huber*, NJOZ 2011, 1793.
2185 VG Leipzig, MedR 2000, 336 (338); vgl. auch VG Köln, BeckRS 2014, 46205.
2186 BVerfG, NJW 2003, 3618 (3619); OVG NRW, MedR 1997, 34 (36).
2187 OVG Lüneburg, BeckRS 2004, 21450.

durch den Zulassungsausschuss in erster Instanz (§ 95 VI SGB V iVm § 27 Ärzte-ZV) bzw. den Berufungsausschuss in zweiter Instanz (§ 95 VI SGB V iVm § 44 Ärzte-ZV) sein, sofern der Arzt eine derart schwerwiegende Verletzung seiner vertragsärztlichen Pflichten begangen hat (§ 95 VI SGB V), „dass die vertrauensvolle Zusammenarbeit mit den Krankenkassen nicht mehr gewährleistet ist"[2188], d. h. dass der Arzt „nicht (mehr) geeignet erscheint, an der vertragsärztlichen Versorgung teilzunehmen"[2189], und der Grundsatz der Verhältnismäßigkeit gewahrt wird[2190]. Angesichts der Existenzgefährdung einer Zulassungsentziehung genügt hierfür weder eine bloße Verletzung der Aufklärungspflicht im Rahmen einer klinischen Studie noch eine Alkoholabhängigkeit[2191]. Das Bundessozialgericht[2192] hat jedoch im Fall eines Radiologen, der bei minderjährigen Bewerbern zur Untersuchung der Strahlenbelastung „Untersuchungen gynäkologischer Art" vornahm und daraufhin zu mehrjährigen Freiheitsstrafen u. a. wegen Vergewaltigung verurteilt und mit einem Berufsverbot belegt wurde, den Grundsatz betont, „dass im Falle eines Verbrechens (§ 177 I iVm § 12 StGB) im Zusammenhang mit der ärztlichen Tätigkeit in aller Regel eine gröbliche Verletzung anzunehmen" und damit eine Zulassungsentziehung gerechtfertigt sei. Widerspruch und Anfechtungsklage hiergegen haben jedoch grundsätzlich aufschiebende Wirkung (§ 86a I 1 SGG) – sofern nicht der Berufungsausschuss die sofortige Vollziehung angeordnet hat (§ 97 IV SGB V)[2193] – so dass der Arzt eine verhältnismäßig lange Frist für eine berufliche Umorientierung erhält.

2. Disziplinarverfahren

357 Leichtere und mittlere Verfehlungen vertragsärztlicher Pflichten können in einem Disziplinarverfahren vor den Disziplinarausschüssen der jeweiligen Kassenärztlichen Vereinigung nach § 81 V SGB V iVm den einschlägigen Disziplinarordnungen zur künftigen Pflichtenerfüllung des Arztes (Spezialprävention) bzw. der Abschreckung anderer Vertragsärzte vor ähnlichem Tun (Generalprävention)[2194] mittels Verwaltungsakt[2195] durch eine Verwarnung, einen Verweis, eine Geldbuße bis zu 50.000 Euro oder die Anordnung des Ruhens der Kassenzulassung für die Dauer von bis zu zwei Jahren geahndet werden.[2196] Gegen die Entscheidung des Disziplinarausschusses ist Klage vor dem Sozialgericht zulässig, die nach § 86a I 1 SGG aufschiebende Wirkung hat, sofern der Disziplinarausschuss nicht die sofortige Vollziehung des Verwaltungsakts nach § 86a II Nr. 5 SGG angeordnet und gesondert begründet hat.

2188 *Frister/Lindemann/Peters*, Arztstrafrecht, 4. Kap. Rn. 26.
2189 BVerfGE 69, 233 (244); BSGE 15, 177; *Hellmann/Herffs*, Abrechnungsbetrug, Rn. 647.
2190 Grundlegend BVerfGE 69, 233 (247 f.).
2191 *Ulsenheimer*, Arztstrafrecht, Rn. 1381.
2192 MedR 2011, 307 f.; vgl. zu sexuellen Verfehlungen des Arztes zuvor bereits LSG München, NZS 1996, 136, zu einem vorsätzlichen Abrechnungsbetrug BSGE 43, 250 ff.; eine gute Übersicht zu den einschlägigen Fällen findet sich bei *Deutsch/Spickhoff*, Medizinrecht, Rn. 43.
2193 Ob daneben auch der Zulassungsausschuss die sofortige Vollziehung nach § 86a II Nr. 5 SGG anordnen kann, ist strittig: dafür *Clemens*, FS 10 Jahre Arbeitsgemeinschaft Medizinrecht im DAV (2008), S. 323 (339 f.); dagegen BayLSG, MedR 2009, 565.
2194 Vgl. hierzu nur BSG, NZS 2001, 50; *Schmuck/Huber*, NJOZ 2011, 1793 (1795).
2195 *Quaas/Zuck/Clemens*, Medizinrecht, § 24 Rn. 33.
2196 Umfassend hierzu *Frister/Lindemann/Peters*, Arztstrafrecht, 4. Kap. Rn. 30 ff.

3. Erstattung zu Unrecht erhaltener Vergütung

Zu Unrecht (insbesondere mittels Abrechnungsbetruges) erlangte Honorarbeträge sind vom Vertragsarzt nach §§ 45, 50 SGB X zu erstatten, wobei jedoch zumeist Schwierigkeiten bei der Bemessung der exakten Schadenshöhe bestehen, so dass diese häufig vor den Schlichtungsausschüssen der Kassenärztlichen Vereinigungen durch Vergleich festgestellt werden.[2197]

358

IV. Hochschulrechtliche Folgen

Inwieweit alleine aus einer strafrechtlichen Verurteilung die Unwürdigkeit zur Führung des Doktortitels oder Professorentitels folgt, bestimmt sich nach den Hochschulgesetzen der Ländern sowie den Promotions- und Habilitationsordnungen der einzelnen Fakultäten.[2198]

359

[2197] Vgl. hierzu *Frister/Lindemann/Peters*, Arztstrafrecht, 4. Kap. Rn. 24; *Hancok*, Abrechnungsbetrug, S. 247.
[2198] Vgl. hierzu beispielsweise VGH Mannheim, JZ 1981, 661 ff.

Stichwortverzeichnis

Die angegebenen Zahlen beziehen sich auf die Randnummern des Buches.

Abrechnungsbetrug 267 ff.
- ausdrückliche Täuschung 279 f.
- Berechnung durch Hochrechnung 297
- Bereicherungsabsicht 299
- Dreiecksbetrug 291
- Gewerbsmäßigkeit 301
- Irrtum 285 f.
- konkludente Täuschung im privatärztlichen Bereich 283
- konkludente Täuschung im vertragsärztlichen Bereich 281 f.
- Konkurrenzen 302
- Person des Geschädigten bei Abrechnungen von Krankenhäusern 290a
- Person des Geschädigten im privatärztlichen Bereich 290
- Person des Geschädigten im vertragsärztlichen Bereich 288a
- Qualifikation 301
- Rechtsgut 277
- Regelbeispiele 301
- sachgedankliches Mitbewusstsein 285
- Saldierung mit formell rechtswidrigen Leistungen 294 ff.
- subjektiver Tatbestand 298 f.
- Täuschung 278 ff.
- Täuschung durch Unterlassen 284
- typische Fallgruppen 273
- Verfügungshandlung 292
- Vermögensbegriff 287a
- Vermögensschaden 293
- Vermögensverfügung 287 ff.
- Versuch 300
Abrechnungsstellen 231a, 233
Abrechnungssystem
- privatärztliches 275
- vertragsärztliches 16
- vertragszahnärztliches 274
- von Krankenhäusern 276
Acardius 206
AIDS 33, 87, 96, 105
Anencephalus 206
Anwendungsbeobachtungen 319, 322 f.
Apotheker 233, 321
- Untreue 325e
Approbation
- Ruhen 355

- Schweigepflichtverletzung trotz unwirksamer 233
- Widerruf 349 ff.
Arbeitsteilung
- horizontale 128a f.
- vertikale 130 ff.
Arzneimittel
- Verordnung 323
- Verschreibung suchtfördernder 64
Arzt
- Anstaltsarzt 240
- Behandlungsverhältnis 17
- Berufsethik 8
- Freier Beruf 6
- Krankenhausarzt 20
- Standesrecht 23
- Zahnarzt 21, 233, 274, 321
Arztstrafrecht
- Begriff 3
- historische Entwicklung 2
- Rechtsquellen 4
Aufklärung 41 ff.
- Arten 42
- Außenseitermethode 51
- bei Blutentnahmen 49
- bei kosmetischen Operationen 49
- beim Schwangerschaftsabbruch 210
- Form 46
- Person des Aufklärenden 47
- Person des Aufzuklärenden 48
- selbstgefärdendes Handeln 57
- therapeutische 43
- Umfang 49 ff.
- Wegfall der Aufklärungspflicht 55
- Zeitpunkt 45
- Zwangseingriff 56
Aussetzung 165
Ausstellen unrichtiger Gesundheitszeugnisse 256 f., 258a
- ausstellen 262
- gebrauchen 266
- Gesundheitszeugnis 258 f.
- Konkurrenzen 265
- Rechtsgut 256
- subjektiver Tatbestand 264
- Täterqualifikation 257
- Unrichtigkeit 259 ff.
- Zweckrichtung 263

Stichwortverzeichnis

Babyklappe 233
Behandlungsfehler 24, 126
- grobe 123
- Sondertatbestand 25
Behandlungsübernahme 143
Behandlungsvertrag
- Form 13
- Parteien 12
- Pflichten 14
- Rechtsnatur 11
Bereitschaftsarzt 144
Bereitschaftsdienst 127
Berufsrechtliches Verfahren 344a ff.
- Berufsgericht 344a
- berufsrechtlicher Überhang 346 f.
- Berufsunwürdigkeit 345
- Doppelbestrafungsverbot 346
- Rechtsfolgen 348
- Verhältnismäßigkeit 346
Berufsverbot 337 ff.
- Anlasstat 337a ff.
- Anordnung 341
- Bewährung 342
- Folgen 343
- Gefahrenprognose 340
- grobe Verletzung berufsrechtlicher Pflichten 339
- Missbrauch des Berufes 338
- vorläufiges 342
Beschneidung 39
Bestechlichkeit 315
Bestechlichkeit im Gesundheitswesen 319 ff.
- Konkurrenzen 324b
- Rechtsgut 320
- sozialadäquate Zuwendungen 322
- Strafzumessungsregel 324a
- subjektiver Tatbestand 324
- Täterqualität 321
- Tathandlung 322
- Unrechtsvereinbarung 323
- Vorteil 322
- Wettbewerb 323
- Zusammenhang mit der Ausübung des Berufs 322
Bestechung im Gesundheitswesen 324c
Bestechung von Klinikärzten 303a ff.
- Bestechung 316a
- Rechtsgut 304
Bestechung von Vertragsärzten 317 ff.
- Bestechlichkeit im Gesundheitswesen siehe dort
- Strafbarkeit nach §§ 331 ff. StGB 318
Betäubungsmittel
- Ärzteprivileg 328a f.

- Verabreichung 60
- Verschreibung von 328 ff.
Bewertungsausschüsse 268a
Bluttransfusion 38
Bonuszahlungen 323
Bundesmantelverträge 268a, 274

Chefarztprinzip 130
Compliance im Gesundheitswesen 326 f.
Compliance-Officer 326
Cross-Over-Spende 192, 196

Defensivmedizin 1
Delegation 133
Depressionen
- Schwangerschaftsabbruch 216
- Tötung auf Verlangen 174
Diagnoseaufklärung 44, 49
Diagnosefehler 124
Diagnoses Related Group 276
Dignitas 187
Disziplinarverfahren 357
Doktortitel
- Entzug 359
- Werbung mit 332a
Doping 63, 87, 331
Doppelirrtum 82

Eigenverantwortliche Selbstgefährdung 57
Eigenverantwortliche Selbstschädigung 60
Einheitlicher Bewertungsmaßstab 16 f., 268a ff., 274, 281
Einverständliche Fremdverletzung 60
Einwilligung 37 ff.
- Begrenzung auf bestimmten Arzt 64a
- Einwilligungsfähigkeit 37a
- Erklärung 58
- Grenzen 59 ff.
- hypothetische 72 ff.
- mutmaßliche 66 ff.
- Orientierungsgespräch 45
- subjektives Element 65
- Willensmängel 40
Einwilligungslösung 167
Embryonenschutz
- extrakorporaler 201 ff.
Erlaubnisirrtum 83 f.
Erlaubnistatbestandsirrtum 80a f.
Euro-Gebührenordnung 16, 268a ff., 272, 289
Exkulpationslösung 167

Facharztstandard 117 ff.
Factoring-Stelle 233

Stichwortverzeichnis

Fahrlässigkeit
- Begriff 113a
- Leitlinien 118
- objektive Sorgfaltspflichtverletzung 116 ff.
- objektive Vorhersehbarkeit 135
- Pflichtwidrigkeitszusammenhang 136 ff.
- Richtlinien 118
- Risikoerhöhungslehre 138
- Schutzzweckzusammenhang 139
- Sonderfähigkeiten 121
- Übernahmefahrlässigkeit 125

Fall Putz 183
Fertilisierung 199a
Fortpflanzungsfähigkeit
- Verlust 69, 100

Früheuthanasie 190
FSA-Kodex Fachkreise 326

Gebührenordnung 14, 267, 275
Gebührensatz 275
Gemeinsame Prüfungsstelle 271
Genitalien *siehe Verstümmelung weiblicher Genitalien*
Gesamtvergütung 268a, 274
Gesamtverträge 268a, 274
Geschäftsmäßige Förderung der Selbsttötung 187 ff.
- Einwilligung 189e
- Gelegenheit zur Selbsttötung 189b
- Geschäftsmäßigkeit 189c
- Konkurrenzen 189k
- Rechtsgut und Struktur 188
- subjektiver Tatbestand 189d
- Täterschaft und Teilnahme 189f ff.
- Tathandlungen 189b
- Verfassungsmäßigkeit 189
- Werbung 189j

Gespaltene Mutterschaft 201
Gewebeentnahme 193
Gewebehandel 192
Gewebetransplantation 191 ff.

Hausbesuch 239
Hebamme 152, 233, 257, 321
Heilbehandlung
- eigenmächtige 25

Heilpraktiker 22, 92, 233, 257, 321
Heimtücke 177
HIV-Antikörper-Test 49
Honorarerstattung 358
Honorarverteilungsmaßstab 16, 270

In-vitro-Fertilisationsbehandlung 201

Kassenärztliche Vereinigung 18, 268a
- Dreiecksbetrug 291
- Untreue 325e

Kassenpatient
- Rechtsbeziehungen zum Arzt 17

Kassenzulassung
- Entzug 356
- Ruhen 357

Kick-Back 273, 282, 325a
Kodex Medizinprodukte 326
Kooperationsvereinbarungen 323
Körperverletzung
- einfache 24 ff.
- gefährliche 86 ff.
- Gesundheitsschädigung 31 ff.
- im Amt 112
- körperliche Misshandlung 30
- mit Todesfolge 108 ff.
- Rechtsgut 26
- schwere 99 ff.
- subjektiver Tatbestand 36
- Tatbestandseinschränkung 34 ff.
- Tatobjekt 27

Korruption 303 ff.
Krankenhausbehandlung 20
Krankenkasse
- als Geschädigte des Betrugs 288a, 290a f., 293
- Ausstellen unrichtiger Gesundheitszeugnisse 263
- Rechtsverhältnis zu Vertragsärzten 19
- Sachleistungsverpflichtung 268a
- Täuschung zu Lasten der 279, 283 f.
- Vertragsverhältnis 15 f.

Kunstfehler 24

Lähmung 106, 235a
Leitlinien 118
Luftleistungen 273, 279 f., 325f

Medikamentenabhängigkeit 31
Medizinstudenten 234
MELD-Score 191a
Mord 177
Myokarditis-Fall 139

Nebenstrafrecht 328 ff.
- Strafbarkeiten nach dem Arzneimittelgesetz 331

Nidation 199a, 206

Operationserweiterung 69
Organentnahme 193 ff.
- Entscheidungslösung 193
- vom Lebenden 195 f.

Stichwortverzeichnis

– vom Toten 193 f.
Organhandel 192
Organimplantation 197
Organspende-Skandal 191a
Organtransplantation 191 ff.
– Bevorzugung von Wartelistenpatienten 191a
Orientierungsgespräch *siehe Einwilligung*
Orientierungswert 269

Palliativversorgung 187
Patient
– minderjähriger 38, 248
Patientenverfügung 4, 37a, 170, 183, 186, *siehe auch Sterbehilfe*
Pille danach 199a
Präimplantationsdiagnostik 202
Pränataler Eingriff mit postnatalen Folgen 29, 199a
Praxisgemeinschaft 12
Praxisverkauf 231a
Privatpatient
– Honorarpflicht 14
– Rechtsbeziehungen zum Arzt 11 ff.
Psychotherapeut 22

Qualifikationsgebundenes Zusatzvolumen 270, 289
Quartalsrechnung 271

Rechtfertigender Notstand
– bei der Körperverletzung 58, 76
– bei indirekter aktiver Sterbehilfe 178
– bei Organentnahme 194
– bei Schwangerschaftsabbruch 227
Regelleistungsvolumen 16, 270, 289, 293
Regeln der ärztlichen Kunst 9, 329
Richtlinien 118
Risikoaufklärung 44, 53
Röntgenstrahlen 33, 97

Sammelerklärung 271
Schlankheitskapseln 331
Schulmedizin 9
Schutz des ungeborenen Lebens 199 ff.
– Pränidationsphase 199a
– Schutzphasen 199a
Schwangerschaftsabbruch 204 ff.
– Absehen von Strafe 221
– Abtreibungspille 207, 213
– Arztvorbehalt 212
– Beratungsschein 211
– Beratungsschutzkonzept 209 ff.
– extrauterine Schwangerschaft 206
– Indikationsgutachten 218

– Inverkehrbringen von Mitteln 230
– Konkurrenzen 225
– kriminologische Indikation 220
– medizinisch-soziale Indikation 216 f.
– Nothilfe zugunsten des ungeborenen Kindes 226
– Pflichtverletzung 228
– Rechtsgut 205a
– Regelbeispiele 224
– Schutzphasen 199a
– Selbstabbruch 212
– Spätabtreibungen 219
– Strafausschließungsgrund 221
– subjektiver Tatbestand 214
– Tatbestandsausschluss 209 ff.
– Täterschaft und Teilnahme 223
– Tathandlung 207
– Tatobjekt 206
– unrichtige Indikationsstellung 227
– Unterlassen 208
– Verlangen der Schwangeren 210
– Versuch 222
– Vier-Augen-Prinzip 218
– Vollendung 208
– Werbung 229
– 12-Wochen-Frist 213
– 22. Woche 199a
Schweigepflicht
– Zeugnisverweigerungsrecht 231a
Selbstbestimmungsaufklärung 44
Selbstbestimmungsrecht 5a
Selbstmord
– Abgrenzung eigenverantwortlicher Selbsttötung von strafbarer Fremdtötung 166a
– Unglücksfall 153
– Verletzung der Schweigepflicht bei Suizidgefahr 251
Sittenwidrigkeit 59
Stammzellenschutz 203
Sterbebegleitung 169, 187
Sterbehilfe
– Behandlungsabbruch 182 f., 189b
– direkte aktive 172 ff.
– Eigenverantwortlichkeit 167
– Feststellung des Patientenwillens 185 f.
– geschäftsmäßige Förderung der Selbsttötung *siehe dort*
– Hilfe beim Sterben 180a, 184
– Hilfe zum Sterben 181, 184
– indirekte aktive 178 f., 189b
– Neuausrichtung durch BGHSt. 55, 191 183 f.
– passive 180 ff.
– Patientenverfügung 170, 185, 187

Stichwortverzeichnis

– Tatherrschaftswechsel 169
Sterbehilfegesellschaften 187
Sterilisation 64
Strafen 336
Stufenaufklärung 46
Substitutionsbehandlung 272, 288a, 329

Take-Home-Verschreibung 329
Therapiebegrenzung 180a
Therapiefreiheit 7, 119
Tod 27
Tötung auf Verlangen 173 ff.

Unechtes Unterlassungsdelikt 142 ff.
– Garantenstellung 143 ff.
– hypothetische Kausalität 147
– rechtfertigende Pflichtenkollision 148
– Zumutbarkeit 149
Unmittelbarkeitszusammenhang 109 ff.
Unterlassene Hilfeleistung 150 ff.
– Erforderlichkeit 159
– Hilfspflichtiger 156a
– Rechtsgut 150
– Rechtsnatur 151
– subjektiver Tatbestand 162
– tätige Reue 163
– Unglücksfall 152 ff.
– Unterlassen der Hilfeleistung 157
– Zeitpunkt der Hilfeleistung 158
– Zumutbarkeit 160 f.
Unterlassungsdelikte
– Abgrenzung Tun/Unterlassen 141a
– Abgrenzung Tun/Unterlassen bei Sterbehilfe 182 f.

Verlaufsaufklärung 44, 49
Verletzung der Schweigepflicht 231 ff.
– anvertraut 238
– bei Organtransplantationen 198
– bekannt geworden 238
– Drittgeheimnis 247, 253
– durch Unterlassen 241
– Durchsetzung von Honoraransprüchen 251
– Einwilligung 246 ff.
– Einzelangaben 237
– fremdes Geheimnis 235 ff.
– Funktionszusammenhang 239
– gesetzliche Offenbarungspflichten 252
– Konkurrenzen 254
– mutmaßliche Einwilligung 249
– offenbaren 241
– Qualifikation 242
– rechtfertigender Notstand 250 f.
– Rechtsgut 232

– Sonderbeziehung 240
– Strafantrag 253
– subjektiver Tatbestand 243 f.
– Täterqualifikation 233 f.
– Unbefugtheit 245 ff.
– Verwertung 255
Verspätete Befunderhebung 124
Verstümmelung weiblicher Genitalien 107 ff.
– äußere Genitalien 107b
– Einwilligung 107d
– Konkurrenzen 107d
– minder schwerer Fall 107d
– subjektiver Tatbestand 107c
– Verfassungsmäßigkeit 107a
– verstümmeln 107b
Vertragsarzt
– als Amtsträger 318
– Anstellung von Ärzten 294
– Rechtsbeziehungen zum Kassenpatienten 17
– Rechtsbeziehungen zur Kassenärztlichen Vereinigung 18
– Rechtsverhältnisse 15 ff.
– Vermögensbetreuungspflicht 325c
– Zwangsmitgliedschaft 18, 325a
Vertragsärztliches Vierecksverhältnis 15
Vertragsarztuntreue 325 ff.
– Missbrauchstatbestand 325a
– Pflichtverletzung 325f
– subjektiver Tatbestand 325g
– Treubruchtatbestand 325b
– Vermögensbetreuungspflicht 325c
– Vermögensnachteil 325g
Vertretertheorie 325a
Vorteilsannahme 305 ff.
– annehmen 306
– Dienstausübung 309
– Drittmitteleinwerbung 311
– fehlender Rechtsanspruch 308
– fordern 306
– Genehmigung 313
– Klimapflege 310
– Konkurrenzen 314
– sich-versprechen-lassen 306
– sozialadäquate Zuwendungen 307
– subjektiver Tatbestand 312
– Täterqualität 305 f.
– Unrechtsvereinbarung 310 f.
– Vorteil 307
Vorteilsgewährung 316

Werbung
– der geschäftsmäßigen Förderung der Selbsttötung 189j

Stichwortverzeichnis

- Strafbarkeit nach § 14 HWG 334
- Strafbarkeit nach § 148 GewO 335
- Strafbarkeit nach § 16 I UWG 332a f.
- Werbeverbot 332

Widerruf der Approbation
- berufsrechtlicher Überhang 353
- maßgeblicher Zeitpunkt 350 f.
- tatsächliche strafgerichtliche Feststellungen 352
- Unwürdigkeit 350
- Unzuverlässigkeit 351
- Verhältnismäßigkeit 353
- Widerrufsentscheidung 354

Wirtschaftlichkeitsgebot 15, 118, 271, 275, 284, 325a, 325c f., 325f
Wissenschaftsfreiheit 10

Zahnfüllungen 274
Zahntechniker 234
Zitronensaft-Fall 51
Zwangsbehandlung 56, 77 f.
Zwangsernährung 78